資治通鑒

图文注释本

八

周国林　主编

岳麓書社·长沙

第八册目录

卷第二百五十六　唐纪七十二 …………………………（001）
卷第二百五十七　唐纪七十三 …………………………（020）
卷第二百五十八　唐纪七十四 …………………………（039）
卷第二百五十九　唐纪七十五 …………………………（059）
卷第二百六十　唐纪七十六 …………………………（079）
卷第二百六十一　唐纪七十七 …………………………（098）
卷第二百六十二　唐纪七十八 …………………………（115）
卷第二百六十三　唐纪七十九 …………………………（133）
卷第二百六十四　唐纪八十 …………………………（151）
卷第二百六十五　唐纪八十一 …………………………（166）
卷第二百六十六　后梁纪一 …………………………（185）
卷第二百六十七　后梁纪二 …………………………（204）
卷第二百六十八　后梁纪三 …………………………（224）
卷第二百六十九　后梁纪四 …………………………（244）
卷第二百七十　后梁纪五 …………………………（267）
卷第二百七十一　后梁纪六 …………………………（288）
卷第二百七十二　后唐纪一 …………………………（306）
卷第二百七十三　后唐纪二 …………………………（326）
卷第二百七十四　后唐纪三 …………………………（344）
卷第二百七十五　后唐纪四 …………………………（361）
卷第二百七十六　后唐纪五 …………………………（377）
卷第二百七十七　后唐纪六 …………………………（394）
卷第二百七十八　后唐纪七 …………………………（414）
卷第二百七十九　后唐纪八 …………………………（430）

卷第二百八十　后晋纪一 …………………………………（450）
卷第二百八十一　后晋纪二 …………………………………（467）
卷第二百八十二　后晋纪三 …………………………………（483）
卷第二百八十三　后晋纪四 …………………………………（503）
卷第二百八十四　后晋纪五 …………………………………（521）
卷第二百八十五　后晋纪六 …………………………………（537）
卷第二百八十六　后汉纪一 …………………………………（554）
卷第二百八十七　后汉纪二 …………………………………（572）
卷第二百八十八　后汉纪三 …………………………………（589）
卷第二百八十九　后汉纪四 …………………………………（607）
卷第二百九十　后周纪一 …………………………………（624）
卷第二百九十一　后周纪二 …………………………………（644）
卷第二百九十二　后周纪三 …………………………………（663）
卷第二百九十三　后周纪四 …………………………………（680）
卷第二百九十四　后周纪五 …………………………………（698）

资治通鉴卷第二百五十六

唐纪七十二

起阏逢执徐六月，尽强圉协洽三月，凡二年有奇。

僖宗惠圣恭定孝皇帝下之上

中和四年　六月，壬辰，东川留后高仁厚奏郑君雄斩杨师立出降。仁厚围梓州久不下，乃为书射城中，道其将士曰："仁厚不忍城中玉石俱焚，为诸君缓师十日，使诸君自成其功。若十日不送师立首，当分见兵为五番，番分昼夜以攻之，于此甚逸，于彼必困矣。五日不下，四面俱进，克之必矣。诸君图之！"数日，君雄大呼于众曰："天子所诛者元恶耳，他人无预也。"众呼万岁，大噪，突入府中，师立自杀，君雄挈其首出降。仁厚献其首及妻子于行在，陈敬瑄钉其子于城北，敬瑄三子出观之，钉者呼曰："兹事行及汝曹，汝曹于后努力领取！"三子走马而返。以高仁厚为东川节度使。

甲辰，武宁将李师悦与尚让追黄巢至瑕丘[①]，败之。巢众殆尽，走至狼虎谷[②]，丙午，巢甥林言斩巢兄弟妻子首，将诣时溥；遇沙陀博野军，夺之，并斩言首以献于溥。

蔡州节度使秦宗权纵兵四出，侵噬邻道[③]；天平节度使朱瑄，有众三万，从父弟瑾，勇冠军中。宣武节度使朱全忠为宗权所攻，势甚窘，求救于瑄，瑄遣瑾将兵救之，败宗权于合乡。全忠德之，与瑄约为兄弟。

秋，七月，壬午，时溥遣使献黄巢及家人首并姬妾，上御大玄

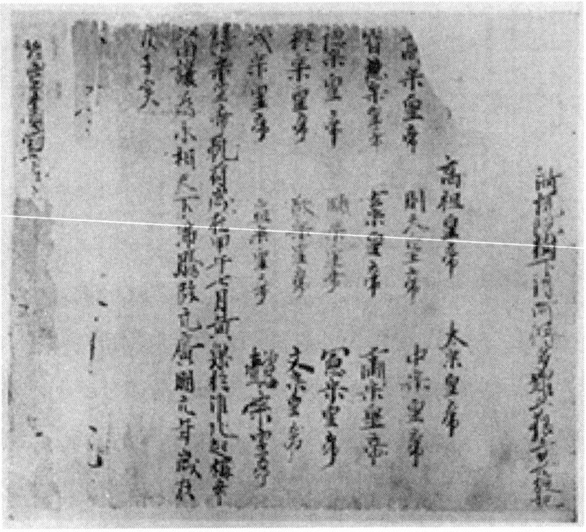

唐人所书黄巢起事记事墨迹

楼受之④。宣问姬妾："汝曹皆勋贵子女，世受国恩，何为从贼？"其居首者对曰："狂贼凶逆，国家以百万之众，失守宗祧⑤，播迁巴、蜀；今陛下以不能拒贼责一女子，置公卿将帅于何地乎！"上不复问，皆戮之于市。人争与之酒，其余皆悲怖昏醉，居首者独不饮不泣，至于就刑，神色肃然。

朱全忠击秦宗权，败宗权于溵水。

李克用至晋阳，大治甲兵，遣榆次镇将雁门李承嗣奉表诣行在，自陈："有破黄巢大功，为朱全忠所图，仅能自免，将佐已下从行者三百余人，并牌印皆没不返。全忠仍榜东都、陕、孟，云臣已死，行营兵溃，令所在邀遮屠翦，勿令漏失，将士皆号泣冤诉，请复仇雠。臣以朝廷至公，当俟诏命，拊循抑止⑥，复归本道。乞遣使按问，发兵诛讨，臣遣弟克勤将万骑在河中俟命。"时朝廷以大寇初平，方务姑息，得克用表，大恐，但遣中使赐优诏和解之⑦。克用前后凡八表，称："全忠妒功疾能，阴狡祸贼，异日必为国患。惟乞下诏削其官爵，臣自帅本道兵讨之，不用度支粮饷。"上累遣杨复恭等谕指，称："吾深知卿冤，方事之殷，姑存大体。"克用终郁郁不平。时藩镇相攻者，朝廷不复为之辨曲直。由是互相吞噬，惟力是视，皆无所禀畏矣！

八月，李克用奏请割麟州隶河东⑧，又奏请以弟克修为昭义节度使，皆许之。由是昭义分为二镇，进克用爵陇西郡王。克用奏罢云蔚防御使，依旧隶河东，从之。

【注释】

①瑕丘:县名。秦置,治今山东济宁市兖州区东北。唐移治今山东济宁市兖州区。 ②狼虎谷:地名。又名莱芜谷,在今山东莱芜市西南。③侵噬(shì 室):侵吞。噬,咬。 ④大玄楼:地名。成都罗城正南门楼。因以《周易》筮之得“大畜”卦而取名。 ⑤宗祧(tiāo 佻):宗庙。宗,祖庙。祧,远祖之庙。 ⑥拊(fǔ 府)循:亦作“抚循”。安抚,抚慰。⑦中使:帝王宫廷中派出的使者,指宦官。 ⑧麟州:地名。唐玄宗开元十二年(724)置,治所在新秦县(今陕西神木市北)。

九月,己未,加朱全忠同平章事。

以右仆射、大明宫留守王徽知京兆尹事。上以长安宫室焚毁,故久留蜀未归。徽招抚流散,户口稍归,复缮治宫室,百司粗有绪。冬,十月,关东藩镇表请车驾还京师[①]。

朱全忠之降也,义成节度使王铎为都统,承制除官。全忠初镇大梁,事铎礼甚恭,铎依以为援。而全忠兵浸强,益骄倨[②],铎知不足恃,表请还朝,徙铎为义昌节度使。

鹿晏弘之去河中,王建、韩建、张造、晋晖、李师泰各帅其众与之俱;及据兴元,以建等为巡内刺史,不遣之官。晏弘猜忌,众心不附,王建、韩建素相亲善,晏弘尤忌之,数引入卧内,待之加厚,二建相谓曰:“仆射甘言厚意,疑我也,祸将至矣!”田令孜密遣人以厚利诱之,十一月,二建与张造、晋晖、李师泰帅众数千逃奔行在,令孜皆养为假子[③],赐与巨万,拜诸卫将军,使各将其众,号随驾五都。又遣禁兵讨晏弘,晏弘率众弃兴元走。

初,宦者曹知悫,本华原富家子,有胆略。黄巢陷长安,知悫归乡里,集壮士,据嵯峨山南[④],为堡自固,巢党不敢近。知悫数遣壮士变衣服语言,效巢党,夜入长安攻贼营,贼惊以为鬼神;又疑其下有叛者,由是心不自安。朝廷闻而嘉之,就除内常侍,赐金紫。知悫闻车驾将还,谓人曰:“吾施小术,使诸军得成大功,从驾群臣但平步往来,俟至大散关,当阅其可归者纳之。”行在闻之,恐其为变;田令孜尤恶之,密以敕旨谕邠宁节度使王行瑜,使诛之,行瑜潜师自嵯峨山北乘高攻之,知悫不为备,举营尽殪。令孜益骄横，禁制天子，不得有所主断，上患其专，时语左右而流涕。

鹿晏弘引兵东出襄州[5]，秦宗权遣其将秦诰、赵德諲将兵会之，共攻襄州，陷之；山南东道节度使刘巨容奔成都。德諲，蔡州人也。晏弘引兵转掠襄、邓、均、房、庐、寿，复还许州。忠武节度使周岌闻其至，弃镇走，晏弘遂据许州，自称留后，朝廷不能讨，因以为忠武节度使。

十二月，己丑，陈敬瑄表辞三川都指挥、招讨、制置、安抚等使；从之。

初，黄巢转掠福建，建州人陈岩聚众数千保乡里，号九龙军，福建观察使郑镒奏为团练副使。泉州刺史、左厢都虞候李连有罪，亡入溪洞，合众攻福州，岩击败之。镒畏岩之逼，表岩自代，壬寅，以岩为福建观察使。岩为治有威惠，闽人安之。

义昌节度使兼中书令王铎，厚于奉养，过魏州[6]，侍妾成列，服御鲜华，如承平之态；魏博节度使乐彦祯之子从训，伏卒数百于漳南高鸡泊，围而杀之，及宾僚从者三百余人皆死，掠其资装侍妾而还。彦祯奏云为盗所杀，朝廷不能诘。

赐邠宁军号曰静难。

是岁，余杭镇使陈晟逐睦州刺史柳超，颍州都知兵马使汝阴王敬荛逐其刺史，各领州事，朝廷因命为刺史。

均州贼帅孙喜聚众数千人，谋攻州城，刺史吕烨不知所为。都将武当冯行袭伏兵江南，自乘小舟迎喜，谓曰："州人得良牧，无不归心，然公所从之卒大多，州人惧于剽掠，尚以为疑。不若置军江北，独与腹心轻骑俱进，行袭请为前道，告谕州人，无不服者矣。"喜以为然，从之；既渡江，军吏迎谒，伏兵发，行袭手击喜，斩之，从喜者皆死，江北军望之俱溃。山南东道节度使上其功，诏以行袭为均州刺史。州西有长山，当襄、邓入蜀之道，群盗据之，抄掠贡赋，行袭讨诛之，蜀道以通。

凤翔节度使李昌言病，表弟昌符知留后。昌言薨，制以昌符为凤翔节度使。

时黄巢虽平，秦宗权复炽，命将出兵，寇掠邻道，陈彦侵淮南，秦贤侵江南，秦诰陷襄、唐、邓，孙儒陷东都、孟、陕、虢，张晊陷汝、郑，卢瑭攻汴、宋，所至屠翦焚荡，殆无孑遗。其残暴又甚于巢，军行未始转粮，车载盐尸以从。北至卫、滑，西及关辅[7]，东尽青、齐，南出江、淮，州镇存者仅保一城，极目千里，无复烟火。上将还长安，畏宗权为患。

【注释】

①关东：地区名。唐代定都长安，称函谷关或潼关以东地区为关东。　②倨（jù 聚）：傲慢。　③假子：一称义子。旧以他人之子为子称假子。　④嵯峨山：山名。在唐京兆云阳县（今陕西泾阳县北）北十五里。　⑤襄州：地名。西魏恭帝元年（554）改雍州置，治今湖北襄阳市。⑥魏州：地名。唐魏博镇治所，在今河北大名县东北。　⑦关辅：地区名。即关中与三辅的合称。相当于今陕西关中地区。

光启元年　春，正月，戊午，下诏招抚之。

己卯，车驾发成都，陈敬瑄送至汉州而还[1]。

荆南监军朱敬玫所募忠勇军暴横，节度使陈儒患之。郑绍业之镇荆南也，遣大将申屠琮将兵五千击黄巢于长安；军还，儒告琮，使除之。忠勇将程君从闻之，帅其众奔朗州[2]，琮追击之，杀百余人，余众皆溃，自是琮复专军政。

雷满屡攻掠荆南，儒重赂以却之。淮南将张瓌、韩师德叛高骈，据复、岳二州[3]，自称刺史，儒请瓌摄行军司马，师德摄节度副使，将兵击雷满。师德引兵上峡大掠，归于岳州，瓌还兵逐儒而代之。儒将奔行在，瓌劫还，囚之。瓌，渭州人，性贪暴，荆南旧将夷灭殆尽。

先是，朱敬玫屡杀大将及富商以致富，朝廷遣中使杨玄晦代之。敬玫留居荆南，尝曝衣，瓌见而欲之，遣卒夜攻之，杀敬玫，尽取其财。瓌恶牙将郭禹慓悍，欲杀之，禹结党千人亡去，庚申，袭归州[4]，据之，自称刺史。禹，青州人成汭也[5]，因杀人亡命，更其姓名。

南康贼帅卢光稠陷虔州[6]，自称刺史，以其里人谭全播为谋主[7]。

秦宗权责租赋于光州刺史王绪，绪不能给，宗权怒，发兵击之。绪惧,悉举光、寿兵五千人,驱吏民渡江,以刘行全为前锋,转掠江、洪、虔州,是月,陷汀、漳二州[8],然皆不能守也。

秦宗权寇颍、亳,朱全忠败之于焦夷[9]。

二月,丙申,车驾至凤翔。三月,丁卯,至京师;荆棘满城,狐兔纵横,上凄然不乐。己巳,赦天下,改元。时朝廷号令所行,惟河西、山南、剑南、岭南数十州而已。

秦宗权称帝,置百官,诏以武宁节度使时溥为蔡州四面行营兵马都统以讨之。

卢龙节度使李可举、成德节度使王镕恶李克用之强,而义武节度使王处存与克用亲善,为侄邺娶克用女。又,河北诸镇,惟义武尚属朝廷,可举等恐其窥伺山东,终为己患,乃相与谋曰:"易、定,燕、赵之余也。"约共灭处存而分其地;又说云中节度使赫连铎使攻克用之背。可举遣其将李全忠将兵六万攻易州,镕遣将将兵攻无极[10]。处存告急于克用,克用遣其将康君立等将兵救之。

闰月,秦宗权遣其弟宗言寇荆南。

初,田令孜在蜀募新军五十四都,每都千人,分隶两神策,为十军以统之,又南牙、北司官共万余员,是时藩镇各专租税,河南·北、江、淮无复上供,三司转运无调发之所,度支惟收京畿、同、华、凤翔等数州租税,不能赡,赏赉不时[11],士卒有怨言。令孜患之,不知所出。先是,安邑、解县两池盐皆隶盐铁,置官榷之;中和以来,河中节度使王重荣专之,岁献三千车以供国用,令孜奏复如旧制隶盐铁。夏,四月,令孜自兼两池榷盐使,收其利以赡军。重荣上章论诉不已,遣中使往谕之,重荣不可。时令孜多遣亲信觇藩镇,有不附己者,辄图之。令孜养子匡祐使河中,重荣待之甚厚,而匡祐傲甚,举军皆愤怒。重荣乃数令孜罪恶,责其无礼,监军为讲解,仅得脱去。匡祐归,以告令孜,劝图之。五月,令孜徙重荣为泰宁节度使,以泰宁节度使齐克让为义武节度使,以义武节度使王处存为河中节度使,仍诏李克用以河东兵援处存赴镇。

卢龙兵攻易州,裨将刘仁恭穴地入城,遂克之。仁恭,深州人也。李克用自将救无极,败成德兵。成德兵退保新城,克用复进击,大破之,拔新城,成德兵走,追至九门,斩首万余级。卢龙兵既得易州，骄怠，王处存夜遣卒三千蒙羊皮造城下，卢龙兵以为羊也，争出掠之，处存奋击，大破之，复取易州，李全忠走。

加陕虢节度使王重盈同平章事。

李全忠既丧师，恐获罪，收余众还袭幽州；六月，李可举窘急，举族登楼自焚死，全忠自为留后。

东都留守李罕之与秦宗权将孙儒相拒数月；罕之兵少食尽，弃城，西保渑池，宗权陷东都。

【注释】

①汉州：地名。唐武则天垂拱二年（686）置，治所在雒县（今四川广汉市）。 ②朗州：地名。隋文帝开皇十六年（596）改嵩州置，治今湖南常德市。 ③复、岳二州：复州，地名。北周时置。隋、唐因之。唐肃宗宝应初迁治竟陵县（今湖北天门市）。岳州，地名。隋文帝开皇九年（589）改巴州置，治今湖南岳阳市。 ④归州：地名。唐高祖武德二年（619）置，治所在秭归县（今湖北秭归县）。 ⑤成汭（ruì 锐）：唐青州（治今山东青州市）人。少无行，乘酒醉杀人，为仇家所追捕，落发为僧，遂冒姓郭氏，名禹。后降荆南节度使陈儒，为裨校。张瓌囚儒，欲杀禹，乃袭取归州，自称刺史。昭宗以其为荆南留后，复故姓名。后为淮南将李神福所破，投江死。 ⑥虔州：地名。隋文帝开皇九年（589）以南康郡改置，治今江西赣州市。 ⑦谋主：出主意、定计划的人。 ⑧汀、漳二州：汀州，地名。唐玄宗开元二十四年（736）置，治所在长汀县（今福建长汀县）。漳州，地名。唐武则天垂拱二年（686）置，肃宗乾元二年（759）徙治龙溪县（今福建漳州市）。 ⑨焦夷：县名。在亳州城父县界，今安徽亳州市东南。 ⑩无极：县名。汉古县，因无极山而得名。唐属定州，治今河北无极县。 ⑪赏赉（lài 赖）：赏赐。

秋，七月，以李全忠为卢龙留后。

乙巳，右补阙常濬上疏[①]，以为："陛下姑息藩镇太甚，是非功过，骈首并足[②]，致天下纷纷若此，犹未之寤，岂可不念骆谷之艰危[③]，复怀西顾之计乎！宜稍振典刑以威四方。"田令孜之党言于上曰："此疏传于藩镇，岂不致其猜忿！"庚戌，贬濬万州司户[④]，寻赐死。

沧州军乱[⑤]，逐节度使杨全玫，立牙将卢彦威为留后，全玫奔幽州。以保銮都将曹诚为义昌节度使,以彦威为德州刺史。

孙儒据东都月余,烧宫室、官寺、民居,大掠席卷而去,城中寂无鸡犬。李罕之复引其众入东都,筑垒于市西而居之。

王重荣自以有复京城功,为田令孜所摈,不肯之兖州,累表论令孜离间君臣,数令孜十罪;令孜结邠宁节度使朱玫、凤翔节度使李昌符以抗之。王处存亦上言:“幽、镇兵新退,臣未敢离易、定。且王重荣无罪,有大功于国,不宜轻有改易,摇藩镇心。”诏趣其上道。八月,处存引军至晋州[6],刺史冀君武闭城不内而还。

洺州刺史马爽,与昭义行军司马奚忠信不叶,起兵屯邢州南,胁孟方立请诛忠信;既而众溃,爽奔魏州,忠信使人赂乐彦祯而杀之。

秦宗权攻邻道二十余州,陷之;唯陈州距蔡百余里,兵力甚弱,刺史赵犨日与宗权战,宗权不能屈。诏以犨为蔡州节度使。犨德朱全忠之援,与全忠结昏,凡全忠所调发,无不立至。

王绪至漳州,以道险粮少,令军中“无得以老弱自随,犯者斩”。唯王潮兄弟扶其母董氏崎岖从军,绪召潮等责之曰:“军皆有法,未有无法之军。汝违吾令而不诛,是无法也。”三子曰:“人皆有母,未有无母之人;将军奈何使人弃其母!”绪怒,命斩其母。三子曰:“潮等事母如事将军,既杀其母,安用其子！请先母死。”将士皆为之请,乃舍之。

有望气者谓绪曰[7]:“军中有王者气。”于是绪见将卒有勇略逾己及气质魁岸者皆杀之。刘行全亦死,众皆自危,曰:“行全亲也,且军锋之冠,犹不免,况吾属乎!”行至南安[8],王潮说其前锋将曰:“吾属违坟墓,捐妻子,羁旅外乡为群盗,岂所欲哉！乃为绪所迫胁故也。今绪猜刻不仁,妄杀无辜,军中孑孑者受诛且尽[9],子须眉若神,骑射绝伦,又为前锋,吾窃为子危之!”前锋将执潮手泣,问计安出。潮为之谋,伏壮士数十人于篁竹中,伺绪至,挺剑大呼跃出,就马上擒之,反缚以徇,军中皆呼万岁。潮推前锋将为主,前锋将曰:“吾属今日不为鱼肉,皆王君力也。天以王君为主,谁敢先之!”相推让数四,卒奉潮为将军。绪叹曰:“此子在吾网中不能杀,岂非天哉!”

潮引兵将还光州，约其属，所过秋豪无犯。行及沙县[10]，泉州人张延鲁等以刺史廖彦若贪暴，帅耆老奉牛酒遮道，请潮留为州将，潮乃引兵围泉州。

九月，戊申，以陈敬瑄为三川及峡内诸州都指挥、制置等使。

蔡军围荆南[11]，马步使赵匡谋奉前节度使陈儒以出，留后张瓌觉之，杀匡及儒。

冬，十月，癸丑，秦宗权败朱全忠于八角[12]。

王重荣求救于李克用，克用方怨朝廷不罪朱全忠，选兵市马，聚结诸胡，议攻汴州，报曰："待吾先灭全忠，还扫鼠辈如秋叶耳！"重荣曰："待公自关东还，吾为虏矣。不若先除君侧之恶，退擒全忠易矣。"时朱玫、李昌符亦阴附朱全忠，克用乃上言："玫、昌符与全忠相表里，欲共灭臣，臣不得不自救，已集蕃、汉兵十五万，决以来年济河，自渭北讨二镇；不近京城，保无惊扰。既诛二镇，乃旋师灭全忠以雪仇耻。"上遣使者谕释，冠盖相望。

朱玫欲朝廷讨克用，数遣人潜入京城，烧积聚，或刺杀近侍，声云克用所为，于是京师震恐，日有讹言。令孜遣玫、昌符将本军及神策鄜、延、灵、夏等军各三万人屯沙苑，以讨王重荣，重荣发兵拒之，告急于李克用，克用引兵赴之。十一月，重荣遣兵攻同州，刺史郭璋出战，败死。重荣与玫等相守月余，克用兵至，与重荣俱壁沙苑，表请诛令孜及玫、昌符；诏和解之，克用不听。十二月，癸酉，合战，玫、昌符大败，各走还本镇，溃军所过焚掠。克用进逼京城，乙亥夜，令孜奉天子自开远门出幸凤翔。

初，黄巢焚长安宫室而去，诸道兵入城纵掠，焚府寺民居什六七，王徽累年补葺，仅完一二，至是复为乱兵焚掠，无孑遗矣。

是岁，赐河中军号护国。

【注释】

①补阙：官名。唐武则天时始置，职务为对皇帝进行规谏，并举荐人员。左补阙属门下省，右补阙属中书省。　②骈（pián 便）：并列。③骆谷：指骆谷道，又名傥骆道。自今陕西周至县西南循骆谷水、傥水河谷，至今陕西洋县，为秦岭南北交通要道。唐广明元年（880），黄巢起义军攻长安，僖宗循此道逃奔入蜀。　④万州：地名。唐太宗贞观八年

(634)以浦州改名,治所在南浦县(今重庆万州区)。 ⑤沧州:地名。北魏孝明帝熙平二年(517)置,治所在饶安县(今河北盐山县西南)。唐高祖武德元年(618)移治清池县(今河北沧州市东南)。 ⑥晋州:地名。北魏孝庄帝建义元年(528)以唐州改名。北齐后废。唐高祖武德元年(618)又以平阳郡改置,治所在临汾县(今山西临汾市西南)。 ⑦望气:古代方士的一种占候术,望云气以测吉凶征兆。 ⑧南安:县名。隋文帝开皇九年(589)以晋安县改名,唐属泉州,在今福建南安市东丰州。 ⑨孑(jié 洁)孑:突出、杰出的样子。 ⑩沙县:县名。隋文帝开皇中以沙村县改名,唐属汀州。僖宗中和四年(884),移治今福建沙县。 ⑪蔡军:指秦宗权所派遣的其弟秦宗言的军队。 ⑫八角:地名。即八角镇,在今河南开封市西。

二年 春,正月,镇海牙将张郁作乱,攻陷常州。

李克用还军河中,与王重荣同表请大驾还宫[1],因罪状田令孜,请诛之。上复以飞龙使杨复恭为枢密使[2]。

戊子,令孜请上幸兴元,上不从。是夜,令孜引兵入宫,劫上幸宝鸡,黄门卫士从者才数百人,宰相朝臣皆不知。翰林学士承旨杜让能宿直禁中[3],闻之,步追乘舆,出城十余里,得人所遗马,无羁勒,解带系颈而乘之,独追及上于宝鸡。明日,乃有太子少保孔纬等数人继至。让能,审权之子;纬,戣之孙也。宗正奉太庙神主至鄠[4],遇盗,皆失之。朝士追乘舆者至盩厔[5],为乱兵所掠,衣装殆尽。

庚寅,上以孔纬为御史大夫,使还召百官,上留宝鸡以待之。

时田令孜弄权,再致播迁[6],天下共忿疾之。朱玫、李昌符亦耻为之用,且惮李克用、王重荣之强,更与之合。

萧遘因邠宁奏事判官李松年至凤翔,遣召朱玫亟迎车驾,癸巳,玫引步骑五千至凤翔。孔纬诣宰相,欲宣诏召之,萧遘、裴澈以令孜在上侧,不欲往,辞疾不见。纬令台吏趣百官诣行在,皆辞以无袍笏[7],纬召三院御史[8],泣谓:"布衣亲旧有急,犹当赴之。岂有天子蒙尘,为人臣子,累召而不往者!"御史请办装数日而行,纬拂衣起曰:"吾妻病垂死且不顾,诸君善自为谋,请从此辞!"乃诣李昌符，请骑卫送至行在，昌符义之，赠装钱，遣骑送之。

邠宁、凤翔兵追逼乘舆，败神策指挥使杨晟于潘氏[9]，钲鼓之声闻于行宫。田令孜奉上发宝鸡，留禁兵守石鼻为后拒[10]。置感义军于兴、凤二州，以杨晟为节度使，守散关。时军民杂糅，锋镝纵横，以神策军使王建、晋晖为清道斩斫使，建以长剑五百前驱奋击，乘舆乃得前。上以传国宝授建使负之以从，登大散岭。李昌符焚阁道丈余，将摧折，王建扶掖上自烟焰中跃过；夜，宿板下，上枕建膝而寝，既觉，始进食，解御袍赐建曰："以其有泪痕故也。"车驾才入散关，朱玫已围宝鸡。石鼻军溃，玫长驱攻散关，不克。嗣襄王煴，肃宗之玄孙也，有疾，从上不及，留遵涂驿，为玫所得，与俱还凤翔。

庚戌，李克用还太原。

【注释】

①大驾：古代称皇帝的车驾为大驾。　②枢密使：官名。唐代宗时始以宦官掌枢密，其后握权之宦官多以枢密使的名义干预朝政。后至昭宗，始改以士人任枢密使。　③禁中：即指宫中，行宫内亦可谓禁中。因门户有禁，非侍御者不得入，故曰禁中。　④太庙神主：太庙，帝王的祖庙。神主，古时为已死的君主诸侯作的牌位，用木或石制成。后世民间也立神主以祀祭死者。此处指唐代已死的君主的牌位。　⑤盩厔（zhōu zhì 州至）：县名。西汉武帝初置。北魏复置。北周武帝建德三年（574）移治今陕西周至县。　⑥播迁：流离迁徙。与"播越"同。　⑦笏（hù 户）：即"朝笏"，古代大臣朝见皇帝时手中所执的狭长板子，用玉、象牙或竹片制成，为指画及记事之用，也叫"手板"。　⑧三院御史：唐代御史大夫官有三院：一曰台院，有侍御史；二曰殿院，有殿中侍御史；三曰察院，有监察御史。　⑨潘氏：地名。即潘氏堡，在今陕西宝鸡市东南渭河南岸。　⑩石鼻：地名。即石鼻城，在今陕西宝鸡市东。

二月，王重荣、朱玫、李昌符复上表请诛田令孜。

以前东都留守郑从谠为守太傅兼侍中。

朱玫、李昌符使山南西道节度使石君涉栅绝险要，烧邮驿，上由他道以进。山谷崎岖，邠军迫其后，危殆者数四，仅得达山南[1]。

三月,壬午,石君涉弃镇逃归朱玫。

癸未,凤翔百官萧遘等罪状田令孜及其党韦昭度,请诛之。初,昭度因供奉僧澈结宦官,得为相。澈师知玄鄙澈所为,昭度每与同列诣知玄,皆拜之,知玄揖使诣澈啜茶。

山南西道监军冯翊严遵美迎上于西县[2],丙申,车驾至兴元。

戊戌,以御史大夫孔纬、翰林学士承旨、兵部尚书杜让能并为兵部侍郎、同平章事。

保銮都将李铤等败邠军于凤州。

诏加王重荣应接粮料使,使调本道谷十五万斛以济国用。重荣表称令孜未诛,不奉诏。

以尚书左丞卢渥为户部尚书,充山南西道留后。以严遵美为内枢密使,遣王建帅部兵戍三泉[3],晋晖及神策军使张造帅四都兵屯黑水[4],修栈道以通往来。以建遥领壁州刺史[5]。将帅遥领州镇自此始。

陈敬瑄疑东川节度使高仁厚,欲去之。遂州刺史郑君立起兵攻陷汉州,进向成都;敬瑄遣其将李顺之逆战,君立败死。敬瑄又发维、茂羌军击仁厚,杀之。

朱玫以田令孜在天子左右,终不可去,言于萧遘曰:"主上播迁六年,中原将士冒矢石,百姓供馈饷,战死饿死,什减七八,仅得复京城。天下方喜车驾还宫,主上更以勤王之功为敕使之荣[6],委以大权,使堕纲纪,骚扰藩镇,召乱生祸。玫昨奉尊命来迎大驾,不蒙信察,反类胁君。吾辈报国之心极矣,战贼之力殚矣,安能垂头弭耳,受制于阉寺之手哉[7]!李氏孙尚多,相公盍改图以利社稷乎?"遘曰:"主上践阼十余年[8],无大过恶。正以令孜专权肘腋[9],致坐不安席,上每言之,流涕不已。近日上初无行意,令孜陈兵帐前,迫胁以行,不容俟旦。罪皆在令孜,人谁不知!足下尽心王室,正有引兵还镇,拜表迎銮。废立重事,伊、霍所难[10],遘不敢闻命!"玫出,宣言曰:"我立李氏一王,敢异议者斩!"

夏,四月,壬子,玫逼凤翔百官奉襄王煴权监军国事,承制封拜指挥,仍遣大臣入蜀迎驾,盟百官于石鼻驿。玫使萧遘为册文,遘辞以文思荒落;乃使兵部侍郎判户部郑昌图为之。乙卯,煴受册，玫自兼左、右神策十军使，帅百官奉煴还京师；以郑昌图同平章事、判度支、盐铁、户部，各置副使，三司之事一以委焉[11]。河中百官崔安潜等上襄王笺，贺受册。

田令孜自知不为天下所容，乃荐枢密使杨复恭为左神策中尉、观军容使，自除西川监军使，往依陈敬瑄。复恭斥令孜之党，出王建为利州刺史，晋晖为集州刺史，张造为万州刺史，李师泰为忠州刺史。

【注释】

①山南：地名。唐太宗贞观元年（627）置山南道，为贞观十道之一。开元时分为山南东道、山南西道，东道治所在襄州（今湖北襄阳市），西道治所在梁州（今陕西汉中市）。此处指西道。　②西县：县名。隋炀帝大业三年（607）以嶓冢县改名。唐属兴元府，治今陕西汉中市勉县西老城。　③三泉：县名。北魏宣武帝正始中置县，治今四川广元市北。天宝时移治今陕西汉中市宁强县西北阳平关。　④黑水：水名。在陕西城固县西北太白山，南流入汉水。　⑤遥领：担任职名，不亲往治所任职。　⑥敕使：皇帝的使者。此处指田令孜等人。　⑦阉（yān 奄）寺：宦官的代称。　⑧践阼：亦作“践祚”，指帝王即位。践，履。古代庙、寝堂前两阶，主阶在东，称阼阶，阼阶上为主位，因称即位行事为“践阼”。⑨肘腋：肘为肘部，腋为腋窝，比喻切近的地方。　⑩伊、霍：伊指伊尹，霍指霍光，均为古人名。商代伊尹放逐太甲，汉代霍光废昌邑王，都是废立君主的大事。　⑪三司：唐代以御史大夫、中书、门下为三司。

五月，朱玫以中书侍郎、同平章事萧遘为太子太保，自加侍中、诸道盐铁、转运等使；加裴澈判度支，郑昌图判户部；以淮南节度使高骈兼中书令，充江、淮盐铁、转运等使、诸道行营兵马都统；淮南右都押牙、和州刺史吕用之为岭南东道节度使；大行封拜以悦藩镇。遣吏部侍郎夏侯潭宣谕河北，户部侍郎杨陟宣谕江、淮，诸藩镇受其命者什六七，高骈仍奉笺劝进。

吕用之建牙开幕，一与骈同，凡骈之腹心及将校能任事者，皆逼以从己，诸所施为，不复咨禀。骈颇疑之，阴欲夺其权，而根蒂已固[1]，无如之何。用之知之，甚惧，访于其党前度支巡官郑杞、前知庐州事董瑾，杞曰："此固为晚矣。"用之问策安出，杞曰："曹孟德有言[②]：'宁我负人，无人负我。'"明日，与瑾共为书一缄授用之，其语秘，人莫有知者。

萧遘称疾归永乐[③]。

初，凤翔节度使李昌符与朱玫同谋立襄王，既而玫自为宰相专权，昌符怒，不受其官，更通表兴元。诏加昌符检校司徒。

朱玫遣其将王行瑜将邠宁、河西兵五万追乘舆，感义节度使杨晟战数却，弃散关走，行瑜进屯凤州。

是时，诸道贡赋多之长安，不之兴元，从官卫士皆乏食，上涕泣，不知为计。杜让能言于上曰："杨复光与王重荣同破黄巢，复京城，相亲善；复恭其兄也。若遣重臣往谕以大义，且致复恭之意，宜有回虑归国之理。"上从之，遣右谏议大夫刘崇望使于河中，赍诏谕重荣，重荣既听命，遣使表献绢十万匹，且请讨朱玫以自赎。

戊戌，襄王煴遣使至晋阳赐李克用诏，言："上至半涂，六军变扰，苍黄晏驾[④]，吾为藩镇所推，今已受册。"朱玫亦与克用书，克用闻其谋皆出于玫，大怒。大将盖寓说克用曰："銮舆播迁，天下皆归咎于我，今不诛玫，黜李煴，无以自湔洗。"克用从之，燔诏书，囚使者，移檄邻道，称："玫敢欺藩方，明言晏驾。当道已发蕃、汉三万兵进讨凶逆，当共立大功。"寓，蔚州人也。

秦贤寇宋汴，朱全忠败之于尉氏南；癸巳，遣都将郭言将步骑三万击蔡州。

六月，以扈跸都将杨守亮为金商节度[⑤]、京畿制置使，将兵二万出金州[⑥]，与王重荣、李克用共讨朱玫。守亮本姓訾，名亮，曹州人，与弟信皆为杨复光假子，更名守亮、守信。

李克用遣使奉表称："方发兵济河，除逆党，迎车驾，愿诏诸道与臣协力。"先是，山南之人皆言克用与朱玫合，人情汹惧；表至，上出示从官，并谕山南诸镇，由是帖然。然克用表犹以朱全忠为言，上使杨复恭以书谕之云："俟三辅事宁，别有进止。"

衡州刺史周岳发兵攻潭州，钦化节度使闵勖招淮西将黄皓入城共守，皓遂杀勖。岳攻拔州城，擒皓，杀之。

镇海节度使周宝遣牙将丁从实袭常州，逐张郁；郁奔海陵[7]，依镇遏使南昌高霸。霸，高骈将也，镇海陵，有民五万户，兵三万人。

秋，七月，秦宗权陷许州，杀节度使鹿晏弘。

王行瑜进攻兴州[8]，感义节度使杨晟弃镇走，据文州[9]，诏保銮都将李铤、扈跸都将李茂贞、陈佩屯大唐峰以拒之。茂贞，博野人，本姓宋，名文通，以功赐姓名。

更命钦化军曰武安，以衡州刺史周岳为节度使。

八月，卢龙节度使李全忠薨，以其子匡威为留后。

王潮拔泉州，杀廖彦若。潮闻福建观察陈岩威名，不敢犯福州境，遣使降之，岩表潮为泉州刺史。潮沉勇有智略，既得泉州，招怀离散，均赋缮兵，吏民悦服。幽王绪于别馆，绪惭，自杀。

【注释】

①蒂：花或瓜果跟枝茎相连的部分。 ②曹孟德：即曹操（155—220），字孟德，沛国谯（今安徽亳州市）人。东汉末政治家、军事家、文学家。官至丞相，受封为魏王。其子曹丕称帝，建立魏国，追尊其为魏武帝。 ③永乐：县名。唐高祖武德二年（619）置县，治今山西芮城县西南。七年（624）移治今山西芮城县西南永乐镇。 ④晏驾：古代称帝王死亡为晏驾。 ⑤扈跸：古代称护从皇帝车驾为扈跸。扈跸都是神策军五十四都之一。 ⑥金州：地名。西魏废帝三年（554）以东梁州改名，治西城县（今陕西安康市）。 ⑦海陵：县名。西汉初置县，治今江苏泰州市。 ⑧兴州：地名。西魏废帝三年（554）以东益州改名，治汉曲县（今陕西略阳县）。 ⑨文州：地名。西魏初置。德宗建中三年（782）移治今甘肃文县。

九月，朱玫将张行实攻大唐峰，李铤等击却之。金吾将军满存与邠军战，破之，复取兴州，进守万仞寨[1]。

李克修攻孟方立，甲午，擒其将吕臻于焦冈，拔故镇、武安、临洺、邯郸、沙河；以大将安金俊为邢州刺史。

长安百官太子太师裴璩等劝进于襄王煴。冬，十月，煴即皇帝位，改元建贞，遥尊上为太上元皇圣帝。

董昌谓钱镠曰："汝能取越州，吾以杭州授汝。"镠曰："然，不取终为后患。"遂将兵自诸暨趋平水[2]，凿山开道五百里，出曹娥埭，浙东将鲍君福帅众降之。镠与浙东军战，屡破之，进屯丰山[3]。

感化牙将张雄、冯弘铎得罪于节度使时溥，聚众三百，走渡江，袭苏州，据之。雄自称刺史，稍聚兵至五万，战舰千余，自号天成军。

河阳节度使诸葛爽薨，大将刘经、张全义立爽子仲方为留后。全义，临濮人也。

李克修攻邢州，不克而还。

十一月，丙戌，钱镠克越州，刘汉宏奔台州[4]。

义成节度使安师儒委政于两厢都虞候夏侯晏、杜标，二人骄恣，军中忿之；小校张骁潜出，聚众二千攻州城，师儒斩晏、标首谕之，军中稍息。天平节度使朱瑄谋取滑州[5]，遣濮州刺史朱裕将兵诱张骁，杀之。朱全忠先遣其将朱珍、李唐宾袭滑州，入境，遇大雪，珍等一夕驰至壁下，百梯并升，遂克之。虏师儒以归。全忠以牙将江陵胡真知义成留后。

田令孜至成都请寻医，许之。

十二月，戊寅[6]，诸军拔凤州，以满存为凤州防御使。

杨复恭传檄关中，称"得朱玫首者，以静难节度使赏之"。王行瑜战数败，恐获罪于玫，与其下谋曰："今无功，归亦死；曷若与汝曹斩玫首，定京城，迎大驾，取邠宁节钺乎？"众从之。甲寅，行瑜自凤州擅引兵归京师，玫方视事，闻之，怒，召行瑜，责之曰："汝擅归，欲反邪？"行瑜曰："吾不反，欲诛反者朱玫耳！"遂擒斩之，并杀其党数百人。诸军大乱，焚掠京城，士民无衣冻死者蔽地。裴澈、郑昌图帅百官二百余人奉襄王奔河中，王重荣诈为迎奉，执煴，杀之，囚澈、昌图；百官死者殆半。

台州刺史杜雄诱刘汉宏，执送董昌，斩之。昌徙镇越州，自称知浙东军府事，以钱镠知杭州事。

王重荣函襄王煴首至行在，刑部请御兴元城南楼献馘，百官毕贺。太常博士殷盈孙议，以为："煴为贼臣所逼，正以不能死节为罪耳。礼，公族罪在大辟[7]，君为之素服不举。今煴已就诛，宜废为庶人，令所在葬其首。其献馘称贺之礼，请俟朱玫首至而行之。"从之。盈孙，侑之孙也。

河阳大将刘经，畏李罕之难制，自引兵镇洛阳，袭罕之于渑池，为罕之所败；经弃洛阳走，罕之追杀殆尽。罕之军于巩，将渡河，经遣张全义将兵拒之。时诸葛仲方幼弱，政在刘经，诸将多不附，全义遂与罕之合兵攻河阳，为经所败，罕之、全义走保怀州。

初，忠武决胜指挥使孙儒与龙骧指挥使朗山刘建锋戍蔡州，拒黄巢，扶沟马殷隶军中，以材勇闻。及秦宗权叛，儒等皆属焉。宗权遣儒将兵攻陷郑州，刺史李璠奔大梁。儒进陷河阳，留后诸葛仲方奔大梁。儒自称节度使，张全义据怀州，李罕之据泽州以拒之。

初，长安人张佶为宣州幕僚，恶观察使秦彦之为人，弃官去；过蔡州，宗权留以为行军司马。佶谓刘建锋曰："秦公刚鸷而猜忌[8]，亡无日矣，吾属何以自免！"建锋方自危，遂与佶善。

寿州刺史张翱遣其将魏虔将万人寇庐州，庐州刺史杨行愍遣其将田頵、李神福、张训拒之，败虔于褚城[9]。滁州刺史许勍袭舒州，刺史陶雅奔庐州。高骈命行愍更名行密。

是岁，天平牙将朱瑾逐泰宁节度使齐克让，自称留后。瑾将袭兖州，求婚于克让，乃自郓盛饰车服，私藏兵甲以赴之。亲迎之夕，甲士窃发，逐克让而代之。朝廷因以瑾为泰宁节度使。

安陆贼帅周通攻鄂州，路审中亡去；岳州刺史杜洪乘虚入鄂，自称武昌留后，朝廷因以授之。湘阴贼帅邓进思复乘虚陷岳州。

秦宗言围荆南二年，张瓌婴城自守，城中米斗直钱四十缗，食甲鼓皆尽，击门扉以警夜，死者相枕。宗言竟不能克而去。

【注释】

①万仞寨：地名。在今陕西略阳西北长峰之北。 ②平水：地名。越州会稽县有平水镇，在今浙江绍兴市东南。 ③丰山：地名。又作"风山"，在今浙江余姚西北。 ④台州：地名。唐高祖武德五年(622)以海州改名，治所在临海县(今浙江临海市)。 ⑤滑州：地名。隋文帝开皇十六年(596)改杞州置，治今河南滑县东。 ⑥戊寅：此处误，十二月无此日。 ⑦大辟：中国古代五刑之一，指死刑。 ⑧鸷(zhì 至)：凶猛。

⑨褚城：地名。又作“赭城”，在今安徽合肥市西北。

三年　春，正月，以邠州都将王行瑜为静难军节度使，扈跸都头李茂贞领武定节度使，扈跸都头杨守宗为金商节度使，右卫大将军顾彦朗为东川节度使，金商节度使杨守亮为山南西道节度使。彦朗，丰县人也。

辛巳，以董昌为浙东观察使，钱镠为杭州刺史。

秦宗权自以兵力十倍于朱全忠，而数为所败，耻之，欲悉力以攻汴州。全忠患兵少，二月，以诸军都指挥使朱珍为淄州刺史，募兵于东道，期以初夏而还。

戊辰，削夺三川都监田令孜官爵，长流端州[①]。然令孜依陈敬瑄，竟不行。

代北节度使李国昌薨。

三月，癸未，诏伪宰相萧遘、郑昌图、裴澈，于所在集众斩之，皆死于岐山[②]。时朝士受煴官者甚众，法司皆处以极法；杜让能力争之，免者什七八。

壬辰，车驾至凤翔，节度使李昌符，恐车驾还京虽不治前过，恩赏必疏，乃以宫室未完，固请驻跸府舍，从之。

太傅兼侍中郑从谠罢为太子太保。

镇海节度使周宝募亲军千人，号后楼兵，禀给倍于镇海军；镇海军皆怨，而后楼兵浸骄不可制。宝溺于声色，不亲政事，筑罗城二十余里，建东第，人苦其役。宝与僚属宴后楼，有言镇海军怨望者，宝曰：“乱则杀之！”度支催勘使薛朗以其言告所善镇海军将刘浩，戒之使戢士卒，浩曰：“惟反可以免死耳！”是夕，宝醉，方寝，浩帅其党作乱，攻府舍而焚之。宝惊起，徒跣叩芙蓉门呼后楼兵[③]，后楼兵亦反矣。宝帅家人步走出青阳门，遂奔常州，依刺史丁从实。浩杀诸僚佐，癸巳，迎薛朗入府，推为留后。宝先兼租庸副使，城中货财山积，是日，尽于乱兵之手。

高骈闻宝败，列牙受贺，遣使馈以齑粉[④]。宝怒，掷之地曰：“汝有吕用之在，它日未可知也！”扬州连岁饥，城中馁死者日数千人，坊巷为之寥落，妖异数见，骈悉以为周宝当之。

山南西道节度使杨守亮忌利州刺史王建骁勇，屡召之；建惧，不往。前龙州司仓周庠说建曰："唐祚将终，藩镇互相吞噬，皆无雄才远略，不能戡济多难[5]。公勇而有谋，得士卒心，立大功者非公而谁！然葭萌四战之地[6]，难以久安。阆州地僻人富[7]，杨茂实，陈、田之腹心，不修职贡，若表其罪，兴兵讨之，可一战而擒也。"建从之，召募溪洞酋豪，有众八千，沿嘉陵江而下，袭阆州，逐其刺史杨茂实而据之，自称防御使，招纳亡命，军势益盛，守亮不能制。

部将张虔裕说建曰："公乘天子微弱，专据方州，若唐室复兴，公无种矣。宜遣使奉表天子，杖大义以行师，蔑不济矣。"部将綦毋谏复说建养士爱民以观天下之变。建皆从之。庠、虔裕、谏，皆许州人也。

初，建与东川节度使顾彦朗俱在神策军，同讨贼；建既据阆州，彦朗畏其侵暴，数遣使问遗，馈以军食，建由是不犯东川。

初，周宝闻淮南六合镇遏使徐约兵精，诱之使击苏州。

【注释】

①端州：地名。隋文帝开皇九年（589）置，治所在高要县（今广东肇庆市高要区）。　②岐山：县名。隋文帝开皇十六年（596）以三龙县改名。太宗贞观八年（634）移治今陕西岐山县。　③徒跣（xiǎn 显）：赤脚步行。跣，赤脚。　④齑粉：细粉、碎屑。　⑤戡（kān 堪）：攻克、平定。⑥葭萌：县名。隋文帝开皇十八年（598）以晋安县改名，治今四川广元市西南汉葭萌县之南。利州为古葭萌之地，世传古蜀王封其弟葭萌于此，因以名邑。　⑦阆（làng 浪）州：地名。唐玄宗先天二年（713）以隆州改名，治所在阆中县（今四川阆中市）。

资治通鉴卷第二百五十七

唐纪七十三　起强圉协洽四月，尽著雍涒滩，凡一年有奇。

僖宗惠圣恭定孝皇帝下之下

光启三年　夏，四月，甲辰朔，约逐苏州刺史张雄，帅其众逃入海。

高骈闻秦宗权将寇淮南，遣左厢都知兵马使毕师铎将百骑屯高邮。

时吕用之用事，宿将多为所诛，师铎自以黄巢降将，常自危。师铎有美妾，用之欲见之，师铎不许；用之因师铎出，窃往见之，师铎惭怒，出其妾，由是有隙。

师铎将如高邮，用之待之加厚，师铎益疑惧，谓祸在旦夕。师铎子娶高邮镇遏使张神剑女，师铎密与之谋，神剑以为无是事。神剑名雄，人以其善用剑，故谓之“神剑”。时府中籍籍[①]，亦以为师铎且受诛，其母使人语之曰：“设有是事，汝自努力前去，勿以老母、弱子为累！”师铎疑未决。

会骈子四十三郎者素恶用之，欲使师铎帅外镇将吏疏用之罪恶，闻于其父，密使人绐之曰[②]：“用之比来频启令公[③]，欲因此相图，已有委曲在张尚书所[④]，宜备之！”师铎问神剑曰：“昨夜使司有文书，翁胡不言？”神剑不寤，曰：“无之。”师铎不自安，归营，谋于腹心，皆劝师铎起兵诛用之，师铎曰：“用之数年以来，人怨鬼怒，安知天不假手于我诛之邪！淮宁军使郑汉章，我乡人，昔归顺时副将也，素切齿于用之，闻吾谋，必喜。”乃夜与百骑潜诣汉章，汉章大喜，悉发镇兵及驱居民合千余人从师铎至高邮。师铎诘张神剑以所得委曲，神剑惊曰：“无有。”师铎声色浸厉，神剑奋曰：“公何见事之暗！用之奸恶，天地所不容。况近者重赂权贵得岭南节度，复不行，或云谋窃据此土，使其得志，吾辈岂能握刀头事此妖物邪！要咼此数贼以谢淮海[⑤]，何必多言！”汉章喜，遂命取酒，割臂血沥酒，共饮之。乙巳，众推师铎为行营使，为文告天地，移书淮南境内，言诛用之及张守一、诸葛殷之意。以汉章为行营副使，神剑为都指挥使。

神剑以师铎成败未可知，请以所部留高邮，曰：“一则为公声援，二则供给粮饷。”师铎不悦，汉章曰：“张尚书谋亦善，苟终始同心，事捷之日，子女玉帛相与共之，今日岂可复相违！”师铎乃许之。戊申，师铎、汉章发高邮。

庚戌，诇骑以白高骈，吕用之匿之。

朱珍至淄青旬日，应募者万余人，又袭青州，获马千匹；辛亥，还，至大梁，朱全忠喜曰：“吾事济矣！”

时蔡人方寇汴州，其将张晊屯北郊，秦贤屯板桥，各有众数万，列三十六寨，连延二十余里。全忠谓诸将曰：“彼蓄锐休兵，方来击我，未知朱珍之至，谓吾兵少，畏怯自守而已；宜出其不意，先击之。”乃自引兵攻秦贤寨，士卒踊跃争先；贤不为备，连拔四寨，斩万余级，蔡人大惊，以为神。

全忠又使牙将新野郭言募兵于河阳、陕、虢，得万余人而还。

【注释】

①籍籍：亦作“藉藉”，纷乱貌，常形容众口喧腾。 ②绐（dài 怠）：欺骗、谎言。 ③令公：此指高骈。襄王李煴曾加高骈为中书令，故称令公。 ④委曲：原意为事情的底细和原委。当时称机密文书为委曲，此处指机密文书。张尚书：指张神剑。 ⑤淮海：地名。此处指扬州地区。

毕师铎兵奄至广陵城下，城中惊扰。壬子，吕用之引麾下劲兵，诱以重赏，出城力战。师铎兵少却，用之始得断桥塞门为守备。是日，骈登延和阁，闻喧噪声，左右以师铎之变告。骈惊，急召用之诘之，用之徐对曰：“师铎之众思归，为门卫所遏，适已随宜区处，计寻退散；傥或不已，正烦玄女一力士耳[①]，愿令公勿忧。”骈曰：“近者觉君之妄多矣，君善为之，勿使吾为周侍中[②]！”言毕，惨沮久之，用之惭懅而退[③]。

师铎退屯山光寺，以广陵城坚兵多，甚有悔色；癸丑，遣其属孙约与其子诣宣州，乞师于观察使秦彦，且许以克城之日迎彦为帅。会师铎馆客毕慕颜自城中逃出，言“众心离散，用之忧窘，若坚守之，不日当溃”。师铎乃悦。

是日未明，骈召用之，问以事本末，用之始以实对，骈曰：“吾不欲复出兵相攻，君可选一温信大将，以我手札谕之，若其未从，当别处分。”用之退，念诸将皆仇敌，往必不利于己，甲寅，遣所部讨击副使许戡，赍骈委曲及用之誓状并酒殽出劳师铎。师铎始亦望骈旧将劳问，得以具陈用之奸恶，披泄积愤，见戡至，大骂曰：“梁缵、韩问何在，乃使此秽物来。”戡未及发言，已牵出斩之。乙卯，师铎射书入城，用之不发，即焚之。

丁巳，用之以甲士百人入见骈于延和阁下，骈大惊，匿于寝室，久而后出，曰：“节度使所居，无故以兵入，欲反邪！”命左右驱出。用之大惧，出子城南门[④]，举策指之曰：“吾不可复入此！”自是高、吕始判矣。

是夜，骈召其从子前左金吾卫将军杰密议军事；戊午，署杰都牢城使，泣而勉之，以亲信五百人给之。

用之命诸将大索城中丁壮，无问朝士、书生，悉以白刃驱缚登城，令分立城上，自旦至暮，不得休息；又恐其与外寇通，数易其地，家人饷之，莫知所在。由是城中人亦恨师铎入城之晚也。

骈遣大将石锷以师铎幼子及其母书并骈委曲至扬子谕师铎[⑤]，师铎遽遣其子还，曰：“令公但斩吕、张以示师铎，师铎不敢负恩，愿以妻子为质。”骈恐用之屠其家，收师铎母妻子置使院。

辛酉，秦彦遣其将秦稠将兵三千至扬子助师铎。壬戌，宣州军攻南门，不克；癸亥，又攻罗城东南隅，城几陷者数四。甲子，罗城西南隅守者焚战格以应师铎，师铎毁其城以内其众。用之帅其众千人力战于三桥北，师铎垂败，会高杰以牢城兵自子城出，欲擒用之以授师铎，用之乃开参佐门北走。骈召梁缵以昭义军百余人保子城。

乙丑，师铎纵兵大掠。骈不得已，命彻备，与师铎相见于延和阁下，交拜如宾主之仪，署师铎节度副使、行军司马，仍承制加左仆射，郑汉章等各迁官有差。

左莫邪都虞候申及[6]，本徐州健将，入见骈，说之曰："师铎逆党不多，诸门尚未有守者，请令公及此选元从三十人，夜自教场门出，比师铎觉之，追不及矣。然后发诸镇兵，还取府城，此转祸为福也。若一二日事定，浸恐艰难，及亦不得在左右矣。"言之，且泣，骈犹豫不听。及恐语泄，遂窜匿，会张雄至东塘，及往归之。

丙寅，师铎果分兵守诸门，搜捕用之亲党，悉诛之。师铎入居使院，秦稠以宣军千人分守使宅及诸仓库。丁卯，骈牒请解所任，以师铎兼判府事。

师铎遣孙约至宣城，趣秦彦过江。或说师铎曰："仆射向者举兵，盖以用之辈奸邪暴横，高令公坐自聋瞽，不能区理，故顺众心为一方去害。今用之既败，军府廓然，仆射宜复奉高公而佐之，但总其兵权以号令，谁敢不服！用之乃淮南一叛将耳，移书所在，立可枭擒。如此，外有推奉之名，内得兼并之实，虽朝廷闻之，亦无亏臣节。使高公聪明，必知内愧；如其不悛，乃机上肉耳，奈何以此功业付之他人，岂惟受制于人，终恐自相鱼肉！前日秦稠先守仓库，其相疑已可见。且秦司空为节度使[7]，庐州、寿州其肯为之下乎！仆见战攻之端未有穷已，岂惟淮南之人肝脑涂地，窃恐仆射功名成败未可知也！不若及今亟止秦司空勿使过江，彼若粗识安危，必不敢轻进。就使他日责我以负约，犹不失为高氏忠臣也。"师铎大以为不然，明日，以告郑汉章，汉章曰："此智士也！"散求之，其人畏祸，竟不复出。

戊辰，骈迁家出居南第，师铎以甲士百人为卫，其实囚之也。是日，宣军以所求未获，焚进奉两楼数十间，宝货悉为煨烬。己巳，师铎于府厅视事，凡官吏非有兵权者皆如故，复迁骈于东第。自城陷，诸军大掠，昼夜不已，至是，师铎始以先锋使唐宏为静街使，禁止之。

骈先为盐铁使，积年不贡奉，货财在扬州者，填委如山。骈作郊天、御楼六军立仗仪服，及大殿元会、内署行幸供张器用，皆刻镂金玉、蟠龙蹙凤数十万事，悉为乱兵所掠，归于闾阎[8]，张陈寝处其中。

庚午，获诸葛殷，杖杀之，弃尸道旁，怨家抉其目，断其舌，众以瓦石投之，须臾成冢。吕用之之败也，其党郑杞首归师铎，师铎署杞知海陵监事。杞至海陵，阴记高霸得失，闻于师铎。霸获其书，杖杞背，断手足，刳目截舌，然后斩之。

【注释】

①玄女：古代传说中的女神名。亦称“九天玄女”。　②周侍中：指周宝。曾任镇海节度使，因溺于声色，不亲政事，部下作乱，遂败。③懅（jù 据）：慌张、惶恐。　④子城：大城所属的小城，即内城或附在城垣上的瓮城或月城。　⑤扬子：县名。唐高宗永淳元年（682）置县，治今江苏扬州市南。　⑥左莫邪都虞候：高骈于僖宗中和二年（882）选募诸军骁勇之士二万人，号左、右莫邪都。都虞候为军中执法长官。　⑦秦司空：指秦彦。曾任宣歙观察使。　⑧闾阎：原指里巷的门，此处借指平民百姓。

蔡将卢瑭屯于万胜[1]，夹汴水而军，以绝汴州运路，朱全忠乘雾袭之，掩杀殆尽。于是蔡兵皆徙就张晊，屯于赤冈，全忠复就击之，杀二万余人。蔡人大惧，或军中自相惊，全忠乃还大梁，养兵休士。

辛未，高骈密以金遗守者，毕师铎闻之，壬午[2]，复迎骈入道院，收高氏子弟甥侄十余人同幽之。

前苏州刺史张雄帅其众自海溯江，屯于东塘，遣其将赵晖入据上元[3]。

毕师铎之攻广陵也，吕用之诈为高骈牒，署庐州刺史杨行密行军司马，追兵入援。庐江人袁袭说行密曰：“高公昏惑，用之奸邪，师铎悖逆，凶德参会，而求兵于我，此天以淮南授明公也，趣赴之。”行密乃悉发庐州兵，复借兵于和州刺史孙端，合数千人赴之，五月，至天长[4]。郑汉章之从师铎也，留其妻守淮口，用之帅众攻之，旬日不克，汉章引兵救之。用之闻行密至天长，引兵归之。

丙子，朱全忠出击张晊，大破之。秦宗权闻之，自郑州引精兵会之。

张神剑求货于毕师铎，师铎报以俟秦司空之命，神剑怒，亦以其众归杨行密；及海陵镇遏使高霸、曲溪人刘金、盱眙人贾令威悉以其众属焉。行密众至万七千人，张神剑运高邮粮以给之。

朱全忠求救于兖、郓，朱瑄、朱瑾皆引兵赴之，义成军亦至。辛巳，全忠以四镇兵攻秦宗权于边孝村，大破之，斩首二万余级；宗权宵遁，全忠追之，至阳武桥而还。全忠深德朱瑄，兄事之。蔡人之守东都、河阳、许、汝、怀、郑、陕、虢者，闻宗权败，皆弃去。宗权发郑州，孙儒发河阳，皆屠灭其人，焚其庐舍而去，宗权之势自是稍衰。朝廷以扈驾都头杨守宗知许州事，朱全忠以其将孙从益知郑州事。

钱镠遣东安都将杜稜、浙江都将阮结、静江都将成及将兵讨薛朗。

甲午，秦彦将宣歙兵三万余人，乘竹筏沿江而下，赵晖邀击于上元，杀溺殆半。丙申，彦入广陵，自称权知淮南节度事，仍以毕师铎为行军司马，补池州刺史赵锽为宣歙观察使。戊戌，杨行密帅诸军抵广陵城下，为八寨以守之，秦彦闭城自守。

【注释】

①万胜：镇名。一名万胜寨，在今河南中牟县西北。　②壬午：此处误，四月无此日。　③上元：县名。唐肃宗上元二年(761)以江宁县改名，治今江苏南京市。　④天长：县名。唐玄宗天宝七年(748)改千秋县置，治今安徽天长市。

六月，戊申，天威都头杨守立与凤翔节度使李昌符争道[①]，麾下相殴，帝命中使谕之，不止。是夕，宿卫皆严兵为备。己酉，昌符拥兵烧行宫，庚戌，复攻大安门。守立与昌符战于通衢，昌符兵败，帅麾下走保陇州。杜让能闻难，挺身步入侍；韦昭度质其家于军中，誓诛反贼，故军士力战而胜之。守立，复恭之假子也。壬子，以扈驾都将、武定节度使李茂贞为陇州招讨使，以讨昌符。

甲寅，河中牙将常行儒杀节度使王重荣。重荣用法严，末年尤甚。行儒尝被罚，耻之，遂作乱。夜，攻府舍，重荣逃于别墅；明旦，行儒得而杀之。制以陕虢节度使王重盈为护国节度使，又以重盈子珙权知陕虢留后。重盈至河中，执行儒，杀之。

戊午，秦彦遣毕师铎、秦稠将兵八千出城，西击杨行密，稠败死，士卒死者什七八。城中乏食，樵采路绝，宣州军始食人。

壬戌，亳州将谢殷逐其刺史宋衮。

孙儒既去河阳，李罕之召张全义于泽州[②]，与之收合余众。罕之据河阳，全义据东都，共求援于河东；李克用以其将安金俊为泽州刺史，将骑助之，表罕之为河阳节度使，全义为河南尹。

初，东都经黄巢之乱，遗民聚为三城以相保，继以秦宗权、孙儒残暴，仅存坏垣而已。全义初至，白骨蔽地，荆棘弥望，居民不满百户，全义麾下才百余人，相与保中州城[③]，四野俱无耕者。全义乃于麾下选十八人材器可任者，人给一旗一榜，谓之屯将，使诣十八县故墟落中[④]，植旗张榜，招怀流散，劝之树艺。惟杀人者死，余但笞杖而已，无严刑，无租税，民归之者如市。又选壮者教之战陈，以御寇盗。数年之后，都城坊曲，渐复旧制，诸县户口，率皆归复，桑麻蔚然，野无旷土。其胜兵者，大县至七千人，小县不减二千人，乃奏置令佐以治之。全义明察，人不能欺，而为政宽简。出，见田畴美者，辄下马，与僚佐共观之，召田主，劳以酒食；有蚕麦善收者，或亲至其家，悉呼出老幼，赐以茶彩衣物。民间言："张公不喜声伎，见之未尝笑，独见佳麦良茧则笑耳。"有田荒秽者，则集众杖之；或诉以乏人牛，乃召其邻里责之曰："彼诚乏人牛，何不助之！"众皆谢，乃释之。由是邻里有无相助，故比户皆有蓄积，凶年不饥，遂成富庶焉。

杜稜等败薛朗将李君暀于阳羡[⑤]。

秋，七月，癸未，淮南将吴苗帅其徒八千人逾城降杨行密。

八月，壬寅朔，李茂贞奏陇州刺史薛知筹以城降，斩李昌符，灭其族。

朱全忠引兵过亳州，遣其将霍存袭谢殷，斩之。

丙子[⑥]，以李茂贞同平章事、充凤翔节度使。

以韦昭度守太保、兼侍中。

朱全忠欲兼兖、郓，而以朱瑄兄弟有功于己，攻之无名，乃诬瑄招诱宣武军士，移书诮让。瑄复书不逊，全忠遣其将朱珍、葛从周袭曹州，壬子，拔之，杀刺史丘弘礼。又攻濮州，与兖、郓兵战于刘桥⑦，杀数万人，朱瑄、朱瑾仅以身免。全忠与兖、郓始有隙。

秦彦以张雄兵强，冀得其用，以仆射告身授雄，以尚书告身三通授裨将冯弘铎等。广陵人竞以金玉珠缯诣雄军贸食，通犀带一，得米五升，锦衾一，得糠五升。雄军既富，不复肯战，未几，复助杨行密。

丁卯，彦悉出城中兵万二千人，遣毕师铎、郑汉章将之，陈于城西，延袤数里，军势甚盛。行密安卧帐中，曰："贼近告我。"牙将李宗礼曰："众寡不敌，宜坚壁自守，徐图还师。"李涛怒曰："吾以顺讨逆，何论众寡，大军至此，去将安归！涛愿将所部为前锋，保为公破之！"涛，赵州人也。行密乃积金帛麰米于一寨⑧，使羸弱守之，多伏精兵于其旁，自将千余人冲其陈。兵始交，行密阳不胜而走，广陵兵追之，入空寨，争取金帛麰米，伏兵四起，广陵众乱，行密纵兵击之，俘斩殆尽，积尸十里，沟渎皆满，师铎、汉章单骑仅免。自是秦彦不复言出师矣。

【注释】

①天威：神策军五十四都之一。　②泽州：地名。隋文帝开皇初以建州改名，治所在丹川县（今山西晋城市东北）。唐高祖武德八年（625）移治端氏县（今山西沁水县东），唐太宗贞观元年（627）移治晋城县（今山西晋城市）。　③中州城：因城在其他二城中间，故谓之中州城。④十八县：河南二十县，河南、洛阳二县在城中，其余十八县是偃师、巩、缑氏、阳城、登封、陆浑、伊阙、新安、渑池、福昌、长水、永宁、寿安、密、河清、颍阳、伊阳、王屋。　⑤眭（wàng 旺）：同"旺"。阳羡：县名。秦置，治今江苏宜兴市南。　⑥丙子：此处误，八月无此日。　⑦刘桥：地名。在濮州范县西南（今山东鄄城县西南）。　⑧麰（móu 谋）：大麦，一作小麦。

九月，以户部侍郎、判度支张濬为兵部侍郎、同平章事。

高骈在道院，秦彦供给甚薄，左右无食，至然木像、煮革带食之，有相啖者。彦与毕师铎出师屡败，疑骈为厌胜[①]，外围益急，恐骈党有为内应者。有妖尼王奉仙言于彦曰："扬州分野极灾[②]，必有一大人死，自此喜矣。"甲戌，命其将刘匡时杀骈，并其子弟甥侄无少长皆死，同坎瘗之[③]。乙亥，杨行密闻之，帅士卒缟素向城大哭三日。

朱珍攻濮州，朱瑄遣其弟罕将步骑万人救之；辛卯，朱全忠逆击罕于范，擒斩之。

冬，十月，秦彦遣郑汉章将步骑五千出击张神剑、高霸寨，破之，神剑奔高邮，霸奔海陵。

丁未，朱珍拔濮州，刺史朱裕奔郓，珍进兵攻郓。瑄使裕诈遗珍书，约为内应，珍夜引兵赴之，瑄开门纳汴军，闭而杀之，死者数千人，汴军乃退。瑄乘胜复取曹州，以其属郭词为刺史。

甲寅，立皇子陞为益王。

杜稜等拔常州，丁从实奔海陵。钱镠奉周宝归杭州，属櫜鞬[④]，具部将礼，郊迎之。

杨行密围广陵且半年，秦彦、毕师铎大小数十战，多不利；城中无食，米斗直钱五十缗，草根木实皆尽，以堇泥为饼食之[⑤]，饿死者太半。宣军掠人诣肆卖之，驱缚屠割如羊豕，讫无一声，积骸流血，满于坊市。彦、师铎无如之何，嚬蹙而已[⑥]。外围益急，彦、师铎忧懑，殆无生意，相对抱膝，终日悄然。行密亦以城久不下，欲引还。己巳夜，大风雨，吕用之部将张审威帅麾下士三百，晨，伏于西壕，俟守者易代，潜登城，启关纳其众，守者皆不斗而溃。先是，彦、师铎信重尼奉仙，虽战陈日时，赏罚轻重，皆取决焉。至是复咨于奉仙曰："何以取济？"奉仙曰："走为上策。"乃自开化门出奔东塘。行密帅诸军合万五千人入城，以梁缵不尽节于高氏，为秦、毕用，斩于戟门之外[⑦]；韩问闻之，赴井死。以高骈从孙愈摄副使，使改殡骈及其族。城中遗民才数百家，饥羸非复人状，行密辇西寨米以赈之。行密自称淮南留后。

秦宗权遣其弟宗衡将兵万人度淮，与杨行密争扬州，以孙儒为副，张佶、刘建锋、马殷及宗权族弟彦晖皆从。十一月，辛未，抵广陵城西，据行密故寨，行密辎重之未入城者，为蔡人所得。秦彦、毕师铎至东塘，张雄不纳，将渡江趣宣州。宗衡召之，乃引兵还，与宗衡合。

未几，宗权召宗衡还蔡，拒朱全忠。孙儒知宗权势不能久，称疾不行；宗衡屡促之，儒怒，甲戌，与宗衡饮酒，坐中手刃之，传首于全忠。宗衡将安仁义降于行密。仁义，本沙陀将也，行密悉以骑兵委之，列于田頵之上。儒分兵掠邻州，未几，众至数万，以城下乏食，与彦、师铎袭高邮。

初，宣武都指挥使朱珍与排陈斩斫使李唐宾，勇略、功名略相当，全忠每战，使二人偕，往无不捷；然二人素不相下。珍使人迎其妻于大梁，不白全忠，全忠怒，追还其妻，杀守门者，使亲吏蒋玄晖召珍，以唐宾代总其众。馆驿巡官冯翊敬翔谏曰："朱珍未易轻取，恐其猜惧生变。"全忠悔，使人追止之。珍果自疑，丙子夜，珍置酒召诸将。唐宾疑其有异图，斩关奔大梁，珍亦弃军单骑继至。全忠两惜其才，皆不罪，遣还濮州，因引兵归。

全忠多权数，将佐莫测其所为，惟敬翔能逆知之，往往助其所不及。全忠大悦，自恨得翔晚，凡军机、民政悉以咨之。

辛巳，高邮镇遏使张神剑帅麾下二百人逃归扬州；丙戌，孙儒屠高邮。戊子，高邮残兵七百人溃围而至，杨行密虑其为变，分隶诸将，一夕尽坑之。明日，杀神剑于其第。

杨行密恐孙儒乘胜取海陵，壬寅[⑧]，命镇遏使高霸帅其兵民悉归府城，曰："有违命者，族之。"于是数万户弃资产、焚庐舍、挈老幼迁于广陵。戊戌，霸与弟晊、部将余绕山、前常州刺史丁从实至广陵，行密出郭迎之，与霸、晊约为兄弟，置其将卒于法云寺。

己亥，秦宗权陷郑州。

朝廷以淮南久乱，闰月，以朱全忠兼淮南节度使、东南面招讨使。

【注释】

①厌（yā 压）胜：古代方士的一种巫术，谓能以诅咒危害或制服人或物。 ②分野：我国古代星占术中的一种概念。它认为地上各州郡邦国和天上一定的区域相对应，在该天区发生的天象预兆着各对应地方的吉

凶。分野之说大约起源于春秋战国时期。 ③瘗(yì 意):埋、埋葬。 ④櫜鞬(gāo jiàn 高见):古代盛衣甲或弓箭的器具。 ⑤堇(qín 勤):黏土。 ⑥嚬蹙(pín cù 频促):皱眉蹙额。 ⑦戟门:亦作"棨门"。古代宫门立戟,唐制三品以上官员亦得于私门立戟。因设戟于门,故谓之戟门。 ⑧壬寅:此处误,十一月无此日。

陈敬瑄恶顾彦朗与王建相亲,恐其合兵图己,谋于田令孜,令孜曰:"建,吾子也,不为杨兴元所容①,故作贼耳。今折简召之,可致麾下。"乃遣使以书召之,建大喜,诣梓州见彦朗曰:"十军阿父见召②,当往省之。因见陈太师③,求一大州,若得之,私愿足矣!"乃留其家于梓州,帅麾下精兵二千,与从子宗锷、假子宗瑶、宗弼、宗侃、宗弁俱西。宗瑶,燕人姜郅;宗弼,许人魏弘夫;宗侃,许人田师侃;宗弁,鹿弁也。

建至鹿头关④,西川参谋李乂谓敬瑄曰:"王建,虎也,奈何延之入室?彼安肯为公下乎!"敬瑄悔,亟遣人止之,且增修守备。建怒,破关而进,败汉州刺史张顼于绵竹⑤,遂拔汉州,进军学射山,又败西川将句惟立于蚕此⑥,又拔德阳。敬瑄遣使让之,对曰:"十军阿父召我来,及门而拒之,重为顾公所疑,进退无归矣。"田令孜登楼慰谕之,建与诸将于清远桥上髡发罗拜⑦,曰:"今既无归,且辞阿父作贼矣!"顾彦朗以其弟彦晖为汉州刺史,发兵助建,急攻成都,三日不克而退,还屯汉州。

敬瑄告难于朝,诏遣中使和解之;又令李茂贞以书谕之,皆不从。

杨行密欲遣高霸屯天长以拒孙儒,袁袭曰:"霸,高氏旧将,常挟两端,我胜则来,不胜则叛。今处之天长,是自绝其归路也,不如杀之。"己酉,行密伏甲执霸及丁从实、余绕山,皆杀之。又遣千骑掩杀其党于法云寺,死者数千人。是日,大雪,寺外数坊地皆赤。高晬出走,明日,获而杀之。

吕用之之在天长也,绐杨行密曰:"用之有银五万铤⑧,埋于所居,克城之日,愿备麾下一醉之资。"庚戌,行密阅士卒,顾用之曰:"仆射许此曹银,何食言邪!"因牵下械系,命田頵鞫之⑨,云:"与郑杞、董瑾谋因中元夜[10]，邀高骈至其第建黄箓斋[11]，乘其入静，缢杀之，声言上升。因令莫邪都帅诸军推用之为节度使。”是日，腰斩用之，怨家刳割立尽，并诛其族党。军士发其中堂，得桐人，书骈姓名于胸，桎梏而钉之。

袁袭言于行密曰：“广陵饥弊已甚，蔡贼复来，民必重困，不如避之。”甲寅，行密遣和州将延陵宗以其众二千人归和州，乙卯，又命指挥使蔡俦将兵千人，辎重数千两，归于庐州。

赵晖据上元，会周宝败，浙西溃卒多归之，众至数万。晖遂自骄大，治南朝台城而居之[12]，服用奢僭。张雄在东塘，晖不与通问；雄溯江而上，晖以兵塞其中流。雄怒，戊午，攻上元，拔之。晖奔当涂，未至，为其下所杀。余众降，雄悉坑之。

朱全忠遣内客将张廷范致朝命于杨行密，以行密为淮南节度副使，又以宣武行军司马李璠为淮南留后，遣牙将郭言将兵千人送之。

感化节度使时溥自以于全忠为先进，官为都统，顾不得领淮南，而全忠得之，意甚恨望。全忠以书假道于溥，溥不许。璠至泗州，溥以兵袭之，郭言力战得免而还，徐、汴始构怨。

十二月，癸巳，秦宗权所署山南东道留后赵德諲陷荆南，杀节度使张瓌，留其将王建肇守城而去，遗民才数百家。

饶州刺史陈儒陷衢州。

上蔡贼帅冯敬章陷蕲州[13]。

乙未，周宝卒于杭州。

钱镠以杜稜为常州制置使。命阮结等进攻润州[14]，丙申，克之。刘浩走，擒薛朗以归。

【注释】

①杨兴元：即杨守亮。时任山南西道节度使。　②十军阿父：指田令孜。因田令孜先为神策十军观军容使，王建又为其养子，故称。③陈太师：指陈敬瑄。僖宗自成都东还，进陈敬瑄为检校太师，故称。④鹿头关：地名。在今四川德阳市东北鹿头山上。　⑤绵竹：县名。汉置县。治今四川绵竹市，唐时属汉州。　⑥蚕此：地名。在今四川成都市北。　⑦清远桥：地名。成都南门楼即大玄楼，楼前有清远桥。髡

(kūn 坤)发:古代一种剃去头发的刑罚。这里指自己剃去头发。 ⑧铤(dìng 订):古代专门铸成的各种形状的金银块,用以为货币流通。后作"锭"。 ⑨鞫(jū 居):查问、审讯。 ⑩中元:旧俗以阴历七月十五日为中元节。 ⑪黄箓斋:道教宗教仪式之一种。普召天神、地祇、人鬼而设醮,以追忏罪根,冀升仙界。 ⑫南朝台城:指建康台城。 ⑬蕲州:地名。北周以罗州改置,治所在齐昌县(今湖北蕲春县北)。 ⑭润州:地名。隋文帝开皇十五年(595)置,治所在延陵县(今属江苏镇江市)。唐高祖武德三年(620)复置,治所在丹徒县(今江苏镇江市丹徒区)。

文德元年 春,正月,甲寅,孙儒杀秦彦、毕师铎、郑汉章。彦等之归秦宗衡也,其众犹二千余人,其后稍稍为儒所夺;裨将唐宏知其必及祸,恐并死,乃诬告彦等潜召汴军。儒杀彦等,以宏为马军使。

张守一与吕用之同归杨行密,复为诸将合仙丹,又欲干军府之政,行密怒而杀之。

蔡将石璠将万余人寇陈、亳,朱全忠遣朱珍、葛从周将数千骑击擒之。癸亥,以全忠为蔡州四面行营都统,代时溥,诸镇兵皆受全忠节度。

张廷范至广陵,杨行密厚礼之;及闻李璠来为留后,怒,有不受之色。廷范密使人白全忠,宜自以大军赴镇,全忠从之;至宋州[①],廷范自广陵逃来,曰:"行密未可图也。"甲子,李璠至,言徐军遮道,全忠乃止。

丙寅,钱镠斩薛朗,剖其心以祭周宝,以阮结为润州制置使。

二月,朱全忠奏以杨行密为淮南留后。

乙亥,上不豫;壬午,发凤翔,己丑,至长安。庚寅,赦天下,改元。以韦昭度兼中书令。

魏博节度使乐彦祯,骄泰不法,发六州民筑罗城[②],方八十里,人苦其役;其子从训,尤凶险;既杀王铎,魏人皆恶之。从训聚亡命五百余人为亲兵,谓之子将,牙兵疑之,籍籍不安;从训惧,易服逃出,止于近县,彦祯因以为相州刺史。从训遣人至魏运甲兵、金帛,交错于路,牙兵益疑。彦祯惧,请避位,居龙兴寺为僧,众推都将赵文玠知留后事。

从训引兵三万至城下；文玠不出战，众复杀之，推牙将贵乡罗弘信知留后事。先是，人有言“见白须翁，言弘信当为地主”者，文玠既死，众群聚呼曰：“谁欲为节度使者？”弘信出应曰：“白须翁已命我矣。”众环视曰：“可也。”遂立之。弘信引兵出，与从训战，败之。从训收余众保内黄[③]，魏人围之。

先是，朱全忠将讨蔡州，遣押牙雷邺以银万两请籴于魏；牙兵既逐彦祯，杀邺于馆。从训既败，乃求救于全忠。

初，河阳节度使李罕之与河南尹张全义刻臂为盟，相得欢甚。罕之勇而无谋，性复贪暴，意轻全义，闻其勤俭力穑，笑曰：“此田舍一夫耳！”全义闻之，不以为忤。罕之屡求谷帛，全义皆与之；而罕之征求无厌，河南不能给，小不如所欲，辄械河南主吏至河阳杖之，河南将佐皆愤怒。全义曰：“李太傅所求[④]，奈何不与！”竭力奉之，状若畏之者，罕之益骄。罕之所部不耕稼，专以剽掠为资，啖人为粮，至是悉其众攻绛州[⑤]，绛州刺史王友遇降之；进攻晋州，护国节度使王重盈密结全义以图之。全义潜发屯兵[⑥]，夜，乘虚袭河阳，黎明，入三城[⑦]，罕之逾垣步走，全义悉俘其家，遂兼领河阳节度使。罕之奔泽州，求救于李克用。

【注释】

①宋州：地名。隋文帝开皇十六年（596）置，治今河南商丘市。②六州：指魏、博、贝、相、澶、卫六州。罗城：即魏州罗城。 ③内黄：县名。西汉置县，治今河南内黄县，唐属魏州。 ④李太傅：指李罕之。李克用表其为河阳节度使、同中书门下平章事，故称。 ⑤绛州：地名。北周明帝武成二年（560）以东雍州改名，治所在龙头城（今山西闻喜县东北），唐高祖武德元年（618）移治正平县（今山西新绛县）。 ⑥屯兵：即民兵。张全义任河南尹，在河南十八县各置屯将以领屯兵。 ⑦三城：河阳有南城、北城、中潬城，故称三城。

三月，戊戌朔，日有食之，既。

己亥，上疾复作，壬寅，大渐。皇弟吉王保[①]，长而贤，群臣属望。十军观军容使杨复恭请立其弟寿王杰[②]；是日，下诏，立杰为皇太弟，监军国事。右军中尉刘季述遣兵迎杰于六王宅[3]，入居少阳院，宰相以下就见之。癸卯，上崩于灵符殿。遗制，太弟杰更名敏，以韦昭度摄冢宰[4]。

昭宗即位，体貌明粹，有英气，喜文学，以僖宗威令不振，朝廷日卑，有恢复前烈之志，尊礼大臣，梦想贤豪，践阼之始，中外忻忻焉。

朱全忠裹粮于宋州，将攻秦宗权；会乐从训来告急，乃移军屯滑州，遣都押牙李唐宾等将步骑三万攻蔡州，遣都指挥使朱珍等分兵救乐从训。自白马济河[5]，下黎阳、临河、李固三镇；进至内黄，败魏军万余人，获其将周儒等十人。

李克用以其将康君立为南面招讨使，督李存孝、薛阿檀、史俨、安金俊、安休休五将、骑七千，助李罕之攻河阳。张全义婴城自守，城中食尽，求救于朱全忠，以妻子为质。

王建攻彭州[6]，陈敬瑄救之，乃去。建大掠西川，十二州皆被其患[7]。

夏，四月，庚午，追尊上母王氏曰恭宪皇后。

壬午，孙儒袭扬州，克之。杨行密出走，儒自称淮南节度使。行密将奔海陵，袁袭劝归庐州，再为进取之计，从之。

朱全忠遣其将丁会、葛从周，牛存节将兵数万救河阳。李存孝令李罕之以步兵攻城，自帅骑兵逆战于温，河东军败，安休休惧罪，奔蔡州。汴人分兵欲断太行路，康君立等惧，引兵还。全忠表丁会为河阳留后，复以张全义为河南尹。会，寿春人；存节，博昌人也。全义德全忠出己，由是尽心附之，全忠每出战，全义主给其粮仗无乏。

李罕之为泽州刺史，领河阳节度使。罕之留其子颀事克用，身还泽州，专以寇钞为事，自怀、孟、晋、绛数百里间，州无刺史，县无令长，田无麦禾，邑无烟火者，殆将十年。河中、绛州之间有摩云山，绝高，民保聚其上，寇盗莫能近，罕之攻拔之，时人谓之“李摩云”。

乐从训移军洹水[8]，罗弘信遣其将程公信击从训，斩之，与父彦祯皆枭首军门。癸巳，遣使以厚币犒全忠军，请修好，全忠乃召军还。诏以罗弘信权知魏博留后。

归州刺史郭禹击荆南，逐王建肇，建肇奔黔州[9]。诏以禹为荆南留后。荆南兵荒之余，止有一十七家，禹厉精为治，抚集凋残，通商务农，晚年殆及万户[10]。时藩镇各务兵力相残，莫以养民为事，独华州刺史韩建招抚流散，劝课农桑，数年之间，民富军赡。时人谓之北韩南郭。

秦宗权别将常厚据夔州，禹与其将汝阳许存攻夺之。久之，朝廷以禹为荆南节度使，建肇为武泰节度使。禹奏复姓名为成汭。

加李克用兼侍中。

五月，己亥，加朱全忠兼侍中。

赵德諲既失荆南，且度秦宗权必败，壬寅，举山南东道来降，且自托于朱全忠。全忠表请以德諲自副，制以山南东道为忠义军，以德諲为节度使，充蔡州四面行营副都统。

朱全忠既得洛、孟，无西顾之忧，乃大发兵击秦宗权，大破宗权于蔡州之南，克北关门；宗权屯守中州，全忠分诸将为二十八寨以环之。

加凤翔节度使李茂贞检校侍中。

陈敬瑄方与王建相攻，贡赋中绝。建以成都尚强，退无所掠，欲罢兵，周庠、綦毋谏以为不可，庠曰："邛州城堑完固，食支数年，可据之以为根本。"建曰："吾在军中久，观用兵者不倚天子之重，则众心易离；不若疏敬瑄之罪，表请朝廷，命大臣为帅而佐之，则功庶可成。"乃使庠草表，请讨敬瑄以赎罪，因求邛州。顾彦朗亦表请赦建罪，移敬瑄他镇以靖两川。

初，黄巢之乱，上为寿王，从僖宗幸蜀。时事出仓猝，诸王多徒行至山谷中，寿王疲乏，不能前，卧磻石上；田令孜自后至，趣之行，王曰："足痛，幸军容给一马[11]。"令孜曰："此深山，安得马！"以鞭抶王使前[12]，王顾而不言，心衔之。及即位，遣人监西川军，令孜不奉诏。上方愤藩镇跋扈，欲以威制之。会得彦朗、建表，以令孜所恃者敬瑄耳，六月，以韦昭度兼中书令，充西川节度使，兼两川招抚制置等使，征敬瑄为龙武统军。

王建军新都[13]，时绵竹土豪何义阳、安仁费师懃等所在拥兵自保，众或万人，少者千人。建遣王宗瑶说之，皆帅众附于建，给其资粮，建军复振。

置佑国军于河南府，以张全义为节度使。

【注释】

①吉王保：李保。唐懿宗李漼子，僖宗李儇弟。懿宗咸通十三年(872)封吉王。　②寿王杰：李杰。即唐昭宗(867—904)。唐懿宗李漼第七子，僖宗李儇弟。懿宗时封寿王，僖宗乾符三年(876)领幽州卢龙军节度使。僖宗卒，即皇帝位，改名敏，后又改名晔。天祐元年(904)，为朱全忠使人所杀，葬和陵。　③六王：唐懿宗李漼共八子，儇为僖宗，侹早卒，保、杰、佾、佶、偘、倚为六王。　④冢宰：官名。在《周礼》为辅佐天子之官。后世指宰相。　⑤白马：县名。秦置县。唐因之。治今河南滑县东。　⑥彭州：地名。唐武则天垂拱二年(686)置，治今四川彭州市。⑦十二州：指当时西川统辖的益、彭、蜀、汉、嘉、眉、邛、简、资、雅、黎、茂十二州。　⑧洹(huán 桓)水：县名。北周武帝建德六年(577)置县，治今河北魏县西南。　⑨黔州：地名。北周武帝建德三年(574)以奉州改名，治今重庆彭水苗族土家族自治县。　⑩晚年：指郭禹即成汭败死时，即唐昭宗天复三年(903)，距当时有十五年。　⑪军容：即观军容使，唐代后期为监视出征将帅的最高军职，由宦官充任。此处指田令孜，时任此职。　⑫抶(chì 翅)：笞打、鞭打。　⑬新都：县名。西汉置。治今四川成都市新都区。

秋，七月，李罕之引河东兵寇河阳，丁会击却之。

升凤州为节度府[1]，割兴、利州隶之，以凤州防御使满存为节度使、同平章事。

以权知魏博留后罗弘信为节度使。

八月，戊辰，朱全忠拔蔡州南城。

杨行密畏孙儒之逼，欲轻兵袭洪州。袁袭曰："钟传定江西已久，兵强食足，未易图也。赵锽新得宣州，怙乱残暴[2]，众心不附。公宜卑辞厚币，说和州孙端、上元张雄使自采石济江侵其境，彼必来逆战，公自铜官济江会之[3]，破锽必矣。"行密从之，使蔡俦守庐州，帅诸将济自糁潭[4]。

孙端、张雄为赵锽所败，锽将苏塘、漆朗将兵二万屯曷山[5]。袁袭曰："公引兵急趋曷山，坚壁自守，彼求战不得，谓我畏怯，因其怠，可破也。"行密从之。塘等大败，遂围宣州。锽兄乾之自池州帅众救宣州，行密使其将陶雅击乾之于九华[6]，破之。乾之奔江西，以雅为池州制置使。

九月，朱全忠以馈运不继，且秦宗权残破不足忧，引兵还。丙申，遣朱珍将兵五千送楚州刺史刘瓒之官。

钱镠遣其从弟銶将兵攻徐约于苏州。

冬，十月，徐兵邀朱珍、刘瓒不听前，珍等击之，取沛、滕二县，斩获万计。

孟方立遣其将奚忠信将兵三万袭辽州[7]，李克修邀击，大破之，擒忠信送晋阳。

辛卯，葬惠圣恭定孝皇帝于靖陵，庙号僖宗。

陈敬瑄、田令孜闻韦昭度将至，治兵完城以拒之。

十一月，时溥自将步骑七万屯吴康镇[8]，朱珍与战，大破之。朱全忠又遣别将攻宿州，刺史张友降之。

丙申，秦宗权别将攻陷许州，执忠武留后王蕴，复取许州。

十二月，蔡将申丛执宗权，折其足而囚之，降于全忠，全忠表丛为蔡州留后。

初，感义节度使杨晟既失兴、凤，走据文、龙、成、茂四州。王

唐僖宗靖陵

建攻西川,田令孜以晟己之故将,假威戎军节度使,使守彭州。王建攻彭州,陈建瑄眉州刺史山行章将兵五万壁新繁以救之[⑨]。

丁亥,以韦昭度为行营招讨使,山南西道节度使杨守亮副之,东川节度使顾彦朗为行军司马;割邛、蜀、黎、雅置永平军,以王建为节度使,治邛州,充行营诸军都指挥使。

戊子,削陈敬瑄官爵。

山南西道节度使杨守亮陷夔州。

【注释】

①凤州:地名。西魏废帝三年(554)以南岐州改名,治所在梁泉县(今陕西凤县东北)。 ②怙(hù 户)乱:乘祸乱而活动,犹言趁火打劫。怙,依靠,凭恃。 ③铜官:地名。即铜官渚,在今安徽铜陵市南。 ④糁(sǎn 散)潭:地名。在今安徽无为县西南长江北岸,南与安徽铜陵市隔江相望。 ⑤曷山:地名。在今安徽当涂县西南。 ⑥九华:山名。即今安徽青阳县西九华山。旧名九子山,唐李白以其峰如莲华,遂改名九华山。 ⑦辽州:地名。隋文帝开皇十六年(596)置,治所在乐平县(今山西昔阳县西南)。唐高祖武德六年(623)移治辽山县(今山西左权县)。 ⑧吴康镇:地名。在今江苏丰县南。 ⑨新繁:县名。北周时以繁县改名,治所在今四川成都市新都区西北。一说三国时蜀后主延熙十年(247),凉州胡率众降蜀,居之繁县,遂谓新繁。属成都府。

资治通鉴卷第二百五十八

唐纪七十四 起屠维作噩，尽重光大渊献，凡三年。

昭宗圣穆景文孝皇帝上之上

龙纪元年 春，正月，癸巳朔，赦天下，改元。

以翰林学士承旨、兵部侍郎刘崇望同平章事。

汴将庞师古拔宿迁，军于吕梁[①]。时溥逆战，大败，还保彭城。

壬子，蔡将郭璠杀申丛，送秦宗权于汴，告朱全忠云："丛谋复立宗权。"全忠以璠为淮西留后。

戊申，王建大破山行章于新繁，杀获近万人，行章仅以身免。杨晟惧，徙屯三交，行章屯濛阳[②]，与建相持。

二月，朱全忠送秦宗权至京师，斩于独柳。京兆尹孙揆监刑，宗权于槛车中引首谓揆曰："尚书察宗权岂反者邪？但输忠不效耳。"观者皆笑。揆，逖之族孙也。

三月，加朱全忠兼中书令，进爵东平郡王。全忠既克蔡州，军势益盛。

加奉国节度使赵德諲中书令[③]，加蔡州节度使赵犨同平章事，充忠武节度使，以陈州为理所。会犨有疾，悉以军府事授其弟昶，表乞骸骨，诏以昶代为忠武节度使。未几，犨薨。

丙申，钱镠拔苏州，徐约亡入海而死。钱镠以海昌都将沈粲权知苏州。

夏，四月，赐陕虢军号保义。

五月，甲辰，润州制置使阮结卒，钱镠以静江都将成及代之。

李克用大发兵，遣李罕之、李存孝攻孟方立，六月，拔磁、洺二州[④]。方立遣大将马溉、袁奉韬将兵数万拒之，战于琉璃陂，方立兵大败，二将皆为所擒，克用乘胜进攻邢州。方立性猜忌，诸将多怨，至是皆不为方立用，方立惭惧，饮药死。弟摄洺州刺史迁，素得士心，众奉之为留后，求援于朱全忠。全忠假道于魏博，罗弘信不许；全忠乃遣大将王虔裕将精甲数百，间道入邢州共守。

杨行密围宣州，城中食尽，人相啖，指挥使周进思据城逐赵锽；锽将奔广陵，田頵追擒之。未几，城中执进思以降。行密入宣州，诸将争取金帛，徐温独据米囷[⑤]，为粥以食饿者。温，朐山人也。锽将宿松周本，勇冠军中，行密获而释之，以为裨将。锽既败，左右皆散，惟李德诚从锽不去，行密以宗女妻之。德诚，西华人也。行密表言于朝，诏以行密为宣歙观察使。

朱全忠与赵锽有旧，遣使求之；行密谋于袁袭，袭曰："不若斩首以遗之。"行密从之。未几，袭卒，行密哭之曰："天不欲成吾大功邪，何为折吾股肱也！吾好宽而袭每劝我以杀，此其所以不寿与！"

孙儒遣兵攻庐州，蔡俦以州降之。

【注释】

①吕梁：地名。在今江苏徐州市东南。　②濛阳：县名。唐高宗仪凤二年（677）初置县，属彭州。因在濛江之北，故曰濛阳。在今四川彭州市东。　③奉国节度使：此处误，赵德諲时为忠义节度使。僖宗中和二年（882），以蔡州为奉国军，命秦宗权为节度使。后宗权亡，奉国节未授他人。应改“奉国”为“忠义”。　④磁州：地名。隋文帝开皇十年（590）置，治所在滏阳县（今河北磁县）。洺州：地名。北周武帝宣政元年（578）置，治所在广年县（今河北邯郸市永年区东南）。　⑤囷（qūn逡）：圆形的谷仓。

朱珍拔萧县，据之，与时溥相拒，朱全忠欲自往临之。珍命诸军皆葺马厩，李唐宾部将严郊独惰慢，军吏责之，唐宾怒，见珍诉之；珍亦怒，以唐宾为无礼，拔剑斩之，遣骑白全忠，云唐宾谋叛。

淮南左司马敬翔，恐全忠乘怒，仓猝处置违宜，故留使者，逮夜，然后从容白之，全忠果大惊。翔因为画策，诈收唐宾妻子系狱，遣骑往慰抚，全忠从之，军中始安。秋，七月，全忠如萧县，未至，珍出迎，命武士执之，责以专杀而诛之。诸将霍存等数十人叩头为之请，全忠怒，以床掷之，乃退。丁未，至萧县，以庞师古代珍为都指挥使。八月，丙子，全忠进攻时溥壁，会大雨，引兵还。

冬，十月，平卢节度使王敬武薨；子师范，年十六，军中推为留后，棣州刺史张蟾不从。诏以太子少师崔安潜兼侍中，充平卢节度使。蟾迎安潜至州，与之共讨师范。

以给事中杜孺休为苏州刺史[①]。钱镠不悦，以知州事沈粲为制置指挥使。

杨行密遣马步都虞候田颙等攻常州。

十一月，上改名晔。

上将祀圜丘[②]。故事，中尉[③]、枢密皆褛衫侍从[④]；僖宗之世，已具襕笏[⑤]；至是，又令有司制法服[⑥]，孔纬及谏官、礼官皆以为不可，上出手札谕之曰："卿等所论至当。事有从权，勿以小瑕遂妨大礼。"于是宦官始服剑佩侍祠。己酉，祀圜丘，赦天下。

上在藩邸，素疾宦官，及即位，杨复恭恃援立功，所为多不法，上意不平；政事多谋于宰相，孔纬、张濬劝上举大中故事抑宦者权[⑦]。复恭常乘肩舆至太极殿[⑧]。他日，上与宰相言及四方反者，孔纬曰："陛下左右有将反者，况四方乎！"上矍然问之，纬指复恭曰："复恭陛下家奴，乃肩舆造前殿，多养壮士为假子，使典禁兵，或为方镇，非反而何！"复恭曰："子壮士，欲以收士心，卫国家，岂反邪！"上曰："卿欲卫国家，何不使姓李而姓杨乎？"复恭无以对。

复恭假子天威军使杨守立，本姓胡，名弘立，勇冠六军[⑨]，人皆畏之。上欲讨复恭，恐守立作乱，谓复恭："朕欲得卿胡子在左右。"复恭见守立于上，上赐姓名李顺节，使掌六军管钥，不期年，擢至天武都头，领镇海节度使，俄加同平章事。及谢日，台吏申请班见百僚[⑩]，孔纬判不集；顺节至中书[⑪]，色不悦。它日，语微及之，纬曰："宰相师长百僚，故有班见。相公职为都头，而于政事堂班见百僚，于意安乎？"顺节不敢复言。

朱全忠求领盐铁，孔纬独执以为不可，谓进奏吏曰："朱公须此职，非兴兵不可！"全忠乃止。

田頵攻常州，为地道入城。中宵，旌旗甲兵出于制置使杜稜之寝室，遂虏之，以兵三万戍常州。

朱全忠遣庞师古将兵自颍上趋淮南[12]，击孙儒。

十二月，甲子，王建败山行章及西川骑将宋行能于广都[13]。行能奔还成都，行章退守眉州。壬申，行章请降于建。

戊寅，孙儒自广陵引兵渡江，壬午，逐田頵，取常州，以刘建锋守之。儒还广陵，建锋又逐成及，取润州。

前山南东道节度使刘巨容之在襄阳也，有申屠生教之烧药为黄金。田令孜之弟过襄阳，巨容出金示之。及寓居成都，令孜求其方，不与，恨之，是岁，令孜杀巨容，灭其族。

【注释】

①给事中：官名。秦始置，后沿置，为将军、列侯、九卿以至黄门郎、谒者等的加官，备顾问应对，讨论政事。晋代始为正官。隋唐以后为门下省之要职，在侍中及门下侍郎之下，掌驳正政令之违失。唐一度改称东台舍人，旋复旧称。 ②圜（yuán 员）丘：古时祭天的坛。 ③中尉：官名。秦汉时为武职，掌京师的治安。唐代自德宗以后，于神策军置护军中尉，为宦官领禁兵之专职。 ④䙆（kuì 溃）衫：前襟、后襟分开的衣服。 ⑤襕（lán 兰）：古时上下衣相连的服装。 ⑥法服：古代礼法规定的服饰。这里指冕服剑佩。 ⑦大中故事：唐宣宗时所发生的事情。大中为唐宣宗李忱年号，847—859 年。 ⑧肩舆：轿子。 ⑨六军：《周礼·夏官·司马》："凡制军，万有二千五百人为军。王六军，大国三军，次国二军，小国一军。"后以六军泛称朝廷的军队。 ⑩台吏：台省的官吏。唐代中台为尚书省，门下省为东台，中书省为西台，亦总称台省。亦有以三省及御史台合称为台省。 ⑪中书：指同中书门下平章事，李顺节时加封此官。 ⑫颍上：县名。隋炀帝大业二年（606）置县，治今安徽颍上县。唐高祖武德初移治今安徽颍上县北，属颍州。 ⑬广都：县名。唐高宗龙朔二年（662）置县，治今四川成都市双流区东南。

大顺元年 春，正月，戊子朔，群臣上尊号曰圣文睿德光武弘孝皇帝，改元。

李克用急攻邢州，孟迁食竭力尽，执王虔裕及汴兵以降。克用以安金俊为邢洺团练使。

壬寅，王建攻邛州，陈敬瑄遣其大将彭城杨儒将兵三千助刺史毛湘守之，湘出战，屡败。杨儒登城，见建兵盛，叹曰："唐祚尽矣，王公治众，严而不残，殆可以庇民乎！"遂帅所部出降。建养以为子，更其姓名曰王宗儒。乙巳，建留永平节度判官张琳为邛南招安使，引兵还成都。琳，许州人也。

陈敬瑄分兵布寨于犀浦、郫、导江等县[①]，发城中民户一丁，昼则穿重壕，采竹木，运砖石；夜则登城，击柝巡警[②]，无休息。

韦昭度营于唐桥，王建营于东闾门外；建事昭度甚谨。

辛亥，简州将杜有迁执刺史员虔嵩降于建[③]，建以有迁知州事。

汴将庞师古等众号十万，度淮，声言救杨行密，攻下天长，壬子，下高邮。

二月，己未，资州将侯元绰执刺史杨戡降于王建[④]，建以元绰知州事。

乙丑，加朱全忠守中书令。

庞师古引兵深入淮南，己巳，与孙儒战于陵亭[⑤]，师古兵败而还。

杨行密遣其将马敬言将兵五千，乘虚袭据润州。李友将兵二万屯青城，将攻常州。安仁义、刘威、田颙败刘建锋于武进[⑥]，敬言、仁义、威屯润州。友，合肥人；威，慎县人也。

李克用将兵攻云州防御使赫连铎，克其东城。铎求救于卢龙节度使李匡威，匡威将兵三万赴之。丙子，邢洺团练使安金俊中流矢死，河东万胜军使申信叛降于铎。会幽州军至，克用引还。

时溥求救于河东，李克用遣其将石君和将五百骑赴之。

李克用巡潞州，以供具不厚，怒昭义节度使李克修，诟而笞之；克修惭愤成疾，三月，薨。克用表其弟决胜军使克恭为昭义留后。

赐宣歙军号宁国，以杨行密为节度使。

【注释】

①犀浦、郫（pí 皮）、导江：均为地名。犀浦，唐武则天垂拱二年（686）分成都县置，治今四川成都市郫都区东南。郫，秦始置，在今四川成都市郫都区，唐属成都府。导江，唐高祖武德二年（619）以灌宁县改名，治今四川都江堰市东。 ②柝（tuò 拓）：旧时巡夜者击以报更的木梆。 ③简州：地名。隋文帝仁寿三年（603）置，治所在阳安县（今四川简阳市西北）。 ④资州：地名。西魏恭帝二年（555）置，治所在阳安县（今四川简阳市西北）。北周明帝武成二年（560）移治资阳县（今四川资阳市）。隋文帝开皇七年（587）移治盘石县（今四川资中县北）。 ⑤陵亭：地名。在今江苏兴化市西南。 ⑥武进：县名。西晋武帝太康二年（281）分曲阿县置，治今江苏丹阳市东。唐武则天垂拱二年（686）移治今江苏常州市武进区，属常州。

夏，四月，宿州将张筠逐刺史张绍光，附于时溥；朱全忠帅诸军讨之。溥出兵掠砀山，全忠遣牙内都指挥使朱友裕击之，杀三千余人，擒石君和。友裕，全忠之子也。

乙丑，陈敬瑄遣蜀州刺史任从海将兵二万救邛州，战败，欲以蜀州降王建；敬瑄杀之，以徐公钵代为蜀州刺史。丙寅，嘉州刺史朱实举州降于建。丙子，僰道土豪文武坚执戎州刺史谢承恩降于建[①]。

赫连铎、李匡威表请讨李克用。朱全忠亦上言："克用终为国患，今因其败，臣请帅汴、滑、孟三军，与河北三镇共除之[②]。乞朝廷命大臣为统帅。"

初，张濬因杨复恭以进，复恭中废，更附田令孜而薄复恭。及复恭再用事，深恨之。上知濬与复恭有隙，特亲倚之；濬亦以功名为己任，每自比谢安、裴度[③]。克用之讨黄巢屯河中也，濬为都统判官。克用薄其为人，闻其作相，私谓诏使曰："张公好虚谈而无实用，倾覆之士也。主上采其名而用之，他日交乱天下，必是人也。"濬闻而衔之。

上从容与濬论古今治乱，濬曰："陛下英睿如此，而中外制于强臣，此臣日夜所痛心疾首也。"上问以当今所急，对曰："莫若强兵以服天下。”上于是广募兵于京师，至十万人。

及全忠等请讨克用，上命三省、御史台四品以上议之[4]，以为不可者什六七，杜让能、刘崇望亦以为不可。濬欲倚外势以挤杨复恭，乃曰：“先帝再幸山南[5]，沙陀所为也。臣常虑其与河朔相表里[6]，致朝廷不能制。今两河藩镇共请讨之，此千载一时。但乞陛下付臣兵柄，旬月可平。失今不取，后悔无及。”孔纬曰：“濬言是也。”复恭曰：“先朝播迁，虽藩镇跋扈，亦由居中之臣措置未得其宜。今宗庙甫安，不宜更造兵端。”上曰：“克用有兴复大功，今乘其危而攻之，天下其谓我何？”纬曰：“陛下所言，一时之体也；张濬所言，万世之利也。昨计用兵、馈运、犒赏之费，一二年间未至匮乏，在陛下断志行之耳。”上以二相言叶，僶俛从之[7]，曰：“兹事今付卿二人，无贻朕羞！”

五月，诏削夺克用官爵、属籍[8]，以濬为河东行营都招讨制置宣慰使，京兆尹孙揆副之，以镇国节度使韩建为都虞候兼供军粮料使，以朱全忠为南面招讨使，王镕为东面招讨使，李匡威为北面招讨使，赫连铎副之。

濬奏给事中牛徽为行营判官，徽曰：“国家以丧乱之余，欲为英武之举，横挑强寇，离诸侯心，吾见其颠沛也[9]！”遂以衰疾固辞。徽，僧孺之孙也。

【注释】

①僰（bó 帛）道：县名。古僰侯国，西汉置县，治今四川宜宾市西南。 ②河北三镇：指卢龙李匡威、成德王镕、魏博罗弘信。 ③谢安（320—385）：东晋大臣。字安石，陈郡阳夏（今河南太康县）人。南迁士族。孝武帝太元八年（383），前秦苻坚大举南下，朝廷震恐，他沉着指挥，以少胜多，取得淝水大捷。后又挥师北伐，挺进中原，一度收复河南失地。裴度（765—839）：唐朝大臣，字中立，河东闻喜（今山西闻喜县东北）人。宪宗元和十二年（817），督师攻破蔡州，擒吴元济，河北藩镇相继臣服，以功封晋国公。后数度为相。 ④三省、御史台四品以上：三省指尚书省、门下省、中书省。四品以上尚书省为尚书左右丞及六部侍郎，门下、中书省为左右谏议以上，御史台为中丞以上。 ⑤山南：地名。唐太宗贞观元年（627）置山南道，辖境相当于今四川嘉陵江流域以东，陕西秦岭、甘肃

嶓冢山以南,河南伏牛山西南,湖北涢水以西,自重庆至湖南岳阳间长江以北地区。玄宗开元二十一年(733)又分为山南东、西两道。 ⑥河朔:地名。泛指黄河以北。这里主要指黄河下游南北一带。 ⑦僶俛(mǐn miǎn 敏免):勤勉、努力。此指勉强。 ⑧属籍:家属的名册。因李克用赐李姓,故编入属籍。 ⑨颠沛:动荡变乱。

李克恭骄恣不晓军事;潞人素乐李克修之简俭,且死非其罪,潞人怜之,由是将士离心。初,潞人叛孟氏,牙将安居受等召河东兵以取潞州;及孟迁以邢、洺、磁州归李克用,克用宠任之,以迁为军城都虞候,群从皆补右职[①],居受等咸怨且惧。

昭义有精兵,号“后院将”。克用既得三州,将图河朔,令李克恭选后院将尤骁勇者五百人送晋阳,潞人惜之。克恭遣牙将李元审及小校冯霸部送晋阳,至铜鞮[②],霸劫其众以叛,循山而南,至于沁水[③],众已三千人。李元审击之,为霸所伤,归于潞。庚子,克恭就元审所馆视之,安居受帅其党作乱,攻而焚之,克恭、元审皆死。众推居受为留后,附于朱全忠。居受使召冯霸,不至。居受惧,出走,为野人所杀。霸引兵入潞,自为留后。

时朝廷方讨克用,闻克恭死,朝臣皆贺。全忠遣河阳留后朱崇节将兵入潞州,权知留后。克用遣康君立、李存孝将兵围之。

壬子,张濬帅诸军五十二都及邠、宁、鄜、夏杂虏合五万人发京师,上御安喜楼饯之。濬屏左右言于上曰:“俟臣先除外忧,然后为陛下除内患。”杨复恭窃听,闻之。两军中尉饯濬于长乐坂[④],复恭属濬酒,濬辞以醉,复恭戏之曰:“相公杖钺专征,作态邪?”濬曰:“俟平贼还,方见作态耳!”复恭益忌之。

癸丑,削夺李罕之官爵;六月,以孙揆为昭义节度使,充招讨副使。

丁巳,茂州刺史李继昌帅众救成都,己未,王建击斩之。辛酉,资简都制置应援使谢从本杀雅州刺史张承简,举城降建。

孙儒求好于朱全忠,全忠表为淮南节度使。未几,全忠杀其使者,遂复为仇敌。

光启末[⑤],德州刺史卢彦威逐义昌节度使杨全玫,自称留后,求旌节[6]，朝廷未许。至是，王镕、罗弘信因张濬用兵，为之请，乃以彦威为义昌节度使。

张濬会宣武、镇国、静难、凤翔、保大、定难诸军于晋州。

更命义成军曰宣义；辛未，以朱全忠为宣武、宣义节度使。全忠以方有事徐、杨，征兵遣戍，殊为辽阔，乃辞宣义，请以胡真为节度使，从之；然兵赋出入，皆制于全忠，一如巡属。及胡真入为统军，竟以全忠为两镇节度使，罢淮南不领焉。

【注释】

①右职：重要的职位。左右并置的职位，以右为尊。 ②铜鞮：县名。春秋时晋置，治今山西沁县南古城。北魏移治今山西沁县西南。唐属潞州。 ③沁水：县名。西汉置，治今河南济源东北，北齐废。隋文帝开皇十八年（598）重置，治今山西沁水县。唐属泽州。 ④长乐坂：地名。在长安城东。隋文帝时以浐坡改名。在今陕西西安东北浐河西岸。⑤光启末：误，应为"光启初"。事见光启元年（885）。 ⑥旌节：指唐代皇帝赐给节度使的仪仗。唐天宝中置，节度使受命日赐之，得以专制军事。

秋，七月，官军至阴地关[1]，朱全忠遣骁将葛从周将千骑潜自壶关夜抵潞州[2]，犯围入城。又遣别将李谠、李重胤、邓季筠将兵攻李罕之于泽州，又遣张全义、朱友裕军于泽州之北，为从周应援。季筠，下邑人也。全忠奏：臣已遣兵守潞州，请孙揆赴镇。张濬亦恐昭义遂为汴人所据，分兵二千，使揆将之趣潞州。

八月，乙丑，揆发晋州，李存孝闻之，以三百骑伏于长子西谷中[3]。揆建牙杖节，褒衣大盖[4]，拥众而行；存孝突出，擒揆及赐旌节中使韩归范、牙兵五百余人，追击余众于刁黄岭，尽杀之。存孝械揆及归范，纻以素练[5]，徇于潞州城下曰："朝廷以孙尚书为潞帅，命韩天使赐旌节，葛仆射可速归大梁，令尚书视事。"遂纻以献于克用。克用囚之，既而使人诱之，欲以为河东副使。揆曰："吾天子大臣，兵败而死，分也，岂能伏事镇使邪[6]！"克用怒，命以锯锯之，锯不能入。揆骂曰："死狗奴！锯人当用板夹，汝岂知邪！"乃以板夹之，至死，骂不绝声。

丙寅，孙儒攻润州。

苏州刺史杜孺休到官，钱镠密使沈粲害之。会杨行密将李友拔苏州，粲归杭州；镠欲归罪于粲而杀之，粲奔孙儒。

王建退屯汉州。

陈敬瑄括富民财以供军，置征督院，逼以桎梏棰楚[⑦]，使各自占；凡有财者如匿赃、虚占[⑧]，急征，咸不聊生。

李罕之告急于李克用，克用遣李存孝将五千骑救之。

九月，壬寅，朱全忠军于河阳。汴军之初围泽州也，呼李罕之曰："相公每恃河东，轻绝当道；今张相公围太原，葛仆射入潞府，旬月之间，沙陀无穴自藏，相公何路求生邪！"及李存孝至，选精骑五百，绕汴寨呼曰："我，沙陀之求穴者也，欲得尔肉以饱士卒；可令肥者出斗！"汴将邓季筠，亦骁将也，引兵出战，存孝生擒之。是夕，李谠、李重胤收众遁去，存孝、罕之随而击之，至马牢山[⑨]，大破之，斩获万计，追至怀州而还。存孝复引兵攻潞州，葛从周、朱崇节弃潞州而归。戊申，全忠庭责诸将桡败之罪[⑩]，斩李谠、李重胤而还。

李克用以康君立为昭义留后，李存孝为汾州刺史。存孝自谓擒孙揆功大，当镇昭义，而君立得之，愤恚不食者数日，纵意刑杀，始有叛克用之志。

李匡威攻蔚州[⑪]，虏其刺史邢善益，赫连铎引吐蕃、黠戛斯众数万攻遮虏军[⑫]，杀其军使刘胡子。克用遣其将李存信击之，不胜；更命李嗣源为存信之副，遂破之。克用以大军继其后，匡威、铎皆败走，获匡威之子武州刺史仁宗及铎之婿，俘斩万计。

李嗣源性谨重廉俭，诸将相会，各自诧勇略，嗣源独默然，徐曰："诸君喜以口击贼，嗣源但以手击贼耳。"众惭而止。

杨行密以其将张行周为常州制置使。闰月，孙儒遣刘建锋攻拔常州，杀行周，遂围苏州。

邛州刺史毛湘，本田令孜亲吏，王建攻之急，食尽，救兵不至。壬戌，湘谓都知兵马使任可知曰："吾不忍负田军容，吏民何罪！尔可持吾头归王建。"乃沐浴以俟刃。可知斩湘及二子降于建，士民皆泣。甲戌，建持永平旌节入邛州，以节度判官张琳知留后。

缮完城隍,抚安夷獠,经营蜀、雅。冬,十月,癸未朔,建引兵还成都,蜀州将李行周逐徐公鉥,举城降建。

【注释】

①阴地关:地名。一名汾水关,即今山西灵石县西南汾河东岸南关。②壶关:县名。秦始置,治今山西长治市北。唐太宗贞观十七年(643)移治今山西壶关县。因山形似壶,于此置关,故名。 ③长子:县名。隋文帝开皇十八年(598)以寄氏县改名,治今山西长子县。唐属潞州。④褒衣:衣襟宽大的衣服。 ⑤縩(chè 拆):用绳捆绑。练:已练煮的白色熟绢。 ⑥镇使:对节度使的鄙称。因节度使任居方镇,故称。⑦桎梏(zhì gù 质固):脚镣手铐。古代用来拘系罪人手脚的刑具,在手曰梏,在脚曰桎。棰(chuí 垂)楚:棰,木棍;楚,荆杖,均古代打人用具,因以为杖刑的通称。 ⑧虚占:本来没有财物而强占别人东西以为己有。 ⑨马牢山:地名。在今山西晋城市南。 ⑩桡(náo 挠):通"挠",摧折。桡败意为战败、挫败。 ⑪蔚州:地名。北魏孝庄帝永安中以怀荒、御夷二镇置。玄宗开元初移治安边县(今河北蔚县)。⑫黠戛斯:古族名。汉称坚昆,魏晋间称结骨,唐称黠戛斯。主要在今叶尼塞河上游流域,从事畜牧,兼营农业和狩猎。唐太宗贞观二十二年(648)内附,唐以其地为坚昆都督府,隶燕然都护府。宣宗大中元年(847),唐封其首领为英武诚明可汗。

乙酉,朱全忠自河阳如滑州视事,遣使者请粮马及假道于魏以伐河东,罗弘信不许,又请于镇,镇人亦不许;全忠乃自黎阳济河击魏。

加邠宁节度使王行瑜侍中,佑国节度使张全义同平章事。

官军出阴地关,游兵至于汾州①。李克用遣薛志勤、李承嗣将骑三千营于洪洞②,李存孝将兵五千营于赵城③。镇国节度使韩建以壮士三百夜袭存孝营,存孝知之,设伏以待之;建兵不利,静难、凤翔之兵不战而走,禁军自溃。河东兵乘胜逐北,抵晋州西门;张濬出战,又败,官军死者近三千人。静难、凤翔、保大、定难之军先渡河西归,濬独有禁军及宣武军合万人,与韩建闭城拒守,自是不敢复出。存孝引兵攻绛州,十一月,刺史张行恭弃城走。存孝进攻晋州,三日,与其众谋曰:"张濬宰相,俘之无益;天子禁兵,不宜加害。"乃退五十里而军;濬、建自含口遁去[4]。存孝取晋、绛二州,大掠慈、隰之境。

先是,克用遣韩归范归朝,附表讼冤,言:"臣父子三代,受恩四朝[5],破庞勋,翦黄巢,黜襄王,存易定,致陛下今日冠通天之冠,佩白玉之玺,未必非臣之力也!若以攻云州为臣罪,则拓跋思恭之取鄜延[6],朱全忠之侵徐、郓,何独不讨?赏彼诛此,臣岂无辞!且朝廷当阽危之时[7],则誉臣为韩、彭、伊、吕[8];及既安之后,则骂臣为戎、羯、胡、夷[9]。今天下握兵立功之人,独不惧陛下他日之骂乎!况臣果有大罪,六师征之,自有典刑,何必幸臣之弱而后取之邪!今张濬既出师,则固难束手,已集蕃、汉兵五十万,欲直抵蒲、潼,与濬格斗;若其不胜,甘从削夺。不然,方且轻骑叩阍[10],顿首丹陛[11],诉奸回于陛下之扆坐[12],纳制敕于先帝之庙庭,然后自拘司败[13],恭俟铁质[14]。"表至,濬已败,朝廷震恐。濬与韩建逾王屋至河阳,撤民屋为筏以济河,师徒失亡殆尽。

是役也,朝廷倚朱全忠及河朔三镇;及濬至晋州,全忠方连兵徐、郓,虽遣将攻泽州而身不至。行营乃求兵粮于镇、魏,镇、魏倚河东为捍蔽,皆不出兵;惟华、邠、凤翔、鄜、夏之兵会之[15]。兵未交而孙揆被擒,幽、云俱败,杨复恭复从中沮之,故濬军望风自溃。

十二月,己丑,孙儒拔苏州,杀李友。安仁义等闻之,焚润州庐舍,夜遁。儒使沈粲守苏州,又遣其将归传道守润州。

辛丑,汴将丁会、葛从周击魏,渡河,取黎阳、临河,庞师古、霍存下淇门、卫县,朱全忠自以大军继之。

是岁,置升州于上元县,以张雄为刺史。

【注释】

①汾州:地名。北魏孝文帝太和十二年(488)置,治所在蒲子城(今山西隰县),孝明帝孝昌时移治隰城县(今山西汾阳市)。 ②洪洞:县名。隋恭帝义宁元年(617),以杨县改置,以县北有洪洞岭,故名,治今山西洪洞县。唐属晋州。 ③赵城:县名。隋恭帝义宁元年(617),分霍邑置赵城县,治今山西洪洞县北。唐高宗麟德初移治今赵城镇,属晋州。④含口:地名。洮水源出清襄山,东经大岭下西流,出,谓之含口,在今山西绛县西南。 ⑤四朝:指唐武宗、宣宗、懿宗、僖宗四朝。 ⑥拓跋思

恭（？—895）：唐党项、羌拓跋部首领，世居夏州（治今陕西榆林市横山区西北）。懿宗咸通末，据宥州，自称刺史。僖宗中和元年（881），参与镇压黄巢起义。三年（883），随李克用攻占长安，以功授夏州节度使，赐姓李，封夏国公，统夏、绥、银、宥、静五州。后又攻取鄜、延二州，以授其弟拓跋思孝。 ⑦阽（diàn 店）危：危险。阽为近边欲坠之意。 ⑧韩、彭、伊、吕：指韩信、彭越、伊尹、吕尚，均为古代名臣。 ⑨戎、羯、胡、夷：均为古代少数民族的名称。戎，古族名，后是中原人对西北地区少数民族的泛称。羯，古族名，源于小月支，曾附属匈奴，后散居山西上党一带，与汉人杂处。胡，中国古代对北方和西方各少数民族的泛称。夷，中国古代对东方少数民族的泛称，也可统指四方的少数民族。这里带有贬义。 ⑩阍（hūn 昏）：宫门。 ⑪丹陛：亦作“丹墀”，古时宫殿前的石阶以红色涂饰，故名。 ⑫扆（yǐ 以）：指帝王宫殿上设在户牖之间的屏风。 ⑬司败：官名。即司寇，掌管刑狱、纠察等事。 ⑭𫓧（fū 夫）质：古代腰斩人的用具。𫓧，通“斧”；质，垫在下面的砧板。 ⑮鄄：误，应为“鄜”。前文“张濬会宣武、镇国、静难、凤翔、保大、定难诸军于晋州”。华为镇国军、邠为静难军、鄜为保大军、夏为定难军，故此处应为“鄜”。

二年 春，正月，罗弘信军于内黄。丙辰，朱全忠击之，五战皆捷，至永定桥，斩首万余级。弘信惧，遣使厚币请和。全忠命止焚掠，归其俘，还军河上。魏博自是服于汴。

庚申，制以太保、门下侍郎、同平章事孔纬为荆南节度使，中书侍郎、同平章事张濬为鄂岳观察使。以翰林学士承旨、兵部侍郎崔昭纬同平章事，御史中丞徐彦若为户部侍郎、同平章事。昭纬，慎由从子；彦若，商之子也。

杨复恭使人劫孔纬于长乐坡，斩其旌节，资装俱尽，纬仅能自免。李克用复遣使上表曰：“张濬以陛下万代之业，邀自己一时之功，知臣与朱温深仇，私相连结。臣今身无官爵，名是罪人，不敢归陛下藩方，且欲于河中寄寓，进退行止，伏俟指麾。”诏再贬孔纬均州刺史，张濬连州刺史。赐克用诏，悉复其官爵，使归晋阳。

孙儒尽举淮、蔡之兵济江，癸酉，自润州转战而南，田頵、安仁义屡败退，杨行密城戍皆望风奔溃。儒将李从立奄至宣州东溪，行密守备尚未固，众心危惧，夜，使其将合肥台濛将五百人屯溪西;濛使士卒传呼,往返数四,从立以为大众继至,遽引去。儒前军至溧水[1],行密使都指挥使李神福拒之。神福阳退以示怯,儒军不设备,神福夜帅精兵袭之,俘斩千人。

二月,加李克用守中书令,复李罕之官爵;再贬张濬绣州司户[2]。

韦昭度将诸道兵十余万讨陈敬瑄,三年不能克,馈运不继,朝议欲息兵。三月,乙亥,制复敬瑄官爵,令顾彦朗、王建各帅众归镇。

王师范遣都指挥使卢弘击棣州刺史张蟾,弘引兵还攻师范,师范使人以重赂迎之,曰:"师范童呆[3],不堪重任,愿得避位,使保首领,公之仁也。"弘以师范年少,信之,不设备;师范密谓小校安丘刘鄩曰:"汝能杀弘,吾以汝为大将。"弘入城,师范伏甲而享之,鄩杀弘于座及其党数人。师范慰谕士卒,厚赏重誓,自将以攻棣州,执张蟾,斩之;崔安潜逃归京师。师范以鄩为马步副都指挥使。诏以师范为平卢节度使。

师范和谨好学,每本县令到官,师范辄备仪卫往谒之;令不敢当,师范命客将挟持[4],令坐于听事,自称"百姓王师范",拜之于庭。僚佐或谏,师范曰:"吾敬桑梓[5],所以教子孙不忘本也!"

张濬至蓝田,逃奔华州依韩建,与孔纬密求救于朱全忠。全忠上表为纬、濬讼冤,朝廷不得已,并听自便。纬至商州而还,亦寓居华州。

邢洺节度使安知建潜通朱全忠,李克用表以李存孝代之。知建惧,奔青州,朝廷以知建为神武统军。知建帅麾下三千人将诣京师,过郓州,朱瑄与克用方睦,伏兵河上,斩之,传首晋阳。

【注释】

①溧水:县名。汉为溧阳县。隋文帝开皇十八年(598)分置溧水县,治今江苏南京市溧水区。唐属升州。 ②司户:唐代官名。汉魏以下有户曹掾,主管民户,为郡之佐吏。唐制在府曰户曹参军,在州曰司户参军,在县曰司户。 ③童呆:年幼无知。 ④客将:主唱导,作相礼的宾客。 ⑤桑梓:桑和梓是古代家宅旁边常栽的树木,后用作故乡的代称。

唐秘色瓷碗

夏，四月，有彗星见于三台[①]，东行入太微，长十丈余。甲申，赦天下。

成都城中乏食，弃儿满路。民有潜入行营贩米入城者，逻者得之，以白韦昭度，昭度曰："满城饥甚，忍不救之！"释勿问。亦有白陈敬瑄者，敬瑄曰："吾恨无术以救饿者，彼能如是，勿禁也！"由是贩者浸多，然所致不过斗升，截筒，径寸半，深五分，量米而鬻之，每筒百余钱，饿殍狼籍。军民强弱相陵，将吏斩之不能禁；乃更为酷法，或断腰，或斜劈，死者相继而为者不止，人耳目既熟，不以为惧。吏民日窘，多谋出降，敬瑄悉捕其族党杀之，惨毒备至。内外都指挥使、眉州刺史成都徐耕，性仁恕，所全活数千人。田令孜曰："公掌生杀而不刑一人，有异志邪？"耕惧，夜，取俘囚戮于市。

王建见罢兵制书，曰："大功垂成，奈何弃之！"谋于周庠，庠劝建请韦公还朝，独攻成都，克而有之。建表称："陈敬瑄、田令孜罪不可赦，愿毕命以图成功。"昭度无如之何，由是未能东还。建说昭度曰："今关东藩镇迭相吞噬，此腹心之疾也，相公宜早归庙堂[②]，与天子谋之。敬瑄，疥癣耳[③]，当以日月制之，责建，可办也！"昭度犹豫未决。庚子，建阴令东川将唐友通等擒昭度亲吏骆保于行府门，脔食之[④]，云其盗军粮。昭度大惧，遽称疾，以印节授建，牒建知三使留后兼行营招讨使[⑤]，即日东还。建送至新都，跪觞马前[⑥]，泣拜而别。昭度甫出剑门[⑦]，即以兵守之，不复内东军。昭度至京师，除东都留守。

建急攻成都，环城烽堑亘五十里。有狗屠王鷁，请诈得罪亡入城说之，使上下离心，建遣之。鷁入见陈敬瑄、田令孜，则言"建兵疲食尽，将遁矣"，出则鬻茶于市，阴为吏民称建英武，兵势强盛；由是敬瑄等懈于守备而众心危惧。建又遣其将京兆郑渥诈降以觇之，敬瑄以为将，使乘城，既而复以诈得归。建由是悉知城中虚实，以渥为亲从都指挥使，更姓名曰王宗渥。

以武安节度使周岳为岭南西道节度使。

李克用大举击赫连铎，败其兵于河上，进围云州。

杨行密遣其将刘威、朱延寿将兵三万击孙儒于黄池[⑧]，威等大败。延寿，舒城人也。孙儒军于黄池，五月，大水，诸营皆没，乃还扬州，使其将康暀据和州，安景思据滁州。

丙午[⑨]，立皇子祐为德王。

杨行密遣其将李神福攻和、滁，康暀降，安景思走。

【注释】

①三台：星宫名。也叫“三能”，属太微垣。六星两两而居。西近文昌二星曰上台，次二星曰中台，东二星曰下台。 ②庙堂：太庙的明堂。古代帝王祭祀、议事的地方。也指朝廷。 ③疥癣（xiǎn 冼）：指疥疮和癣两种皮肤病。㾌，同“癣”。 ④脔（luán 峦）：切成块的肉。 ⑤三使：指节度使、招抚使、制置使。 ⑥觞（shāng 伤）：古代盛酒器。此处指向人敬酒。 ⑦剑门：地名。三国时蜀诸葛亮立关。唐武则天圣历二年（699），分普安、永归、阴平，置剑门县，属剑州。治今四川剑阁县东北剑门。 ⑧黄池：地名。在今安徽当涂县南黄池镇。 ⑨丙午：此处误。大顺二年（891）五月无此日。丙午日应是六月二十八日。

秋，七月，李克用急攻云州，赫连铎食尽，奔吐谷浑部[①]，既而归于幽州。克用表大将石善友为大同防御使。

朱全忠遣使与杨行密约共攻孙儒。儒恃其兵强，欲先灭行密，后敌全忠，移牒藩镇，数行密、全忠之罪，且曰：“俟平宣、汴，当引兵入朝，除君侧之恶。”于是悉焚扬州庐舍，尽驱丁壮及妇女度江，杀老弱以充食。行密将张训、李德诚潜入扬州，灭余火，得谷数十万斛以赈饥民。泗州刺史张谏贷数万斛以给军，训以行密之命馈之，谏由是德行密。

邢洺节度使李存孝劝李克用攻镇州[②]，克用从之。八月，克用南巡泽潞，遂涉怀孟之境。

朱全忠遣其将丁会攻宿州[③]，克其外城。

乙未，孙儒自苏州出屯广德[4]，杨行密引兵拒之。儒围其寨，行密将上蔡李简帅百余人力战，破寨，拔行密出之。

王建攻陈敬瑄益急，敬瑄出战辄败，巡内州县率为建所取。威戎节度使杨晟时馈之食，建以兵据新都，彭州道绝。敬瑄出，慰勉士卒，皆不应。

辛丑，田令孜登城谓建曰："老夫向于公甚厚，何见困如是？"建曰："父子之恩岂敢忘！但朝廷命建讨不受代者，不得不然。倘太师改图[5]，建复何求！"是夕，令孜自携西川印节诣建营授之，将士皆呼万岁。建泣谢，请复为父子如初。

先是，建常诱其将士曰："成都城中繁盛如花锦，一朝得之，金帛子女恣汝曹所取，节度使与汝曹迭日为之耳！"壬寅，敬瑄开门迎建。建署其将张勍为马步斩斫使，使先入城。乃谓将士曰："吾与汝曹三年百战，今始得城，汝曹不忧不富贵，慎勿焚掠坊市。吾已委张勍护之矣，彼幸执而白我，我犹得赦之；若先斩而后白，吾亦不能救也！"既而士卒有犯令者，勍执百余人，皆捶其胸而杀之，积尸于市，众莫敢犯。故时人谓勍为"张打胸"。

癸卯，建入城，自称西川留后。小校韩武数于使厅上马，牙司止之，武怒曰："司徒许我迭日为节度使，上马何为！"建密遣人刺杀之。

初，陈敬瑄之拒朝命也，田令孜欲盗其军政，谓敬瑄曰："三兄尊重[6]，军务烦劳，不若尽以相付，日具记事咨呈，兄但高居自逸而已。"敬瑄素无智能，忻然许之。自是军事皆不由己，以至于亡。建表敬瑄子陶为雅州刺史，使随陶之官，明年，罢归，寓居新津，以一县租赋赡之。

癸丑[7]，建分遣士卒就食诸州，更文武坚姓名曰王宗阮，谢从本曰王宗本。陈敬瑄将佐有器干者，建皆礼而用之。

六军十二卫观军容使、左神策军中尉杨复恭总宿卫兵，专制朝政，诸假子皆为节度使、刺史，又养宦官子六百人，皆为监军。假子龙剑节度使守贞、武定节度使守忠不输贡赋，上表讪薄朝廷。

上舅王瓌求节度使，上访于复恭，复恭以为不可，瓌怒，诟之。瓌出入禁中，颇用事，复恭恶之，奏以为黔南节度使，至吉柏津[8]，令山南西道节度使杨守亮覆诸江中，宗族宾客皆死，以舟败闻。上知复恭所为，深恨之。

李顺节既宠贵，与复恭争权，尽以复恭阴事告上，上乃出复恭为凤翔监军，复恭愠怼[9]，不肯行，称疾，求致仕。九月，乙卯，以复恭为上将军致仕，赐以几杖[10]。使者致诏命还，复恭潜遣腹心张绾刺杀之。

加护国节度使王重盈兼中书令。

东川节度使顾彦朗薨，军中推其弟彦晖知留后。

【注释】

①吐谷浑：古族名。原为鲜卑的一支，游牧于今辽宁锦州市西北。西晋末，首领吐谷浑率所部西迁今甘肃、青海间。再传至孙叶延，始以吐谷浑为姓氏。从事游牧，用汉文。唐高宗咸亨三年（672）后率所部迁灵州，任安乐州刺史，后其子孙徙朔方，部族分散。　②镇州：地名。唐宪宗元和十五年（820）改恒州置，治所在真定县（今河北正定县）。　③宿州：地名。唐宪宗元和四年（809）置，治所在虹县（今安徽五河县西），后移治符离县（今安徽宿州市埇桥区符离镇），文宗太和七年（833）复移治今安徽宿州县南。　④广德：县名。东汉灵帝中平二年（185）置，治所在今安徽广德县西南。唐肃宗至德二年（757），改绥安县为广德县，移治今安徽广德县，属宣州。　⑤太师：指陈敬瑄。因曾任检校太师，故称。⑥三兄：指陈敬瑄。田令孜本姓陈，懿宗时随田姓养父入宫；陈敬瑄行三，为田令孜兄，故称。　⑦癸丑：此处误。八月无此日。　⑧吉柏津：地名。在今四川广元市西南嘉陵江上。地有古柏，土人谓之吉柏，因以名津。　⑨愠怼（duì 队）：愤怒、怨恨。　⑩几杖：老人居则凭几，行则携杖。古时常用以表示敬老。

冬，十月，壬午，宿州刺史张筠降于丁会。

癸未，以永平节度使王建为西川节度使；甲申，废永平军。建既得西川，留心政事，容纳直言，好施乐士，用人各尽其才，谦恭俭素；然多忌好杀，诸将有功名者，多因事诛之。

杨复恭居第近玉山营，假子守信为玉山军使，数往省之。或告复恭与守信谋反，乙酉，上御安喜楼，陈兵自卫，命天威都将李顺节、神策军使李守节将兵攻其第。张绾帅家众拒战，守信引兵助之，顺节等不能克。丙戌，禁兵守含光门，俟其开，欲出掠两市，遇刘崇望，立马谕之曰："天子亲在街东督战，汝曹皆宿卫之士，当于楼前杀贼立功，勿贪小利，自取恶名！"众皆曰："诺。"遂从崇望而东。守信之众望见兵来，遂溃走。守信与复恭挈其族自通化门出，趣兴元，永安都头权安追之，擒张绾，斩之。复恭至兴元，杨守亮、杨守忠、杨守贞及绵州刺史杨守厚同举兵拒朝廷，以讨李顺节为名。守厚，亦复恭假子也。

李克用攻王镕，大破镇兵于龙尾冈[①]，斩获万计，遂拔临城[②]，攻元氏、柏乡[③]；李匡威引幽州兵救之。克用大掠而还，军于邢州。

十一月，曹州都将郭铢杀刺史郭词，降于朱全忠。

泰宁节度使朱瑾将万余人攻单州[④]。

乙丑，时溥将刘知俊帅众二千降于朱全忠。知俊，沛人，徐之骁将也，溥军自是不振。全忠以知俊为左右开道指挥使。

辛未，寿州将刘弘鄂恶孙儒残暴，举州降朱全忠。

十二月，乙酉，汴将丁会、张归霸与朱瑾战于金乡，大破之，杀获殆尽，瑾单骑走免。

天威都将李顺节恃恩骄横，出入常以兵自随。两军中尉刘景宣、西门君遂恶之，白上，恐其作乱。戊子，二人以诏召顺节，顺节入至银台门，二人邀顺节于仗舍坐语，供奉官似先知自后斩其首[⑤]，从者大噪而出。于是天威、捧日、登封三都大掠永宁坊，至暮乃定，百官表贺。

孙儒焚掠苏、常，引兵逼宣州，钱镠复遣兵据苏州。儒屡破杨行密之兵，旌旗辎重亘百余里。行密求救于钱镠，镠以兵食助之。

以顾彦晖为东川节度使，遣中使宋道弼赐旌节。杨守亮使杨守厚囚道弼，夺旌节，发兵攻梓州。癸卯，彦晖求救于王建；甲辰，建遣其将华洪、李简、王宗侃、王宗弼救东川。建密谓诸将曰："尔等破贼，彦晖必犒师，汝曹于行营报宴，因而执之，无烦再举。"宗侃破守厚七砦[⑥]，守厚走归绵州。彦晖具犒礼，诸将报宴，宗弼以建谋告之，彦晖乃以疾辞。

初，李茂贞养子继臻据金州，均州刺史冯行袭攻下之，诏以行袭为昭信防御使，治金州。杨守亮欲自金、商袭京师，行袭逆击，大破之。

是岁，赐泾原军号曰彰义，增领渭、武二州。

福建观察使陈岩疾病，遣使以书召泉州刺史王潮，欲授以军政，未至而岩卒。岩妻弟都将范晖讽将士推己为留后。

【注释】

①龙尾冈：地名。在今河北临城县西北。 ②临城：县名。唐玄宗天宝元年（742）改房子县置，治今河北临城县。属赵州。 ③元氏：县名。西汉时置，治今河北元氏县西北。隋末移治今河北元氏，唐因之，属赵州。柏乡：县名。隋文帝开皇十六年（596）置，治今河北柏乡县，属赵州。④单州：地名。唐末置，辖有原宋州之单父、砀山，曹州之成武，兖州之鱼台等地。 ⑤供奉官：在皇帝左右供职的官吏。 ⑥砦（zhài 债）："寨"的异体字，寨子。

资治通鉴卷第二百五十九

唐纪七十五　起玄黓困敦，尽阏逢摄提格，凡三年。

昭宗圣穆景文孝皇帝上之中

景福元年　春，正月，丙寅，赦天下，改元。

凤翔李茂贞、静难王行瑜、镇国韩建、同州王行约、秦州李茂庄五节度使上言：杨守亮容匿叛臣杨复恭，请出军讨之，乞加茂贞山南西道招讨使。朝议以茂贞得山南，不可复制，下诏和解之，皆不听。

王镕、李匡威合兵十余万攻尧山[①]，李克用遣其将李嗣勋击之，大破幽、镇兵，斩获三万。

杨行密谓诸将曰："孙儒之众十倍于我，吾战数不利，欲退保铜官，何如？"刘威、李神福曰："儒扫地远来，利在速战。宜屯据险要，坚壁清野以老其师，时出轻骑抄其馈饷，夺其俘掠。彼前不得战，退无资粮，可坐擒也！"戴友规曰："儒与我相持数年，胜负略相当。今悉众致死于我，我若望风弃城，正堕其计。淮南士民从公渡江及自儒军来降者甚众，公宜遣将先护送归淮南，使复生业；儒军闻淮南安堵[②]，皆有思归之心，人心既摇，安得不败！"行密悦，从之。友规，庐州人也。

威戎节度使杨晟与杨守亮等约攻王建，二月，丁丑，晟出兵掠新繁、汉州之境，使其将吕荛将兵二千会杨守厚攻梓州；建遣行营都指挥使李简击荛，斩之。

戊寅，朱全忠出兵击朱瑄，遣其子友裕将兵前行，军于斗门[3]。

李茂贞、王行瑜擅举兵击兴元。茂贞表求招讨使不已，遗杜让能、西门君遂书，陵蔑朝廷。上意不能容，御延英，召宰相、谏官议之。时宦官有阴与二镇相表里者，宰相相顾不敢言，上不悦。给事中牛徽曰："先朝多难，茂贞诚有翼卫之功；诸杨阻兵，亟出攻讨，其志亦在疾恶，但不当不俟诏命耳。比闻兵过山南，杀伤至多。陛下倘不以招讨使授之，使用国法约束，则山南之民尽矣！"上曰："此言是也。"乃以茂贞为山南西道招讨使。

甲申，朱全忠至卫南，朱瑄将步骑万人袭斗门，朱友裕弃营走，瑄据其营。全忠不知，乙酉，引兵趣斗门，至者皆为郓人所杀。全忠退军瓠河[4]，丁亥，瑄击全忠，大破之，全忠走。张归厚于后力战，全忠仅免，副使李璠等皆死。

朱全忠奏贬河阳节度使赵克裕，以佑国节度使张全义兼河阳节度使。

孙儒围宣州。初，刘建锋为孙儒守常州，将兵从儒击杨行密，甘露镇使陈可言帅部兵千人据常州。行密将张训引兵奄至城下，可言仓猝出迎，训手刃杀之，遂取常州。行密别将又取润州。

朱全忠连年攻时溥，徐、泗、濠三州民不得耕获，兖、郓、河东兵救之，皆无功，复值水灾，人死者什六七。溥困甚，请和于全忠，全忠曰："必移镇乃可。"溥许之。全忠乃奏请移溥他镇，仍命大臣镇徐州。诏以门下侍郎、同平章事刘崇望同平章事，充感化节度使，以溥为太子太师。溥恐全忠诈而杀之，据城不奉诏，崇望及华阴而还。

忠义节度使赵德諲薨，子匡凝代之。

范晖骄侈失众心，王潮以从弟彦复为都统，弟审知为都监，将兵攻福州。民自请输米饷军，平湖洞及滨海蛮夷皆以兵船助之[5]。

辛丑，王建遣族子嘉州刺史宗裕、雅州刺史王宗侃、威信都指挥使华洪、茂州刺史王宗瑶将兵五万攻彭州，杨晟逆战而败，宗裕等围之。杨守亮遣其将符昭救之，径趋成都，营三学山[6]。建亟召华洪还。洪疾驱而至，后军尚未集，以数百人夜去昭营数里，多击更鼓；昭以为蜀军大至，引兵宵遁。

【注释】

①尧山：地名。在今河北顺平县西北。 ②安堵：安居，不受骚扰。 ③斗门：地名。即斗门城。在今河南濮阳县境。 ④瓠河：地名。即瓠河镇，在今山东鄄城县东南。 ⑤平湖洞：地名。一名大飞，在今福建莆田市。 ⑥三学山：地名。在今四川金堂县东北。属汉州。

三月，以户部尚书郑延昌为中书侍郎、同平章事。延昌，从谠之从兄弟也。

左神策勇胜三都都指挥使杨子实、子迁、子钊，皆守亮之假子也，自渠州引兵救杨晟，知守亮必败，壬子，帅其众二万降于王建。

李克用、王处存合兵攻王镕，癸丑，拔天长镇[①]。戊午，镕与战于新市[②]，大破之，杀获三万余人；辛酉，克用退屯栾城。诏和解河东及镇、定、幽四镇。

杨晟遗杨守贞、杨守忠、杨守厚书，使攻东川以解彭州之围，守贞等从之。神策督将窦行实戍梓州，守厚密诱之为内应；守厚至涪城[③]，行实事泄，顾彦晖斩之。守厚遁去。守贞、守忠军至，无所归，盘桓绵、剑间[④]，王建遣其将吉谏袭守厚，破之。癸亥，西川将李简邀击守忠于钟阳[⑤]，斩获三千余人。夏，四月，简又破守厚于铜锌，斩获三千余人，降万五千人；守忠、守厚皆走。

乙酉，置武胜军于杭州，以钱镠为防御使。

天威军使贾德晟，以李顺节之死，颇怨愤，西门君遂恶之，奏而杀之。德晟麾下千余骑奔凤翔，李茂贞由是益强。

李匡威出兵侵云、代，壬寅，李克用始引兵还。

时溥遣兵南侵，至楚州，杨行密将张训、李德诚败之于寿河，遂取楚州，执其刺史刘瓒。

加邠宁节度使王行瑜兼中书令[⑥]。

杨行密屡败孙儒兵，破其广德营，张训屯安吉，断其粮道。儒食尽，士卒大疫，遣其将刘建锋、马殷分兵掠诸县。六月，行密闻儒疾疟，戊寅，纵兵击之。会大雨、晦冥，儒军大败，安仁义破儒五十余寨，田颙擒儒于陈，斩之，传首京师，儒众多降于行密。刘建锋、马殷收余众七千，南走洪州，推建锋为帅，殷为先锋指挥使，张佶为谋主，比至江西，众十余万。

丁酉，杨行密帅众归扬州；秋，七月，丙辰，至广陵，表田頵守宣州，安仁义守润州。

先是，扬州富庶甲天下，时人称扬一、益二，及经秦、毕、孙、杨兵火之余[7]，江、淮之间，东西千里扫地尽矣。

【注释】

①天长镇：地名。在今河北井陉县西南。 ②新市：汉古县，唐并入镇州九门县，治今河北石家庄市藁城区西北。 ③涪城：县名。隋文帝开皇十六年（596）以安城县改名，治今四川三台县西北。 ④剑：剑州。唐玄宗先天二年（713）以始州改名，治所在普安县（今四川剑阁县）。⑤钟阳：即钟阳城，在今四川绵阳市东北。 ⑥“加邠宁”句：此句前应有“五月”二字，据十二行本、孔本等补。 ⑦秦、毕、孙、杨：分别指秦彦、毕师铎、孙儒、杨行密。

王建围彭州，久不下，民皆窜匿山谷；诸寨日出俘掠，谓之“淘虏”，都将先择其善者，余则士卒分之，以是为常。

有军士王先成者，新津人，本书生也，世乱，为兵，度诸将惟北寨王宗侃最贤，乃往说之曰：“彭州本西川之巡属也，陈、田召杨晟，割四州以授之[1]，伪署观察使，与之共拒朝命。今陈、田已平而晟犹据之，州民皆知西川乃其大府而司徒乃其主也[2]，故大军始至，民不入城而入山谷避之，以俟招安。今军至累月，未闻招安之命，军士复从而掠之，与盗贼无异，夺其赀财，驱其畜产，分其老弱妇女以为奴婢，使父子兄弟流离愁怨；其在山中者暴露于暑雨，残伤于蛇虎，孤危饥渴，无所归诉。彼始以杨晟非其主而不从，今司徒不加存恤，彼更思杨氏矣。”宗侃恻然，不觉屡移其床前问之，先成曰：“又有甚于是者：今诸寨每旦出六七百人，入山淘虏，薄暮乃返，曾无守备之意。赖城中无人耳，万一有智者为之画策，使乘虚奔突，先伏精兵千人于门内，登城望淘虏者稍远，出弓弩手、炮手各百人，攻寨之一面，随以役卒五百，负薪土填壕为道，然后出精兵奋击，且焚其寨；又于三面城下各出耀兵，诸寨咸自备御，无暇相救，城中得以益兵继出，如此，能无败乎！”宗侃矍然曰：“此诚有之，将若之何？”

先成请条列为状以白王建，宗侃即命先成草之，大指言：“今所白之事，须四面通共，宗侃所司止于北面，或所白可从，乞以牙举施行。”事凡七条：“其一，乞招安山中百姓。其二，乞禁诸寨军士及子弟无得一人辄出淘虏，仍表诸寨之旁七里内听樵牧，敢越表者斩。其三，乞置招安寨，中容数千人，以处所招百姓，宗侃请选所部将校谨干者为招安将，使将三十人昼夜执兵巡卫。其四，招安之事须委一人总领，今榜帖既下，诸寨必各遣军士入山招安，百姓见之无不惊疑，如鼠见狸，谁肯来者！欲招之必有其术，愿降帖付宗侃专掌其事。其五，乞严勒四寨指挥使，悉索前日所虏彭州男女老幼集于营场，有父子、兄弟、夫妇自相认者即使相从，牒具人数，部送招安寨，有敢私匿一人者斩；仍乞勒府中诸营，亦令严索，有自军前先寄归者，量给资粮，悉部送归招安寨。其六，乞置九陇行县于招安寨中③，以前南郑令王丕摄县令，设置曹局，抚安百姓，择其子弟之壮者，给帖使自入山招其亲戚；彼知司徒严禁侵掠，前日为军士所虏者，皆获安堵，必欢呼踊跃，相帅下山，如子归母，不日尽出。其七，彭州土地宜麻，百姓未入山时多沤藏者，宜令县令晓谕，各归田里，出所沤麻鬻之，以为资粮，必渐复业。”建得之大喜，即行之，悉如所申。

明日，榜帖至，威令赫然，无敢犯者。三日，山中民竞出，赴招安寨如归市，寨不能容，斥而广之；浸有市井，又出麻鬻之。民见村落无抄暴之患，稍稍辞县令，复故业。月余，招安寨皆空。

己巳，李茂贞克凤州，感义节度使满存奔兴元。茂贞又取兴、洋二州④，皆表其子弟镇之。

【注释】

①四州：指僖宗文德元年（888）陈敬瑄、田令孜授予杨晟的文、龙、成、茂四州。　②大府：亦称“会府”，指节度使府。司徒：指王建，时朝廷任命王建为检校司徒，故称之。　③九陇：县名。故汉繁县地，后魏改曰九陇，以州西有九陇山得名。唐治今四川彭州市。　④洋州：地名。西魏置，治所在丰宁县（今陕西西乡县西）；天宝后移治兴道县（今陕西洋县）。

八月，以杨行密为淮南节度使、同平章事，以田頵知宣州留后，安仁义为润州刺史。

孙儒降兵多蔡人，行密选其尤勇健者五千人，厚其禀赐，以皂衣蒙甲，号“黑云都”，每战，使之先登陷陈，四邻畏之。

行密以用度不足，欲以茶盐易民布帛，掌书记舒城高勖曰：“兵火之余，十室九空，又渔利以困之，将复离叛。不若悉我所有易邻道所无，足以给军；选贤守令劝课农桑，数年之间，仓库自实。”行密从之。田頵闻之曰：“贤者之言，其利远哉！”行密驰射武伎，皆非所长，而宽简有智略，善抚御将士，与同甘苦，推心待物，无所猜忌。尝早出，从者断马鞦[1]，取其金，行密知而不问，他日，复早出如故，人服其度量。

淮南被兵六年，士民转徙几尽；行密初至，赐与将吏，帛不过数尺，钱不过数百；而能以勤俭足用，非公宴，未尝举乐。招抚流散，轻傜薄敛，未及数年，公私富庶，几复承平之旧。

李克用北巡至天宁军[2]，闻李匡威、赫连铎将兵八万寇云州，遣其将李君庆发兵于晋阳。克用潜入新城，伏兵于神堆[3]，擒吐谷浑逻骑三百；匡威等大惊。丙申，君庆以大军至，克用迁入云州。丁酉，出击匡威等，大破之。己亥，匡威等烧营而遁；追至天成军[4]，斩获不可胜计。

辛丑，李茂贞攻拔兴元，杨复恭、杨守亮、杨守信、杨守贞、杨守忠、满存奔阆州。茂贞表其子继密权知兴元府事。

九月，加荆南节度使成汭同平章事。

时溥迫监军奏称将士留己，冬，十月，复以溥为侍中、感化节度。朱全忠奏请追溥新命；诏谕解之。

初，邢、洺、磁州留后李存孝，与李存信俱为李克用假子，不相睦。存信有宠于克用，存孝在邢州，欲立大功以胜之，乃建议取镇冀；存信从中沮之，不时听许。及王镕围尧山，存孝救之，不克。克用以存信为蕃、汉马步都指挥使，与存孝共击之，二人互相猜忌，逗留不进；克用更遣李嗣勋等击破之。存信还，谮存孝无心击贼，疑与之有私约。存孝闻之，自以有功于克用，而信任顾不及存信，愤怨，且惧及祸，乃潜结王镕及朱全忠，上表以三州自归于朝廷，乞赐旌节及会诸道兵讨李克用；诏以存孝为邢、洺、磁节度使，不许会兵。

十一月，时溥濠州刺史张璲、泗州刺史张谏以州附于朱全忠。

乙未[5]，朱全忠遣其子友裕将兵十万攻濮州，拔之，执其刺史邵伦，遂令友裕移兵击时溥。

孙儒将王坛陷婺州，刺史蒋瓌奔越州。

庐州刺史蔡俦发杨行密祖父墓，与舒州刺史倪章连兵，遣使送印于朱全忠以求救。全忠恶其反覆，纳其印，不救，且牒报行密；行密谢之。行密遣行营都指挥使李神福将兵讨俦。

《宣明历》浸差[6]，太子少詹事边冈造新历成，十二月，上之。命曰《景福崇玄历》。

壬午，王建遣其将华洪击杨守亮于阆州，破之。建遣节度押牙延陵郑顼使于朱全忠；全忠问剑阁[7]，顼极言其险。全忠不信，顼曰："苟不以闻，恐误公军机。"全忠大笑。

是岁，明州刺史钟文季卒，其将黄晟自称刺史。

【注释】

①鞦（qiū 秋）：同"鞧"，牛马后部的革带。 ②天宁军：应为天安军，在代州（今山西代县）西，玄宗天宝十二载（753）设置。 ③神堆：地名。即神武川（指今山西山阴东北一带）之黄花堆，在云州（今山西大同市）西南九十里。 ④天成军：地名。唐置。治所在今山西天镇县。⑤乙未：此处误，十一月无此日。 ⑥《宣明历》：即《长庆宣明历》。穆宗长庆二年（822）始用。 ⑦剑阁：地名。即剑门关，在今四川剑阁县东北。此关地势险要，为古代戍守要地。

二年 春，正月，时溥遣兵攻宿州，刺史郭言战死。

东川留后顾彦晖既与王建有隙，李茂贞欲抚之使从己，奏请更赐彦晖节；诏以彦晖为东川节度使。茂贞又奏遣知兴元府事李继密救梓州，未几，建遣兵败东川、凤翔之兵于利州[1]。彦晖求和，请与茂贞绝；乃许之。

凤翔节度使李茂贞自请镇兴元，诏以茂贞为山南西道兼武定节度使，以中书侍郎、同平章事徐彦若同平章事，充凤翔节度使，又割果、阆二州隶武定军。茂贞欲兼得凤翔，不奉诏。

二月，甲戌，加西川节度使王建同平章事。

李克用引兵围邢州，王镕遣牙将王藏海致书解之。克用怒，斩藏海，进兵击镕，败镇兵于平山[②]。辛巳，攻天长镇，旬日不下。镕出兵三万救之，克用逆战于叱日岭下[③]，大破之，斩首万余级，余众溃去。河东军无食，脯其尸而啖之。

时溥求救于朱瑾，朱全忠遣其将霍存将骑兵三千军曹州以备之。瑾将兵二万救徐州，存引兵赴之，与朱友裕合击徐、兖兵于石佛山下[④]，大破之，瑾遁归兖州。辛卯，徐兵复出，存战死。

李克用进下井陉，李存孝将兵救王镕，遂入镇州，与镕计事。镕又乞师于朱全忠，全忠方与时溥相攻，不能救，但遗克用书，言"邺下有十万精兵，抑而未进"。克用复书："傥实屯军邺下，颙望降临[⑤]；必欲真决雌雄，愿角逐于常山之尾。"甲午，李匡威引兵救镕，败河东兵于元氏，克用引还邢州。镕犒匡威于藁城，辇金帛二十万以酬之。

朱友裕围彭城，时溥数出兵，友裕闭壁不战。朱瑾宵遁，友裕不追，都虞候朱友恭以书谮友裕于全忠，全忠怒，驿书下都指挥使庞师古，使代之将，且按其事。书误达于友裕，友裕大惧，以二千骑逃入山中[⑥]，潜诣砀山，匿于伯父全昱之所。全忠夫人张氏闻之，使友裕单骑诣汴州见全忠，泣涕拜伏于庭；全忠命左右捽抑[⑦]，将斩之，夫人趋就抱之，泣曰："汝舍兵众，束身归罪，无异志明矣。"全忠悟而舍之，使权知许州。友恭，寿春人李彦威也，幼为全忠家僮，全忠养以为子。张夫人，砀山人，多智略，全忠敬惮之，虽军府事，时与之谋议；或将兵出，中涂，夫人以为不可，遣一介召之，全忠立为之返。

庞师古攻佛山寨，拔之，自是徐兵不敢出。

李匡威之救王镕也，将发幽州，家人会别，弟匡筹之妻美，匡威醉而淫之。二月，匡威自镇州还，至博野，匡筹据军府自称留后，以符追行营兵。匡威众溃归，但与亲近留深州，进退无所之，遣判官李抱真入奏，请归京师。京师屡更大乱，闻匡威来，坊市大恐，曰："金头王来图社稷。"士民或窜匿山谷。王镕德其以己故致失地，迎归镇州，为筑第，父事之。

以渝州刺史柳玭为泸州刺史。柳氏自公绰以来，世以孝悌礼法为士大夫所宗。玭为御史大夫，上欲以为相，宦官恶之，故久谪于外。玭尝戒其子弟曰："凡门地高，可畏不可恃也。立身行己，一事有失，则得罪重于他人，死无以见先人于地下，此其所以可畏也。门高则骄心易生，族盛则为人所嫉；懿行实才，人未之信，小有玼颣⑧，众皆指之：此其所以不可恃也。故膏粱子弟⑨，学宜加勤，行宜加励，仅得比他人耳！"

王建屡请杀陈敬瑄、田令孜，朝廷不许。夏，四月，乙亥，建使人告敬瑄谋作乱，杀之新津。又告令孜通凤翔书，下狱死。建使节度判官冯涓草表奏之曰："开匣出虎，孔宣父不责他人⑩；当路斩蛇，孙叔敖盖非利己⑪。专杀不行于阃外⑫，先机恐失于彀中⑬。"涓，宿之孙也。

【注释】

①利州：地名。西魏废帝三年(554)以西益州改名，治所在兴安县(今四川广元市)。 ②平山：县名。唐肃宗至德初改隋房山县为平山县，治今河北平山县，属镇州。 ③叱日岭：地名。在今河北井陉县西北。 ④石佛山：山名。在今江苏徐州市南。 ⑤颙(yóng 喁)望：抬头表示景仰。 ⑥二千骑：此处误，应为二十骑。薛居正《旧五代史》中《元贞张后传》作"二十骑"，《朱友裕传》作"数骑"。 ⑦捽(zuó 昨)：揪。这里指揪住他的头发。 ⑧玼颣(cī lèi 疵类)：玼，玉的斑点。颣，丝上的疙瘩。引申为缺点。 ⑨膏粱子弟：谓富贵人家的子弟。膏指肥肉，粱指美谷。 ⑩孔宣父：即孔子。此句意为打开木笼放出猛虎。典出《论语·季氏》。 ⑪孙叔敖：即芀敖，春秋时楚国令尹。字孙叔，期思(今河南淮滨县东南)人。曾辅佐楚庄王在邲大败晋军，称霸诸侯。古代传说见了两头蛇的人要死去。孙叔敖幼时在路上见了两头蛇，把它杀死埋了，为的是担心别人再见到两头蛇。 ⑫阃(kǔn 捆)外：郭门以外，后指统兵在外的将领。 ⑬彀(gòu 够)中：本指箭射出去所能达到的有效范围，后用以比喻牢笼、圈套。

汴军攻徐州，累月不克。通事官张涛以书白朱全忠云："进军时日非良，故无功。”全忠以为然。敬翔曰：“今攻城累月，所费甚多，徐人已困，旦夕且下，使将士闻此言，则懈于攻取矣。”全忠乃焚其书。癸未，全忠自将如徐州；戊子，庞师古拔彭城，时溥举族登燕子楼自焚死。己丑，全忠入彭城，以宋州刺史张廷范知感化留后，奏乞朝廷除文臣为节度使。

李匡威在镇州，为王镕完城堑，缮甲兵[①]，训士卒，视之如子。匡威以镕年少，且乐真定土风[②]，潜谋夺之。李抱真自京师还，为之画策，阴以恩施悦其将士。王氏在镇久，镇人爱之，不徇匡威。匡威忌日，镕就第吊之，匡威素服衷甲[③]，伏兵劫之，镕趋抱匡威曰：“镕为晋人所困，几亡矣，赖公以有今日；公欲得四州[④]，此固镕之愿也，不若与公共归府，以位让公，则将士莫之拒矣。”匡威以为然，与镕骈马，陈兵入府。会大风雷雨，屋瓦皆震。匡威入东偏门，镇之亲军闭之，有屠者墨君和自缺垣跃出，拳殴匡威甲士，挟镕于马上，负之登屋。镇人既得镕，攻匡威，杀之，并其族党。镕时年十七，体疏瘦，为君和所挟，颈痛头偏者累日。李匡筹奏镕杀其兄，请举兵复冤；诏不许。

幽州将刘仁恭将兵戍蔚州，过期未代，士卒思归。会李匡筹立，戍卒奉仁恭为帅，还攻幽州，至居庸关，为府兵所败。仁恭奔河东，李克用厚待之。

李神福围庐州；甲午，杨行密自将诣庐州，田頵自宣州引兵会之。初，蔡人张颢以骁勇事秦宗权，后从孙儒，儒败，归行密，行密厚待之，使将兵戍庐州。蔡俦叛，颢更为之用。及围急，颢逾城来降，行密以隶银枪都使袁稹。稹以颢反覆，白行密，请杀之，行密恐稹不能容，置之亲军。稹，陈州人也。

王彦复、王审知攻福州，久不下。范晖求救于威胜节度使董昌，昌与陈岩婚姻，发温、台、婺州兵五千救之。彦复、审知以城坚，援兵且至，士卒死伤多，白王潮，欲罢兵更图后举，潮不许。请潮自临行营，潮报曰：“兵尽添兵，将尽添将，兵将俱尽，吾当自来。”彦复、审知惧，亲犯矢石急攻之。五月，城中食尽，晖知不能守，夜，以印授监军，弃城走，援兵亦还。庚子，彦复等入城。辛丑，晖亡抵沿海都，为将士所杀。潮入福州，自称留后，素服葬陈岩,以女妻其子延晦,厚抚其家。汀、建二州降,岭海间群盗二十余辈皆降溃。

闰月,以武胜防御使钱镠为苏杭观察使。又以扈跸都头曹诚为黔中节度使,耀德都头李铤为镇海节度使,宣威都头孙惟晟为荆南节度使,六月,以捧日都头陈珮为岭南东道节度使,并同平章事。时李茂贞跋扈,上以武臣难制,欲用诸王代之,故诚等四人皆加恩,解兵柄,令赴镇。

李匡筹出兵攻王镕之乐寿、武强[5],以报杀匡威之耻。

【注释】

①缮甲兵:此句后应有"训士卒"三字,据十二行本、孔本等补。②真定:指镇州。镇州汉代为真定国。 ③衷甲:把甲穿在衣服里面。衷,贴肉的内衣。 ④四州:指镇、冀、深、赵四州。时为王镕所管辖。⑤乐寿、武强:乐寿,县名。隋文帝仁寿元年(601)改广城县置,治今河北献县西南。炀帝大业十三年(617)移治今献县。武强,县名。一作"武疆",晋置,治今河北武强县西南旧城。后经多次废置,唐治今武强县。

秋,七月,王镕遣兵救邢州;李克用败之于平山,壬申,进击镇州。镕惧,请以兵粮二十万助攻邢州,克用许之。克用治兵于栾城[1],合镕兵三万进屯任县[2],李存信屯琉璃陂。

丁亥,杨行密克庐州,斩蔡俦。左右请发俦父母冢,行密曰:"俦以此得罪,吾何为效之!"

加天雄节度使李茂庄同平章事。

钱镠发民夫二十万及十三都军士筑杭州罗城,周七十里。

升州刺史张雄卒,冯弘铎代之为刺史。

李茂贞恃功骄横,上表及遗杜让能书,辞语不逊。上怒,欲讨之。茂贞又上表,略曰:"陛下贵为万乘,不能庇元舅之一身[3];尊极九州[4],不能戮复恭之一竖。"又曰:"今朝廷但观强弱,不计是非。"又曰:"约衰残而行法,随盛壮以加恩;体物锱铢[5],看人衡纩[6]。"又曰:"军情易变,戎马难羁,唯虑甸服生灵[7],因兹受祸,未审乘舆播越,自此何之!"上益怒,决讨茂贞,命杜让能专掌其事,让能谏曰:"陛下初临大宝[8],国步未夷[9],茂贞近在国门,臣愚以为未宜与之构怨，万一不克，悔之无及。”上曰：“王室日卑，号令不出国门，此乃志士愤痛之秋。药弗瞑眩[10]，厥疾弗瘳[11]。朕不能甘心为孱懦之主，愔愔度日，坐视陵夷。卿但为朕调兵食，朕自委诸王用兵，成败不以责卿！”让能曰：“陛下必欲行之，则中外大臣共宜协力以成圣志，不当独以任臣。”上曰：“卿位居元辅，与朕同休戚，无宜避事！”让能泣曰：“臣岂敢避事！况陛下所欲行者，宪宗之志也；顾时有所未可，势有所不能耳。但恐他日臣徒受晁错之诛[12]，不能弭七国之祸也。敢不奉诏，以死继之！”上乃命让能留中书，计画调度，月余不归。崔昭纬阴结邠、岐，为之耳目，让能朝发一言，二镇夕必知之。李茂贞使其党纠合市人数百千人，拥观军容使西门君遂马诉曰：“岐帅无罪[13]，不宜致讨，使百姓涂炭。”君遂曰：“此宰相事，非吾所及。”市人又邀崔昭纬、郑延昌肩舆诉之，二相曰：“兹事主上专委杜太尉，吾曹不预知。”市人因乱投瓦石，二相下舆走匿民家，仅自免，丧堂印及朝服。上命捕其唱帅者诛之，用兵之意益坚。京师民或亡匿山谷，严刑所不能禁。八月，以嗣覃王嗣周为京西招讨使，神策大将军李锷副之。

丙辰，杨行密遣田頵将宣州兵二万攻歙州[14]；歙州刺史裴枢城守，久不下。时诸将为刺史者多贪暴，独池州团练使陶雅宽厚得民，歙人曰：“得陶雅为刺史，请听命。”行密即以雅为歙州刺史，歙人纳之。雅尽礼见枢，送之还朝。枢，遵庆之曾孙也。

朱全忠命庞师古移兵攻兖州，与朱瑾战，屡破之。

【注释】

①栾城：县名。东汉改关县置，治所在今河北赵县西北。北魏孝文帝太和十一年（487）移治今河北石家庄市栾城区西。　②任县：县名。西汉初置，治今河北任县东。唐高祖武德四年（621）后复移治今任县。③元舅：指王瓌，唐昭宗舅父。事见上卷。　④九州：原指上古时期我国中原地区行政区划，后泛指全中国。　⑤锱（zī 资）铢：都是古代很小的重量单位，比喻极微小的数量。六铢为一锱，四锱为一两。　⑥纩（kuàng 矿）：亦作“絖”，絮衣服的新丝绵。这里喻作仰人鼻息，即依靠别人，不能自主。　⑦甸服：古代王畿外围的地方，按距离的远近分为五等，叫“五服”。甸服是“五服”之一，离王畿最近，仅五百里。古代郊外

称甸。 ⑧大宝：指帝位。语出《易·系辞下》："圣人之大宝曰位。" ⑨国步：指国运。《诗·大雅·桑柔》："於乎有哀，国步斯频。" ⑩瞑眩：头昏眼花。《孟子·滕文公上》："《书》曰：'若药不瞑眩，厥疾不瘳。'" ⑪瘳（chōu 抽）：病愈。 ⑫晁错之诛：指晁错被杀事。晁错，西汉大臣。景帝时任御史大夫。推行重农抑商政策，主张逐步削夺诸侯王国封地，以巩固中央集权。后吴、楚等七国以"清君侧"为名，发动叛乱，晁错为政敌暗算，被杀。 ⑬岐帅：指李茂贞。凤翔地原为岐州。⑭歙州：地名。隋文帝开皇九年（589）置，治所在海宁县（今安徽休宁县东）。炀帝大业十三年（617）移治歙县（今安徽歙县）。

九月，丁卯，以钱镠为镇海节度使。

李存孝夜犯李存信营，虏奉诚军使孙考老。李克用自引兵攻邢州，掘堑筑垒环之。存孝时出兵突击，堑垒不能成。河东牙将袁奉韬密使人谓存孝曰："大王惟俟堑成即归晋阳，尚书所惮者独大王耳[①]，诸将非尚书敌也。大王若归，咫尺之堑，安能沮尚书之锋锐邪！"存孝以为然，按兵不出。旬日，堑垒成，飞走不能越，存孝由是遂穷。汴将邓季筠从克用攻邢州，轻骑逃归。朱全忠大喜，使将亲军。

乙亥，覃王嗣周帅禁军三万送凤翔节度使徐彦若赴镇，军于兴平。李茂贞、王行瑜合兵近六万，军于盩厔以拒之。禁军皆新募市井少年，茂贞、行瑜所将皆边兵百战之余，壬午，茂贞等进逼兴平，禁军皆望风逃溃，茂贞等乘胜进攻三桥[②]，京城大震，士民奔散，市人复守阙请诛首议用兵者。崔昭纬心害太尉、门下侍郎、同平章事杜让能，密遗茂贞书曰："用兵非主上意，皆出于杜太尉耳。"甲申，茂贞陈于临皋驿[③]，表让能罪，请诛之。让能言于上曰："臣固先言之矣，请以臣为解。"上涕下不自禁，曰："与卿诀矣！"是日，贬让能梧州刺史，制辞略曰："弃卿士之臧谋，构藩垣之深衅，咨询之际，证执弥坚。"又流观军容使西门君遂于儋州[④]，内枢密使李周潼于崖州[⑤]，段诩于驩州[⑥]。乙酉，上御安福门，斩君遂、周潼、诩，再贬让能雷州司户。遣使谓茂贞曰："惑朕举兵者，三人也，非让能之罪。"以内侍骆全瓘、刘景宣为左右军中尉。

壬辰，以东都留守韦昭度为司徒、门下侍郎、同平章事，御史中丞崔胤为户部侍郎、同平章事。胤，慎由之子也，外宽弘而内巧险，与崔昭纬深相结，故得为相。季父安潜谓所亲曰："吾父兄刻苦以立门户，终为缁郎所坏！"缁郎，胤小字也。

李茂贞勒兵不解，请诛杜让能然后还镇，崔昭纬复从而挤之。冬，十月，赐让能及其弟户部侍郎弘徽自尽。复下诏布告中外，称"让能举枉错直，爱憎系于一时；鬻狱卖官，聚敛逾于巨万"。自是朝廷动息皆禀于邠、岐，南、北司往往依附二镇以邀恩泽[7]。有崔铤、王超者，为二镇判官，凡天子有所可否，其不逞者，辄诉于铤、超，二人则教茂贞、行瑜上章论之，朝廷少有依违，其辞语已不逊。

制复以茂贞为凤翔节度使兼山南西道节度使、守中书令，于是茂贞尽有凤翔、兴元、洋、陇秦等十五州之地。以徐彦若为御史大夫。

戊戌，以泉州刺史王潮为福建观察使。

舒州刺史倪章弃城走，杨行密以李神福为舒州刺史。

邠宁节度使、守侍中兼中书令王行瑜求为尚书令；韦昭度密奏："太宗以尚书令执政，遂登大位，自是不以授人臣。惟郭子仪以大功拜尚书令，终身避让。行瑜安可轻议！"十一月，以行瑜为太师，赐号尚父，仍赐铁券。

十二月，朱全忠请徙盐铁于汴州以便供军；崔昭纬以为全忠新破徐、郓，兵力倍增，若更判盐铁，不可复制，乃赐诏开谕之。

汴将葛从周攻齐州刺史朱威，朱瑄、朱瑾引兵救之。

初，武安节度使周岳杀闵勖，据潭州，邵州刺史邓处讷闻而哭之，诸将入吊，处讷曰："吾与公等咸受仆射大恩[8]，今周岳无状杀之，吾欲与公等竭一州之力，为仆射报仇，可乎？"皆曰："善！"于是训卒厉兵，八年，乃结朗州刺史雷满共攻潭州，克之，斩岳，自称留后。

【注释】

①尚书：指李存孝。李存孝时为检校尚书，故称。大王：指李克用。李克用时封陇西郡王，故称。　②三桥：地名。在今陕西西安市西。　③临皋驿：地名。在今陕西西安市西北。　④儋州：地名。唐高祖武德

五年(622)以儋耳郡改置,治所在义伦县(今海南儋州市西北)。 ⑤崖州:地名。唐高祖武德五年(622)置,治所在舍城县(今海南海口市琼山区东南)。 ⑥驩州:地名。唐高祖武德五年(622)置,治所在安人县(今越南义安省演州西安城)。太宗贞观后移治九德县(今越南义安省荣市)。 ⑦南司:唐代三省所属各官署设在宫城之南,故称南司。 ⑧仆射:指闵勖。闵勖曾任检校尚书右仆射、钦化节度使,故称。

乾宁元年 春,正月,乙丑朔,赦天下,改元。

李茂贞入朝,大陈兵自卫,数日归镇。

以李匡筹为卢龙节度使。

二月,朱全忠自将击朱瑄,军于鱼山[①]。瑄与朱瑾合兵攻之,兖、郓兵大败,死者万余人。

以右散骑常侍郑綮为礼部侍郎、同平章事。綮好诙谐,多为歇后诗,讥嘲时事;上以为有所蕴,手注班簿[②],命以为相,闻者大惊。堂吏往告之,綮笑曰:"诸君大误,使天下更无人,未至郑綮!"吏曰:"特出圣意。"綮曰:"果如是,奈人笑何!"既而贺客至,綮搔首言曰:"歇后郑五作宰相[③],时事可知矣!"累让不获,乃视事。

以邵州刺史邓处讷为武安节度使。

彰义节度使张钧薨,表其兄镭为留后。

三月,黄州刺史吴讨举州降杨行密。

邢州城中食尽,甲申,李存孝登城谓李克用曰:"儿蒙王恩得富贵,苟非困于谗慝,安肯舍父子而从仇雠乎! 愿一见王,死不恨!"克用使刘夫人视之。夫人引存孝出见克用,存孝泥首谢罪曰:"儿粗立微劳,存信逼儿,失图至此!"克用叱之曰:"汝遗朱全忠、王镕书,毁我万端,亦存信教汝乎!"囚之,归于晋阳,车裂于牙门[④]。存孝骁勇,克用军中皆莫及;常将骑兵为先锋,所向无敌,身被重铠,腰弓髀槊[⑤],独舞铁楇陷陈[⑥],万人辟易[⑦]。每以二马自随,马稍乏,就阵中易之,出入如飞。克用惜其才,意临刑诸将必为之请,因而释之。既而诸将疾其能,竟无一人言者。既死,克用为之不视事者旬日,私恨诸将,而于李存信竟无所谴。又有薛阿檀者,其勇与存孝相侔,诸将疾之,常不得志,密与存孝通;存孝诛,恐事泄,遂自杀。自是克用兵势浸弱,而朱全忠独盛矣。克用表马师素为邢洺节度使。

朱全忠遣军将张从晦慰抚寿州。从晦陵侮刺史江彦温而与诸将夜饮;彦温疑其谋己,明日,尽杀在席诸将,以书谢全忠而自杀。军中推其子从项知军州事,全忠为之腰斩从晦。

五月,加镇海节度使钱镠同平章事。

刘建锋、马殷引兵至澧陵[8],邓处讷遣邵州指挥使蒋勋、邓继崇将步骑三千守龙回关[9]。殷先至关下,遣使诣勋,勋等以牛酒犒师。殷使说勋曰:"刘骧智勇兼人[10],术家言当兴翼、轸间[11]。今将十万众,精锐无敌,而君以乡兵数千拒之,难矣。不如先下之,取富贵,还乡里,不亦善乎!"勋等然之,谓众曰:"东军许吾属还。"士卒皆欢呼,弃旗帜铠仗遁去。建锋令前锋衣其甲,张其旗,趋潭州。潭人以为邵州兵还,不为备。建锋径入府,处讷方宴,擒斩之。戊辰,建锋入潭州,自称留后。

王建攻彭州,城中人相食,彭州内外都指挥使赵章出降。王先成请筑龙尾道,属于女墙。丙子,西川兵登城,杨晟犹帅众力战,刀子都虞候王茂权斩之。获彭州马步使安师建,建欲使为将,师建泣谢曰:"师建誓与杨司徒同生死,不忍复戴日月,惟速死为惠。"再三谕之,不从,乃杀之,礼葬而祭之。更赵章姓名曰王宗勉,王茂权名曰宗训,又更王钊名曰宗谨,李绾姓名曰王宗绾。

辛卯,中书侍郎、同平章事郑延昌罢为右仆射。

朱瑄、朱瑾求救于河东,李克用遣骑将安福顺及弟福庆、福迁督精骑五百假道于魏,渡河应之。

武昌节度使杜洪攻黄州,杨行密遣行营都指挥使朱延寿等救之。

六月,甲午,以宋州刺史张廷范为武宁节度使,从朱全忠之请也。

蕲州刺史冯敬章邀击淮南军,朱延寿攻蕲州,不克。

戊午,以翰林学士承旨、礼部尚书李谿同平章事;方宣制,水部郎中知制诰刘崇鲁出班掠麻恸哭。上召崇鲁,问其故,对言:"谿奸邪,依附杨复恭、西门君遂,得在翰林,无相业,恐危社稷。"

貉竞罢为太子少傅。貉，鄘之孙也。上师貉为文，崔昭纬恐貉为相，分己权，故使崇鲁沮之。貉十表自讼，丑诋"崇鲁父符受赃枉法，事觉自杀；弟崇望与杨复恭深交，崇鲁庭拜田令孜，为朱玫作劝进表，乃云臣交结内臣，何异抱赃唱贼！且故事，绝巾惨带[12]，不入禁庭。臣果不才，崇鲁自应上章论列，岂于正殿恸哭！为国不祥，无人臣礼，乞正其罪"。诏停崇鲁见任。貉犹上表不已，乞行诛窜，表数千言，诟詈无所不至。

李克用大破吐谷浑，杀赫连铎，擒白义诚。

【注释】

①鱼山：地名。在今山东东阿县南。　②班簿：一种簿册，书写在朝者姓名。　③歇后郑五：指郑綮。郑綮行五，又善为歇后诗，故称。④车裂：中国古代一种残酷的死刑。亦称"轘"或"轘裂"，俗称"五马分尸"，将人头和四肢分别拴在五辆车上，以五马驾车，同时分驰，撕裂肢体。　⑤髀（bì 婢）：大腿。槊（shuò 朔）：古代兵器，即长矛。　⑥檛（zhuā 抓）：鞭子。　⑦辟易：惊退。　⑧澧陵：应为"醴陵"，县名。东汉初置，治今湖南醴陵市，属潭州。　⑨龙回关：地名。在今湖南隆回县西北。　⑩刘瓖：应为刘龙瓖，即刘建锋。　⑪翼、轸：此处指地域范围。翼、轸指楚地，即荆州、长沙这一带。　⑫绝（shī 施）：粗绸。惨：浅色。

秋，七月，李茂贞遣兵攻阆州，拔之，杨复恭、杨守亮、杨守信帅其族党犯围走。

礼部侍郎、同平章事郑綮自以不合众望，累表避位，诏以太子少保致仕；以御史大夫徐彦若为中书侍郎兼吏部尚书、同平章事。

绵州刺史杨守厚卒，其将常再荣举城降王建。

杨复恭、守亮、守信将自商山奔河东，至乾元[1]，遇华州兵，获之。八月，韩建献于阙下，斩于独柳。李茂贞献复恭遗守亮书，诉致仕之由云："承天门乃隋家旧业[2]，大侄但积粟训兵，勿贡献。吾于荆榛中立寿王，才得尊位，废定策国老，有如此负心门生天子！"

昭义节度使康君立诣晋阳谒李克用。己未，克用会诸将饮博，酒酣，克用语及李存孝，流涕不已。君立素与李存信善，一言忤旨，克用拔剑斫之，囚于马步司[3]。九月，庚申朔，出之，君立已

唐戴帽骑马仕女泥俑

死。克用表云州刺史薛志诚为昭义留后。

冬，十月，丁酉，封皇子祤为棣王，禊为虔王，禋为沂王，祎为遂王。

刘仁恭数因盖寓献策于李克用，愿得兵万人取幽州。克用方攻邢州，分兵数千，欲纳仁恭于幽州，不克。李匡筹益骄，数侵河东之境。克用怒，十一月，大举兵攻匡筹，拔武州④，进围新州⑤。

以泾原留后张鐇为彰义节度使。

朱全忠遣使至泗州，使者陵慢刺史张谏，谏举州降杨行密。行密遣押牙唐令回持茶万余斤如汴宋贸易，全忠执令回，尽取其茶。扬、汴始有隙。

十二月，李匡筹遣大将将步骑数万救新州，李克用选精兵逆战于段庄，大破之，斩首万余级，生擒将校三百人，以练纤之，徇于城下⑥。是夕，新州降。辛亥，进攻妫州⑦。壬子，匡筹复发兵出居庸关，克用使精骑当其前以疲之，遣步将李存审自他道出其背夹击之，幽州兵大败，杀获万计。甲寅，李匡筹挈其族奔沧州，义昌节度使卢彦威利其辎重、妓妾，遣兵攻之于景城⑧，杀之，尽俘其众。存审本姓苻，宛丘人，克用养以为子。丙辰，克用进军幽州，其大将请降。匡筹素暗懦，初据军府，兄匡威闻之，谓诸将曰："兄失弟得，不出吾家，亦复何恨！但惜匡筹才短，不能保守，得及二年，幸矣。"

加匡国节度使王行约检校侍中。

吴讨畏杜洪之逼，纳印请代于杨行密，行密以先锋指挥使瞿章权知黄州。

是岁，黄连洞蛮二万围汀州[9]，福建观察使王潮遣其将李承勋将万人击之；蛮解去，承勋追击之，至浆水口，破之。闽地略定。潮遣僚佐巡州县，劝农桑，定租税，交好邻道，保境息民，闽人安之。

封州刺史刘谦卒，子隐居丧于贺江[10]，土民百余人谋乱，隐一夕尽诛之。岭南节度使刘崇龟召补右都押牙兼贺水镇使；未几，表为封州刺史。

义胜节度使董昌为政苛虐，于常赋之外，加敛数倍，以充贡献及中外馈遗，每旬发一纲，金万两，银五千铤，越绫万五千匹，他物称是，用卒五百人，或遇雨雪风水违程，则皆死。贡奉为天下最，由是朝廷以为忠，宠命相继，官至司徒、同平章事，爵陇西郡王。

昌建生祠于越州，制度悉如禹庙，命民间祷赛者[11]，无得之禹庙，皆之生祠。昌求为越王，朝廷未之许，昌不悦曰："朝廷欲负我矣，我累年贡献无算而惜一越王邪！"有谄之者曰："王为越王，曷若为越帝。"于是民间讹言时世将变，竞相帅填门喧噪，请昌为帝。昌大喜，遣人谢之曰："天时未至，时至我自为之。"其僚佐吴瑶、都虞候李畅之等皆劝成之，吏民献谣谶符瑞者不可胜纪，其始赏之以钱数百缗，既而献者日多，稍减至五百、三百而已。昌曰："谶云'兔子上金床'，此谓我也。我生太岁在卯[12]，明年复在卯，二月卯日卯时，吾称帝之秋也。"

【注释】

①乾元：县名。唐肃宗乾元元年(758)以安业县改名，治今陕西柞水县。属商州。　②承天门：长安太极宫南门。隋文帝使宇文恺所造，本名昭阳门，唐改名承天门。这里借指唐朝的江山。　③马步司：官署名。唐末各节度使都于马步司设置监狱。　④武州：地名。唐僖宗光启中置，治所在文德县(今河北张家口市宣化区)。　⑤新州：地名。唐僖宗光启中置，治所在永兴县(今河北涿鹿县)。时领永兴、矾山、怀安、龙门四县。　⑥徇：示众。　⑦妫州：地名。唐太宗贞观八年(634)以北燕州

改名，治所在怀戎县（今河北涿鹿县西南）。武则天长安二年（702）移治清夷军城（今河北怀来县东南）。 ⑧景城：县名。隋文帝开皇十八年（598）置，治今河北沧州市西景城。唐因之，属沧州。 ⑨黄连洞：地名。在今福建宁化县东南黄连镇。唐属汀州。 ⑩贺江：水名。亦作贺水、临贺水、封溪水。源出贺州富川县石龙。今即广东、广西之间西江支流贺江。 ⑪祷赛：祈福求神。祷，向神祝告祈福。赛，向神祈福后报祠。⑫太岁：旧历纪年所用值岁干支的别名。如逢甲子年，甲子即是太岁。但习惯上只重视岁阴，即十二地支，故太岁十二年一循环。太岁在卯指卯年出生，也就是兔年出生，故有“兔子上金床”之谶。

资治通鉴卷第二百六十

唐纪七十六 起旃蒙单阏，尽柔兆执徐，凡二年。

昭宗圣穆景文孝皇帝上之下

乾宁二年 春，正月，辛酉，幽州军民数万以麾盖歌鼓迎李克用入府舍；克用命李存审、刘仁恭将兵略定巡属。

癸未[1]，朱全忠遣其将朱友恭围兖州，朱瑄自郓以兵粮救之，友恭设伏，败之于高梧[2]，尽夺其饷，擒河东将安福顺、安福庆。

己巳，以给事中陆希声为户部侍郎、同平章事。希声，元方五世孙也。

壬申，护国节度使王重盈薨，军中请以重荣子行军司马珂知留后事。珂，重盈兄重简之子也，重荣养以为子。

杨行密表朱全忠罪恶，请会易定、兖、郓、河东兵讨之。

董昌将称帝，集将佐议之。节度副使黄碣曰："今唐室虽微，天人未厌。齐桓、晋文皆翼戴周室以成霸业[3]。大王兴于畎亩[4]，受朝廷厚恩，位至将相，富贵极矣，奈何一旦忽为族灭之计乎！碣宁死为忠臣，不生为叛逆！"昌怒，以为惑众，斩之，投其首于厕中，骂之曰："奴贼负我！好圣明时三公不能待，而先求死也！"并杀其家八十口，同坎瘗之。又问会稽令吴镣，对曰："大王不为真诸侯以传子孙，乃欲假天子以取灭亡邪！"昌亦族诛之。又谓山阴令张逊曰："汝有能政，吾深知之，俟吾为帝，命汝知御史台[5]。"逊曰："大王起石镜镇，建节浙东，荣贵近二十年，何苦效李锜、刘辟之所为乎[⑥]！浙东僻处海隅，巡属虽有六州，大王若称帝，彼必不从，徒守孤城，为天下笑耳！”昌又杀之，谓人曰：“无此三人者，则人莫我违矣！”

二月，辛卯，昌被衮冕登子城门楼[⑦]，即皇帝位。悉陈瑞物于庭以示众。先是，咸通末[⑧]，吴、越间讹言山中有大鸟，四目三足，声云“罗平天册”，见者有殃，民间多画象以祀之，及昌僭号，曰：“此吾鸑鷟也[⑨]。”乃自称大越罗平国，改元顺天，署城楼曰天册之楼，令群下谓己曰“圣人”。以前杭州刺史李邈、前婺州刺史蒋瓌、两浙盐铁副使杜郢、前屯田郎中李瑜为相。又以吴瑶等皆为翰林学士、李畅之等皆为大将军。

昌移书钱镠，告以权即罗平国位，以镠为两浙都指挥使。镠遗昌书曰：“与其闭门作天子，与九族、百姓俱陷涂炭，岂若开门作节度使，终身富贵邪！及今悛悔[⑩]，尚可及也！”昌不听，镠乃将兵三万诣越州城下，至迎恩门见昌，再拜言曰：“大王位兼将相，奈何舍安就危！镠将兵此来，以俟大王改过耳。若天子命将出师，纵大王不自惜，乡里士民何罪，随大王族灭乎！”昌惧，致犒军钱二百万，执首谋者吴瑶及巫觋数人送于镠[⑪]，且请待罪天子。镠引兵还，以状闻。

王重盈之子保义节度使珙、晋州刺史瑶举兵击王珂[⑫]，表言珂非王氏子。与朱全忠书，言“珂本吾家苍头[⑬]，不应为嗣”。珂上表自陈，且求援于李克用。上遣中使谕解之。

上重李谿文学，乙未，复以谿为户部侍郎、同平章事。

朱全忠军于单父[⑭]，为朱友恭声援。

【注释】

①癸未：应为癸亥，癸未误。乾宁二年正月癸未为二十五日，与后文时间矛盾，故应为癸亥即初五。　②高梧：地名。春秋时为鲁国之高鱼，在今山东郓城县西北。　③齐桓、晋文：即春秋时齐国国君桓公小白和晋国国君文公重耳。齐桓公任用管仲进行改革，国力大增，成为春秋时第一个霸主。晋文公重用狐偃、赵衰等人，整顿内政，增强军队，又平定周室内乱，迎襄王复位，被周天子策命为“侯伯”，成为春秋时又一个霸主。　④甽(quǎn 犬)亩：田间、田地。　⑤御史台：官署名。西汉时称

御史府，东汉时称御史台，亦称宪台，为封建国家的监察机关，长官是御史大夫。唐因之。曾一度改称肃政台，不久恢复旧称。 ⑥李锜、刘辟：均为唐德宗、宪宗时官吏。李锜，唐德宗时任润州刺史，兼盐铁转运使，骄纵奢侈，行为多不法。宪宗元和二年（807）发兵叛变，被杀。刘辟，唐德宗时为剑南西川节度使韦皋部属。顺宗永贞元年（805）韦皋死，自任西川节度留后。宪宗即位，任为检校工部尚书，充剑南西川节度使，不久叛攻梓州。元和元年（806）朝廷派高崇文率军进讨，被俘至长安处死。 ⑦衮冕：古代皇帝及上公的礼服。 ⑧咸通：唐懿宗李漼年号。起自860年，止于873年。 ⑨鸑鷟（yuè zhuó 岳浊）：凤凰的别称。 ⑩悛（quān 圈）悔：悔改，悔过。 ⑪巫觋（xí 习）：巫，女巫。觋，男巫。 ⑫晋州：误，应为绛州。时王瑶任绛州刺史。 ⑬苍头：古代私家所属的奴隶。后用为仆隶的通称。 ⑭单父：县名。秦置，治所在今山东单县南。又据十二行本、孔本，此句前有"己酉"二字。

李克用表刘仁恭为卢龙留后，留兵戍之；壬子，还晋阳。

妫州人高思继兄弟，有武干，为燕人所服，克用皆以为都将，分掌幽州兵；部下士卒，皆山北之豪也，仁恭惮之。久之，河东兵戍幽州者暴横，思继兄弟以法裁之，所诛杀甚多。克用怒，以让仁恭，仁恭诉称高氏兄弟所为，克用俱杀之。仁恭欲收燕人心，复引其诸子置帐下，厚抚之。

崔昭纬与李茂贞、王行瑜深相结，得天子过失，朝廷机事，悉以告之。邠宁节度副使崔鋋，昭纬之族也，李谿再入相，昭纬使鋋告行瑜曰："向者尚书令之命已行矣，而韦昭度沮之，今又引李谿为同列，相与荧惑圣听，恐复有杜太尉之事[①]。"行瑜乃与茂贞表称谿奸邪，昭度无相业，宜罢居散秩。上报曰："军旅之事，朕则与藩镇图之；至于命相，当出朕怀。"行瑜等论列不已，三月，谿复罢为太子少师。

王珙、王瑶请朝廷命河中帅，诏以中书侍郎、同平章事崔胤同平章事，充护国节度使；以户部侍郎、判户部王抟为中书侍郎、同平章事。

王珂，李克用之婿也。克用表重荣有功于国，请赐其子珂节钺。王珙厚结王行瑜、李茂贞、韩建三帅，更上表称珂非王氏子，请以珂为陕州、珙为河中。上谕以先已允克用之奏，不许。

加王镕兼侍中。

杨行密浮淮至泗州，防御使台濛盛饰供帐，行密不悦。既行，濛于卧内得补绽衣[2]，驰使归之。行密笑曰："吾少贫贱，不敢忘本。"濛甚惭。

行密攻濠州[3]，拔之，执刺史张璲。

行密军士掠得徐州人李氏之子，生八年矣，行密养以为子，行密长子渥憎之；行密谓其将徐温曰："此儿质状性识，颇异于人，吾度渥必不能容，今赐汝为子。"温名之曰知诰。知诰事温，勤孝过于诸子。尝得罪于温，温笞而逐之；及归，知诰迎拜于门。温问："何故犹在此？"知诰泣对曰："人子舍父母将何之！父怒而归母，人情之常也。"温以是益爱之，使掌家事，家人无违言。及长，喜书善射，识度英伟。行密常谓温曰："知诰俊杰，诸将子皆不及也。"

丁亥，行密围寿州。

上以郊畿多盗，至有逾垣入宫或侵犯陵寝者，欲令宗室诸王将兵巡警，又欲使之四方抚慰藩镇。南北司用事之臣恐其不利于己，交章论谏。上不得已，夏，四月，下诏悉罢之。

朝廷以董昌有贡输之勤，今日所为，类得心疾，诏释其罪，纵归田里。

户部侍郎、同平章事陆希声罢为太子少师。

杨行密围寿州，不克，将还；庚寅，其将朱延寿请试往更攻，一鼓拔之，执刺史江从勖。行密以延寿权知寿州团练使。

未几，汴兵数万攻寿州，州中兵少，吏民恟惧。延寿制，军中每旗二十五骑。命黑云队长李厚将十旗击汴兵，不胜；延寿将斩之，厚称众寡不敌，愿益兵更往，不胜则死。都押牙汝阳柴再用亦为之请，乃益以五旗。厚殊死战，再用助之，延寿悉众乘之，汴兵败走。厚，蔡州人也。

行密又遣兵袭涟水[4]，拔之。

钱镠表董昌僭逆，不可赦，请以本道兵讨之。

太傅、门下侍郎、同平章事韦昭度以太保致仕。

戊戌，以刘建锋为武安节度使。建锋以马殷为内外马步军都指挥使。

杨行密遣使诣钱镠，言董昌已改过，宜释之；亦遣诣昌，使趣朝贡。

河东遣其将史俨、李承嗣以万骑驰入于郓，朱友恭退归于汴。

【注释】

①杜太尉：指杜让能。 ②绽：衣缝裂开。也作“袒（zhàn 栈）”，补衣上破孔。 ③濠州：地名。隋文帝开皇二年（582）改西楚州置，治所在钟离县（今安徽凤阳县临淮关西）。 ④涟水：县名。隋文帝开皇五年（585）以襄贲县改名，治所即今江苏涟水县。唐因之，属泗州。

五月，诏削董昌官爵，委钱镠讨之。

初，王行瑜求尚书令不获，由是怨朝廷。畿内有八镇兵，隶左右军。郃阳镇近华州，韩建求之；良原镇近邠州，王行瑜求之。宦官曰：“此天子禁军，何可得也！”王珂、王珙争河中，行瑜、建及李茂贞皆为珙请，不能得，耻之。珙使人语三帅曰：“珂不受代而与河东昏姻，必为诸公不利，请讨之。”行瑜使其弟匡国节度使行约攻河中，珂求救于李克用。行瑜乃与茂贞、建各将精兵数千入朝，甲子，至京师，坊市民皆窜匿。上御安福门以待之，三帅盛陈甲兵，拜伏舞蹈于门下。上临轩，亲诘之曰：“卿辈不奏请俟报，辄称兵入京城，其志欲何为乎？若不能事朕，今日请避贤路！”行瑜、茂贞流汗不能言，独韩建粗述入朝之由。上与三帅宴，三帅奏称：“南、北司互有朋党，堕紊朝政。韦昭度讨西川失策，李谿作相，不合众心，请诛之。”上未之许。是日，行瑜等杀昭度、谿于都亭驿①，又杀枢密使康尚弼及宦官数人。又言：“王珂、王珙嫡庶不分，请除王珙河中，徙王行约于陕，王珂于同州。”上皆许之。始，三帅谋废上，立吉王保；至是，闻李克用已起兵于河东，行瑜、茂贞各留兵二千人宿卫京师，与建皆辞还镇。贬户部尚书杨堪为雅州刺史。堪，虞卿之子，昭度之舅也。

初，崔胤除河中节度使，河东进奏官薛志勤扬言曰：“崔公虽重德，以之代王珂，不若光德刘公于我公厚也②。”光德刘公者，太常卿刘崇望也。及三帅入朝，闻志勤之言，贬崇望昭州司马。李克用闻三镇兵犯阙，即日遣使十三辈发北部兵，期以来月度河入关。

六月，庚寅，以钱镠为浙东招讨使；镠复发兵击董昌。

辛卯，以前均州刺史孔纬、绣州司户张濬并为太子宾客。壬辰，以纬为吏部尚书，复其阶爵；癸巳，拜司空，兼门下侍郎、同平章事。以张濬为兵部尚书、诸道租庸使。时纬居华州，濬居长水③，上以崔昭纬等外交藩镇，朋党相倾，思得骨鲠之士，故骤用纬、濬。纬以有疾，扶舆至京师，见上，涕泣固辞；上不许。

李克用大举蕃、汉兵南下，上表称王行瑜、李茂贞、韩建称兵犯阙，贼害大臣，请讨之，又移檄三镇，行瑜等大惧。克用军至绛州，刺史王瑶闭城拒之；克用进攻，旬日，拔之，斩瑶于军门，杀城中违拒者千余人。秋，七月，丙辰朔，克用至河中，王珂迎谒于路。

匡国节度使王行约败于朝邑④，戊午，行约弃同州走，己未，至京师。行约弟行实时为左军指挥使，帅众与行约大掠西市。行实奏称同华已没，沙陀将至，请车驾幸邠州。庚申，枢密使骆全瓘奏请车驾幸凤翔。上曰："朕得克用表，尚驻军河中。就使沙陀至此，朕自有以枝梧⑤，卿等但各抚本军，勿令摇动。"

右军指挥使李继鹏，茂贞假子也，本姓名阎珪，与骆全瓘谋劫上幸凤翔。中尉刘景宣与王行实知之，欲劫上幸邠州；孔纬面折景宣，以为不可轻离宫阙。向晚，继鹏连奏请车驾出幸，于是王行约引左军攻右军，鼓噪震地。上闻乱，登承天楼，欲谕止之，捧日都头李筠将本军，于楼前侍卫。李继鹏以凤翔兵攻筠，矢拂御衣，著于楼桷⑥，左右扶上下楼。继鹏复纵火焚宫门，烟炎蔽天。时有盐州六都兵屯京师，素为两军所惮，上急召令入卫；既至，两军退走，各归邠州及凤翔。城中大乱，互相剽掠，上与诸王及亲近幸李筠营，护跸都头李居实帅众继至。

或传王行瑜、李茂贞欲自来迎车驾，上惧为所迫，辛酉，以筠、居实两都兵自卫，出启夏门⑦，趣南山，宿莎城镇⑧。士民追从车驾者数十万人，比至谷口，暍死者三之一⑨，夜，复为盗所掠，哭声震山谷。时百官多扈从不及，户部尚书、判度支及盐铁转运使薛王知柔独先至，上命权知中书事及置顿使。

壬戌，李克用入同州。崔昭纬、徐彦若、王抟至莎城。甲子，上徙幸石门镇[10]，命薛王知柔与知枢密院刘光裕还京城，制置守卫宫禁。丙寅，李克用遣节度判官王瓌奉表问起居。丁卯，上遣内侍郗廷昱赍诏诣李克用军，令与王珂各发万骑同赴新平。又诏彰义节度使张鐇以泾原兵控扼凤翔。

李克用遣兵攻华州；韩建登城呼曰："仆于李公未尝失礼，何为见攻？"克用使谓之曰："公为人臣，逼逐天子，公为有礼，孰为无礼者乎！"会郗廷昱至，言李茂贞将兵三万至盩厔，王行瑜将兵至兴平，皆欲迎车驾，克用乃释华州之围，移兵营渭桥。

以薛王知柔为清海节度使、同平章事[11]，仍权知京兆尹、判度支，充盐铁转运使，俟反正日赴镇。

上在南山旬余，士民从车驾避乱者日相惊曰："邠、岐兵至矣！"上遣延王戒丕诣河中，趣李克用令进兵。壬午，克用发河中。上遣供奉官张承业诣克用军。承业，同州人，屡奉使于克用，因留监其军。己丑[12]，克用进军渭桥，遣其将李存贞为前锋；辛卯，拔永寿[13]，又遣史俨将三千骑诣石门侍卫。癸巳，遣李存信、李存审会保大节度使李思孝攻王行瑜梨园寨，擒其将王令陶等，献于行在。思孝本姓拓跋，思恭之弟也。李茂贞惧，斩李继鹏，传首行在，上表请罪，且遣使求和于克用。上复遣延王戒丕、丹王允谕克用，令且赦茂贞，并力讨行瑜，俟其殄平[14]，当更与卿议之。且命二王拜克用为兄。

【注释】

①都亭驿：地名。在长安朱雀门外西街，含光门北来第二坊，在今陕西西安市内。　②光德：长安城中里名。在朱雀街西第三街北来第六坊，在今陕西西安市内。　③长水：县名。隋恭帝义宁元年(617)改长渊县置，治今河南洛宁县西长水乡。唐因之。　④朝邑：县名。西魏以南五泉县改名，治今陕西渭南市大荔县东南朝邑镇。　⑤枝梧：抗拒、对付。　⑥桷(jué 觉)：方的椽子。　⑦启夏门：地名。长安城南面东边第一门。　⑧莎城镇：地名。在长安城南，今陕西西安市长安区东南。⑨暍(yē 椰)：中暑，受暴热。　⑩石门镇：地名。在今陕西蓝田县西南。

⑪清海节度使:即岭南节度使。是年,昭宗赐岭南节度使军额曰清海。⑫己丑:此处误。乾宁二年(895)七月无此日。疑"己丑"前漏"八月"二字,己丑应为八月初五。 ⑬永寿:县名。北周静帝大象元年(579)以广寿县改名,治今陕西永寿县西北。唐太宗贞观二年(628)移治今永寿县西北永寿村。 ⑭殄(tiǎn 舔):灭绝。

以前河中节度使崔胤为中书侍郎、同平章事。

戊戌,削夺王行瑜官爵。癸卯,以李克用为邠宁四面行营都招讨使,保大节度使李思孝为北面招讨使,定难节度使李思谏为东面招讨使,彰义节度使张鐇为西面招讨使。克用遣其子存勖诣行在,年十一,上奇其状貌,抚之曰:"儿方为国之栋梁,他日宜尽忠于吾家。"克用表请上还京;上许之。令克用遣骑三千驻三桥为备御。辛亥,车驾还京师。

壬子,司空兼门下侍郎、同平章事崔昭纬罢为右仆射。

以护国留后王珂、卢龙留后刘仁恭各为本镇节度使。

时宫室焚毁,未暇完葺[1],上寓居尚书省,百官往往无袍笏仆马。

以李克用为行营都统[2]。

九月,癸亥,司空兼门下侍郎、同平章事孔纬薨。

辛未,朱全忠自将击朱瑄,战于梁山;瑄败走还郓。

李克用急攻梨园,王行瑜求救于李茂贞,茂贞遣兵万人屯龙泉镇[3],自将兵三万屯咸阳之旁。克用请诏茂贞归镇,仍削夺其官爵,欲分兵讨之。上以茂贞自诛继鹏,前已赦宥,不可复削夺诛讨,但诏归镇,仍令克用与之和解。以昭义节度使李罕之检校侍中,充邠宁四面行营副都统。史俨败邠宁兵于云阳,擒云阳镇使王令海等,献之。

王建遣简州刺史王宗瑶等将兵赴难;甲戌,军于绵州。

董昌求救于杨行密,行密遣泗州防御使台濛攻苏州以救之,且表昌引咎,愿修职贡,请复官爵。又遗钱镠书,称:"昌狂疾自立,已畏兵谏,执送同恶,不当复伐之。"

冬,十月,丙戌,河东将李存贞败邠宁军于梨园北,杀千余人。

自是梨园闭壁不敢出。

贬右仆射崔昭纬为梧州司马。

魏国夫人陈氏，才色冠后宫；戊子，上以赐李克用。

克用令李罕之、李存信等急攻梨园；城中食尽，弃城走。罕之等邀击之，所杀万余人，克梨园等三寨，获王行瑜子知进及大将李元福等；克用进屯梨园。庚寅，王行约、王行实烧宁州遁去。克用奏请以匡国节度使苏文建为静难节度使，趣令赴镇，且理宁州，招抚降人。

上迁居大内。

朱全忠遣都将葛从周击兖州，自以大军继之。癸卯，围兖州。

杨行密遣宁国节度使田頵、润州团练使安仁义攻杭州镇戍以救董昌，昌使湖州将徐淑会淮南将魏约共围嘉兴。钱镠遣武勇都指挥使顾全武救嘉兴，破乌墩、光福二寨。淮南将柯厚破苏州水栅。全武，余姚人也。

义武节度使王处存薨，军中推其子节度副使郜为留后。

以京兆尹武邑孙偓为兵部侍郎、同平章事。

王行瑜以精甲五千守龙泉寨，李克用攻之；李茂贞以兵五千救之，营于镇西。李罕之击凤翔兵，走之，十一月，丁巳，拔龙泉寨。行瑜走入邠州，遣使请降于李克用。

齐州刺史朱琼举州降于朱全忠。琼，瑾之从父兄也。

衢州刺史陈儒卒，弟岌代之。

李克用引兵逼邠州，王行瑜登城，号哭谓克用曰："行瑜无罪，迫胁乘舆[4]，皆李茂贞及李继鹏所为，请移兵问凤翔，行瑜愿束身归朝。"克用曰："王尚父何恭之甚[5]！仆受诏讨三贼臣，公预其一，束身归朝，非仆所得专也。"丁卯，行瑜挈族弃城走。克用入邠州，封府库，抚居人，命指挥使高爽权巡抚军城，奏趣苏文建赴镇。行瑜走至庆州境，部下斩行瑜，传首。

朱瑄遣其将贺瓌、柳存及河东将薛怀宝将兵万余人袭曹州[6]，以解兖州之围。瓌，濮阳人也。丁卯，全忠自中都引兵夜追之[7]，比明，至巨野南，及之，屠杀殆尽，生擒瓌、存、怀宝，俘士卒三千余人。是日晡后，大风沙尘晦冥，全忠曰："此杀人未足耳！"下令所得之俘尽杀之。庚午，缚瓌等徇于兖州城下，谓朱瑾曰：“卿兄已败，何不早降！”

丁丑，雅州刺史王宗侃攻拔利州，执刺史李继颙，斩之。

朱瑾伪遣使请降于朱全忠，全忠自就延寿门下与瑾语。瑾曰：“欲送符印，愿使兄琼来领之。”

辛巳，全忠使琼往，瑾立马桥上，伏骁果董怀进于桥下，琼至，怀进突出，擒之以入，须臾，掷首城外。全忠乃引兵还，以琼弟玭为齐州防御使，杀柳存、怀宝；闻贺瓌名，释而用之。

李克用旋军渭北。

加静难节度使苏文建同平章事。

蒋勋求为邵州刺史，刘建锋不许，勋乃与邓继崇起兵，连飞山、梅山蛮寇湘潭[8]，据邵州，使其将申德昌屯定胜镇以扼潭人。

【注释】

①葺（qì 气）：原指用茅草覆盖房屋，后泛指修理房屋。　②行营都统：官职名。唐代后期讨伐藩镇和镇压农民起义，设诸道行营都统，为各道出征兵的统帅。　③龙泉镇：地名。在今陕西旬邑县东北。　④乘舆：旧指帝王所用的车舆，后用为帝王的代称。　⑤王尚父：即王行瑜。王行瑜赐号尚父，故称。但此时王行瑜尚父赐号已削夺，李克用仍称之，有讽刺挖苦意味。　⑥薛怀宝：十二行本、孔本作“何怀宝”。　⑦中都：县名。唐玄宗天宝元年（742）以平陆县改名，治今山东汶上县，唐属郓州。　⑧飞山、梅山：地名。飞山在邵州西北，山势高峻。梅山在潭州界，今湖南新化县东北。

十二月，甲申，阆州防御使李继雍、蓬州刺史费存、渠州刺史陈璠各帅所部兵奔王建。

乙酉，李克用军于云阳。

王建奏：“东川节度使顾彦晖不发兵赴难，而掠夺辎重，遣泸州刺史马敬儒断峡路，请兴兵讨之。”戊子，华洪大破东川兵于楸林[1]，俘斩数万，拔楸林寨。

乙未，进李克用爵晋王，加李罕之兼侍中，以河东大将盖寓领容管观察使；自余克用将佐、子孙并进官爵。克用性严急，左右小有过辄死，无敢违忤；惟盖寓敏慧，能揣其意，婉辞裨益，无不从者。克用或以非罪怒将吏，寓必阳助之怒，克用常释之；有所谏诤，必征近事为喻；由是克用爱信之，境内无不依附，权与克用侔。朝廷及邻道遣使至河东，其赏赐赂遗，先入克用，次及寓家。朱全忠数遣人间之，及扬言云盖寓已代克用，而克用待之益厚。

丙申，王建攻东川，别将王宗弼为东川兵所擒，顾彦晖畜以为子。戊戌，通州刺史李彦昭将所部兵二千降于建。

李克用遣掌书记李袭吉入谢恩[2]，密言于上曰："比年以来，关辅不宁，乘此胜势，遂取凤翔，一劳永逸，时不可失。臣屯军渭北，专俟进止。"上谋于贵近，或曰："茂贞复灭，则沙陀大盛，朝廷危矣！"上乃赐克用诏，褒其忠款，而言："不臣之状，行瑜为甚。自朕出幸以来，茂贞、韩建自知其罪，不忘国恩，职贡相继，且当休兵息民。"克用奉诏而止。既而私于诏使曰："观朝廷之意，似疑克用有异心也。然不去茂贞，关中无安宁之日。"又诏免克用入朝，将佐或言："今密迩阙庭[3]，岂可不入见天子！"克用犹豫未决，盖寓言于克用曰："向者王行瑜辈纵兵狂悖，致銮舆播越，百姓奔散。今天子还未安席，人心尚危，大王若引兵渡渭，窃恐复惊骇都邑。人臣尽忠，在于勤王，不在入觐，愿熟图之！"克用笑曰："盖寓尚不欲吾入朝，况天下之人乎！"乃表称："臣总帅大军，不敢径入朝觐，且惧部落士卒侵扰渭北居人。"辛亥，引兵东归。表至京师，上下始安。诏赐河东士卒钱三十万缗。克用既去，李茂贞骄横如故，河西州县多为茂贞所据[4]，以其将胡敬璋为河西节度使。

朱全忠之去兖州也，留葛从周将兵守之，朱瑾闭城不复出，从周将还，乃扬言"天平、河东救兵至，引兵西北邀之"。夜半，潜归故寨。瑾以从周精兵悉出，果出兵攻寨。从周突出奋击，杀千余人，擒其都将孙汉筠而还。

加镇海节度使钱镠兼侍中。

彰义节度使张镭薨，以其子琏权知留后。

朱瑄、朱瑾屡为朱全忠所攻，民失耕稼，财力俱弊。告急于河东，李克用遣大将史俨、李承嗣将数千骑假道于魏以救之。

安州防御使家晟与朱全忠亲吏蒋玄晖有隙，恐及祸，与指挥使刘士政、兵马监押陈可璠将兵三千袭桂州[⑤]，杀经略使周元静而代之。晟醉侮可璠，可璠手刃之，推士政知军府事，可璠自为副使。诏即以士政为桂管经略使。玄晖，吴人也。

【注释】

①梓林：地名。在今四川三台县东北。 ②掌书记：亦称“掌记”，官职名。唐代节度使的官属有掌书记，掌管朝觐、聘慰、祭祀、祈祝之文以及号令、升降之事。 ③密迩：贴近、靠近。 ④河西：地域名。指凉、瓜、沙、肃等州。 ⑤桂州：地名。唐肃宗乾元元年(758)改建陵郡置，治所在临桂县(今广西桂林市)。

三年 春，正月，西川将王宗夔攻拔龙州，杀刺史田昉。

丁巳，刘建锋遣都指挥使马殷将兵讨蒋勋，攻定胜寨，破之。

辛未，安仁义以舟师至湖州，欲渡江应董昌，钱镠遣武勇都指挥使顾全武、都知兵马使许再思守西陵，仁义不能渡。昌遣其将汤臼守石城[①]，袁邠守余姚。

闰月，克用遣蕃、汉都指挥使李存信将万骑假道于魏以救兖、郓，军于莘县[②]。朱全忠使人谓罗弘信曰：“克用志吞河朔，师还之日，贵道可忧。”存信戢众不严，侵暴魏人，弘信怒，发兵三万夜袭之。存信军溃，退保洺州，丧士卒什二三，委弃资粮兵械万数；史俨、李承嗣之军隔绝不得还。弘信自是与河东绝，专志于汴。全忠方图兖、郓，畏弘信议其后，弘信每有赠遗，全忠必对使者北向拜授之，曰：“六兄于予[③]，倍年以长，固非诸邻之比。”弘信信之，全忠以是得专意东方。

丁亥，果州刺史张雄降于王建[④]。

二月，戊辰，顾全武、许再思败汤臼于石城。上用杨行密之请，赦董昌，复其官爵；钱镠不从。

以通王滋判侍卫诸将事。

朱全忠荐兵部尚书张濬，上欲复相之；李克用表请发兵击全忠，且言“濬朝为相，臣则夕至阙庭”！京师震惧，上下诏和解之。

三月，以天雄留后李继徽为节度使。

保大节度使李思孝表请致仕，荐弟思敬自代，诏以思孝为太师，致仕，思敬为保大留后。

朱全忠遣庞师古将兵伐郓州，败郓兵于马颊，遂抵其城下。

己酉，顾全武等攻余姚，明州刺史黄晟遣兵助之；董昌遣其将徐章救余姚，全武击擒之。

夏，四月，辛酉，河涨，将毁滑州城，朱全忠命决为二河，夹滑城而东，为害滋甚。

李克用击罗弘信，攻洹水，杀魏兵万余人，进攻魏州。

武安节度使刘建锋既得志，嗜酒，不亲政事。长直兵陈赡妻美，建锋私之，赡袖铁挝击杀建锋；诸将杀赡，迎行军司马张佶为留后。佶将入府，马忽踶啮[⑤]，伤左髀。时马殷攻邵州未下，佶谢诸将曰："马公勇而有谋，宽厚乐善，吾所不及，真乃主也。"乃以牒召之。殷犹豫未行，听直军将姚彦章说殷曰："公与刘龙骧、张司马[⑥]，一体之人也，今龙骧遇祸，司马伤髀，天命人望，舍公尚谁属哉！"殷乃使亲从都副指挥使李琼留攻邵州，径诣长沙。

淮南兵与镇海兵战于皇天荡[⑦]，镇海兵不利，杨行密遂围苏州。

钱镠、钟传、杜洪畏杨行密之强，皆求援于朱全忠；全忠遣许州刺史朱友恭将兵万人渡淮，听以便宜从事。

董昌使人觇钱镠兵[⑧]，有言其强盛者辄怒，斩之；言兵疲食尽，则赏之。戊寅，袁邠以余姚降于镠；顾全武、许再思进兵至越州城下。五月，昌出战而败，婴城自守，全武等围之。昌始惧，去帝号，复称节度使。

马殷至长沙，张佶肩舆入府，坐受殷拜谒，已，乃命殷升听事，以留后让之，即趋下，帅将吏拜贺，复为

唐带盖银药盒

行军司马,代殷将兵攻邵州。

癸未,苏州常熟镇使陆郢以州城应杨行密,虏刺史成及。行密阅及家所蓄,惟图书、药物,贤之,归,署行军司马。及拜且泣曰:“及百口在钱公所,失苏州不能死,敢求富贵!愿以一身易百口之死!”引佩刀欲自刺。行密遽执其手,止之,馆于府舍。其室中亦有兵仗,行密每单衣诣之,与之共饮膳,无所疑。

钱镠闻苏州陷,急召顾全武,使趋西陵备行密,全武曰:“越州贼之根本,奈何垂克而弃之!请先取越州,后复苏州。”镠从之。

【注释】

①石城:即石城山。在今浙江绍兴市东北。 ②莘(shēn 身)县:县名。隋炀帝大业初以清邑县改名,治今山东莘县。 ③六兄:指罗弘信。因罗弘信行六,故称。 ④张雄:误。据严衍《通鉴补正略》,“张雄”应为“周雄”。 ⑤踶啮(dì niè 帝聂):踶,踢。啮,咬。 ⑥刘龙骧、张司马:分别指刘建锋、张佶。刘建锋曾任龙骧指挥使,张佶时任行军司马,故称。 ⑦皇天荡:地名。亦作“黄天荡”,在今江苏苏州市东南。 ⑧觇(chān 搀):窥看,侦察。

淮南将朱延寿奄至蕲州,围其城。大将贾公铎方猎,不得还,伏兵林中,命勇士二人衣羊皮夜入延寿所掠羊群,潜入城,约夜半开门举火为应,复衣皮反命。公铎如期引兵至城南,门中火举,力战,突围而入。延寿惊曰:“吾常恐其溃围而出,反溃围而入,如此,城安可猝拔!”乃白行密,求军中与公铎有旧者持誓书金帛往说之,许以婚。寿州团练副使柴再用请行,临城与语,为陈利害。数日,公铎及刺史冯敬章请降。以敬章为左都押牙,公铎为右监门卫将军。延寿进拔光州[①],杀刺史刘存。

丙戌,上遣中使诣梓州和解两川,王建虽奉诏还成都,然犹连兵未解。

崔昭纬复求救于朱全忠。戊子,遣中使赐昭纬死,行至荆南[②],追及,斩之,中外咸以为快。

荆南节度使成汭与其将许存溯江略地,尽取滨江州县;武泰节度使王建肇弃黔州,收余众保丰都[③]。存又引兵西取渝、涪二州，汭以其将赵武为黔中留后，存为万州刺史。

汭知存不得志，使人诇之[4]，曰："存不治州事，日出蹴鞠[5]。"汭曰："存将逃走，先匀足力也。"遣兵袭之，存弃城走；其众稍稍归之，屯于茅坝。赵武数攻丰都，王建肇不能守，与存皆降于王建。建忌存勇略，欲杀之，掌书记高烛曰："公方总揽英雄以图霸业，彼穷来归我，奈何杀之！"建使戍蜀州，阴使知蜀州王宗绾察之。宗绾密言存忠勇谦谨，有良将才，建乃舍之，更其姓名曰王宗播，而宗绾竟不使宗播知其免己也。宗播元从孔目官柳修业[6]，每劝宗播慎静以免祸。其后宗播为建将，遇强敌诸将所惮者，以身先之，及有功，辄称病，不自伐，由是得以功名终。

甲午，夜，顾全武急攻越州，乙未旦，克其外郭，董昌犹据牙城拒之。戊戌，镠遣昌故将骆团绐昌云："奉诏，令大王致仕归临安。"昌乃送牌印，出居清道坊。己亥，全武遣武勇都监使吴璋以舟载昌如杭州，至小江南[7]，斩之，并其家三百余人，宰相李邈、蒋瓌以下百余人。昌在围城中，贪吝日甚，口率民间钱帛，减战士粮。及城破，库有金帛杂货五百间，仓有粮三百万斛。钱镠传昌首于京师，散金帛以赏将士，开仓以振贫乏。

李克用攻魏博，侵掠遍六州[8]。朱全忠召葛从周于郓州，使将兵营洹水以救魏博，留庞师古攻郓州，六月，克用引兵击从周，汴人多凿坎于陈前，战方酣，克用之子铁林指挥使落落马遇坎而踬[9]，汴人生擒之；克用自往救之，马亦踬，几为汴人所获；克用顾射汴将一人，毙之，乃得免。克用请修好以赎落落，全忠不许，以与罗弘信，使杀之。克用引军还。

葛从周自洹水引兵济河，屯于杨刘，复击郓，及兖、郓、河东之兵战于故乐亭，破之。兖、郓属城皆为汴人所据，屡求救于李克用，克用发兵赴之，为罗弘信所拒，不得前，兖、郓由是不振。

初，李克用屯渭北，李茂贞、韩建惮之，事朝廷礼甚恭。克用去，二镇贡献渐疏，表章骄慢。上自石门还，于神策两军之外，更置安圣、捧宸、保宁、宣化等军，选补数万人，使诸王将之；嗣延王戒丕、嗣覃王嗣周又自募麾下数千人。茂贞以为欲讨己，语多怨望，嫌隙日构。茂贞亦勒兵扬言欲诣阙讼冤；京师士民争亡匿山谷。上命通王滋及嗣周、戒丕分将诸军以卫近畿,戒丕屯三桥。茂贞遂表言"延王无故称兵讨臣,臣今勒兵入朝请罪"。上遽遣使告急于河东。丙寅,茂贞引兵逼京畿,覃王与战于娄馆[10],官军败绩。

秋,七月,茂贞进逼京师。延王戒丕曰:"今关中藩镇无可依者,不若自鄜州济河[11],幸太原,臣请先往告之。"辛卯,诏幸鄜州;壬辰,上出至渭北;韩建遣其子从允奉表请幸华州,上不许。以建为京畿都指挥、安抚制置及开通四面道路、催促诸道纲运等使。而建奉表相继,上及从官亦惮远去,癸巳,至富平,遣宣徽使元公讯召建,面议去留。甲午,建诣富平见上,顿首涕泣言:"方今藩臣跋扈者,非止茂贞。陛下若去宗庙园陵,远巡边鄙,臣恐车驾济河,无复还期。今华州兵力虽微,控带关辅,亦足自固,臣积聚训厉,十五年矣,西距长安不远,愿陛下临之,以图兴复。"上乃从之。乙未,宿下邽[12];丙申,至华州,以府署为行宫;建视事于龙兴寺。茂贞遂入长安,自中和以来所葺宫室、市肆,燔烧俱尽。

乙巳,以中书侍郎、同平章事崔胤同平章事,充武安节度使。上以胤,崔昭纬之党也,故出之。

【注释】

①光州:地名。南朝梁置,治所在光城县(今河南光山县)。唐睿宗太极元年(712)移治定城县(今河南潢川县)。 ②荆南:唐代方镇名。肃宗至德二年(757)置,治所在荆州(今湖北荆州市)。 ③丰都:县名。原汉巴郡枳县地。梁为临江郡。隋废郡为县,恭帝义宁二年(618)分临江置丰都县,治今重庆丰都县。唐属忠州。 ④诇(xiòng 兄去):侦察、刺探。 ⑤蹴鞠:我国古代一种足球运动,用以练武。 ⑥孔目:官职名。原指档案目录,后即为掌文书的官员名称。唐代起始有此名,意为使司之事,一孔一目皆经由其手。 ⑦小江:亦称西江、钱清江,源出浙江诸暨,东流过钱清镇(今浙江绍兴市西北),又东入于海。 ⑧六州:指魏博节度使统辖的魏、博、贝、卫、澶、相六州。 ⑨踬(zhì 至):被绊倒。 ⑩娄馆:地名。在今陕西兴平市西。 ⑪鄜州:地名。西魏废帝三年(554)以北华州改名,治所在杏城(今陕西黄陵县西南)。隋炀帝大业三年(607)移治洛交县(今陕西富县),改为鄜城郡。唐高祖武德元年

(618)复为鄜州。 ⑫下邽:县名。秦初置,治今陕西渭南市北。

丙午,以翰林学士承旨、尚书左丞陆扆为户部侍郎、同平章事。扆,陕人也。

水部郎中何迎表荐国子《毛诗》博士襄阳朱朴,才如谢安,道士许岩士亦荐朴有经济才。上连日召对,朴有口辩,上悦之,曰:“朕虽非太宗,得卿如魏征矣!”赐以金帛,并赐何迎。

以徐彦若为大明宫留守,兼京畿安抚制置等使。

杨行密表请上迁都江淮,王建请上幸成都。

宰相畏韩建,不敢专决政事。八月,丙辰,诏建关议朝政;建上表固辞,乃止。

韩建移檄诸道,令共输资粮诣行在。李克用闻之,叹曰:“去岁从余言,岂有今日之患!”又曰:“韩建天下痴物,为贼臣弱帝室,是不为李茂贞所擒,则为朱全忠所虏耳!”因奏将与邻道发兵入援。

加钱镠兼中书令。

癸丑,以王建为凤翔西面行营招讨使。

甲寅,以门下侍郎、同平章事王抟同平章事,充威胜节度使。

上愤天下之乱,思得奇杰之士不次用之。国子博士朱朴自言:“得为宰相,月余可致太平。”上以为然。乙丑,以朴为左谏议大夫、同平章事。朴为人庸鄙迂僻,无他长。制出,中外大惊。

丙寅,加韩建兼中书令。

九月,庚辰,升福建为威武军,以观察使王潮为节度使。

以湖南留后马殷判湖南军府事。殷以高郁为谋主,郁,扬州人也。殷畏杨行密、成汭之强,议以金帛结之,高郁曰:“成汭不足畏也。行密公之仇,虽以万金赂之,安肯为吾援乎!不若上奉天子,下抚士民,训卒厉兵,以修霸业,则谁与为敌矣。”殷从之。

崔胤出镇湖南,韩建之志也。胤密求援于朱全忠,且教之营东都宫阙,表迎车驾。全忠与河南尹张全义表请上迁都洛阳,全忠仍请以兵二万迎车驾,且言崔胤忠臣,不宜出外。韩建惧,复奏召胤为相,遣使谕全忠以且宜安静,全忠乃止。乙未,复以胤为中书侍郎、同平章事。以翰林学士承旨、兵部侍郎崔远同平章事。远，珙弟玙之孙也。

丁酉，贬中书侍郎、同平章事陆扆为硖州刺史[1]。崔胤恨扆代己，诬扆，云党于李茂贞而贬之。

己亥，以朱朴兼判户部，凡军旅财赋之事，上一以委之。以孙偓为凤翔四面行营都统，又以前定难节度使李思谏为静难节度使，兼副都统。

以保大留后李思敬为节度使。

河东将李存信攻临清[2]，败汴将葛从周于宗城北[3]，乘胜至魏州北门。

冬，十月，壬子，加孙偓行营节度、招讨、处置等使。丁巳，以韩建权知京兆尹，兼把截使。戊午，李茂贞上表请罪，愿得自新，仍献助修宫室钱；韩建复佐佑之，竟不出师。

钱镠令两浙吏民上表，请以镠兼领浙东；朝廷不得已，复以王抟为吏部尚书、同平章事，以镠为镇海、威胜两军节度使。丙子，更名威胜曰镇东军。

李克用自将攻魏州，败魏兵于白龙潭[4]，追至观音门。朱全忠复遣葛从周救之，屯于洹水，全忠以大军继之，克用乃还。

加河中节度使王珂同平章事。

十一月，朱全忠还大梁，复遣葛从周东会庞师古，攻郓州。

湖州刺史李师悦求旌节，诏置忠国军于湖州，以师悦为节度使。赐告身旌节者未入境，戊子，师悦卒。杨行密表师悦子前绵州刺史彦徽知州事。

淮南将安仁义攻婺州。

十二月，东川兵焚掠汉、眉、资、简之境。

清海节度使薛王知柔行至湖南，广州牙将卢琚、谭弘玘据境拒之，使弘玘守端州。弘玘结封州刺史刘隐，许妻以女。隐伪许之，托言亲迎，伏甲舟中，夜入端州，斩弘玘；遂袭广州，斩琚；具军容迎知柔入视事。知柔表隐为行军司马。

【注释】

①硖州：地名。北周以拓州改置，治所在夷陵县（今湖北宜昌市西

北)。　②临清:县名。北魏孝文帝太和二十一年(497)置,治所在今河北临西县西。　③宗城:县名。隋文帝仁寿元年(601)改广宗县置,治所在今河北威县东。　④白龙潭:地名。在今河北大名县北。

资治通鉴卷第二百六十一

唐纪七十七　起强圉大荒落，尽屠维协洽，凡三年。

昭宗圣穆景文孝皇帝中之上

乾宁四年　春，正月，甲申，韩建奏："防城将张行思等告睦、济、韶、通、彭、韩、仪、陈八王谋杀臣[①]，劫车驾幸河中。"建恶诸王典兵，故使行思等告之。上大惊，召建谕之；建称疾不入。令诸王诣建自陈，建表称："诸王忽诣臣理所，不测事端。臣详酌事体，不应与诸王相见。"又称："诸王当自避嫌疑，不可轻为举措。陛下若以友爱含容，请依旧制，令归十六宅，妙选师傅，教以诗书，不令典兵预政。"且曰："乞散彼乌合之兵，用光《麟趾》之化[②]。"建虑上不从，仍引麾下精兵围行宫，表疏连上。上不得已，是夕，诏诸王所领军士并纵归田里，诸王勒归十六宅，其甲兵并委韩建收掌。建又奏："陛下选贤任能，足清祸乱，何必别置殿后四军[③]。显有厚薄之恩，乖无偏无党之道。且所聚皆坊市无赖奸猾之徒，平居犹思祸变，临难必不为用，而使之张弓挟刃，密迩皇舆，臣窃寒心，乞皆罢。"诏亦从之。于是殿后四军二万余人悉散，天子之亲军尽矣。捧日都头李筠，石门扈从功第一，建复奏斩于大云桥[④]。建又奏："玄宗之末，永王璘暂出江南[⑤]，遽谋不轨。代宗时吐蕃入寇，光启中朱玫乱常[⑥]，皆援立宗支以系人望。今诸王衔命四方者，乞皆召还。"又奏："诸方士出入禁庭，眩惑圣听，宜皆禁止，无得入宫。"诏悉从之。建既幽诸王于别第，知上意不悦，乃奏请立德王为太子，欲以解之。丁亥，诏立德王祐为皇太子，仍更名裕。

庞师古、葛从周并兵攻郓州，朱瑄兵少食尽，不复出战，但引水为深壕以自固。辛卯，师古等营于水西南，命为浮梁[7]。癸巳，潜决濠水。丙申，浮梁成，师古夜以中军先济。瑄闻之，弃城奔中都，葛从周逐之，野人执瑄及妻子以献。

己亥，罢孙偓凤翔四面行营节度等使，以副都统李思谏为宁塞节度使。

钱镠使行军司马杜稜救婺州。安仁义移兵攻睦州[8]，不克而还。

朱全忠入郓州，以庞师古为天平留后。

朱瑾留大将康怀贞守兖州，与河东将史俨、李承嗣掠徐州之境以给军食。全忠闻之，遣葛从周将兵袭兖州。怀贞闻郓州已失守，汴兵奄至，遂降。二月，戊申，从周入兖州，获瑾妻子。朱瑾还，无所归，帅其众趋沂州[9]，刺史尹处宾不纳，走保海州[10]，为汴兵所逼，与史俨、李承嗣拥州民渡淮，奔杨行密。行密逆之于高邮，表瑾领武宁节度使。

全忠纳瑾之妻，引兵还，张夫人逆于封丘，全忠以得瑾妻告之。夫人请见之，瑾妻拜，夫人答拜，且泣曰："兖、郓与司空同姓，约为兄弟，以小故恨望，起兵相攻，使吾姒辱于此[11]。他日汴州失守，吾亦如吾姒之今日乎！"全忠乃送瑾妻于佛寺为尼，斩朱瑄于汴桥。于是郓、齐、曹、棣、兖、沂、密、徐、宿、陈、许、郑、滑、濮皆入于全忠[12]。惟王师范保淄青一道，亦服于全忠。李存信在魏州，闻兖、郓皆陷，引兵还。

淮南旧善水战，不知骑射，及得河东、兖、郓兵，军声大振。史俨、李承嗣皆河东骁将，李克用深惜之，遣使间道诣杨行密请之。行密许之，亦遣使诣克用修好。

戊午，王建遣邛州刺史华洪、彭州刺史王宗祐将兵五万攻东川，以戎州刺史王宗谨为凤翔西面行营先锋使，败凤翔将李继徽等于玄武[13]。继徽本姓杨，名崇本，茂贞之假子也。

【注释】

①八王：皆唐皇室嗣王。睦、韶、韩三王为代宗之后，彭王为肃宗之

后，陈王为文宗之后，济、通、仪三王不详，皆失其名。 ②《麟趾》：即《麟之趾》，《诗·周南》篇名。此篇赞美周文王子孙繁衍而多贤，后以麟趾比喻子孙众多和贤能。 ③殿后四军：指昭宗乾宁三年（896）于神策两军之外设置的安圣、捧宸、保宁、宣化四军。 ④大云桥：地名。在华州大云寺前，今陕西渭南市华州区内。 ⑤玄宗之末，永王璘暂出江南：此处误。永王璘调出京城到江南任职，应在肃宗至德元载、二载（756—757），非玄宗末年。 ⑥光启：唐僖宗李儇年号。朱玫乱常：指光启二年（886）朱玫作乱，在凤翔拥立襄王李煴事。 ⑦浮梁：浮桥。 ⑧睦州：地名，隋文帝仁寿三年（603）置，治所在雉山县（今浙江淳安县西）。武则天万岁通天二年（697）移治建德县（今浙江建德市东北）。 ⑨沂州：地名。北周改北徐州置，治所在即丘县（今山东临沂市西）。隋初移治临沂县（今山东临沂市）。 ⑩海州：地名。东魏孝静帝武定七年（549）以青、冀二侨州改名，治所在龙沮县（今江苏灌云县西南）。北朝齐移治朐县（今江苏连云港市西南海州区）。 ⑪姒（sì 四）：古时称妯娌间年长者为姒。 ⑫郓、齐……濮：均为州名。郓、齐、曹、棣属天平军，兖、沂、密属泰宁军，徐、宿属威化军，陈、许属忠武军，郑、滑、濮属宣义军，共五镇之地。 ⑬玄武：县名。汉为氐道县，晋改名玄武。时属梓州，在今四川中江县。

己未，赦天下。

上飨行庙。

庚申，王建以决云都知兵马使王宗侃为应援开峡都指挥使，将兵八千趋渝州；决胜都知兵马使王宗阮为开江防送进奉使，将兵七千趋泸州。辛酉[①]，宗侃取渝州，降刺史牟崇厚。癸酉，宗阮拔泸州，斩刺史马敬儒，峡路始通。

凤翔将李继昭救梓州，留偏将守剑门，西川将王宗播击擒之。

乙亥，门下侍郎、同平章事孙偓罢守本官，中书侍郎、同平章事朱朴罢为秘书监。朴既秉政，所言皆不效，外议沸腾。太子詹事马道殷以天文，将作监许岩士以医得幸于上，韩建诬二人以罪而杀之，且言偓、朴与二人交通，故罢相。

诏以杨行密为江南诸道行营都统，以讨武昌节度使杜洪。

张佶克邵州，擒蒋勋。

三月，丙子，朱全忠表曹州刺史葛从周为泰宁留后，朱友裕为天平留后，庞师古为武宁留后。

保义节度使王珙攻护国节度使王珂，珂求援于李克用，珙求援于朱全忠。宣武将张存敬、杨师厚败河中兵于猗氏南[②]；河东将李嗣昭败陕兵于猗氏，又败之于张店，遂解河中之围。师厚，斤沟人，嗣昭，克用弟克柔之假子也。

更名感义军曰昭武，治利州，以前静难节度使苏文建为节度使。

夏，四月，以同州防御使李继瑭为匡国节度使。继瑭，茂贞之养子也。

以右谏议大夫李洵为两川宣谕使，和解王建及顾彦晖。

辛亥，钱镠遣顾全武等将兵三千自海道救嘉兴，己未，至城下，击淮南兵，大破之。

杜洪为杨行密所攻，求救于朱全忠，全忠遣其将聂金掠泗州，朱友恭攻黄州。行密遣右黑云都指挥使马珣等救黄州。黄州刺史瞿章闻友恭至，弃城，拥众南保武昌寨。

癸亥，两浙将顾全武等破淮南十八营，虏淮南将士魏约等三千人。淮南将田頵屯驿亭埭，两浙兵乘胜逐之。甲戌，頵自湖州奔还，两浙兵追败之，頵众死者千余人。

韩建恶刑部尚书张祎等数人，皆诬奏，贬之。

五月，加奉国节度使崔洪同平章事。

辛巳，朱友恭为浮梁于樊港[③]，进攻武昌寨，壬午，拔之，执瞿章，遂取黄州；马珣等皆败走。

丙戌，王建以节度副使张琳守成都，自将兵五万攻东川。更华洪姓名曰王宗涤。

六月，己酉，钱镠如越州，受镇东节钺。

李茂贞表："王建攻东川，连兵累岁，不听诏命。"甲寅，贬建南州刺史。乙卯，以茂贞为西川节度使，以覃王嗣周为凤翔节度使。

癸亥，王建克梓州南寨，执其将李继宁。丙寅，宣谕使李洵至梓州，己巳，见建于张杷砦，建指执旗者曰："战士之情，不可夺也。"

覃王赴镇，李茂贞不受代，围覃王于奉天[4]。

置宁远军于容州[5]，以李克用大将盖寓领节度使。

【注释】

①辛酉：十二行本作“辛未”，乾宁四年(897)二月辛酉为十六日，辛未为二十六日，以辛未为是。 ②猗氏：县名。西汉始置，治今山西临猗县南。隋移治今山西临猗县。 ③樊港：地名。即今湖北鄂州市西北樊溪，东北入长江。入口处曰樊口。 ④奉天：县名。唐睿宗文明元年(684)置，治今陕西乾县。 ⑤容州：地名。唐太宗贞观八年(634)以铜州改名，治所在北流县(今广西北流市)。宪宗元和中移治普宁(今广西容县)。

秋，七月，加荆南节度使成汭兼侍中。

韩建移书李茂贞；茂贞解奉天之围，覃王归华州。

以天雄节度使李继徽为静难节度使。

庚戌[1]，钱镠还杭州，遣顾全武取苏州；乙未，拔松江；戊戌，拔无锡；辛丑，拔常熟、华亭[2]。

初，李克用取幽州，表刘仁恭为节度使，留戍兵及腹心将十人典其机要，租赋供军之外，悉输晋阳。及上幸华州，克用征兵于仁恭，又遗成德节度使王镕、义武节度使王郜书，欲与之共定关中，奉天子还长安。仁恭辞以契丹入寇，须兵捍御，请俟虏退，然后承命。克用屡趣之，使者相继，数月，兵不出。克用移书责之，仁恭抵书于地，谩骂，囚其使者，欲杀河东戍将，戍将遁逃获免。克用大怒，八月，自将击仁恭。

上欲幸奉天亲讨李茂贞，令宰相议之；宰相切谏，乃止。

延王戒丕还自晋阳，韩建奏：“自陛下即位以来，与近辅交恶，皆因诸王典兵，凶徒乐祸，致銮舆不安。比者臣奏罢兵权，实虑不测之变。今闻延王、覃王尚苞阴计，愿陛下圣断不疑，制于未乱，则社稷之福。”上曰：“何至于是！”数日不报。建乃与知枢密刘季述矫制发兵围十六宅，诸王被发，或缘垣，或升屋，呼曰：“宅家救儿[3]！”建拥通、沂、睦、济、韶、彭、韩、陈、覃、延、丹十一王至石堤谷[4]，尽杀之，以谋反闻。

贬礼部尚书孙偓为南州司马。秘书监朱朴先贬夔州司马，再贬郴州司户。朴之为相，何迎骤迁至右谏议大夫，至是亦贬湖州司马。

钟传欲讨吉州刺史襄阳周琲，琲帅其众奔广陵。

王建与顾彦晖五十余战，九月，癸酉朔，围梓州。蜀州刺史周德权言于建曰："公与彦晖争东川三年，士卒疲于矢石，百姓困于输挽⑤。东川群盗多据州县，彦晖懦而无谋，欲为偷安之计，皆啖以厚利，恃其救援，故坚守不下。今若遣人谕贼帅以祸福，来者赏之以官，不服者威之以兵，则彼之所恃，反为我用矣。"建从之，彦晖势益孤。德权，许州人也。

丁丑，李克用至安塞军，辛巳，攻之。幽州将单可及引骑兵至，克用方饮酒，前锋曰："贼至矣！"克用醉，曰："仁恭何在？"对曰："但见可及辈。"克用瞋目曰："可及辈何足为敌！"亟命击之。是日大雾，不辨人物，幽州将杨师侃伏兵于木瓜涧，河东兵大败，失亡太半。会大风雨震电，幽州兵解去。克用醒而后知败，责大将李存信等曰："吾以醉废事，汝曹何不力争！"

湖州刺史李彦徽欲以州附于杨行密，其众不从；彦徽奔广陵，都指挥使沈攸以州归钱镠。

以彰义节度使张琏为凤翔西北行营招讨使，以讨李茂贞。

复以王建为西川节度使、同平章事。加义武节度使王郜同平章事。削夺新西川节度使李茂贞官爵，复姓名宋文通。

朱全忠既得兖、郓，甲兵益盛，乃大举击杨行密，遣庞师古以徐、宿、宋、滑之兵七万壁清口⑥，将趋扬州，葛从周以兖、郓、曹、濮之兵壁安丰⑦，将趋寿州⑧，全忠自将屯宿州；淮南震恐。

【注释】

①庚戌：此处误，七月无此日。　②华亭：县名。唐玄宗天宝十载(751)分嘉兴置华亭县，治今上海松江区。　③宅家：指皇帝。唐末宫中率称天子曰宅家。　④石堤谷：地名。在今陕西渭南市华州区西。　⑤挽：以车牵引。　⑥清口：地名。亦称泗口、清河口，即古泗水入淮之口。在今江苏淮安市西南。　⑦安丰：县名。南朝梁置，治今安徽寿县西南。唐属寿州。　⑧寿州：地名。隋文帝开皇九年(589)置，治所在寿

春县(今安徽寿县)。

匡国节度使李继瑭闻朝廷讨李茂贞而惧,韩建复从而摇之,继瑭奔凤翔。冬,十月,以建为镇国、匡国两军节度使。

壬子,知遂州侯绍帅众二万,乙卯,知合州王仁威帅众千人,戊午,凤翔将李继溥以援兵二千,皆降于王建。建攻梓州益急。庚申,顾彦晖聚其宗族及假子共饮,遣王宗弼自归于建;酒酣,命其假子瑶杀己及同饮者,然后自杀。建入梓州,城中兵尚七万人,建命王宗绾分兵徇昌、普等州,以王宗涤为东川留后。

刘仁恭奏称:“李克用无故称兵见讨,本道大破其党于木瓜涧,请自为统帅以讨克用。”诏不许。又遗朱全忠书。全忠奏加仁恭同平章事,朝廷从之。仁恭又遣使谢克用,陈去就不自安之意。克用复书略曰:“今公仗钺控兵,理民立法,擢士则欲其报德,选将则望彼酬恩;己尚不然,人何足信!仆料猜防出于骨肉,嫌忌生于屏帷,持干将而不敢授人[①],捧盟盘而何词著誓!”

甲子,立皇子祕为景王,祚为辉王,祺为祁王。

加彰义节度使张琏同平章事。

杨行密与朱瑾将兵三万拒汴军于楚州,别将张训自涟水引兵会之,行密以为前锋。庞师古营于清口,或曰:“营地污下,不可久处。”不听。师古恃众轻敌,居常弈棋。朱瑾壅淮上流,欲灌之;或以告师古,师古以为惑众,斩之。十一月,癸酉,瑾与淮南将侯瓒将五千骑潜渡淮,用汴人旗帜,自北来趣其中军,张训逾栅而入;士卒苍黄拒战[②],淮水大至,汴军骇乱。行密引大军济淮,与瑾等夹攻之,汴军大败,斩师古及将士首万余级,余众皆溃。葛从周营于寿州西北,寿州团练使朱延寿击破之,退屯濠州,闻师古败,奔还。行密、瑾、延寿乘胜追之,及于渒水[③]。从周半济,淮南兵击之,杀溺殆尽,从周走免。遏后都指挥使牛存节弃马步斗,诸军稍得济淮,凡四日不食,会大雪,汴卒缘道冻馁死,还者不满千人。全忠闻败,亦奔还。行密遗全忠书曰:“庞师古、葛从周,非敌也,公宜自来淮上决战。”

行密大会诸将,谓行军副使李承嗣曰:“始吾欲先趣寿州,副使云不如先向清口，师古败，从周自走，今果如所料。”赏之钱万缗，表承嗣领镇海节度使。行密待承嗣及史俨甚厚，第舍、姬妾，咸选其尤者赐之，故二人为行密尽力，屡立功，竟卒于淮南。行密由是遂保据江、淮之间，全忠不能与之争。

戊寅，立淑妃何氏为皇后。后，东川人，生德王、辉王。

威武节度使王潮弟审知，为观察副使，有过，潮犹加捶挞，审知无怨色。潮寝疾，舍其子延兴、延虹、延丰、延休，命审知知军府事。十二月，丁未，潮薨。审知以让其兄泉州刺史审邽，审邽以审知有功，辞不受。审知自称福建留后，表于朝廷。

壬戌，王建自梓州还；戊辰，至成都。

是岁，南诏骠信舜化有上皇帝书函及督爽牒中书木夹[④]，年号中兴。朝廷欲以诏书报之。王建上言：“南诏小夷，不足辱诏书。臣在西南，彼必不敢犯塞。”从之。

黎、雅间有浅蛮曰刘王、郝王、杨王[⑤]，各有部落，西川岁赐缯帛三千匹，使觇南诏，亦受南诏赂诇成都虚实。每节度使到官，三王帅酋长诣府，节度使自谓威德所致，表于朝廷；而三王阴与大将相表里，节度使或失大将心，则教诸蛮纷扰。先是节度使多文臣，不欲生事，故大将常藉此以邀姑息，而南诏亦凭之屡为边患。及王建镇西川，绝其旧赐，斩都押牙山行章以惩之。邛崃之南，不置鄣候[⑥]，不戍一卒，蛮亦不敢侵盗。其后遣王宗播击南诏，三王漏泄军事，召而斩之。

右拾遗张道古上疏[⑦]，称：“国家有五危、二乱。昔汉文帝即位未几，明习国家事。今陛下登极已十年，而曾不知为君驭臣之道。太宗内安中原，外开四夷，海表之国，莫不入臣。今先朝封域日蹙几尽。臣虽微贱，窃伤陛下朝廷社稷始为奸臣所弄，终为贼臣所有也！”上怒，贬道古施州司户。仍下诏罪状道古，宣示谏官。道古，青州人也。

【注释】

①干将：此指宝剑。春秋时有吴人干将，善铸造宝剑。后用干将泛称宝剑。　②苍黄：同“仓皇”，慌张、匆忙。　③淠水：水名。亦称“淠河”，淮河支流。出庐江潜山县西南，东北过六安市东，又西北过安丰县

故城西，北入于淮。 ④骠信：南诏国王称号。舜化：南诏国王。897—902 年在位。督爽：南诏官名。 ⑤黎、雅：地名。黎，黎州。北周武帝天和三年（568）置，治今四川汉源县北。雅，雅州。隋文帝仁寿四年（604）置，治所在蒙山县（今四川雅安市西）。浅蛮：因此蛮族所居靠汉界，所以称浅蛮。 ⑥鄣候：同“障候”。障，要塞。候，侦察敌情的人。 ⑦右拾遗：官职名。唐代谏官，武则天时始置。拾遗职务为对皇帝进行规谏，并举荐人员。左拾遗属门下省，右拾遗属中书省。与左右补阙合称为“遗补”。

光化元年 春，正月，两浙、江西、武昌、淄青各遣使诣阙，请以朱全忠为都统，讨杨行密；诏不许。

加平卢节度使王师范同平章事。

以兵部尚书刘崇望同平章事，充东川节度使；以昭信防御使冯行袭为昭信节度使。

上下诏罪己息兵，复李茂贞姓名官爵，应诸道讨凤翔兵皆罢之。

壬辰，河中节度使王珂亲迎于晋阳，李克用遣其将李嗣昭守河中。

李茂贞、韩建皆致书于李克用，言大驾出幸累年，乞修和好，同奖王室，兼乞丁匠助修宫室；克用许之。

初，王建攻东川，顾彦晖求救于李茂贞，茂贞命将出兵救之，不暇东逼乘舆，诈称改过，与韩建共翼戴天子。及闻朱全忠营洛阳宫，累表迎车驾，茂贞、韩建惧，请修复宫阙，奉上归长安。诏以韩建为修宫阙使。诸道皆助钱及工材；建使都将蔡敬思督其役。既成，二月，建自往视之。

钱镠请徙镇海军于杭州，从之。

复以李茂贞为凤翔节度使。

三月，己丑，以王审知充威武留后。

朱全忠遣副使万年韦震入奏事，求兼镇天平，朝廷未之许，震力争之；朝廷不得已，以全忠为宣武、宣义、天平三镇节度使。全忠以震为天平留后，以前台州刺史李振为天平节度副使。振，抱真之曾孙也。

淮南将周本救苏州，两浙将顾全武击破之。淮南将秦裴以兵三千人拔昆山而戍之[①]。

以潭州刺史、判湖南军府事马殷知武安留后。时湖南管内七州，贼帅杨师远据衡州，唐世旻据永州，蔡结据道州，陈彦谦据郴州，鲁景仁据连州，殷所得惟潭、邵而已。

义昌节度使卢彦威，性残虐，又不礼于邻道；与卢龙节度使刘仁恭争盐利，仁恭遣其子守文将兵袭沧州，彦威弃城，挈家奔魏州；罗弘信不纳，乃奔汴州。仁恭遂取沧、景、德三州，以守文为义昌留后。仁恭兵势益盛，自谓得天助，有并吞河朔之志，为守文请旌节，朝廷未许。会中使至范阳[②]，仁恭语之曰："旌节吾自有之，但欲得长安本色耳，何为累章见拒，为吾言之！"其悖慢如此。

朱全忠与刘仁恭修好，会魏博兵击李克用。夏，四月，丁未，全忠至巨鹿城下，败河东兵万余人，逐北至青山口。

以护国节度使王珂兼侍中。

丁卯，朱全忠遣葛从周分兵攻洺州，戊辰，拔之，斩刺史邢善益。

五月，己巳朔，赦天下。

葛从周攻邢州，刺史马师素弃城走。辛未，磁州刺史袁奉滔自刭[③]。全忠以从周为昭义留后，守邢、洺、磁三州而还。

以武定节度使李继密为山南西道节度使。

朝廷闻王建已用王宗涤为东川留后，乃召刘崇望还，为兵部尚书，仍以宗涤为留后。

湖南将姚彦章言于马殷，请取衡、永、道、连、郴五州，仍荐李琼为将。殷以琼及秦彦晖为岭北七州游奕使，张图英、李唐副之，将兵攻衡州，斩杨师远，引兵趣永州，围之月余，唐世旻走死。殷以李唐为永州刺史。

六月，以濠州刺史赵珝为忠武节度使。珝，犨之弟也。

秋，七月，加武贞节度使雷满同平章事[④]，加镇南节度使钟传兼侍中。

忠义节度使赵匡凝闻朱全忠有清口之败，阴附于杨行密。全忠遣宿州刺史尉氏氏叔琮将兵伐之,丙申,拔唐州[5],擒随州刺史赵匡璘,败襄州兵于邓城[6]。

八月,庚戌,改华州为兴德府。

戊午,汴将康怀贞袭邓州,克之,擒刺史国湘。赵匡凝惧,遣使请服于朱全忠,全忠许之。

己未,车驾发华州;壬戌,至长安;甲子,赦天下,改元。

上欲藩镇相与辑睦[7],以太子宾客张有孚为河东、汴州宣慰使,赐李克用、朱全忠诏,又令宰相与之书,使之和解。克用欲奉诏,而耻于先自屈,乃致书王镕,使通于全忠;全忠不从。

【注释】

①昆山:县名。南朝梁武帝大同初置,治所在今上海松江区西北。唐玄宗天宝十载(751)移治今江苏昆山市。 ②范阳:县名。唐高祖武德七年(624)以涿县改置,治今河北涿州市。 ③刭(jǐng 颈):割颈,抹脖子。 ④武贞节度:昭宗光化元年(898)置武贞节度,领澧、朗、溆三州,治澧州(今湖南澧县东南)。 ⑤唐州:地名。唐太宗贞观九年(635),改显州置,治所在比阳县(今河南泌阳县)。 ⑥邓城:县名。秦始置,治今湖北襄阳市西北。 ⑦辑睦:和睦。

九月,乙亥,加韩建守太傅、兴德尹,加王镕兼中书令,罗弘信守侍中。

己丑,东川留后王宗涤言于王建,以东川封疆五千里,文移往还,动逾数月,请分遂、合、泸、渝、昌五州别为一镇[1];建表言之。

顾全武攻苏州,城中及援兵食皆尽,甲申,淮南所署苏州刺史台濛弃城走,援兵亦遁。全武克苏州,追败周本等于望亭[2]。独秦裴守昆山不下,全武帅万余人攻之;裴屡出战,使病者被甲执矛,壮者彀弓弩,全武每为之却。全武檄裴令降。全武尝为僧,裴封函纳款,全武喜,召诸将发函,乃佛经一卷,全武大惭,曰:"裴不忧死,何暇戏予!"益兵攻城,引水灌之,城坏,食尽,裴乃降。钱镠设千人馔以待之,及出,羸兵不满百人。镠怒曰:"单弱如此,何敢久为旅拒!"对曰:"裴义不负杨公,今力屈而降耳,非心降也。"镠善其言。顾全武亦劝镠宥之,镠从之。时人称全武长者。

魏博节度使罗弘信薨，军中推其子节度副使绍威知留后。

汴将朱友恭将兵还自江、淮，过安州，或告刺史武瑜潜与淮南通，谋取汴军，冬，十月，己亥，友恭攻而杀之。

李克用遣其将李嗣昭、周德威将步骑二万出青山[3]，将复山东三州。壬寅，进攻邢州；葛从周出战，大破之。嗣昭等引兵退入青山，从周追之，将扼其归路；步兵自溃，嗣昭不能制。会横冲都将李嗣源以所部兵至，谓嗣昭曰："吾辈亦去，则势不可支矣，我试为公击之。"嗣昭曰："善，我请从公后。"嗣源乃解鞍厉镞，乘高布陈，左右指画，邢人莫之测。嗣源直前奋击，嗣昭继之，从周乃退。德威，马邑人也。

癸卯，以威武留后王审知为节度使。

以罗绍威知魏博留后。

丁巳，以东川留后王宗涤为节度使。

加佑国节度使张全义兼侍中。

王珙引汴兵寇河中，王珂告急于李克用；克用遣李嗣昭救之，败汴兵于胡壁[4]，汴人走。

前常州刺史王柷，性刚介，有时望；诏征之，时人以为且入相。过陕，王珙延奉甚至，请叙子侄之礼拜之，柷固辞不受。珙怒，使送者杀之，并其家人悉投诸河，掠其资装，以覆舟闻。朝廷不敢诘。

闰月，钱镠以其将曹圭为苏州制置使，遣王球攻婺州。

十一月，甲寅，立皇子祯为雅王，祥为琼王。

以魏博留后罗绍威为节度使。

衢州刺史陈岌请降于杨行密，钱镠使顾全武讨之。

朱全忠以奉国节度使崔洪与杨行密交通，遣其将张存敬攻之；洪惧，请以弟都指挥使贤为质，且言："将士顽悍，不受节制，请遣二千人诣麾下从征伐。"全忠许之，召存敬还。存敬，曹州人也。

十二月，昭义节度使薛志勤薨。

李克用之平王行瑜也，李罕之求邠宁于克用。克用曰："行瑜恃功邀君，故吾与公讨而诛之。昨破贼之日，吾首奏趣苏文建赴镇。今才达天听，遽复二三，朝野之论，必喧然谓吾辈复如行瑜所为也。吾与公情如同体，固无所爱，俟还镇，当更为公论功赏耳。”罕之不悦而退，私于盖寓曰：“罕之自河阳失守，依托大庇，岁月已深。比来衰老，倦于军旅，若蒙吾王与太傅哀愍，赐一小镇，使数年之间休兵养疾，然后归老闾阎，幸矣。”寓为之言，克用不应。每藩镇缺，议不及罕之，罕之甚郁郁。寓恐其有他志，亟为之言，克用曰：“吾于罕之岂爱一镇，但罕之，鹰也，饥则为用，饱则背飞！”

及志勤薨，旬日无帅，罕之擅引泽州兵夜入潞州，据之，以状白克用，曰：“薛铁山死[5]，州民无主，虑不逞者为变，故罕之专命镇抚，取王裁旨。”克用怒，遣人让之。罕之遂遣其子请降于朱全忠，执河东将马溉等及沁州刺史傅瑶送汴州。克用遣李嗣昭将兵讨之，嗣昭先取泽州，收罕之家属送晋阳。

杨行密遣成及归两浙以易魏约等，钱镠许之。

韶州刺史曾衮举兵攻广州，州将王瓌帅战舰应之；清海行军司马刘隐一战破之。韶州将刘潼复据浈、浛[6]，隐讨斩之。

【注释】

①遂、合、泸、渝、昌五州：地名。遂州，北周孝闵帝元年(557)置，治所在方义县(今四川遂宁市)。合州，西魏恭帝三年(556)置，治所在合镜县(今重庆合川区)。泸州，南朝梁武帝大同中置，治所在江阳县(今四川泸州市)。渝州，隋文帝开皇元年(581)以楚州改名，治所在巴县(今重庆)。昌州，唐肃宗乾元元年(758)置，治所在静南县(今重庆大足区东南)，后移治昌元县(今重庆荣昌区西北)，僖宗光启元年(885)又移治大足县(今重庆大足区)。　②望亭：地名。在今江苏苏州市吴江区西北望亭镇，东临运河。　③青山：地名。在今河北邢台市西北。　④胡壁：地名。即胡壁镇，在今山西万荣县西南。　⑤薛铁山：即薛志勤，初名铁山。　⑥浈、浛：指浈阳、浛洭两县。浈阳，西汉始置，治今广东英德市东翁水北，唐太宗贞观元年(627)移治今广东英德市。浛洭，唐以含洭县改名，治今广东英德市西北浛洸。

二年　春，正月，丁未，中书侍郎兼吏部尚书崔胤罢守本官；以兵部尚书陆扆同平章事。

朱全忠表李罕之为昭义节度使，又表权知河阳留后丁会、武宁留后王敬荛、彰义留后张珂并为节度使。

杨行密与朱瑾将兵数万攻徐州，军于吕梁，朱全忠遣骑将张归厚救之。

刘仁恭发幽、沧等十二州兵十万，欲兼河朔；攻贝州[①]，拔之，城中万余户，尽屠之，投尸清水。由是诸城各坚守不下。仁恭进攻魏州，营于城北；魏博节度使罗绍威求救于朱全忠。

朱全忠遣崔贤还蔡州，发其兵二千诣大梁。二月，蔡将崔景思等杀贤，劫崔洪，悉驱兵民度淮奔杨行密。兵民稍稍遁归，至广陵者不满二千人。全忠命许州刺史朱友裕守蔡州。

朱全忠自将救徐州，杨行密闻之，引兵去；汴人追及之于下邳[②]，杀千余人。全忠行至辉州[③]，闻淮南兵已退，乃还。

三月，朱全忠遣其将李思安、张存敬将兵救魏博，屯于内黄[④]；癸卯，全忠以中军军于滑州。刘仁恭谓其子守文曰："汝勇十倍于思安，当先虏鼠辈，后擒绍威耳！"乃遣守文及其妹婿单可及将精兵五万击思安于内黄。丁未，思安使其将袁象先伏兵于清水之右，思安逆战于繁阳[⑤]，阳不胜而却；守文逐之，及内黄之北，思安勒兵还战，伏兵发，夹击之。幽州兵大败，斩可及，杀获三万人，守文仅以身免。可及，幽州骁将，号"单无敌"，燕军失之丧气。思安，陈留人也。

时葛从周自邢州将精骑八百已入魏州。戊申，仁恭攻上水关、馆陶门[⑥]，从周与宣义牙将贺德伦出战，顾门者曰："前有大敌，不可返顾。"命阖其扉[⑦]。从周等殊死战，仁恭复大败，擒其将薛突厥、王郐郎。明日，汴、魏乘胜合兵击仁恭，破其八寨，仁恭父子烧营而遁。汴、魏之人长驱追之，至临清，拥其众入永济渠[⑧]，杀溺不可胜纪。镇人亦出兵邀击于东境，自魏至沧五百里间，僵尸相枕。仁恭自是不振，而全忠益横矣。德伦，河西胡人也。

刘仁恭之攻魏州也，罗绍威遣使修好于河东，且求救。壬午[⑨]，李克用遣李嗣昭将兵救之。会仁恭已为汴兵所败，绍威复与河东绝，嗣昭引还。

葛从周乘破幽州之势，自土门攻河东[⑩]，拔承天军；别将氏叔琮自马岭入[⑪]，拔辽州乐平，进军榆次；李克用遣内牙军副周德威击之。

叔琮有骁将陈章，号“陈夜叉”，为前锋，请于叔琮曰：“河东所恃者周杨五[12]，请擒之，求一州为赏。”克用闻之，以戒德威，德威曰：“彼大言耳。”战于洞涡，德威微服往挑战，谓其属曰：“汝见陈夜叉即走。”章果逐之，德威奋铁楇击之坠马，生擒以献。因系叔琮，大破之，斩首三千级。叔琮弃营走，德威追之，出石会关[13]，又斩千余级。从周亦引还。

丁巳，朱全忠遣河阳节度使丁会攻泽州，下之。

婺州刺史王坛为两浙所围，求救于宣歙观察使田頵。夏，四月，頵遣行营都指挥使康儒等救之。

【注释】

①贝州：地名。北周武帝宣政元年（578）分相州置，治所在武城县（今河北清河县西北）。 ②下邳：县名。秦始置，治今江苏睢宁西北古邳镇东，处沂、泗两水交会处。唐属徐州。 ③辉州：地名。唐昭宗光化二年（899），朱全忠上表以宋州的砀山、虞城、单父，曹州的成武，设置辉州，治所在单父县（今山东单县南）。 ④内黄：县名。西汉始置，治今河南内黄县西北。隋文帝开皇六年（586）移治今河南内黄县。 ⑤繁阳：县名。西汉治今河南内黄县西北。后经多次废置，唐太宗贞观元年（627），并入内黄县。 ⑥上水关：地名。在今河北大名县北。馆陶门：魏州城北门。因由此门出赴馆陶县，故称。 ⑦阖（hé 盒）：关闭。 ⑧永济渠：水渠名。隋炀帝大业四年（608）开凿，自今河南武陟县南引沁水东北流至河北魏县；复东北自山东武城县由此折而北流，经山东德州后又入河北至天津市；再折而西北到达北京市。全长二千余里。此处指河北临清市附近的永济渠段。 ⑨壬午：此处误，三月无此日。 ⑩土门：地名。即井陉口，在今河北石家庄市鹿泉区西南。 ⑪马岭：地名。在今山西太谷东南。 ⑫周杨五：即周德威。周德威小字杨五。 ⑬石会关：地名。在今山西晋中市太谷区南昌源河上游东岸。

五月，甲午，置武信军于遂州，以遂、合等五州隶之。

李克用遣蕃、汉马步都指挥使李君庆将兵攻李罕之，己亥，围潞州。朱全忠出屯河阳，辛丑，遣其将张存敬救之，壬寅，又遣丁会将兵继之；大破河东兵，君庆解围去。克用诛君庆及其裨将伊审、李弘袞；以李嗣昭为蕃、汉马步都指挥使，代之攻潞州。

庚戌，康儒等败两浙兵于龙丘[①]，擒其将王球，遂取婺州。

六月，乙丑，李罕之疾亟。丁卯，全忠表罕之为河阳节度使，以丁会为昭义节度使；未几，又以其将张归霸守邢州，遣葛从周代会守潞州。

以西川大将王宗佶为武信节度使。宗佶，本姓甘，洪州人也。

丁丑，李罕之薨于怀州。

保义节度使王珙，性猜忍，虽妻子亲近，常不自保；至是军乱，为麾下所杀，推都将李璠为留后。

秋，七月，朱全忠海州戍将陈汉宾请降于杨行密。淮海游奕使张训以汉宾心未可知，与涟水防遏使庐江王绾将兵二千直趣海州，遂据其城。

加荆南节度使成汭兼中书令。

马殷遣其将李唐攻道州，蔡结聚群蛮，伏兵于隘以击之，大破唐兵。唐曰："蛮所恃者山林耳，若战平地，安能败我！"乃命因风燔林，火烛天地，群蛮惊遁，遂拔道州，擒结，斩之。

朱全忠召葛从周于潞州，使贺德伦守之。八月，丙寅，李嗣昭引兵至潞州城下，分兵攻泽州。己巳，汴将刘玘弃泽州走，河东兵进拔天井关。以李孝璋为泽州刺史[②]。贺德伦闭城不出，李嗣昭日以铁骑环其城，捕刍牧者[③]，附城三十里禾黍皆刈之[④]。乙酉，德伦等弃城宵遁，趣壶关，河东将李存审伏兵邀击之，杀获甚众。葛从周以援兵至，闻德伦等已败，乃还。

九月，癸卯，以凤翔节度使李茂贞为凤翔、彰义节度使。

李克用表汾州刺史孟迁为昭义留后。

淄青节度使王师范以沂、密内叛，乞师于杨行密。冬，十月，行密遣海州刺史台濛、副使王绾将兵助之，拔密州，归于师范；将攻沂州，先使觇之，曰："城中皆偃旗息鼓。"绾曰："此必有备，而救兵近，不可击也。"诸将曰："密已下矣，沂何能为！"绾不能止，乃伏兵林中以待之。诸将攻沂州不克，救兵至，引退；州兵乘之，绾发伏击败之。

十一月，陕州都将朱简杀李璠，自称留后，附朱全忠，仍请更名友谦,预于子侄。

加忠义节度使赵匡凝兼中书令。

马殷遣其将李琼攻郴州,执陈彦谦,斩之;进攻连州,鲁景仁自杀,湖南皆平。

十二月,加魏博节度使罗绍威同平章事。

【注释】

①龙丘:县名。隋初以太末县改名,治今浙江衢州市东北龙游县,属衢州。 ②李孝璋:应为李存璋。《新唐书·李罕之传》云:"嗣昭复取泽州,以李存璋为刺史,进收怀州,攻河阳。" ③刍(chú 锄):割草。④刈(yì 意):割。多用于草或谷类。

资治通鉴卷第二百六十二

唐纪七十八 起上章涒滩，尽重光作噩，凡二年。

昭宗圣穆景文孝皇帝中之中

光化三年 春，正月，宣州将康儒攻睦州；钱镠使其从弟銶拒之。

二月，庚申，以西川节度使王建兼中书令。

壬申，加威武节度使王审知同平章事。

壬午，以吏部尚书崔胤同平章事，充清海节度使。

李克用大发军民治晋阳城堑，押牙刘延业谏曰："大王声振华、夷，宜扬兵以严四境，不宜近治城堑，损威望而启寇心。"克用谢之，赏以金帛。

夏，四月，加定难军节度使李承庆同平章事。

朱全忠遣葛从周帅兖、郓、滑、魏四镇兵十万击刘仁恭，五月，庚寅，拔德州，斩刺史傅公和；己亥，围刘守文于沧州。仁恭复遣使卑辞厚礼求援于河东，李克用遣周德威将五千骑出黄泽[①]，攻邢、洺以救之。

邕州军乱，逐节度使李锣；锣借兵邻道讨平之。

六月，癸亥，加东川节度使王宗涤同平章事。

司空、门下侍郎、同平章事王抟，明达有度量，时称良相。上素疾宦官枢密使宋道弼、景务修专横，崔胤日与上谋去宦官，宦官知之。由是南、北司益相憎嫉，各结藩镇为援以相倾夺。抟恐其致乱，从容言于上曰："人君当务明大体，无所偏私。宦官擅权之弊，谁不知之！顾其势未可猝除，宜俟多难渐平，以道消息。愿陛下言勿轻泄以速奸变。"胤闻之，谮抟于上曰："王抟奸邪，已为道弼辈外应。"上疑之。及胤罢相，意抟排己，愈恨之。及出镇广州，遗朱全忠书，具道抟语，令全忠表论之。全忠上言："胤不可离辅弼之地，抟与敕使相表里，同危社稷。"表连上不已。上虽察其情，迫于全忠，不得已，胤至湖南复召还。丁卯，以胤为司空、门下侍郎、同平章事，抟罢为工部侍郎。以道弼监荆南军，务修监青州军。戊辰，贬抟溪州刺史；己巳，又贬崖州司户；道弼长流驩州，务修长流爱州；是日，皆赐自尽。抟死于蓝田驿[2]，道弼、务修死于霸桥驿[3]。于是胤专制朝政，势震中外，宦官皆侧目，不胜其愤。

刘仁恭将幽州兵五万救沧州，营于乾宁军[4]。葛从周留张存敬、氏叔琮守沧州寨，自将精兵逆战于老鸦堤[5]，大破仁恭，斩首三万级，仁恭走保瓦桥[6]。秋，七月，李克用复遣都指挥使李嗣昭将兵五万攻邢、洺以救仁恭，败汴军于内丘。王镕遣使和解幽、汴，会久雨，朱全忠召从周还。

庚戌，以昭义留后孟迁为节度使。

甲寅，以西川节度使王建兼东川、信武军两道都指挥制置等使[7]。

八月，李嗣昭又败汴军于沙门河[8]，进攻洺州。乙丑，朱全忠引兵救之，未至，嗣昭拔洺州，擒刺史朱绍宗。全忠命葛从周将兵击嗣昭。

宣州将康儒食尽，自清溪遁归[9]。

九月，葛从周自邺县度漳水，营于黄龙镇[10]。朱全忠自将中军三万涉洺水置营。李嗣昭弃城走，从周设伏于青山口，邀击，大破之。

崔胤以太保、门下侍郎、同平章事徐彦若位在己上，恶之；彦若亦自求引去。时藩镇皆为强臣所据，惟嗣薛王知柔在广州，乃求代之。乙巳，以彦若同平章事，充清海节度使。初，荆南节度成汭以澧、朗本其巡属，为雷满所据，屡求割隶荆南，朝廷不许，汭颇怨望。及彦若过荆南，汭置酒，从容以为言。彦若曰："令公位尊方面[11]，自比桓、文，雷满小盗不能取，乃怨朝廷乎！”汭甚惭。

丙午，中书侍郎兼吏部尚书、同平章事崔远罢守本官，以刑部尚书裴贽为中书侍郎、同平章事。贽，坦之弟子也。

升桂管为静江军，以经略使刘士政为节度使。

【注释】

①黄泽：地名。即黄泽关，在今山西左权县东南。　②蓝田驿：地名。唐置，在今陕西蓝田县东南。　③霸桥驿：地名。在长安城南，近霸桥。即今陕西西安市灞桥附近。　④乾宁军：唐昭宗乾宁中置，在沧州西一百里，治今河北青县。　⑤老鸦堤：地名。在今河北青县东南。⑥瓦桥：地名。唐置，在涿州南，易州东，又称瓦子济桥，在今河北雄县。⑦信武军：误，应为“武信军”，时置武信军于遂州。　⑧沙门河：疑当作“沙河”。县名。隋文帝开皇十六年(596)置，治今河北沙河市北沙河东。　⑨清溪：地名。汉歙县地，后分置新安县。唐顺宗永贞元年(805)改曰清溪，属睦州，治今安徽含山县西南清溪镇。　⑩黄龙镇：地名。唐置，在今河北邯郸市永年区西南。　⑪令公：指成汭，成汭位进中书令，故称为令公。

朱全忠以王镕与李克用交通，移兵伐之，下临城，逾滹沱，攻镇州南门，焚其关城。全忠自至元氏，镕惧，遣判官周式诣全忠请和。全忠盛怒，谓式曰：“仆屡以书谕王公，竟不之听！今兵已至此，期于无舍！”式曰：“镇州密迩太原，困于侵暴，四邻各自保，莫相救恤，王公与之连和，乃为百姓故也。今明公果能为人除害，则天下谁不听命，岂惟镇州！明公为唐桓、文，当崇礼义以成霸业；若但穷威武，则镇州虽小，城坚食足，明公虽有十万之众，未易攻也！况王氏秉旄五代[1]，时推忠孝，人欲为之死，庸可冀乎！”全忠笑揽式袂，延之帐中，曰：“与公戏耳！”乃遣客将开封刘捍入见镕，镕以其子节度副使昭祚及大将子弟为质，以文缯二十万犒军[2]；全忠引还，以女妻昭祚。

成德判官张泽言于王镕曰：“河东，勍敌也[3]，今虽有朱氏之援，譬如火发于家，安能俟远水乎！彼幽、沧、易定，犹附河东，不若说朱公乘胜兼服之，使河北诸镇合而为一，则可以制河东矣。”

镕复遣周式往说全忠。全忠喜，遣张存敬会魏博兵击刘仁恭，甲寅，拔瀛州；冬，十月，丙辰，拔景州[④]，执刺史刘仁霸；辛酉，拔莫州[⑤]。

静江节度使刘士政闻马殷悉平岭北[⑥]，大惧，遣副使陈可璠屯全义岭以备之[⑦]。殷遣使修好于士政，可璠拒之；殷遣其将秦彦晖、李琼等将兵七千击士政。湖南军至全义[⑧]，士政又遣指挥使王建武屯秦城[⑨]。可璠掠县民耕牛以犒军，县民怨之，请为湖南乡导[⑩]，曰："此西南有小径，距秦城才五十里，仅通单骑。"彦晖遣李琼将骑六十、步兵三百袭秦城，中宵，逾垣而入，擒王建武，比明，复还，絣之以练，造可璠壁下示之，可璠犹未之信；斩其首，投壁中，桂人震恐。琼因勒兵击之，擒可璠，降其将士二千，皆杀之。引兵趣桂州，自秦城以南二十余壁皆望风奔溃，遂围桂州；数日，士政出降，桂、宜、岩、柳、象五州皆降于湖南。马殷以李琼为桂州刺史；未几，表为静江节度使。

张存敬攻刘仁恭，下二十城，将自瓦桥趣幽州，道泞不能进；乃引兵西攻易定，辛巳，拔祁州[⑪]，杀刺史杨约。

癸未，以保义留后朱友谦为节度使。

张存敬攻定州，义武节度使王郜遣后院都知兵马使王处直将兵数万拒之。处直请依城为栅，俟其师老而击之。孔目官梁汶曰："昔幽、镇兵三十万攻我，于时我军不满五千，一战败之。今存敬兵不过三万，我军十倍于昔，奈何示怯，欲依城自固乎！"郜乃遣处直逆战于沙河，易定兵大败，死者过半，余众拥处直奔还。甲申，王郜弃城奔晋阳，军中推处直为留后。存敬进围定州，丙申[⑫]，朱全忠至城下，处直登城呼曰："本道事朝廷尽忠，于公未尝相犯，何为见攻？"全忠曰："何故附河东？"对曰："吾兄与晋王同时立勋，封疆密迩，且婚姻也，修好往来，乃常理耳；请从此改图。"全忠许之。乃归罪于梁汶而族之，以谢全忠，以缯帛十万犒师；全忠乃还，仍为处直表求节钺。处直，处存之母弟也。

刘仁恭遣其子守光将兵救定州，军于易水之上[⑬]；全忠遣张存敬袭之，杀六万余人。由是河北诸镇皆服于全忠。

先是王郜告急于河东，李克用遣李嗣昭将步骑三万下太行，攻怀州，拔之，进攻河阳。河阳留后侯言不意其至，狼狈失据，嗣昭坏其羊马城[14]。会佑国军将阎宝引兵救之，力战于壕外，河东兵乃退。宝，郓州人也。

【注释】

①五代：指王氏从王庭凑起，历王元逵、王绍鼎、绍懿兄弟、王景崇到王镕，前后共五代。 ②文缯（zēng 增）：有花纹的丝织品。缯，古代丝织品的总称。 ③勍（qíng 擎）敌：同"劲敌"，强有力的敌人。 ④景州：地名。唐德宗贞元二年（786）置，治所在弓高县（今河北东光县西北）。 ⑤莫州：地名。唐玄宗开元十三年（725）改鄚州为莫州，治所在莫县（今河北任丘市北鄚州）。 ⑥岭北：指湖南。因湖南地处五岭之北，故称。 ⑦全义岭：亦名越城岭、越岭、始安岭、临源岭，为五岭之一。在今广西全州、资源等县之间。 ⑧全义：县名。唐代宗大历三年（768）以临源县改名，属桂州，治今广西兴安县。 ⑨秦城：地名。在今广西兴安县西南。相传为秦始皇发戍五岭之地。 ⑩乡（xiàng 向）导：通"向导"，引路或引路的人。 ⑪祁州：地名。唐昭宗景福二年（893）置，治所在无极县（今河北无极县）。 ⑫丙申：此处误，十月无此日。 ⑬易水：水名。在今河北省西部，大清河上源支流，有北、中、南三支，均源出易县境。此处指在易州遂城县（今河北保定市徐水区西北）境这一段，即昔燕太子丹送荆轲处。 ⑭羊马城：城外另筑矮墙作为屏障挡敌，称羊马城。

初，崔胤与帝密谋尽诛宦官，及宋道弼、景务修死，宦官益惧。上自华州还，忽忽不乐，多纵酒，喜怒不常，左右尤自危。于是左军中尉刘季述、右军中尉王仲先、枢密使王彦范、薛齐偓等阴相与谋曰："主上轻佻多变诈，难奉事；专听任南司，吾辈终罹其祸。不若奉太子立之，尊主上为太上皇，引岐、华兵为援，控制诸藩，谁能害我哉！"

十一月，上猎苑中，因置酒，夜，醉归，手杀黄门、侍女数人[①]。明旦，日加辰巳[②]，宫门不开。季述诣中书白崔胤曰："宫中必有变，我内臣也[③]，得以便宜从事，请入视之。"乃帅禁兵千人破门而入，访问，具得其状。出，谓胤曰："主上所为如是，岂可理天下！废昏立明，自古有之，为社稷大计，非不顺也。"胤畏死，不敢违。

唐出行图壁画

庚寅,季述召百官,陈兵殿庭,作胤等连名状,请太子监国,以示之,使署名。胤及百官不得已皆署之。上在乞巧楼,季述、仲先伏甲士千人于门外,与宣武进奏官程岩等十余人入请对。季述、仲先甫登殿,将士大呼,突入宣化门,至思政殿前,逢宫人,辄杀之。上见兵入,惊堕床下,起,将走,季述、仲先掖之令坐。宫人走白皇后,后趋至,拜请曰:"军容勿惊宅家,有事取军容商量。"季述等乃出百官状白上,曰:"陛下厌倦大宝,中外群情,愿太子监国,请陛下保颐东宫。"上曰:"昨与卿曹乐饮,不觉太过,何至于是!"对曰:"此非臣等所为,皆南司众情,不可遏也。愿陛下且之东宫,待事小定,复迎归大内耳[④]。"后曰:"宅家趣依军容语!"即取传国宝以授季述,宦官扶上与后同辇,嫔御侍从者才十余人,适少阳院。季述以银挝画地数上曰:"某时某事,汝不从我言,其罪一也。"如此数十不止。乃手锁其门,熔铁锢之,遣左军副使李师虔将兵围之,上动静辄白季述,穴墙以通饮食,凡兵器针刀皆不得入,上求钱帛俱不得,求纸笔亦不与。时大寒,嫔御公主无衣衾,号哭闻于外。季述等矫诏令太子监国,迎太子入宫。辛卯,矫诏令太子嗣位,更名缜。以上为太上皇,皇后为太上皇后。甲午,太子即皇帝位,更名少阳院曰问安宫。

季述加百官爵秩,与将士皆受优赏,欲以求媚于众。杀睦王倚;凡宫人、左右、方士、僧、道为上所宠信者,皆榜杀之。每夜杀人，昼以十车载尸出，一车或止一两尸，欲以立威。将杀司天监胡秀林[⑤]，秀林曰："军容幽囚君父，更欲多杀无辜乎！"季述惮其言正而止。季述等欲杀崔胤，而惮朱全忠，但解其度支盐铁转运使而已。

左仆射致仕张濬在长水，见张全义于洛阳，劝之匡复；又与诸藩镇书劝之。

进士无棣李愚客华州，上韩建书，略曰："仆每读书，见君臣父子之际，有伤教害义者，恨不得肆之市朝。明公居近关重镇，君父幽辱月余，坐视凶逆而忘勤王之举，仆所未谕也。仆窃计中朝辅弼，虽有志而无权；外镇诸侯，虽有权而无志。惟明公忠义，社稷是依。往年车辂播迁，号泣奉迎，累岁供馈，再复庙、朝[⑥]，义感人心，至今歌咏。此时事势，尤异前日；明公地处要冲，位兼将相。自宫闱变故，已涉旬时，若不号令率先以图反正，迟疑未决，一朝山东侯伯唱义连衡[⑦]，鼓行而西，明公求欲自安，其可得乎！此必然之势也。不如驰檄四方，谕以逆顺，军声一振，则元凶破胆，旬浃之间[⑧]，二竖之首传于天下，计无便于此者。"建虽不能用，厚待之，愚坚辞而去。

朱全忠在定州行营，闻乱，丁未，南还；十二月，戊辰，至大梁。季述遣养子希度诣全忠，许以唐社稷输之；又遣供奉官李奉本以太上皇诰示全忠。全忠犹豫未决，会僚佐议之，或曰："朝廷大事，非藩镇所宜预知。"天平节度副使李振独曰："王室有难，此霸者之资也。今公为唐桓、文，安危所属。季述一宦竖耳，乃敢囚废天子，公不能讨，何以复令诸侯！且幼主位定，则天下之权尽归宦官矣，是以太阿之柄授人也[⑨]。"全忠大悟，即囚希度、奉本，遣振如京师诇事。既还，又遣亲吏蒋玄晖如京师，与崔胤谋之；又召程岩赴大梁。

清海节度使薛王知柔薨。

是岁，加杨行密兼侍中。

睦州刺史陈晟卒，弟询自称刺史。

太子即位累旬，藩镇笺表多不至。王仲先性苛察，素知左、右军多积弊，及为中尉，钩校军中钱谷，得隐没为奸者，痛捶之，急征所负;将士颇不安。有盐州雄毅军使孙德昭为左神策指挥使,自刘季述废立,常愤惋不平。崔胤闻之,遣判官石戬与之游。德昭每酒酣必泣,戬知其诚,乃密以胤意说之曰:"自上皇幽闭,中外大臣至于行间士卒,孰不切齿!今反者独季述、仲先耳,公诚能诛此二人,迎上皇复位,则富贵穷一时,忠义流千古;苟狐疑不决,则功落他人之手矣!"德昭谢曰:"德昭小校,国家大事,安敢专之!苟相公有命,不敢爱死。"戬以白胤。胤割衣带,手书以授之。德昭复结右军清远都将董彦弼、周承诲,谋以除夜伏兵安福门外以俟之[10]。

【注释】

①黄门:这里指宦官。汉代给事内廷有黄门令、中黄门诸官,皆以宦官充任,故称。 ②辰巳:时辰名。辰,十二时辰之一,上午七时至九时。巳,十二时辰之一,上午九时至十一时。 ③内臣:这里指宦官。另外,内臣也可称宫廷的近臣。 ④大内:指皇帝宫殿。 ⑤司天监:官职名。属司天台,正三品,掌察天文,稽历数。 ⑥庙、朝:庙,宗庙。朝,朝廷。此指昭宗乾宁三年(896),皇帝奔华州依韩建,光化元年(898),韩建助昭宗回京城长安恢复宗庙、朝廷。 ⑦山东:地区名。古代通称华山或崤山以东为山东。 ⑧浃(jiá 夹):古代以干支纪日,称自甲至癸一周十日为浃日。旬浃即十日。 ⑨太阿(ē 婀):亦作"泰阿",古宝剑名,相传为春秋时欧冶子、干将所铸。这里泛指宝剑。 ⑩除夜:这里指除夕。另外,冬至前一日也可称除夜。

天复元年 春,正月,乙酉朔[1],王仲先入朝,至安福门,孙德昭擒斩之,驰诣少阳院,叩门呼曰:"逆贼已诛,请陛下出劳将士。"何后不信,曰:"果尔,以其首来!"德昭献其首,上乃与后毁扉而出。崔胤迎上御长乐门楼,帅百官称贺。周承诲擒刘季述、王彦范继至,方诘责,已为乱梃所毙。薛齐偓赴井死,出而斩之。灭四人之族,并诛其党二十余人。宦官奉太子匿于左军,献传国宝。上曰:"裕幼弱,为凶竖所立,非其罪也。"命还东宫,黜为德王,复名裕。丙戌,以孙德昭同平章事,充静海节度使,赐姓名李继昭。

丁亥,崔胤进位司徒,胤固辞;上宠待胤益厚。

己丑，朱全忠闻刘季述等诛，折程岩足，械送京师，并刘希度、李奉本等皆斩于都市，由是益重李振。

庚寅，以周承诲为岭南西道节度使，赐姓名李继诲，董彦弼为宁远节度，赐姓李，并同平章事；与李继昭俱留宿卫，十日乃出还家，赏赐倾府库，时人谓之“三使相”。

癸巳，进朱全忠爵东平王。

丙午，敕：“近年宰臣延英奏事，枢密使侍侧，争论纷然；既出，又称上旨未允，复有改易，桡权乱政。自今并依大中旧制，俟宰臣奏事毕，方得升殿承受公事。”赐两军副使李师度、徐彦孙自尽，皆刘季述之党也。

凤翔、彰义节度使李茂贞来朝；加茂贞守尚书令，兼侍中，进爵岐王。

刘季述、王仲先既死，崔胤、陆扆上言：“祸乱之兴，皆由中官典兵。乞令胤主左军，扆主右军，则诸侯不敢侵陵，王室尊矣。”上犹豫两日未决。李茂贞闻之，怒曰：“崔胤夺军权未得，已欲翦灭诸侯！”上召李继昭、李继诲、李彦弼谋之，皆曰：“臣等累世在军中，未闻书生为军主；若属南司，必多所变更，不若归之北司为便。”上乃谓胤、扆曰：“将士意不欲属文臣，卿曹勿坚求。”于是以枢密使韩全诲、凤翔监军使张彦弘为左、右中尉。全诲，亦前凤翔监军也。又征前枢密使致仕严遵美为两军中尉、观军容处置使。遵美曰：“一军犹不可为，况两军乎！”固辞不起。以袁易简、周敬容为枢密使。

李茂贞辞还镇。崔胤以宦官典兵，终为肘腋之患，欲以外兵制之，讽茂贞留兵三千于京师，充宿卫，以茂贞假子继筠将之。左谏议大夫万年韩偓以为不可，胤曰：“兵自不肯去，非留之也。”偓曰：“始者何为召之邪？”胤无以应。偓曰：“留此兵则家国两危，不留则家国两安。”胤不从。

朱全忠既服河北，欲先取河中以制河东，己亥，召诸将谓曰：“王珂驽材，恃太原自骄汰。吾今断长蛇之腰，诸君为我以一绳缚之！”庚子，遣张存敬将兵三万自汜水渡河出含山路以袭之[②]，全忠以中军继其后；戊申，存敬至绛州。晋、绛不意其至，皆无守备，庚戌,绛州刺史陶建钊降之;壬子,晋州刺史张汉瑜降之。全忠遣其将侯言守晋州,何絪守绛州,屯兵二万以扼河东援兵之路。朝廷恐全忠西入关,急赐诏和解之;全忠不从。

珂遣间使告急于李克用,道路相继,克用以汴兵先据晋、绛,兵不得进。珂妻遗李克用书曰:"儿旦暮为俘虏,大人何忍不救!"克用报曰:"今贼兵塞晋、绛,众寡不敌,进则与汝两亡,不若与王郎举族归朝。"珂又遗李茂贞书,言:"天子新返正,诏藩镇无得相攻,同奖王室。今朱公不顾诏命,首兴兵相加,其心可见。河中若亡,则同华、邠、岐俱不自保。天子神器拱手授人[3],其势必然矣。公宜亟帅关中诸镇兵,固守潼关,赴救河中。仆自知不武,愿于公西偏授一小镇,此地请公有之。关中安危,国祚修短,系公此举,愿审思之!"茂贞素无远图,不报。

【注释】

①乙酉朔:天复元年(901)正月朔日是甲申,乙酉为初二。"乙酉朔"有误。 ②汜水:县名。隋文帝开皇十八年(598)改成皋县置,治今河南荥阳市西北汜水镇。 ③神器:指帝位、政权。

二月,甲寅朔,河东将李嗣昭攻泽州,拔之。

乙卯,张存敬引兵发晋州;己未,至河中,遂围之。王珂势穷,将奔京师,而人心离贰,会浮梁坏,流澌塞河,舟行甚难,珂挈其族数百欲夜登舟,亲谕守城者,皆不应。牙将刘训曰:"今人情扰扰,若夜出涉河,必争舟纷乱,一夫作难,事不可知。不若且送款存敬,徐图向背。"珂从之。壬戌,珂植白幡于城隅[1],遣使以牌印请降于存敬。存敬请开城,珂曰:"吾于朱公有家世事分[2],请公退舍,俟朱公至,吾自以城授之。"存敬从之,且使走白全忠。

乙丑,全忠至洛阳,闻之喜,驰往赴之;戊辰,至虞乡[3],先哭于重荣之墓,尽哀;河中人皆悦。珂欲面缚牵羊出迎,全忠遽使止之曰:"太师舅之恩何可忘!若郎君如此,使仆异日何以见舅于九泉!"乃以常礼出迎,握手歔欷,联辔入城。全忠表张存敬为护国军留后,王珂举族迁于大梁,其后全忠遣珂入朝,遣人杀之于华州。全忠闻张夫人疾亟,遽自河中东归。

李克用遣使以重币请修好于全忠；全忠虽遣使报，而忿其书辞蹇傲，决欲攻之。

以翰林学士、户部侍郎王溥为中书侍郎、同平章事。以吏部侍郎裴枢为户部侍郎、同平章事。溥，正雅之从孙也，常在崔胤幕府，故胤引之。

赠谥故睦王倚曰恭哀太子。

加幽州节度使刘仁恭、魏博节度使罗绍威并兼侍中。

三月，癸未朔，朱全忠至大梁。癸卯，遣氏叔琮等将兵五万攻李克用，入自太行，魏博都将张文恭入自磁州新口，葛从周以兖、郓兵会成德兵入自土门，洺州刺史张归厚入自马岭，义武节度使王处直入自飞狐[4]，权知晋州侯言以慈、隰、晋、绛兵入自阴地。叔琮入天井关，进军昂车[5]。辛亥，沁州刺史蔡训以城降[6]。河东都将盖璋诣侯言降[7]，即令权知沁州。壬子，叔琮拔泽州，刺史李存璋弃城走。叔琮进攻潞州，昭义节度使孟迁降之。河东屯将李审建、王周将步军一万、骑二千诣叔琮降；叔琮进趣晋阳。夏，四月，乙卯，叔琮出石会关，营于洞涡驿[8]。张归厚引兵至辽州，丁巳，辽州刺史张鄂降。别将白奉国会成德兵自井陉入，己未，拔承天军，与叔琮烽火相应。

甲戌，上谒太庙；丁丑，赦天下，改元。雪王涯等十七家[9]。

初，杨复恭为中尉，借度支卖曲一年之利以赡两军，自是不肯复归。至是，崔胤草赦，欲抑宦官，听酤者自造曲，但月输榷酤钱；两军先所造曲，趣令减价卖之，过七月无得复卖。

东川节度使王宗涤以疾求代，王建表马步使王宗裕为留后。

氏叔琮等引兵抵晋阳城下，数挑战，城中大恐；李克用登城备御，不遑饮食。时大雨积旬，城多颓坏，随加完补。河东将李嗣昭、李嗣源凿暗门，夜出攻汴垒，屡有杀获；李存进败汴军于洞涡。时汴军既众，刍粮不给，久雨，士卒虐利，全忠乃召兵还。五月，叔琮等自石会关归，诸道军亦退。河东将周德威、李嗣昭以精骑五千蹑之[10]，杀获甚众。先是，汾州刺史李瑭举州附于汴军，克用遣其将李存审攻之，三日而拔，执瑭，斩之。氏叔琮过上党，孟迁挈族随之南徙。朱全忠遣丁会代守潞州。

朱全忠奏乞除河中节度使,而讽吏民请己为帅;癸卯,以全忠为宣武、宣义、天平、护国四镇节度使。

己酉,加镇海、镇东节度使钱镠守侍中。

崔胤之罢两军卖曲也,并近镇亦禁之。李茂贞惜其利,表乞入朝论奏,韩全诲请许之。茂贞至京师,全诲深与相结。崔胤始惧,阴厚朱全忠益甚,与茂贞为仇敌矣。

以佑国节度使张全义兼中书令。

【注释】

①幡(fān 番):通"旛",旗帜。 ②家世事分:这里指家世有亲谊情分。朱全忠以舅事王珂父王重荣,故云。 ③虞乡:县名。北周武帝保定元年(561)以绥化县改名,治今山西永济市东北。隋炀帝大业九年(613)移治今山西运城市西南解州。唐高祖武德元年(618)改名解县,另置虞乡县于今山西永济市虞乡镇。 ④飞狐:地名。在大茂山(即今恒山,在河北曲阳县西北)西,自银冶寨北出倒马关可直至代州,今河北蔚县、涞源县界,是华北通往晋北的交通要道。 ⑤昂车:地名。即昂车关,一名芒车关,在今山西武乡县东北。 ⑥蔡训:误,据严衍《通鉴补正略》应为蔡诃。 ⑦盖璋:误,据严衍《通鉴补正略》应为盖玮。 ⑧洞涡驿:地名,唐置,在今山西清徐县东。 ⑨王涯:人名。唐朝大臣。字广津,太原(今山西太原市)人。仕德宗、顺宗、宪宗、穆宗、敬宗、文宗六朝,官至中书侍郎、同平章事。太和九年(835)"甘露之变",宦官仇士良诛杀朝臣,诬其谋反,与李训、郑注等均被杀害。 ⑩蹑(niè 聂):追踪。引申为暗暗跟随及轻步行走之貌。

六月,癸亥,朱全忠如河中。

上之返正也,中书舍人令狐涣、给事中韩偓皆预其谋,故擢为翰林学士,数召对,访以机密。涣,绹之子也。时上悉以军国事委崔胤,每奏事,上与之从容,或至然烛。宦官畏之侧目,事无大小,皆咨胤而后行。胤志欲尽除之,韩偓屡谏曰:"事禁太甚。此辈亦不可全无,恐其党迫切,更生他变。"胤不从。丁卯,上独召偓,问曰:"敕使中为恶者如林,何以处之?"对曰:"东内之变,敕使谁非同恶!处之当在正旦[①],今已失其时矣。"上曰:"当是时,卿何不为崔胤言之?”对曰:“臣见陛下诏书云,‘自刘季述等四家之外,其余一无所问’。夫人主所重,莫大于信,既下此诏,则守之宜坚;若复戮一人,则人人惧死矣。然后来所去者已为不少,此其所以忷忷不安也。陛下不若择其尤无良者数人,明示其罪,置之于法,然后抚谕其余曰:‘吾恐尔曹谓吾心有所贮,自今可无疑矣。’乃择其忠厚者使为之长。其徒有善则奖之,有罪则惩之,咸自安矣。今此曹在公私者以万数,岂可尽诛邪! 夫帝王之道,当以重厚镇之,公正御之,至于琐细机巧,此机生则彼机应矣,终不能成大功,所谓理丝而棼之者也②。况今朝廷之权,散在四方;苟能先收此权,则事无不可为者矣。”上深以为然,曰:“此事终以属卿。”

李克用遣其将李嗣昭、周德威将兵出阴地关,攻隰州,刺史唐礼降之;进攻慈州,刺史张瓌降之。

闰月,以河阳节度使丁会为昭义节度使,孟迁为河阳节度使,从朱全忠之请也。

道士杜从法以妖妄诱昌、普、合三州民作乱,王建遣行营兵马使王宗黯将兵三万会东川、武信兵讨之。宗黯,即吉谏也。

崔胤请上尽诛宦官,但以宫人掌内诸司事;宦官属耳,颇闻之,韩全诲等涕泣求哀于上,上乃令胤:“有事封疏以闻,勿口奏。”宦官求美女知书者数人,内之宫中,阴令诇察其事,尽得胤密谋,上不之觉也。全诲等大惧,每宴聚,流涕相诀别,日夜谋所以去胤之术。胤时领三司使,全诲等教禁军对上喧噪,诉胤减损冬衣;上不得已,解胤盐铁使。

时朱全忠、李茂贞各有挟天子令诸侯之意,全忠欲上幸东都,茂贞欲上幸凤翔。胤知谋泄,事急,遗朱全忠书,称被密诏,令全忠以兵迎车驾,且言:“昨者返正,皆令公良图③,而凤翔先入朝抄取其功。今不速来,必成罪人,岂惟功为他人所有,且见征讨矣!”全忠得书,秋,七月,甲寅,遽归大梁发兵。

西川龙台镇使王宗侃等讨杜从法,平之。

八月,甲申,上问韩偓曰:“闻陆扆不乐吾返正,正旦易服,乘小马出启夏门,有诸?”对曰:“返正之谋,独臣与崔胤辈数人知之,扆不知也。一旦忽闻宫中有变,人情能不惊骇! 易服逃避,何妨有之！陛下责其为宰相无死难之志则可也，至于不乐返正，恐出谗人之口，愿陛下察之！”上乃止。

韩全诲等惧诛，谋以兵制上，乃与李继昭、李继诲、李彦弼、李继筠深相结，继昭独不肯从。他日，上问韩偓：“外间何所闻？”对曰：“惟闻敕使忧惧，与功臣及继筠交结，将致不安，亦未知其果然不耳。”上曰：“是不虚矣。比日继诲、彦弼辈语渐倔强，令人难耐。令狐涣欲令朕召崔胤及全诲等于内殿，置酒和解之，何如？”对曰：“如此则彼凶悖益甚。”上曰：“为之奈何？”对曰：“独有显罪数人，速加窜逐，余者许其自新，庶几可息。若一无所问，彼必知陛下心有所贮，益不自安，事终未了耳。”上曰：“善！”既而宦官自恃党援已成，稍不遵敕旨；上或出之使监军，或黜守诸陵，皆不行，上无如之何。

或告杨行密云，钱镠为盗所杀。行密遣步军都指挥使李神福等将兵取杭州，两浙将顾全武等列八寨以拒之。

【注释】

①正旦：正月初一。这里指昭宗天复元年（901）正月诛杀刘季述、王仲先等人事。　②棼（fén 坟）：纷乱。　③令公：指朱全忠。朱全忠并河中，进检校太师兼中书令，故称令公。

九月，癸丑，上急召韩偓，谓曰：“闻全忠欲来除君侧之恶，大是尽忠，然须令与茂贞共其功；若两帅交争，则事危矣。卿为我语崔胤，速飞书两镇，使相与合谋，则善矣。”壬戌，上又谓偓曰：“继诲、彦弼辈骄横益甚，累日前与继筠同入，辄于殿东令小儿歌以侑酒[①]，令人惊骇。”对曰：“臣必知其然；兹事失之于初。当正旦立功之时，但应以官爵、田宅、金帛酬之，不应听其出入禁中。此辈素无知识，数求入对，或妄论朝政，或僭易荐人，稍有不从，则生怨望；况惟知嗜利，为敕使以厚利雇之，令其如此耳。崔胤本留卫兵，欲以制敕使也，今敕使、卫兵相与为一，将若之何！汴兵若来，必与岐兵斗于阙下，臣窃寒心。”上但愀然忧沮而已。

冬，十月，戊戌，朱全忠大举兵发大梁。

李神福与顾全武相拒久之，神福获杭俘，使出入卧内。神福谓诸将曰："杭兵尚强，我师且当夜还。"杭俘走告全武，神福命勿追，暮遣羸兵先行，神福为殿，使行营都尉吕师造伏兵青山下。全武素轻神福，出兵追之；神福、师造夹击，大破之，斩首五千级，生擒全武。钱镠闻之，惊泣曰："丧我良将！"神福进攻临安；两浙将秦昶帅众三千降之。

韩全诲闻朱全忠将至，丁酉，令李继筠、李彦弼等勒兵劫上，请幸凤翔，宫禁诸门皆增兵防守，人及文书出入搜阅甚严。上遣人密赐崔胤御札，言皆凄怆，末云："我为宗社大计，势须西行，卿等但东行也。惆怅！惆怅！"

戊戌，上遣赵国夫人出语韩偓："朝来彦弼辈无礼极甚，欲召卿对，其势未可。"且言："上与皇后但涕泣相向。"自是，学士不复得对矣。

癸卯，韩全诲等令上入阁召百官，追寝正月丙午敕书，悉如咸通以来近例[2]。是日，开延英，全诲等即侍侧，同议政事。

丁未，神策都指挥使李继筠遣部兵掠内库宝货、帷帐、法物[3]，韩全诲遣人密送诸王、宫人先之凤翔。

戊申，朱全忠至河中，表请车驾幸东都，京城大骇，士民亡窜山谷。是日，百官皆不入朝，阙前寂无人。

唐笑面罗汉头像

十一月，己酉朔，李继筠等勒兵阙下，禁人出入，诸军大掠。士民衣纸及布襦者，满街极目。韩建以幕僚司马邺知匡国留后。朱全忠引四镇兵七万趣同州[4]，邺迎降。

韩全诲等以李继昭不与之同，遏绝不令见

上。时崔胤居第在开化坊，继昭帅所部六十余人及关东诸道兵在京师者共守卫之[5]；百官及士民避乱者，皆往依之。庚戌，上遣供奉官张绍孙召百官，崔胤等皆表辞不至。

壬子，韩全诲等陈兵殿前，言于上曰："全忠以大兵逼京师，欲劫天子幸洛阳，求传禅；臣等请奉陛下幸凤翔，收兵拒之。"上不许，杖剑登乞巧楼。全诲等逼上下楼，上行才及寿春殿，李彦弼已于御院纵火。是日冬至，上独坐思政殿，翘一足，一足蹋阑干，庭无群臣，旁无侍者。顷之，不得已，与皇后、妃嫔、诸王百余人皆上马，恸哭声不绝，出门，回顾禁中，火已赫然。是夕，宿鄠县[6]。

朱全忠遣司马邺入华州，谓韩建曰："公不早知过自归，又烦此军少留城下矣。"是日，全忠自故市引兵南渡渭[7]，韩建遣节度副使李巨川请降，献银三万两助军；全忠乃西南趣赤水[8]。

癸丑，李茂贞迎车驾于田家硙[9]，上下马慰接之。甲寅，车驾至盩厔；乙卯，留一日。

朱全忠至零口西[10]，闻车驾西幸，与僚佐议，复引兵还赤水。左仆射致仕张濬说全忠曰："韩建，茂贞之党，不先取之，必为后患。"全忠闻建有表劝天子幸凤翔，乃引兵逼其城。建单骑迎谒，全忠责之，对曰："建目不知书，凡表章书檄，皆李巨川所为。"全忠以巨川常为建画策，斩之军门。谓建曰："公许人，可即往衣锦。"丁巳，以建为忠武节度使，理陈州，以兵援送之。以前商州刺史李存权知华州，徙忠武节度使赵珝为匡国节度使。车驾之在华州也，商贾辐凑[11]，韩建重征之，二年，得钱九百万缗。至是，全忠尽取之。

是时京师无天子，行在无宰相，崔胤使太子太师卢渥等二百余人列状请朱全忠西迎车驾，又使王溥至赤水见全忠计事。全忠复书曰："进则惧胁君之谤，退则怀负国之惭，然不敢不勉。"戊午，全忠发赤水。

【注释】

①侑(yòu 有)：劝，陪侍。特指之于饮食。 ②咸通：唐懿宗李漼年号。起于 860 年，止于 873 年。 ③法物：指宗庙乐器、车驾、卤簿等。 ④四镇：指宣武、宣义、天平、护国四镇。 ⑤六十余人：误，据十

二行本，应为"六千余人"。　⑥鄠县：县名。西汉始置，治所在今陕西西安市鄠邑区北。隋炀帝大业十年(614)移治今陕西西安市鄠邑区。唐因之。中华人民共和国成立后改今名。　⑦故市：地名。即今陕西渭南市东北渭河以北临渭区故市镇。　⑧赤水：水名。即今陕西渭南市华州区西渭河支流赤水。　⑨田家硙：地名。在今陕西西安市鄠邑区、周至县之间。　⑩零口：地名。即今陕西西安市临潼区东北零口镇。　⑪辐凑：车辐凑集于毂上，比喻人或物集聚一处。

辛酉，以兵部侍郎卢光启权句当中书事[①]。车驾留岐山三日，壬戌，至凤翔。

朱全忠至长安，宰相帅百官班迎于长乐坡；明日行，复班辞于临皋驿。全忠赏李继昭之功，初令权知匡国留后，复留为两街制置使，赐与甚厚；继昭尽献其兵八千人。

全忠使判官李择、裴铸入奏事，称："奉密诏及得崔胤书，令臣将兵入朝。"韩全诲等矫诏答以："朕避灾至此，非宦官所劫，密诏皆崔胤诈为之，卿宜敛兵归保土宇[②]。"茂贞遣其将符道昭屯武功以拒全忠，癸亥，全忠将康怀贞击破之。

丁卯，以卢光启为右谏议大夫，参知机务。

戊辰，朱全忠至凤翔，军于城东。李茂贞登城谓曰："天子避灾，非臣下无礼；谗人误公至此。"全忠报曰："韩全诲劫迁天子，今来问罪，迎扈还宫。岐王苟不预谋，何烦陈谕！"上屡诏全忠还镇，全忠乃拜表奉辞。辛未，移兵北趣邠州。

甲戌，制：守司空兼门下侍郎、同平章事崔胤责授工部尚书，户部侍郎、同平章事裴枢罢守本官。

乙亥，朱全忠攻邠州；丁丑，静难节度使李继徽请降，复姓名杨崇本。全忠质其妻于河中，令崇本仍镇邠州。

全忠之西入关也，韩全诲、李茂贞以诏命征兵河东，茂贞仍以书求援于李克用。克用遣李嗣昭将五千骑自沁州趣晋州[③]，与汴兵战于平阳北[④]，破之。

乙亥，全忠发邠州；戊寅，次三原[⑤]。十二月，癸未，崔胤至三原见全忠，趣之迎驾。己丑，全忠遣朱友宁攻盩厔，不下。戊戌，全忠自往督战,盩厔降,屠之。全忠令崔胤帅百官及京城居民悉迁于华州。

诏以裴贽充大明宫留守。

清海节度使徐彦若薨,遗表荐行军司马刘隐权留后。

李神福知钱镠定不死,而临安城坚,久攻不拔,欲归,恐为镠所邀,乃遣人守卫镠祖考丘垄[⑥],禁樵采,又使顾全武通家信;镠遣使谢之。神福于要路多张旗帜为虚寨,镠以为淮南兵大至,遂请和;神福受其犒赂而还。

朱全忠之入关也,戎昭节度使冯行袭遣副使鲁崇矩听命于全忠。韩全诲遣中使二十余人分道征江、淮兵屯金州,以胁全忠,行袭尽杀中使,收其诏敕送全忠。又遣使征兵于王建,朱全忠亦遣使乞师于建。建外修好于全忠,罪状李茂贞,而阴劝茂贞坚守,许之救援;以武信节度使王宗佶、前东川节度使王宗涤等为扈驾指挥使,将兵五万,声言迎车驾,其实袭茂贞山南诸州。

江西节度使钟传将兵围抚州刺史危全讽,天火烧其城,士民讙惊。诸将请急攻之,传曰:"乘人之危,非仁也。"乃祝曰:"全讽之罪,无为害民。"火寻止。全讽闻之,谢罪听命,以女妻传子匡时。

传少时尝猎,醉遇虎,与斗,虎搏其肩,而传亦持虎腰不置,旁人共杀虎,乃得免。既贵,悔之,常戒诸子曰:"士处世贵智谋,勿效吾暴虎也。"

武贞节度使雷满薨,子彦威自称留后。

【注释】

①句当:同"勾当",主管。唐代常用为职衔名。　②土宇:土地和屋宇,亦指封疆、领土。　③沁州:地名。隋文帝开皇十六年(596)置,治所在沁源县(今山西沁源县)。　④平阳:县名。春秋晋置,治今山西临汾市西南金殿。隋文帝开皇元年(581)改为平河县。唐属晋州,治今山西临汾市。　⑤三原:县名。北魏太武帝太平真君七年(446)置,治今陕西淳化县东嵯峨山之北。孝庄帝永安元年(528)移治今陕西三原县北清水峪。唐高祖武德四年(621)移治清水峪南故任城,改名池阳县,另置三原县于今三原县东北。　⑥丘垄:亦作"丘陇",坟墓。

资治通鉴卷第二百六十三

唐纪七十九　起玄黓阉茂，尽昭阳大渊献正月，凡一年有奇。

昭宗圣穆景文孝皇帝中之下

天复二年　春，正月，癸丑，朱全忠复屯三原，又移军武功。河东将李嗣昭、周德威攻慈、隰，以分全忠兵势。

丁卯，以给事中韦贻范为工部侍郎、同平章事。

丙子，以给事中严龟充岐、汴和协使，赐朱全忠姓李，与李茂贞为兄弟；全忠不从。

时茂贞不出战。全忠闻有河东兵，二月，戊寅朔，还军河中。

李嗣昭等攻慈、隰，下之，进逼晋、绛。己丑，全忠遣兄子友宁将兵会晋州刺史氏叔琮击之。李嗣昭袭取绛州，汴将康怀英复取之[①]。嗣昭等屯蒲县[②]；乙未，汴军十万营于蒲南，叔琮夜帅众断其归路而攻其垒，破之，杀获万余人。己亥，全忠自河中赴之，乙巳，至晋州。

盗发简陵[③]。

西川兵至利州，昭武节度使李继忠弃镇奔凤翔；王建以剑州刺史王宗伟为利州制置使。

三月，庚戌，上与李茂贞及宰相、学士、中尉、枢密宴，酒酣，茂贞及韩全诲亡去。上问韦贻范："朕何以巡幸至此？"对曰："臣在外不知。"固问，不对。上曰："卿何得于朕前妄语云不知？"又曰："卿既以非道取宰相，当于公事如法；若有不可，必准故事。"怒目视之，微言曰："此贼兼须杖之二十。"顾谓韩偓曰："此辈亦称宰相！"贻范屡以大杯献上，上不即持，贻范举杯直及上颐。

戊午，氏叔琮、朱友宁进攻李嗣昭、周德威营。时汴军横陈十里，而河东军不过数万，深入敌境，众心恟惧。德威出战而败，密令嗣昭以后军先去，德威寻引骑兵亦退。叔琮、友宁长驱乘之，河东军惊溃，禽克用子廷鸾，兵仗辎重委弃略尽。朱全忠令叔琮、友宁乘胜遂攻河东。

李克用闻嗣昭等败，遣李存信以亲兵逆之，至清源[4]，遇汴军，存信走还晋阳；汴军取慈、隰、汾三州。辛酉，汴军围晋阳，营于晋祠，攻其西门。周德威、李嗣昭收余众依西山得还。城中兵未集，叔琮攻城甚急，每行围，褒衣博带，以示闲暇。

克用昼夜乘城，不得寝食。召诸将议走保云州，李嗣昭、李嗣源、周德威曰："儿辈在此，必能固守。王勿为此谋，动摇人心！"李存信曰："关东、河北皆受制于朱温，我兵寡地蹙，守此孤城，彼筑垒穿堑环之，以积久制我，我飞走无路，坐待困毙耳。今事势已急，不若且入北虏，徐图进取。"嗣昭力争之，克用不能决。刘夫人言于克用曰："存信，北川牧羊儿耳[5]，安知远虑！王常笑王行瑜轻去其城，死于人手，今日反效之邪！且王昔居达靼，几不自免，赖朝廷多事，乃得复归。今一足出城，则祸变不测，塞外可得至邪！"克用乃止。居数日，溃兵复集，军府浸安。克用弟克宁为忻州刺史，闻汴寇至，中涂复还晋阳，曰："此城吾死所也，去将何之！"众心乃定。

壬戌，朱全忠还河中，遣朱友宁将兵西击李茂贞，军于兴平、武功之间。李嗣昭、李嗣源数将敢死士夜入氏叔琮营，斩首捕虏，汴军惊扰，备御不暇。会大疫，丁卯，叔琮引兵还。嗣昭与周德威将兵追之，及石会关，叔琮留数马及旌旗于高冈之巅。嗣昭等以为有伏兵，乃引去，复取慈、隰、汾三州。自是克用不敢与全忠争者累年。

克用以使引咨幕府曰："不贮军食，何以聚众？不置兵甲，何以克敌？不修城池，何以捍御？利害之间，请垂议度！"掌书记李袭吉献议，略曰："国富不在仓储，兵强不由众寡，人归有德，神固害盈。聚敛宁有盗臣[6]，苛政有如猛虎[7]，所以鹿台将散，周武以兴[8]；齐库既焚，晏婴入贺[9]。”又曰：“伏以变法不若养人，改作何如旧贯[10]！韩建蓄财无数，首事朱温；王珂变法如麻，一朝降贼；中山城非不峻，蔡上兵非不多；前事甚明，可以为戒。且霸国无贫主，强将无弱兵。伏愿大王崇德爱人，去奢省役，设险固境，训兵务农。定乱者选武臣，制理者选文吏，钱谷有句，刑法有律。诛赏由我，则下无威福之弊，近密多正，则人无谮谤之忧。顺天时而绝欺诬，敬鬼神而禁淫祀，则不求富而国富，不求安而自安。外破元凶，内康疲俗，名高五霸[11]，道冠八元[12]。至于率闾阎，定间架，增曲蘖[13]，检田畴，开国建邦，恐未为切。”

克用亲军皆沙陀杂虏，喜侵暴良民，河东甚苦之。其子存勖以为言，克用曰：“此辈从吾攻战数十年，比者帑藏空虚，诸军卖马以自给；今四方诸侯皆重赏以募士，我若急之，则彼皆散去矣，吾安与同保此乎！俟天下稍平，当更清治之耳。”存勖幼警敏，有勇略，克用为朱全忠所困，封疆日蹙，忧形于色。存勖进言曰：“物不极则不返，恶不极则不亡。朱氏恃其诈力，穷凶极暴，吞灭四邻，人怨神怒。今又攻逼乘舆，窥觎神器，此其极也，殆将毙矣！吾家世袭忠贞，势穷力屈，无所愧心。大人当遵养时晦以待其衰[14]，奈何轻为沮丧，使群下失望乎！”克用悦，即命酒奏乐而罢。

刘夫人无子；克用宠姬曹氏生存勖，刘夫人待曹氏加厚。克用以是益贤之，诸姬有子，辄命夫人母之；夫人教养，悉如所生。

【注释】

①康怀英：即康怀贞，朱全忠部将。避后梁均王朱友贞名，始改为怀英。此时尚未改名。 ②蒲县：县名。隋炀帝大业二年（606）以蒲子县改名，治今山西蒲县西南。唐高祖武德元年（618）移治今山西蒲县。唐属隰州。 ③简陵：唐懿宗李漼陵墓，在今陕西富平县西北紫金山。 ④清源：县名。隋文帝开皇十六年（596）置，治今山西清徐县。 ⑤北川：地名。代（今山西代县）北之地谓北川，因陉岭（亦名西陉山、句注山、雁门山，在今山西代县西北）以北皆平川，故名。 ⑥“聚敛宁有盗臣”句：见《礼记·大学》“与其有聚敛之臣，宁有盗臣”。意为与其有聚敛民财的家臣，不如有盗窃府库钱财的家臣。 ⑦“苛政有如猛虎”句：

见《礼记·檀弓下》"夫子曰:'小子识之,苛政猛于虎也。'"这里指苛政同猛虎一样厉害。 ⑧鹿台将散,周武以兴:周武王伐纣,散鹿台之财。鹿台为商纣王所筑,故址在今河南汤阴朝歌镇南。 ⑨"齐库既焚,晏婴入贺"句:据《韩诗外传》,晋平公之藏台火,公子晏束帛而贺。晏婴,即晏平仲,春秋时齐国正卿。后人收集其言行,编成《晏子春秋》。 ⑩"改作何如旧贯"句:见《论语·先进》"鲁人为长府,闵子骞曰:'仍旧贯,如之何?何必改作?'"这里指改行新制比不上原来的旧法。 ⑪五霸:指春秋五霸,即齐桓公、晋文公、宋襄公、秦穆公、楚庄王。杜预注五霸为夏昆吾、商大彭、豕韦、周齐桓公、晋文公。 ⑫八元:高辛氏有才子八人,伯奋、叔堪、叔献、季仲、伯虎、仲熊、叔豹、季狸,天下之民谓之八元。 ⑬曲蘖(niè 聂):酒母,也指酒。蘖,酿酒用的发酵剂。 ⑭遵养时晦:见《诗经·周颂·酌》"於铄王师,遵养时晦"。这里指应当从容静观,以待敌手衰弱。

上以金吾将军李俨为江、淮宣谕使[①],书御札赐杨行密,拜行密东面行营都统、中书令、吴王,以讨朱全忠。以朱瑾为平卢节度使,冯弘铎为武宁节度使,朱延寿为奉国节度使。加武安节度使马殷同平章事。淮南、宣歙、湖南等道立功将士,听用都统牒承制迁补,然后表闻。俨,张濬之子也,赐姓李。

夏,四月,丁酉,崔胤自华州诣河中,泣诉于朱全忠,恐李茂贞劫天子幸蜀,宜以时迎奉,势不可缓。全忠与之宴,胤亲执板,为全忠歌以侑酒。

辛丑,回鹘遣使入贡,请发兵赴难;上命翰林学士承旨韩偓答书许之。乙巳,偓上言:"戎狄兽心,不可倚信。彼见国家人物华靡,而城邑荒残,甲兵凋弊,必有轻中国之心,启其贪婪。且自会昌以来[②],回鹘为中国所破,恐其乘危复怨。所赐可汗书,宜谕以小小寇窃,不须赴难,虚愧其意,实沮其谋。"从之。

兵部侍郎参知机务卢光启罢为太子太保。

杨行密遣顾全武归杭州以易秦裴;钱镠大喜,遣裴还。

汴将康怀贞击凤翔将李继昭于莫谷[③],大破之。继昭,蔡州人也,本姓符,名道昭。

五月，庚戌，温州刺史朱褒卒，兄敖自称刺史。

凤翔人闻朱全忠且来，皆惧；癸丑，城外居民皆迁入城。己未，全忠将精兵五万发河中，至东渭横桥[④]，遇霖雨，留旬日。

庚午，工部侍郎、平章事韦贻范遭母丧[⑤]，宦官荐翰林学士姚洎为相。洎谋于韩偓，偓曰："若图永久之利，则莫若未就为善；傥出上意，固无不可。且汴军旦夕合围，孤城难保，家族在东，可不虑乎！"洎乃移疾，上亦自不许。

镇海、镇东节度使彭城王钱镠进爵越王。

六月，丙子，以中书舍人苏检为工部侍郎、同平章事。时韦贻范在草土[⑥]，荐检及姚洎于李茂贞。上既不用洎，茂贞及宦官恐上自用人，协力荐检，遂用之。

丁丑，朱全忠军于虢县[⑦]。

武宁节度使冯弘铎介居宣、杨之间，常不自安，然自恃楼船之强，不事两道。宁国节度使田頵欲图之，募弘铎工人造战舰，工人曰："冯公远求坚木，故其船堪久用，今此无之。"頵曰："第为之，吾止须一用耳。"弘铎将冯晖、颜建说弘铎先击頵，弘铎从之，帅众南上，声言攻洪州，实袭宣州也。杨行密使人止之；不从。辛巳，頵帅舟师逆击于葛山[⑧]，大破之。

甲申，李茂贞大出兵，自将之，与朱全忠战于虢县之北，大败而还，死者万余人。丙戌，全忠遣其将孔勍出散关攻凤州[⑨]，拔之。丁亥，全忠进军凤翔城下。全忠朝服向城而泣，曰："臣但欲迎车驾还宫耳，不与岐王角胜也。"遂为五寨环之。

冯弘铎收余众沿江将入海，杨行密恐其为后患，遣使犒军，且说之曰："公徒众犹盛，胡为自弃沧海之外！吾府虽小，足以容公之众，使将吏各得其所，如何？"弘铎左右皆恸哭听命。弘铎至东塘[⑩]，行密自乘轻舟迎之，从者十余人，常服，不持兵，升弘铎舟，慰谕之，举军感悦。署弘铎淮南节度副使，馆给甚厚。

初，弘铎遣牙将丹徒尚公迺诣行密求润州，行密不许。公迺大言曰："公不见听，但恐不敌楼船耳。"至是，行密谓公迺曰："颇记求润州时否？"公迺谢曰："将吏各为其主，但恨无成耳。"行密笑曰："尔事杨叟如事冯公，无忧矣！"

行密以李神福为升州刺史。

杨行密发兵讨朱全忠，以副使李承嗣权知淮南军府事。军吏欲以巨舰运粮，都知兵马使徐温曰："运路久不行，葭苇堙塞，请用小艇，庶几易通。"军至宿州，会久雨，重载不能进，士有饥色，而小艇先至，行密由是奇温，始与议军事。行密攻宿州，不克，竟以粮运不继引还。

【注释】

①金吾将军：误，应为"左金吾将军"。 ②会昌：唐武宗李炎年号。起自841年，止于846年，共六年。 ③莫谷：地名。即"漠谷"，也作"幕谷"，在今陕西永寿县西北。 ④横桥：地名，在今陕西咸阳市东北秦咸阳城南渭河上。 ⑤平章事：误，应为"同平章事"。 ⑥草土：居丧。居父母之丧者寝苫枕块，故称草土。 ⑦虢县：县名。春秋秦置，治今陕西宝鸡市陈仓区虢镇。东汉废。隋炀帝大业三年(607)改洛邑县为虢县，治所仍旧。 ⑧葛山：应为"曷山"，地名。在今安徽当涂县西南。⑨散关：地名。在今陕西宝鸡市西南大散岭上，地当秦岭南北交通要道，历代为兵家必争之地。唐以后又称大散关。 ⑩东塘：地名。在今江苏扬州市东。

秋，七月，孔勍取成、陇二州，士卒无斗者。至秦州，州人城守，乃自故关归[①]。

韦贻范之为相也，多受人赂，许以官；既而以母丧罢去，日为债家所噪。亲吏刘延美，所负尤多，故汲汲于起复，日遣人诣两中尉、枢密及李茂贞求之。甲戌[②]，命韩偓草贻范起复制，偓曰："吾腕可断，此制不可草！"即上疏论贻范遭忧未数月，遽令起复，实骇物听，伤国体。学士院二中使怒曰："学士勿以死为戏！"偓以疏授之，解衣而寝；二使不得已奏之。上即命罢草，仍赐敕褒赏之。八月，乙亥朔[③]，班定，无白麻可宣[④]；宦官喧言韩侍郎不肯草麻，闻者大骇。茂贞入见上曰："陛下命相而学士不肯草麻，与反何异！"上曰："卿辈荐贻范，朕不之违；学士不草麻，朕亦不之违。况彼所陈，事理明白，若之何不从！"茂贞不悦而出，至中书，见苏检曰："奸邪朋党，宛然如旧。"扼腕者久之[⑤]。贻范犹经营不已，茂贞语人曰："我实不知书生礼数，为贻范所误，会当于邠州安置。"贻范乃止[⑥]。

保大节度使李茂勋将兵屯三原，救李茂贞；朱全忠遣其将康怀英、孔勍击之，茂勋遁去。茂勋，茂贞之从弟也。

初，孙儒死，其士卒多奔浙西，钱镠爱其骁悍，以为中军，号武勇都。行军司马杜稜谏曰："狼子野心，他日必为深患，请以土人代之。"不从。

镠如衣锦军[⑦]，命武勇右都指挥使徐绾帅众治沟洫；镇海节度副使成及闻士卒怨言，白镠请罢役，不从。甲戌[⑧]，镠临飨诸将，绾谋杀镠于座，不果，称疾先出。镠怪之，丁亥，命绾将所部兵先还杭州。及外城，纵兵焚掠。武勇左都指挥使许再思以迎候兵与之合，进逼牙城。镠子传瑛与三城都指挥使马绰等闭门拒之，牙将潘长击绾，绾退屯龙兴寺[⑨]。镠还，及龙泉[⑩]，闻变，疾驱至城北，使成及建镠旗鼓与绾战，镠微服乘小舟夜抵牙城东北隅，逾城而入。直更卒凭鼓而寐，镠亲斩之，城中始知镠至。武安都指挥使杜建徽自新城入援[⑪]，徐绾聚木将焚北门，建徽悉焚之。建徽，稜之子也。湖州刺史高彦闻难，遣其子渭将兵入援，至灵隐山[⑫]，绾伏兵击杀之。

初，镠筑杭州罗城，谓僚佐曰："十步一楼，可以为固矣。"掌书记余姚罗隐曰[⑬]："楼不若内向。"至是人以隐言为验。

庚戌[⑭]，李茂贞出兵夜袭奉天，虏汴将倪章、邵棠以归。乙未，茂贞大出兵，与朱全忠战，不胜；暮归，汴兵追之，几入西门。

己亥，再起复前户部侍郎、同平章事韦贻范，使姚洎草制。贻范不让，即表谢，明日，视事。

西川兵请假道于兴元，山南西道节度使李继密遣兵戍三泉以拒之；辛丑，西川前锋将王宗播攻之，不克，退保山寨。亲吏柳修业谓宗播曰："公举族归人，不为之死战，何以自保？"宗播令其众曰："吾与汝曹决战，取功名；不尔，死于此！"遂破金牛、黑水、西县、褒城四寨。军校秦承厚攻西县，矢贯左目，达于右目，镞不出。王建自舐其创，脓溃镞出。王宗播攻马盘寨[⑮]，继密战败，奔还汉中。西川军乘胜至城下，王宗涤帅众先登，遂克之，继密请降，迁于成都；得兵三万，骑五千，宗涤入屯汉中。王建曰：“继密残贼三辅，以其降，不忍杀。”复其姓名曰王万弘，不时召见。诸将陵易之，万弘终日纵酒，俳优辈亦加戏诮；万弘不胜忧愤，醉投池水而卒。

诏以王宗涤为山南西道节度使。宗涤有勇略，得众心，王建忌之。建作府门，绘以朱丹，蜀人谓之“画红楼”，建以宗涤姓名应之，王宗佶等疾其功，复构以飞语⑯。建召宗涤至成都，诘责之，宗涤曰：“三蜀略平，大王听谗，杀功臣可矣。”建命亲随马军都指挥使唐道袭夜饮之酒，缢杀之，成都为之罢市，连营涕泣，如丧亲戚。建以指挥使王宗贺权兴元留后。道袭，阆州人也，始以舞童事建，后浸预谋画。

【注释】

①故关：即大震关。北周武帝天和元年（566）以陇关改名，在今陕西陇县西境陇山顶上。唐宣宗大中六年（852）东徙三十里，改名安戎关。　②甲戌：此处误，七月无此日。　③乙亥朔：有误。查陈垣《二十史朔闰表》，唐昭宗天复二年（902）八月朔日为甲戌，乙亥是初二。④白麻：指诏书。唐代诏书用麻纸誊写，有黄白麻的分别。凡赦书、德音、立后、建储、大诛讨及拜免将相等，均用白麻。制、敕用黄麻。　⑤扼腕：用手握腕，表示情绪的激动、振奋、惋惜或愤怒。此处表示愤怒。⑥“贻范乃止”句：十二行本、孔本等“止”下有“刘延美赴井死”六字。⑦衣锦军：钱镠贵后，改所居营曰衣锦营，又升曰衣锦城；其军曰衣锦军。　⑧甲戌：据乙十一行本等“甲戌”应为“丙戌”，丙戌为十三日。⑨龙兴寺：地名。在今浙江杭州市北城区。　⑩龙泉：地名。即龙井，在今浙江杭州市西南。　⑪新城：县名。三国吴置，治今浙江杭州市富阳区西南新登，在杭州西南一百三十里。　⑫灵隐山：地名。在今浙江杭州市西。山上有灵隐寺。　⑬余姚：误，十二行本、孔本等“余姚”作“余杭”。　⑭庚戌：此处误，八月无此日。　⑮马盘寨：地名。在今陕西汉中市汉台区西。　⑯飞语：流言。指没有根据的话或恶意的诽谤。

九月，乙巳，朱全忠以久雨，士卒病，召诸将议引兵归河中。亲从指挥使高季昌、左开道指挥使刘知俊曰：“天下英雄，窥此举一岁矣；今茂贞已困，奈何舍之去！”全忠患李茂贞坚壁不出，季昌请以谲计诱致之。募有能入城为谍者，骑士马景请行，曰："此行必死，愿大王录其妻子。"全忠恻然止之，景不可。时全忠遣朱友伦发兵于大梁，明日将至，当出兵迓之[①]。景请因此时给骏马杂众骑而出，全忠从之，命诸军皆秣马饱士。丁未旦，偃旗帜潜伏，无得妄出，营中寂如无人。景与众骑皆出，忽跃马西去，诈为逃亡，入城告茂贞曰："全忠举军遁矣，独留伤病者近万人守营，今夕亦去矣，请速击之！"于是茂贞开门，悉众攻全忠营；全忠鼓于中军，百营俱出，纵兵击之，又遣数百骑据其城门，凤翔军进退失据，自蹈藉，杀伤殆尽。茂贞自是丧气，始议与全忠连和，奉车驾还京，不复以诏书勒全忠还镇矣。全忠表季昌为宋州团练使。季昌，硖石人，本朱友恭之仆夫也。

戊申，武定节度使李思敬以洋州降王建。

辛亥，李茂贞尽出骑兵于邠州就刍粮。壬子，朱全忠穿蚰蜒壕围凤翔[②]，设犬铺、铃架以绝内外。

癸亥，以茂贞为凤翔、静难、武定、昭武四镇节度使。

或劝钱镠渡江东保越州，以避徐、许之难。杜建徽按剑叱之曰："事或不济，同死于此，岂可复东渡乎！"

镠恐徐绾等据越州，遣大将顾全武将兵戍之。全武曰："越州不足往，不若之广陵。"镠曰："何故？"对曰："闻绾等谋召田頵；田頵至，淮南助之，不可敌也。"建徽曰："孙儒之难，王尝有德于杨公，今往告之，宜有以相报。"镠命全武告急于杨行密，全武曰："徒往无益，请得王子为质。"镠命其子传璙微服为全武仆，与偕之广陵，且求昏于行密。过润州，团练使安仁义爱传璙清丽，将以十仆易之；全武夜半赂阍者逃去。

绾等果召田頵，頵引兵赴之，先遣亲吏何饶谓镠曰："请大王东如越州，空府廨以相待[③]，无为杀士卒！"镠报曰："军中叛乱，何方无之！公为节帅，乃助贼为逆。战则亟战，又何大言！"頵筑垒绝往来之道，镠患之，募能夺其地者赏以州。衢州制置使陈璋将卒三百出城奋击，遂夺其地，镠即以为衢州刺史。

顾全武至广陵，说杨行密曰："使田頵得志，必为王患。王召頵还，钱王请以子传璙为质，且求昏。"行密许之，以女妻传璙。

冬,十月,李俨至扬州[4],杨行密始建制敕院,每有封拜,辄以告俨,于紫极宫玄宗像前陈制书,再拜然后下。

王建攻拔兴州,以军使王宗浩为兴州刺史。

戊寅夜,李茂贞假子彦询帅三团步兵奔于汴军;己卯,李彦韬继之。

庚辰,朱全忠遣幕僚司马邺奉表入城;甲申,又遣使献熊白[5];自是献食物、缯帛相继。上皆先以示李茂贞,使启视之,茂贞亦不敢启。丙戌,复遣使请与茂贞议连和,民出城樵采者皆不抄掠。丁亥,全忠表请修宫阙及迎车驾。己丑,遣国子司业薛昌祚、内使王延绩赍诏赐全忠[6]。

癸巳,茂贞复出兵击汴军城西寨,败还。全忠以绛袍衣降者,使招呼城中人,凤翔军夜缒去,及因樵采去不返者甚众。是后茂贞或遣兵出击汴军,多不为用,散还。茂贞疑上与全忠有密约,壬寅,更于御院北垣外增兵防卫。

【注释】

①迓(yà 亚):迎接。 ②蚰蜒(yóu yán 由延):虫名。一称草鞋虫,多涎,天阴雨出行,地有迹,因穿壕堑如蚰蜒行地之状,故谓之蚰蜒壕。 ③廨(xiè 械):官署。旧时为官吏办公处的通称。 ④李俨:人名。左仆射张濬少子,名播,一作休,初为校书郎,迁右拾遗,时任江淮宣谕使,赴扬州。后张濬为朱全忠所杀,播自长水奔凤翔,昭宗赐其姓名为李俨。一说张濬未死时,播已赐姓李。 ⑤熊白:熊背的白脂,珍味之一。 ⑥国子司业:官名。即国子监司业。隋以后国子监置司业,为监内的副长官,协助祭酒掌儒学训导之政。内使:即中使。梁臣因避朱全忠名,改中为内。

十一月,癸卯朔,保大节度使李茂勋帅其众万余人救凤翔,屯于城北阪上,与城中举烽相应。

甲辰,上使赵国夫人诇学士院二使皆不在,亟召韩偓、姚洎,窃见之于土门外,执手相泣。洎请上速还,恐为他人所见;上遽去。

朱全忠遣其将孔勍、李晖将兵乘虚袭鄜、坊[1];壬子,拔坊州。

甲寅,大雪,汴军冒之夕进,五鼓,抵鄜州城下。鄜人不为备,汴军入城,城中兵尚八千人,格斗至午,鄜人始败,擒留守李继瑭[②]。勍抚存李茂勋及将士之家,按堵无扰,命李晖权知军府事。茂勋闻之,引兵遁去。

汴军每夜鸣鼓角,城中地如动。攻城者诟城上人云“劫天子贼”,乘城者诟城下人云“夺天子贼”。是冬,大雪,城中食尽,冻馁死者不可胜计;或卧未死肉已为人所冎。市中卖人肉,斤直钱百,犬肉值五百。茂贞储偫亦竭[③],以犬彘供御膳。上鬻御衣及小皇子衣于市以充用,削渍松柹以饲御马[④]。

丙子[⑤],户部侍郎、同平章事韦贻范薨。

癸亥,朱全忠遣人薙城外草以困城中。甲子,李茂贞增兵守宫门,诸宦官自度不免,互相尤怨。

苏检数为韩偓经营入相,言于茂贞及中尉、枢密,且遣亲吏告偓,偓怒曰:“公与韦公自贬所召归,旬月致位宰相,讫不能有所为;今朝夕不济,乃欲以此相污邪!”

唐男装仕女壁画

田頵急攻杭州,仍具舟将自西陵渡江[⑥];钱镠遣其将盛造、朱郁拒破之。

十二月,李茂勋遣使请降于朱全忠,更名周彝。于是茂贞山南州镇皆入王建,关中州镇皆入全忠,坐守孤城;乃密谋诛宦官以自赎,遗全忠书曰:“祸乱之兴,皆由全诲;仆迎驾至此,以备他盗。公既志匡社稷,请公迎扈还宫,仆以弊甲雕兵,从公陈力。”全忠复书曰:“仆举兵至此,正以乘舆播迁;公能协力,固所愿也。"

杨行密使人召田頵曰:"不还,吾且使人代镇宣州。"庚辰,頵将还,征犒军钱二十万缗于钱镠,且求镠子为质,将妻以女。镠谓诸子:"孰能为田氏婿者?"莫对。镠欲遣幼子传球,传球不可。镠怒,将杀之。次子传瓘请行,吴夫人泣曰:"奈何置儿虎口!"传瓘曰:"纾国家之难,安敢爱身!"再拜而出,镠泣送之。传瓘从数人缒北门而下。頵与徐绾、许再思同归宣州。镠夺传球内牙兵印。

越州客军指挥使张洪以徐绾之党自疑,帅步兵三百奔衢州,刺史陈璋纳之。温州将丁章逐刺史朱敖,敖奔福州。章据温州,田頵遣使招之,道出衢州;陈璋听其往还,钱镠由是恨璋。

丁酉,上召李茂贞、苏检、李继诲、李彦弼、李继岌、李继远、李继忠食,议与朱全忠和,上曰:"十六宅诸王以下[7],冻馁死者日有数人。在内诸王及公主、妃嫔,一日食粥,一日食汤饼,今亦竭矣。卿等意如何?"皆不对。上曰:"速当和解耳!"

凤翔兵十余人遮韩全诲于左银台门[8],喧骂曰:"阖境涂炭,阖城馁死,正为军容辈数人耳!"全诲叩头诉于茂贞,茂贞曰:"卒辈何知!"命酌酒两杯,对饮而罢。又诉于上,上亦谕解之。李继昭谓全诲曰:"昔杨军容破杨守亮一族[9],今军容亦破继昭一族邪!"慢骂之,遂出降于全忠,复姓符,名道昭。

是岁,虔州刺史卢光稠攻岭南,陷韶州[10],使其子延昌守之,进围潮州。清海刘隐发兵击走之[11],乘胜进攻韶州。隐弟陟以为延昌有虔州之援,未可遽取;隐不从,遂围韶州。会江涨,馈运不继,光稠自虔州引兵救之;其将谭全播伏精兵万人于山谷,以羸弱挑战,大破隐于城南,隐奔还。全播悉以功让诸将,光稠益贤之。

岳州刺史邓进思卒,弟进忠自称刺史。

【注释】

①鄜、坊:地名。即鄜州、坊州。鄜州,西魏废帝三年(554)以北华州改名,治所在杏城(今陕西黄陵县西南故邑)。隋炀帝大业三年(607)移治洛交县(今陕西富县)。坊州,唐高祖武德二年(619)置,治所在中部县(今陕西黄陵县西南故邑)。 ②留守:据十二行本、孔本等,留守应为"留后"。 ③偫(zhì 至):储备。 ④柹(fèi 费):削下的木片。

⑤丙子：此处误，十一月无此日。 ⑥西陵：地名。本名固陵，即今浙江杭州市滨江区。 ⑦十六宅诸王：指皇帝的兄弟、子侄。 ⑧左银台门：唐代长安大明宫城门有左、右银台门，时皇帝在凤翔，凤翔行宫也设左、右银台门。 ⑨杨军容：即杨复恭。唐末宦官，为昭宗所恶，勒令退休。后逃兴元，投义子杨守亮。杨守亮战败后，他再次出逃，被抓获杀死。 ⑩韶州：地名。隋文帝开皇九年（589）以东衡州改置，治所在曲江县（今广东韶关市）。 ⑪清海：据十二行本、孔本等，清海后有“留后”二字。

三年 春，正月，甲辰，遣殿中侍御史崔构、供奉官郭遵诲诣朱全忠营；丙午，李茂贞亦遣牙将郭启期往议和解。

平卢节度使王师范，颇好学，以忠义自许，为治有声迹。朱全忠围凤翔，韩全诲以诏书征藩镇兵入援乘舆，师范见之，泣下沾衿，曰：“吾属为帝室藩屏，岂得坐视天子困辱如此；各拥强兵，但自卫乎！”会张濬自长水亦遗之书，劝举义兵。师范曰：“张公言正会吾意，夫复何疑！虽力不足，当死生以之。”

时关东兵多从全忠在凤翔，师范分遣诸将诈为贡献及商贩，包束兵仗，载以小车，入汴、徐、兖、郓、齐、沂、河南、孟、滑、河中、陕、虢、华等州，期以同日俱发，讨全忠。适诸州者多事泄被擒，独行军司马刘鄩取兖州。时泰宁节度使葛从周悉将其兵屯邢州，鄩先遣人为贩油者入城，诇其虚实及兵所从入；丙午，鄩将精兵五百夜自水窦入，比明，军城悉定，市人皆不知。鄩据府舍，拜从周母，每旦省谒；待其妻子，甚有恩礼；子弟职掌、供亿如故。

是日，青州牙将张居厚帅壮士二百将小车至华州东城，知州事娄敬思疑其有异，剖视之。其徒大呼，杀敬思，攻西城。崔胤在华州，帅众拒之，不克，走至商州[①]，追获之。

全忠留节度判官裴迪守大梁，师范遣走卒赍书至大梁，迪问以东方事，走卒色动。迪察其有变，屏人问之，走卒具以实告。迪不暇白全忠，亟请马步都指挥使朱友宁将兵万余人东巡兖、郓。友宁召葛从周于邢州，共攻师范。全忠闻变，亦分兵先归，使友宁并将之。

戊申，李茂贞独见上，中尉韩全诲、张彦弘、枢密使袁易简、周敬容皆不得对。茂贞请诛全诲等，与朱全忠和解，奉车驾还京。上喜，即遣内养帅凤翔卒四十人收全诲等[2]，斩之。以御食使第五可范为左军中尉[3]，宣徽南院使仇承坦为右军中尉，王知古为上院枢密使，杨虔朗为下院枢密使。是夕，又斩李继筠、李继诲、李彦弼及内诸司使韦处廷等十六人。己酉，遣韩偓及赵国夫人诣全忠营；又遣使囊全诲等二十余人首以示全忠，曰："向来胁留车驾，惧罪离间，不欲协和，皆此曹也。今朕与茂贞决意诛之，卿可晓谕诸军以豁众愤。"辛亥，全忠遣观察判官李振奉表入谢。

全诲等已诛，而全忠围犹未解。茂贞疑崔胤教全忠欲必取凤翔，白上急召胤，令帅百官赴行在。凡四降诏，三赐朱书御札，言甚切至，悉复故官爵，胤竟称疾不至。茂贞惧，自致书于胤，辞甚卑逊。全忠亦以书召胤，且戏之曰："吾未识天子，须公来辨其是非。"胤始来。

甲寅，凤翔始启城门。丙辰，全忠巡诸寨，至城北，有凤翔兵自北山下，全忠疑其逼己，遣兵击之，擒其将李继钦。上遣赵国夫人、冯翊夫人诣全忠营诘其故，全忠遣亲吏蒋玄晖奉表入奏。

李茂贞请以其子侃尚平原公主，又欲以苏检女为景王祕妃以自固。平原公主，何后之女也，后意难之，上曰："且令我得出，何忧尔女！"后乃从之。壬戌，平原公主嫁宋侃[4]；纳景王妃苏氏。

时凤翔所诛宦官已七十二人，朱全忠又密令京兆搜捕致仕不从行者，诛九十人。

甲子，车驾出凤翔，幸全忠营，全忠素服待罪；命客省使宣旨释罪，去三仗[5]，止报平安，以公服入谢[6]。全忠见上，顿首流涕；上命韩偓扶起之。上亦泣，曰："宗庙社稷，赖卿再安；朕与宗族，赖卿再生。"亲解玉带以赐之。少休，即行。全忠单骑前导十余里，上辞之；全忠乃令朱友伦将兵扈从，自留部分后队，焚撤诸寨。友伦，存之子也。

是夕，车驾宿岐山；丁卯，至兴平，崔胤始帅百官迎谒，复以胤为司空、门下侍郎、同平章事，领三司如故。己巳，入长安。

庚午，全忠、崔胤同对。胤奏："国初承平之时，宦官不典兵预政。天宝以来[7]，宦官浸盛。贞元之末[8]，分羽林卫为左、右神策军以便卫从，始令宦官主之，以二千人为定制。自是参掌机密，夺百司权，上下弥缝，共为不法，大则构扇藩镇，倾危国家；小则卖官鬻狱，蠹害朝政。王室衰乱，职此之由，不翦其根，祸终不已。请悉罢诸司使，其事务尽归之省寺，诸道监军俱召还阙下。"上从之。是日，全忠以兵驱宦官第五可范等数百人于内侍省，尽杀之，冤号之声，彻于内外。其出使外方者，诏所在收捕诛之，止留黄衣幼弱者三十人以备洒扫[9]。又诏成德节度使王镕选进五十人充敕使，取其土风深厚、人性谨朴也。上愍可范等或无罪，为文祭之。自是宣传诏命，皆令宫人出入；其两军内外八镇兵悉属六军，以崔胤兼判六军十二卫事。

【注释】

①商州：地名。北周武帝宣政元年(578)以洛州改名。治所在上洛县(今陕西商洛市商州区)。　②内养：宦官。　③御食使：掌御膳，为唐末所置内诸司使之一。　④宋侃：即李侃，李茂贞之子。因嫌于同姓嫁娶，故复侃本姓。　⑤三仗：唐制，正衙有亲、勋、翊三卫立仗，左、右金吾将军以一人报平安。去三仗即除去亲、勋、翊三卫立仗，恐全忠以羽卫之严不敢入。　⑥公服：唐章服之制有朝服、公服。朝服为君臣朝会时所穿的礼服，公服亦称从省服，五品以上公事朔望朝谒时所穿。　⑦天宝：唐玄宗年号，起自742年，止于755年，共十四年。　⑧贞元：唐德宗年号，起自785年，止于804年，共二十年。　⑨黄衣：宦官品秩卑者衣黄，这里指品秩卑微的宦官。

臣光曰：宦官用权，为国家患，其来久矣。盖以出入宫禁，人主自幼及长，与之亲狎，非如三公六卿，进见有时，可严惮也。其间复有性识儇利[1]，语言辩给，善伺候颜色，承迎志趣，受命则无违迕之患，使令则有称惬之效。自非上智之主，烛知物情，虑患深远，侍奉之外，不任以事，则近者日亲，远者日疏，甘言卑辞之请有时而从，浸润肤受之诉有时而听。于是黜陟刑赏之政，潜移于近习而不自知，如饮醇酒，嗜其味而忘其醉也。黜陟刑赏之柄移而国家不危乱者，未之有也。

东汉之衰，宦官最名骄横，然皆假人主之权，依凭城社[2]，以浊乱天下，未有能劫胁天子如制婴儿，废置在手，东西出其意，使天子畏之若乘虎狼而挟蛇虺如唐世者也[3]。所以然者非他，汉不握兵，唐握兵故也。

太宗鉴前世之弊，深抑宦官无得过四品。明皇始隳旧章，是崇是长，晚节令高力士省决章奏，乃至进退将相，时与之议，自太子王公皆畏事之，宦官自此炽矣。及中原板荡，肃宗收兵灵武，李辅国以东宫旧隶参豫军谋，宠过而骄，不能复制，遂至爱子慈父皆不能庇，以忧悸终。代宗践阼，仍遵覆辙，程元振、鱼朝恩相继用事，窃弄刑赏，壅蔽聪明，视天子如委裘，陵宰相如奴虏。是以来瑱入朝，遇谗赐死；吐蕃深侵郊甸，匿不以闻，致狼狈幸陕；李光弼危疑愤郁，以陨其生；郭子仪摈废家居，不保丘垄；仆固怀恩冤抑无诉，遂弃勋庸[4]，更为叛乱。德宗初立，颇振纲纪，宦官稍绌。而返自兴元，猜忌诸将，以李晟、浑瑊为不可信，悉夺其兵，而以窦文场、霍仙鸣为中尉，使典宿卫，自是太阿之柄，落其掌握矣。宪宗末年，吐突承璀欲废嫡立庶，以成陈洪志之变。宝历狎昵群小[5]，刘克明与苏佐明为逆，其后绛王及文、武、宣、懿、僖、昭六帝，皆为宦官所立，势益骄横。王守澄、仇士良、田令孜、杨复恭、刘季述、韩全诲为之魁杰，至自称“定策国老”，目天子为门生，根深蒂固，疾成膏肓，不可救药矣！文宗深愤其然，志欲除之，以宋申锡之贤，犹不能有所为，反受其殃；况李训、郑注反覆小人，欲以一朝谲诈之谋，翦累世胶固之党，遂至涉血禁涂，积尸省户，公卿大臣，连颈就诛，阖门屠灭，天子阳暗纵酒[6]，饮泣吞气，自比赧、献[7]，不亦悲乎！以宣宗之严毅明察，犹闭目摇首，自谓畏之。况懿、僖之骄侈，苟声色球猎足充其欲，则政事一以付之，呼之以父，固无怪矣。贼污宫阙，两幸梁、益，皆令孜所为也。昭宗不胜其耻，力欲清涤，而所任不得其人，所行不由其道。始则张濬覆军于平阳，增李克用跋扈之势；复恭亡命于山南，启宋文通不臣之心[8]；终则兵交阙庭，矢及御衣，漂泊莎城，流寓华阴，幽辱东内，劫迁岐阳。崔昌遐无如之何[9]，更召朱全忠以讨之。连兵围城，再罹寒暑，御膳不足于糗糒[10]，王侯毙踣于饥寒，然后全诲就诛，乘舆东出，翦灭其党，靡有孑遗，而唐之庙社因以丘墟矣！然则宦官之祸，始于明皇，盛于肃、代，成于德宗，极于昭宗。易曰："履霜坚冰至。"为国家者，防微杜渐，可不慎其始哉！此其为患，章章尤著者也。自余伤贤害能，召乱致祸，卖官鬻狱，沮败师徒，蠹害烝民，不可遍举。

去寺人之官[11]，自三王之世，具载于《诗》《礼》，所以谨闺闼之禁[12]，通内外之言，安可无也。如巷伯之疾恶，寺人披之事君，郑众之辞赏，吕彊之直谏，曹日升之救患，马存亮之弭乱，杨复光之讨贼，严遵美之避权，张承业之竭忠，其中岂无贤才乎！顾人主不当与之谋议政事，进退士大夫，使有威福足以动人耳。果或有罪，小则刑之，大则诛之，无所宽赦；如此，虽使之专横，孰敢焉！岂可不察臧否，不择是非，欲草薙而禽狝之[13]，能无乱乎！是以袁绍行之于前而董卓弱汉，崔昌遐袭之于后而朱氏篡唐，虽快一时之忿而国随以亡。是犹恶衣之垢而焚之，患木之蠹而伐之，其为害岂不益多哉！孔子曰："人而不仁，疾之已甚，乱也[14]。"斯之谓矣！

王师范遣使以起兵告李克用，克用贻书褒赞之。河东监军张承业亦劝克用发兵救凤翔，克用攻晋州，闻车驾东归，乃罢。

杨行密承制加朱瑾东面诸道行营副都统、同平章事，以升州刺史李神福为淮南行军司马、鄂岳行营招讨使，舒州团练使刘存副之，将兵击杜洪。洪将骆殷戍永兴[15]，弃城走，县民方诏据城降。神福曰："永兴大县，馈运所仰，已得鄂之半矣！"

【注释】

①儇（xuān 喧）：轻捷灵敏。 ②城社：即城狐社鼠，比喻倚势为奸的人。 ③虺（huǐ 毁）：毒蛇，毒虫。 ④勋庸：功劳。 ⑤宝历：唐敬宗李湛年号，起自 825 年，止于 826 年，共二年。 ⑥喑（yīn 阴）：哑。 ⑦赧、献：即周赧王、汉献帝。周赧王为东周末代国君，前 314—前 256 年在位，为秦所灭。汉献帝为东汉最后一个皇帝，189—220 年在位。时天下分崩，争战无休，曹丕称帝，他被废为山阳公，东汉遂亡。 ⑧宋文通：即李茂贞。李茂贞本叫宋文通，以军功赐姓名。 ⑨崔昌遐：即崔胤。

崔胤字昌遐,司马光称其字,避宋太祖庙讳。 ⑩糗糒(qiǔ bèi 秋上备):干粮,糗指炒熟的米、麦等谷物。 ⑪去:据十二行本、孔本等,应为“夫”。此处误。 ⑫闺闼(tà 榻):宫中的小门。 ⑬狝(xiǎn 显):杀伤禽兽。 ⑭“人而不仁”句:见《论语·泰伯》。意为人如果不仁爱,痛恨过分,就会发生祸乱。 ⑮永兴:县名。南朝陈始置,治今湖北阳新县,唐属鄂州。

资治通鉴卷第二百六十四

唐纪八十　起昭阳大渊献二月，尽阏逢困敦闰月，凡一年有奇。

昭宗圣穆景文孝皇帝下之上

天复三年　二月，壬申朔，诏："比在凤翔府所除官，一切停。"时宦官尽死，惟河东监军张承业、幽州监军张居翰、清海监军程匡柔、西川监军鱼全禋及致仕严遵美，为李克用、刘仁恭、杨行密、王建所匿得全，斩他囚以应诏。

甲戌，门下侍郎、同平章事陆扆责授沂王傅、分司。车驾还京师，赐诸道诏书，独凤翔无之。扆曰："茂贞罪虽大，然朝廷未与之绝；今独无诏书，示人不广。"崔胤怒，奏贬之。宫人宋柔等十一人皆韩全诲所献，及僧、道士与宦官亲厚者二十余人，并送京兆杖杀。

上谓韩偓曰："崔胤虽尽忠，然比卿颇用机数。"对曰："凡为天下者，万国皆属之耳目，安可以机数欺之！莫若推诚直致，虽日计之不足而岁计之有余也。"

丙子，工部侍郎、同平章事苏检，吏部侍郎卢光启，并赐自尽；丁丑，以中书侍郎、同平章事王溥为太子宾客、分司，皆崔胤所恶也[①]。

戊寅，赐朱全忠号回天再造竭忠守正功臣，赐其僚佐敬翔等号迎銮协赞功臣，诸将朱友宁等号迎銮果毅功臣，都头以下号四镇静难功臣。

上议褒崇全忠，欲以皇子为诸道兵马元帅，以全忠副之；崔胤请以辉王祚为之，上曰："濮王长[2]。"胤承全忠密旨，利祚冲幼，固请之。己卯，以祚为诸道兵马元帅。庚辰，加全忠守太尉，充副元帅，进爵梁王。以胤为司徒兼侍中。

胤恃全忠之势，专权自恣，天子动静皆禀之。朝臣从上幸凤翔者，凡贬逐三十余人。刑赏系其爱憎，中外畏之，重足一迹。

以敬翔守太府卿，朱友宁领宁远节度使。全忠表符道昭同平章事，充天雄节度使，遣兵援送之秦州，不得至而还。

初，翰林学士承旨韩偓之登进士第也，御史大夫赵崇知贡举。上返自凤翔，欲用偓为相，偓荐崇及兵部侍郎王赞自代；上欲从之，崔胤恶其分己权，使朱全忠入争之。全忠见上曰："赵崇轻薄之魁，王赞无才用，韩偓何得妄荐为相！"上见全忠怒甚，不得已，癸未，贬偓濮州司马。上密与偓泣别，偓曰："是人非复前来之比，臣得远贬及死乃幸耳，不忍见篡弑之辱！"

己丑，上令朱全忠与李茂贞书，取平原公主；茂贞不敢违，遽归之。

壬辰，以朱友裕为镇国节度使。

乙未，全忠奏留步骑万人于故两军，以朱友伦为左军宿卫都指挥使；又以汴将张廷范为宫苑使，王殷为皇城使，蒋玄晖充街使[3]。于是全忠之党布列遍于禁卫及京辅。

戊戌，全忠辞归镇，留宴寿春殿，又饯之于延喜楼。上临轩泣别，令于楼前上马。上又赐全忠诗，全忠亦和进；又赐《杨柳枝辞》五首。百官班辞于长乐驿[4]。崔胤独送至霸桥，自置饯席，夜二鼓，胤始还入城；上复召对，问以全忠安否；置酒奏乐，至四鼓乃罢。

以清海节度使裴枢为门下侍郎、同平章事[5]。

李克用使者还晋阳，言崔胤之横，克用曰："胤为人臣，外倚贼势，内胁其君，既执朝政，又握兵权。权重则怨多，势侔则衅生，破家亡国，在眼中矣！"

朱全忠将行，奏："克用于臣，本无大嫌，乞厚加宠泽，遣大臣抚慰；俾知臣意。"进奏吏以白克用，克用笑曰："贼欲有事淄青，畏吾掎其后耳！”

三月，戊午，朱全忠至大梁。王师范弟师鲁围齐州，朱友宁引兵击走之。师范遣兵益刘鄩军，友宁击取之。由是兖州援绝，葛从周引兵围之。友宁进攻青州；戊辰，全忠引四镇及魏博兵十万继之。

淮南将李神福围鄂州，望城中积荻，谓监军尹建峰曰：“今夕为公焚之。”建峰未之信。时杜洪求救于朱全忠，神福遣部将秦皋乘轻舟至滠口[⑥]，举火炬于树杪；洪以为救兵至，果焚荻以应之。

【注释】

①皆崔胤所恶也：自“丁丑”至“皆崔胤所恶也”二十六字，据章钰《资治通鉴校宋记》增。　②濮王：即昭宗长子德王李裕，母何皇后，濮王为德王改封。　③宫苑使、皇城使、街使：唐北门禁卫之兵，皆屯于宫苑；百司庶府及内衙诸卫，皆分居皇城之内；百官私第及坊市居人，皆分居朱雀街之左右街。此三使分掌宫苑、皇城及朱雀左右街之权。　④长乐驿：地名，唐武则天圣历元年（698）置，在今陕西西安市东北。　⑤同平章事：十二行本、孔本等“同平章事”下有“朱全忠荐之也”六字。⑥滠口：地名。即今湖北武汉市东北长江北岸滠口。

夏，四月，己卯，以朱全忠判元帅府事。

知温州事丁章为木工李彦所杀，其将张惠据温州。

王师范求救于淮南，乙未，杨行密遣其将王茂章以步骑七千救之，又遣别将将兵数万攻宿州。全忠遣其将康怀英救宿州，淮南兵遁去。

杨行密遣使诣马殷，言朱全忠跋扈，请殷绝之，约为兄弟。湖南大将许德勋曰：“全忠虽无道，然挟天子以令诸侯，明公素奉王室，不可轻绝也。”殷从之。

杜洪求救于朱全忠，全忠遣其将韩勍将万人屯滠口，遣使语荆南节度使成汭、武安节度使马殷、武贞节度使雷彦威，令出兵救洪。汭畏全忠之强，且欲侵江、淮之地以自广，发舟师十万，沿江东下。汭作巨舰，三年而成，制度如府署，谓之“和舟载”[①]，其余谓之“齐山”“截海”“劈浪”之类甚众。掌书记李珽谏曰：“今每舰载甲士千人，稻米倍之，缓急不可动也。吴兵剽轻[②]，难与角逐；武陵、长沙，皆吾仇也；岂得不为反顾之虑乎！不若遣骁将屯巴陵[③]，大军与之对岸，坚壁勿战，不过一月，吴兵食尽自遁，鄂围解矣。”汭不听。珽，憕之五世孙也。

王建出兵攻秦、陇，乘李茂贞之弱也；遣判官韦庄入贡，亦修好于朱全忠。全忠遣押牙王殷报聘，建与之宴。殷言：“蜀甲兵诚多，但乏马耳。”建作色曰：“当道江山险阻，骑兵无所施；然马亦不乏，押牙少留，当共阅之。”乃集诸州马，大阅于星宿山[④]，官马八千，私马四千，部队甚整。殷叹服。建本骑将，故得蜀之后，于文、黎、维、茂州市胡马，十年之间，遂及兹数。

五月，丁未，李克用云州都将王敬晖杀刺史刘再立，叛降刘仁恭；克用遣李嗣昭、李存审将兵讨之。仁恭遣将以兵五万救敬晖，嗣昭退保乐安，敬晖举众弃城而去。先是，振武将契苾让逐戍将石善友，据城叛；嗣昭等进攻之，让自燔死；复取振武城，杀吐谷浑叛者二千余人。克用怒嗣昭、存审失王敬晖，皆杖之，削其官。

成汭行未至鄂州，马殷遣大将许德勋将舟师万余人，雷彦威遣其将欧阳思将舟师三千余人会于荆江口[⑤]，乘虚袭江陵，庚戌，陷之，尽掠其人及货财而去。将士亡其家，皆无斗志。

李神福闻其将至，自乘轻舟前觇之，谓诸将曰：“彼战舰虽多而不相属，易制也，当急击之！”壬子，神福遣其将秦裴、杨戎将众数千逆击汭于君山[⑥]，大破之，因风纵火，焚其舰，士卒皆溃，汭赴水死，获其战舰二百艘。韩勍闻之，亦引兵去。

许德勋还过岳州，刺史邓进忠开门具牛酒犒军，德勋谕以祸福，进忠遂举族迁于长沙。马殷以德勋为岳州刺史，以进忠为衡州刺史。

雷彦威狡狯残忍，有父风，常泛舟焚掠邻境，荆、鄂之间，殆至无人。

李茂贞畏朱全忠，自以官为尚书令，在全忠上，累表乞解去；诏复以茂贞为中书令。

崔胤奏：“左右龙武、羽林、神策等军名存实亡，侍卫单寡；请每军募步兵四将，每将二百五十人，骑兵一将百人，合六千六百人，选其壮健者，分番侍卫。”从之。令六军诸卫副使、京兆尹郑元规立格召募于市。

朱全忠表颍州刺史朱友恭为武宁节度使。

【注释】

①和舟载：据十二行本、乙十一行本等，应为“和州载”。　②吴兵：指杨行密的军队。杨行密时封吴王，故称。　③巴陵：县名。西晋武帝太康元年(280)始置，治今湖南岳阳市。　④星宿山：地名。在今四川成都市北。　⑤荆江口：地名。一名西江口，又名三江口，在今湖南岳阳市北，为洞庭湖水入长江处。　⑥君山：地名。一名洞庭山，又名湘山。时在洞庭湖中，方六十里，因为湘君所游，故得名。今与陆地相连，在湖南岳阳市西北。

朱友宁攻博昌[①]，月余不拔；朱全忠怒，遣客将刘捍往督之。捍至，友宁驱民丁十余万，负木石，牵牛驴，诣城南筑土山，既成，并人畜木石排而筑之，冤号声闻数十里。俄而城陷，尽屠之。进拔临淄，抵青州城下，遣别将攻登、莱。

淮南将王茂章会王师范弟莱州刺史师诲攻密州，拔之，斩其刺史刘康乂，以淮海都游奕使张训为刺史。

六月，乙亥，汴兵拔登州。师范帅登、莱兵拒朱友宁于石楼[②]，为两栅。丙子，夜，友宁击登州栅，栅中告急，师范趣茂章出战，茂章按兵不动。友宁破登州栅，进攻莱州栅。比明，茂章度其兵力已疲，乃与师范合兵出战，大破之。友宁旁自峻阜驰骑赴敌，马仆，青州将张土枭斩之，传首淮南。两镇兵逐北至米河，俘斩万计，魏博之兵殆尽。

全忠闻友宁死，自将兵二十万昼夜兼行赴之，秋，七月，壬子，至临朐[③]，命诸将攻青州。王师范出战，汴兵大破之。王茂章闭垒示怯，伺汴兵稍懈，毁栅而出，驱驰疾战，战酣退坐，召诸将饮酒，已而复战。全忠登高望见之，问降者，知为茂章，叹曰：“使吾得此人为将，天下不足平也！”至晡，汴兵乃退。茂章度众寡不敌，是夕，引军还。全忠遣曹州刺史杨师厚追之，及于辅唐[④]。茂章命先锋指挥使李虔裕将五百骑为殿，虔裕殊死战，师厚擒而杀之。师厚，颍州人也。

张训闻茂章去，谓诸将曰："汴人将至，何以御之？"诸将请焚城大掠而归。训曰："不可。"封府库，植旗帜于城上，遣羸弱居前，自以精兵殿其后而去。全忠遣左踏白指挥使王檀攻密州，既至，望旗帜，数日乃敢入城。见府库城邑皆完，遂不复追。训全军而还。全忠以檀为密州刺史。

丁卯，以山南西道留后王宗贺为节度使。

睦州刺史陈询叛钱镠，举兵攻兰溪[⑤]，镠遣指挥使方永珍击之。武安都指挥使杜建徽与询连姻，镠疑之。建徽不言。会询亲吏来奔，得建徽与询书，皆劝戒之辞，镠乃悦。建徽从兄建思谮建徽私蓄兵仗，谋作乱；镠使人索之，建徽方食，使者直入卧内，建徽不顾，镠以是益亲重之。

八月，戊辰朔，朱全忠留齐州刺史杨师厚攻青州，身归大梁。

庚辰，加西川节度使西平王王建守司徒，进爵蜀王。

前渝州刺史王宗本言于王建，请出兵取荆南；建从之，以宗本为开道都指挥使，将兵下峡。

初，宁国节度使田頵破冯弘铎，诣广陵谢杨行密，因求池、歙为巡属，行密不许。行密左右下及狱吏，皆求赂于頵，頵怒曰："吏知吾将下狱邪！"及还，指广陵南门曰："吾不可复入此矣！"頵兵强财富，好攻取；行密既定淮南，欲保境息民，每抑止之，頵不从。及解释钱镠，頵尤恨之，阴有叛志。李神福言于行密曰："頵必反，宜早图之。"行密曰："頵有大功，反状未露，今杀之，诸将人人自危矣！"頵有良将曰康儒，与頵谋议多不合，行密知之，擢儒为庐州刺史。頵以儒为贰于己，族之。儒曰："吾死，田公亡无日矣！"頵遂与润州团练使安仁义同举兵，仁义悉焚东塘战舰。

頵遣二使诈为商人，诣寿州约奉国节度使朱延寿，行密将尚公迺遇之，曰："非商人也。"杀一人，得其书，以告行密。行密召李神福于鄂州，神福恐杜洪邀之，宣言奉命攻荆南，勒兵具舟楫；及暮，遂沿江东下，始告将士以讨田頵。

己丑，安仁义袭常州，常州刺史李遇逆战，极口骂仁义，仁义曰："彼敢辱我，必有备。"乃引去。壬辰，行密以王茂章为润州行营招讨使，击仁义，不克，使徐温将兵会之。温易其衣服旗帜，皆如茂章兵，仁义不知益兵，复出战，温奋击，破之。

行密夫人，朱延寿之姊也。行密狎侮延寿，延寿怨怒，阴与田頵通谋。頵遣前进士杜荀鹤至寿州，与延寿相结；又遣至大梁告朱全忠，全忠大喜，遣兵屯宿州以应之。荀鹤，池州人也。

【注释】

①博昌：县名。西汉始置，治今山东博兴东南。唐高宗总章二年(669)移治今博兴县。 ②石楼：地名。在临淄(今山东淄博市东北)附近。 ③临朐：县名。西汉始置，属齐郡，治今山东临朐县。唐因之，属青州。 ④辅唐：县名。唐肃宗乾元二年(759)以安丘县改名，治今山东安丘市，属密州。 ⑤兰溪：县名。唐高宗咸亨五年(674)，分婺州之金华西界置兰溪县，因溪水为名，治今浙江兰溪市。

杨师厚屯临朐，声言将之密州，留辎重于临朐。九月，癸卯，王师范出兵攻临朐，师厚伏兵奋击，大破之，杀万余人，获师范弟师克。明日，莱州兵五千救青州，师厚邀击之，杀获殆尽，遂徙寨抵其城下。

朱延寿谋颇泄，杨行密诈为目疾，对延寿使者多错乱所见，或触柱仆地。谓夫人曰："吾不幸失明，诸子皆幼，军府事当悉以授三舅。"夫人屡以书报延寿；行密又自遣召之，阴令徐温为之备。延寿至广陵，行密迎及寝门，执而杀之；部兵惊扰，徐温谕之，皆听命，遂斩延寿兄弟，黜朱夫人。

初，延寿赴召，其妻王氏谓曰："君此行吉凶未可知，愿日发一使以安我！"一日，使不至，王氏曰："事可知矣！"部分僮仆，授兵阖门，捕骑至，乃集家人，聚宝货，发百燎焚府舍，曰："妾誓不以皎然之躯为仇人所辱。"赴火而死。

延寿用法严，好以寡击众，尝遣二百人与汴兵战，有一人应留者，请行，延寿以违命，立斩之。

田頵袭升州[①]，得李神福妻子，善遇之。神福自鄂州东下，頵遣使谓之曰："公见机，与公分地而王；不然，妻子无遗！"神福曰："吾以卒伍事吴王，今为上将，义不以妻子易其志。頵有老母，不顾而反，三纲且不知[②]，乌足与言乎！”斩使者而进，士卒皆感励。頵遣其将王坛、汪建将水军逆战。丁未，神福至吉阳矶，与坛、建遇，坛、建执其子承鼎示之，神福命左右射之。神福谓诸将曰：“彼众我寡，当以奇取胜。”及暮，合战，神福佯败，引舟溯流而上；坛、建追之，神福复还，顺流击之。坛、建楼船大列火炬，神福令军中曰：“望火炬辄击之。”坛、建军皆灭火，旗帜交杂，神福因风纵火，焚其舰，坛、建大败，士卒焚溺死者甚众；戊申，又战于皖口[③]，坛、建仅以身免。获徐绾，行密以槛车载之，遗钱镠；镠剖其心以祭高渭。

頵闻坛、建败，自将水军逆战。神福曰：“贼弃城而来，此天亡也！”临江坚壁不战，遣使告行密，请发步兵断其归路。行密遣涟水制置使台濛将兵应之。王茂章攻润州，久未下，行密命茂章引兵会濛击頵。

辛亥，汴将刘重霸拔棣州[④]，执刺史邵播，杀之。

甲寅，朱全忠如洛阳，遇疾，复还大梁。

戊午，王师范遣副使李嗣业及弟师悦请降于杨师厚，曰：“师范非敢背德，韩全诲、李茂贞以朱书御札使之举兵，师范不敢违。”仍请以其弟师鲁为质。时朱全忠闻李茂贞、杨崇本将起兵逼京畿，恐其复劫天子西去，欲迎车驾都洛阳，乃受师范降，选诸将使守登、莱、淄、棣等州，即以师范权淄青留后。师范仍言先遣行军司马刘鄩将兵五千据兖州，非其自专，愿释其罪；亦遣使语鄩。

田頵闻台濛将至，自将步骑逆战，留其将郭行悰以精兵二万及王坛、汪建水军屯芜湖，以拒李神福。觇者言：“濛营寨褊小，才容二千人。”頵易之，不召外兵。濛入頵境，番陈而进，军中笑其怯，濛曰：“頵宿将多谋，不可不备。”冬，十月，戊辰，与頵遇于广德，濛先以杨行密书遍赐頵将，皆下马拜受；濛因其挫伏，纵兵击之，頵兵遂败。又战于黄池[⑤]，兵交，濛伪走；頵追之，遇伏，大败，奔还宣州城守，濛引兵围之。頵亟召芜湖兵还，不得入。郭行悰、王坛、汪建及当涂、广德诸戍皆帅其众降。行密以台濛已破田頵，命王茂章复引兵攻润州。

初，夔州刺史侯矩从成汭救鄂州，汭死，矩奔还。会王宗本兵至[6],矩以州降之,宗本遂定夔、忠、万、施四州。王建复以矩为夔州刺史,更其姓名曰王宗矩。宗矩,易州人也。蜀之议者,以瞿唐,蜀之险要,乃弃归、峡,屯军夔州。

建以宗本为武泰留后。武泰军旧治黔州[7],宗本以其地多瘴疠,请徙治涪州[8],建许之。

【注释】

①升州:地名。唐肃宗乾元元年(758)以江宁郡改置,治所在上元县(今江苏南京市)。 ②三纲:封建社会中三种主要的道德规范,即君为臣纲,父为子纲,夫为妻纲。纲是提网的总绳。为纲,是居于主要或支配地位的意思。 ③皖口:地名。在今安徽安庆市西南,即皖水入江口。 ④棣州:地名。隋文帝开皇六年(586)置,治所在阳信县(今山东阳信县西南)。唐太宗贞观十七年(643)移治厌次县(今山东惠民县东南)。 ⑤黄池:地名。即今安徽当涂县南黄池镇。 ⑥会王宗本兵至:据十二行本、孔本等,此句下有"甲戌"二字。 ⑦黔州:地名。北周武帝建德三年(574)以奉州改名,治今重庆彭水苗族土家族自治县。 ⑧涪州:地名。唐高祖武德元年(618)置,治所在涪陵县(今重庆涪陵区)。

葛从周急攻兖州,刘郛使从周母乘板舆登城[1],谓从周曰:"刘将军事我不异于汝,新妇辈皆安居,人各为其主,汝可察之。"从周歔欷而退,攻城为之缓。郛悉简妇人及民之老疾不足当敌者出之,独与少壮者同辛苦,分衣食,坚守以捍敌;号令整肃,兵不为暴,民皆安堵。久之,外援既绝,节度副使王彦温逾城出降,城上卒多从之,不可遏。郛遣人从容语彦温曰:"军士非素遣者,勿多与之俱。"又遣人徇于城上曰:"军士非素遣从副使而敢擅往者,族之!"士卒皆惶惑不敢出。敌人果疑彦温,斩之城下,由是众心益固。及王师范力屈,从周以祸福谕之,郛曰:"受王公命守此城,一旦见王公失势,不俟其命而降,非所以事上也。"及师范使者至,丁丑,始出降。

从周为具赍装,送郛诣大梁。郛曰:"降将未受梁王宽释之命,安敢乘马衣裘乎!"乃素服乘驴至大梁。全忠赐之冠带,辞;请囚服入见,不许。全忠慰劳,饮之酒,辞以量小。全忠曰:"取兖州,量何大邪!"以为元从都押牙。是时四镇将吏皆功臣、旧人,郓一旦以降将居其上,诸将具军礼拜于廷,郓坐受自如,全忠益奇之;未几,表为保大留后。

葛从周久病,全忠以康怀英为泰宁节度使代之。

宿卫都指挥使朱友伦与客击球于左军[2],坠马而卒。全忠悲怒,疑崔胤故为之,凡与同戏者十余人尽杀之,遣其兄子友谅代典宿卫。

山南东道节度使赵匡凝遣兵袭荆南,朗人弃城走[3],匡凝表其弟匡明为荆南留后。时天子微弱,诸道贡赋多不上供,惟匡明兄弟委输不绝。

杨行密求兵于钱镠,镠遣方永珍屯润州,从弟镒屯宣州。又遣指挥使杨习攻睦州。

凤翔、邠州屡出兵近京畿,朱全忠疑其复有劫迁之谋,十一月,发骑兵屯河中。

十二月,乙亥,田頵帅死士数百出战,台濛阳退以示弱。頵兵逾濠而斗,濛急击之;頵不胜,还走城,桥陷坠马,斩之,其众犹战,以頵首示之,乃溃,濛遂克宣州。

初,行密与頵同闾里,少相善,约为兄弟,及頵首至广陵,行密视之泣下;赦其母殷氏,行密与诸子皆以子孙礼事之。

行密以李神福为宁国节度使;神福以杜洪未平,固让不拜。宣州长史骆知祥善治金谷[4],观察牙推沈文昌为文精敏[5],尝为頵草檄骂行密,行密以知祥为淮南支计官[6],文昌为节度牙推。文昌,湖州人也。

初,頵每战不胜,辄欲杀钱传瓘,其母及宣州都虞候郭师从常保护之。师从,合肥人,頵之妇弟也。頵败,传瓘归杭州,钱镠以师从为镇东都虞候。

辛巳,以礼部尚书独孤损为兵部侍郎、同平章事。损,及之从曾孙也。中书侍郎兼户部尚书、同平章事裴贽罢为左仆射。

左仆射致仕张濬居长水,王师范之举兵,濬豫其谋。朱全忠将谋篡夺,恐濬扇动藩镇,讽张全义使图之。丙申,全义遣牙将杨麟将兵诈为劫盗，围其墅而杀之。永宁县吏叶彦素为濬所厚，知麟将至，密告濬子格曰："相公祸不可免，郎君宜自为谋。"濬谓格曰："汝留则俱死，去则遗种。"格哭拜而去，叶彦帅义士三十人送之渡汉而还，格遂自荆南入蜀。

唐胡人俑

卢龙节度使刘仁恭习知契丹情伪，常选将练兵，乘秋深入，逾摘星岭击之⑦，契丹畏之。每霜降，仁恭辄遣人焚塞下野草，契丹马多饥死，常以良马赂仁恭买牧地。契丹王邪律阿保机遣其妻兄述律阿钵将万骑寇渝关⑧，仁恭遣其子守光戍平州⑨，守光伪与之和，设幄犒飨于城外，酒酣，伏兵执之以入。虏众大哭，契丹以重赂请于仁恭，然后归之。

初，崔胤假朱全忠兵力以诛宦官，全忠既破李茂贞，并吞关中，威震天下，遂有篡夺之志。胤惧，与全忠外虽亲厚，私心渐异，乃谓全忠曰："长安密迩茂贞，不可不为守御之备。六军十二卫，但有空名，请召募以实之，使公无西顾之忧。"全忠知其意，曲从之，阴使麾下壮士应募以察其变。胤不之知，与郑元规等缮治兵仗，日夜不息。及朱友伦死，全忠益疑胤，且欲迁天子都洛，恐胤立异。

【注释】

①板舆：古代老人常用的一种代步用具，由人扛抬的板车。　②宿卫都指挥使：据十二行本、孔本等，"宿"上有"辛巳"二字。　③朗人：指

雷彦威的军队。朗为朗州，地名。隋文帝开皇十六年(596)改嵩州置，治所在武陵县(今湖南常德市)。 ④宣州长史：据十二行本、孔本等，“宣州长史”下有“合肥”二字。 ⑤观察牙推：官名。唐制，观察牙推、节度牙推均在巡官之下，为幕府右职。 ⑥支计官：官名。为唐代节度支度判官之属。 ⑦摘星岭：地名。又作思乡岭、德胜岭、望云岭、辞乡岭，即今河北滦平县南十八盘岭。 ⑧渝关：地名。一作榆关，又称临渝关、临榆关、临闾关。隋文帝开皇三年(583)置，即今河北秦皇岛市抚宁区东榆关镇，一说即今山海关。 ⑨平州：地名。北魏道武帝天赐四年(407)置，治所在肥如县(今河北卢龙县北)。唐高祖武德二年(619)移治卢龙县(今河北卢龙县)。

天祐元年 春，正月，全忠密表司徒兼侍中、判六军十二卫事、充盐铁转运使、判度支崔胤专权乱国，离间君臣，并其党刑部尚书兼京兆尹、六军诸卫副使郑元规、威远军使陈班等，皆请诛之。乙巳，诏责授胤太子少傅、分司，贬元规循州司户，班溱州司户[①]。丙午，下诏罪状胤等；以裴枢判左三军事、充盐铁转运使，独孤损判右三军事、兼判度支；胤所募兵并纵遣之。以兵部尚书崔远为中书侍郎，翰林学士、左拾遗柳璨为右谏议大夫，并同平章事。璨，公绰之从孙也。戊申，朱全忠密令宿卫都指挥使朱友谅以兵围崔胤第，杀胤及郑元规、陈班并胤所亲厚者数人。

初，上在华州，朱全忠屡表请上迁都洛阳，上虽不许，全忠常令东都留守佑国军节度使张全义缮修宫室。

全忠之克邠州也，质静难军节度使杨崇本妻子于河中。崇本妻美，全忠私焉，既而归之。崇本怒，使谓李茂贞曰：“唐室将灭，父何忍坐视之乎！”遂相与连兵侵逼京畿，复姓名为李继徽。

己酉，全忠引兵屯河中。丁巳，上御延喜楼，朱全忠遣牙将寇彦卿奉表，称邠、岐兵逼畿甸，请上迁都洛阳；及下楼，裴枢已得全忠移书，促百官东行。戊午，驱徙士民，号哭满路，骂曰：“贼臣崔胤召朱温来倾覆社稷，使我曹流离至此！”老幼繦属[②]，月余不绝。

壬戌，车驾发长安，全忠以其将张廷范为御营使[③]，毁长安宫室百司及民间庐舍，取其材，浮渭沿河而下，长安自此遂丘墟矣。

全忠发河南、北诸镇丁匠数万，令张全义治东都宫室，江、浙、湖、岭诸镇附全忠者[④]，皆输货财以助之。

甲子，车驾至华州，民夹道呼万岁，上泣谓曰："勿呼万岁，朕不复为汝主矣！"馆于兴德宫，谓侍臣曰："鄙语云：'纥干山头冻杀雀，何不飞去生处乐。'朕今漂泊，不知竟落何所！"因泣下沾襟，左右莫能仰视。

二月，乙亥，车驾至陕，以东都宫室未成，驻留于陕。丙子，全忠自河中来朝，上延全忠入寝室见何后，后泣曰："自今大家夫妇委身全忠矣[⑤]！"

甲申，立皇子祯为端王，祈为丰王，福为和王，禧为登王，祐为嘉王。

上遣间使以御札告难于王建，建以邛州刺史王宗祐为北路行营指挥使，将兵会凤翔兵迎车驾，至兴平，遇汴兵，不得进而还。建始自用墨制除官，云"俟车驾还长安表闻"。

三月，丁未，以朱全忠兼判左、右神策及六军诸卫事。癸丑，全忠置酒私第，邀上临幸。乙卯，全忠辞上，先赴洛阳督修宫室。上与之宴群臣，既罢，上独留全忠及忠武节度使韩建饮，皇后出，自捧玉卮以饮全忠，晋国夫人可证附上耳语。建蹑全忠足，全忠以为图己，不饮，阳醉而出。全忠奏以长安为佑国军，以韩建为佑国节度使，以郑州刺史刘知俊为匡国节度使。

丁巳，上复遣间使以绢诏告急于王建、杨行密、李克用等，令纠帅藩镇以图匡复，曰："朕至洛阳，则为所幽闭，诏敕皆出其手，朕意不复得通矣！"

杨行密遣钱传璙及其妇并顾全武归钱塘。

以淮南行军司马李神福为鄂岳招讨使，复将兵击杜洪。朱全忠遣使诣行密，请舍鄂岳，复修旧好。行密报曰："俟天子还长安，然后罢兵修好。"

夏，四月，辛巳，朱全忠奏洛阳宫室已成，请车驾早发，表章相继。上屡遣宫人谕以皇后新产，未任进路，请俟十月东行。全忠疑上徘徊俟变，怒甚，谓牙将寇彦卿曰："汝速至陕，即日促官家发来[⑥]。"闰月，丁酉，车驾发陕。壬寅，全忠逆于新安[⑦]。上之在陕也，司天监奏："星气有变，期在今秋，不利东行。"故上欲以十月幸洛。至是，全忠令医官许昭远告医官使阎祐之、司天监王墀、内都知韦周、晋国夫人可证等谋害元帅⑧，悉收杀之。

癸卯，上憩于谷水⑨。自崔胤之死，六军散亡俱尽，所余击球供奉、内园小儿共二百余人，从上而东。全忠犹忌之，为设食于幄，尽缢杀之。豫选二百余人大小相类者，衣其衣服，代之侍卫。上初不觉，累日乃寤。自是上之左右职掌使令皆全忠之人矣。

甲辰，车驾发谷水，入宫，御正殿，受朝贺。乙巳，御光政门，赦天下，改元。更命陕州曰兴唐府。诏讨李茂贞、杨崇本。

戊申，敕内诸司惟留宣徽等九使外⑩，余皆停废，仍不以内夫人充使。以蒋玄晖为宣徽南院使兼枢密使，王殷为宣徽北院使兼皇城使，张廷范为金吾将军、充街使，以韦震为河南尹兼六军诸卫副使，又征武宁留后朱友恭为左龙武统军，保大节度使氏叔琮为右龙武统军，典宿卫，皆全忠之腹心也。

癸丑，以张全义为天平节度使。

乙卯，以全忠为护国、宣武、宣义、忠武四镇节度使。

镇海、镇东节度使越王钱镠求封吴越王；朝廷不许。朱全忠为之言于执政，乃更封吴王。

更命魏博曰天雄军。癸亥，进天雄节度使长沙郡王罗绍威爵邺王。

【注释】

①溱州：误，时无溱州，应为溱州。溱州，地名。唐太宗贞观十七年(643)置，治所在荣懿县(今重庆綦江区东南青羊市)。　②镪(qiǎng抢)属：连续。镪本指穿钱的绳子，引申为穿好的钱。　③御营使：官名。唐末始置。皇帝东迁洛阳，扈卫士兵为御营，置御营使提举一行事务。　④江、浙、湖、岭诸镇：江指鄂岳杜洪、洪州钟传，浙指钱镠，湖指潭州马殷、澧州雷彦威，岭指广州刘隐。　⑤大家：古代宫中侍从对帝、后的称呼。这里为皇后对皇帝的称呼。　⑥官家：封建时代对皇帝的一种称呼。西汉称天子为"县官"，东汉称天子为"国家"，合称官家。或曰：五帝官天下，三王家天下，故兼称之。　⑦新安：县名。秦始置，治今河南渑池县东，隋炀帝大业初移治今河南新安县，唐因之。　⑧医官使：官

名。唐末置医官使以主医官。内都知:官名。唐代知内侍省之官职。元帅:指朱全忠。 ⑨谷水:水名。即今河南洛河支流涧水及其上游渑池县南渑水。 ⑩宣徽等九使:指宣徽两院、小马坊、丰德库、御厨、客省、阁门、飞龙、庄宅九使。

资治通鉴卷第二百六十五

唐纪八十一　起阏逢困敦五月，尽柔兆摄提格，凡二年有奇。

昭宗圣穆景文孝皇帝下之下

天祐元年　五月，丙寅，加河阳节度使张汉瑜同平章事。

帝宴朱全忠及百官于崇勋殿，既罢，复召全忠宴于内殿；全忠疑，不入。帝曰："全忠不欲来，可令敬翔来。"全忠擿翔使去[①]，曰："翔亦醉矣。"辛未，全忠东还；乙亥，至大梁。

忠义节度使赵匡凝遣水军上峡攻王建夔州，知渝州王宗阮等击败之。万州刺史张武作铁絙绝江中流[②]，立栅于两端，谓之"锁峡"。

六月，李茂贞、王建、李继徽传檄合兵以讨朱全忠；全忠以镇国节度使朱友裕为行营都统，将步骑击之[③]；命保大节度使刘鄩弃鄜州，引兵屯同州。癸丑，全忠引兵自大梁西讨茂贞等；秋，七月，甲子，过东都入见；壬申，至河中。

西川诸将劝王建乘李茂贞之衰，攻取凤翔。建以问节度判官冯涓，涓曰："兵者凶器，残民耗财，不可穷也。今梁、晋虎争，势不两立，若并而为一，举兵向蜀，虽诸葛亮复生，不能敌矣。凤翔，蜀之藩蔽，不若与之和亲，结为婚姻，无事则务农训兵，保固疆埸[④]，有事则觇其机事，观衅而动，可以万全。"建曰："善！茂贞虽庸才，然有强悍之名，远近畏之，与全忠力争则不足，自守则有余，使为吾藩蔽，所利多矣。"乃与茂贞修好。丙子，茂贞遣判官赵锽如西川,为其侄天雄节度使继勋求婚;建以女妻之。茂贞数求货及甲兵于建,建皆与之。

王建赋敛重,人莫敢言。冯涓因建生日献颂,先美功德,后言生民之苦。建愧谢曰:“如君忠谏,功业何忧!”赐之金帛。自是赋敛稍损。

初,朱全忠自凤翔迎车驾还,见德王裕眉目疏秀,且年齿已壮,恶之,私谓崔胤曰:“德王尝奸帝位,岂可复留!公何不言之!”胤言于帝。帝问全忠,全忠曰:“陛下父子之间,臣安敢窃议,此崔胤卖臣耳。”帝自离长安,日忧不测,与皇后终日沉饮,或相对涕泣。全忠使枢密使蒋玄晖伺察帝,动静皆知之。帝从容谓玄晖曰:“德王朕之爱子,全忠何故坚欲杀之?”因泣下,啮中指血流。玄晖具以语全忠,全忠愈不自安。

时李茂贞、杨崇本、李克用、刘仁恭、王建、杨行密、赵匡凝移檄往来,皆以兴复为辞。全忠方引兵西讨,以帝有英气,恐变生于中,欲立幼君,易谋禅代。乃遣判官李振至洛阳,与玄晖及左龙武统军朱友恭、右龙武统军氏叔琮等图之。

八月,壬寅,帝在椒殿[⑤],玄晖选龙武牙官史太等百人夜叩宫门,言军前有急奏,欲面见帝。夫人裴贞一开门见兵,曰:“急奏何以兵为?”史太杀之。玄晖问:“至尊安在?”昭仪李渐荣临轩呼曰:“宁杀我曹,勿伤大家!”帝方醉,遽起,单衣绕柱走,史太追而弑之。渐荣以身蔽帝,太亦杀之。又欲杀何后,后求哀于玄晖,乃释之。

唐小团花锦

癸卯,蒋玄晖矫诏称李渐荣、裴贞一弑逆,宜立辉王祚为皇太子，更名柷，监军国事。又矫皇后令，太子于柩前即位。宫中恐惧，不敢出声哭。丙午，昭宣帝即位，时年十三。

【注释】

①擿（tì 惕）：发动，指使。 ②絙（gēng 耕）：粗索。 ③步骑：据十二行本、孔本等，步骑下有“数万”二字。 ④埸（yì 易）：地界、疆界。⑤椒殿：皇后殿，又称椒房。汉代后妃所住的宫殿，用椒和泥涂壁，取其温暖有香气，兼有多子之意，故称。后代因之。

李克用复以张承业为监军。

淮南将李神福攻鄂州未下，会疾病，还广陵，杨行密以舒州团练使泌阳刘存代为招讨使；神福寻卒。宣州观察使台濛卒，杨行密以其子牙内诸军使渥为宣州观察使，右牙都指挥使徐温谓渥曰：“王寝疾而嫡嗣出藩，此必奸臣之谋。他日相召，非温使者及王令书[1]，慎无亟来！”渥泣谢而行。

九月，己巳，尊皇后为皇太后。

朱全忠引兵北屯永寿[2]，南至骆谷，凤翔、邠宁兵竟不出。辛未，东还。

冬，十月，辛卯朔，日有食之。

朱全忠闻朱友恭等弑昭宗，阳惊，号哭自投于地，曰：“奴辈负我，令我受恶名于万代！”癸巳，至东都，伏梓宫恸哭流涕[3]，又见帝自陈非己志，请讨贼。先是，护驾军士有掠米于市者，甲午，全忠奏朱友恭、氏叔琮不戢士卒，侵扰市肆，友恭贬崖州司户，复姓名李彦威，叔琮贬白州司户，寻皆赐自尽。彦威临刑大呼曰：“卖我以塞天下之谤，如鬼神何！行事如此，望有后乎！”

丙申，天平节度使张全义来朝。丁酉，复以全忠为宣武、护国、宣义、天平节度使；以全义为河南尹兼忠武节度使、判六军诸卫事。乙巳，全忠辞赴镇，庚戌，至大梁。

镇国节度使朱友裕薨于梨园。

光州叛杨行密，降朱全忠，行密遣兵围之，与鄂州皆告急于全忠。十一月，戊辰，全忠自将兵五万自颍州济淮，军于霍丘[4]，分兵救鄂州。淮南兵释光州之围还广陵，按兵不出战，全忠分命诸将大掠淮南以困之。

钱镠潜遣衢州罗城使叶让杀刺史陈璋,事泄;十二月,璋斩让而叛,降于杨行密。

初,马殷弟赍,性沉勇,事孙儒,为百胜指挥使;儒死,事杨行密,屡有功,迁黑云指挥使。行密尝从容问其兄弟,乃知为殷之弟,大惊曰:"吾常怪汝器度瑰伟,果非常人。当遣汝归。"赍泣辞曰:"赍淮西残兵,大王不杀而宠任之;湖南地近,尝得兄声问,赍事大王久,不愿归也。"行密固遣之。是岁,赍归长沙,行密亲饯之郊。

赍至长沙,殷表赍为节度副使。他日,殷议入贡天子,赍曰:"杨王地广兵强⑤,与吾邻接,不若与之结好,大可以为缓急之援,小可通商旅之利。"殷作色曰:"杨王不事天子,一旦朝廷致讨,罪将及吾。汝置此论,勿为吾祸!"

初,清海节度使徐彦若遗表荐副使刘隐权留后,朝廷以兵部尚书崔远为清海节度使。远至江陵,闻岭南多盗,且畏隐不受代,不敢前,朝廷召远还。隐遣使以重赂结朱全忠,乃奏以隐为清海节度使。

【注释】

①令书:诸侯于境内下令,称为令书,以别于皇帝所下制、诏、敕书。 ②永寿:县名。北周静帝大象元年(579)以广寿县改名,治今陕西永寿县西北永平镇北。 ③梓宫:皇帝的棺材。因以梓木为之,故名。 ④霍丘:县名。隋文帝开皇十九年(599)置,治今安徽霍邱县。⑤杨王:指杨行密。杨行密封吴王,故称之。

昭宣光烈孝皇帝

天祐二年 春,正月,朱全忠遣诸将进兵逼寿州。

润州团练使安仁义勇决得士心,故淮南将王茂章攻之,逾年不克。杨行密使谓之曰:"汝之功吾不忘也,能束身自归,当以汝为行军副使,但不掌兵耳。"仁义不从。茂章为地道入城,遂克之。

仁义举族登楼，众不敢逼。先是攻城诸将见仁义辄骂之，惟李德诚不然。至是仁义召德诚登楼，谓曰："汝有礼，吾今以为汝功。"且以爱妾赠之[1]。德诚掖之而下，并其子斩于广陵市。

两浙兵围陈询于睦州，杨行密遣西南招讨使陶雅将兵救之；军中夜惊，士卒多逾垒亡去，左右及裨将韩球奔告之，雅安卧不应，须臾自定，亡者皆还。钱镠遣其从弟镒及指挥使顾全武、王球御之，为雅所败，虏镒及球以归。

庚午，朱全忠命李振知青州事，代王师范。

全忠围寿州，州人闭壁不出。全忠乃自霍丘引归，二月，辛卯，至大梁。

李振至青州，王师范举族西迁，至濮阳，素服乘驴而进；至大梁，全忠客之。表李振为青州留后。

戊戌，以安南节度使、同平章事朱全昱为太师，致仕。全昱，全忠之兄也，戆朴无能，先领安南，全忠自请罢之。

是日社[2]，全忠使蒋玄晖邀昭宗诸子德王裕、棣王祤、虔王禊、沂王禋、遂王祎、景王祕、祁王琪[3]、雅王禛、琼王祥，置酒九曲池，酒酣，悉缢杀之，投尸池中。

朱全忠遣其将曹延祚将兵与杜洪共守鄂州，庚子，淮南将刘存攻拔之，执洪、延祚及汴兵千余人送广陵，悉诛之。行密以存为鄂岳观察使。

己酉，葬圣穆景文孝皇帝于和陵[4]，庙号昭宗。

三月，庚午，以王师范为河阳节度使。

戊寅，以门下侍郎、同平章事独孤损同平章事，充静海节度使；以礼部侍郎河间张文蔚同平章事。甲申，以门下侍郎、同平章事裴枢为左仆射，崔远为右仆射，并罢政事。

初，柳璨及第，不四年为宰相，性倾巧轻佻。时天子左右皆朱全忠腹心，璨曲意事之。同列裴枢、崔远、独孤损皆朝廷宿望，意轻之，璨以为憾。和王傅张廷范，本优人，有宠于全忠，奏以为太常卿。枢曰："廷范勋臣，幸有方镇，何籍乐卿[5]！恐非元帅之旨。"持之不下。全忠闻之，谓宾佐曰："吾常以裴十四器识真纯，不入浮薄之党，观此议论，本态露矣。"璨因此并远、损谮于全忠，故三人皆罢。

以吏部侍郎杨涉同平章事。涉,收之孙也。为人和厚恭谨,闻当为相,与家人相泣,谓其子凝式曰:“此吾家之不幸也,必为汝累。”

加清海节度使刘隐同平章事。

壬辰[6],河东都押牙盖寓卒,遗书劝李克用省营缮,薄赋敛,求贤俊。

夏,四月,庚子,有彗星出西北。

淮南将陶雅会衢、睦兵攻婺州,钱镠使其弟镖将兵救之。

五月,礼院奏,皇帝登位应祀南郊;敕用十月甲午行之。

乙丑,彗星长竟天。

柳璨恃朱全忠之势,恣为威福。会有星变,占者曰:“君臣俱灾,宜诛杀以应之。”璨因疏其素所不快者于全忠曰:“此曹皆聚徒横议,怨望腹非[7],宜以之塞灾异。”李振亦言于朱全忠曰:“朝廷所以不理,良由衣冠浮薄之徒紊乱纲纪;且王欲图大事,此曹皆朝廷之难制者也,不若尽去之。”全忠以为然。癸酉,贬独孤损为棣州刺史,裴枢为登州刺史,崔远为莱州刺史。乙亥,贬吏部尚书陆扆为濮州司户,工部尚书王溥为淄州司户。庚辰,贬太子太保致仕赵崇为曹州司户,兵部侍郎王赞为潍州司户。自余或门胄高华,或科第自进,居三省台阁,以名检自处,声迹稍著者,皆指为浮薄,贬逐无虚日,搢绅为之一空[8]。辛巳,再贬裴枢为泷州司户,独孤损为琼州司户,崔远为白州司户。

甲申,忠义节度使赵匡凝遣使修好于王建。

【注释】

①且以爱妾赠之:十二行本、孔本等“之”下有“乃掷弓于地”五字。 ②社:指社日。古时春、秋两次祭祀土神的日子,一般在立春、立秋后第五个戊日。立春后五戊为春社,立秋后五戊为秋社。戊,土也,因此以戊日社。 ③祁王琪:据十二行本、孔本等,应为“祁王祺”。 ④和陵:唐昭宗陵墓,在河南缑氏县(今河南偃师市东南)懊来山,是年更名为太平山。 ⑤乐卿:即太常卿。因太常卿掌礼乐,故曰乐卿。 ⑥壬辰:此处误,三月无此日。 ⑦腹非:同“腹诽”,口里不说,心里不以为然。

⑧搢(jìn 晋)绅:亦作“缙绅”,旧时高级官吏的装束,亦用为官宦的代称。

六月,戊子朔,敕裴枢、独孤损、崔远、陆扆、王溥、赵崇、王赞等并所在赐自尽。

时全忠聚枢等及朝士贬官者三十余人于白马驿,一夕尽杀之,投尸于河。初,李振屡举进士,竟不中第,故深疾搢绅之士,言于全忠曰:“此辈常自谓清流[①],宜投之黄河,使为浊流!”全忠笑而从之。

振每自汴至洛,朝廷必有窜逐者,时人谓之鸱枭[②]。见朝士皆颐指气使[③],旁若无人。

全忠尝与僚佐及游客坐于大柳之下,全忠独言曰:“此柳宜为车毂[④]。”众莫应。有游客数人起应曰:“宜为车毂。”全忠勃然厉声曰:“书生辈好顺口玩人,皆此类也! 车毂须用夹榆,柳木岂可为之!”顾左右曰:“尚何待!”左右数十人,捽言“宜为车毂”者悉扑杀之。

己丑,司空致仕裴贽贬青州司户,寻赐死。

柳璨余怒所注,犹不啻十数,张文蔚力解之,乃止。

时士大夫避乱,多不入朝,壬辰,敕所在州县督遣,无得稽留。前司勋员外郎李延古,德裕之孙也,去官居平泉庄[⑤],诏下未至[⑥],责授卫尉寺主簿。

秋,七月,癸亥,太子宾客致仕柳逊贬曹州司马。

庚午夜,天雄牙将李公佺与牙军谋乱,罗绍威觉之;公佺焚府舍,剽掠,奔沧州。

八月,王建遣前山南西道节度使王宗贺等将兵击昭信节度使冯行袭于金州。

朱全忠以赵匡凝东与杨行密交通,西与王建结昏,乙未,遣武宁节度使杨师厚将兵击之;己亥,全忠以大军继之。

处州刺史卢约使其弟佶攻陷温州,张惠奔福州。

钱镠遣方永珍救婺州。

初,礼部员外郎知制诰司空图弃官居虞乡王官谷[⑦],昭宗屡征之,不起。柳璨以诏书征之,图惧,诣洛阳入见,阳为衰野,坠笏失仪。瓒乃复下诏,略曰:"既养高以傲代,类移山以钓名。"又曰:"匪夷匪惠[8],难居公正之朝。可放还山。"图,临淮人也。

杨师厚攻下唐、邓、复、郢、随、均、房七州,朱全忠军于汉北。九月,辛酉,命师厚作浮梁于阴谷口[9],癸亥,引兵渡汉。甲子,赵匡凝将兵二万陈于汉滨,师厚与战,大破之,遂傅其城下。是夕,匡凝焚府城,帅其族及麾下士沿汉奔广陵。乙丑,师厚入襄阳;丙寅,全忠继至。

匡凝至广陵,杨行密戏之曰:"君在镇,岁以金帛输全忠,今败,乃归我乎?"匡凝曰:"诸侯事天子,岁输贡赋乃其职也,岂输贼乎!今日归公,正以不从贼故耳。"行密厚遇之。

丙寅,封皇弟禔为颍王,祐为蔡王。

丁卯,荆南节度使赵匡明帅众二万,弃城奔成都。戊辰,朱全忠以杨师厚为山南东道留后,引兵击江陵;至乐乡[10],荆南牙将王建武遣使迎降。全忠以都将贺瓌为荆南留后。全忠寻表师厚为山南东道节度使。

王宗贺等攻冯行袭,所向皆捷。丙子,行袭弃金州,奔均州;其将全师朗以城降。王建更师朗姓名曰王宗朗,补金州观察使,割渠、巴、开三州以隶之。

乙酉,诏更用十一月癸酉亲郊。

淮南将陶雅、陈璋拔婺州,执刺史沈夏以归。杨行密以雅为江南都招讨使,歙、婺、衢、睦观察使;以璋为衢、婺副招讨使。璋攻暨阳[11],两浙将方习败之。习进攻婺州。

濠州团练使刘金卒,杨行密以金子仁规知濠州。

杨行密长子宣州观察使渥,素无令誉,军府轻之。行密寝疾,命节度判官周隐召渥。隐性惷直[12],对曰:"宣州司徒轻易信谗,喜击球饮酒,非保家之主;余子皆幼,未能驾驭诸将。庐州刺史刘威,从王起细微,必不负王,不若使之权领军府,俟诸子长以授之。"行密不应。左右牙指挥使徐温、张颢言于行密曰:"王平生出万死,冒矢石,为子孙立基业,安可使他人有之!"行密曰:"吾死瞑目矣。"隐,舒州人也。

他日,将佐问疾,行密目留幕僚严可求。众出,可求曰:"王若不讳,如军府何?”行密曰:“吾命周隐召渥,今忍死待之。”可求与徐温诣隐,隐未出见,牒犹在案上,可求即与温取牒,遣使者如宣州召之。可求,同州人也。行密以润州团练使王茂章为宣州观察使。

【注释】

①清流:旧时常用来称有时望、不肯与权贵同流合污的士大夫。②鸱枭(chī xiāo 痴萧):枭通“鸮”,鸱枭指像猫头鹰一类的鸟,此处用以喻指预示凶兆的人。 ③颐指气使:用下巴的动作和面部的气色来指挥别人,多用以形容有权势者指使别人时的傲慢态度。颐,下颔,一说面颊。 ④毂(gǔ 谷):车轮中心的圆木,周围与车辐的一端相接,中有孔,用以插轴。也用为车轮的代称。 ⑤平泉庄:地名。在今河南洛阳市南。 ⑥诏下未至:十二行本、乙十一行本“至”下有“戊申”二字。⑦王官谷:地名。在今山西永济市东南中条山中。 ⑧夷、惠:伯夷、柳下惠。伯夷,商末孤竹国君长子。父死时,遗命立三子叔齐,弟兄互让,相偕去周投西伯。武王东伐纣,他和叔齐叩马而谏,以为父丧用兵,是不孝、不仁。武王灭商后,他们逃至首阳山,不食周粟而死。柳下惠,亦名展获,春秋时鲁国大夫,为官以贤能著称。 ⑨阴谷口:地名。在今湖北襄阳市西北汉江畔。 ⑩乐乡:地名。江陵府长林县(今湖北荆门市西北)有乐乡镇。 ⑪暨阳:地名,即越州诸暨县(今浙江诸暨市)。与婺州东阳县(今浙江东阳市)接境。 ⑫惷(chōng 冲):愚蠢。

冬,十月,丙戌朔,以朱全忠为诸道兵马元帅,别开幕府。

是日,全忠部署将士,将归大梁,忽变计,欲乘胜击淮南。敬翔谏曰:“今出师未逾月,平两大镇,辟地数千里,远近闻之,莫不震慑。此威望可惜,不若且归息兵,俟衅而动。”不听。

改昭信军为戎昭军[1]。

辛卯,朱全忠发襄州;壬辰,至枣阳,遇大雨。自申州抵光州[2],道险狭涂潦,人马疲乏,士卒尚未冬服,多逃亡。全忠使人谓光州刺史柴再用曰:“下,我以汝为蔡州刺史;不下,且屠城!”再用严设守备,戎服登城,见全忠,拜伏甚恭,曰:“光州城小兵弱,不足以辱王之威怒。王苟先下寿州,敢不从命。”全忠留其城东旬日而去。

起居郎苏楷[③]，礼部尚书循之子也，素无才行，乾宁中登进士第[④]，昭宗覆试黜之，仍永不听入科场。甲午，楷帅同列上言："谥号美恶，臣子不得而私。先帝谥号多溢美，乞更详议。"事下太常，丁酉，张廷范奏改谥恭灵庄愍孝皇帝，庙号襄宗，诏从之。

杨渥至广陵。辛丑，杨行密承制以渥为淮南留后。

戊申，朱全忠发光州，迷失道百余里，又遇雨，比及寿州，寿人坚壁清野以待之。全忠欲围之，无林木可为栅，乃退屯正阳[⑤]。

癸丑，更名成德军曰武顺。

十一月，丙辰，朱全忠度淮而北，柴再用抄其后军，斩首三千级，获辎重万计。全忠悔之，躁忿尤甚。丁卯，至大梁。

先是，全忠急于传禅，密使蒋玄晖等谋之。玄晖与柳璨等议：以魏、晋以来皆先封大国，加九锡、殊礼[⑥]，然后受禅，当次第行之。乃先除全忠诸道元帅，以示有渐，仍以刑部尚书裴迪为送官告使，全忠大怒。宣徽副使王殷、赵殷衡疾玄晖权宠，欲得其处，因谮之于全忠曰："玄晖、璨等欲延唐祚，故逗遛其事以须变。"玄晖闻之惧，自至寿春，具言其状。全忠曰："汝曹巧述闲事以沮我，借使我不受九锡，岂不能作天子邪！"玄晖曰："唐祚已尽，天命归王，愚智皆知之。玄晖与柳璨等非敢有背德，但以今兹晋、燕、岐、蜀皆吾勍敌，王遽受禅，彼心未服，不可不曲尽义理，然后取之，欲为王创万代之业耳。"全忠叱之曰："奴果反矣！"玄晖惶遽辞归，与璨议行九锡。时天子将郊祀，百官既习仪[⑦]，裴迪自大梁还，言全忠怒曰："柳璨、蒋玄晖等欲延唐祚，乃郊天也。"璨等惧，庚午，敕改用来年正月上辛。殷衡本姓孔名循，为全忠家乳母养子，故冒姓赵，后渐贵，复其姓名。

壬申，赵匡明至成都，王建以客礼遇之。

昭宗之丧，朝廷遣告哀使司马卿宣谕王建，至是始入蜀境。西川掌书记韦庄为建谋，使武定节度使王宗绾谕卿曰："蜀之将士，世受唐恩，去岁闻乘舆东迁，凡上二十表，皆不报。寻有亡卒自汴来，闻先帝已罹朱全忠弑逆。蜀之将士方日夕枕戈[⑧]，思为先帝报仇。不知今兹使来以何事宣谕？舍人宜自图进退[⑨]。"卿乃还。

【注释】

①戎昭军：据十二行本、孔本等，“军”下有“仍割均州隶之”六字。②申州：地名。北周改南司州置，治所在平阳县（今河南信阳市）。③起居郎：官名。魏晋及南朝多以著作郎兼修起居注。北魏始置起居令史，侍从皇帝，掌记录皇帝言行。隋代于内史省设起居舍人。唐朝又于门下省设起居郎，和起居舍人分掌其事。④乾宁：唐昭宗李晔年号。起自894年，止于897年，共四年。⑤正阳：地名。淮水流出颍、寿之间，夹淮有正阳镇，即今安徽寿县西南淮河南岸正阳关。⑥九锡：古代帝王赐给有大功或有权势的诸侯大臣的九种物品。一曰车马，二曰衣服，三曰乐则，四曰朱户，五曰纳陛，六曰虎贲，七曰弓矢，八曰铁钺，九曰秬鬯。后世权臣篡位之前，辄先受九锡。⑦习仪：唐制大祀，百官皆先习仪，受誓戒，散斋，致斋，而后行事。⑧枕戈：枕着兵器。表示杀敌报国心切，毫不松懈。⑨舍人：指司马卿。唐制中书通事舍人掌受四方章奏及宣传诏命，故称司马卿为舍人。

庚辰，吴武忠王杨行密薨。将佐共请宣谕使李俨承制授杨渥淮南节度使、东南诸道行营都统，兼侍中、弘农郡王。

柳璨、蒋玄晖等议加朱全忠九锡，朝士多窃怀愤邑，礼部尚书苏循独扬言曰：“梁王功业显大，历数有归[1]，朝廷速宜揖让。”朝士无敢违者。辛巳，以全忠为相国，总百揆。以宣武、宣义、天平、护国、天雄、武顺、佑国、河阳、义武、昭义、保义、戎昭、武定、泰宁、平卢、忠武、匡国、镇国、武宁、忠义、荆南等二十一道为魏国，进封魏王，仍如九锡。全忠怒其稽缓，让不受。十二月，戊子，命枢密使蒋玄晖赍手诏诣全忠谕指。癸巳，玄晖自大梁还，言全忠怒不解。甲午，柳璨奏称：“人望归梁王，陛下释重负，今其时也。”即日遣璨诣大梁达传禅之意，全忠拒之。

初，璨陷害朝士过多，全忠亦恶之。璨与蒋玄晖、张廷范朝夕宴聚，深相结，为全忠谋禅代事。何太后泣遣宫人阿虔、阿秋达意玄晖，语以他日传禅之后，求子母生全。王殷、赵殷衡谮玄晖，云“与柳璨、张廷范于积善堂夜宴[2]，对太后焚香为誓，期兴复唐祚”。

全忠信之，乙未，收玄晖及丰德库使应顼、御厨使朱建武系河南狱；以王殷权知枢密，赵殷衡权判宣徽院事。全忠三表辞魏王、九锡之命；丁酉，诏许之，更以为天下兵马元帅，然全忠已修大梁府舍为宫阙矣。是日，斩蒋玄晖，杖杀应顼、朱建武。庚子，省枢密使及宣徽南院使，独置宣徽使一员，以王殷为之，赵殷衡为副使。辛丑，敕罢宫人宣传诏命及参随视朝。追削蒋玄晖为凶逆百姓，令河南揭尸于都门外，聚众焚之。

玄晖既死，王殷、赵殷衡又诬玄晖私侍何太后，令阿秋、阿虔通导往来。己酉，全忠密令殷、殷衡害太后于积善宫，敕追废太后为庶人，阿秋、阿虔皆于殿前扑杀。庚戌，以皇太后丧，废朝三日。

辛亥，敕以宫禁内乱，罢来年正月上辛谒郊庙礼。

癸丑，守司空兼门下侍郎、同平章事柳璨贬登州刺史，太常卿张廷范贬莱州司户。甲寅，斩璨于上东门外[3]，车裂廷范于都市。璨临刑呼曰："负国贼柳璨，死其宜矣！"

西川将王宗朗不能守金州，焚其城邑，奔成都。戎昭节度使冯行袭复取金州，奏称"金州荒残，乞徙理均州"，从之。更以行袭领武安军。

陈询不能守睦州，奔于广陵，淮南招讨使陶雅入据其城。

杨渥之去宣州也，欲取其幄幕及亲兵以行[4]，观察使王茂章不与，渥怒。既袭位，遣马步都指挥使李简等将兵袭之。

湖南兵寇淮南，淮南牙内指挥使杨彪击却之。

【注释】

①历数：按古代迷信，以为帝位相承，与天象运行的次序相应，故称帝王继承的次第为"历数"。 ②积善堂：据十二行本、孔本等，应为"积善宫"。 ③上东门：地名。在今河南洛阳市唐洛阳故城东。 ④幄幕：帐幕。四面合起来像屋宇的叫"幄"，在上的称"幕"。又在旁的称"帷"，"帷幄""帷幕"亦指帐幕。

三年 春，正月，壬戌，灵武节度使韩逊奏吐蕃七千余骑营于宗高谷，将击嗢末及取凉州。

李简兵奄至宣州，王茂章度不能守，帅众奔两浙。亲兵上蔡刁彦能辞以母老，不从行，登城谕众曰："王府命我招谕汝曹[1]，大兵行至矣。"众由是定。陶雅畏茂章断其归路，引兵还歙州，钱镠复取睦州。镠以茂章为镇东节度副使，更名景仁。

乙丑，加静海节度使曲承裕同平章事。

初，田承嗣镇魏博，选募六州骁勇之士五千人为牙军，厚其给赐以自卫，为腹心。自是父子相继，亲党胶固，岁久益骄横；小不如意，辄族旧帅而易之，自史宪诚以来皆立于其手[2]。天雄节度使罗绍威心恶之，力不能制。朱全忠之围凤翔也，绍威遣军将杨利言密以情告全忠，欲借其兵以诛之。全忠以事方急，未暇如其请，阴许之。及李公佺作乱，绍威益惧，复遣牙将臧延范趣全忠。全忠乃发河南诸镇兵十万，遣其将李思安将之，会魏、镇兵屯深州乐城[3]；声言击沧州，讨其纳李公佺也。会全忠女适绍威子廷规者卒，全忠遣客将马嗣勋实甲兵于橐中[4]，选长直兵千人为担夫，帅之入魏，诈云会葬；全忠自以大军继其后，云赴行营，牙军皆不之疑。庚午，绍威潜遣人入库断弓弦、甲襻[5]，是夕，绍威帅其奴客数百，与嗣勋合击牙军，牙军欲战而弓甲皆不可用，遂阖营殪之，凡八千家，婴孺无遗。诘旦，全忠引兵入城。

辛未，以权知宁远留后庞巨昭、岭南西道留后叶广略并为节度使。

庚辰，钱镠如睦州。

西川将王宗阮攻归州，获其将韩从实。

陈璋闻陶雅归歙，自婺州退保衢州。两浙将方永珍等取婺州，进攻衢州。

杨渥遣先锋指挥使陈知新攻湖南。三月，乙丑，知新拔岳州，逐刺史许德勋，渥以知新为岳州刺史。

戊寅，以朱全忠为盐铁、度支、户部三司都制置使。三司之名始于此。全忠辞不受。

夏，四月，癸未朔，日有食之。

罗绍威既诛牙军，魏之诸军皆惧，绍威虽数抚谕之，而猜怨益甚。朱全忠营于魏州城东数旬，将北巡行营，会天雄牙将史仁遇作乱，聚众数万据高唐[6]，自称留后，天雄巡内州县多应之。全忠移军入城，遣使召行营兵还攻高唐，至历亭[7]，魏兵在行营者作乱，与仁遇相应。元帅府左司马李周彝、右司马苻道昭击之，所杀殆半，进攻高唐，克之，城中兵民无少长皆死。擒史仁遇，锯杀之。

先是，仁遇求救于河东及沧州，李克用遣其将李嗣昭将三千骑攻邢州以救之。时邢州兵才二百，团练使牛存节守之，嗣昭攻七日不克。全忠遣右长直都将张筠将数千骑助存节守城，筠伏兵于马岭，击嗣昭，败之，嗣昭遁去。

义昌节度使刘守文遣兵万人攻贝州，又攻冀州，拔蓨县[8]，进攻阜城[9]。时镇州大将王钊攻魏州叛将李重霸于宗城。全忠遣归救冀州，沧州兵去。丙午，重霸弃城走，汴将胡规追斩之。

镇南节度使钟传以养子延规为江州刺史。传薨，军中立其子匡时为留后。延规恨不得立，遣使降淮南。

五月，丁巳，朱全忠如洺州，遂巡北边，视戎备，还，入于魏。

丙子，废戎昭军，并均、房隶忠义军。以武定节度使冯行袭为匡国节度使。

唐《耕稼图》

杨渥以升州刺史秦裴为西南行营都招讨使，将兵击钟匡时于江西。

六月，甲申，复以忠义军为山南东道。

朱全忠以长安邻于邠、岐，数有战争，奏徙佑国节度使韩建于淄青，以淄青节度使长社王重师为佑国节度使。

秋，七月，朱全忠克相州[10]。时魏之乱兵散据贝、博、澶、相、卫州[11]，全忠分命诸将攻讨，至是悉平之，引兵南还。

全忠留魏半岁，罗绍威供亿[12]，所杀牛羊豕近七十万，资粮称是，所赂遗又近百万；比去，蓄积为之一空。绍威虽去其逼，而魏兵自是衰弱。绍威悔之，谓人曰："合六州四十三县铁[13]，不能为此错也！"

壬申，全忠至大梁。

秦裴至洪州，军于蓼洲[14]。诸将请阻水立寨，裴不从；钟匡时果遣其将刘楚据之。诸将以咎裴，裴曰："匡时骁将独楚一人耳，若帅众守城，不可猝拔，吾故以要害诱致之耳。"未几，裴破寨，执楚，遂围洪州，饶州刺史唐宝请降。

【注释】

①王府：指淮南军府。杨渥父子皆以王爵镇广陵，故称淮南军府为王府。　②自史宪诚以来皆立于其手：穆宗长庆二年(822)立史宪诚，文宗大和三年(829)立何进滔，懿宗咸通十一年(870)立韩允中，僖宗中和三年(883)立乐彦祯，文德元年(888)立赵文玠，不久又立罗弘信，故称。　③深州：地名。隋文帝开皇十六年(596)置，治所在安平县(今河北安平县)。唐高祖时移治饶阳县(今河北饶阳县)。玄宗先天二年(713)复移治陆泽县(今河北深州市西南)。乐城：县名。应为"乐寿"。隋文帝仁寿元年(601)改广城县置，治今河北献县西南。炀帝大业十三年(617)移治今河北献县。唐因之。　④橐(tuó 佗)：袋子。　⑤襻(pàn 盼)：古指系衣裙的带子。后指纽扣的圈套及器物上用来结系或攀手的带子。　⑥高唐：县名。北魏宣武帝景明三年(502)置，治今山东高唐县。　⑦历亭：县名。隋文帝开皇十六年(596)分武城县置，治今山东武城县东北旧城东。唐武则天万岁登封元年(696)移治今武城县东北旧城。　⑧蓨(tiáo 条)县：县名。西汉时置，治今河北景县南。隋文帝

开皇五年(585)移治今河北景县。唐因之,属冀州。 ⑨阜城:县名。西汉时置,治今河北阜城县东。北齐文宣帝天保七年(556)移治今阜城县。唐因之,属冀州。 ⑩相州:地名。北魏道武帝天兴四年(401)分冀州置,治所在邺县(今河北临漳县西南邺镇)。北周静帝大象二年(580)移治安阳县(今河南安阳市南)。隋移治今安阳市,唐因之。 ⑪卫州:据十二行本、孔本等,"卫州"下有"及魏之诸县"五字。 ⑫供亿:供给。 ⑬六州四十三县:六州指魏、博、相、卫、贝、澶六州,四十三县指六州属下的元城、馆陶、昌乐等四十三县。 ⑭蓼洲:地名。在今江西南昌市东南。

八月,乙酉,李茂贞遣其子侃为质于西川;王建以侃知彭州。

朱全忠以幽、沧相首尾为魏患,欲先取沧州,甲辰,引兵发大梁。

两浙兵围衢州,衢州刺史陈璋告急于淮南,杨渥遣左厢马步都虞候周本将兵迎璋。本至衢州,浙人解围,陈于城下,璋帅众归于本,两浙兵取衢州。吕师造曰:"浙人近我而不动,轻我也,请击之!"本曰:"吾受命迎陈使君,今至矣,何为复战!彼必有以待我也。"遂引兵还。本为之殿,浙人蹑之,本中道设伏,大破之。

九月,辛亥朔,朱全忠自白马渡河。丁卯,至沧州,军于长芦[①];沧人不出。罗绍威馈运,自魏至长芦五百里,不绝于路;又建元帅府舍于魏,所过驿亭供酒馔、幄幕、什器,上下数十万人,无一不备。

秦裴拔洪州,虏钟匡时等五千人以归。杨渥自兼镇南节度使,以裴为洪州制置使。

静难节度使杨崇本以凤翔、保塞、彰义、保义之兵攻夏州[②],匡国节度使刘知俊邀击坊州之兵[③],斩首三千余级,擒坊州刺史刘彦晖。

刘仁恭救沧州,战屡败。乃下令境内:"男子十五以上,七十以下,悉自备兵粮诣行营,军发之后,有一人在闾里,刑无赦!"或谏曰:"今老弱悉行,妇人不能转饷,此令必行,滥刑者众矣。"乃命胜执兵者尽行,文其面曰"定霸都",士人则文其腕或臂曰"一心事主”,于是境内士民,稚孺之外无不文者。得兵十万,军于瓦桥。

时汴军筑垒围沧州,鸟鼠不能通。仁恭畏其强,不敢战。城中食尽,丸土而食,或互相掠啖。朱全忠使人说刘守文曰:“援兵势不相及,何不早降!”守文登城应之曰:“仆于幽州,父子也。梁王方以大义服天下,若子叛父而来,将安用之!”全忠愧其辞直,为之缓攻。

冬,十月,丙戌,王建始立行台于蜀[4],建东向舞蹈,号恸,称:“自大驾东迁,制命不通,请权立行台,用李晟、郑畋故事[5],承制封拜。”仍以榜帖告谕所部藩镇州县。

刘仁恭求救于河东,前后百余辈;李克用恨仁恭返覆,竟未之许,其子存勖谏曰:“今天下之势,归朱温者什七八,虽强大如魏博、镇、定莫不附之。自河以北,能为温患者独我与幽、沧耳,今幽、沧为温所困,我不与之并力拒之,非我之利也。夫为天下者不顾小怨,且彼尝困我而我救其急,以德怀之,乃一举而名实附也。此乃吾复振之时,不可失也。”克用以为然,与将佐谋召幽州兵与攻潞州,曰:“于彼可以解围,于我可以拓境。”乃许仁恭和,召其兵。仁恭遣都指挥使李溥将兵三万诣晋阳,克用遣其将周德威、李嗣昭将兵与之共攻潞州。

夏州告急于朱全忠;戊戌,全忠遣刘知俊及其将康怀英救之。杨崇本将六镇之兵五万,军于美原[6]。知俊等击之,崇本大败,归于邠州。

武贞节度使雷彦威屡寇荆南[7],留后贺瓌闭城自守;朱全忠以为怯,以颍州防御使高季昌代之,又遣驾前指挥使倪可福将兵五千戍荆南以备吴、蜀。朗兵引去。

十一月,刘知俊、康怀贞乘胜攻鄜、延等五州,下之;加知俊同平章事,以怀贞为保义节度使。西军自是不振。

湖州刺史高彦卒,子澧代之。

十二月,乙酉,钱镠表荐行军司马王景仁;诏以景仁领宁国节度使。

朱全忠分步骑数万,遣行军司马李周彝将之,自河阳救潞州。

闰月,乙丑,废镇国军兴德府复为华州,隶匡国节度,割金、商州隶佑国军。

初，昭宗凶讣至潞州，昭义节度使丁会帅将士缟素流涕久之。及李嗣昭攻潞州，会举军降于河东。李克用以嗣昭为昭义留后。会见克用，泣曰："会非力不能守也。梁王陵虐唐室，会虽受其举拔之恩，诚不忍其所为，故来归命耳。"克用厚待之，位于诸将之上。

己巳，朱全忠命诸军治攻具，将攻沧州。壬申，闻潞州不守；甲戌，引兵还。

先是，调河南北刍粮，水陆输军前，诸营山积，全忠将还，悉命焚之，烟炎数里，在舟中者凿而沉之。刘守文使遗全忠书曰："王以百姓之故，赦仆之罪，解围而去，王之惠也。城中数万口，不食数月矣，与其焚之为烟，沉之为泥，愿乞其余以救之。"全忠为之留数囷以遗之，沧人赖以济。

河东兵进攻泽州，不克而退。

吉州刺史彭玕遣使请降于湖南。玕本赤石洞蛮酋，钟传用为吉州刺史。

【注释】

①长芦：县名。北周静帝大象二年(580)置，治今河北沧州市西。唐玄宗开元十六年(728)移治今沧州市。 ②保义：应为"保大"。保义军领邢、洺、磁，在山东；保大军领鄜、坊，与凤翔、保塞、彰义相邻。夏州：地名。北魏孝文帝太和十一年(487)升统万镇置，治所在岩绿县(今陕西靖边县东北白城子)。 ③坊州：地名。唐高祖武德二年(619)置，治所在中部县(今陕西黄陵县西南故邑。)。 ④行台：东汉以后，中央政务由三公改归台阁，习惯上遂以中央政府为"台"。东晋以后，中央官称台官，因此，在大行政区代表中央的机构即称行台。多由军事关系临时设置。 ⑤李晟、郑畋故事：指沿用李晟、郑畋时的成例。李晟，唐德亲时名将。泾原兵变，朱泚在长安称帝，他回师讨伐，击败朱泚，收复京城。后任凤翔、陇右节度使，册拜太尉、中书令。李晟讨朱泚时，曾自作主张任命赵光铣、唐良臣、张彧三将分别为洋、利，剑三州刺史。郑畋，唐末大臣。黄巢起义军占领长安，时任凤翔节度使。僖宗南逃，他奉命留守关中，抗御黄巢，败黄巢部将尚让。后任京西诸道行营都统，传檄诸镇，合

力围攻长安。 ⑥美原:县名。唐高宗咸亨二年(671)置,治今陕西富平县东北美原镇。 ⑦雷彦威:据十二行本、孔本等,应为“雷彦恭”。雷彦恭,雷彦威弟,结忠义节度使赵匡凝逐彦威,据江陵。后为匡凝弟匡明所击,还走朗州。

资治通鉴卷第二百六十六

后梁纪一　起强圉单阏，尽著雍执徐七月，凡一年有奇。

太祖神武元圣孝皇帝上

开平元年　春，正月，辛巳，梁王休兵于贝州。

淮南节度使兼侍中、东面诸道行营都统弘农郡王杨渥既得江西，骄侈益甚，谓节度判官周隐曰："君卖人国家，何面复相见！"遂杀之。由是将佐皆不自安。

黑云都指挥使吕师周与副指挥使綦章将兵屯上高[①]，师周与湖南战，屡有功，渥忌之。师周惧，谋于綦章曰："马公宽厚，吾欲逃死焉，可乎？"章曰："兹事君自图之，吾舌可断，不敢泄！"师周遂奔湖南，章纵其孥使逸去[②]。师周，扬州人也。

渥居丧，昼夜酣饮作乐，然十围之烛以击球，一烛费钱数万。或单骑出游，从者奔走道路，不知所之。左、右牙指挥使张颢、徐温泣谏，渥怒曰："汝谓我不才，何不杀我自为之！"二人惧。渥选壮士，号"东院马军"，广署亲信为将吏；所署者恃势骄横，陵蔑勋旧。颢、温潜谋作乱。渥父行密之世，有亲军数千营于牙城之内，渥迁出于外，以其地为射场，颢、温由是无所惮。

渥之镇宣州也，命指挥使朱思勍、范思从、陈璠将亲兵三千；及嗣位，召归广陵。颢、温使三将从秦裴击江西，因戍洪州，诬以谋叛，命别将陈祐往诛之。祐间道兼行，六日至洪州，微服怀短兵径入秦裴帐中，裴大惊，祐告之故，乃召思勍等饮酒，祐数思勍等罪，执而斩之。渥闻三将死，益忌颢、温，欲诛之。丙戌，渥晨视事，颢、温帅牙兵二百，露刃直入庭中，渥曰："尔果欲杀我邪?"对曰："非敢然也，欲诛王左右乱政者耳!"因数渥所亲信十余人之罪，曳下，以铁棁击杀之，谓之"兵谏"。诸将不与之同者，颢、温稍以法诛之，于是军政悉归二人，渥不能制。

初，梁王以河北诸镇皆服，唯幽、沧未下，故大举伐之，欲以坚诸镇之心。既而潞州内叛，王烧营而还，威望大沮。恐中外因此离心，欲速受禅以镇之。丁亥，王入馆于魏，有疾，卧府中，魏博节度使罗绍威恐王袭之，入见王曰："今四方称兵为王患者，皆以翼戴唐室为名，王不如早灭唐以绝人望。"王虽不许而心德之，乃亟归。壬寅，至大梁。

甲辰，唐昭宣帝遣御史大夫薛贻矩至大梁劳王，贻矩请以臣礼见，王揖之升阶，贻矩曰："殿下功德在人，三灵改卜，皇帝方行舜、禹之事，臣安敢违!"乃北面拜舞于庭。王侧身避之。贻矩还，言于帝曰："元帅有受禅之意矣!"帝乃下诏，以二月禅位于梁。又遣宰相以书谕王;王辞。

河东兵犹屯长子，欲窥泽州。王命保平节度使康怀贞悉发京兆、同华之兵屯晋州以备之。

二月，唐大臣共奏请昭宣帝逊位。壬子，诏宰相帅百官诣元帅府劝进;王遣使却之。于是朝臣、藩镇乃至湖南、岭南上笺劝进者相继。

三月，癸未，王以亳州刺史李思安为北路行军都统，将兵击幽州。

庚寅，唐昭宣帝诏薛贻矩再诣大梁谕禅位之意，又诏礼部尚书苏循赍百官笺诣大梁。

镇海、镇东节度使吴王钱镠遣其子传璙、传瓘讨卢佶于温州。

【注释】

①上高:地名。即上高镇，唐僖宗中和时置，属洪州高安县，即今江西上高县。以地形高上，故曰上高。　②孥(nú 奴):妻和儿女的统称。

甲辰，唐昭宣帝降御札禅位于梁。以摄中书令张文蔚为册礼使[1]，礼部尚书苏循副之；摄侍中杨涉为押传国宝使[2]，翰林学士张策副之；御史大夫薛贻矩为押金宝使[3]，尚书左丞赵光逢副之；帅百官备法驾诣大梁[4]。

杨涉子直史馆凝式言于涉曰："大人为唐宰相，而国家至此，不可谓之无过。况手持天子玺绶与人，虽保富贵，奈千载何！盍辞之！"涉大骇曰："汝灭吾族！"神色为之不宁者数日。

策，敦煌人。光逢，隐之子也。

卢龙节度使刘仁恭，骄侈贪暴，常虑幽州城不固，筑馆于大安山[5]，曰："此山四面悬绝，可以少制众。"其栋宇壮丽，拟于帝者。选美女实其中。与方士炼丹药，求不死。悉敛境内钱，瘗于山颠；令民间用堇泥为钱。又禁江南茶商无得入境，自采山中草木为茶，鬻之。

仁恭有爱妾罗氏，其子守光通焉。仁恭杖守光而斥之，不以为子数。李思安引兵入其境，所过焚荡无余。夏，四月，己酉，直抵幽州城下。仁恭犹在大安山，城中无备，几至不守。守光自外引兵入，登城拒守；又出兵与思安战，思安败退。守光遂自称节度使，命部将李小喜、元行钦将兵攻大安山。仁恭遣兵拒战，为小喜所败。虏仁恭以归，囚于别室。仁恭将佐及左右，凡守光素所恶者皆杀之。

银胡騄都指挥使王思同帅部兵三千，山后八军巡检使李承约帅部兵二千奔河东。守光弟守奇奔契丹，未几，亦奔河东。河东节度使晋王克用以承约为匡霸指挥使，思同为飞腾指挥使。思同母，仁恭之女也。

梁王始御金祥殿[6]，受百官称臣，下书称教令，自称曰寡人。辛亥，令诸笺、表、簿、籍皆去唐年号，但称月、日。丙辰，张文蔚等至大梁。

卢佶闻钱传璙等将至，将水军拒之于青澳[7]。钱传瓘曰："佶之精兵尽在于此，不可与战。"乃自安固舍舟[8]，间道袭温州。戊午，温州溃，擒佶斩之。吴王镠以都监使吴璋为温州制置使，命传璙等移兵讨卢约于处州。

壬戌，梁王更名晃。王兄全昱闻王将即帝位，谓王曰："朱三，尔可作天子乎！”

甲子，张文蔚、杨涉乘辂自上源驿从册宝，诸司各备仪卫卤簿前导，百官从其后，至金祥殿前陈之。王被衮冕，即皇帝位。张文蔚、苏循奉册升殿进读，杨涉、张策、薛贻矩、赵光逢以次奉宝升殿，读已，降，帅百官舞蹈称贺。帝遂与文蔚等宴于玄德殿。帝举酒曰："朕辅政未久，此皆诸公推戴之力。"文蔚等惭惧，俯伏不能对，独苏循、薛贻矩及刑部尚书张祎盛称帝功德宜应天顺人。

帝复与宗戚饮博于宫中，酒酣，朱全昱忽以投琼击盆中迸散[9]，睨帝曰："朱三，汝本砀山一民也，从黄巢为盗，天子用汝为四镇节度使，富贵极矣，奈何一旦灭唐家三百年社稷，自称帝王！行当族灭，奚以博为！"帝不怿而罢。

乙丑，命有司告天地、宗庙、社稷。丁卯，遣使宣谕州、镇。戊辰，大赦，改元，国号大梁。奉唐昭宣帝为济阴王，皆如前代故事；唐中外旧臣官爵并如故。以汴州为开封府，命曰东都；以故东都为西都；废故西京，以京兆府为大安府，置佑国军于大安府，更名魏博曰天雄军。迁济阴王于曹州，栫之以棘[10]，使甲士守之。

辛未，以武安节度使马殷为楚王。

以宣武掌书记、太府卿敬翔知崇政院事[11]，以备顾问，参谋议，于禁中承上旨，宣于宰相而行之。宰相非进对时有所奏请及已受旨应复请者，皆具记事因崇政院以闻，得旨则复宣于宰相。翔为人沉深，有智略，在幕府三十余年[12]，军谋、民政，帝一以委之。翔尽心勤劳，昼夜不寐，自言惟马上乃得休息，帝性暴戾难近，人莫能测，惟翔能识其意趣。或有所不可，翔未尝显言，但微示持疑；帝意已悟，多为之改易。禅代之际，翔谋居多。

追尊皇高祖考、妣以来皆为帝、后；皇考诚为烈祖文穆皇帝，妣王氏为文惠皇后。

初，帝为四镇节度使，凡仓库之籍，置建昌院以领之；至是，以养子宣武节度副使友文为开封尹、判院事，掌凡国之金谷。友文本康氏子也。

【注释】

①册礼使：官名。奉传禅册宝，押金吾仗卫、太常卤簿等。　②押传

国宝使：官名。传国宝即传国玉玺，皇帝的印，玉制。武则天恶玺字，改为宝，唐有传国八宝。 ③押金宝使：官名。皇后及太子的印，金制，故称金宝。 ④法驾：皇帝的车驾。皇帝有大驾、小驾、法驾。法驾上所乘，曰金根车，驾六马，有五时副车，皆驾四马，侍中参乘，属车三十六乘。 ⑤大安山：山名。即今北京房山区西北百花山。 ⑥梁王始御金祥殿：据十二行本、乙十一行本等，此句上有“庚戌”二字。金祥殿，梁殿名。朱全忠受禅都大梁，改正衙殿为崇元殿，东殿为玄德殿，内殿为金祥殿，万岁堂为万岁殿。 ⑦青澳：地名。在今浙江温州市东北海中。两山对峙如门，俗又称青澳门。 ⑧安固：县名。西晋武帝太康元年(280)以安阳县改名，治今浙江瑞安市。 ⑨投琼：掷骰子。 ⑩栫(jiàn 荐)：以柴木壅塞。 ⑪崇政院：官署名。五代后梁时为崇政院，后唐改称枢密院。是最高国务机关之一，以备顾问，参谋议。 ⑫三十余年：敬翔自僖宗光启年间，入朱全忠幕府，至此时二十余年，这里云“三十余年”，似有误。

乙亥，下制削夺李克用官爵。是时，惟河东、凤翔、淮南称“天祐”，西川称“天复”年号；余皆禀梁正朔，称臣奉贡。

蜀王与弘农王移檄诸道，云欲与岐王、晋王会兵兴复唐室，卒无应者。蜀王乃谋称帝，下教谕统内吏民；又遗晋王书云：“请各帝一方，俟朱温既平，乃访唐宗室立之，退归藩服。”晋王复书不许，曰：“誓于此生靡敢失节。”

唐末之诛宦官也，诏书至河东，晋王匿监军张承业于斛律寺，斩罪人以应诏。至是，复以为监军，待之加厚，承业亦为之竭力。

岐王治军甚宽，待士卒简易。有告部将符昭反者，岐王直诣其家，悉去左右，熟寝经宿而还；由是众心悦服；然御军无纪律。及闻唐亡，以兵羸地蹙，不敢称帝，但开岐王府，置百官，名其所居为宫殿，妻称皇后，将吏上书称笺表，鞭、扇、号令多拟帝者[①]。

镇海节度判官罗隐说吴王镠举兵讨梁，曰：“纵无成功，犹可退保杭、越，自为东帝；奈何交臂事贼，为终古之羞乎！”镠始以隐为不遇于唐，必有怨心，及闻其言，虽不能用，心甚义之。

五月，丁丑朔，以御史大夫薛贻矩为中书侍郎、同平章事。

加武顺军节度使赵王王镕守太师，天雄节度使邺王罗绍威守太傅，义武节度使王处直兼侍中。

契丹遣其臣袍笏梅老来通好，帝遣太府少卿高颀报之。

初，契丹有八部[②]，部各有大人，相与约，推一人为王，建旗鼓以号令诸部，每三年则以次相代。咸通末[③]，有习尔者为王，土宇始大。其后钦德为王，乘中原多故，时入盗边。及阿保机为王，尤雄勇，五姓奚及七姓室韦、达靼咸役属之[④]。阿保机姓邪律氏，恃其强，不肯受代。久之，阿保机击黄头室韦还，七部劫之于境上，求如约。阿保机不得已，传旗鼓，且曰："我为王九年，得汉人多，请帅种落居古汉城，与汉人守之，别自为一部。"七部许之。汉城，故后魏滑盐县也[⑤]。地宜五谷，有盐池之利。其后阿保机稍以兵击灭七部，复并为一国。又北侵室韦、女真[⑥]，西取突厥故地，击奚，灭之，复立奚王而使契丹监其兵，东北诸夷皆畏服之。

是岁，阿保机帅众三十万寇云州，晋王与之连和，面会东城，约为兄弟，延之帐中，纵酒，握手尽欢，约以今冬共击梁。或劝晋王："因其来，可擒也。"王曰："仇敌未灭而失信夷狄，自亡之道也。"阿保机留旬日乃去，晋王赠以金缯数万。阿保机留马三千匹，杂畜万计以酬之。阿保机归而背盟，更附于梁，晋王由是恨之。

己卯，以河南尹兼河阳节度使张全义为魏王；镇海、镇东节度使吴王钱镠为吴越王；加清海节度使刘隐、威武节度使王审知兼侍中，仍以隐为大彭王。

癸未，以权知荆南留后高季昌为节度使。荆南旧统八州[⑦]，乾符以来[⑧]，寇乱相继，诸州皆为邻道所据，独余江陵。季昌到官，城邑残毁，户口雕耗。季昌安集流散，民皆复业。

乙酉，立兄全昱为广王，子友文为博王，友珪为郢王，友璋为福王，友贞为均王，友雍为贺王，友徽为建王。

辛卯，以东都旧第为建昌宫，改判建昌院事为建昌宫使。

壬辰，命保平节度使康怀贞将兵八万会魏博兵攻潞州。

甲午，诏废枢密院，其职事皆入于崇政院，以知院事敬翔为院使。

【注释】

①"鞭、扇、号令多拟帝者"句:鞭,鸣鞭;扇,雉尾扇。唐制天子视朝,从禁中出则鸣鞭传警;既出西序门索扇,扇合,天子升御座;扇开,百官毕朝。这里指李茂贞鸣鞭、持扇、号令等多数按照皇帝的规格。②八部:契丹君长曰大贺氏,后分为八部:一曰但利皆部,二曰乙室活部,三曰实活部,四曰纳尾部,五曰频没部,六曰内会鸡部,七曰集解部,八曰奚嗢部(又一说八部为利皆邸、乙失活邸、实活邸、纳尾邸、频没邸、内会鸡邸、集解邸、奚嗢邸)。管县四十一,县有令。八部之长,皆号大人,称刺史。 ③咸通:唐懿宗李漼年号。起自 860 年,止于 873 年,共十四年。 ④五姓奚:奚有五姓,一曰阿会部,二曰处和部,三曰奥失部,四曰度稽部,五曰元俟折部,各有辱纥主为之酋领(又一说五姓为阿荟部、叕米部、粤质部、怒皆部、黑讫支部)。七姓室韦:室韦本有二十余部,其近契丹者七姓。 ⑤滑盐:县名。西汉置,治今河北滦平县南。 ⑥女真:古族名。来源于唐代黑水靺鞨。五代时分布于松花江、黑龙江下游,东至海。从事渔猎,并养猪,农产品有粟、麦等。 ⑦八州:指荆、归、硖、夔、忠、万、澧、朗八州。 ⑧乾符:唐僖宗李儇年号。起自 874 年,止于 879 年,共六年。

礼部尚书苏循及其子起居郎楷自谓有功于梁,当不次擢用;循朝夕望为相。帝薄其为人,敬翔及殿中监李振亦鄙之。翔言于帝曰:"苏循,唐之鸱枭,卖国求利,不可以立于惟新之朝。"戊戌,诏循及刑部尚书张祎等十五人并勒致仕,楷斥归田里。循父子乃之河中依朱友谦。

卢约以处州降吴越。

弘农王以鄂岳观察使刘存为西南面都招讨使,岳州刺史陈知新为岳州团练使,庐州观察使刘威为应援使,别将许玄应为监军,将水军三万以击楚。楚王马殷甚惧,静江军使杨定真贺曰:"我军胜矣!"殷问其故,定真曰:"夫战惧则胜,骄则败。今淮南兵直趋吾城,是骄而轻敌也;而王有惧色,吾是以知其必胜也。"

殷命在城都指挥使秦彦晖将水军三万浮江而下,水军副指挥使黄璠帅战舰三百屯浏阳口[1]。六月,存等遇大雨,引兵还至越堤北,彦晖追之。存数战不利,乃遗殷书诈降。彦晖使谓殷曰:"此必诈也,勿受!”存与彦晖夹水而阵,存遥呼曰:“杀降不祥,公独不为子孙计耶!”彦晖曰:“贼入吾境而不击,奚顾子孙!”鼓噪而进。存等走,黄璠自浏阳引兵绝江,与彦晖合击,大破之,执存及知新,裨将死者百余人,士卒死者以万数,获战舰八百艘。威以余众遁归,彦晖遂拔岳州。殷释存、知新之缚,慰谕之。二人皆骂曰:“丈夫以死报主,肯事贼乎!”遂斩之。许玄应,弘农王之腹心也,常预政事,张颢、徐温因其败,收斩之。

楚王殷遣兵会吉州刺史彭玕攻洪州,不克。

康怀贞至潞州,晋昭义节度使李嗣昭、副使李嗣弼闭城拒守。怀贞昼夜攻之,半月不克,乃筑垒穿蚰蜒堑而守之,内外断绝。晋王以蕃、汉都指挥使周德威为行营都指挥使,帅马军都指挥使李嗣本、马步都虞候李存璋、先锋指挥使史建瑭、铁林都指挥使安元信、横冲指挥使李嗣源、骑将安金全救潞州。嗣弼,克修之子;嗣本,本姓张;建瑭,敬思之子;金全,代北人也。

晋兵攻泽州,帝遣左神勇军使范居实将兵救之。

甲寅,以平卢节度使韩建守司徒、同平章事。

武贞节度使雷彦恭会楚兵攻江陵,荆南节度使高季昌引兵屯公安[②],绝其粮道;彦恭败,楚兵亦走。

刘守光既囚其父,自称卢龙留后,遣使请命。秋,七月,甲午,以守光为卢龙节度使、同平章事。

静海节度使曲裕卒,丙申,以其子权知留后颢为节度使。

雷彦恭攻岳州,不克。

丙午[③],赐河南尹张全义名宗奭。

辛亥,以吴越王镠兼淮南节度使,楚王殷兼武昌节度使,各充本道招讨制置使。

晋周德威壁于高河[④],康怀贞遣亲骑都头秦武将兵击之,武败。

丁巳,帝以亳州刺史李思安代怀贞为潞州行营都统,黜怀贞为行营都虞候。思安将河北兵西上,至潞州城下,更筑重城,内以防奔突,外以拒援兵,谓之夹寨。调山东民馈军粮,德威日以轻骑抄之,思安乃自东南山口筑甬道,属于夹寨。德威与诸将互往攻之，排墙填堑，一昼夜间数十发，梁兵疲于奔命。夹寨中出刍牧者，德威辄抄之，于是梁兵闭壁不出。

【注释】

①浏阳口：地名。在今湖南长沙市北，为浏阳河入湘江之口。②公安：县名。西汉为孱陵县。东汉末，刘备屯此，改名公安。唐属江陵府。 ③丙午：据十二行本、孔本等，"丙午"上有"八月"二字。 ④高河：地名。在今山西屯留县东南。

九月，雷彦恭攻涔阳、公安[1]，高季昌击败之。彦恭贪残类其父，专以焚掠为事，荆、湖间常被其患；又附于淮南。丙申，诏削彦恭官爵，命季昌与楚王殷讨之。

后梁贴金彩绘浮雕武士像

蜀王会将佐议称帝，皆曰："大王虽忠于唐，唐已亡矣，此所谓'天与不取'者也！"冯涓独献议请以蜀王称制，曰："朝兴则未爽称臣，贼在则不同为恶。"王不从，涓杜门不出。王用安抚副使、掌书记韦庄之谋，帅吏民哭三日；己亥，即皇帝位，国号大蜀。辛丑，以前东川节度使兼侍中王宗佶为中书令，韦庄为左散骑常侍、判中书门下事，阆州防御使唐道袭为内枢密使。庄，见素之孙也。

蜀主虽目不知书，好与书生谈论，粗晓其理。是时唐衣冠之族多避乱在蜀[2]，蜀主礼而用之，使修举故事，故其典章文物有唐之遗风。

蜀主长子校书郎宗仁幼以疾废，立其次子秘书少监宗懿为遂王。

冬，十月，高季昌遣其将倪可福会楚将秦彦晖攻朗州，雷彦恭遣使乞降于淮南，且告急。弘农王遣将泠业将水军屯平江[③]，李饶将步骑屯浏阳以救之，楚王殷遣岳州刺史许德勋将兵拒之。泠业进屯朗口，德勋使善游者五十人，以木枝叶覆其首，持长刀浮江而下，夜犯其营，且举火，业军中惊扰。德勋以大军进击，大破之，追至鹿角镇[④]，擒业；又破浏阳寨，擒李饶；掠上高、唐年而归[⑤]。斩业、饶于长沙市。

十一月，甲申，夹马指挥使尹皓攻晋江猪岭寨[⑥]，拔之。

义昌节度使刘守文闻其弟守光幽其父，集将吏大哭曰："不意吾家生此枭獍[⑦]！吾生不如死，誓与诸君讨之！"乃发兵击守光，互有胜负。

天雄节度使邺王绍威谓其下曰："守光以窘急归国，守文孤立无援，沧州可不战服也。"乃遗守文书，谕以祸福。守文亦恐梁乘虚袭其后，戊子，遣使请降，以子延祐为质。帝拊手曰："绍威折简，胜十万兵！"加守文中书令，抚纳之。

初，帝在藩镇，用法严，将校有战没者，所部兵悉斩之，谓之跋队斩，士卒失主将者，多亡逸不敢归。帝乃命凡军士皆文其面以记军号。军士或思乡里逃去，关津辄执之送所属，无不死者，其乡里亦不敢容。由是亡者皆聚山泽为盗，大为州县之患。壬寅，诏赦其罪，自今虽文面亦听还乡里。盗减什七八。

淮南右都押牙米志诚等将兵渡淮袭颍州，克其外郭。刺史张实据子城拒守。

晋王命李存璋攻晋州，以分上党兵势。十二月，壬戌，诏河中、陕州发兵救之。

甲子，诏发步骑五千救颍州，米志诚等引去。

丁卯，晋兵寇洺州。

淮南兵攻信州[⑧]，刺史危仔倡求救于吴越。

【注释】

①涔阳：地名。在今湖北公安县南。 ②衣冠之族：指世族、士绅。古代士以上戴冠。衣冠连称，是古代士以上的服装。故衣冠之族指官宦世族。 ③平江：县名。西汉时为罗县，五代楚改名平江，治今湖南平江县。 ④鹿角镇：地名。在今湖南岳阳市南湘江东岸。 ⑤唐年：地名。唐玄宗天宝二年(743)置，治今湖北崇阳县西南。 ⑥江猪岭寨：地名。在今山西长子县西。 ⑦枭獍(jìng 镜)：亦作"枭镜"。相传枭是食母的恶鸟，獍是食父的恶兽，比喻忘恩负义、忤逆父母的恶人。 ⑧信州：地名。唐肃宗乾元元年(758)置，治所在上饶县(今江西上饶市西北)。

二年 春，正月，癸酉朔，蜀主登兴义楼。有僧抉一目以献，蜀主命饭僧万人以报之。翰林学士张格曰："小人无故自残，赦其罪已幸矣，不宜复崇奖以败风俗。"蜀主乃止。

丁丑，蜀以韦庄为门下侍郎、同平章事。

辛巳，蜀主祀南郊；壬午，大赦，改元武成。

晋王疽发于首，病笃。周德威等退屯乱柳[①]。晋王命其弟内外蕃汉都知兵马使、振武节度使克宁，监军张承业、大将李存璋、吴珙、掌书记卢质立其子晋州刺史存勖为嗣，曰："此子志气远大，必能成吾事，尔曹善教导之！"辛卯，晋王谓存勖曰："嗣昭厄于重围，吾不及见矣。俟葬毕，汝与德威辈速竭力救之！"又谓克宁等曰："以亚子累汝！"亚子，存勖小名也。言终而卒。克宁纲纪军府，中外无敢喧哗。

克宁久总兵柄，有次立之势，时上党围未解，军中以存勖年少，多窃议者，人情忷忷。存勖惧，以位让克宁。克宁曰："汝冢嗣也[②]，且有先王之命，谁敢违之！"将吏欲谒见存勖，存勖方哀哭未出。张承业入谓存勖曰："大孝在不坠基业，多哭何为！"因扶存勖出，袭位为河东节度使、晋王。李克宁首帅诸将拜贺，王悉以军府事委之。

以李存璋为河东军城使、马步都虞候。先王之时，多宠借胡人及军士，侵扰市肆，存璋既领职，执其尤暴横者戮之，旬月间城中肃然。

吴越王镠遣兵攻淮南甘露镇，以救信州。

蜀中书令王宗佶，于诸假子为最长，且恃其功，专权骄恣。唐道袭已为枢密使，宗佶犹以名呼之；道袭心衔之而事之逾谨。宗佶多树党友，蜀主亦恶之。二月，甲辰，以宗佶为太师，罢政事。

蜀以户部侍郎张格为中书侍郎、同平章事。格为相，多迎合主意；有胜己者，必以计排去之。

初，晋王克用多养军中壮士为子，宠遇如真子。及晋王存勖立，诸假子皆年长握兵，心怏怏不伏，或托疾不出，或见新王不拜。李克宁权位既重，人情多向之。假子李存颢阴说克宁曰："兄终弟及，自古有之。以叔拜侄，于理安乎！天与不取，后悔无及！"克宁曰："吾家世以慈孝闻天下，先王之业苟有所归，吾复何求！汝勿妄言，我且斩汝！"克宁妻孟氏，素刚悍，诸假子各遣其妻入说孟氏，孟氏以为然，且虑语泄及祸，数以迫克宁。克宁性怯，朝夕惑于众言，心不能无动；又与张承业、李存璋相失，数诮让之；又因事擅杀都虞候李存质；又求领大同节度使，以蔚、朔、应州为巡属。晋王皆听之。

李存颢等为克宁谋，因晋王过其第，杀承业、存璋，奉克宁为节度使，举河东九州附于梁[③]，执晋王及太夫人曹氏送大梁。太原人史敬镕，少事晋王克用，居帐下，见亲信，克宁欲知府中阴事，召敬镕，密以谋告之。敬镕阳许之，入告太夫人，太夫人大骇，召张承业，指晋王谓之曰："先王把此儿臂授公等，如闻外间谋欲负之，但置吾母子有地，勿送大梁，自他不以累公。"承业惶恐曰："老奴以死奉先王之命，此何言也！"晋王以克宁之谋告，且曰："至亲不可自相鱼肉，吾苟避位，则乱不作矣。"承业曰："克宁欲投大王母子于虎口，不除之岂有全理！"乃召李存璋、吴珙及假子李存敬、长直军使朱守殷，使阴为之备。壬戌，置酒会诸将于府舍，伏甲执克宁、存颢于座。晋王流涕数之曰："儿向以军府让叔父，叔父不取。今事已定，奈何复为此谋，忍以吾母子遗仇雠乎！"克宁曰："此皆谗人交构，夫复何言！"是日，杀克宁及存颢。

癸亥，鸩杀济阴王于曹州[④]，追谥曰唐哀皇帝。

甲子，蜀兵入归州，执刺史张瑭。

辛未，以韩建为侍中，兼建昌宫使。

【注释】

①乱柳：地名。在潞州屯留县界，今山西屯留县境内。 ②冢嗣：嫡长子。 ③河东九州：指河东所属的并、辽、沁、汾、石、忻、代、岚、宪九个州。 ④鸩杀：用毒酒杀人。鸩，毒酒。

李思安等攻潞州，久不下，士卒疲弊，多逃亡。晋兵犹屯余吾寨[1]，帝疑晋王克用诈死，欲召兵还，恐晋人蹑之，乃议自至泽州应接归师，且召匡国节度使刘知俊将兵趣泽州。三月，壬申朔，帝发大梁；丁丑，次泽州。辛巳，刘知俊至。壬午，以知俊为潞州行营招讨使。

癸巳，门下侍郎、同平章事张文蔚卒。

帝以李思安久无功，亡将校四十余人，士卒以万计，更闭壁自守，遣使召诣行在。甲午，削思安官爵，勒归本贯充役；斩监押杨敏贞。

晋李嗣昭固守逾年，城中资用将竭，嗣昭登城宴诸将作乐。流矢中嗣昭足，嗣昭密拔之，座中皆不觉。帝数遣使赐嗣昭诏，谕降之；嗣昭焚诏书，斩使者。

帝留泽州旬余，欲召上党兵还，遣使就与诸将议之。诸将以为李克用死，余吾兵且退，上党孤城无援，请更留旬月以俟之。帝从之，命增运刍粮以馈其军。刘知俊将精兵万余人击晋军，斩获甚众，表请自留攻上党，车驾宜还京师。帝以关中空虚，虑岐人侵同华，命知俊休兵长子旬日，退屯晋州，俟五月归镇。

蜀太师王宗佶既罢相，怨望，阴蓄养死士，谋作乱。上表以为："臣官预大臣，亲则长子，国家之事，休戚是同。今储贰未定[2]，必生厉阶。陛下若以宗懿才堪继承，宜早行册礼，以臣为元帅，兼总六军；倘以时方艰难，宗懿冲幼，臣安敢持谦不当重事！陛下既正位南面，军旅之事宜委之臣下。臣请开元帅府，铸六军印，征戍征发，臣悉专行。太子视膳于晨昏，微臣握兵于环卫，万世基业，惟陛下裁之。"蜀主怒，隐忍未发，以问唐道袭，对曰："宗佶威望，内外慑服，足以统御诸将。"蜀主益疑之。己亥，宗佶入见，辞色悖慢；蜀主谕之，宗佶不退，蜀主不堪其忿，命卫士扑杀之。贬其党御史中丞郑骞为维州司户，卫尉少卿李钢为汶川尉，皆赐死于路。

初，晋王克用卒，周德威握重兵在外，国人皆疑之。晋王存勖召德威使引兵还。夏，四月，辛丑朔，德威至晋阳，留兵城外，独徒步而入，伏先王柩，哭极哀；退，谒嗣王，礼甚恭。众心由是释然。

癸卯，门下侍郎、同平章事杨涉罢为右仆射；以吏部侍郎于兢为中书侍郎，翰林学士承旨张策为刑部侍郎，并同平章事。兢，琮之兄子也。

夹寨奏余吾晋兵已引去，帝以为援兵不能复来，潞州必可取，丙午，自泽州南还；壬子，至大梁。梁兵在夹寨者亦不复设备。晋王与诸将谋曰："上党，河东之藩蔽，无上党，是无河东也。且朱温所惮者独先王耳，闻吾新立，以为童子未闲军旅，必有骄怠之心。若简精兵倍道趣之，出其不意，破之必矣。取威定霸，在此一举，不可失也！"张承业亦劝之行。乃遣承业及判官王缄乞师于凤翔，又遣使赂契丹王阿保机求骑兵。岐王衰老，兵弱财竭，竟不能应。晋王大阅士卒，以前昭义节度使丁会为都招讨使。甲子，帅周德威等发晋阳。

淮南遣兵寇石首[③]，襄州兵败之于滠港。又遣其将李厚将水军万五千趣荆南，高季昌逆战，败之于马头[④]。

【注释】

①余吾寨：地名。在余吾故城境内。余吾县西汉置，东汉末废，治今山西屯留县西北余吾。　②储贰：亦称"储副"，指太子。　③石首：县名。唐高祖武德四年（621）分华容县置，因县北有石首山而名，属江陵府，治今湖北石首市。　④马头：地名。在今湖北公安县西北，北与江陵隔长江相望。

己巳，晋王军于黄碾[①]，距上党四十五里。五月，辛未朔，晋王伏兵三垂冈下[②]，诘旦大雾，进兵直抵夹寨。梁军无斥候[③]，不意晋兵之至，将士尚未起，军中惊扰。晋王命周德威、李嗣源分兵为二道,德威攻西北隅,嗣源攻东北隅,填堑烧寨,鼓噪而入。梁兵大溃,南走,招讨使符道昭马倒,为晋人所杀;失亡将校士卒以万计,委弃资粮、器械山积。

周德威等至城下,呼李嗣昭曰:"先王已薨,今王自来,破贼夹寨。贼已去矣,可开门!"嗣昭不信,曰:"此必为贼所得,使来诳我耳。"欲射之。左右止之,嗣昭曰:"王果来,可见乎?"王自往呼之。嗣昭见王白服,大恸几绝,城中皆哭,遂开门。初,德威与嗣昭有隙,晋王克用临终谓晋王存勖曰:"进通忠孝,吾爱之深。今不出重围,岂德威不忘旧怨邪! 汝为吾以此意谕之。若潞围不解,吾死不瞑目。"进通,嗣昭小名也。晋王存勖以告德威,德威感泣,由是战夹寨甚力;既与嗣昭相见,遂欢好如初。

康怀贞以百余骑自天井关遁归。帝闻夹寨不守,大惊,既而叹曰:"生子当如李亚子,克用为不亡矣! 至如吾儿,豚犬耳!"诏所在安集散兵。

周德威、李存璋乘胜进趣泽州,刺史王班素失人心,众不为用。龙虎统军牛存节自西都将兵应接夹寨溃兵,至天井关,谓其众曰:"泽州要害地,不可失也;虽无诏旨,当救之。"众皆不欲,曰:"晋人胜气方锐,且众寡不敌。"存节曰:"见危不救,非义也;畏敌强而避之,非勇也。"遂举策引众而前。至泽州,城中人已纵火喧噪,欲应晋王,班闭牙城自守,存节至,乃定。晋兵寻至,缘城穿地道攻之,存节昼夜拒战,凡旬有三日;刘知俊自晋州引兵救之,德威焚攻具,退保高平[④]。

晋王归晋阳,休兵行赏,以周德威为振武节度使、同平章事。命州县举贤才,黜贪残,宽租赋,抚孤穷,伸冤滥,禁奸盗,境内大治。以河东地狭兵少,乃训练士卒,令骑兵不见敌无得乘马;部分已定,无得相逾越,及留绝以避险;分道并进,期会无得差晷刻[⑤]。犯者必斩。故能兼山东,取河南,由士卒精整故也。

初,晋王克用平王行瑜,唐昭宗许其承制封拜。时方镇多行墨制,王耻与之同,每除吏必表闻。至是,晋王存勖始承制除吏。

晋王德张承业,以兄事之,每至其第,升堂拜母,赐遗甚厚。

潞州围守历年,士民冻馁死者太半,市里萧条。李嗣昭劝课农桑，宽租缓刑，数年之间，军城完复。

静江节度使、同平章事李琼卒，楚王殷以其弟永州刺史存知桂州事。

壬申，更以许州忠武军为匡国军，同州匡国军为忠武军，陕州保义军为镇国军。

乙亥，楚兵寇鄂州，淮南所署知州秦裴击破之。

【注释】

①黄碾：地名。即今山西长治市北黄碾。 ②三垂冈：地名。在今山西屯留县东南。 ③斥候：原意侦察、候望，这里指侦察敌情的士兵。 ④高平：县名。北魏孝庄帝永安中以长平县改名，治今山西高平市西北王报。北齐文宣帝天保元年（550）移治今山西高平市。 ⑤晷（guǐ 鬼）刻：时间很短。晷，日影，引申为时光。刻，古代用漏壶计时，一昼夜共一百刻，一刻为一天的百分之一。

淮南左牙指挥使张颢、右牙指挥使徐温专制军政，弘农威王心不能平，欲去之而未能。二人不自安，共谋弑王，分其地以臣于梁。戊寅，颢遣其党纪祥等弑王于寝室，诈云暴薨。

己卯，颢集将吏于府廷，夹道及庭中堂上各列白刃，令诸将悉去卫从然后入。颢厉声问曰："嗣王已薨，军府谁当主之？"三问，莫应，颢气色益怒。幕僚严可求前密启曰："军府至大，四境多虞，非公主之不可；然今日则恐太速。"颢曰："何谓速也？"可求曰："刘威、陶雅、李遇、李简皆先王之等夷，公今自立，此曹肯为公下乎？不若立幼主辅之，诸将孰敢不从！"颢默然久之。可求因屏左右，急书一纸置袖中，麾同列诣使宅贺，众莫测其所为；既至，可求跪读之，乃太夫人史氏教也[①]。大要言："先王创业艰难，嗣王不幸早世，隆演次当立，诸将宜无负杨氏，善开导之。"辞旨明切。颢气色皆沮，以其义正，不敢夺，遂奉威王弟隆演称淮南留后、东面诸道行营都统。既罢，副都统朱瑾诣可求所居，曰："瑾年十六七即横戈跃马，冲犯大敌，未尝畏慑，今日对颢，不觉流汗，公面折之如无人；乃知瑾匹夫之勇，不及公远矣。"因以兄事之。

颢以徐温为浙西观察使，镇润州。严可求说温曰："公舍牙兵而出外藩，颢必以弑君之罪归公。”温惊曰：“然则奈何？”可求曰：“颢刚愎而暗于事，公能见听，请为公图之。”时副使李承嗣参预军府之政，可求又说承嗣曰：“颢凶威如此，今出徐于外，意不徒然，恐亦非公之利。”承嗣深然之。可求往见颢曰：“公出徐公于外，人皆言公欲夺其兵权而杀之，多言亦可畏也。”颢曰：“右牙欲之[2]，非吾意也。业已行矣，奈何？”可求曰：“止之易耳。”明日，可求邀颢及承嗣俱诣温，可求瞋目责温曰：“古人不忘一饭之恩，况公杨氏宿将！今幼嗣初立，多事之时，乃求自安于外，可乎？”温谢曰：“苟诸公见容，温何敢自专！”由是不行。颢知可求阴附温，夜，遣盗刺之；可求知不免，请为书辞府主。盗执刀临之，可求操笔无惧色；盗能辨字，见其辞旨忠壮，曰：“公长者，吾不忍杀。”掠其财以复命，曰：“捕之不获。”颢怒曰：“吾欲得可求首，何用财为！”

温与可求谋诛颢，可求曰：“非钟泰章不可。”泰章者，合肥人，时为左监门卫将军。温使亲将翟虔告之[3]。泰章闻之喜，密结壮士三十人，夜，刺血相饮为誓；丁亥旦，直入斩颢于牙堂[4]，并其亲近。温始暴颢弑君之罪，轘纪祥等于市[5]。诣西宫白太夫人。太夫人恐惧，大泣曰：“吾儿冲幼，祸难如此，愿保百口归庐州，公之惠也！”温曰：“张颢弑逆，不可不诛，夫人宜自安！”初，温与颢谋弑威王，温曰：“参用左、右牙兵，心必不一；不若独用吾兵。”颢不可，温曰：“然则独用公兵。”颢从之。至是，穷治逆党，皆左牙兵也，由是人以温为实不知谋也。隆演以温为左、右牙都指挥使，军府事咸取决焉。以严可求为扬州司马。

温性沉毅，自奉简俭，虽不知书，使人读狱讼之辞而决之，皆中情理。先是，张颢用事，刑罚酷滥，纵亲兵剽夺市里。温谓严可求曰：“大事已定，吾与公辈当力行善政，使人解衣而寝耳。”乃立法度，禁强暴，举大纲，军民安之。温以军旅委严可求，以财赋委支计官骆知祥，皆称其职，淮南谓之“严、骆”。

己丑，契丹王阿保机遣使随高颀入贡，且求册命。帝复遣司农卿浑特赐以手诏，约共灭沙陀，乃行封册。

壬辰，夹寨诸将诣阙待罪，皆赦之。帝赏牛存节全泽州之功，以为六军马步都指挥使。

雷彦恭引沅江环朗州以自守，秦彦晖顿兵月余不战，彦恭守备稍懈；彦晖使裨将曹德昌帅壮士夜入自水窦，内外举火相应，城中惊乱，彦晖鼓噪坏门而入，彦恭轻舟奔广陵。彦晖虏其弟彦雄，送于大梁。淮南以彦恭为节度副使。先是，澧州刺史向瓌与彦恭相表里，至是亦降于楚，楚始得澧、朗二州。

蜀主遣将将兵会岐兵五万攻雍州，晋张承业亦将兵应之。六月，壬寅，以刘知俊为西路行营都招讨使以拒之。

金吾上将军王师范家于洛阳，朱友宁之妻泣诉于帝曰："陛下化家为国，宗族皆蒙荣宠。妾夫独不幸，因王师范叛逆，死于战场。今仇雠犹在，妾诚痛之！"帝曰："朕几忘此贼！"己酉，遣使就洛阳族之。使者先凿坑于第侧，乃宣敕告之；师范盛陈宴具，与宗族列坐，谓使者曰："死者人所不免，况有罪乎！予不欲使积尸长幼无序。"酒既行，命自幼及长，引于坑中戮之，死者凡二百人。

丙辰，刘知俊及佑国节度使王重师大破岐兵于幕谷，晋、蜀兵皆引归。

蜀立遂王宗懿为太子。

帝欲自将击潞州，丁卯，诏会诸道兵。

湖南判官高郁请听民自采茶卖于北客，收其征以赡军，楚王殷从之。秋，七月，殷奏于汴、荆、襄、唐、郢、复州置回图务，运茶于河南、北，卖之以易缯纩、战马而归⑥，仍岁贡茶二十五万斤，诏许之。湖南由是富赡。

壬申，淮南将吏请于李俨，承制授杨隆演淮南节度使、东面诸道行营都统、同平章事、弘农王。

钟泰章赏薄，泰章未尝自言；后逾年，因醉与诸将争言而及之。或告徐温，以泰章怨望，请诛之，温曰："是吾过也。"擢为滁州刺史。

【注释】

①太夫人史氏：弘农王杨渥母，封武昌郡君，杨渥嗣位后尊为太夫人。 ②右牙：这里指徐温，以官称。 ③亲将：据十二行本、孔本等，"亲将"下有"彭城"二字。 ④牙堂：左右牙指挥使治事之所曰牙

堂。 ⑤轘(huán 环):古代用车分裂人体的酷刑。轘,散也,肢体分解。 ⑥缯纩(zēng kuàng 增矿):缯,古代丝织品的总称。纩,亦作“絖”,絮衣服的新丝绵。

资治通鉴卷第二百六十七

后梁纪二　起著雍执徐八月，尽重光协洽二月，凡二年有奇。

太祖神武元圣孝皇帝中

开平二年　八月，吴越王镠遣宁国节度使王景仁奉表诣大梁，陈取淮南之策。景仁即茂章也，避梁讳改焉。

淮南遣步军都指挥使周本、南面统军使吕师造击吴越，九月，围苏州。吴越将张仁保攻常州之东洲[①]，拔之。淮南兵死者万余人。淮南以池州团练使陈璋为水陆行营都招讨使，帅柴再用等诸将救东洲，大破仁保于鱼荡，复取东洲。柴再用方战舟坏，长稍浮之[②]，仅而得济。家人为之饭僧千人，再用悉取其食以犒部兵，曰："士卒济我，僧何力焉！"

丙子，蜀立皇后周氏。后，许州人也。

晋周德威、李嗣昭将兵三万出阴地关，攻晋州，刺史徐怀玉拒守；帝自将救之，丁丑，发大梁，乙酉，至陕州。戊子，岐王所署延州节度使胡敬璋寇上平关[③]，刘知俊击破之。周德威等闻帝将至，乙未，退保隰州。

荆南节度使高季昌遣兵屯汉口，绝楚朝贡之路；楚王殷遣其将许德勋将水军击之，至沙头[④]，季昌惧而请和。殷又遣步军都指挥使吕师周将兵击岭南，与清海节度使刘隐十余战，取昭、贺、梧、蒙、龚、富六州[⑤]。殷土宇既广，乃养士息民，湖南遂安。

冬，十月，蜀主立后宫张氏为贵妃，徐氏为贤妃，其妹为德妃。

张氏，鄜人，宗懿之母也。二徐，耕之女也。

华原贼帅温韬聚众嵯峨山，暴掠雍州诸县，唐帝诸陵发之殆遍。

庚戌，蜀主讲武于星宿山，步骑三十万。

丁巳，帝还大梁。

辛酉，以刘隐为清海、静海节度使，以膳部郎中赵光裔、右补阙李殷衡充官告使，隐皆留之。光裔，光逢之弟；殷衡，德裕之孙也。

依政进士梁震，唐末登第，至是归蜀；过江陵，高季昌爱其才识，留之，欲奏为判官。震耻之，欲去，恐及祸，乃曰："震素不慕荣宦，明公不以震为愚，必欲使之参谋议，但以白衣侍樽俎可也[6]，何必在幕府！"季昌许之。震终身止称前进士，不受高氏辟署。季昌甚重之，以为谋主，呼曰先辈[7]。

帝从吴越王镠之请，以亳州团练使寇彦卿为东南面行营都指挥使，击淮南。十一月，彦卿帅众二千袭霍丘，为土豪朱景所败；又攻庐、寿二州，皆不胜。淮南遣滁州刺史史俨拒之，彦卿引归。

定难节度使李思谏卒；甲戌，其子彝昌自为留后。

刘守文举沧德兵攻幽州，刘守光求救于晋，晋王遣兵五千助之。丁亥，守文兵至卢台军[8]，为守光所败；又战玉田[9]，亦败。守文乃还。

癸巳，中书侍郎、同平章事张策以刑部尚书致仕；以左仆射杨涉同平章事。

保塞节度使胡敬璋卒，静难节度使李继徽以其将刘万子代镇延州。

是岁，弘农王遣军将万全感赍书间道诣晋及岐，告以嗣位。

帝将迁都洛阳。

【注释】

①东洲：地名。在今江苏启东市北吕泗镇一带。本长江口沙洲，后并入北岸。时属常州。　②矟(shuò 朔)：即槊，长矛。　③上平关：地名。在今山西石楼县东北黄河东岸。　④沙头：地名。在今湖北荆州市。　⑤昭、贺、梧、蒙、龚、富六州：均为地名。昭州，治今广西平乐县西

平乐溪北岸。贺州，治今广西贺州市东南贺街。梧州，治今广西梧州市。蒙州，治今广西蒙山县东南蒙江南岸。龚州，治今广西平南县。富州，治今广西昭平县。 ⑥樽俎：古代盛酒和盛肉的器皿，常用为宴席的代称。这里借指在身边侍候、办事。 ⑦先辈：唐人呼进士为先辈。五代亦然。 ⑧卢台军：地名，亦作“芦台军”，在今河北沧州市西北。 ⑨玉田：县名。唐武则天万岁通天元年（696）改无终县置，治今河北玉田县。

三年 春，正月，己巳，迁太庙神主于洛阳。甲戌，帝发大梁。壬申，以博王友文为东都留守。己卯，帝至洛阳；庚寅，飨太庙；辛巳，祀圜丘，大赦[①]。

丙申，以用度稍充，初给百官全俸。

二月，丁酉朔，日有食之。

保塞节度使刘万子暴虐，失众心，且谋贰于梁，李继徽使延州牙将李延实图之。延实因万子葬胡敬璋，攻而杀之，遂据延州。马军都指挥使河西高万兴与其弟万金闻变，以其众数千人诣刘知俊降。岐王置翟州于鄜城[②]，其守将亦降。

三月，甲戌，帝发洛阳。以山南东道节度使杨师厚兼潞州四面行营招讨使。

庚辰，帝至河中，发步骑会高万兴兵取丹、延[③]。

丙戌，以朔方节度使兼中书令韩逊为颍川王。逊本灵州牙校，唐末据本镇，朝廷因而授以节钺。

辛卯，丹州刺史崔公实请降。

徐温以金陵形胜，战舰所聚，乃自以淮南行军副使领升州刺史，留广陵，以其假子元从指挥使知诰为升州防遏兼楼船副使，往治之。

夏，四月，丙申朔，刘知俊移军攻延州，李延实婴城自守；知俊遣白水镇使刘儒分兵围坊州。

庚子，以王审知为闽王，刘隐为南平王。

刘知俊克延州，李延实降。

淮南兵围苏州，推洞屋攻城[④]，吴越将临海孙琰置轮于竿首，垂絙投锥以揭之[⑤]，攻者尽露，炮至则张网以拒之，淮南人不能克。

吴越王镠遣牙内指挥使钱镖、行军副使杜建徽等将兵救之。

苏州有水通城中，淮南张网缀铃悬水中，鱼鳖过皆知之。吴越游弈都虞候司马福欲潜行入城，故以竿触网；敌闻铃声举网，福因得过。凡居水中三日，乃得入城。由是城中号令与援兵相应，敌以为神。

吴越王镠尝游府园，见园卒陆仁章树艺有智而志之；及苏州被围，使仁章通信入城，果得报而返。镠以诸孙畜之，累迁两府军粮都监使⑥，卒获其用。仁章，睦州人也。

辛亥，吴越兵内外合击淮南兵，大破之，擒其将何朗等三十余人，夺战舰二百艘。周本夜遁，又追败之于皇天荡。钟泰章将精兵二百为殿，多树旗帜于菰蒋中⑦，追兵不敢进而还。

岐王所署保大节度使李彦博、坊州刺史李彦昱皆弃城奔凤翔，鄜州都将严弘倚举城降。己未，以高万兴为保塞节度使，以绛州刺史牛存节为保大节度使。

淮南初置选举，以骆知祥掌之。

【注释】

①此段前后次序混乱，疑有误。查陈垣《二十史朔闰表》后梁太祖开平三年(909)正月，己巳为初二，甲戌为初七，壬申为初五，己卯为十二日，庚寅为二十三日，辛巳为十四日。 ②鄜城：县名。隋炀帝大业初以敷城县改名，治今陕西洛川县东南鄜城。 ③丹：丹州，地名。西魏废帝三年(554)以汾州改名，治所在义川县(今陕西宜川县东北)。唐高宗永徽三年(652)移今陕西宜川县。 ④洞屋：一种掩护器具，用木头做支柱，外面蒙上牛皮，形状如洞，故称洞屋。 ⑤縆(gēng 耕)：粗索。⑥两府：指镇海、镇东两节度府。 ⑦菰(gū 孤)蒋：植物名。多年生水生宿根草本，基部形成肥大的嫩茎，即食用的“茭白”。

五月，丁卯，帝命刘知俊乘胜取邠州；知俊难之，辞以阙食，乃召还。

佑国节度使王重师镇长安数年，帝在河中，怒其贡奉不时；己巳，召重师入朝，以左龙虎统军刘捍为佑国留后。

癸酉，帝发河中；己卯，至洛阳。

刘捍至长安，王重师不为礼，捍谮之于帝。云重师潜与邠、岐通。甲申，贬重师溪州刺史，寻赐自尽，夷其族。

刘守文频年攻刘守光不克，乃大发兵，以重赂招契丹、吐谷浑之众，合四万屯蓟州。守光逆战于鸡苏，为守文所败。守文单马立于陈前，泣谓其众曰："勿杀吾弟。"守光将元行钦识之，直前擒之，沧德兵皆溃。守光囚之别室，械之蘩棘[1]，乘胜进攻沧州。沧州节度判官吕兖、孙鹤推守文子延祚为帅，乘城拒守。兖，安次人也。

忠武节度使兼侍中刘知俊，功名浸盛，以帝猜忍日甚，内不自安；及王重师诛，知俊益惧。帝将伐河东，急征知俊入朝，欲以为河东西面行营都统；且以知俊有丹、延之功，厚赐之。知俊弟右保胜指挥使知浣从帝在洛阳，密使人语知俊云："入必死。"又白帝，请帅弟侄往迎知俊，帝许之。六月，乙未朔，知俊奏"为军民所留"，遂以同州附于岐。执监军及将佐之不从者，皆械送于岐。遣兵袭华州，逐刺史蔡敬思，以兵守潼关。潜遣人以重利啖长安诸将，执刘捍，送于岐，杀之。知俊遣使请兵于岐，亦遣使请晋人出兵攻晋、绛，遗晋王书曰："不过旬日，可取两京，复唐社稷。"

丁未，朔方节度使韩逊奏克盐州[2]，斩岐所署刺史李继直。

帝遣近臣谕刘知俊曰："朕待卿甚厚，何忽相负？"对曰："臣不背德，但畏族灭如王重师耳。"帝复使谓之曰："刘捍言重师阴结邠、岐，朕今悔之无及，捍死不足塞责。"知俊不报。庚戌，诏削知俊官爵，以山南东道节度使杨师厚为西路行营招讨使，帅侍卫马步军都指挥使刘鄩等讨之。

辛亥，帝发洛阳。

刘鄩至潼关东，获刘知俊伏路兵蔺如海等三十人，释之使为前导。刘知浣迷失道，盘桓数日，乃至关下，关吏纳之。如海等继至，关吏不知其已被擒，亦纳之。鄩兵乘门开直进，遂克潼关，追及知浣，擒之。癸丑，帝至陕。

丹州马军都头王行思等作乱，刺史宋知诲逃归。

帝遣刘知俊侄嗣业持诏诣同州招谕知俊；知俊欲轻骑诣行在谢罪，弟知偃止之。杨师厚等至华州，知俊将聂赏开门降。知俊闻潼关不守，官军继至，苍黄失图；乙卯[3]，举族奔岐。杨师厚至长安，岐兵已据城，师厚以奇兵并南山急趋，自西门入，遂克之。庚申，以刘鄩权佑国留后。岐王厚礼刘知俊，以为中书令。地狭，无藩镇处之，但厚给俸禄而已。

刘守光遣使上表告捷，且言“俟沧德事毕，为陛下扫平并寇”。亦致书晋王，云欲与之同破伪梁。

抚州刺史危全讽自称镇南节度使，帅抚、信、袁、吉之兵号十万攻洪州。淮南守兵才千人，将吏皆惧，节度使刘威密遣使告急于广陵，日召僚佐宴饮。全讽闻之，屯象牙潭[4]，不敢进，请兵于楚；楚王殷遣指挥使苑玫会袁州刺史彭彦章围高安以助全讽[5]。玫，蔡州人；彦章，玕之兄也[6]。

徐温问将于严可求，可求荐周本。乃以本为西南面行营招讨应援使，将兵七千救高安。本以前攻苏州无功，称疾不出，可求即其卧内强起之。本曰：“苏州之役，敌不能胜我，但主将权轻耳。今必见用，愿毋置副贰乃可。”可求许之。本曰：“楚人为全讽声援耳，非欲取高安也。吾败全讽，援兵必还。”乃疾趣象牙潭。过洪州，刘威欲犒军，本不肯留。或曰：“全讽兵强，君宜观形势然后进。”本曰：“贼众十倍于我，我军闻之必惧，不若乘其锐而用之。”

【注释】

①藂棘：同“丛棘”，棘为有刺草木的通称。 ②盐州：地名。西魏废帝三年(554)以西安州改名，治今陕西定边县。 ③乙卯：据十二行本、孔本等，“乙卯”下有“夜”字。 ④象牙潭：地名。在抚州金溪东北，今江西金溪县东北。 ⑤高安：县名。唐高祖武德五年(622)以建城县改名，治今江西高安市。 ⑥玕之兄：据十二行本、孔本等，“玕之兄”下有“子”字。

秋，七月，甲子，以刘守光为燕王。

梁兵克丹州，擒王行思。

商州刺史李稠驱士民西走，将吏追斩之，推都押牙李玫主州事。

庚午，改佑国军曰永平。

河东兵寇晋州，抄掠至尧祠而去[1]。

癸酉，帝发陕州；乙亥，至洛阳，寝疾。

初，帝召山南东道节度使杨师厚，欲使督诸将攻潞州，以前兖海留后王班为留后，镇襄州。师厚屡为班言牙兵王求等凶悍，宜备之，班自恃左右有壮士，不以为意，每众辱之。戊寅，谪求戍西境，是夕，作乱，杀班，推都指挥使雍丘刘玘为留后；玘伪从之，明日，与指挥使王延顺逃诣帝所。乱兵奉平淮指挥使李洪为留后，附于蜀。未几，房州刺史杨虔亦叛附于蜀。

危全讽在象牙潭，营栅临溪，亘数千里。庚辰，周本隔溪布陈，先使羸兵尝敌；全讽兵涉溪追之，本乘其半济，纵兵击之；全讽兵大溃，自相蹂藉，溺水死者甚众，本分兵断其归路，擒全讽及将士五千人。乘胜克袁州，执刺史彭彦章，进攻吉州。歙州刺史陶雅使其子敬昭及都指挥使徐章将兵袭饶、信，信州刺史危仔倡请降，饶州刺史唐宝弃城走。行营都指挥使米志诚、都尉吕师造等败苑玫于上高。吉州刺史彭玕帅众数千人奔楚，楚王殷表玕为郴州刺史，为子希范娶其女。淮南以左先锋指挥使张景思知信州，遣行营都虞候骨言将兵五千送之。危仔倡闻兵至，奔吴越，吴越王镠以仔倡为淮南节度副使，更其姓曰元氏。危全讽至广陵，弘农王以其尝有德于武忠王[2]，释之，资给甚厚。八月，虔州刺史卢光稠以州附于淮南。于是江西之地尽入于杨氏。光稠亦遣使附于梁。

甲寅，上疾小瘳，始复视朝。

以镇国节度使康怀贞为西路行营副招讨使。

蜀主命太子宗懿判六军，开永和府，妙选朝士为僚属。

辛酉，均州刺史张敬方奏克房州。

岐王欲遣刘知俊将兵攻灵、夏，且约晋王使攻晋、绛。晋王引兵南下，先遣周德威等将兵出阴地关攻晋州，刺史边继威悉力固守。晋兵穿地道，陷城二十余步，城中血战拒之，一夕城复成。诏杨师厚将兵救晋州，周德威以骑扼蒙坑之险[3]，师厚击破之，进抵晋州，晋兵解围遁去。

李洪寇荆南，高季昌遣其将倪可福击败之。诏马步都指挥使陈晖将兵会荆南兵讨洪。

蜀主以御史中丞王锴为中书侍郎、同平章事。

陈晖军至襄州，李洪逆战，大败，王求死。九月，丁酉，拔其城，斩叛兵千人，执李洪、杨虔等送洛阳，斩之。

丁未，以保义节度使王檀为潞州东面行营招讨使。

刘守光奏遣其子中军兵马使继威安抚沧州吏民；戊申，以继威为义昌留后。

辛亥，侍中韩建罢守太保，左仆射、同平章事杨涉罢守本官。以太常卿赵光逢为中书侍郎，翰林奉旨工部侍郎杜晓为户部侍郎[4]，并同平章事。晓，让能之子也。

淮南遣使者张知远修好于福建；知远倨慢，闽王审知斩之，表上其书，始与淮南绝。审知性俭约，常蹑麻屦[5]，府舍卑陋，未尝营葺。宽刑薄赋，公私富实，境内以安。岁自海道登、莱入贡，没溺者什四五。

【注释】

①尧祠：地名。尧都平阳，有祠在汾城东十里东原上。平阳，唐为临汾县，今山西临汾市西南。 ②武忠王：即杨行密。因杨行密谥武忠，故称。 ③蒙坑：地名。在今山西襄汾、曲沃二县之间汾河以东。 ④翰林奉旨：即翰林承旨，后梁避庙讳城，故改翰林承旨为翰林奉旨。 ⑤屦(jù 据)：麻、葛等制成的单底鞋。

冬，十月，甲子，蜀司天监胡秀林献《永昌历》，行之。

湖州刺史高澧性凶忍，尝召州吏议曰："吾欲尽杀百姓，可乎？"吏曰："如此，租赋何从出？当择可杀者杀之耳。"时澧纠民为兵，有言其咨怨者，澧悉集民兵于开元寺，给云犒享，入则杀之；死者逾半，在外者觉之，纵火作乱。澧闭城大索，凡杀三千人。吴越王镠欲诛之，戊辰，澧以州叛附于淮南，举兵焚义和临平镇[1]，镠命指挥使钱镖讨之。

十一月，甲午，帝告谢于圜丘；戊戌，大赦。

邺王罗绍威得风痹病，上表称："魏故大镇，多外兵，愿得有功重臣镇之，臣乞骸骨归第。"帝闻之，抚案动容。己亥，以其子周翰为天雄节度副使,知府事。谓使者曰:"亟归语而主:为我强饭!如有不可讳,当世世贵尔子孙以相报也。今使周翰领军府,尚冀尔复愈耳。"

岐王欲取灵州以处刘知俊,且以为牧马之地,使知俊自将兵攻之。朔方节度使韩逊告急[2];诏镇国节度使康怀贞、感化节度使寇彦卿将兵攻邠宁以救之。怀贞等所向皆捷,克宁、衍二州[3],拔庆州南城[4],刺史李彦广出降,游兵侵掠至泾州之境,刘知俊闻之,十二月,己丑,解灵州围,引兵还。帝急召怀贞等还,遣兵迎援于三原青谷;怀贞等还,至三水[5],知俊遣兵据险邀之,左龙骧军使寿张王彦章力战,怀贞等乃得过。怀贞与裨将李德遇、许从实、王审权分道而行,皆与援兵不相值,至升平[6],刘知俊伏兵山口,怀贞大败,仅以身免,德遇等军皆没。岐王以知俊为彰义节度使,镇泾州。

王彦章骁勇绝伦,每战用二铁枪,皆重百斤,一置鞍中,一在手,所向无前,时人谓之王铁枪。

蜀蜀州刺史王宗弁称疾,罢归成都,杜门不出。蜀主疑其矜功怨望,加检校太保,固辞不受,谓人曰:"廉者足而不忧,贪者忧而不足。吾小人,致位至此足矣,岂可求进不已乎!"蜀主嘉其志而许之,赐与有加。

刘守光围沧州久不下,执刘守文至城下示之,犹固守。城中食尽,民食堇泥,军士食人,驴马相啖鬃尾。吕兖选男女羸弱者,饲以曲面而烹之,以给军食,谓之宰杀务。

【注释】

①临平镇:地名。即今浙江杭州市余杭区治临平街道。 ②告急:据十二行李、孔本等,"告急"上有"遣使"二字。 ③宁、衍二州:均为地名。宁州,西魏废帝三年(554)以豳州改名,治所在定安县(今甘肃宁县)。衍州:唐末置,治今甘肃宁县南六十里。 ④庆州:地名。隋文帝开皇十六年(596)置,治所在合水县(今甘肃庆阳市)。 ⑤三水:县名。北魏以西川县改名,治今陕西旬邑县北畔村西。后多次迁移,唐宪宗元和中移治今陕西旬邑县北畔村后陇川堡。 ⑥升平:县名。唐玄宗天宝十二载(753)置,治今陕西宜君县西北。

四年 春，正月，乙未，刘延祚力尽出降。时刘继威尚幼，守光使大将张万进、周知裕辅之镇沧州，以延祚及其将佐归幽州，族吕兖而释孙鹤。

兖子琦，年十五，门下客赵玉绐监刑者曰："此吾弟也，勿妄杀。"监刑者信之，遂挈以逃。琦足痛不能行，玉负之，变姓名，乞食于路，仅而得免。琦感家门殄灭，力学自立。晋王闻其名，授代州判官。

辛丑，以卢光稠为镇南留后。

刘守光为其父仁恭请致仕，丙午，以仁恭为太师，致仕。守光寻使人潜杀其兄守文，归罪于杀者而诛之。

二月，万全感自岐归广陵，岐王承制加弘农王兼中书令，嗣吴王，于是吴王赦其境内。

高澧求救于吴，吴常州刺史李简等将兵应之，湖州将盛师友、沈行思闭城不内；澧帅麾下五千人奔吴。三月，癸巳，吴越王镠巡湖州，以钱镖为刺史。

蜀太子宗懿骄暴，好陵傲旧臣。内枢密使唐道袭，蜀主之嬖臣也[1]，太子屡谑之于朝，由是有隙，互相诉于蜀主；蜀主恐其交恶，以道袭为山南西道节度使、同平章事。道袭荐宣徽北院使郑顼为内枢密使，顼受命之日，即欲按道袭昆弟盗用内库金帛。道袭惧，奏顼褊急[2]，不可大任。丙午，出顼为果州刺史，以宣徽南院使潘炕为内枢密使。

夏州都指挥使高宗益作乱，杀节度使李彝昌。将吏共诛宗益，推彝昌族父蕃汉都指挥使李仁福为帅，癸丑，仁福以闻。夏，四月，甲子，以仁福为定难节度使。

丁卯，宋州节度使衡王友谅献瑞麦，一茎三穗，帝曰："丰年为上瑞。今宋州大水，安用此为！"诏除本县令名，遣使诘责友谅，以兖海留后惠王友能代为宋州留后。友谅、友能，皆全昱子也。

帝以晋州刺史下邑华温琪拒晋兵有功，欲赏之，会护国节度使冀王友谦上言晋、绛边河东，乞别建节镇，壬申，以晋、绛、沁三州为定昌军，以温琪为节度使。

左金吾大将军寇彦卿入朝,至天津桥[3],有民不避道,投诸栏外而死。彦卿自首于帝。帝以彦卿才干有功,久在左右,命以私财遗死者家以赎罪。御史司宪崔沂劾奏"彦卿杀人阙下[4],请论如法。"帝命彦卿分析。彦卿对:"令从者举置栏外,不意误死。"帝欲以过失论,沂奏:"在法,以势力使令为首,下手为从,不得归罪从者;不斗而故殴伤人,加伤罪一等,不得为过失。"辛巳,责授彦卿游击将军、左卫中郎将。彦卿扬言:"有得崔沂首者,赏钱万缗。"沂以白帝,帝使人谓彦卿:"崔沂有毫发伤,我当族汝!"时功臣骄横,由是稍肃。沂,沆之弟也。

【注释】

①嬖(bì 闭)臣:宠臣。嬖,宠爱,宠幸。 ②褊(biǎn 扁)急:气量狭隘,性情急躁。 ③天津桥:地名。在今河南洛阳市旧城西南。隋唐皇城正南洛水上。隋炀帝大业元年(605)始建。 ④御史司宪:官名。五代梁置御史司宪,即隋唐之御史台。

五月,吴徐温母周氏卒,将吏致祭,为偶人,高数尺,衣以罗锦,温曰:"此皆出民力,奈何施于此而焚之,宜解以衣贫者。"未几,起复为内外马步军都军使,领润州观察使。

岐王屡求货于蜀,蜀主皆与之。又求巴、剑二州,蜀主曰:"吾奉茂贞,勤亦至矣;若与之地,是弃民也,宁多与之货。"乃复以丝、茶、布、帛七万遗之。

己亥,以刘继威为义昌节度使。

癸丑,天雄节度使兼中书令邺贞庄王罗绍威卒。诏以其子周翰为天雄留后。

匡国节度使长乐忠敬王冯行袭疾笃,表请代者。许州牙兵二千,皆秦宗权余党,帝深以为忧。六月,庚戌[1],命崇政院直学士李珽驰往视行袭病[2],曰:"善谕朕意,勿使乱我近镇。"珽至许州,谓将吏曰:"天子握百万兵,去此数舍[3];冯公忠纯,勿使上有所疑。汝曹赤心奉国,何忧不富贵!"由是众莫敢异议。行袭欲使人代受诏,珽曰:"东首加朝服,礼也。"乃即卧内宣诏,谓行袭曰:"公善自辅养,勿视事,此子孙之福也。"行袭泣谢,遂解两使印授珽,使代掌军府。帝闻之曰："予固知珽能办事，冯族亦不亡矣。"庚辰，行袭卒。甲申，以李珽权知匡国留后，悉以行袭兵分隶诸校，冒冯姓者皆还宗。

楚王殷求为天策上将，诏加天策上将军。殷始开天策府，以弟赍为左相，存为右相。殷遣将侵荆南，军于油口[4]；高季昌击破之，斩首五千级，逐北至白田而还。

吴水军指挥使敖骈围吉州刺史彭玕弟瑊于赤石[5]，楚兵救瑊，虏骈以归。

秋，七月[6]，蜀门下侍郎兼吏部尚书、同平章事韦庄卒。

吴越王镠表"宦者周延诰等二十五人，唐末避祸至此，非刘、韩之党[7]，乞原之。"上曰："此属吾知其无罪，但今革弊之初，不欲置之禁掖[8]，可且留于彼，谕以此意。"

岐王与邠、泾二帅各遣使告晋，请合兵攻定难节度使李仁福；晋王遣振武节度使周德威将兵会之，合五万众围夏州，仁福婴城拒守。

八月，以刘守光兼义昌节度使。

镇、定自帝践祚以来[9]，虽不输常赋，而贡献甚勤。会赵王镕母何氏卒，庚申，遣使吊之，且授起复官。时邻道吊客皆在馆，使者见晋使，归，言于帝曰："镕潜与晋通，镇、定势强，终恐难制。"帝深然之。

壬戌，李仁福来告急。甲子，以河南尹兼中书令张全义为西京留守[10]。帝恐晋兵袭西京，以宣化留后李思安为东北面行营都指挥使，将兵万人屯河阳。丙寅，帝发洛阳；己巳，至陕。辛未，以镇国节度使杨师厚为西路行营招讨使，会感化节度使康怀贞将兵三万屯三原。帝忧晋兵出泽州逼怀州[11]，既而闻其在绥、银碛中[12]，曰："无足虑也。"甲申，遣夹马指挥使李遇、刘绾自鄜、延趋银、夏，邀其归路。

吴越王镠筑捍海石塘，广杭州城，大修台馆。由是钱唐富庶盛于东南。

九月，己丑，上发陕；甲午，至洛阳，疾复作。

李遇等至夏州，岐、晋兵皆解去。

吴越捍海塘遗迹

【注释】

①庚戌:此处误,六月无此日。 ②崇政院直学士:官名。梁太祖开平二年(908)十一月置崇政院直学士二员,选有政术文学者为之,后又改为直崇政院。 ③舍:古时行军以三十里为一舍。 ④油口:地名。在今湖北公安县北,地当油水入江口。 ⑤赤石:地名。即赤石洞,在吉州,今江西吉安市境内。 ⑥七月:据十二行本、孔本等,“七月”下有“戊子朔”三字。 ⑦刘、韩:指刘季述、韩全诲。两人均是唐末宦官。昭宗时先后谋废帝,皆伏诛。 ⑧禁掖:宫中旁殿,泛指帝王所居处,犹言禁中。 ⑨践祚:据十二行本、孔本等,为“践阼”,指帝王即位。⑩张全义:据十二行本、孔本等,原文应为“张宗奭”。按张宗奭即张全义,宗奭为梁皇帝赐名。 ⑪怀州:地名。北魏献文帝天安二年(467)置,治所在野王县(今河南沁阳市)。 ⑫绥、银:地名。绥州,西魏时置,治所在上县(今陕西绥德县)。后屡经废置,终移治上县。银州,北周武帝保定三年(563)置,治今陕西榆林市横山区东党岔。后地入西夏。碛(qì 气):原指浅水中的沙石,引申为沙漠。

冬,十月,遣镇国节度使杨师厚、相州刺史李思安将兵屯泽州以图上党。

吴越王镠之巡湖州也,留沈行思为巡检使,与盛师友俱归。

行思谓同列陈瓌曰："王若以师友为刺史，何以处我？"时瓌已得镠密旨遣行思诣府，乃绐之曰："何不自诣王所论之！"行思从之。既至数日，瓌送其家亦至，行思恨瓌卖己。镠自衣锦军归，将吏迎谒，行思取锻椎击瓌，杀之，因诣镠，与师友论功，夺左右槊，欲刺师友，众执之。镠斩行思，以师友为婺州刺史。

十一月，己丑，以宁国节度使、同平章事王景仁充北面行营都指挥招讨使，潞州副招讨使韩勍副之，以李思安为先锋将，趣上党。寻遣景仁等屯魏州，杨师厚还陕。

蜀主更太子宗懿名曰元坦。庚戌，立假子宗裕为通王，宗范为夔王，宗锷为昌王，宗寿为嘉王，宗翰为集王；立其子宗仁为普王，宗辂为雅王，宗纪为褒王，宗智为荣王，宗泽为兴王，宗鼎为彭王，宗杰为信王，宗衍为郑王。

初，唐末宦官典兵者多养军中壮士为子以自强，由是诸将亦效之。而蜀主尤多，惟宗懿等九人及宗特、宗平真其子；宗裕、宗锷、宗寿皆其族人；宗翰姓孟，蜀主之姊子；宗范姓张，其母周氏为蜀主妾；自余假子百二十人皆功臣，虽冒姓连名而不禁婚姻。

上疾小愈，辛亥，校猎于伊、洛之间。

上疑赵王镕贰于晋，且欲因邺王绍威卒除移镇、定。会燕王守光发兵屯涞水[①]，欲侵定州，上遣供奉官杜廷隐、丁延徽监魏博兵三千分屯深、冀，声言恐燕兵南寇，助赵守御；又云分兵就食。赵将石公立戍深州，白赵王镕，请拒之。镕遽命开门，移公立于外以避之。公立出门指城而泣曰："朱氏灭唐社稷，三尺童子知其为人。而我王犹恃姻好[②]，以长者期之，此所谓开门揖盗者也。惜乎，此城之人今为虏矣！"

梁人有亡奔真定，以其谋告镕者，镕大惧，又不敢先自绝；但遣使诣洛阳，诉称"燕兵已还，与定州讲和如故，深、冀民见魏博兵入，奔走惊骇，乞召兵还"。上遣使诣真定慰谕之。未几，廷隐等闭门尽杀赵戍兵，乘城拒守。镕始命石公立攻之，不克，乃遣使求援于燕、晋。

镕使者至晋阳，义武节度使王处直使者亦至，欲共推晋王为盟主，合兵攻梁。晋王会将佐谋之，皆曰："镕久臣朱温，岁输重赂，结以婚姻，其交深矣；此必诈也，宜徐观之。”王曰：“彼亦择利害而为之耳。王氏在唐世犹或臣或叛，况肯终为朱氏之臣乎？彼朱温之女何如寿安公主[3]！今救死不赡，何顾婚姻！我若疑而不救，正堕朱氏计中。宜趣发兵赴之，晋、赵叶力，破梁必矣。”乃发兵，遣周德威将之，出井陉，屯赵州。

镕使者至幽州，燕王守光方猎，幕僚孙鹤驰诣野谓守光曰：“赵人来乞师，此天欲成王之功业也。”守光曰：“何故？”对曰：“比常患其与朱温胶固。温之志非尽吞河朔不已，今彼自为仇敌，王若与之并力破梁，则镇、定皆敛衽而朝燕矣[4]。王不出师，但恐晋人先我矣。”守光曰：“王镕数负约，今使之与梁自相弊，吾可以坐承其利，又何救焉[5]！”自是镇、定复称唐天祐年号，复以武顺为成德军。

司天言：“来月太阴亏，不利宿兵于外。”上召王景仁等还洛阳。十二月，己未，上闻赵与晋合，晋兵已屯赵州，乃命王景仁等将兵击之。庚申，景仁等自河阳渡河，会罗周翰兵，合四万，军于邢、洺。

虔州刺史卢光稠疾病，欲以位授谭全播，全播不受。光稠卒，其子韶州刺史延昌来奔丧，全播立而事之。吴遣使拜延昌虔州刺史，延昌受之，亦因楚王殷密通表于梁，曰：“我受淮南官，以缓其谋耳，必为朝廷经略江西。”丙寅，以延昌为镇南留后。延昌表其将廖爽为韶州刺史。爽，赣人也。吴淮南节度判官严可求请置制置使于新淦县[6]，遣兵戍之，以图虔州。每更代，辄潜益其兵，虔人不之觉也。

【注释】

①涞水：县名。隋文帝开皇十八年(598)改永阳县置，治今河北涞水县。　②姻好：指王镕子王昭祚娶朱全忠女为妻。　③寿安公主：唐绛王李悟女。王镕曾祖王元逵娶寿安公主为妻。　④敛衽(rèn 认)：整一整衣袖。衽，衣襟、袖口。　⑤又何救焉：据十二行本、孔本等，“焉”下有“赵使者交错于路，守光竟不为出兵”十四字。　⑥新淦：县名。西汉初置，治今江西樟树市。隋开皇十一年(591)徙治今江西新干县。因县南有子淦山，故名。

庚午，蜀主以御史中丞周庠、户部侍郎判度支庾传素并为中书侍郎、同平章事。

太常卿李燕等刊定《梁律令格式》，癸酉，行之。

丁丑，王景仁等进军柏乡[1]。

辛巳，蜀大赦，改明年元曰永平。

赵王镕复告急于晋，晋王以蕃汉副总管李存审守晋阳，自将兵自赞皇东下[2]，王处直遣将将兵以从[3]。辛巳，晋王至赵州，与周德威合，获梁刍荛者二百人[4]，问之曰："初发洛阳，梁主有何号令？"对曰："梁主戒上将云：'镇州反覆，终为子孙之患。今悉以精兵付汝，镇州虽以铁为城，必为我取之。'"晋王命送于赵。

壬午，晋王进军，距柏乡三十里，遣周德威等以胡骑迫梁营挑战，梁兵不出。癸未，复进，距柏乡五里，营于野河之北[5]，又遣胡骑迫梁营驰射，且诟之。梁将韩勍等将步骑三万，分三道追之，铠胄皆被缯绮，镂金银，光彩炫耀，晋人望之夺气。周德威谓李存璋曰："梁人志不在战，徒欲曜兵耳。不挫其锐，则吾军不振。"乃徇于军曰："彼皆汴州天武军，屠酤佣贩之徒耳，衣铠虽鲜，十不能当汝一。擒获一夫，足以自富，此乃奇货，不可失也。"德威自引千余精骑击其两端，左右驰突，出入数四，俘获百余人，且战且却，距野河而止；梁兵亦退。

德威言于晋王曰："贼势甚盛，宜按兵以待其衰。"王曰："吾孤军远来，救人之急，三镇乌合，利于速战，公乃欲按兵持重，何也？"德威曰："镇、定之兵，长于守城，短于野战。且吾所恃者骑兵，利于平原广野，可以驰突。今压贼垒门，骑无所展其足；且众寡不敌，使彼知吾虚实，则事危矣。"王不悦，退卧帐中，诸将莫敢言。德威往见张承业曰："大王骤胜而轻敌，不量力而务速战。今去贼咫尺，所限者一水耳，彼若造桥以薄我，我众立尽矣。不若退军高邑[6]，诱贼离营，彼出则归，彼归则出，别以轻骑掠其馈饷，不过逾月，破之必矣。"承业入，褰帐抚王曰[7]："此岂王安寝时耶！周德威老将知兵，其言不可忽也。"王蹶然兴曰："予方思之。"时梁兵闭垒不出，有降者，诘之，曰："景仁方多造浮桥。"王谓德威曰："果如公言。”是日，拔营，退保高邑。

辰州蛮酋宋邺，溆州蛮酋潘金盛，恃其所居深险，数扰楚边。至是，邺寇湘乡，金盛寇武冈[8]。楚王殷遣昭州刺史吕师周将衡山兵五千讨之。

宁远节度使庞巨昭、高州防御使刘昌鲁，皆唐官也。黄巢之寇岭南也，巨昭为容管观察使，昌鲁为高州刺史，帅群蛮据险以拒之，巢众不敢入境。唐嘉其功，置宁远军于容州，以巨昭为节度使，以昌鲁为高州防御使。及刘隐据岭南，二州不从；隐遣弟岩攻高州，昌鲁大破之，又攻容州，亦不克。昌鲁自度终非隐敌，是岁，致书请自归于楚，楚王殷大喜，遣横州刺史姚彦章将兵迎之。彦章至容州，裨将莫彦昭说巨昭曰：“湖南兵远来疲乏，宜撤储偫，弃城，潜于山谷以待之。彼必入城，我以全军掩之，彼外无继援，可擒也。”巨昭曰：“马氏方兴，今虽胜之，后将何如！不若具牛酒迎之。”彦昭不从，巨昭杀之，举州迎降。彦章进至高州，以兵援送巨昭、昌鲁之族及士卒千余人归长沙。楚王殷以彦章知容州事，以昌鲁为永顺节度副使。昌鲁，郴人也。

【注释】

①柏乡：县名。隋文帝开皇十六年(596)置，治今河北柏乡县。②赞皇：县名。隋文帝开皇十六年(596)置，治今河北赞皇县。因县南有赞皇山，故名。　③将兵以从：据十二行本、孔本等，“将兵”下有“五千”二字。　④刍荛：割草打柴，也借指割草打柴的人。　⑤野河：水名。又称黑水、淮河，即今河北赞皇、高邑、柏乡县境槐河，下游自今河北宁晋县以下历代屡有变迁，今流注滏阳河。　⑥高邑：县名。东汉改鄗县置，治今河北柏乡县北。北齐文宣帝天保七年(556)移治今河北高邑县。⑦褰(qiān 牵)：揭起。　⑧武冈：县名。三国吴末帝宝鼎元年(266)改都梁县置，治今湖南武冈市。唐高祖武德四年(621)移治今湖南城步苗族自治县。

乾化元年　春，正月，丙戌朔，日有食之。

柏乡比不储刍，梁兵刈刍自给，晋人日以游军抄之，梁兵不出。周德威使胡骑环营驰射而诟之，梁兵疑有伏，愈不敢出，剉屋茅坐席以饲马，马多死。丁亥，周德威与别将史建瑭、李嗣源将精骑三千压梁垒门而诟之，王景仁、韩勍怒，悉众而出。德威等转战而北至高邑南；李存璋以步兵陈于野河之上，梁军横亘数里，竞前夺桥，镇、定步兵御之，势不能支。晋王谓匡卫都指挥使李建及曰："贼过桥则不可复制矣。"建及选卒二百，援枪大噪，力战却之。建及，许州人，姓王，李罕之之假子也。晋王登高丘以望曰："梁兵争进而嚣，我兵整而静，我必胜。"战自巳至午，胜负未决。晋王谓周德威曰："两军已合，势不可离，我之兴亡，在此一举。我为公先登，公可继之。"德威叩马而谏曰："观梁兵之势，可以劳逸制之，未易以力胜也。彼去营三十余里，虽挟糗粮[1]，亦不暇食，日昳之后[2]，饥渴内迫，矢刃外交，士卒劳倦，必有退志。当是时，我以精骑乘之，必大捷。于今未可也。"王乃止。

时魏、滑之兵陈于东，宋、汴之兵陈于西。至晡，梁军未食，士无斗志，景仁等引兵稍却，周德威疾呼曰："梁兵走矣！"晋兵大噪争进，魏、滑兵先退，李嗣源帅众噪于西陈之前曰："东陈已走，尔何久留！"梁兵互相惊怖，遂大溃。李存璋引步兵乘之，呼曰："梁人亦吾人也，父兄子弟饷军者勿杀。"于是战士悉解甲投兵而弃之，嚣声动天地。赵人以深、冀之憾，不顾剽掠，但奋白刃追之，梁之龙骧、神捷精兵殆尽，自野河至柏乡，僵尸蔽地。王景仁、韩勍、李思安以数十骑走。晋兵夜至柏乡，梁军已去，弃粮食、资财、器械不可胜计。凡斩首二万级。李嗣源等追奔至邢州，河朔大震。保义节度使王檀严备，然后开城纳败卒，给以资粮，散遣归本道。晋王收兵屯赵州。

杜廷隐等闻梁兵败，弃深、冀而去，悉驱二州丁壮为奴婢，老弱者坑之，城中存者坏垣而已。

癸巳，复以杨师厚为北面都招讨使，将兵屯河阳，收集散兵，旬余，得万人。己亥，晋王遣周德威、史建瑭将三千骑趣澶、魏，张承业、李存璋以步兵攻邢州，自以大军继之，移檄河北州县，谕以利害。帝遣别将徐仁溥将兵千人，自西山夜入邢州[3]，助王檀城守。己酉，罢王景仁招讨使，落平章事。

蜀主之女普慈公主嫁岐王从子秦州节度使继崇，公主遣宦者宋光嗣以绢书遗蜀主，言继崇骄矜嗜酒，求归成都，蜀主召公主归宁[④]。辛亥，公主至成都，蜀主留之，以宋光嗣为阁门南院使。岐王怒，始与蜀绝。光嗣，福州人也。

吕师周攀藤缘崖入飞山洞袭潘金盛[⑤]，擒送武冈，斩之[⑥]。

【注释】

①糗(qiǔ 求上)粮：干粮。糗，炒熟的米、麦等谷物。 ②日昳(dié 迭)：日落。 ③西山：指太行连延至上党各山。 ④归宁：旧谓已嫁的女子回娘家省视父母曰归宁。 ⑤攀藤：据十二行本、孔本等，"攀藤"前有"引兵"二字。 ⑥斩之：据十二行本、孔本等，"斩之"后有"移兵击宋邺"五字。

二月，己未，晋王至魏州，攻之，不克。上以罗周翰年少，且忌其旧将佐。庚申，以户部尚书李振为天雄节度副使，命杜廷隐将兵千人卫之，自杨刘济河[①]，间道夜入魏州，助周翰城守。癸亥，晋王观河于黎阳[②]，梁兵万余将渡河，闻晋王至，皆弃舟而去。

帝召蔡州刺史张慎思至洛阳，久未除代。蔡州右厢指挥使刘行琮作乱，纵兵焚掠，将奔淮南；顺化指挥使王存俨诛行琮，抚遏其众，自领州事，以众情驰奏。时东京留守博王友文不先请，遽发兵讨之，兵至鄢陵，帝曰："存俨方惧，若临之以兵，则飞去矣。"驰使召还。甲子，授存俨权知蔡州事。

乙丑，周德威自临清攻贝州，拔夏津[③]、高唐；攻博州，拔东武、朝城[④]。攻澶州，刺史张可臻弃城走，帝斩之。德威进攻黎阳，拔临河、淇门；逼卫州，掠新乡、共城[⑤]。庚午，帝亲帅军屯白司马阪以备之[⑥]。

卢龙、义昌节度使兼中书令燕王守光既克沧州，自谓得天助，淫虐滋甚。每刑人，必置诸铁笼，以火逼之；又为铁刷刷人面。闻梁兵败于柏乡，使人谓赵王镕及王处直曰："闻二镇与晋王破梁兵，举军南下，仆亦有精骑三万，欲自将之为诸公启行。然四镇连兵[⑦]，必有盟主，仆若至彼，何以处之？"镕患之，遣使告于晋王，晋王笑曰："赵人告急，守光不能出一卒以救之；及吾成功，乃复欲以兵威离间二镇，愚莫甚焉！"诸将曰："云、代与燕接境，彼若扰我城戍，动摇人情，吾千里出征，缓急难应，此亦腹心之患也。不若先取守光，然后可以专意南讨。”王曰：“善！”会杨师厚自磁、相引兵救邢、魏，壬申，晋解围去；师厚追之，逾漳水而还，邢州围亦解。师厚留屯魏州。

赵王镕自来谒晋王于赵州，大犒将士，自是遣其养子德明将三十七都常从晋王征讨。德明本姓张，名文礼，燕人也。

壬午，晋王发赵州，归晋阳，留周德威等将三千人戍赵州。

【注释】

①杨刘：地名。即杨刘镇，在今山东东阿县东北古黄河南岸。 ②黎阳：县名。西汉置，治今河南浚县东北。 ③夏津：县名。古为鄃县，唐玄宗天宝元年（742）更名夏津，属贝州，治今山东夏津县。 ④朝城：县名。唐玄宗开元七年（719），以武阳县更名朝城，属魏州，治今山东莘县西南朝城。 ⑤共城：县名。隋文帝开皇六年（586）置，治今河南辉县市。 ⑥白司马阪：地名。即白马山，在今河南洛阳市北邙山北麓。 ⑦四镇：指并、幽、镇、定四镇。

资治通鉴卷第二百六十八

后梁纪三　起重光协洽三月，尽昭阳作噩十一月，凡二年有奇。

太祖神武元圣孝皇帝下

乾化元年　三月，乙酉朔，以天雄留后罗周翰为节度使。

清海、静海节度使兼中书令南平襄王刘隐病亟，表其弟节度副使岩权知留后；丁亥卒。岩袭位。

岐王聚兵临蜀东鄙，蜀主谓群臣曰："自茂贞为朱温所困，吾常振其乏绝，今乃负恩为寇，谁为吾击之？"兼中书令王宗侃请行。蜀主以宗侃为北路行营都统。司天少监赵温珪谏曰："茂贞未犯边，诸将贪功深入，粮道阻远，恐非国家之利。"蜀主不听，以兼侍中王宗祐、太子少师王宗贺、山南节度使唐道袭为三招讨使，左金吾大将军王宗绍为宗祐之副，帅步骑十二万伐岐。壬辰，宗侃等发成都，旌旗数百里。

岐王募华原贼帅温韬以为假子，以华原为耀州，美原为鼎州。置义胜军，以韬为节度使，使帅邠、岐兵寇长安。诏感化节度使康怀贞、忠武节度使牛存节以同华、河中兵讨之。己酉，怀贞等奏击韬于车度[①]，走之。

夏，四月，乙卯朔，岐兵寇蜀兴元，唐道袭击却之。

上以久疾，五月，甲申朔，大赦[②]。

甲辰，以清海留后刘岩为节度使。岩多延中国士人置于幕府，出为刺史，刺史无武人。

蜀主如利州，命太子监国；六月，癸丑朔，至利州。

燕王守光尝衣赭袍，顾谓将吏曰："今天下大乱，英雄角逐，吾兵强地险，亦欲自帝，何如？"孙鹤曰："今内难新平，公私困竭，太原窥吾西，契丹伺吾北，遽谋自帝，未见其可。大王但养士爱民，训兵积谷，德政既修，四方自服矣。"守光不悦。

又使人讽镇、定，求尊己为尚父，赵王镕以告晋王。晋王怒，欲伐之，诸将皆曰："是为恶极矣，行当族灭，不若阳为推尊以稔之。"乃与镕及义武王处直、昭义李嗣昭、振武周德威、天德宋瑶六节度使共奉册推守光为尚书令、尚父。

守光不寤，以为六镇实畏己，益骄，乃具表其状曰："晋王等推臣，臣荷陛下厚恩，未之敢受。窃思其宜，不若陛下授臣河北都统，则并、镇不足平矣。"上亦知其狂愚，乃以守光为河北道采访使，遣阁门使王瞳、受旨史彦群册命之③。

守光命僚属草尚父、采访使受册仪。乙卯，僚属取唐册太尉仪献之，守光视之，问何得无郊天、改元之事，对曰："尚父虽贵，人臣也，安有郊天、改元者乎？"守光怒，投之于地，曰："我地方二千里，带甲三十万，直作河北天子，谁能禁我！尚父何足为哉！"命趣具即帝位之仪，械系瞳、彦群及诸道使者于狱，既而皆释之。

帝命杨师厚将兵三万屯邢州。

蜀诸将击岐兵，屡破之。秋，七月，蜀主西还，留御营使昌王宗锷屯利州。

辛丑，帝避暑于张宗奭第④，乱其妇女殆遍。宗奭子继祚不胜愤耻，欲弑之。宗奭止之曰："吾家顷在河阳，为李罕之所围，啖木屑以度朝夕，赖其救我，得有今日，此恩不可忘也。"乃止。甲辰，还宫。

赵王镕以杨师厚在邢州，甚惧，会晋王于承天军。晋王谓镕父友也，事之甚恭。镕以梁寇为忧，晋王曰："朱温之恶极矣，天将诛之，虽有师厚辈不能救也。脱有侵轶，仆自帅众当之，叔父勿以为忧。"镕捧卮为寿，谓晋王为四十六舅⑤。镕幼子昭诲从行，晋王断衿为盟，许妻以女。由是晋、赵之交遂固。

【注释】

①车度：地名。即今陕西蒲城县东南车渡村。　②大赦：据欧阳修《新五代史》，"大赦"下有"改元"二字。　③受旨：官名。为崇政院官属，犹枢密院承旨。梁避庙讳，改"承"为"受"。　④张宗奭：即"张全义"。梁太祖开平元年(907)赐张全义名宗奭。据薛居正《旧五代史》，张宗奭私第在洛阳会节坊。　⑤四十六舅：晋王李存勖行四十六，故称。

八月，庚申，蜀主至成都。

燕王守光将称帝，将佐多窃议以为不可，守光乃置斧质于庭曰[①]："敢谏者斩！"孙鹤曰："沧州之破，鹤分当死，蒙王生全，以至今日，今日敢爱死而忘恩乎！窃以为今日之帝未可也。"守光怒，伏诸质上，令军士剐而啖之。鹤呼曰："不出百日，大兵当至[②]！"守光命以土窒其口，寸斩之。

甲子，守光即皇帝位，国号大燕，改元应天。以梁使王瞳为左相，卢龙判官齐涉为右相，史彦群为御史大夫。受册之日，契丹陷平州，燕人惊扰。

岐王使刘知俊、李继崇将兵击蜀，乙亥，王宗侃、王宗贺、唐道袭、王宗绍与之战于青泥岭[③]，蜀兵大败，马步使王宗浩奔兴州，溺死于江，道袭奔兴元。先是，步军都指挥使王宗绾城西县，号安远军，宗侃、宗贺等收散兵走保之，知俊、继崇追围之。众议欲弃兴元，道袭曰："无兴元则无安远，利州遂为敌境矣。吾必以死守之。"蜀主以昌王宗锷为应援招讨使，定戎团练使王宗播为四招讨马步都指挥使，将兵救安远军，壁于廉、让之间[④]，与唐道袭合击岐兵，大破之于明珠曲[⑤]。明日又战于凫口，斩其成州刺史李彦琛。

九月，帝疾稍愈，闻晋、赵谋入寇，自将拒之。戊戌，以张宗奭为西都留守。庚子，帝发洛阳。甲辰，至卫州，方食，军前奏晋军已出井陉。帝遽命辇北趣邢洺，昼夜倍道兼行。丙午，至相州，闻晋兵不出，乃止。相州刺史李思安不意帝猝至，落然无具，坐削官爵。

湖州刺史钱镖酗酒杀人，恐吴越王镠罪之，冬，十月，辛亥朔，杀都监潘长、推官钟安德[⑥]，奔于吴。

晋王闻燕主守光称帝，大笑曰："俟彼卜年，吾当问其鼎矣。"张承业请遣使致贺以骄之，晋王遣太原少尹李承勋往。承勋至幽州，用邻藩通使之礼。燕之典客者曰："吾王帝矣，公当称臣庭见。"承勋曰："吾受命于唐朝为太原少尹，燕王自可臣其境内，岂可臣他国之使乎！"守光怒，囚之数日，出而问之曰："臣我乎？"承勋曰："燕王能臣我王，则我请为臣；不然，有死而已！"守光竟不能屈。

蜀主如利州，命太子监国。决云军虞候王琮败岐兵，执其将李彦太，俘斩三千五百级。乙卯，捉生将彭君集破岐二寨，俘斩三千级。王宗侃遣裨将林思谔自中巴间行至泥溪[7]，见蜀主告急，蜀主命开道都指挥使王宗弼将兵救安远，及刘知俊战于斜谷[8]，破之。

【注释】

①斧质：亦作"斧锧"，古代杀人的刑具。质，椹（砧）也。 ②不出百日，大兵当至：据十二行本、乙十一行本等作"百日之外必有急兵"。③青泥岭：地名。为甘、陕入蜀要道，在今陕西略阳县西北嘉陵江畔。④廉、让：均为水名。廉水，即今陕西汉中市南郑区境汉江支流濂水河。让水，其源起于廉水，亦在汉中市南郑区境。 ⑤明珠曲：地名。在今陕西勉县西。 ⑥推官：官名。唐代在节度、观察等使下置推官，掌勘问刑狱。五代因之。 ⑦中巴：地名。巴州在三巴之中，故称中巴。治今四川巴中市。泥溪：地名。在剑州北利州界，即今四川广元市一带。 ⑧斜谷：地名。在今陕西眉县西南。

甲寅夜，帝发相州，乙卯，至洹水[1]。是夜，边吏言晋、赵兵南下，帝即时进军，丙辰，至魏县。或告云："沙陀至矣！"士卒汹惧，多逃亡，严刑不能禁。既而复告云无寇，上下始定。戊午，贝州奏晋兵寇东武，寻引去。帝以夹寨、柏乡屡失利，故力疾北巡，思一雪其耻，意郁郁，多躁忿，功臣宿将往往以小过被诛，众心益惧。既而晋、赵兵竟不出。十一月，壬午，帝南还。

燕主守光集将吏谋攻易定，幽州参军景城冯道以为未可；守光怒，系狱，或救之，得免。道亡奔晋，张承业荐于晋王，以为掌书记。丁亥，王处直告难于晋。

怀州刺史开封段明远妹为美人[②]。戊子，帝至获嘉，明远馈献丰备，帝悦。

庚寅，保塞节度使高万兴奏遣都指挥使高万金将兵攻盐州，刺史高行存降。

壬辰，帝至洛阳，疾复作。

蜀王宗弼败岐兵于金牛[③]，拔十六寨，俘斩六千余级，擒其将郭存等。丙申，王宗锷、王宗播败岐兵于黄牛川[④]，擒其将苏厚等。丁酉，蜀主自利州如兴元。援军既集，安远军望其旗，王宗侃等鼓噪而出，与援军夹攻岐兵，大破之，拔二十一寨，斩其将李廷志等。己亥，岐兵解围遁去。唐道袭先伏兵于斜谷邀击，又破之。庚子，蜀主西还。

岐王左右石简颙谗刘知俊于岐王，王夺其兵。李继崇言于王曰："知俊壮士，穷来归我，不宜以谗废之。"王为之诛简颙以安之。继崇召知俊举族居于秦州。

戊申，燕主守光将兵二万寇易定，攻容城[⑤]。王处直告急于晋。

十二月，乙卯，以朗州留后马賨为永顺节度使、同平章事。

镇南留后卢延昌游猎无度，百胜军指挥使黎球杀之，自立；将杀谭全播，全播称疾请老，乃免。丙辰，以球为虔州防御使。未几，球卒，牙将李彦图代知州事，全播愈称疾笃。刘岩闻全播病，发兵攻韶州，破之，刺史廖爽奔楚，楚王殷表为永州刺史。

丁巳，蜀主至成都。

戊午，以静海留后曲美为节度使。

癸亥，以静江行军司马姚彦章为宁远节度副使，权知容州，从楚王殷之请也。刘岩遣兵攻容州，殷遣都指挥使许德勋以桂州兵救之；彦章不能守，乃迁容州士民及其府藏奔长沙，岩遂取容管及高州。

甲子，晋王遣蕃汉马步总管周德威将兵三万攻燕，以救易定。

是岁，蜀主以内枢密使潘炕为武泰节度使，炕从弟宣徽南院使峭为内枢密使。

【注释】

①洹水：地名。魏州成安县有洹水镇，在今河北成安县境内。 ②美人：妃嫔的称号。西汉始置，自东汉至明皆沿称。 ③金牛：地名。即今陕西宁强县北金牛驿。 ④黄牛川：地名。在今陕西勉县西。 ⑤容城：县名。西汉置，在今河北容城县北。

二年 春，正月，德威东出飞狐，与赵王将王德明、义武将程岩会于易水。丙戌，三镇兵进攻燕祁沟关[1]，下之；戊子，围涿州[2]。刺史刘知温城守，刘守奇之客刘去非大呼于城下，谓知温曰："河东小刘郎来为父讨贼[3]，何豫汝事而坚守邪？"守奇免胄劳之，知温拜于城上，遂降。周德威疾守奇之功，谮诸晋王，王召之；守奇恐获罪，与去非及进士赵凤来奔，上以守奇为博州刺史。去非、凤，皆幽州人也。先是，燕主守光籍境内丁壮，悉文面为兵，虽士人不免，凤诈为僧奔晋，守奇客之。

丁酉，德威至幽州城下，守光来求救。二月，帝疾小愈，议自将击镇、定以救之。

帝闻岐、蜀相攻，辛酉，遣光禄卿卢玭等使于蜀，遗蜀主书，呼之为兄。

甲子，帝发洛阳。从官以帝诛戮无常，多惮行，帝闻之，益怒。是日，至白马顿，赐从官食，多未至，遣骑趣之于路。左散骑常侍孙骘、右谏议大夫张衍、兵部郎中张俊最后至，帝命扑杀之。衍，宗奭之侄也。

丙寅，帝至武陟，段明远供馈有加于前。丁卯，至获嘉，帝追思李思安去岁供馈有阙，贬柳州司户，告辞称明远之能曰："观明远之忠勤如此，见思安之悖慢何如！"寻长流思安于崖州，赐死。明远后更名凝。

乙亥，帝至魏州，命都招讨使宣义节度使杨师厚、副使前河阳节度使李周彝围枣强[4]，招讨应接使平卢节度使贺德伦、副使天平留后袁象先围蓨县。德伦，河西胡人；象先，下邑人也。

戊寅，帝至贝州。

辰州蛮酋宋邺、昌师益皆帅众降于楚，楚王殷以邺为辰州刺史，师益为溆州刺史。

帝昼夜兼行，三月，辛巳，至下博南[5]，登观津冢[6]。赵将符习引数百骑巡逻，不知是帝，遽前逼之。或告曰："晋兵大至矣！"帝弃行幄，亟引兵趣枣强，与杨师厚军合。习，赵州人也。

枣强城小而坚，赵人聚精兵数千人守之，师厚急攻之，数日不下，城坏复修，死伤者以万数。城中矢石将竭，谋出降，有一卒奋曰："贼自柏乡丧败已来，视我镇人裂眥[7]，今往归之，如自投虎狼之口耳。困穷如此，何用身为！我请独往试之。"夜，缒城出，诣梁军诈降，李周彝召问城中之备，对曰："非半月未易下也。"因谋曰："某既归命，愿得一剑，效死先登，取守城将首。"周彝不许，使荷担从军。卒得间举担击周彝首，踣地，左右救至，得免。帝闻之，愈怒，命师厚昼夜急攻，丙戌，拔之，无问老幼皆杀之，流血盈城。

初，帝引兵渡河，声言五十万。晋忻州刺史李存审屯赵州，患兵少，裨将赵行实请入土门避之，存审不可。及贺德伦攻蓨县，存审谓史建瑭、李嗣肱曰："吾王方有事幽蓟，无兵此来，南方之事委吾辈数人。今蓨县方急，吾辈安得坐而视之！使贼得蓨县，必西侵深、冀，患益深矣。当与公等以奇计破之。"存审乃引兵扼下博桥，使建瑭、嗣肱分道擒生。建瑭分其麾下为五队，队各百人，一之衡水，一之南宫，一之信都[8]，一之阜城，自将一队深入，与嗣肱遇梁军之樵刍者皆执之，获数百人。明日会于下博桥，皆杀之，留数人断臂纵去，曰："为我语朱公：晋王大军至矣！"时蓨县未下，帝引杨师厚兵五万，就贺德伦共攻之。丁亥，始至县西，未及置营，建瑭、嗣肱各将三百骑，效梁军旗帜服色，与樵刍者杂行，日且暮，至德伦营门，杀门者，纵火大噪，弓矢乱发，左右驰突，既瞑，各斩馘执俘而去。营中大扰，不知所为。断臂者复来曰："晋军大至矣！"帝大骇，烧营夜遁，迷失道，委曲行百五十里，戊子旦乃至冀州；蓨之耕者皆荷锄奋梃逐之，委弃军资器械不可胜计。既而复遣骑觇之，曰："晋军实未来，此乃史先锋游骑耳[9]。"帝不胜惭愤，由是病增剧，不能乘肩舆。留贝州旬余，诸军始集。

【注释】

①祁沟关：地名。一作"岐沟关"，在今河北涞水县东。　②涿州：

地名。唐代宗大历四年(769)置,治所在范阳县(今河北涿州市)。③小刘郎:指刘守奇,刘仁恭子,刘守光弟。梁太祖开平元年(907),刘守光囚其父刘仁恭,刘守奇奔契丹,后又奔河东。 ④枣强:县名。西汉置,治今河北枣强县东南。北齐文宣帝天保七年(556)移治今河北吴桥县西南广川。隋移治今枣强县东前旧县。 ⑤下博:县名。西汉置,治今河北深州市东南。 ⑥观津冢:地名。在今河北武邑县东南。即汉文帝窦后父少消冢。少消遭秦之乱,渔钓隐身,坠渊而死。景帝立,后遣使者填以葬父,起大坟于观津城东南。 ⑦裂眥:目眥欲裂,形容愤怒到极点。眥,眼眶。 ⑧信都:县名。西汉置,治今河北衡水市冀州区。⑨史先锋:指史建瑭。晋王李存勖以史建瑭为先锋指挥使,故称之。

义昌节度使刘继威年少,淫虐类其父,淫于都指挥使张万进家,万进怒,杀之。诘旦,召大将周知裕,告其故。万进自称留后,以知裕为左都押牙。庚子,遣使奉表请降,亦遣使降于晋;晋王命周德威安抚之。知裕心不自安[①],遂来奔,帝为之置归化军,以知裕为指挥使,凡军士自河朔来者皆隶之。辛丑,以万进为义昌留后。甲辰,改义昌为顺化军,以万进为节度使。

乙巳,帝发贝州;丁未,至魏州。

戊申,周德威遣裨将李存晖等攻瓦桥关[②],其将吏及莫州刺史李严皆降。严,幽州人也,涉猎书传,晋王使傅其子继岌,严固辞。晋王怒,将斩之,教练使孟知祥徒跣入谏曰:"强敌未灭,大王岂宜以一怒戮向义之士乎!"乃免之。知祥,迁之弟子,李克让之婿也。

吴镇南节度使刘威,歙州观察使陶雅,宣州观察使李遇,常州刺史李简,皆武忠王旧将[③],有大功,以徐温自牙将秉政,内不能平;李遇尤甚,常言:"徐温何人,吾未尝识面,一旦乃当国邪!"

馆驿使徐玠使于吴越,道过宣州,温使玠说遇入见新王,遇初许之;玠曰:"公不尔,人谓公反。"遇怒曰:"君言遇反,杀侍中者非反邪!"侍中,谓威王也[④]。温怒,以淮南节度副使王檀为宣州制置使,数遇不入朝之罪,遣都指挥使柴再用帅升、润、池、歙兵纳檀于宣州,升州副使徐知诰为之副。遇不受代,再用攻宣州,逾月不克。

夏，四月，癸丑，以楚王殷为武安、武昌、静江、宁远节度使，洪、鄂四面行营都统。

乙卯，博王友文来朝，请帝还东都。丁巳，发魏州；己未，至黎阳，以疾淹留；乙丑，至滑州。

维州羌胡董琢反，蜀主遣保銮军使赵绰讨平之。

己巳，帝至大梁。

帝闻岭南与楚相攻，甲戌，以右散骑常侍韦戬等为潭、广和叶使，往解之。

戊寅，帝发大梁。

周德威白晋王，以兵少不足攻城，晋王遣李存审将吐谷浑、契苾骑兵会之[5]。李嗣源攻瀛州[6]，刺史赵敬降。

五月，甲申，帝至洛阳，疾甚。

司空、门下侍郎、同平章事薛贻矩卒。

燕主守光遣其将单廷珪将精兵万人出战，与周德威遇于龙头冈[7]。廷珪曰："今日必擒周杨五以献。"杨五者，德威小名也。既战，见德威于陈，援枪单骑逐之，枪及德威背，德威侧身避之，奋村反击廷珪坠马，生擒，置于军门。燕兵退走，德威引骑乘之，燕兵大败，斩首三千级。廷珪，燕骁将也，燕人失之，夺气。

己丑，蜀大赦。

李遇少子为淮南牙将，遇最爱之，徐温执之，至宣州城下示之，其子啼号求生，遇由是不忍战。温使典客何荛入城，以吴王命说之曰："公本志果反，请斩荛以徇；不然，随荛纳款。"遇乃开门请降，温使柴再用斩之，夷其族。于是诸将始畏温，莫敢违其命。

徐知诰以功迁升州刺史。知诰事温甚谨，安于劳辱，或通夕不解带，温以是特爱之，每谓诸子曰："汝辈事我能如知诰乎？"时诸州长吏多武夫，专以军旅为务，不恤民事；知诰在升州，独选用廉吏，修明政教，招延四方士大夫，倾家赀无所爱。洪州进士宋齐丘，好纵横之术，谒知诰，知诰奇之，辟为推官，与判官王令谋、参军王翃专主谋议，以牙吏马仁裕、周宗、曹悰为腹心。仁裕，彭城人；宗，涟水人也。

【注释】

①知裕心不自安：据十二行本、孔本等，"安"下有"求为景州刺史"六字。 ②瓦桥关：地名。唐置，在涿州南一百二十里，五代因之，今河北雄县境内。 ③武忠王：指杨行密。杨行密谥武忠王，故称。 ④威王：指杨渥；杨渥谥威王，故称。 ⑤契苾：古部落名。亦称契弊、契苾羽。铁勒诸部之一。隋唐时居焉耆北，傍白山（天山）。唐太宗贞观六年（632），首领哥楞侄何力率部归唐，徙甘凉间。后北徙乌特勤山，高宗永徽四年（653），唐以其部置贺兰都督府，隶燕然都护府。 ⑥瀛州：地名。北魏孝文帝太和十一年（487）分定、冀二州置，治所在赵都军城（今河北河间市）。 ⑦龙头冈：地名。一作"羊头冈"，在今北京东南。

闰月，壬戌，帝疾增甚，谓近臣曰："我经营天下三十年，不意太原余孽更昌炽如此！吾观其志不小，天复夺我年，我死，诸儿非彼敌也，吾无葬地矣！"因哽咽，绝而复苏。

高季昌潜有据荆南之志，乃奏筑江陵外郭，增广之。

丙寅，蜀门下侍郎、同平章事王锴罢为兵部尚书。

帝长子郴王友裕早卒。次假子博王友文，帝特爱之，常留守东都，兼建昌宫使。次郢王友珪，其母亳州营倡也[1]，为左右控鹤都指挥使[2]。次均王友贞，为东都马步都指挥使。

初，元贞张皇后严整多智，帝敬惮之。后殂，帝纵意声色，诸子虽在外，常征其妇入侍，帝往往乱之。友文妇王氏色美，帝尤宠之，虽未以友文为太子，帝意常属之。友珪心不平。友珪尝有过，帝挞之，友珪益不自安。帝疾甚，命王氏召友文于东都，欲与之诀，且付以后事。友珪妇张氏亦朝夕侍帝侧，知之，密告友珪曰："大家以传国宝付王氏怀往东都，吾属死无日矣。"夫妇相泣。左右或说之曰："事急计生，何不改图，时不可失！"

六月，丁丑朔，帝命敬翔出友珪为莱州刺史，即令之官。已宣旨，未行敕。时左迁者多追赐死，友珪益恐。

戊寅，友珪易服微行入左龙虎军，见统军韩勍，以情告之。勍亦见功臣宿将多以小过被诛，惧不自保，遂相与合谋。勍以牙兵五百人从友珪杂控鹤士入[3]，伏于禁中，中夜斩关入，至寝殿，侍疾

后梁彩绘散乐浮雕

者皆散走。帝惊起,问:“反者为谁?”友珪曰:“非他人也。”帝曰:“我固疑此贼,恨不早杀之。汝悖逆如此,天地岂容汝乎!”友珪曰:“老贼万段!”友珪仆夫冯廷谔刺帝腹,刃出于背。友珪自以败毡裹之,瘗于寝殿,秘不发丧。遣供奉官丁昭溥驰诣东都,命均王友贞杀友文。

己卯,矫诏称:“博王友文谋逆,遣兵突入殿中,赖郢王友珪忠孝,将兵诛之,保全朕躬。然疾因震惊,弥致危殆,宜令友珪权主军国之务。”韩勍为友珪谋,多出府库金帛赐诸军及百官以取悦。

辛巳,丁昭溥还,闻友文已死,乃发丧,宣遗制,友珪即皇帝位。

时朝廷新有内难,中外人情汹汹。许州军士更相告变,匡国节度使韩建皆不之省,亦不为备;丙申,马步都指挥使张厚作乱,杀建,友珪不敢诘;甲辰,以厚为陈州刺史。

秋,七月,丁未,大赦。

天雄节度使罗周翰幼弱,军府事皆决于牙内都指挥使潘晏;北面都招讨使、宣义节度使杨师厚军于魏州,久欲图之,惮太祖威严,不敢发。至是,师厚馆于铜台驿,潘晏入谒,执而杀之,引兵入牙城,据位视事。壬子,制以师厚为天雄节度使,徙周翰为宣义节度使。

以侍卫诸军使韩勍领匡国节度使。

甲寅,加吴越王镠尚父。

甲子,以均王友贞为开封尹、东都留守。

蜀太子元坦更名元膺。

丙寅,废建昌宫使,以河南尹张宗奭为国计使,凡天下金谷旧隶建昌宫者悉主之。

【注释】

①营倡:即营妓,古时军中的官妓。 ②左右控鹤都指挥使:据十二行本、孔本等,"使"下有"无宠"二字。 ③控鹤士:侍卫亲军的士兵。梁朝以侍卫亲军为控鹤军。

八月,龙骧军三千人戍怀州者,溃乱东走,所过剽掠;戊子,遣东京马步军都指挥使霍彦威、左耀武指挥使杜晏球讨之。庚寅,击破乱军,执其都将刘重遇于鄢陵。甲午,斩之。

郢王友珪既篡立,诸宿将多愤怒,虽曲加恩礼,终不悦。告哀使至河中,护国节度使冀王朱友谦泣曰:"先帝数十年开创基业,前日变起宫掖,声闻甚恶,吾备位藩镇,心窃耻之。"友珪加友谦侍中、中书令,以诏书自辨,且征之。友谦谓使者曰:"所立者为谁?先帝晏驾不以理,吾且至洛阳问罪,何以征为!"戊戌,以侍卫诸军使韩勍为西面行营招讨使,督诸军讨之。友谦以河中附于晋以求救。九月,丁未,以感化节度使康怀贞为河中都招讨使,更以韩勍副之。

友珪以兵部尚书知崇政院事敬翔,太祖腹心,恐其不利于己,欲解其内职,恐失人望;庚午,以翔为中书侍郎、同平章事;壬申,以户部尚书李振充崇政院使。翔多称疾不预事。

康怀贞等与忠武节度使牛存节合兵五万屯河中城西,攻之甚急。晋王遣其将李存审、李嗣肱、李嗣恩将兵救之,败梁兵于胡壁。嗣恩,本骆氏子也。

吴武忠王之疾病也,周隐请召刘威,威由是为帅府所忌。或谮之于徐温,温将讨之。威幕客黄讷说威曰:"公受谤虽深,反本无状,若轻舟入觐,则嫌疑皆亡矣。"威从之。陶雅闻李遇败,亦惧,与威偕诣广陵,温待之甚恭,如事武忠王之礼,优加官爵,雅等悦服,由是人皆重温。讷,苏州人也。温与威、雅帅将吏请于李俨,承制加嗣吴王隆演太师、吴王,以温领镇海节度使、同平章事,淮南行军司马如故。温遣威、雅还镇。

辛巳[①],蜀改剑南、东川曰武德军。

朱友谦复告急于晋,冬,十月,晋王自将自泽潞而西[②],遇康怀贞于解县[③],大破之,斩首千级,追至白径岭而还[④]。梁兵解围,退保陕州。友谦身自至猗氏谢晋王,从者数十人,撤武备,诣晋王帐,拜之为舅。晋王夜置酒张乐,友谦大醉。晋王留宿帐中,友谦安寝,鼾息自如。明旦复置酒而罢。

杨师厚既得魏博之众,又兼都招讨使,宿卫劲兵多在麾下,诸镇兵皆得调发,威势甚重,心轻郢王友珪,遇事往往专行不顾。友珪患之,发诏召之,云"有北边军机,欲与卿面议"。师厚将行,其腹心皆谏曰:"往必不测。"师厚曰:"吾知其为人,虽往,如我何!"乃帅精兵万余人,渡河趣洛阳,友珪大惧。丁亥,至都门,留兵于外,与十余人入见,友珪喜,甘言逊词以悦之,赐与巨万。癸巳,遣还。

十一月,赵将王德明将兵三万掠武城[⑤],至于临清,攻宗城,下之。癸丑,杨师厚伏兵唐店,邀击,大破之,斩首五千余级。

甲寅,葬神武元圣孝皇帝于宣陵[⑥],庙号太祖。

吴淮南节度副使陈璋等将水军袭楚岳州,执刺史苑玫;楚王殷遣水军都指挥使杨定真救岳州。璋等进攻荆南,高季昌遣其将倪可福拒之。吴恐楚人救荆南,遣抚州刺史刘信帅江、抚、袁、吉、信五州兵屯吉州,为璋声援。

马楚天策府宝铜钱

十二月,戊寅,

蜀行营都指挥使王宗汾攻岐文州，拔之，守将李继夔走。

是岁，隰州都将刘训杀刺史，以州降晋，晋王以为瀛州刺史。训，永和人也。

虔州防御使李彦图卒，州人奉谭全播知州事，遣使内附，诏以全播为百胜防御使、虔·韶二州节度开通使。

高季昌出兵，声言助梁伐晋，进攻襄州，山南东道节度使孔勍击败之。自是朝贡路绝。勍，兖州人也。

【注释】

①辛巳：此处误，九月无此日。 ②泽潞：地名。唐肃宗至德元年(756)置方镇，治所在潞州(今山西长治市)。代宗大历后并入昭义军。 ③解县：县名。唐高祖武德元年(618)以虞乡县改名，治所即今山西运城西南解州镇。 ④白径岭：地名。在今山西运城市东北。 ⑤武城：县名。西晋武帝太康中改东武城县为武城县，治今山东武城县西北。唐高宗调露元年(679)移治永济渠北义王桥西二里(今武城县西)，属贝州。 ⑥宣陵：梁太祖朱温墓，在河南伊阙县(今河南伊川县西南)。

均王上上

乾化三年 春，正月，丁巳，晋周德威拔燕顺州①。

癸亥，郢王友珪朝享太庙；甲子，祀圜丘，大赦，改元凤历。

吴陈璋攻荆南，不克而还，荆南兵与楚兵会于江口以邀之；璋知之，舟二百艘骈为一列，夜过，二镇兵遽出追之，不能及。

晋周德威拔燕安远军，蓟州将成行言等降于晋。

二月，壬午，蜀大赦。

郢王友珪既得志，遽为荒淫，内外愤怒，友珪虽啖以金缯，终莫之附。驸马都尉赵岩，犨之子，太祖之婿也②；左龙虎统军、侍卫亲军都指挥使袁象先，太祖之甥也③。岩奉使至大梁，均王友贞密与之谋诛友珪，岩曰："此事成败，在招讨杨令公耳④。得其一言谕禁军，吾事立办。"均王乃遣腹心马慎交之魏州说杨师厚曰："郢王篡弑，人望属在大梁，公若因而成之，此不世之功也。"且许事成之日赐犒军钱五十万缗。师厚与将佐谋之，曰："方郢王弑逆，吾不能即讨；今君臣之分已定，无故改图，可乎？"或曰："郢王亲弑君父，贼也；均王举兵复仇，义也。奉义讨贼，何君臣之有！彼若一朝破贼，公将何以自处乎？"师厚曰："吾几误计。"乃遣其将王舜贤至洛阳，阴与袁象先谋，遣招讨马步都虞候谯人朱汉宾将兵屯滑州为外应。赵岩归洛阳，亦与象先密定计。

友珪治龙骧军溃乱者，搜捕其党，获者族之，经年不已。时龙骧军有戍大梁者，友珪征之，均王因使人激怒其众曰："天子以怀州屯兵叛，追汝辈欲尽坑之。"其众皆惧，莫知所为。丙戌，均王奏龙骧军疑惧，未肯前发。戊子，龙骧将校见均王，泣请可生之路，王曰："先帝与汝辈三十余年征战，经营王业。今先帝尚为人所弑，汝辈安所逃死乎！"因出太祖画像示之而泣曰："汝能自趣洛阳雪仇耻，则转祸为福矣。"众皆踊跃呼万岁，请兵仗，王给之。

庚寅旦，袁象先等帅禁兵数千人突入宫中。友珪闻变，与妻张氏及冯廷谔趋北垣楼下，将逾城，自度不免，令廷谔先杀妻，次杀己，廷谔亦自刭。诸军十余万大掠都市，百司逃散，中书侍郎、同平章事杜晓、侍讲学士李珽皆为乱兵所杀，门下侍郎、同平章事于兢、宣政使李振被伤。至晡乃定。

象先、岩赍传国宝诣大梁迎均王，王曰："大梁国家创业之地，何必洛阳！"乃即帝位于大梁，复称乾化三年，追废友珪为庶人，复博王友文官爵。

丙申，晋李存晖攻燕檀州⑤，刺史陈确以城降。

蜀唐道袭自兴元罢归，复为枢密使。太子元膺廷疏道袭过恶，以为不应复典机要，蜀主不悦。庚子，以道袭为太子少保。

【注释】

①顺州：地名。唐太宗贞观四年（630）平突厥，以其部落置顺、祐、化、长四州，六年（632）以顺州侨治营州南之五柳戍。顺州南至燕京九十里，今为北京顺义区。　②太祖之婿：赵岩尚梁太祖朱温女长乐公主，故称。　③太祖之甥：袁象先父袁敬初，尚梁太祖朱温妹万安大长公主，故称。　④招讨杨令公：指杨师厚。杨师厚官中书令，为北面都招讨使，故称。　⑤檀州：地名。唐高祖武德元年（618）置，治所在密云县（今北京

密云区)。

三月,甲辰朔,晋周德威拔燕卢台军。

丁未,帝更名锽;久之,又名瑱。

庚戌,加杨师厚兼中书令,赐爵邺王,赐诏不名,事无巨细必咨而后行。

帝遣使招抚朱友谦;友谦复称藩,奉梁年号。

丙辰,立皇弟友敬为康王。

乙丑,晋将刘光濬克古北口[①],燕居庸关使胡令圭等奔晋。

戊辰,以保义留后戴思远为节度使,镇邢州。

燕主守光命大将元行钦将骑七千,牧马于山北,募山北兵以应契丹;又以骑将高行珪为武州刺史,以为外援。晋李嗣源分兵徇山后八军,皆下之;晋王以其弟存矩为新州刺史总之。以燕纳降军使卢文进为裨将。李嗣源进攻武州,高行珪以城降。元行钦闻之,引兵攻行珪;行珪使其弟行周质于晋军以求救,李嗣源引兵救之,行钦解围去。嗣源与行周追至广边军[②],凡八战,行钦力屈而降;嗣源爱其骁勇,养以为子。嗣源进攻儒州[③],拔之,以行珪为代州刺史。行周留事嗣源,常与嗣源假子从珂分将牙兵以从。从珂母魏氏,镇州人,先适王氏,生从珂,嗣源从晋王克用战河北,得魏氏,以为妾,故从珂为嗣源子,及长,以勇健知名[④],嗣源爱之。

吴行营招讨使李涛帅众二万出千秋岭[⑤],攻吴越衣锦军[⑥]。吴越王镠以其子湖州刺史传瓘为北面应援都指挥使以救之,睦州刺史传璙为招讨收复都指挥使,将水军攻吴东洲以分其兵势。

夏,四月,癸未,以袁象先领镇南节度使、同平章事。

晋周德威进军逼幽州南门,壬辰,燕主守光遣使致书于德威以请和,语甚卑而哀。德威曰:“大燕皇帝尚未郊天,何雌伏如是邪!予受命讨有罪者,结盟继好,非所闻也。”不答书。守光惧,复遣人祈哀,德威乃以闻于晋王。

千秋岭道险狭,钱传瓘使人伐木以断吴军之后而击之,吴军大败,虏李涛及士卒三千余人以归。

己亥,晋刘光濬拔燕平州,执刺史张在吉。五月,光濬攻营州，刺史杨靖降。

乙巳，蜀主以兵部尚书王锴为中书侍郎、同平章事。

杨师厚与刘守奇将汴、滑、徐、兖、魏、博、邢、洺之兵十万大掠赵境，师厚自柏乡入攻土门，趣赵州，守奇自贝州入趣冀州，所过焚掠。庚戌，师厚至镇州，营于南门外，燔其关城。壬子，师厚自九门退军下博[7]，守奇引兵与师厚会攻下博，拔之。晋将李存审、史建瑭戍赵州，兵少，赵王告急于周德威。德威遣骑将李绍衡会赵将王德明同拒梁军。师厚、守奇自弓高渡御河而东[8]，逼沧州，张万进惧，请迁于河南；师厚表徙万进镇青州，以守奇为顺化节度使。

吴遣宣州副指挥使花虔将兵会广德镇遏使涡信屯广德，将复寇衣锦军。吴越钱传瓘就攻之。

【注释】

①古北口：地名。又名"虎北口"，即今北京密云区东北古北口。北口指长城口。 ②广边军：唐置，在今河北赤城县东南。 ③儒州：地名。唐末置，治所在缙山县（今北京延庆区）。 ④以勇健知名：据十二行本、孔本等，"勇健"下有"善战"二字。 ⑤千秋岭：地名。在今浙江临安市西北，接安徽宁国市界。 ⑥衣锦军：又称"衣锦乡"，五代梁太祖开平二年（908）吴越置，治所在临安县（今浙江临安市）。 ⑦九门：县名。西汉置，治今河北石家庄市藁城区西北。下博：县名。西汉置，治今河北深州市东南。 ⑧弓高：县名。西汉置，治今河北阜城县南。隋文帝开皇十六年（596）移治今河北东光县西北。御河：隋炀帝大业四年（608）穿永济渠，引沁水南达于河，北通涿郡。后人称之为御河。

六月，壬申朔，晋王遣张承业诣幽州，与周德威议军事。

丙子，蜀主以道士杜光庭为金紫光禄大夫、左谏议大夫，封蔡国公，进号广成先生。光庭博学善属文，蜀主重之，颇与议政事。

吴越钱传瓘拔广德，虏花虔、涡信以归。

戊子，以张万进为平卢节度使。

辛卯，燕主守光遣使诣张承业，请以城降；承业以其无信，不许。

蜀太子元膺，豭喙龅齿[1]，目视不正，而警敏知书，善骑射，性狷急猜忍。蜀主命杜光庭选纯静有德者使侍东宫，光庭荐儒者许寂、徐简夫，太子未尝与之交言，日与乐工群小嬉戏无度，僚属莫敢谏。

秋，七月，蜀主将以七夕出游。丙午，太子召诸王大臣宴饮，集王宗翰、内枢密使潘峭、翰林学士承旨高阳毛文锡不至，太子怒曰："集王不来，必峭与文锡离间也。"大昌军使徐瑶、常谦，素为太子所亲信，酒行，屡目少保唐道袭，道袭惧而起。丁未旦，太子入白蜀主曰："潘峭、毛文锡离间兄弟。"蜀主怒，命贬逐峭、文锡，以前武泰节度使兼侍中潘炕为内枢密使。

太子出，道袭入，蜀主以其事告之，道袭曰："太子谋作乱，欲召诸将、诸王，以兵锢之，然后举事耳。"蜀主疑焉，遂不出；道袭请召屯营兵入宿卫，许之。内外戒严。

太子初不为备，闻道袭召兵，乃以天武甲士自卫，捕潘峭、毛文锡至，挝之几死，囚诸东宫；又捕成都尹潘峤，囚诸得贤门。戊申，徐瑶、常谦与怀胜军使严璘等各帅所部兵奉太子攻道袭。至清风楼，道袭引屯营兵出拒战；道袭中流矢，逐至城西，斩之。杀屯营兵甚众，中外惊扰。

潘炕言于蜀主曰："太子与唐道袭争权耳，无他志也。陛下宜面谕大臣以安社稷。"蜀主乃召兼中书令王宗侃、王宗贺、前利州团练使王宗鲁等，使发兵讨为乱者徐瑶、常谦等。宗侃等陈于西球场门，兼侍中王宗黯自大安门梯城而入，与瑶、谦战于会同殿前，杀数十人[2]。瑶死，谦与太子奔龙跃池[3]，匿于舰中。己酉[4]，太子出就舟人丐食，舟人以告蜀主，亟遣集王宗翰往慰抚之；比至，太子已为卫士所杀。蜀主疑宗翰杀之，大恸不已。左右恐事变，会张格呈慰谕军民榜，读至"不行斧钺之诛，将误社稷之计"，蜀主收涕曰："朕何敢以私害公！"于是下诏废太子元膺为庶人。宗翰奏诛手刃太子者，元膺左右坐诛死者数十人，贬窜者甚众。

庚戌，赠唐道袭太师，谥忠壮；复以潘峭为枢密使。

甲子，晋五院军使拔莫州[5]，擒燕将毕元福。八月，乙亥，李信拔瀛州。

赐高季昌爵勃海王。

晋王与赵王镕会于天长。

楚宁远节度使姚彦章将水军侵吴鄂州，吴以池州团练使吕师造为水陆行营应援使，未至，楚兵引去。

【注释】

①豭(jiā 家)：公猪。龅(páo 庖)：露齿。　②杀数十人：据十二行本、孔本等，"数十人"下有"余众皆溃"四字。　③龙跃池：地名。即摩诃池，在今四川成都市东南。　④己酉：据十二行本、孔本等，"己酉"下有"旦"字。　⑤五院军使：据十二行本、孔本等，"五院军使"下有"李信"二字。

九月，甲辰，以御史大夫姚洎为中书侍郎、同平章事。

燕主守光引兵夜出，复取顺州。

吴越王镠遣其子传瓘、传璙及大同节度使传瑛攻吴常州，营于潘葑[①]。徐温曰："浙人轻而怯。"帅诸将倍道赴之。至无锡，黑云都将陈祐言于温曰："彼谓吾远来罢倦，未能决战，请以所部乘其无备击之。"乃自他道出敌后，温以大军当其前，夹攻之，吴越大败，斩获甚众。

高季昌造战舰五百艘，治城堑，缮器械，为攻守之具，招聚亡命，交通吴、蜀，朝廷浸不能制。

冬，十月，己巳朔，燕主守光帅众五千夜出，将入檀州；庚午，周德威自涿州引兵邀击，大破之。守光以百余骑逃归幽州，其将卒降者相继。

蜀潘炕屡请立太子，蜀主以雅王宗辂类己，信王宗杰才敏，欲择一人立之。郑王宗衍最幼，其母徐贤妃有宠，欲立其子，使飞龙使唐文扆讽张格上表请立宗衍。格夜以表示功臣王宗侃等，诈云受密旨，众皆署名。蜀主令相者视诸子，亦希旨言郑王相最贵。蜀主以为众人实欲立宗衍，不得已许之，曰："宗衍幼懦，能堪其任乎？"甲午，立宗衍为太子。受册毕，潘炕以朝廷无事，称疾请老，蜀主不许；涕泣固请，乃许之。国有大疑，常遣使就第问之。

岭南节度使刘岩求婚于楚，楚王许以女妻之。

卢龙巡属皆入于晋，燕主守光独守幽州城，求援于契丹；契丹以其无信，竟不救。守光屡请降于晋，晋人疑其诈，终不许。至是，守光登城谓周德威曰："俟晋王至，吾则开门泥首听命[2]。"德威使白晋王。十一月，甲辰，晋王以监军张承业权知军府事，自诣幽州，辛酉，单骑抵城下，谓守光曰："朱温篡逆，余本与公合河朔五镇之兵兴复唐祚[3]。公谋之不臧，乃效彼狂僭。镇、定二帅皆俯首事公，而公曾不之恤，是以有今日之役。丈夫成败须决所向，公将何如？"守光曰："今日俎上肉耳，惟王所裁。"王悯之，与折弓矢为誓，曰："但出相见，保无他也。"守光辞以他日。

先是，守光爱将李小喜多赞成守光之恶，言听计从，权倾境内。至是，守光将出降，小喜止之。是夕，小喜逾城诣晋军[4]，且言城中力竭。壬戌，晋王督诸军四面攻城，克之，擒刘仁恭及其妻妾，守光帅妻子亡去。癸亥，晋王入幽州。

以宁国节度使王景仁为淮南西北行营招讨应接使，将兵万余侵庐、寿。

【注释】

①潘葑：地名。在今江苏无锡市西北。　②泥首：顿首至地。　③河朔五镇：指潞、镇、定、幽、沧五个镇。　④诣晋军：据十二行本、孔本等，"诣晋军"下有"降"字。

资治通鉴卷第二百六十九

后梁纪四

起昭阳作噩十二月，尽强圉赤奋若六月，凡三年有奇。

均　王　上[①]

乾化三年　十二月，吴镇海节度使徐温、平卢节度使朱瑾帅诸将拒之[②]，遇于赵步。吴征兵未集，温以四千余人与景仁战，不胜而却。景仁引兵乘之[③]，将及于隘，吴吏士皆失色，左骁卫大将军宛丘陈绍援枪大呼曰："诱敌太深，可以进矣。"跃马还斗，众随之，梁兵乃退。温拊其背曰："非子之智勇，吾几困矣。"赐之金帛，绍悉以分麾下。吴兵既集，复战于霍丘，梁兵大败；王景仁以数骑殿，吴人不敢逼[④]。梁之渡淮而南也，表其可涉之津[⑤]；霍丘守将朱景浮表于木，徙置深渊。及梁兵败还，望表而涉，溺死者太半，吴人聚梁尸为京观于霍丘[⑥]。

庚午，晋王以周德威为卢龙节度使，兼侍中，以李嗣本为振武节度使。

燕主守光将奔沧州就刘守奇，涉寒，足肿，且迷失道，至燕乐之境[⑦]，昼匿坑谷，数日不食，令妻祝氏乞食于田父张师造家。师造怪妇人异状，诘知守光处，并其三子擒之。癸酉，晋王方宴，将吏擒守光适至，王语之曰："主人何避客之深邪！"并仁恭置之馆舍，以器服膳饮赐之。王命掌书记王缄草露布[⑧]，缄不知故事[⑨]，书之于布，遣人曳之。

晋王欲自云、代归，赵王镕及王处直请由中山、真定趣井陉[⑩]，王从之。庚辰，晋王发幽州，刘仁恭父子皆荷校于露布之下[11]。守光父母唾其面而骂之曰："逆贼，破我家至此！"守光俯首而已[12]。甲申，至定州，舍于关城。丙戌，晋王与王处直谒北岳庙；是日，至行唐，赵王镕迎谒于路。

【注释】

①均王：名朱友贞，后梁太祖朱温之子，同年二月在杨师厚的帮助下，推翻杀父篡位的兄长郢王朱友珪，遂即帝位，史称末帝。因其仍袭用太祖年号，故称均王。 ②帅：通"率"。拒之：拒梁将王景仁，参见上卷。 ③乘（chéng 成）：乘势、追逐。 ④吴人不敢逼：王景仁本吴之名将，后投于梁，吴人知其武猛，故不敢逼。 ⑤表：标记、标志。津：渡口。 ⑥京观（guàn 贯）：又称"京丘"。京，大的意思。古代战争，胜者为了炫耀武功，收集敌人尸体，封土成高冢，称作京观。霍丘：县名，治今安徽霍邱县。 ⑦燕乐：县名，治今北京密云区。 ⑧露布：又称"露板"，是一种不缄封的文书，多用于捷报、檄文等，后演化为一种专门文体。 ⑨故事：典故、由来。 ⑩井陉（xíng 刑）：地名，治今河北井陉县。 ⑪荷校（jiào 叫）：以枷加颈。校为古代刑具枷械之统称。 ⑫俯首：低头。

四年　春，正月，戊戌朔，赵王镕诣晋王行帐上寿置酒。镕愿识刘太师面[1]，晋王命吏脱仁恭及守光械，引就席同宴；镕答其拜，又以衣服鞍马酒馔赠之。己亥，晋王与镕畋于行唐之西[2]，镕送境上而别。

丙子[3]，蜀主命太子判六军[4]，开崇勋府，置僚属，后更谓之天策府。

壬子，晋王以练绯刘仁恭父子[5]，凯歌入于晋阳[6]。丙辰，献于太庙[7]，自临斩刘守光。守光呼曰："守光死不恨，然教守光不降者，李小喜也。"王召小喜证之，小喜瞋目叱守光曰[8]："汝内乱禽兽行，亦我教邪！"王怒其无礼，先斩之。守光曰："守光善骑射，王欲成霸业，何不留之使自效！"其二妻李氏、祝氏让之曰："皇帝，事已如此，生亦何益！"即伸颈就戮。守光至死号泣哀祈不已。王命节度副使卢汝弼等械仁恭至代州，刺其心血以祭先王墓[9]，然后斩之。

或说赵王镕曰："大王所称尚书令，乃梁官也，大王既与梁为仇，不当称其官。且自太宗践阼已来[10]，无敢当其名者。今晋王为盟主，勋高位卑，不若以尚书令让之。"镕曰："善！"乃与王处直各遣使推晋王为尚书令，晋王三让，然后受之，始开府置行台如太宗故事。

高季昌以蜀夔、万、忠、涪四州旧隶荆南[11]，兴兵取之，先以水军攻夔州。时镇江节度使兼侍中嘉王宗寿镇忠州，夔州刺史王成先请甲，宗寿但以白布袍给之。成先帅之逆战，季昌纵火船焚蜀浮桥，招讨副使张武举铁絙拒之[12]，船不得进。会风反，荆南兵焚溺死者甚众。季昌乘战舰，蒙以牛革，飞石中之，折其尾，季昌易小舟而遁。荆南兵大败，俘斩五千级。成先密遣人奏宗寿不给甲之状，宗寿获之，召成先，斩之。

帝以岐人数为寇，二月，甲戌，徙感化节度使康怀英为永平节度使，镇长安。怀英即怀贞也，避帝名改焉。

夏，四月，丙子，蜀主徙镇江军治夔州。

丁丑，司空兼门下侍郎、同平章事于兢坐挟私迁补军校，罢为工部侍郎，再贬莱州司马[13]。

吴袁州刺史刘崇景叛，附于楚。崇景，威之子也。楚将许贞将万人援之，吴都指挥使柴再用、米志诚帅诸将讨之。

楚岳州刺史许德勋将水军巡边。夜分[14]，南风暴起，都指挥使王环乘风趣黄州[15]，以绳梯登城，径趣州署，执吴刺史马鄴，大掠而还。德勋曰："鄂州将邀我，宜备之。"环曰："我军入黄州，鄂人不知，奄过其城，彼自救不暇，安敢邀我！"乃展旗鸣鼓而行，鄂人不敢逼。

【注释】

①刘太师：即刘仁恭。先前刘守光曾囚禁其父仁恭，上表请求梁国许其父以太师致仕，故王镕称之。　②行唐：县名，治今河北行唐县。③丙子：此年正月无"丙子"，一本作"丙午"，是。　④蜀主：即前蜀皇帝王建。太子：王建幼子王衍。判：除指中枢官兼任地方官外，通常指以高官兼低职者。六军：泛称朝廷的全部军队。　⑤练：白色的熟绢。纻

(chè 彻):用绳捆绑。 ⑥凯歌:战争胜利时所唱之歌。晋阳:在今山西太原市西南,时为晋王治所。 ⑦太庙:天子、皇帝的祖庙。 ⑧瞋(chēn 琛)目:张目、怒目。 ⑨先王:指晋王李存勖之父李克用。⑩太宗:指唐太宗李世民,曾自尚书令即皇帝位。 ⑪夔(kuí 奎)、万、忠、涪(fú 浮)四州:夔州治今重庆奉节县。万州治今重庆万州区。忠州治今重庆忠县。涪州治今重庆涪陵区。 ⑫絙(gēng 耕):两头连贯的粗索。 ⑬莱州:治今山东莱州市,在后梁为边远之地。 ⑭夜分:即夜半。 ⑮黄州:治今湖北黄冈市。

五月,朔方节度使兼中书令颍川王韩逊卒,军中推其子洙为留后[①]。癸丑,诏以洙为节度使。

吴柴再用等与刘崇景、许贞战于万胜冈,大破之,崇景、贞弃袁州遁去。

晋王既克幽州,乃谋入寇。秋,七月,会赵王镕及周德威于赵州,南寇邢州,李嗣昭引昭义兵会之。杨师厚引兵救邢州,军于漳水之东。晋军至张公桥,裨将曹进金来奔[②]。晋军退,诸镇兵皆引归。八月,晋王还晋阳。

蜀武泰节度使王宗训镇黔州,贪暴不法,擅还成都;庚辰,见蜀主,多所邀求[③],言辞狂悖。蜀主怒,命卫士殴杀之。戊子,以内枢密使潘峭为武泰节度使、同平章事,翰林学士承旨毛文锡为礼部尚书,判枢密院。

峡上有堰,或劝蜀主乘夏秋江涨,决之以灌江陵[④]。毛文锡谏曰:"高季昌不服,其民何罪!陛下方以德怀天下,忍以邻国之民为鱼鳖食乎!"蜀主乃止。

帝以福王友璋为武宁节度使。前节度使王殷,友珪所置也,惧,不受代,叛附于吴;九月,命淮南西北面招讨应接使牛存节及开封尹刘鄩将兵讨之。冬,十月,存节等军于宿州[⑤]。吴平卢节度使朱瑾等将兵救徐州,存节等逆击,破之,吴兵引归。

十一月,乙巳,南诏寇黎州,蜀主以夔王宗范、兼中书令宗播、嘉王宗寿为三招讨以击之。丙辰,败之于潘仓嶂,斩其酋长赵嵯政等;壬戌,又败之于山口城;十二月,乙亥,破其武侯岭十三寨;

辛巳，又败之于大渡河，俘斩数万级，蛮争走渡水，桥绝，溺死者数万人。宗范等将作浮梁济大度河攻之，蜀主召之令还。

癸未，蜀兴州刺史兼北路制置指挥使王宗铎攻岐阶州及固镇，破细砂等十一寨，斩首四千级。甲申，指挥使王宗俨破岐长城关等四寨，斩首二千级。

岐静难节度使李继徽为其子彦鲁所毒而死，彦鲁自为留后。

【注释】

①留后：官名。唐代中晚期始，节度使之子侄或亲信将吏代行职务者，称节度留后，亦有军士或叛将自称留后者，这些事后多由朝廷补行任命为正式的节度使。 ②裨（pí 皮）将：副将、偏将。 ③邀求：同“要求”，有要挟之意。 ④江陵：治今湖北荆州市，时为高季昌南平国首府。⑤军于宿州：宿州在徐州之南，不攻取吴徐州而屯兵宿州，是为占领冲要之地，以绝吴淮南与徐州之援。

贞明元年[①] 春，正月，己亥，蜀主御得贤门受蛮俘，大赦。初，黎、雅蛮酋刘昌嗣、郝玄鉴、杨师泰[②]，虽内属于唐，受爵赏，号䌹金堡三王[③]，而潜通南诏，为之诇导[④]。镇蜀者多文臣，虽知其情，不敢诘。至是，蜀主数以漏泄军谋[⑤]，斩于成都市，毁䌹金堡。自是南诏不复犯边。

二月，牛存节等拔彭城，王殷举族自焚。

三月，丁卯，以右仆射兼门下侍郎、同平章事赵光逢为太子太保，致仕[⑥]。

天雄节度使兼中书令邺王杨师厚卒。师厚晚年矜功恃众，擅割财赋，选军中骁勇，置银枪效节都数千人[⑦]，给赐优厚，欲以复故时牙兵之盛[⑧]。帝虽外加尊礼，内实忌之，及卒，私于宫中受贺。租庸使赵岩、判官邵赞言于帝曰[⑨]：“魏博为唐腹心之蠹[⑩]，二百余年不能除去者，以其地广兵强之故也。罗绍威、杨师厚据之，朝廷皆不能制。陛下不乘此时为之计，所谓‘弹疽不严，必将复聚’[⑪]，安知来者不为师厚乎！宜分六州为两镇以弱其权。”帝以为然，以平卢节度使贺德伦为天雄节度使；置昭德军于相州，割澶、卫二州隶焉，以宣徽使张筠为昭德节度使，仍分魏州将士府库之半于相州。筠，海州人也。二人既赴镇，朝廷恐魏人不服，遣开封尹刘鄩将兵六万自白马济河，以讨镇、定为名，实张形势以胁之。

魏兵皆父子相承数百年，族姻磐结，不愿分徙。德伦屡趣之[12]，应行者皆嗟怨，连营聚哭。己丑，刘鄩屯南乐[13]，先遣澶州刺史王彦章将龙骧五百骑入魏州，屯金波亭。魏兵相与谋曰："朝廷忌吾军府强盛，欲设策使之残破耳。吾六州历代藩镇[14]，兵未尝远出河门[15]，一旦骨肉流离，生不如死。"是夕，军乱，纵火大掠，围金波亭，王彦章斩关而走。诘旦[16]，乱兵入牙城[17]，杀贺德伦之亲兵五百人，劫德伦置楼上。有效节军校张彦者，自帅其党，拔白刃，止剽掠。

夏，四月，帝遣供奉官扈异抚谕魏军，许张彦以刺史。彦请复相、澶、卫三州如旧制。异还，言张彦易与，但遣刘鄩加兵，立当传首。帝由是不许，但以优诏答之。使者再返，彦裂诏书抵于地，戟手南向诟朝廷[18]，谓德伦曰："天子愚暗，听人穿鼻[19]。今我兵甲虽强，苟无外援，不能独立，宜投款于晋。"遂逼德伦以书求援于晋。

李继徽假子保衡杀李彦鲁，自称静难留后，举邠、宁二州来附。诏以保衡为感化节度使，以河阳留后霍彦威为静难节度使。

吴徐温以其子牙内都指挥使知训为淮南行军副使、内外马步诸军副使。

【注释】

①贞明元年：为均王采用的第一个年号，即915年，是年十一月始改元贞明。　②黎、雅蛮：即黎、雅二州之蛮。黎州，治今四川汉源县。雅州，治今四川雅安市。　③㒟(diāo 刁)：多、大的意思，是蛮语的汉译用字。　④诇(xiòng 敻)：告密、刺探。　⑤数(shǔ 署)：责备、数说。⑥致仕：交还官职，即辞官归居，一般致仕必有恩礼。　⑦银枪效节都：禁卫军名，始见于五代。又称银枪效节、银枪，后代又有金枪之称，均披甲执锐。效节，效忠之意。　⑧牙兵：中军之兵，常指嫡系武装。　⑨租庸使：唐玄宗时设置，掌催征各地租税，多由善于聚敛的官员充任。五代时后梁、后唐改为专掌搜聚财物的中枢财政长官，后唐明宗时废去。判官：即租庸判官，为租庸使的属官。　⑩魏博：唐代方镇名，治所在魏州(今河北大名县东北)，唐代宗广德元年(763)置，唐昭宗天祐元年(904)

号为天雄军。 ⑪弹疽不严，必将复聚：俗语。即手持砭石拨刮疽疮上的脓血，如一味护疼，脓血不尽，不久脓疮将重新结聚。比喻办事要狠心、果断，不留后患。 ⑫趣：催促。 ⑬南乐：地名，即魏州昌乐县，后唐避讳改为南乐，踞魏州城南四十余里。 ⑭六州：即天雄军所辖六州，亦即魏博六州，它们是魏州、相州、博州、卫州、贝州和澶州，为唐代以来的大藩镇。 ⑮河门：魏州城外有河门旧堤，其周长约八十里。 ⑯诘(jié 结)旦：次日天明。 ⑰牙城：主将所居之城，一般指有节度使住宅的第三重城。 ⑱戟手：即用食指和中指指点，其形如戟，故名。诟(gòu 够)：辱骂。 ⑲穿鼻：暗喻为牛，被人穿鼻控制。

晋王得贺德伦书，命马步副总管李存审自赵州引兵进据临清。五月，存审至临清，刘鄩屯洹水[①]。贺德伦复遣使告急于晋，晋王引大军自黄泽岭东下，与存审会于临清，犹疑魏人之诈，按兵不进。德伦遣判官司空颋犒军[②]，密言于晋王曰："除乱当除根。"因言张彦凶狡之状，劝晋王先除之，则无虞矣。王默然。颋，贝州人也。

晋王进屯永济[③]，张彦选银枪效节五百人，皆执兵自卫，诣永济谒见，王登驿楼语之曰："汝陵胁主帅，残虐百姓，数日中迎马诉冤者百余辈。我今举兵而来，以安百姓，非贪人土地。汝虽有功于我，不得不诛以谢魏人[④]。"遂斩彦及其党七人，余众股栗。王召谕之曰："罪止八人，余无所问。自今当竭力为吾爪牙[⑤]。"众皆拜伏，呼万岁。明日，王缓带轻裘而进，令张彦之卒擐甲执兵[⑥]，翼马而从，仍以为帐前银枪都。众心由是大服。

刘鄩闻晋军至，选兵万余人，自洹水趣魏县[⑦]；晋王留李存审屯临清，遣史建瑭屯魏县以拒之，王自引亲军至魏县，与鄩夹河为营[⑧]。

帝闻魏博叛，大悔惧，遣天平节度使牛存节将兵屯杨刘，为鄩声援。会存节病卒，以匡国节度使王檀代之。

岐王遣彰义节度使刘知俊围邠州，霍彦威固守拒之。

六月，庚寅朔，贺德伦帅将吏请晋王入府城慰劳。既入，德伦上印节[⑨]，请王兼领天雄军，王固辞，曰："比闻汴寇侵逼贵道[⑩]，故亲董师徒，远来相救；又闻城中新罹涂炭，故暂入存抚。明公不垂鉴信，乃以印节见推，诚非素怀。”德伦再拜曰：“今寇敌密迩，军城新有大变，人心未安，德伦心腹纪纲为张彦所杀殆尽，形孤势弱，安能统众！一旦生事，恐负大恩。”王乃受之。德伦帅将吏拜贺，王承制以德伦为大同节度使⑪，遣之官。德伦至晋阳，张承业留之。

时银枪效节都在魏城犹骄横，晋王下令：“自今有朋党流言及暴掠百姓者，杀无赦！”以沁州刺史李存进为天雄都巡按使。有讹言摇众及强取人一钱已上者，存进皆枭首磔尸于市⑫。旬日，城中肃然，无敢喧哗者。存进本姓孙，名重进，振武人也。

晋王多出征讨，天雄军府事皆委判官司空颋决之。颋恃才挟势，睚眦必报⑬，纳贿骄侈。颋有从子在河南，颋密使人召之。都虞候张裕执其使者以白王，王责颋曰：“自吾得魏博，庶事悉以委公，公何得见欺如是！独不可先相示邪？”揖令归第⑭。是日，族诛于军门，以判官王正言代之。正言，郓州人也。

魏州孔目吏孔谦，勤敏多计数，善治簿书⑮，晋王以为支度务使。谦能曲事权要，由是宠任弥固。魏州新乱之后，府库空竭，民间疲弊，而聚三镇之兵⑯，战于河上，殆将十年，供亿军须，未尝有阙，谦之力也。然急征重敛，使六州愁苦，归怨于王，亦其所为也。

张彦之以魏博归晋也，贝州刺史张源德不从，北结沧德，南连刘鄩以拒晋，数断镇、定粮道。或说晋王：“请先发兵万人取源德，然后东兼沧景，则海隅之地皆为我有。”晋王曰：“不然。贝州城坚兵多，未易猝攻。德州隶于沧州而无备，若得而戍之，则沧、贝不得往来，二垒既孤⑰，然后可取。”乃遣骑兵五百，昼夜兼行，袭德州。刺史不意晋兵至，逾城走，遂克之，以辽州守捉将马通为刺史。

【注释】

①临清：县名，治今河北临西县，在魏州之北。洹水：即今河南北部卫河支流安阳河，在魏州西南。　②颋（tǐng 挺）：字意为头挺直的样子。　③永济：县名，治今山东冠县北，在魏州北数十里。　④以谢魏人：以此对魏州人有个交代。谢，告，有道歉之意。　⑤爪牙：爪和牙，是

鸟兽赖以攻击和防卫的工具,引申为党羽、得力助手。 ⑥擐(音 huàn 患,又音 guān 关)甲执兵:穿着甲胄,拿着武器。擐,穿的意思。 ⑦魏县:治今河北大名县西,东距魏州三十余里。 ⑧夹河为营:两军分别以漳河两岸为营。漳河因其流经魏县,故又名魏河。 ⑨印节:印为天雄军府印,节为天雄军旌节。 ⑩汴寇:指梁朝军队,因梁的东都为汴梁,故称。贵道:此处用旧称,唐代时魏博六州属河北道。 ⑪承制:秉承皇帝旨意,此处指晋王代行唐朝天子的命令。 ⑫磔(zhé 哲)尸:将犯人分解尸体后示众。 ⑬睚眦(yá zì 牙字)必报:此喻小怨小忿都不会被忘记,必得报复。睚眦,怒目而视、瞪眼。 ⑭揖:拱手为礼,古时常用于宾主间。 ⑮簿书:记录财物出入的簿籍、官署文书。 ⑯三镇:并州、魏州、镇州。 ⑰二垒:即沧州和贝州,两州之间有德州,德州东北距沧州西南距贝州各两百余里。

秋,七月,晋人夜袭澶州,陷之。刺史王彦章在刘鄩营,晋人获其妻子,待之甚厚,遣间使诱彦章[①],彦章斩其使,晋人尽灭其家。晋王以魏州将李岩为澶州刺史。

晋王劳军于魏县,因帅百余骑循河而上,觇刘鄩营[②]。会天阴晦,鄩伏兵五千于河曲丛林间[③],鼓噪而出,围王数重。王跃马大呼,帅骑驰突,所向披靡。裨将夏鲁奇等操短兵力战,自午至申乃得出[④],亡其七骑,鲁奇手杀百余人,伤夷遍体,会李存审救兵至,乃得免。王顾谓从骑曰:"几为虏嗤。"皆曰:"适足使敌人见大王之英武耳。"鲁奇,青州人也,王以是益爱之,赐姓名曰李绍奇。

刘鄩以晋兵尽在魏州,晋阳必虚,欲以奇计袭取之,乃潜引兵自黄泽西去。晋人怪鄩军数日不出,寂无声迹,遣骑觇之,城中无烟火,但时见旗帜循堞往来[⑤]。晋王曰:"吾闻刘鄩用兵,一步百计,此必诈也。"更使觇之,乃缚刍为人,执旗乘驴在城上耳。得城中老弱者诘之,云军去已二日矣。晋王曰:"刘鄩长于袭人,短于决战,计彼行才及山下。"亟发骑兵追之。会阴雨积旬,黄泽道险,堇泥深尺余[⑥],士卒援藤葛而进,皆腹疾足肿,或坠崖谷,死者什二三。晋将李嗣恩倍道先入晋阳,城中知之,勒兵为备。鄩至乐平[⑦],糗粮且尽。又闻晋有备,追兵在后,众惧,将溃。鄩谕之曰:

“今去家千里，深入敌境，腹背有兵，山谷高深，如坠井中，去将何之！惟力战庶几可免，不则以死报君亲耳。”众泣而止。周德威闻鄩西上，自幽州引千骑救晋阳，至土门，鄩已整众下山，自邢州陈宋口逾漳水而东，屯于宗城。鄩军往还，马死殆半。

时晋军乏食，鄩知临清有蓄积，欲据之以绝晋粮道。德威急追鄩，再宿，至南宫，遣骑擒其斥候者数十人⑧，断腕而纵之，使言曰：“周侍中已据临清矣！”鄩军大骇。诘朝⑨，德威略鄩营而过，入临清，鄩引军趋贝州。时晋王出师屯博州，刘鄩军堂邑，周德威攻之，不克。翌日，鄩军于莘县⑩，晋军踵之，鄩治莘城，堑而守之，自莘及河筑甬道以通馈饷⑪。晋王营于莘西三十里，烟火相望，一日数战。

晋王爱元行钦骁健，从代州刺史李嗣源求之，嗣源不得已献之，以为散员都部署⑫，赐姓名曰李绍荣。绍荣尝力战深入，剑中其面，未解，高行周救之得免。王复欲求行周，重于发言，密使人以官禄啖之。行周辞曰：“代州养壮士⑬，亦为大王耳，行周事代州，亦犹事大王也。代州脱行周兄弟于死，行周不忍负之。”乃止。

绛州刺史尹皓攻晋之隰州⑭，八月，又攻慈州，皆不克。王檀与昭义留后贺瓌攻澶州⑮，拔之，执李岩，送东都。帝以杨师厚故将杨延直为澶州刺史，使将兵万人助刘鄩，且招诱魏人。

晋王遣李存审将兵五千击贝州。张源德有卒三千，每夕分出剽掠，州民苦之，请堑其城以安耕耘。存审乃发八县丁夫堑而围之⑯。

刘鄩在莘久，馈运不给，晋人数抵其寨下挑战，鄩不出。晋人乃攻绝其甬道，以千余斧斩寨木，梁人惊扰而出，因俘获而还。

【注释】

①间（jiàn 见）使：负有伺隙行事使命的使者。　②觇（chān 掺）：窥看。　③河曲：漳河的转弯处。　④自午至申：从午时至申时。午时即上一时至午后一时，申时即午后三时至五时。　⑤堞（dié 迭）：城上如齿状的矮墙，又称女墙。　⑥堇（qín 勤）：黏土。　⑦乐平：地名，治今山西昔阳县，距晋阳两百余里。　⑧斥候：亦作“斥堠”。检行险阻、侦察敌情的士兵。　⑨诘朝：次日清晨。　⑩莘县：县名，治今山东莘县。

⑪甬道：两边有墙的驰道或通道。 ⑫散员都部署：此名始见于《资治通鉴》，晋王因人设官，是一种地位很高、平时无实际责任的武职，不久即改称行军总帅。 ⑬代州：这里代指代州刺史李嗣源。 ⑭隰（xí 席）州：地名，治今山西隰县。 ⑮昭义留后：依《新五代史·职方考》，梁无昭义军，贺瓌本传言其为宣义留后，故“昭义”当作“宣义”。 ⑯八县：即贝州所辖清河、清阳、武城、经城、临清、漳南、历亭、夏津八县。

帝以诏书让鄩老师费粮[①]，失亡多，不速战。鄩奏：“臣比欲以奇兵捣其腹心[②]，还取镇、定，期以旬时再清河朔[③]。无何天未厌乱，淫雨积旬，粮竭士病。又欲据临清断其馈饷，而周杨五奄至[④]，驰突如神。臣今退保莘县，享士训兵以俟进取。观其兵数甚多，便习骑射，诚为勍敌，未易轻也。苟有隙可乘，臣岂敢偷安养寇！”帝复问鄩决胜之策，鄩曰：“臣今无策，惟愿人给十斛粮[⑤]，贼可破矣。”帝怒，责鄩曰：“将军蓄米，欲破贼邪，欲疗饥邪？”乃遣中使往督战[⑥]。

鄩集诸将问曰：“主上深居禁中，不知军旅，徒与少年新进辈谋之。夫兵在临机制变，不可预度。今敌尚强，与战必不利，奈何？”诸将皆曰：“胜负当一决，旷日何待！”鄩默然，不悦。退，谓所亲曰：“主暗臣谀，将骄卒惰，吾未知死所矣！”他日，复集诸将于军门，人置河水一器于前，令饮之，众莫之测。鄩谕之曰：“一器犹难，滔滔之河，可胜尽乎！”众失色。

后数日，鄩将万余人薄镇、定营，镇、定人惊扰。晋李存审以骑兵二千横击之，李建及以银枪千人助之，鄩大败，奔还。晋人逐之，及寨下，俘斩千计。

刘岩逆妇于楚，楚王殷遣永顺节度使存送之。

乙未，蜀主以兼中书令王宗绾为北路行营都制置使，兼中书令王宗播为招讨使，攻秦州；兼中书令王宗瑶为东北面招讨使，同平章事王宗翰为副使，攻凤州。

庚戌，吴以镇海节度使徐温为管内水陆马步诸军都指挥使、两浙都招讨使、守侍中[⑦]、齐国公，镇润州，以升、润、常、宣、歙、池六州为巡属[⑧]，军国庶务参决如故；留徐知训居广陵秉政。

初，帝为均王，娶河阳节度使张归霸女为妃，即位，欲立为后。后以帝未南郊[9]，固辞。九月，壬午，妃疾甚，册为德妃，是夕，卒。

康王友敬，目重瞳子，自谓当为天子，遂谋作乱。冬，十月，辛亥夜，德妃将出葬，友敬使腹心数人匿于寝殿；帝觉之，跣足逾垣而出，召宿卫兵索殿中，得而手刃之。壬子，捕友敬，诛之。

帝由是疏忌宗室，专任赵岩及德妃兄弟汉鼎、汉杰、从兄弟汉伦、汉融，咸居近职，参预谋议，每出兵必使之监护。岩等依势弄权，卖官鬻狱[10]，离间旧将相，敬翔、李振虽为执政，所言多不用。振每称疾不预事，以避赵、张之族，政事日紊，以至于亡。

刘鄩遣卒诈降于晋，谋赂膳夫以毒晋王；事泄，晋王杀之，并其党五人。

十一月，己未夜，蜀宫火。自得成都以来，宝货贮于百尺楼，悉为煨烬[11]。诸军都指挥使兼中书令宗侃等帅卫兵欲入救火，蜀主闭门不内[12]。庚申旦，火犹未熄，蜀主出义兴门见群臣，命有司聚太庙神主，分巡都城，言讫，复入宫闭门。将相皆献帷幕饮食。

壬戌，蜀大赦。

乙丑，改元[13]。

己巳，蜀王宗翰引兵出青泥岭，克固镇，与秦州将郭守谦战于泥阳川；蜀兵败，退保鹿台山。辛未，王宗绾等败秦州兵于金沙谷，擒其将李彦巢等，乘胜趣秦州。兴州刺史王宗铎克阶州，降其刺史李彦安。甲戌，王宗绾克成州，擒其刺史李彦德。蜀军至上染坊，秦州节度使李继崇遣其子彦秀奉牌印迎降。宗绾入秦州，表排陈使王宗俦为留后[14]。刘知俊攻霍彦威于邠州，半岁不克，闻秦州降蜀，知俊妻子皆迁成都；知俊解围还凤翔，终惧及祸，夜帅亲兵七十人，斩关而出。庚辰，奔于蜀军。王宗

南汉乾亨通宝

绾自河池、两当进兵，会王宗瑶攻凤州。癸未，克之[15]。

岐义胜节度使、同平章事李彦韬知岐王衰弱，十二月，举耀、鼎二州来降[16]。彦韬即温韬也。乙未，诏改耀州为崇州，鼎州为裕州，义胜军为静胜军，复彦韬姓温氏，名昭图，官任如故。

丁未，蜀大赦；改明年元曰通正[17]。置武兴军于凤州，割文、兴二州隶之[18]，以前利州团练使王宗鲁为节度使。

是岁，清海、建武节度使兼中书令刘岩，以吴越王镠为国王而己独为南平王，表求封南越王及加都统，帝不许。岩谓僚属曰："今中国纷纷，孰为天子！安能梯航万里[19]，远事伪庭乎！"自是贡使遂绝。

【注释】

①老师：老，为历时长久之意。意即使军队长期疲于征战。 ②捣其腹心：指不久前奔袭晋国首府晋阳的军事行动。 ③河朔：泛指黄河以北地区。 ④周杨五：即周德威，其小字杨五。呼人小字有蔑视之意。 ⑤十斛（hú 胡）粮：斛，古代量器名，也是容量单位，十斗为一斛。十斛粮数量较大，表明刘鄩欲以持久战战胜晋国。 ⑥中使：帝王宫廷中派出的使者，多由宦官充任。 ⑦守：署理，指官阶比所任实职低者，含有试用的意思。 ⑧六州：升州治今江苏南京市。润州治今江苏镇江市。常州治今江苏常州市。宣州治今安徽宣城市宣州区。歙州治今安徽歙县。池州治今安徽池州市。 ⑨南郊：古人认为帝王只有在京城的南郊祭祀天帝之后，才能代天行事，否则名不正言不顺。南郊大祀必须在冬至日（每年的阴历十一月下旬）才可举行，此时未到，故帝未南郊。⑩鬻（yù 玉）狱：因讼得贿。 ⑪煨烬（wēi jìn 威尽）：亦作"灰烬"，东西燃烧后剩下的残余。 ⑫闭门不内：内，同"纳"。蜀主有猜防之意，担心有人乘机叛乱，下文"复入宫闭门"，也是这个意思。 ⑬改元：即梁朝改元，改乾化五年为贞明元年。 ⑭排陈使：即排阵使。 ⑮克之：至此蜀国遂有秦州（治今甘肃秦安县西北）、凤州（治今陕西凤县东北）、成州（治今甘肃成县）三州之地。 ⑯耀、鼎二州：耀州治今陕西耀县。鼎州治今陕西富平县东北。 ⑰改明年元：是年为前蜀永平五年。⑱文、兴二州：文州治今甘肃文县。兴州治今陕西略阳县。 ⑲梯航：梯山航海，形容跋山涉水，历尽艰辛。

二年 春,正月,宣武节度使、守中书令、广德靖王全昱卒[1]。

帝闻前河南府参军李愚学行,召为左拾遗,充崇政院直学士。衡王友谅贵重,李振等见,皆拜之,愚独长揖[2]。帝闻而让之,曰:"衡王于朕,兄也,朕犹拜之,卿长揖,可乎?"对曰:"陛下以家人礼见衡王,拜之宜也。振等陛下家臣。臣于王无素,不敢妄有所屈。"久之,竟以抗直罢为邓州观察判官[3]。

蜀主以李继崇为武泰节度使、兼中书令、陇西王。

二月,辛丑夜,吴宿卫将马谦、李球劫吴王登楼,发库兵讨徐知训。知训将出走,严可求曰:"军城有变,公先弃众自去,众将何依!"知训乃止。众犹疑惧,可求阖户而寝,鼾息闻于外,府中稍安。壬寅,谦等陈于天兴门外[4],诸道副都统朱瑾自润州至,视之,曰:"不足畏也。"返顾外众,举手大呼,乱兵皆溃,擒谦、球,斩之。

帝屡趣刘鄩战,鄩闭壁不出。晋王乃留副总管李存审守营,自劳军于贝州[5],声言归晋阳。鄩闻之,奏请袭魏州。帝报曰:"今扫境内以属将军,社稷存亡,系兹一举,将军勉之!"鄩令澶州刺史杨延直引兵万人会于魏州,延直夜半至城南,城中选壮士五百潜出击之,延直不为备,溃乱而走。诘旦,鄩自莘县悉众至城东,与延直余众合,李存审引营中兵踵其后,李嗣源以城中兵出战,晋王亦自贝州至,与嗣源当其前。鄩见之,惊曰:"晋王邪!"引兵稍却,晋王蹑之,至故元城西[6],与李存审遇。晋王为方陈于西北,存审为方陈于东南,鄩为圆陈于其中间,四面受敌;合战良久,梁兵大败,鄩引数十骑突围走。梁步卒凡七万,晋兵环而击之[7],败卒登木,木为之折,追至河上,杀溺殆尽。鄩收散卒自黎阳渡河,保滑州。

匡国节度使王檀密疏请发关西兵袭晋阳[8],帝从之,发河中、陕、同华诸镇兵合三万,出阴地关,奄至晋阳城下,昼夜急攻;城中无备,发诸司丁匠及驱市人乘城拒守,城几陷者数四,张承业大惧。代北故将安金全退居太原[9],往见承业曰:"晋阳根本之地,若失之,则大事去矣。仆虽老病,忧兼家国,请以库甲见授,为公击之。"承业即与之。金全帅其子弟及退将之家得数百人,夜出北门,击梁兵于羊马城内[10];梁兵大惊,引却。昭义节度使李嗣昭闻晋阳有寇，遣牙将石君立将五百骑救之。君立朝发上党，夕至晋阳[11]。梁兵扼汾河桥，君立击破之，径至城下大呼曰："昭义侍中大军至矣[12]。"遂入城。夜，与安金全等分出诸门击梁兵，梁兵死伤什二三。诘朝，王檀引兵大掠而还。晋王性矜伐[13]，以策非己出，故金全等赏皆不行。

梁兵之在晋阳城下也，大同节度使贺德伦部兵多逃入梁军，张承业恐其为变，收德伦，斩之。

帝闻刘鄩败，又闻王檀无功，叹曰："吾事去矣！"

三月，乙卯朔，晋王攻卫州，壬戌，刺史米昭降之。又攻惠州，刺史靳绍走，擒斩之，复以惠州为磁州[14]。晋王还魏州。

上屡召刘鄩不至[15]，己巳，即以鄩为宣义节度使，使将兵屯黎阳。

夏，四月，晋人拔洺州，以魏州都巡检使袁建丰为洺州刺史。

【注释】

①仝昱（yù 郁）：即朱全昱，末帝友贞的伯父。 ②拜：下跪叩头。揖：一般的拱手礼，长揖是很郑重的拱手礼。 ③抗直：坦率耿直。 ④天兴门：即扬州牙城南门。 ⑤劳军于贝州：慰问围困贝州张源德的军队。 ⑥故元城：即唐代的元城，其址在魏州郭下。 ⑦环而击之：因梁军为圆阵，在晋军的两个方阵之间，故环而击之。 ⑧关西：泛指函谷关（今河南灵宝市东北）以西地区。 ⑨代北故将：代北，唐代方镇名，治代州（今山西代县）。早年安金全跟随晋王李克用起兵代北，故称代北故将。 ⑩羊马城：亦称"羊马墙""羊马垣"，本为敌兵进逼时，城外居民撤退暂时安顿羊马之所，故名，后专指城外加筑的类似城圈的工事。 ⑪君立朝发上党：上党距晋阳五百余里，轻骑疾驰，此借用《水经注·江水注》"朝发白帝，暮到江陵"句式，朝发夕至，极言其速。 ⑫昭义侍中：李嗣昭镇昭义军府，又官侍中，故称之。言"昭义侍中大军至矣"，为震慑梁军。 ⑬矜伐：自负贤能，夸耀自己的功劳和才干。 ⑭磁州：地名。治今河北磁县。 ⑮上屡召刘鄩不至：刘鄩兵败丧师，惧罪不敢入朝。

刘鄩既败，河南大恐，鄩复不应召，由是将卒皆摇心。帝遣捉生都指挥使李霸帅所部千人戍杨刘，癸卯，出宋门，其夕，复自水门入，大噪，纵火剽掠，攻建国门，帝登楼拒战[①]。龙骧四军都指挥使杜晏球以五百骑屯球场[②]，贼以油沃幕，长木揭之，欲焚楼，势甚危；晏球于门隙窥之，见贼无甲胄，乃出骑击之，决力死战，俄而贼溃走。帝见骑兵击贼，呼曰："非吾龙骧之士乎，谁为乱首？"晏球曰："乱者惟李霸一都[③]，余军不动。陛下但帅控鹤守宫城[④]，迟明，臣必破之。"既而晏球讨乱者，阖营皆族之，以功除单州刺史[⑤]。

五月，吴越王镠遣浙西安抚判官皮光业自建、汀、虔、郴、潭、岳、荆南道入贡[⑥]。光业，日休之子也[⑦]。

六月，晋人攻邢州，保义节度使阎宝拒守；帝遣捉生都指挥使张温将兵五百救之，温以其众降晋。

秋，七月，甲寅朔，晋王至魏州。

上嘉吴越王镠贡献之勤，壬戌，加镠诸道兵马元帅。朝议多言镠之入贡，利于市易，不宜过以名器假之；翰林学士窦梦征执麻以泣[⑧]，坐贬蓬莱尉。梦征，棣州人也。

甲子，吴润州牙将周郊作乱，入府，杀大将秦师权等，大将陈祐等讨斩之。

八月，丁酉，以太子太保致仕赵光逢为司空兼门下侍郎、同平章事。

丙午，蜀主以王宗绾为东北面都招讨，集王宗翰、嘉王宗寿为第一、第二招讨，将兵十万出凤州；以王宗播为西北面都招讨，武信军节度使刘知俊、天雄节度使王宗俦[⑨]、匡国军使唐文裔为第一、第二、第三招讨，将兵十二万出秦州，以伐岐。

晋王自将攻邢州，昭德节度使张筠弃相州走。晋人复以相州隶天雄军[⑩]，以李嗣源为刺史。晋王遣人告阎宝以相州已拔，又遣张温帅援兵至城下谕之，宝举城降[⑪]。晋王以宝为东南面招讨使，领天平节度使、同平章事；以李存审为安国节度使，镇邢州。

契丹王阿保机帅诸部兵三十万[⑫]，号百万，自麟、胜攻晋蔚州，陷之，虏振武节度使李嗣本。遣使以木书求货于大同防御使李存璋，存璋斩其使；契丹进攻云州，存璋悉力拒之。

九月，晋王还晋阳。王性仁孝，故虽经营河北，而数还晋阳省曹夫人[13],岁再三焉。

晋人以兵逼沧州,顺化节度使戴思远弃城奔东都。沧州将毛璋据城降晋,晋王命李嗣源将兵镇抚之,嗣源遣璋诣晋阳。晋王徙李存审为横海节度使,镇沧州,以嗣源为安国节度使。嗣源以安重诲为中门使,委以心腹,重诲亦为嗣源尽力。重诲,应州胡人也。

晋王自将兵救云州;行至代州,契丹闻之,引去,王亦还。以李存璋为大同节度使。

晋人围贝州逾年,张源德闻河北诸州皆为晋有,欲降;谋于其众。众以穷而后降,恐不免死,不从;共杀源德,婴城固守。城中食尽,啖人为粮,乃谓晋将曰:"出降惧死,请擐甲执兵而降,事定而释之。"晋将许之,其众三千出降,既释甲,围而杀之,尽殪[14]。晋王以毛璋为贝州刺史。于是河北皆入于晋,惟黎阳为梁守。

晋王如魏州。

吴光州将王言杀刺史载肇,吴王遣楚州团练使李厚讨之。庐州观察使张崇不俟命,引兵趣光州,言弃城走。以李厚权知光州。崇,慎县人也。

庚申,蜀新宫成[15],在旧宫之北。

天平节度使兼中书令琅邪忠毅王王檀,多募群盗,置帐下为亲兵。己卯,盗乘檀无备,突入府杀檀。节度副使裴彦帅府兵讨诛之,军府由是获安。

【注释】

①宋门:即梁都城东面自南向北第二门,时已改名观化门,此用旧称。水门:即有水闸之门,其址不详,玩其文义,约在都城之西。建国门:宫城正南门。 ②球场:古代的一种游戏用具,以皮为表,中突以毛,蹴踢为戏。球场即是蹴踢之场所。 ③一都:一拨、一部,李霸之部有一千人。 ④控鹤:宿卫近侍军的称号,始建于唐代武后之时。 ⑤除:拜官授职,除去旧职就任新官。⑥建、汀、虔、郴、潭、岳、荆南:建州治今福建建瓯市,汀州治今福建长汀县,虔州治今江西赣州市,郴州治今湖南郴州市,潭州治今湖南长沙市,岳州治今湖南岳阳市,荆南治今湖北荆州市。据《九域志》统计,此次入贡取道回远,共计行程三千九百余里。 ⑦日

休:即皮日休,唐代文学家。字逸少,后改袭美,号鹿门子等,襄阳人。咸通八年进士,后参加黄巢起义军。善属文,多讥切时政,有集《皮子文薮》等。 ⑧执麻:拿着麻布丧服,有报丧之意。 ⑨天雄:军府名,与梁天雄军名同。蜀天雄节度使镇秦州(治今甘肃秦安县西北)。 ⑩复以相州隶天雄军:相州原隶天雄军,因去年魏州叛梁,故梁分相州立昭德军。 ⑪举城降:举邢州城降。位于邢州之南的相州已降,援兵张温已降,坚守无望,亦降。 ⑫契丹王阿保机:契丹,古族、古国名,源于东胡,长期在今辽河上游一带游牧,在阿保机领导下建立辽朝(916—1125),经济文化获得很大发展,后为金所灭。阿保机(872—926),即辽太祖,辽王朝的建立者。耶律氏,契丹迭剌部人,10世纪初统一契丹八部,控制邻近少数民族地区。 ⑬曹夫人:即晋国夫人曹氏,后唐庄宗李存勖生母,庄宗即位后册尊曹夫人为皇太后,而以太后刘氏为皇太妃。 ⑭殪(yì 意):亦作"噎",仆倒,致之于死。 ⑮新宫:以去年十一月火焚之,故建新宫。

冬,十月,甲申,蜀王宗绾等出大散关,大破岐兵,俘斩万计,遂取宝鸡。己丑,王宗播等出故关,至陇州。丙寅[1],保胜节度使兼侍中李继岌畏岐王猜忌,帅其众二万,弃陇州奔于蜀军。蜀兵进攻陇州,以继岌为西北面行营第四招讨。刘知俊会王宗绾等围凤翔[2],岐兵不出。会大雪,蜀主召军还。复李继岌姓名曰桑弘志。弘志,黎阳人也。

丁酉,以礼部侍郎郑珏为中书侍郎、同平章事。珏,綮之侄孙也。

己亥,蜀大赦。

晋王遣使如吴,会兵以击梁。十一月,吴以行军副使徐知训为淮北行营都招讨使,及朱瑾等将兵趣宋、亳与晋相应[3]。既渡淮,移檄州县,进围颍州。

十二月,戊申,蜀大赦,改明年元曰天汉,国号大汉。

楚王殷闻晋王平河北,遣使通好;晋王亦遣使报之。

是岁,庆州叛附于岐,岐将李继陟据之。诏以左龙虎统军贺瓌为西面行营马步都指挥使,将兵讨之,破岐兵,下宁、衍二州[4]。

河东监军张承业既贵用事,其侄瓘等五人自同州往依之,晋王以承业故，皆擢用之。承业治家甚严，有侄为盗，杀贩牛者，承业立斩之；王亟使救之，已不及。王以瓘为麟州刺史，承业谓瓘曰："汝本车度一民，与刘开道为贼[5]，惯为不法；今若不悛，死无日矣！"由此瓘所至不敢贪暴。

吴越牙内先锋都指挥使钱传珦逆妇于闽[6]，自是闽与吴越通好。

闽铸铅钱，与铜钱并行。

初，燕人苦刘守光残虐，军士多归于契丹。及守光被围于幽州，其北边士民多为契丹所掠；契丹日益强大。契丹王阿保机自称皇帝[7]，国人谓之天皇王，以妻述律氏为皇后，置百官。至是，改元神册。

述律后勇决多权变，阿保机行兵御众，述律后常预其谋。阿保机尝度碛击党项[8]，留述律后守其帐，黄头、臭泊二室韦乘虚合兵掠之[9]；述律后知之，勒兵以待其至，奋击，大破之，由是名震诸夷。述律后有母有姑，皆踞榻受其拜，曰："吾惟拜天，不拜人也。"晋王方经营河北，欲结契丹为援，常以叔父事阿保机[10]，以叔母事述律后。

刘守光末年衰困，遣参军韩延徽求援于契丹。契丹主怒其不拜，留之，使牧马于野。延徽，幽州人，有智略，颇知属文。述律后言于契丹主曰："延徽能守节不屈，此今之贤者，奈何辱以牧圉[11]！宜礼而用之。"契丹主召延徽与语，悦之，遂以为谋主，举动访焉。延徽始教契丹建牙开府[12]，筑城郭，立市里，以处汉人，使各有配偶，垦艺荒田。由是汉人各安生业，逃亡者益少。契丹威服诸国，延徽有助焉。

闽永隆通宝铁钱

顷之，延徽逃奔晋阳。晋王欲置之幕府，掌书记王缄疾之；延徽不自安，求东归省母[13]，过真定，止于乡人王德明家，德明问所之，延徽曰："今河北皆为晋有，当复诣契丹耳。"德明曰："叛而复往，得无取死乎？"延徽曰："彼自吾来，如丧手目；今往诣之，彼手目复完，安肯害我！"既省母，遂复入契丹。契丹主闻其至，大喜，如自天而下，拊其背曰："向者何往？"延徽曰："思母，欲告归，恐不听，故私归耳。"契丹主待之益厚。及称帝，以延徽为相，累迁至中书令。

晋王遣使至契丹，延徽寓书于晋王，叙所以北去之意，且曰："非不恋英主，非不思故乡，所以不留，正惧王缄之谗耳。"因以老母为托，且曰："延徽在此，契丹必不南牧[14]。"故终同光之世[15]，契丹不深入为寇，延徽之力也。

【注释】

①丙寅：十月无此日，疑误。 ②凤翔：府名。治今陕西凤翔，为岐国都城。 ③宋、亳：州名。宋州治今河南商丘市。亳州治今安徽亳州市。 ④宁、衍二州：州名。宁州治今甘肃宁县。衍州治今甘肃正宁县西南。 ⑤刘开道：旧注以为必指梁国开道指挥使刘知俊，其又曾镇守过同州。 ⑥牙内：即府内，后世作衙内。 ⑦阿保机：史称辽太祖。⑧党项：中国古民族名。汉代西羌的一支，五代时迁移至今甘肃、宁夏、陕北一带，不久为阿保机所并。后其族人李元昊称帝，建立夏政权（1038—1227）。 ⑨室韦：中国古民族名。居住在黑龙江上游两岸及额尔古纳河一带，分数部，以狩猎为生，后为契丹所并。黄头部落是其力量最强大者。 ⑩叔父：因为先晋王李克用曾与耶律阿保机结为兄弟，所以现晋王李存勖称其为叔父。 ⑪牧圉（yǔ 予）：养马。 ⑫建牙开府：建立幕府，辟置僚属。 ⑬东归：从晋阳去故乡幽州，是自西往东。⑭南牧：代指南侵。语出汉代贾谊《过秦论》："胡人不敢南下而牧马。"⑮同光：后唐庄宗李存勖年号，923—925 年。

三年 春，正月，诏宣武节度使袁象先救颍州，既至，吴军引还。

二月，甲申，晋王攻黎阳[1]，刘鄩拒之，数日，不克而去。

晋王之弟威塞军防御使存矩在新州[2]，骄惰不治，侍婢预政。晋王使募山北部落骁勇者及刘守光亡卒以益南讨之军；又率其民出马，民或鬻十牛易一战马，期会迫促，边人嗟怨。存矩得五百骑，自部送之，以寿州刺史卢文进为裨将[3]。行者皆惮远役，存矩复不存恤。甲午，至祁沟关，小校宫彦璋与士卒谋曰："闻晋王与梁人确斗，骑兵死伤不少。吾侪捐父母妻子，为人客战，千里送死，而使长复不矜恤，奈何？"众曰："杀使长，拥卢将军还新州，据城自守，其如我何！"因执兵大噪，趣传舍，诘朝，存矩寝未起，就杀之。文进不能制，抚膺哭其尸曰："奴辈既害郎君，使我何面复见晋王！"因为众所拥，还新州，守将杨全章拒之；又攻武州，雁门以北都知防御兵马使李嗣肱击败之。周德威亦遣兵追讨，文进帅其众奔契丹。晋王闻存矩不道以致乱，杀侍婢及幕僚数人。

初，幽州北七百里有渝关，下有渝水通海。自关东北循海有道，道狭处才数尺，旁皆乱山，高峻不可越。比至进牛口[4]，旧置八防御军，募土兵守之，田租皆供军食，不入于蓟，幽州岁致缯纩以供战士衣[5]。每岁早获，清野坚壁以待契丹，契丹至，辄闭壁不战，俟其去，选骁勇据隘邀之，契丹常失利走。土兵皆自为田园，力战有功则赐勋加赏，由是契丹不敢轻入寇。及周德威为卢龙节度使，恃勇不修边备，遂失渝关之险，契丹每刍牧于营、平之间[6]。德威又忌幽州旧将有名者，往往杀之。

吴王遣使遗契丹主以猛火油[7]，曰："攻城，以此油然火焚楼橹，敌以水沃之，火愈炽。"契丹主大喜，即选骑三万欲攻幽州，述律后哂之曰："岂有试油而攻一国乎！"因指帐前树谓契丹主曰："此树无皮，可以生乎？"契丹主曰："不可。"述律后曰："幽州城亦犹是矣。吾但以三千骑伏其旁，掠其四野，使城中无食，不过数年，城自困矣，何必如此躁动轻举！万一不胜，为中国笑[8]，吾部落亦解体矣。"契丹主乃止。

三月，卢文进引契丹兵急攻新州，刺史安金全不能守，弃城走；文进以其部将刘殷为刺史，使守之。晋王使周德威合河东、镇、定之兵攻之[9]，旬日不克。契凡主帅众三十万救之，德威众寡不敌，大为契丹所败，奔归。

楚王殷遣其弟存攻吴上高，俘获而还。

契丹乘胜进围幽州，声言有众百万，毡车毳幕弥漫山泽[10]。卢文进教之攻城,为地道,昼夜四面俱进,城中穴地然膏以邀之[11];又为土山以临城,城中熔铜以洒之,日杀千计,而攻之不止。周德威遣间使诣晋王告急,王方与梁相持河上,欲分兵则兵少,欲勿救恐失之,忧形于色,谋于诸将,独李嗣源、李存审、阎宝劝王救之。王喜曰:“昔太宗得一李靖犹擒颉利[12],今吾有猛将三人,复何忧哉!”存审、宝以为虏无辎重,势不能久,俟其野无所掠,食尽自还,然后踵而击之。李嗣源曰:“周德威社稷之臣,今幽州朝夕不保,恐变生于中,何暇待虏之衰!臣请身为前锋以赴之。”王曰:“公言是也。”即日,命治兵。夏,四月,晋王命嗣源将兵先进,军于涞水,阎宝以镇、定之兵继之。

吴升州刺史徐知诰治城市府舍甚盛[13]。五月,徐温行部至升州,爱其繁富。润州司马陈彦谦劝温徙镇海军治所于升州,温从之,徙知诰为润州团练使。知诰求宣州,温不许,知诰不乐。宋齐丘密言于知诰曰:“三郎骄纵,败在朝夕。润州去广陵隔一水耳,此天授也。”知诰悦,即之官。三郎,谓温长子知训也。温以陈彦谦为镇海节度判官。温但举大纲,细务悉委彦谦,江、淮称治。彦谦,常州人也。

高季昌与孔勍修好,复通贡献。

【注释】

①黎阳:县名,治今河南浚县东北。为当时梁在黄河以北地区的唯一驻守地。 ②新州:州名,治今河北涿鹿县。晋设威塞军于此。 ③寿州:州名,治今安徽寿县。当时寿州在吴国境内,卢文进为遥领刺史。 ④比至:胡注以为当作“北至”。 ⑤缯纩(zēng kuàng 增矿):缯是古代丝织品的总称。纩是絮衣服的新丝绵。 ⑥营、平之间:即营州和平州之间。营州治今辽宁朝阳市,平州治今河北卢龙县北。两州之间地势险峻,为关内关外的要冲之地。 ⑦猛火油:即今之石油,出自占城国(今越南),最初用于南方水战。 ⑧中国:中原国家,这里主要指晋、梁等国。 ⑨河东:方镇名。治今山西太原市西南晋源区。唐开元时置,初号保宁军,后称河东节度使。 ⑩毡车毳(cuì 脆)幕:毡车是挂着毡毯的大车,毳是鸟兽的细毛,亦常做毡,毳幕即毡帐。两者都有很好的御寒功能。 ⑪然:通“燃”。 ⑫李靖犹擒颉利:李靖(571—649),唐

代名将。京兆三原人,贞观二年为代州行军总管,破突厥,四年俘颉利可汗。又任西海道行军大总管,破吐谷浑。以功封卫国公。精通兵法,著有《李卫公兵法》,久佚。颉利即颉利可汗,东突厥可汗,名咄苾,620—630年在位。屡扰唐朝边境。 ⑬升州:州名,治今江苏南京市。

资治通鉴卷第二百七十

后梁纪五　起强圉赤奋若七月，尽屠维单阏九月，凡二年有奇。

均　王　中

贞明三年　秋，七月，庚戌，蜀主以桑弘志为西北面第一招讨，王宗宏为东北面第二招讨。己未，以兼中书令王宗侃为东北面都招讨，武信节度使刘知俊为西北面都招讨。

晋王以李嗣源、阎宝兵少，未足以敌契丹。辛未，更命李存审将兵益之。

蜀飞龙使唐文扆居中用事，张格附之，与司徒、判枢密院事毛文锡争权。文锡将以女适左仆射兼中书侍郎、同平章事庾传素之子，会亲族于枢密院用乐，不先表闻，蜀主闻乐声，怪之，文扆从而谮之。八月，庚寅，贬文锡茂州司马，其子司封员外郎询流维州，籍没其家；贬文锡弟翰林学士文晏为荣经尉；传素罢为工部尚书。以翰林学士承旨庾凝绩权判内枢密院事。凝绩，传素之再从弟也[①]。

清海、建武节度使刘岩即皇帝位于番禺[②]，国号大越，大赦，改元乾亨。以梁使赵光裔为兵部尚书，节度副使杨洞潜为兵部侍郎，节度判官李殷衡为礼部侍郎，并同平章事。建三庙，追尊祖安仁曰太祖文皇帝，父谦曰代祖圣武皇帝，兄隐曰烈宗襄皇帝；以广州为兴王府。

契丹围幽州且二百日[③]，城中危困。李嗣源、阎宝、李存审步骑七万会于易州，存审曰：“虏众吾寡，虏多骑，吾多步，若平原相遇，虏以万骑蹂吾陈，吾无遗类矣。”嗣源曰：“虏无辎重，吾行必载粮食自随，若平原相遇，虏抄吾粮，吾不战自溃矣。不若自山中潜行趣幽州，与城中合势，若中道遇虏，则据险拒之。”甲午，自易州北行，庚子，逾大房岭④，循涧而东。嗣源与养子从珂将三千骑为前锋，距幽州六十里，与契丹遇，契丹惊却，晋兵翼而随之。契丹行山上，晋兵行涧下，每至谷口，契丹辄邀之，嗣源父子力战，乃得进。至山口，契丹以万余骑遮其前，将士失色；嗣源以百余骑先进，免胄扬鞭，胡语谓契丹曰：“汝无故犯我疆埸，晋王命我将百万众直抵西楼⑤，灭汝种族！”因跃马奋楇⑥，三入其陈，斩契丹酋长一人。后军齐进，契丹兵却，晋兵始得出。李存审命步兵伐木为鹿角⑦，人持一枝，止则成寨。契丹骑环寨而过，寨中发万弩射之，流矢蔽日，契丹人马死伤塞路。将至幽州，契丹列陈待之。存审命步兵陈于其后，戒勿动，先令羸兵曳柴然草而进，烟尘蔽天，契丹莫测其多少；因鼓噪合战，存审乃趣后陈起乘之，契丹大败，席卷其众自北山去，委弃车帐铠仗羊马满野，晋兵追之，俘斩万计。辛丑，嗣源等入幽州，周德威见之，握手流涕。

契丹以卢文进为幽州留后，其后又以为卢龙节度使，文进常居平州，帅奚骑岁入北边⑧，杀掠吏民。晋人自瓦桥运粮输蓟城，虽以兵援之，不免抄掠。契丹每入寇，则文进帅汉卒为向导，卢龙巡属诸州为之残弊。

刘鄩自滑州入朝，朝议以河朔失守责之。九月，落鄩平章事⑨，左迁亳州团练使。

冬，十月，己亥，加吴越王镠天下兵马元帅。

【注释】

①再从弟：从弟为堂弟，再从弟为同曾祖之弟。　②清海、建武：方镇名。清海军由唐代岭南东道节度使改名，治今广东广州市。建武军由唐代岭南西道节度使改名，治今广西南宁市西南。刘岩：初名刘陟，唐末岭南节度使刘隐异母弟。番禺：今之广州。　③且二百日：自本年三月算起。　④大房岭：又作“大防岭”，在今北京房山区西，为大防山的一部分。　⑤西楼：契丹上京西楼，在今内蒙古巴林左旗，东南距幽州约三

千余里。此代指契丹首府。 ⑥梽(zhuā 抓):兵器的一种,即粗木棍。颜师古注《急就篇》:"粗者曰梽,细者曰杖。" ⑦鹿角:一种尖角向外的木质障碍物,因其象物故名。都卬《三余赘笔》:"盖鹿性警,群居则环其角,圆围如阵,以防人物之害。" ⑧奚:中国古族名。与契丹同源,出鲜卑宇文部的一支,分布在饶乐水(今内蒙古老哈河)流域。 ⑨落:罢免、削夺官职的一种称谓。一般指免去所任官职中的某一职务,而其余官职仍存。与"落致仕"不同。

晋王还晋阳[①]。王连岁出征,凡军府政事一委监军使张承业,承业劝课农桑,畜积金谷,收市兵马,征租行法不宽贵戚,由是军城肃清,馈饷不乏。王或时须钱蒱博及给赐伶人[②],而承业靳之,钱不可得。王乃置酒钱库,令其子继岌为承业舞,承业以宝带及币马赠之。王指钱积呼继岌小名谓承业曰:"和哥乏钱,七哥宜以钱一积与之[③],带马未为厚也。"承业曰:"郎君缠头皆出承业俸禄[④],此钱,大王所以养战士也,承业不敢以公物为私礼。"王不悦,凭酒以语侵之,承业怒曰:"仆老敕使耳!非为子孙计,惜此库钱,所以佐王成霸业也,不然,王自取用之,何问仆为!不过财尽民散,一无所成耳。"王怒,顾李绍荣索剑,承业起,挽王衣泣曰:"仆受先王顾托之命[⑤],誓为国家诛汴贼[⑥],若以惜库物死于王手,仆下见先王无愧矣。今日就王请死!"阎宝从旁解承业手令退,承业奋拳殴宝踣地,骂曰:"阎宝,朱温之党[⑦],受晋大恩,曾不尽忠为报,顾欲以谄媚自容邪!"曹太夫人闻之,遽令召王,王惶恐叩头,谢承业曰:"吾以酒失忤七哥,必且得罪于太夫人,七哥为吾痛饮以分其过。"王连饮四卮[⑧],承业竟不肯饮。王入宫,太夫人使人谢承业曰:"小儿忤特进[⑨],适已笞之矣。"明日,太夫人与王俱至承业第谢之。未几,承制授承业开府仪同三司、左卫上将军、燕国公。承业固辞不受,但称唐官以至终身。

掌书记卢质,嗜酒轻傲,尝呼王诸弟为豚犬,王衔之;承业恐其及祸,乘间言曰:"卢质数无礼,请为大王杀之。"王曰:"吾方招纳贤才以就功业,七哥何言之过也!"承业起立贺曰:"王能如此,何忧不得天下!"质由是获免。

晋王元妃卫国韩夫人，次燕国伊夫人，次魏国刘夫人。刘夫人最有宠，其父成安人[10]，以医卜为业。夫人幼时，晋将袁建丰掠得之，入于王宫，性狡悍淫妒，从王在魏；父闻其贵，诣魏宫上谒，王召袁建丰示之。建丰曰："始得夫人时，有黄须丈人护之，此是也。"王以语夫人，夫人方与诸夫人争宠，以门地相高，耻其家寒微，大怒曰："妾去乡时略可记忆，妾父不幸死乱兵，妾守尸哭之而去，今何物田舍翁敢至此[11]！"命笞刘叟于宫门。

越王岩遣客省使刘瑭使于吴[12]，告即位，且劝吴王称帝。

闰月，戊申，蜀主以判内枢密院庾凝绩为吏部尚书、内枢密使。

十一月，丙子朔，日南至，蜀主祀圜丘[13]。

晋王闻河冰合，曰："用兵数岁，限一水不得度，今冰自合，天赞我也。"亟如魏州。

蜀主以刘知俊为都招讨使，诸将皆旧功臣，多不用其命，且疾之，故无成功。唐文扆数毁之；蜀主亦忌其才，尝谓所亲曰："吾老矣，知俊非尔辈所能驭也。"十二月，辛亥，收知俊[14]，称其谋叛，斩于炭市。

癸丑，蜀大赦，改明年元曰光天。

壬戌，以张宗奭为天下兵马副元帅。

帝论平庆州功，丁卯，以左龙虎统军贺瓌为宣义节度使、同平章事，寻以为北面行营招讨使。

戊辰，晋王畋于朝城[15]。是日，大寒，晋王视河冰已坚，引步骑稍度。梁甲士三千戍杨刘城，缘河数十里，列栅相望，晋王急攻，皆陷之。进攻杨刘城，使步兵斩其鹿角，负葭苇塞堑，四面进攻，即日拔之，获其守将安彦之。

先是，租庸使、户部尚书赵岩言于帝曰："陛下践阼以来，尚未南郊，议者以为无异藩侯，为四方所轻。请幸西都行郊礼，遂谒宣陵[16]。"敬翔谏曰："自刘鄩失利以来，公私困竭，人心惴恐；今展礼圜丘，必行赏赉，是慕虚名而受实弊也。且勍敌近在河上，乘舆岂宜轻动！俟北方既平，报本未晚。"帝不听。己巳，如洛阳，阅车服，饰宫阙，郊祀有日，闻杨刘失守，道路讹言晋军已至大梁，扼汜水矣[17]，从官皆忧其家，相顾涕泣。帝惶骇失图，遂罢郊祀，奔归大梁。

甲戌，以河南尹张宗奭为西都留守。

是岁，闽王审知为其子牙内都指挥使延钧娶越主岩之女。

【注释】

①还晋阳：自魏州城回晋阳。 ②蒱（pú 莆）博：蒱同"蒲"，蒱博也作"摴蒱"，古代博戏的一种，后泛指赌博。 ③七哥：胡注以为张承业行七，晋王以兄事之，故呼之为七哥。 ④缠头：古代歌舞艺人表演时以锦缠头，演毕，客以罗锦为赠，称缠头。后来作为赠送艺伎财物的通称。⑤先王：指晋王李克用（856—908），李存勖之父。 ⑥汴贼：指汴梁朱氏王朝。 ⑦朱温之党：阎宝早年跟随朱温，在梁任保义节度使，916 年率邢州降晋，故称其为朱温之党。 ⑧卮（zhī 支）：古代的一种盛酒器。⑨特进：官名。位次三公，为文散官之第二阶，相当于正二品，常授予地位优异的老臣。 ⑩成安：即魏州成安县，治今河北成安县，在魏州之西约一百余里。 ⑪田舍翁：也作"田舍公"，老农。 ⑫客省使：官名。掌管各国信使的朝见赐宴、四方进奉、外国朝贡和外交礼仪等事宜。⑬圜丘：古代祭天的圆形高坛。 ⑭知俊：刘知俊，字希贤，徐州沛（治今江苏沛县）人。初投时溥，后投梁国，再降岐国，最终降蜀，反复无常。⑮朝城：县名，治今山东莘县西南朝城镇。在魏州东南八十里，距黄河有三十里。 ⑯宣陵：在西都河南府伊阙县，治今河南伊川县西南。⑰汜水：汜水源出今河南巩义市东南，北流经今荥阳市西北汜水镇（虎牢关），北注入黄河。为东都和西都间的必经之路，自古为战略要地。

四年 春，正月，乙亥朔，蜀大赦，复国号曰蜀[1]。

帝至大梁，晋兵侵掠至郓、濮而还[2]。敬翔上疏曰："国家连年丧师，疆土日蹙。陛下居深宫之中，所与计事者皆左右近习，岂能量敌国之胜负乎！先帝之时，奄有河北[3]，亲御豪杰之将，犹不得志。今敌至郓州，陛下不能留意。臣闻李亚子继位以来，于今十年[4]，攻城野战，无不亲当矢石，近者攻杨刘，身负束薪为士卒先，一鼓拔之。陛下儒雅守文，晏安自若，使贺瓌辈敌之，而望攘逐寇仇，非臣所知也。陛下宜询访黎老，别求异策；不然，忧未艾也。臣虽驽怯，受国重恩，陛下必若乏才，乞于边垂自效。"疏奏，赵、张之徒言翔怨望，帝遂不用。

吴以右都押牙王祺为虔州行营都指挥使，将洪、抚、袁、吉之兵击谭全播[5]。严可求以厚利募赣石水工，故吴兵奄至虔州城下，虔人始知之。

蜀太子衍好酒色[6]，乐游戏。蜀主尝自夹城过[7]，闻太子与诸王斗鸡击球喧呼之声，叹曰："吾百战以立基业，此辈其能守之乎！"由是恶张格，而徐贤妃为之内主，竟不能去也。信王宗杰有才略，屡陈时政，蜀主贤之，有废立意；二月，癸亥，宗杰暴卒，蜀主深疑之。

河阳节度使、北面行营排陈使谢彦章将兵数万攻杨刘城。甲子，晋王自魏州轻骑诣河上；彦章筑垒自固，决河水，弥浸数里，以限晋兵，晋兵不得进。彦章，许州人也。安彦之散卒多聚于兖、郓山谷为群盗，以观二国成败，晋王招募之，多降于晋。

己亥[8]，蜀主以东面招讨使王宗侃为东、西两路诸军都统。

三月，吴越王镠初立元帅府[9]，置官属。

夏，四月，癸卯朔，蜀主立子宗平为忠王，宗特为资王。

岐王复遣使求好于蜀[10]。

己酉，以吏部侍郎萧顷为中书侍郎、同平章事。

保大节度使高万金卒。癸亥，以忠义节度使高万兴兼保大节度使，并镇鄜、延。

司空兼门下侍郎、同平章事赵光逢告老，己巳，以司徒致仕。

蜀主自永平末得疾，昏瞀，至是增剧；以北面行营招讨使兼中书令王宗弼沉静有谋，五月，召还，以为马步都指挥使。乙亥，召大臣入寝殿，告之曰："太子仁弱，朕不能违诸公之请，逾次而立之；若其不堪大业，可置诸别宫，幸勿杀之。但王氏子弟，诸公择而辅之。徐妃兄弟，止可优其禄位，慎勿使之掌兵预政，以全其宗族。"

内飞龙使唐文扆久典禁兵[11]，参预机密，欲去诸大臣，遣人守宫门；王宗弼等三十余人日至朝堂，不得入见，文扆屡以蜀主之命慰抚之，伺蜀主殂[12]，即作难。遣其党内皇城使潘在迎侦察外事，在迎以其谋告宗弼等；宗弼等排闼入，言文扆之罪，以天册府掌书记崔延昌权判六军事,召太子入侍疾。丙子,贬唐文扆为眉州刺史。翰林学士承旨王保晦坐附会文扆,削官爵,流泸州。在迎,炕之子也。

丙申,蜀主诏中外财赋、中书除授、诸司刑狱案牍专委庾凝绩,都城及行营军旅之事委宣徽南院使宋光嗣。

丁酉,削唐文扆官爵,流雅州。辛丑,以宋光嗣为内枢密使,与兼中书令王宗弼、宗瑶、宗绾、宗夔并受遗诏辅政。初,蜀主虽因唐制置枢密使[13],专用士人,及唐文扆得罪,蜀主以诸将多许州故人[14],恐其不为幼主用,故以光嗣代之。自是宦者始用事。

六月,壬寅朔,蜀主殂。癸卯,太子即皇帝位。尊徐贤妃为太后、徐淑妃为太妃。以宋光嗣判六军诸卫事。

乙卯,杀唐文扆、王保晦。命西面招讨副使王宗昱杀天雄节度使唐文裔于秦州,免左保胜军使领右街使唐道崇官。

【注释】

①复国号曰蜀:后梁开平元年(907)王建称帝时,国号为蜀,贞明三年(917)改国号为汉,至此恢复旧号。 ②郓、濮:州名,为梁河南两州。郓州治今山东东平县西北,杨刘城在郓州界。濮州治今河南濮阳市。③奄有河北:即拥有黄河以北地区,主要有幽州、沧州、镇州、定州、魏州等。 ④臣闻李亚子:李亚子即李鸦子,指李存勖。按此为古人误传,李亚子是李存勖之父李克用的绰号,因其自少骁勇,军中称为“李鵶儿”,鵶是鸦的异体。又因其一目眇,故又称“独眼龙”;于今十年,李存勖即王位在唐天祐五年,亦即梁开平二年(908),至此整十年。 ⑤洪、抚、袁、吉:州名,均在今江西境内。洪州治今南昌市,抚州治今抚州市,袁州治今宜春市,吉州治今吉安市。 ⑥太子衍:即王衍(?—926),初名王宗衍,后去“宗”字,字化源,王建幼子。蜀永平二年(912)立为太子,光天元年(918)六月即位。后唐庄宗同光三年(925)降后唐,寻被杀,前蜀亡。 ⑦夹城:宫城两旁的小城。前蜀模仿唐代长安的宫城制度,筑夹城以为诸王府宅。 ⑧己亥:二月无此日,疑误。 ⑨初立元帅府:贞明二年(916)秋七月梁加钱镠为诸道兵马元帅,次年冬十月又加其为天下兵马元帅。 ⑩求好于蜀:岐与蜀断交在梁乾化元年(911)。 ⑪内飞龙使:官名,职责是掌管皇家马匹。 ⑫殂(cú 徂):死亡,一般指帝王的死亡。 ⑬枢密使:官名,即枢密院使,与宰相分秉朝政,主管武事。唐

代始置，专任宦官，前蜀专用士人。自宋光嗣始又为宦官所掌。　⑭许州故人：指跟随王建起家的功臣宿将。王建为许州舞阳人。

吴内外马步都军使、昌化节度使、同平章事徐知训，骄倨淫暴。威武节度使、知抚州李德诚有家妓数十，知训求之，德诚遣使谢曰："家之所有皆长年，或有子，不足以侍贵人，当更为公求少而美者。"知训怒，谓使者曰："会当杀德诚，并其妻取之！"

知训狎侮吴王，无复君臣之礼。尝与王为优，自为参军，使王为苍鹘[①]，总角弊衣执帽以从。又尝泛舟浊河，王先起，知训以弹弹之。又尝赏花于禅智寺，知训使酒悖慢，王惧而泣，四座股栗。左右扶王登舟，知训乘轻舟逐之，不及，以铁树杀王亲吏[②]。将佐无敢言者，父温皆不之知。

知训及弟知询皆不礼于徐知诰[③]，独季弟知谏以兄礼事之。知训尝召兄弟饮，知诰不至，知训怒曰："乞子不欲酒，欲剑乎！"又尝与知诰饮，伏甲欲杀之，知谏蹑知诰足，知诰阳起如厕，遁去，知训以剑授左右刁彦能使追杀之；彦能驰骑及于中涂，举剑示知诰而还，以不及告。

平卢节度使、同平章事、诸道副都统朱瑾遣家妓通候问于知训，知训强欲私之，瑾已不平。知训恶瑾位加己上[④]，置静淮军于泗州，出瑾为静淮节度使，瑾益恨之，然外事知训愈谨。瑾有所爱马，冬贮于幄，夏贮于帱[⑤]。宠妓有绝色。知训过别瑾，瑾置酒，自捧觞，出宠妓使歌，以所爱马为寿，知训大喜。瑾因延之中堂，伏壮士于户内，出妻陶氏拜之。知训答拜，瑾以笏自后击之踣地[⑥]，呼壮士出斩之。瑾先系二悍马于庑下，将图知训，密令人解纵之，马相蹄啮，声甚厉，以是外人莫之闻。瑾提知训首出，知训从者数百人皆散走。瑾驰入府，以首示吴王曰："仆已为大王除害。"王惧，以衣障面，走入内，曰："舅自为之，我不敢知！"瑾曰："婢子不足与成大事！"以知训首击柱，挺剑将出，子城使翟虔等已阖府门勒兵讨之[⑦]，乃自后逾城，坠而折足，顾追者曰："吾为万人除害，以一身任患。"遂自刭。

徐知诰在润州闻难，用宋齐丘策，即日引兵济江[⑧]。瑾已死，因抚定军府。时徐温诸子皆弱，温乃以知诰代知训执吴政，沉朱瑾尸于雷塘而灭其族。

瑾之杀知训也，泰宁节度使米志诚从十余骑问瑾所向，闻其已死，乃归；宣谕使李俨贫而困，寓居海陵。温疑其与瑾通谋，皆杀之。严可求恐志诚不受命，诈称袁州大破楚兵，将吏皆入贺，伏壮士于戟门[⑨]，擒志诚，斩之，并其诸子。

壬戌，晋王自魏州劳军于杨刘，自泛舟测河水，其深没枪。王谓诸将曰："梁军非有战意，但欲阻水以老我师，当涉水攻之。"甲子，王引亲军先涉[⑩]，诸军随之，褰甲横枪[⑪]，结陈而进。是日水落，深才及膝。匡国节度使、北面行营排陈使谢彦章帅众临岸拒之[⑫]，晋兵不得进，乃稍引却，梁兵从之。及中流，鼓噪复进，彦章不能支，稍退登岸；晋兵因而乘之，梁兵大败，死伤不可胜纪，河水为之赤，彦章仅以身免。是日，晋人遂陷滨河四寨。

蜀唐文扆既死，太傅、门下侍郎、同平章事张格内不自安，或劝格称疾俟命，礼部尚书杨玢自恐失势，谓格曰："公有援立大功，不足忧也。"庚午，贬格为茂州刺史，玢为荣经尉。吏部侍郎许寂、户部侍郎潘峤皆坐格党贬官。格寻再贬维州司户，庾凝绩奏徙格于合水镇，令茂州刺史顾承郾伺格阴事。王宗侃妻以格同姓，欲全之，谓承郾母曰："戒汝子，勿为人报仇，他日将归罪于汝。"承郾从之。凝绩怒，因公事抵承郾罪。

秋，七月，壬申朔，蜀主以兼中书令王宗弼为巨鹿王，宗瑶为临淄王，宗绾为临洮王，宗播为临颍王，宗裔、宗夔及兼侍中宗黯皆为琅邪郡王[⑬]。甲戌，以王宗侃为乐安王。丙子，以兵部尚书庾传素为太子少保兼中书侍郎、同平章事。蜀主不亲政事，内外迁除皆出于王宗弼。宗弼纳贿多私，上下咨怨。宋光嗣通敏善希合，蜀主宠任之，蜀由是遂衰。

【注释】

①参军、苍鹘（gǔ 骨）：为当时表演以滑稽诙谐为特色的参军戏中的两个角色。参军为主角，绿衣捧简，一般饰主人或官吏；苍鹘为配角，是后世丑角的前身，以麻束发，穿破烂衣服，多饰僮仆或弄臣。 ②檛（zhuā 抓）：敲打，击。 ③徐知诰：徐知诰为徐温养子，而知训、知询及

知谏则为亲子。 ④位加己上:吴王杨行密先娶朱氏为妻,与朱瑾同姓,后之吴王称朱瑾为舅,故地位在徐知训之上。 ⑤幄、帱:幄是篷帐四合围之,可挡风寒;帱是精细的纱帐,既可避暑又防蚊虫。 ⑥笏(hù 户):又叫朝笏、手板,是古代大臣朝见时手中所执的狭长的板子,常用玉、象牙或竹片制成,用于记事。 ⑦子城使:子城是附属于大城之内的小城,子城使职掌内城的治安保卫。 ⑧引兵济江:徐知诰所在的润州与吴王所在的扬州广陵仅一江之隔,相距五十余里。 ⑨戟门:又称"棘门",古代宫门立戟为门,唐代官、阶、勋俱三品以上的亦可在私门立戟。 ⑩亲军:即近卫部队,主要有银枪效节军。 ⑪褰(qiān 牵):抠,揭起。⑫谢彦章:胡三省注以为,前书河阳节度使谢彦章,此书匡国节度使,是由河阳改任匡国。 ⑬琅邪郡王:胡三省注以为,自东晋司马氏渡江以来,江左以琅邪之王为衣冠甲族,故三人皆封琅邪。

吴徐温入朝于广陵①,疑诸将皆预朱瑾之谋,欲大行诛戮。徐知诰、严可求具陈徐知训过恶,所以致祸之由,温怒稍解,乃命网瑾骨于雷塘而葬之,责知训将佐不能匡救,皆抵罪;独刁彦能屡有谏书,温赏之。戊戌,以知诰为淮南节度行军副使、内外马步都军副使、通判府事,兼江州团练使。以徐知谏权润州团练事②。温还镇金陵,总吴朝大纲,自余庶政,皆决于知诰。

知诰悉反知训所为,事吴王尽恭,接士大夫以谦,御众以宽,约身以俭。以吴王之命,悉蠲天祐十三年以前逋税③,余俟丰年乃输之。求贤才,纳规谏,除奸猾,杜请托。于是士民翕然归心,虽宿将悍夫无不悦服,以宋齐丘为谋主。先是,吴有丁口钱,又计亩输钱④,钱重物轻,民甚苦之。齐丘说知诰,以为"钱非耕桑所得,今使民输钱,是教民弃本逐末也⑤。请蠲丁口钱;自余税悉输谷帛,紬绢匹直千钱者当税三十⑥"。或曰:"如此,县官岁失钱亿万计。"齐丘曰:"安有民富而国家贫者邪!"知诰从之。由是江、淮间旷土尽辟,桑柘满野,国以富强。

知诰欲进用齐丘而徐温恶之,以为殿直、军判官⑦。知诰每夜引齐丘于水亭屏语⑧,常至夜分,或居高堂,悉去屏障,独置大炉,相向坐,不言,以铁箸画灰为字,随以匙灭去之,故其所谋,人莫得而知也。

虔州险固，吴军攻之，久不下，军中大疫，王祺病，吴以镇南节度使刘信为虔州行营招讨使，未几，祺卒。谭全播求救于吴越、闽、楚。吴越王镠以统军使传球为西南面行营应援使，将兵二万攻信州；楚将张可求将万人屯古亭，闽兵屯雩都以救之。信州兵才数百，逆战，不利；吴越兵围其城。刺史周本，启关张虚幕于门内，召僚佐登城楼作乐宴饮，飞矢雨集，安坐不动；吴越疑有伏兵，中夜，解围去。吴以前舒州刺史陈璋为东南面应援招讨使，将兵侵苏、湖[9]，钱传球自信州南屯汀州。晋王遣间使持帛书会兵于吴，吴人辞以虔州之难。

晋王谋大举入寇，周德威将幽州步骑三万，李存审将沧景步骑万人，李嗣源将邢洺步骑万人，王处直遣将将易定步骑万人，及麟、胜、云、蔚、新、武等州诸部落奚、契丹、室韦、吐谷浑[10]，皆以兵会之。八月，并河东、魏博之兵，大阅于魏州。

蜀诸王皆领军使，彭王宗鼎谓其昆弟曰："亲王典兵[11]，祸乱之本。今主少臣强，才间将兴[12]，缮甲训士，非吾辈所宜为也。"因固辞军使，蜀主许之，但营书舍、植松竹自娱而已。

泰宁节度使张万进，轻险好乱。时嬖幸用事，多求赂于万进，万进闻晋兵将出，己酉，遣使附于晋，且求援。以亳州团练使刘鄩为兖州安抚制置使，将兵讨之。

甲子，蜀顺德皇后殂[13]。

乙丑，蜀主以内给事王廷绍、欧阳晃、李周辂、朱光葆、宋承蕴、田鲁俦等为将军及军使[14]，皆干预政事，骄纵贪暴，大为蜀患，周庠切谏，不听。晃患所居之隘，夜，因风纵火，焚西邻军营数百间，明旦，召匠广其居；蜀主亦不之问。光葆，光嗣之从弟也。

晋王自魏州如杨刘，引兵略郓、濮而还，循河而上，军于麻家渡。贺瓌、谢彦章将梁兵屯濮州北行台村，相持不战[15]。

晋王好自引轻骑迫敌营挑战，危窘者数四，赖李绍荣力战翼卫之，得免。赵王镕及王处直皆遣使致书曰："元元之命系于王，本朝中兴系于王[16]，奈何自轻如此！"王笑谓使者曰："定天下者，非百战何由得之！安可深居帷房以自肥乎！"

一旦，王将出营，都营使李存审扣马泣谏曰[17]："大王当为天下自重。彼先登陷陈，将士之职也，存审辈宜为之，非大王之事也。"王为之揽辔而还[18]。他日，伺存审不在，策马急出，顾谓左右曰："老子妨人戏！"王以数百骑抵梁营，谢彦章伏精甲五千于堤下；王引十余骑度堤，伏兵发，围王数十重，王力战于中，后骑继之者攻之于外，仅得出。会李存审救至，梁兵乃退，王始以存审之言为忠。

吴刘信遣其将张宣等夜将兵三千袭楚将张可求于古亭，破之；又遣梁诠等将兵击吴越及闽兵，二国闻楚兵败，俱引归。

【注释】

①入朝于广陵：从镇海军治所升州（治今江苏南京市）入朝。广陵，地名，吴江都府治所，治今江苏扬州市。 ②权润州团练事：暂时代润州团练事务，此时该州团练使仍是徐知诰。 ③蠲（juān 捐）：通"捐"，免去，减免。天祐十三年：即后梁贞明二年（916）。天祐为唐昭宗年号，此时吴国仍奉唐朝正朔。逋（bū 晡）：拖欠、拖延。 ④丁口钱：人口税，始于汉代，亦称算钱、口赋。计亩输钱：按土地多少交纳土地税。 ⑤弃本逐末：放弃农业，从事商业和其它。 ⑥䌷（chōu 抽）绢：䌷同"绸"，丝织物的总称。 ⑦殿直、军判官：殿直即入直吴王殿中，在吴王面前听差；军判官即行军判官。 ⑧水亭屏语：屏语，屏退左右两人密语。水亭四面空阔，没有被人偷听的担心。 ⑨苏、湖：均在吴越境内。苏州治今江苏苏州市，为吴越北部军事重镇。湖州治今浙江湖州市。侵苏、湖以牵制吴越救虔州的兵力。 ⑩吐谷（tū yù 突玉）浑：亦称"吐浑"，古族名，鲜卑慕容部的一支，五代时散处蔚州，即今河北蔚县。 ⑪亲王：爵位名。其名始于南朝。一般以皇帝的伯叔、兄弟、皇子为亲王。 ⑫才间：才，原文为繁体字"纔"，疑为"讒"，即简体字"谗"。 ⑬顺德皇后：即蜀先主王建的皇后周氏。 ⑭朱光葆：胡三省注以为，朱光葆当作宋光葆。观下文"光葆，光嗣之从弟也"可知。 ⑮麻家渡、行台村：地名，均在濮州境内，在今山东鄄城县东北。其中麻家渡为黄河渡口。 ⑯本朝：指唐朝，晋王此时未称帝，仍奉唐正朔，以唐室后裔自称。 ⑰都营使：官名，掌理行营事务，为临时设置的官职。 ⑱揽辔（pèi 配）：揽着驾驭牲口的缰绳。

梅山蛮寇邵州[1]，楚将樊须击走之。

九月，壬午，蜀内枢密使宋光嗣以判六军让兼中书令王宗弼，蜀主许之。

吴刘信昼夜急攻虔州，斩首数千级，不能克；使人说谭全播，取质纳赂而还。徐温大怒，杖信使者。信子英彦典亲兵，温授英彦兵三千，曰："汝父居上游之地，将十倍之众[2]，不能下一城，是反也！汝可以此兵往，与父同反！"又使升州牙内指挥使朱景瑜与之俱，曰："全播守卒皆农夫，饥窘逾年，妻子在外，重围既解，相贺而去，闻大兵再往，必皆逃遁，全播所守者空城耳，往必克之。"

冬，十一月，壬申，蜀葬神武圣文孝德明惠皇帝于永陵，庙号高祖[3]。

越主岩祀南郊，大赦，改国号曰汉[4]。

刘信闻徐温之言，大惧，引兵还击虔州。先锋始至，虔兵皆溃，谭全播奔雩都，追执之。吴以全播为右威卫将军，领百胜节度使[5]。

先是，吴越王镠常自虔州入贡，至是道绝，始自海道出登、莱[6]，抵大梁。

初，吴徐温自以权重而位卑，说吴王曰："今大王与诸将皆为节度使，虽有都统之名[7]，不足相临制；请建吴国，称帝而治。"王不许。

严可求屡劝温以次子知询代徐知诰知吴政，知诰与骆知祥谋，出可求为楚州刺史。可求既受命，至金陵，见温，说之曰："吾奉唐正朔，常以兴复为辞。今朱、李方争[8]，朱氏日衰，李氏日炽。一旦李氏有天下，吾能北面为之臣乎？不若先建吴国以系民望。"温大悦，复留可求参总庶政，使草具礼仪。知诰知可求不可去，乃以女妻其子续。

晋王欲趣大梁，而梁军扼其前，坚壁不战百余日。十二月，庚子朔，晋王进兵，距梁军十里而舍[9]。

初，北面行营招讨使贺瓌善将步兵，排陈使谢彦章善将骑兵，瓌恶其与己齐名。一日，瓌与彦章治兵于野，瓌指一高地曰："此可以立栅。"至是，晋军适置栅于其上，瓌疑彦章与晋通谋。瓌屡欲战,谓彦章曰:“主上悉以国兵授吾二人,社稷是赖[10]。今强寇压吾门,而逗遛不战,可乎!”彦章曰:“强寇凭陵,利在速战。今深沟高垒,据其津要,彼安敢深入!若轻与之战,万一蹉跌,则大事去矣。”瓌益疑之,密谮之于帝,与行营马步都虞候曹州刺史朱珪谋,因享士,伏甲,杀彦章及濮州刺史孟审澄、别将侯温裕,以谋叛闻。审澄、温裕,亦骑将之良者也。丁未,以朱珪为匡国留后。癸丑,又以为平卢节度使兼行营马步副指挥使以赏之[11]。

晋王闻彦章死,喜曰:“彼将帅自相鱼肉,亡无日矣。贺瓌残虐,失士卒心,我若引兵直指其国都,彼安得坚壁不动!幸而一与之战,蔑不胜矣。”王欲自将万骑直趣大梁,周德威曰:“梁人虽屠上将,其军尚全,轻行徼利,未见其福。”不从。戊午,下令军中老弱悉归魏州,起师趋汴。庚申,毁营而进,众号十万。

辛酉,蜀改明年元曰乾德。

【注释】

①梅山蛮寇邵州:梅山在今湖南新化县东北,邵州治今湖南邵阳市,时又称为敏州。梅山蛮人居住在邵州境内。 ②居上游之地,将十倍之众:胡三省注以为,刘信本镇洪州(今江西南昌市),南江(今称赣江)自洪州至湖口马当而汇入长江,广陵(今江苏扬州市)在江下流,所以称刘信所居为上游之地;十倍之众指攻虔州之兵十倍于敌。 ③庙号:皇帝死后,在太庙立室奉祀所特立的专门名号。 ④改国号曰汉:刘岩去年秋七月称帝,国号为大越,今改为汉,史称南汉。 ⑤百胜节度使:治所在虔州,即今江西赣州市。 ⑥登、莱:州名。登州治今山东蓬莱市,莱州治今山东莱州市,两地均属梁。 ⑦都统:官名,唐代置,授吴王杨行密为诸道行营都统,主掌征伐等事宜。其子嗣位亦承受都统之职,而其他节度使则无此名。 ⑧朱、李:朱即后梁皇帝朱友贞的朱氏王朝,李指以李存勖为首的晋阳李氏集团。 ⑨距梁军十里:自麻家渡进军逼近行台村,相距十里。 ⑩社稷(jì纪):代称国家。社稷是古代帝王、诸侯所祭的土地神和谷物神。 ⑪以赏之:朱珪参预谋杀谢彦章有功,由贺瓌表荐,梁帝以官赏之。

贺瓌闻晋王已西[1],亦弃营而踵之。晋王发魏博白丁三万从军[2]，以供营栅之役，所至，营栅立成。壬戌，至胡柳陂[3]。癸亥旦，候者言梁兵自后至矣。周德威曰："贼倍道而来，未有所舍，我营栅已固，守备有余，既深入敌境，动须万全，不可轻发。此去大梁至近，梁兵各念其家，内怀愤激，不以方略制之，恐难得志。王宜按兵勿战，德威请以骑兵扰之，使彼不得休息，至暮营垒未立，樵爨未具[4]，乘其疲乏，可一举灭也。"王曰："前在河上恨不见贼[5]，今贼至不击，尚复何待，公何怯也！"顾李存审曰："敕辎重先发[6]，吾为尔殿后，破贼而去！"即以亲军先出。德威不得已，引幽州兵从之，谓其子曰："吾无死所矣。"

贺瓌结陈而至，横亘数十里。王帅银枪都陷其陈，冲荡击斩，往返十余里。行营左厢马军都指挥使、郑州防御使王彦章军先败[7]，西走趣濮阳。晋辎重在陈西，望见梁旗帜，惊溃，入幽州陈，幽州兵亦扰乱，自相蹈藉；周德威不能制，父子皆战死。魏博节度副使王缄与辎重俱行，亦死。

晋兵无复部伍。梁兵四集，势甚盛。晋王据高丘收散兵，至日中，军复振。陂中有土山，贺瓌引兵据之。晋王谓将士曰："今日得此山者胜，吾与汝曹夺之。"即引骑兵先登，李从珂与银枪大将李建及以步卒继之[8]，梁兵纷纷而下，遂夺其山。

日向晡[9]，贺瓌陈于山西[10]，晋兵望之有惧色。诸将以为诸军未尽集，不若敛兵还营，诘朝复战。天平节度使、东南面招讨使阎宝曰："王彦章骑兵已入濮阳，山下惟步卒，向晚皆有归志，我乘高趣下击之，破之必矣。今王深入敌境，偏师不利[11]，若复引退，必为所乘。诸军未集者闻梁再克，必不战自溃。凡决胜料敌，惟观情势，情势已得，断在不疑。王之成败，在此一战；若不决力取胜，纵收余众北归，河朔非王有也。"昭义节度使李嗣昭曰："贼无营垒，日晚思归，但以精骑扰之，使不得夕食，俟其引退，追击可破也。我若敛兵还营，彼归整众复来，胜负未可知也。"李建及擐甲横槊而进曰[12]："贼大将已遁[13]，王之骑军一无所失，今击此疲乏之众，如拉朽耳。王但登山，观臣为王破贼。"王愕然曰："非公等言，吾几误计。"嗣昭、建及以骑兵大呼陷陈，诸军继之，梁兵大败。元城令吴琼、贵乡令胡装，各帅白丁万人，于山下曳柴扬尘，鼓噪以助其势。梁兵自相腾藉，弃甲山积，死亡者几三万人。装，证之曾孙也[14]。是日，两军所丧士卒各三之二，皆不能振。

晋王还营，闻周德威父子死，哭之恸，曰："丧吾良将，是吾罪也。"以其子幽州中军兵马使光辅为岚州刺史。

李嗣源与李从珂相失，见晋军桡败[15]，不知王所之，或曰："王已北渡河矣。"嗣源遂乘冰北渡，将之相州。是日，从珂从王夺山，晚战皆有功。甲子，晋王进攻濮阳[16]，拔之。李嗣源知晋军之捷，复来见王于濮阳，王不悦，曰："公以吾为死邪？渡河安之！"嗣源顿首谢罪。王以从珂有功，但赐大钟酒以罚之；然自是待嗣源稍薄。

初，契丹主之弟撒剌阿拨号北大王，谋作乱于其国。事觉，契丹主数之曰："汝与吾如手足，而汝兴此心，我若杀汝，则与汝何异！"乃囚之期年而释之。撒剌阿拨帅其众奔晋，晋王厚遇之，养为假子[17]，任为刺史；胡柳之战，以其妻子来奔。

晋军至德胜渡[18]，王彦章败卒有走至大梁者，曰："晋人战胜，将至矣。"顷之，晋兵有先至大梁问次舍者，京城大恐。帝驱市人登城，又欲奔洛阳，遇夜而止。败卒至者不满千人，伤夷逃散，各归乡里，月余仅能成军。

【注释】

①晋王已西：从濮州行台村向大梁进军，方向是从东往西。　②白丁：一般指平民，没有功名的人。亦称白徒，这里指本无军籍而临时征集起来的壮丁。　③胡柳陂（bēi 杯）：地名，在濮州西临濮县（治今山东鄄城县西南）。陂，山坡。　④樵爨（cuàn 窜）：指烧火煮饭。樵为木柴，爨是灶。　⑤恨不见贼：指前在行台村挑战不成，反而被围，险些丧命。⑥敕（chì 斥）：自上命下之词。多用于帝王的正规命令。　⑦王彦章：字贤明，郓州寿张（治今山东东平县西南）人。初从朱温，久掌禁军。作战骁勇，生性刚直，是梁军骑兵中的良将。　⑧银枪大将李建及：银枪大将即银枪（效节）都的将领。李建及原作王建及，今以原校改。下同。⑨日向晡（bū 逋）：黄昏时，申时，即下午三时至五时。　⑩山西：即胡柳陂土山之西。　⑪偏师不利：指周德威父子所部幽州兵丧败。　⑫槊（shuò 朔）：古代兵器，即长矛。　⑬贼大将已遁：指梁骑兵名将王彦章

率军败逃濮阳。 ⑭证:胡证,唐代大臣,字启中,河东(治今山西太原市西南)人,历事宪宗、穆宗两朝,历位通显,家富于财。 ⑮桡(náo 挠)败:战败,挫败。桡,弯曲、屈服。 ⑯濮阳:县名,属濮州,在州治之西九十里,治今河南濮阳市西南。 ⑰假子:义子。 ⑱德胜渡:地名。在今河南濮阳市,为黄河重要渡口。

五年 春,正月,辛巳,蜀主祀南郊,大赦。

晋李存审于德胜南北夹河筑两城而守之[①]。晋王以存审代周德威为内外蕃汉马步总管。晋王还魏州,遣李嗣昭权知幽州军府事[②]。

汉主岩立越国夫人马氏为皇后,殷之女也。

三月,丙戌,蜀北路行营都招讨、武德节度使王宗播等自散关击岐,渡渭水,破岐将孟铁山;会大雨而还,分兵戍兴元、凤州及威武城。戊子,天雄节度使、同平章事王宗昱攻陇州,不克。

蜀主奢纵无度,日与太后、太妃游宴于贵臣之家,及游近郡名山,饮酒赋诗,所费不可胜纪。仗内教坊使严旭强取士民女子内宫中,或得厚赂而免之,以是累迁至蓬州刺史。太后、太妃各出教令卖刺史、令、录等官,每一官阙,数人争纳赂,赂多者得之。

晋王自领卢龙节度使,以中门使李绍宏提举军府事[③],代李嗣昭。绍宏,宦者也,本姓马,晋王赐姓名,使与知岚州事孟知祥俱为河东、魏博中门使;知祥又荐教练使雁门郭崇韬能治剧,王以为中门副使。崇韬倜傥有智略[④],临事敢决,王宠待日隆。先是,中门使吴珪、张虔厚相继获罪,及绍宏出幽州,知祥惧祸,称疾辞位,王乃以知祥为河东马步都虞候,自是崇韬专典机密。

诏吴越王镠大举讨淮南[⑤]。镠以节度副大使传瓘为诸军都指挥使,帅战舰五百艘,自东洲击吴。吴遣舒州刺史彭彦章及裨将陈汾拒之。

吴徐温帅将吏藩镇请吴王称帝,吴王不许。夏,四月,戊戌朔,即吴国王位。大赦,改元武义;建宗庙社稷,置百官,宫殿文物皆用天子礼。以金继土,腊用丑[⑥]。改谥武忠王曰孝武王[⑦],庙号太祖,威王曰景王,尊母为太妃;以徐温为大丞相、都督中外诸军事、诸道都统、镇海、宁国节度使、守太尉兼中书令、东海郡王，以徐知诰为左仆射、参政事兼知内外诸军事，仍领江州团练使，以扬府左司马王令谋为内枢密使，营田副使严可求为门下侍郎，盐铁判官骆知祥为中书侍郎，前中书舍人卢择为吏部尚书兼太常卿[8]，掌书记殷文圭为翰林学士，馆驿巡官游恭为知制诰，前驾部员外郎杨迢为给事中。择，醴泉人；迢，敬之之孙也。

钱传瓘与彭彦章遇；传瓘命每船皆载灰、豆及沙，乙巳，战于狼山江。吴船乘风而进，传瓘引舟避之，既过，自后随之。吴回船与战，传瓘使顺风扬灰，吴人不能开目；及船舷相接[9]，传瓘使散沙于己船而散豆于吴船，豆为战血所渍，吴人践之皆僵仆。传瓘因纵火焚吴船，吴兵大败。彦章战甚力，兵尽，继之以木，身被数十创，陈汾按兵不救；彦章知不免，遂自杀。传瓘俘吴裨将七十人，斩首千余级，焚战舰四百艘。吴人诛汾，从没家赀，以其半赐彦章家，禀其妻子终身。

贺瓌攻德胜南城，百道俱进，以竹笮联艨艟十余艘[10]，蒙以牛革，设睥睨、战格如城状[11]，横于河流，以断晋之救兵，使不得渡。晋王自引兵驰往救之，陈于北岸，不能进；遣善游者马破龙入南城，见守将氏延赏，延赏言矢石将尽，陷在顷刻。晋王积金帛于军门，募能破艨艟者；众莫知为计，亲将李建及曰："贺瓌悉众而来，冀此一举；若我军不度，则彼为得计。今日之事，建及请以死决之。"乃选效节敢死士得三百人，被铠操斧，帅之乘舟而进。将至艨艟，流矢雨集，建及使操斧者入艨艟间，斧其竹笮，又以木罂载薪[12]，沃油然火，于上流纵之，随以巨舰实甲士，鼓噪攻之。艨艟既断，随流而下，梁兵焚溺者殆半，晋兵乃得度。瓌解围走，晋兵逐之，至濮州而还。瓌退屯行台村。

蜀主命天策府诸将无得擅离屯戍。五月，丁卯朔，左散旗军使王承谔、承勋、承会违命，蜀主皆原之。自是禁令不行。

楚人攻荆南，高季昌求救于吴，吴命镇南节度使刘信等帅洪、吉、抚、信步兵自浏阳趣潭州，武昌节度使李简等帅水军攻复州。信等至潭州东境，楚兵释荆南引归。简等入复州，执其知州鲍唐。

六月，吴人败吴越兵于沙山。

【注释】

①晋李存审于德胜南北夹河：德胜，即德胜渡，为黄河重要渡口，在晋澶州南、梁濮州北交界处；夹河，即跨黄河两岸；两城，河南岸称德胜南城或南城，河北岸称德胜北城或北城。 ②权知：权，暂时、代理。知，主持、执掌某种官职。在官职称谓中，知与判的区别是：同品为知，隔品为判。 ③提举：任官称谓。掌管，为提拔使用。 ④倜傥（tì tǎng 替倘）：卓异豪爽，洒脱不拘。 ⑤淮南：指吴国，因其境以淮水为界，在淮水以南，其先主杨行密曾任淮南节度使，故称。 ⑥以金继土，腊用丑：吴以唐代继承者自居，以五行唐为土德，故吴为金德，以金继土；腊，即腊祭，在每年十二月祭祀祖先和百神。丑为牛，祭祀用牛称太牢，为古代天子的祭礼。 ⑦武忠王：杨行密初谥武忠王，为唐朝的赠谥。下"威王"同。 ⑧前中书舍人：即唐代的中书舍人。下"前驾部员外郎"同。 ⑨船舷：船边。 ⑩竹笮（zuó 昨）联艨艟：笮，牵引舟的竹索，也写作"筰"。竹笮为生竹成索，强度更高；艨艟又写作"蒙冲"，即战船。 ⑪睥睨（pì nì 僻腻）、战格：睥睨为城墙上的小墙。也写作俾倪、辟倪等；战格为战时设置的防御栏栅，一般列木为之。又称笓格、排杈。 ⑫木罂（yīng 婴）：一种木制的盛酒器，小口大腹，体积较大。

秋，七月，吴越王镠遣钱传瓘将兵三万攻吴常州，徐温帅诸将拒之，右雄武统军陈璋以水军下海门出其后[①]。壬申，战于无锡。会温病热，不能治军，吴越攻中军[②]，飞矢雨集，镇海节度判官陈彦谦迁中军旗鼓于左，取貌类温者，擐甲胄，号令军事，温得少息；俄顷，疾稍间，出拒之。时久旱草枯，吴人乘风纵火，吴越兵乱，遂大败，杀其将何逢、吴建，斩首万级。传瓘遁去，追至山南，复败之。陈璋败吴越于香弯。

温募生获叛将陈绍者赏钱百万，指挥使崔彦章获之。绍勇而多谋，温复使之典兵。

初，锦衣之役，吴马军指挥曹筠叛奔吴越，徐温赦其妻子，厚遇之，遣间使告之曰："使汝不得志而去，吾之过也，汝无以妻子为念。"及是役，筠复奔吴。温自数昔日不用筠言者三，而不问筠去来之罪，归其田宅，复其军职。筠内愧而卒。

知诰请帅步卒二千，易吴越旗帜铠仗，蹑败卒而东[③]，袭取苏州。温曰:“尔策固善;然吾且求息兵,未暇如汝言也。”诸将皆以为:“吴越所恃者舟楫,今大旱,水道涸,此天亡之时也,宜尽步骑之势,一举灭之。”温叹曰:“天下离乱久矣,民困已甚,钱公亦未易可轻;若连兵不解,方为诸君之忧。今战胜以惧之,戢兵以怀之[4],使两地之民各安其业,君臣高枕,岂不乐哉!多杀何为!”遂引还。

吴越王镠见何逢马,悲不自胜,故将士心附之。宠姬郑氏父犯法当死,左右为之请,镠曰:“岂可以一妇人乱我法。”出其女而斩之。镠自少在军中,夜未尝寐,倦极则就圆木小枕,或枕大铃,寐熟辄欹而寤[5],名曰“警枕”。置粉盘于卧内,有所记则书盘中,比老不倦。或寝方酣,外有白事者,令侍女振纸即寤。时弹铜丸于楼墙之外,以警直更者[6]。尝微行,夜叩北城门,吏不肯启关,曰:“虽大王来亦不可启。”乃自他门入。明日,召北门吏,厚赐之。

丙戌,吴王立其弟濛为庐江郡公,溥为丹阳郡公,浔为新安郡公,澈为鄱阳郡公,子继明为庐陵郡公。

晋王归晋阳,以巡官冯道为掌书记。中门使郭崇韬以诸将陪食者众[7],请省其数。王怒曰:“孤为效死者设食,亦不得专,可令军中别择河北帅,孤自归太原!”即召冯道令草词以示众。道执笔逡巡不为,曰:“大王方平河南,定天下,崇韬所请未至大过;大王不从可矣,何必以此惊动远近,使敌国闻之,谓大王君臣不和,非所以隆威望也。”会崇韬入谢,王乃止。

初,唐灭高丽[8],天祐初[9],高丽石窟寺眇僧躬乂,聚众据开州称王[10],号大封国,至是,遣佐良尉金立奇入贡于吴。

八月,乙未朔,宣义节度使贺瓌卒。以开封尹王瓒为北面行营招讨使。瓒将兵五万,自黎阳度河掩击澶、魏,至顿丘,遇晋兵而旋。瓒为治严,令行禁止,据晋人上游十八里杨村[11],夹河筑垒,运洛阳竹木造浮梁,自滑州馈运相继。晋蕃汉马步副总管、振武节度使李存进亦造浮梁于德胜,或曰:“浮梁须竹笮、铁牛、石囷[12],我皆无之,何以能成!”存进不听,以苇笮维巨舰,系于土山巨木,逾月而成,人服其智。

吴徐温遣使以吴王书归无锡之俘于吴越;吴越王镠亦遣使请和于吴。自是吴国休兵息民,三十余州民乐业者二十余年[13]。吴王及徐温屡遗吴越王镠书[14]，劝镠自王其国；镠不从。

九月，丙寅，诏削刘岩官爵[15]，命吴越王镠讨之。镠虽受命，竟不行。

吴庐江公濛有材气，常叹曰："我国家而为他人所有[16]，可乎！"徐温闻而恶之。

【注释】

①下海门出其后：顺江而下出海门入东海，沿海东南是太湖入海口，由此舟行入太湖，即绕行于敌后。　②中军：古代作战常分左、中、右或上、中、下三军，以主将所在的部分为中军，一般为主力部队，也是发号施令的地方。　③蹑（niè 聂）：踩、踏，追踪。　④戢（jí 集）：收敛、止息。　⑤寐（mèi 妹）熟辄敧（qī 欺）而寤（wù 悟）：寐，睡眠。敧，倾斜，通"攲"。寤，睡醒。　⑥直更（gēng 庚）者：宫中值夜的人。直更有别于值更，后者为轮值。　⑦陪食者众：晋王常与部下同甘苦，每当吃饭，总是邀很多将领作陪，人一多难免鱼龙混杂，所以引起了郭崇韬的担心。⑧唐灭高丽：高丽为朝鲜高句丽的别称。唐灭高丽在唐高宗总章元年（668）。　⑨天祐：唐昭宗李晔的最后一个年号（904—907）。　⑩开州：高丽州名，亦称开京、开城府、蜀莫郡，治今朝鲜开城。　⑪晋人上游十八里：即晋人所占德胜城上游十八里。　⑫竹笮：竹索。铁牛：古人建桥时铸铁为牛，置于桥畔，用以镇水加固。石囷（qūn 逡）：石头所造圆形仓库，如在岸边可系竹索以固定战船和桥梁。　⑬三十余州：泛指吴国全境。吴的辖区有扬、楚、泗、滁、和、光、蕲、黄、舒、庐、濠、寿、泰、海、常、润、升、宣、池、歙、鄂、饶、信、江、洪、抚、袁、吉、虔等州，百胜、昭武、镇南、奉化、武昌、德胜、宁国、忠正、镇海等九节度。二十余年：泛指，十八年后（即 937），南唐代吴。　⑭遗（wèi 畏）：赠予、致送。　⑮诏削刘岩官爵：刘岩初受后梁封爵，任清海、建武节度使，已于贞明三年（917）建号称帝，故诏削之。　⑯他人：指皇族以外的人，这里特指以徐温为主的徐氏家族。

资治通鉴卷第二百七十一

后梁纪六　起屠维单阏十月，尽玄黓敦牂，凡三年有奇。

均　王　下

贞明五年　冬，十月，出濛为楚州团练使。

晋王如魏州，发徒数万，广德胜北城，日与梁人争，大小百余战，互有胜负。左射军使石敬瑭与梁人战于河壖[1]，梁人击敬瑭，断其马甲，横冲兵马使刘知远以所乘马授之[2]，自乘断甲者徐行为殿；梁人疑有伏，不敢迫，俱得免，敬瑭以是亲爱之。敬瑭、知远，其先皆沙陀人[3]。敬瑭，李嗣源之婿也。

刘鄩围张万进于兖州经年，城中危窘，晋王方与梁人战河上，力不能救。万进遣亲将刘处让乞师于晋，晋王未之许，处让于军门截耳曰："苟不得请，生不如死！"晋王义之，将为出兵，会鄩已屠兖州，族万进，乃止。以处让为行台左骁卫将军。处让，沧州人也。

十一月，吴武宁节度使张崇寇安州。

丁丑，以刘鄩为泰宁节度使、同平章事[4]。

辛卯，王瓒引兵至戚城，与李嗣源战，不利。

梁筑垒贮粮于潘张，距杨村五十里。十二月，晋王自将骑兵自河南岸西上，邀其饷者，俘获而还；梁人伏兵于要路，晋兵大败。晋王以数骑走，梁数百骑围之，李绍荣识其旗[5]，单骑奋击救之，仅免。戊戌，晋王复与王瓒战于河南，瓒先胜，获晋将石君立等；既而大败,乘小舟度河,走保北城[6],失亡万计。帝闻石君立勇,欲将之,系于狱而厚饷之,使人诱之。君立曰:“我晋之败将,而为用于梁,虽竭诚效死,谁则信之!人各有君,何忍反为仇雠用哉!”帝犹惜之,尽杀所获晋将,独置君立。晋王乘胜遂拔濮阳。帝召王瓒还,以天平节度使戴思远代为北面招讨使,屯河上以拒晋人。

己酉,蜀雄武节度使兼中书令王宗朗有罪,削夺官爵,复其姓名曰全师朗,命武定节度使兼中书令桑弘志讨之。

后梁彩绘散乐浮雕(局部)

吴禁民私畜兵器,盗贼益繁。御史台主簿京兆卢枢上言[7]:“今四方分争,宜教民战。且善人畏法禁而奸民弄干戈,是欲偃武而反招盗也。宜团结民兵,使之习战,自卫乡里。”从之。

六年 春,正月,戊辰,蜀桑弘志克金州,执全师朗,献于成都,蜀主释之。

吴张崇攻安州,不克而还。

崇在庐州,贪暴不法。庐江民讼县令受赇[8],徐知诰遣侍御史知杂事杨廷式往按之,欲以威崇,廷式曰:“杂端推事[9],其体至重,职业不可不行。”知诰曰:“何如?”廷式曰:“械系张崇,使吏如升州,簿责都统。”知诰曰:“所按者县令耳,何至于是!”廷式曰:“县令微官,张崇使之取民财转献都统耳[10],岂可舍大而诘小乎!”知诰谢之曰:“固知小事不足相烦。”以是益重之。廷式,泉州人也。

晋王自得魏州,以李建及为魏博内外牙都将,将银枪效节都。

建及为人忠壮,所得赏赐,悉分士卒,与同甘苦,故能得其死力,所向立功,同列疾之。宦者韦令图监建及军,谮于晋王曰:“建及以私财骤施,此其志不小,不可使将牙兵。”王疑之;建及知之,自恃无它,行之自若。三月,王罢建及军职,以为代州刺史。

汉杨洞潜请立学校⑪,开贡举,设铨选;汉主岩从之。

【注释】

①左射军使:武官名,所统领的士兵都是用左手射弓的左撇子,故名。石敬瑭(892—942):人名,即后来的后晋高祖,五代晋王朝的创建者,936—942 年在位。沙陀部人。后唐时为河东节度使。清泰三年(936),勾结契丹灭后唐,并受契丹册封为帝,建都汴(今河南开封市),国号晋,史称后晋。河壖(ruán 软阳):壖亦作“堧”,河边地、城下田。②刘知远(895—948):人名,即后来的后汉高祖,五代汉王朝的创建者,947—948 年在位。沙陀部人。后晋时为河东节度使、北平王。开运四年(947)契丹灭后晋,他乘机在太原称帝,建都汴(今河南开封市),国号汉,史称后汉。　③沙陀:中国古代部族名,西突厥的别部,又称沙陀突厥。因其所居之地有大碛名沙陀,故用作部族名。　④“以刘鄩”句:此前刘鄩因河朔丧师被贬为亳州团练使,现在因平定张万进有功,复原职。⑤识其旗:古时行军打仗,凡是有主将所在的地方都有一种特定的旗帜作为表识,后世又称作“认旗”。　⑥北城:为梁军据守的杨村北城,而非晋军据守的德胜北城。　⑦御史台主簿:官名,御史台属官之一,本为唐官,吴因之。主掌台印、考察台务,负责官署常务及奴婢,为勋散官之职。　⑧受赇(qiú 求):收受贿赂。　⑨杂端推事:杂端,御史台侍御史中知杂事者,称为杂端,又称端公;推事,推论事理,查处案件。　⑩都统:指吴国大丞相、诸道都统徐温。　⑪杨洞潜:初为唐朝岭南节度副使,因其谙熟典礼,深受刘隐、刘岩兄弟礼遇。南汉建国,被任为兵部侍郎、同平章事。

夏,四月,乙亥①,以尚书左丞李琪为中书侍郎、同平章事。琪,珽之弟也,性疏俊,挟赵岩、张汉杰之势,颇通贿赂。萧顷与琪同为相,顷谨密而阴伺琪短。久之,有以摄官求仕者,琪辄改摄为守②,顷奏之。帝大怒,欲流琪远方,赵、张左右之③,止罢为太子少保。

河中节度使冀王友谦以兵袭取同州，逐忠武节度使程全晖，全晖奔大梁。友谦以其子令德为忠武留后，表求节钺[4]，帝怒，不许。既而惧友谦怨望，己酉，以友谦兼忠武节度使。制下，友谦已求节钺于晋王，晋王以墨制除令德忠武节度使[5]。

吴宣王重厚恭恪，徐温父子专政，王未尝有不平之意形于言色，温以是安之。及建国称制，尤非所乐，多沉饮鲜食，遂成寝疾。

五月，温自金陵入朝，议当为嗣者。或希温意言曰："蜀先主谓武侯[6]：'嗣子不才，君宜自取。'"温正色曰："吾果有意取之，当在诛张颢之初，岂至今日邪！使杨氏无男，有女亦当立之。敢妄言者斩！"乃以王命迎丹杨公溥监国，徙溥兄濛为舒州团练使。

己丑，宣王殂。六月，戊申，溥即吴王位。尊母王氏曰太妃。

丁巳，蜀以司徒兼门下侍郎、同平章事周庠同平章事，充永平节度使[7]。

帝以泰宁节度使刘鄩为河东道招讨使，帅感化节度使尹皓、静胜节度使温昭图、庄宅使段凝攻同州[8]。

闰月，庚申朔，蜀主作高祖原庙于万里桥[9]，帅后妃、百官用亵味作鼓吹祭之[10]。华阳尉张士乔上疏谏，以为非礼，蜀主怒，欲诛之，太后以为不可，乃削官流黎州，士乔感愤，赴水死。

刘鄩等围同州，朱友谦求救于晋；秋，七月，晋王遣李存审、李嗣昭、李建及、慈州刺史李存质将兵救之。

乙卯，蜀主下诏北巡，以礼部尚书兼成都尹长安韩昭为文思殿大学士，位在翰林承旨上。昭无文学，以便佞得幸，出入宫禁，就蜀主乞通、渠、巴、集数州刺史卖之以营居第[11]，蜀主许之。识者知蜀之将亡。

八月，戊辰，蜀主发成都，被金甲，冠珠帽，执弓矢而行，旌旗兵甲，亘百余里。雒令段融上言："不宜远离都邑，当委大臣征讨。"不从。九月，次安远城。

李存审等至河中[12]，即日济河。梁人素轻河中兵，每战必穷追不置。存审选精甲二百，杂河中兵，直压刘鄩垒，鄩出千骑逐之；知晋人已至，大惊，自是不敢轻出。晋人军于朝邑[13]。

河中事梁久，将士皆持两端。诸军大集，刍粟踊贵，友谦诸子说友谦且归款于梁，以退其师，友谦曰："昔晋王亲赴吾急，秉烛夜战。今方与梁相拒，又命将星行，分我资粮，岂可负邪！"

晋人分兵攻华州[14]，坏其外城。李存审等按兵累旬，乃进逼刘鄩营，鄩等悉众出战，大败，收余众退保罗文寨。又旬余，存审谓李嗣昭曰："兽穷则搏，不如开其走路，然后击之。"乃遣人牧马于沙苑。鄩等宵遁，追击至渭水，又破之，杀获甚众。存审等移檄告谕关右，引兵略地至下邽，谒唐帝陵[15]，哭之而还。

河中兵进攻崇州，静胜节度使温昭图甚惧。帝使供奉官窦维说之曰："公所有者华原、美原两县耳[16]，虽名节度使，实一镇将，比之雄藩，岂可同日语也，公有意欲之乎？"昭图曰："然。"维曰："当为公图之。"即教昭图表求移镇，帝以汝州防御使华温琪权知静胜留后。

【注释】

①乙亥：四月无此日，疑误。　②改摄为守：改代理之官为正式任命之官。摄，代理、试用；守，署理。　③左右：与"佐佑"通，保佑、帮助的意思。　④节钺：符节和斧钺，古代授予将帅，以作为加重权力的标志。符节又称节旄，以竹为之，柄长八尺，节上缀牦牛尾饰物；斧钺是古代军法用以杀人的斧子。　⑤墨制：又称"墨诏"，是由帝王直接发出不经外廷的亲笔手令。除：任官职称谓，即拜官授职，除去旧官任新官。　⑥蜀先主：指三国蜀先主刘备。武侯：指诸葛亮。　⑦充：任官称谓。充任、担任官职。有时又有以本官兼任他职的意思。　⑧庄宅使：唐代宫内官名，后梁沿用。主要管理两京地区官府掌握的庄田、磨坊、店铺、菜园、车坊等产业，均由宦官领任。　⑨原庙：已立太庙而又再立的太庙叫原庙。万里桥：在成都。三国蜀费祎使吴，诸葛亮送行到此桥，对他说："万里之路，始于此矣。"因以名桥。　⑩亵味：皇帝喜爱的家常小菜。依礼，此类菜肴不能用于祭祀。　⑪通、渠、巴、集数州：通州治今四川达州市，渠州治今四川渠县，巴中治今四川巴中市，集州治今四川南江县。　⑫河中：即河中节度使治所河中府，治今山西永济市西南。　⑬朝邑：县名，治今陕西大荔县东南，在同州之东三十余里。　⑭华州：州名，治今陕西渭南市华州区，在同州西南约八十里。　⑮唐帝陵：在同州奉先县，治今陕西蒲城县。　⑯华原、美原两县：唐代旧县名。华原治今陕西铜川市耀州区，美原治今陕西富平县东北。温昭图归岐后，李茂贞改华原为茂州，寻

改为耀州，以温为刺史，改美原为鼎州，建义胜军，以温为节度使。温昭图降梁后，梁改耀州为崇州，鼎州为裕州，改义胜军为静胜军。

冬，十月，辛酉，蜀主如武定军[①]，数日，复还安远。

十一月，戊子朔，蜀主以兼侍中王宗俦为山南节度使、西北面都招讨、行营安抚使，天雄节度使、同平章事王宗昱、永宁军使王宗晏、左神勇军使王宗信为三招讨以副之，将兵伐岐，出故关，壁于咸宜[②]，入良原。丁酉，王宗俦攻陇州，岐王自将万五千人屯汧阳[③]。癸卯，蜀将陈彦威出散关，败岐兵于箭筈岭[④]，蜀兵食尽，引还。宗昱屯秦州，宗俦屯上邽，宗晏、宗信屯威武城。

庚戌，蜀主发安远城；十二月，庚申，至利州，阆州团练使林思谔来朝[⑤]，请幸所治，从之。癸亥，泛江而下，龙舟画舸[⑥]，辉映江渚，州县供办，民始愁怨。壬申，至阆州，州民何康女色美，将嫁，蜀主取之，赐其夫家帛百匹，夫一恸而卒。癸未，至梓州[⑦]。

赵王镕自恃累世镇成德[⑧]，得赵人心，生长富贵，雍容自逸，治府第园沼，极一时之盛，多事嬉游，不亲政事，事皆仰成于僚佐，深居府第，权移左右，行军司马李蔼、宦者李弘规用事于中外[⑨]，宦者石希蒙尤以谄谀得幸。

初，刘仁恭使牙将张文礼从其子守文镇沧州，守文诣幽州省其父，文礼于后据城作乱，沧人讨之，奔镇州。文礼好夸诞，自言知兵，赵王镕奇之，养以为子，更名德明，悉以军事委之。德明将行营兵从晋王，镕欲寄以腹心，使都指挥使符习代还，以为防城使。

镕晚年好事佛及求仙，专讲佛经，受符箓，广斋醮[⑩]，合炼仙丹，盛饰馆宇于西山[⑪]，每往游之，登山临水，数月方归，将佐士卒陪从者常不下万人，往来供顿，军民皆苦之。是月，自西山还，宿鹘营庄，石希蒙劝王复之他所。李弘规言于王曰："晋王夹河血战[⑫]，栉风沐雨，亲冒矢石，而王专以供军之资奉不急之费。且时方艰难，人心难测，王久虚府第，远出游从，万一有奸人为变，闭关相距，将若之何？"王将归，希蒙密言于王曰："弘规妄生猜间，出不逊语以劫胁王，专欲夸大于外，长威福耳。"王遂留，信宿无归志。

弘规乃教内牙都将苏汉衡帅亲军，擐甲拔刃，诣帐前白王曰："士卒暴露已久，愿从王归！"弘规因进言曰："石希蒙劝王游从不已，且闻欲阴谋为逆，请诛之以谢众。"王不听，牙兵遂大噪，斩希蒙首，诉于前。王怒且惧，亟归府。是夕，遣其长子副大使昭祚与王德明将兵围弘规及李蔼之第[13]，族诛之，连坐者数十家。又杀苏汉衡，收其党与，穷治反状，亲军大恐。

吴金陵城成，陈彦谦上费用册籍，徐温曰："吾既任公，不复会计！"悉焚之。

初，闽王审知承制加其从子泉州刺史延彬领平卢节度使。延彬治泉州十七年，吏民安之。会得白鹿及紫芝[14]，僧浩源以为王者之符，延彬由是骄纵，密遣使浮海入贡，求为泉州节度使。事觉，审知诛浩源及其党，黜延彬归私第。

汉主岩遣使通好于蜀。

吴越王镠遣使为其子传琇求婚于楚，楚王殷许之。

【注释】

①武定军：军府名，治所在洋州，即今陕西洋县。 ②壁于咸宜：壁是筑壁垒以驻屯兵马。咸宜在陇州汧源境内，即今陕西陇县。 ③汧阳：县名，属陇州，治今陕西千阳县。 ④箭筈岭：胡三省注引杜佑云：岐山即岐山县，因其山两岐，故俗呼为箭筈岭。 ⑤利州：州名，治今四川广元市。阆（làng 浪）州：州名，治今四川阆中市。阆州距利州东南二百余里。 ⑥画舸（gě 葛）：漆绘大船。旧说楚湘人称大船为舸。 ⑦梓州：州名，治今四川三台县。蜀主此行从利州泛嘉陵江南下阆州，又西南行至梓州，实际走了回程。 ⑧成德：方镇名，治今河北正定县。 ⑨用事于中外：李蔼主掌外事，李弘规主掌宫禁之事。 ⑩符箓：道家的秘密文书。具体地说，屈曲作篆籀及星雷之文为符，记诸天曹官属佐吏之名为箓。斋醮：请僧道设斋坛，向神佛祈祷。 ⑪西山：胡三省注云："镇州西山谓之房山，上有西王母祠，镕欲求仙，故数往游之。" ⑫夹河：在黄河两岸。胡三省注云："或战河南，或战河北，故曰夹河。" ⑬副大使：即成德军副大使。为节度使的一种，位在节度大使下、知节度事上。 ⑭白鹿及紫芝：白色的鹿和紫色的灵芝，较为罕见，所以古时常被人们看作是祥瑞之物。

龙德元年[①]　春,正月,甲午,蜀主还成都[②]。

初,蜀主之为太子,高祖为聘兵部尚书高知言女为妃,无宠,及韦妃入宫,尤见疏薄,至是遣还家,知言惊仆,不食而卒。韦妃者,徐耕之孙也,有殊色,蜀主适徐氏,见而悦之,太后因纳于后宫,蜀主不欲娶于母族,托云韦昭度之孙[③]。初为婕妤,累加元妃[④]。

蜀主常列锦步障,击球其中,往往远适而外人不知。爇诸香,昼夜不绝。久而厌之,更爇皂荚以乱其气[⑤]。结缯为山,及宫殿楼观于其上,或为风雨所败,则更以新者易之。或乐饮缯山,涉旬不下。山前穿渠通禁中,或乘船夜归,令宫女秉蜡炬千余居前船,却立照之,水面如昼。或酣饮禁中,鼓吹沸腾,以至达旦。以是为常。

甲辰,徙静胜节度使温昭图为匡国节度使[⑥],镇许昌。昭图素事赵岩,故得名藩。

蜀主、吴主屡以书劝晋王称帝,晋王以书示僚佐曰:"昔王太师亦尝遗先王书[⑦],劝以唐室已亡,宜自帝一方。先王语余云:'昔天子幸石门,吾发兵诛贼臣,当是之时,威振天下,吾若挟天子据关中,自作九锡禅文[⑧],谁能禁我!顾吾家世忠孝,立功帝室,誓死不为耳。汝他日当务以复唐社稷为心,慎勿效此曹所为!'言犹在耳,此议非所敢闻也。"因泣。

既而将佐及藩镇劝进不已,乃令有司市玉造法物[⑨]。黄巢之破长安也,魏州僧传真之师得传国宝,藏之四十年,至是,传真以为常玉,将鬻之,或识之,曰:"传国宝也。"传真乃诣行台献之,将佐皆奉觞称贺。

张承业在晋阳闻之,诣魏州谏曰:"吾王世世忠于唐室,救其患难,所以老奴三十余年为王捃拾财赋[⑩],召补兵马,誓灭逆贼,复本朝宗社耳。今河北甫定,朱氏尚存,而王遽即大位,殊非从来征伐之意,天下其谁不解体乎!王何不先灭朱氏,复列圣之深仇,然后求唐后而立之,南取吴,西取蜀,汛扫宇内,合为一家,当是之时,虽使高祖、太宗复生,谁敢居王上者?让之愈久则得之愈坚矣。老奴之志无他,但以受先王大恩,欲为王立万年之基耳。"王曰:"此非余所愿,奈群下意何。"承业知不可止,恸哭曰:"诸侯血战,本为唐家,今王自取之,误老奴矣!"即归晋阳邑[11],成疾,不复起。

二月,吴改元顺义。

赵王既杀李弘规、李蔼,委政于其子昭祚。昭祚性骄愎,既得大权,向时附弘规者皆族之。弘规部兵五百人欲逃,聚泣偶语,未知所之。会诸军有给赐,赵王忿亲军之杀石希蒙,独不时与,众益惧。王德明素蓄异志,因其惧而激之曰:"王命我尽坑尔曹。吾念尔曹无罪并命[12],欲从王命则不忍,不然又获罪于王,奈何?"众皆感泣。

是夕,亲军有宿于潭城西门者,相与饮酒而谋之。酒酣,其中骁健者曰:"吾曹识王太保意,今夕富贵决矣!"即逾城入。赵王方焚香受箓,二人断其首而出,因焚府第。军校张友顺帅众诣德明第,请为留后,德明复姓名曰张文礼,尽灭王氏之族[13],独置昭祚之妻普宁公主以自托于梁。

三月,吴人归吴越王镠从弟龙武统军镒于钱唐,镠亦归吴将李涛于广陵[14]。徐温以涛为右雄武统军,镠以镒为镇海节度副使。

张文礼遣使告乱于晋王,且奉笺劝进[15],因求节钺。晋王方置酒作乐,闻之,投杯悲泣,欲讨之。僚佐以为文礼罪诚大,然吾方与梁争,不可更立敌于肘腋,宜且从其请以安之。王不得已,夏,四月,遣节度判官卢质承制授文礼成德留后。

陈州刺史惠王友能反,举兵趣大梁,诏陕州留后霍彦威、宣义节度使王彦章、控鹤指挥使张汉杰将兵讨之。友能至陈留,兵败,走还陈州,诸军围之。

五月,丙戌朔,改元[16]。

初,刘鄩与朱友谦为婚。鄩之受诏讨友谦也,至陕州,先遣使移书,谕以祸福;待之月余,友谦不从,然后进兵。尹皓、段凝素忌鄩,因谮之于帝曰:"鄩逗遛养寇,俾俟援兵。"帝信之。鄩既败归,以疾请解兵柄,诏听于西都就医[17],密令留守张宗奭鸩之。丁亥,卒。

六月,乙卯朔,日有食之。

秋，七月，惠王友能降；庚子，诏赦其死，降封房陵侯。

晋王既许藩镇之请，求唐旧臣，欲以备百官。朱友谦遣前礼部尚书苏循诣行台，循至魏州，入牙城，望府廨即拜，谓之拜殿。见王呼万岁舞蹈，泣而称臣。翌日，又献大笔三十枚，谓之“画日笔”[18]。王大喜，即命循以本官为河东节度副使，张承业深恶之。

【注释】

①龙德：此年五月改元，为末帝朱友贞的第二个年号，共历二年六个月。 ②还成都：自梓州回成都。 ③韦昭度：唐僖宗时大臣。字正纪，京兆（今陕西西安市）人，历司空、侍中，曾任西川行营招抚使与王建共同平定蜀地。 ④婕妤（jié yú 洁鱼）：亦作“倢伃”。宫中女官，位视上卿，秩比列侯。元妃：王之妻为妃。元妃即是国君或诸侯的嫡妻。⑤爇（ruò 若，又读 rè 热）皂荚：爇，点燃，放火燃烧；皂荚，植物名，又称皂、皂角，豆科，落叶乔木，可入药。用火燃烧，其气酷烈。 ⑥匡国：治今河南许昌市。为唐代忠武军治所，领许、陈、汝三州，历来为名藩重镇。⑦王太师：指蜀主王建，以其有唐代的官名称之。 ⑧九锡：传说古代帝王尊礼大臣所给的九种器物。具体说法不一，主要有车马、衣服、弓矢、斧钺等。历代掌政大臣在夺取政权、建立新王朝前，都先受九锡，造成禅让的趋势，成了例行公事。 ⑨法物：帝王仪仗队所用的器物，主要是大驾卤簿仪式，如郊庙乐器、葆车等。 ⑩三十余年：略计数，张承业自唐昭宗乾宁二年（895）始监河东军府，至此有二十七年。 ⑪晋阳邑：原作“晋王邑”，依十二行本校记改。 ⑫并命：受到同样的发落，指全部坑杀。 ⑬尽灭王氏之族：胡三省注云：唐穆宗长庆元年（821），王庭凑据成德军，历四世、五帅而灭。王氏之族辖赵地共一百年。 ⑭“吴人归”句：钱镠被俘于唐哀帝天祐二年（905）。钱唐为吴越国都，治今浙江杭州；李涛被俘于后梁乾化三年（913）。广陵为吴国都，治今江苏扬州市。⑮笺（jiān 兼）：文体的一种，是对上级或尊长者的书札。中古以后多抄写在精美的纸张上。 ⑯改元：即改年号为龙德。 ⑰西都：后梁西都为洛阳。 ⑱画日笔：唐代皇太子监国、天子颁诏下令时均画日，即是天子画可，画日笔即画日专用之笔。献画日笔，即劝即位之意。

张文礼虽受晋命，内不自安，复遣间使因卢文进求援于契丹；又遣间使来告曰：“王氏为乱兵所屠，公主无恙。今臣已北召契丹，乞朝廷发精甲万人相助，自德、棣渡河[1]，则晋人遁逃不暇矣。”帝疑未决。敬翔曰：“陛下不乘此衅以复河北[2]，则晋人不可复破矣。宜徇其请，不可失也。”赵、张辈皆曰：“今强寇近在河上，尽吾兵力以拒之，犹惧不支，何暇分万人以救张文礼乎！且文礼坐持两端，欲以自固，于我何利焉！”帝乃止。

晋人屡于塞上及河津获文礼蜡丸绢书，晋王皆遣使归之，文礼惭惧。文礼忌赵故将，多所诛灭。符习将赵兵万人从晋王在德胜，文礼请召归，以他将代之，且以习子蒙为都督府参军，遣人赍钱帛劳行营将士以悦之[3]。习见晋王，泣涕请留，晋王曰：“吾与赵王同盟讨贼，义犹骨肉，不意一旦祸生肘腋，吾诚痛之。汝苟不忘旧君，能为之复仇乎？吾以兵粮助汝。”习与部将三十余人举身投地恸哭曰：“故使授习等剑[4]，使之攘除寇敌。自闻变故以来，冤愤无诉，欲引剑自刭，顾无益于死者。今大王念故使辅佐之勤，许之复冤，习等不敢烦霸府之兵[5]，愿以所部径前搏取凶竖，以报王氏累世之恩，死不恨矣！”

八月，庚申，晋王以习为成德留后，又命天平节度使阎宝、相州刺史史建瑭将兵助之，自邢洺而北。文礼先病腹疽；甲子，晋兵拔赵州，刺史王铤降，晋王复以为刺史，文礼闻之，惊惧而卒。其子处瑾秘不发丧，与其党韩正时谋悉力拒晋。九月，晋兵渡滹沱[6]，围镇州，决漕渠以灌之，获其深州刺史张友顺[7]。壬辰，史建瑭中流矢卒。

晋王欲自分兵攻镇州，北面招讨使戴思远闻之，谋悉杨村之众袭德胜北城，晋王得梁降者，知之。冬，十月，己未，晋王命李嗣源伏兵于戚城[8]，李存审屯德胜，先以骑兵诱之，伪示羸怯。梁兵竞进，晋王严中军以待之；梁兵至，晋王以铁骑三千奋击，梁兵大败，思远走趣杨村，士卒为晋兵所杀伤及自相蹈藉、坠河陷冰，失亡二万余人。晋王以李嗣源为蕃汉内外马步副总管、同平章事。

初，义武节度使兼中书令王处直未有子[9]，妖人李应之得小儿刘云郎于陉邑，以遗处直曰：“是儿有贵相。”使养为子，名之曰都。及壮，便佞多诈，处直爱之，置新军，使典之。处直有孽子郁[10]，无宠，奔晋，晋王克用以女妻之，累迁至新州团练使[11]。余子皆幼；处直以都为节度副大使，欲以为嗣。

及晋王存勖讨张文礼，处直以平日镇、定相为唇齿，恐镇亡而定孤，固谏，以为方御梁寇，且宜赦文礼。晋王答以文礼弑君，义不可赦；又潜引梁兵，恐于易定亦不利。处直患之，以新州地邻契丹，乃潜遣人语郁，使赂契丹，召令犯塞，务以解镇州之围；其将佐多谏，不听。郁素疾都冒继其宗，乃邀处直求为嗣，处直许之。

军府之人皆不欲召契丹，都亦虑郁夺其处，乃阴与书吏和昭训谋劫处直。会处直与张文礼使者宴于城东[12]，暮归，都以新军数百伏于府第，大噪劫之，曰："将士不欲以城召契丹，请令公归西第[13]。"乃并其妻妾幽之西第，尽杀处直子孙在中山及将佐之为处直腹心者。都自为留后，具以状白晋王；晋王因以都代处直。

吴徐温劝吴王祀南郊，或曰："礼乐未备；且唐祀南郊，其费巨万，今未能办也。"温曰："安有王者而不事天乎？吾闻事天贵诚，多费何为！唐每郊祀，启南门，灌其枢用脂百斛[14]。此乃季世奢泰之弊，又安足法乎！"甲子，吴王祀南郊，配以太祖[15]。乙丑，大赦；加徐知诰同平章事，领江州观察使。寻以江州为奉化军[16]，以知诰领节度使。

徐温闻寿州团练使崔太初苛察失民心[17]，欲征之，徐知诰曰："寿州边隅大镇，征之恐为变，不若使其入朝，因留之。"温怒曰："一崔太初不能制，如他人何！"征为右雄武大将军。

十一月，晋王使李存审、李嗣源守德胜，自将兵攻镇州。张处瑾遣其弟处琪、幕僚齐俭谢罪请服，晋王不许，尽锐攻之，旬日不克。处瑾使韩正时将千骑突围出，趣定州，欲求救于王处直，晋兵追至行唐[18]，斩之。

契丹主既许卢文进出兵，王郁又说之曰："镇州美女如云，金帛如山，天皇王速往[19]，则皆己物也，不然，为晋王所有矣。"契丹主以为然，悉发所有之众而南。述律后谏曰："吾有西楼羊马之富，其乐不可胜穷也，何必劳师远出以乘危徼利乎！吾闻晋王用兵，天下莫敌，脱有危败，悔之何及！"契丹主不听。十二月，辛未，攻幽州，李绍宏婴城自守。契丹长驱而南，围涿州，旬日拔之，擒刺史李嗣弼，进攻定州。王都告急于晋，晋王自镇州将亲军五千救之，遣神武都指挥使王思同将兵戍狼山之南以拒之。

高季昌遣都指挥使倪可福以卒万人修江陵外郭，季昌行视，责功程之慢，杖之。季昌女为可福子知进妇，季昌谓其女曰："归语汝舅[20]：吾欲威众办事耳。"以白金数百两遗之。

是岁，汉以尚书左丞倪曙同平章事。

辰、溆蛮侵楚[21]，楚宁远节度副使姚彦章讨平之。

【注释】

①德、棣：州名。德州治今山东德州市陵城区，棣州治今山东惠民县东南，前者在黄河北岸，后者在南岸，均在当时梁、晋战场的东线。②衅（xìn 信）：瑕隙、破绽。 ③赍（jī 跻）：以物送人。行营：指在德胜城前线的成德军营。 ④故使：指赵王王镕。因其已死，称故使。 ⑤霸府：本指藩王府邸。晋王在魏州，是河北诸藩镇的盟主，所以称其府为霸府。 ⑥滹沱：即滹沱河，在今河北省北部，为子牙河北源，源出山西五台山东北泰戏山。 ⑦深州：州名。原为赵王辖地，张文礼于此设都督府，治今河北深州市西南。 ⑧戚城：县名。在德胜北城之北，治今河南濮阳北。 ⑨义武节度使：官名。镇定州，即今河北定州市。 ⑩孽子：庶子，即妾媵所生之子。 ⑪新州：州名。治今河北涿鹿县。 ⑫使者：原文无"使者"二字，他本有，据章钰校加。 ⑬西第：胡三省注云：凡官府第舍以东为上，西第即指安身养闲之地。 ⑭灌其枢：用脂灌枢，可使门润滑易转动，并且消除转门时难听的摩擦声。 ⑮太祖：指杨行密。杨行密死后，于919年被其子吴王杨隆演追尊庙号为太祖。 ⑯江州：州名。治今江西九江市。 ⑰寿州：州名。治今安徽寿县，为吴与后梁间的边境重镇。 ⑱行唐：县名。治今河北行唐县。 ⑲天皇王：指契丹主阿保机，当时契丹国人均称其为天皇王。 ⑳舅：古时多称夫的父亲为舅，妻的父亲为外舅。 ㉑辰、溆蛮：即生活于湘西辰水、溆水流域的少数民族部落。

二年 春，正月，壬午朔，王都省王处直于西第，处直奋拳殴其胸，曰："逆贼，我何负于汝！"既无兵刃，将噬其鼻，都掣袂获免[1]。未几，处直忧愤而卒。

甲午，晋王至新城南，候骑白契丹前锋宿新乐，涉沙河而南[2]；将士皆失色，士卒有亡去者，主将斩之不能止。诸将皆曰："虏倾国而来，吾众寡不敌；又闻梁寇内侵，宜且还师魏州以救根本，或请释镇州之围，西入井陉避之。”晋王犹豫未决。中门使郭崇韬曰[3]：“契丹为王郁所诱，本利货财而来，非能救镇州之急难也。王新破梁兵[4]，威振夷、夏，契丹闻王至，心沮气索，苟挫其前锋，遁走必矣。”李嗣昭自潞州至，亦曰：“今强敌在前，吾有进无退，不可轻动以摇人心。”晋王曰：“帝王之兴，自有天命，契丹其如我何！吾以数万之众平定山东[5]，今遇此小虏而避之，何面目以临四海！”乃自帅铁骑五千先进。至新城北，半出桑林，契丹万余骑见之，惊走。晋王分军为二逐之，行数十里，获契丹主之子。时沙河桥狭冰薄，契丹陷溺死者甚众。是夕，晋王宿新乐。契丹主车帐在定州城下，败兵至，契丹举众退保望都[6]。

晋王至定州，王都迎谒于马前，宴于府第[7]，请以爱女妻王子继岌。

戊戌，晋王引兵趣望都，契丹逆战，晋王以亲军千骑先进，遇奚酋秃馁五千骑，为其所围。晋王力战，出入数四，自午至申不解。李嗣昭闻之，引三百骑横击之，虏退，王乃得出。因纵兵奋击，契丹大败，逐北至易州[8]。会大雪弥旬，平地数尺，契丹人马无食，死者相属于道。契丹主举手指天，谓卢文进曰：“天未令我至此。”乃北归。晋王引兵蹑之，随其行止，见其野宿之所，布藁于地[9]，回环方正，皆如编翦，虽去，无一枝乱者，叹曰：“虏用法严乃能如是，中国所不及也。”晋王至幽州，使二百骑蹑契丹之后，曰：“虏出境即还。”骑恃勇追击之，悉为所擒，惟两骑自他道走免。

契丹主责王郁，絷之以归[10]，自是不听其谋。

晋代州刺史李嗣肱将兵定妫、儒、武等州[11]，授山北都团练使。

晋王之北攻镇州也，李存审谓李嗣源曰：“梁人闻我在南兵少，不攻德胜，必袭魏州。吾二人聚于此何为！不若分军备之。”遂分军屯澶州[12]。戴思远果悉杨村之众趣魏州，嗣源引兵先之，军于狄公祠下[13]，遣人告魏州，使为之备。思远至魏店[14]，嗣源遣其将石万全将骑兵挑战。思远知有备，乃西渡洹水，拔成安，大掠而还。又将兵五万攻德胜北城，重堑复垒，断其出入，昼夜急攻之，李存审悉力拒守。晋王闻德胜势危，二月，自幽州赴之，五日至魏州。思远闻之,烧营遁还杨村。

蜀主好为微行,酒肆、倡家靡所不到;恶人识之,乃下令士民皆著大裁帽。

晋天平节度使兼侍中阎宝筑垒以围镇州,决滹沱水环之。内外断绝,城中食尽,丙午[15],遣五百余人出求食。宝纵其出,欲伏兵取之;其人遂攻长围,宝轻之,不为备,俄数千人继至。诸军未集,镇人遂坏长围而出,纵火攻宝营,宝不能拒,退保赵州。镇人悉毁晋之营垒,取其刍粟,数日不尽。晋王闻之,以昭义节度使兼中书令李嗣昭为北面招讨使,以代宝。

夏,四月,蜀军使王承纲女将嫁,蜀主取之入宫。承纲请之,蜀主怒,流于茂州。女闻父得罪,自杀。

【注释】

①掣袂(mèi 妹):扯起衣袖。 ②沙河:河名。又名泒水,即今河北潴龙河支流大沙河,下游流经新乐、行唐一带。 ③中门使:原文无此三字,今据本书校记补入。 ④新破梁兵:指贞明五年(919)晋军破梁将贺瓌于胡柳、破王瓒于戚城,此年又破戴思远于德胜城。 ⑤山东:指黄河下游平原,因其在太行山、常山以东,故称山东。 ⑥望都:县名。治今河北望都县。据胡三省注引宋范成大《北使录》:过沙河至新乐县,北行四十五里至定州,又北行五十里至望都县。 ⑦宴于府第:原文无此四字,以文意和本书校记补入。 ⑧易州:州名。治今河北易县。 ⑨藁:麦、稻等农作物的秸秆。 ⑩絷(zhí 执):拘囚。 ⑪妫、儒、武等州:州名。妫州治今河北怀来县东南,儒州治今北京延庆区,武州治今河北张家口市宣化区。 ⑫澶州:州名。治顿丘(今河南浚县北),在德胜城之北,魏州之南。 ⑬狄公祠:古址名。唐代名臣狄仁杰任魏州刺史期间,颇有政绩,后人为他在当地立祠以作纪念。 ⑭魏店:地名。在魏州东南,即今河北大名县东南。 ⑮丙午:二月无此日,疑误。

甲戌,张处瑾遣兵千人迎粮于九门,李嗣昭设伏于故营[1],邀击之,杀获殆尽,余五人匿于墙墟间,嗣昭环马而射之,镇兵发矢中其脑,嗣昭箙中矢尽[2],拔矢于脑以射之,一发而殪。会日暮,还营,创流血不止,是夕卒。晋王闻之,不御酒肉者累日。嗣昭遗命:悉以泽、潞兵授节度判官任圜[3],使督诸军攻镇州,号令如一,镇人不知嗣昭之死。圜,三原人也。

晋王以天雄马步都指挥使、振武节度使李存进为北面招讨使。命嗣昭诸子护丧归葬晋阳;其子继能不受命,帅父牙兵数千,自行营拥丧归潞州。晋王遣母弟存渥驰骑追谕之,兄弟俱忿[4],欲杀存渥,存渥逃归。嗣昭七子:继俦、继韬、继达、继忠、继能、继袭、继远。继俦为泽州刺史,当袭爵,素懦弱。继韬凶狡,囚继俦于别室,诈令士卒劫己为留后,继韬阳让,以事白晋王。晋王以用兵方殷[5],不得已,改昭义军曰安义,以继韬为留后。

阎宝惭愤,疽发于背,甲戌卒。

汉主岩用术者言,游梅口镇避灾。其地近闽之西鄙,闽将王延美将兵袭之,未至数十里,侦者告之,岩遁逃仅免。

五月,乙酉,晋李存进至镇州,营于东垣渡[6],夹滹沱水为垒。

晋卫州刺史李存儒,本姓杨,名婆儿,以俳优得幸于晋王。颇有膂力[7],晋王赐姓名,以为刺史;专事掊敛,防城卒皆征月课纵归[8]。八月,庄宅使段凝与步军都指挥使张朗引兵夜渡河袭之,诘旦登城,执存儒,遂克卫州。戴思远又与凝攻陷淇门、共城、新乡[9],于是澶州之西,相州之南,皆为梁有;晋人失军储三之一,梁军复振。帝以张朗为卫州刺史。朗,徐州人也。

九月,戊寅朔,张处瑾使其弟处球乘李存进无备,将兵七千人奄至东垣渡。时晋之骑兵亦向镇州城下,两不相遇。镇兵及存进营门,存进狼狈引十余人斗于桥上,镇兵退,晋骑兵断其后,夹击之,镇兵殆尽,存进亦战没。晋王以蕃汉马步总管李存审为北面招讨使。

镇州食竭力尽,处瑾遣使诣行台请降,未报,存审兵至城下。丙午夜,城中将李再丰为内应,密投缒以纳晋兵[10],比明毕登,执处瑾兄弟家人及其党高濛、李翥、齐俭送行台,赵人皆请而食之,磔张文礼尸于市[11]。赵王故侍者得赵王遗骸于灰烬中,晋王命祭而葬之。以赵将符习为成德节度使,乌震为赵州刺史,赵仁贞为深州刺史,李再丰为冀州刺史。震,信都人也。

符习不敢当成德,辞曰:“故使无后而未葬,习当斩衰以葬之[12],俟礼毕听命。”既葬,即诣行台。赵人请晋王兼领成德节度使,从之。晋王割相、卫二州置义宁军,以习为节度使。习辞曰:“魏博霸府,不可分也,愿得河南一镇,习自取之。”乃以为天平节度使、东南面招讨使。加李存审兼侍中。

十一月,戊寅,晋特进[13]、河东监军使张承业卒,曹太夫人诣其第,为之行服,如子侄之礼。晋王闻其丧,不食者累日。命河东留守判官何瓒代知河东军府事。

十二月,晋王以魏博观察判官晋阳张宪兼镇冀观察判官,权镇州军府事。

魏州税多逋负,晋王以让司录济阴赵季良[14],季良曰:“殿下何时当平河南?”王怒曰:“汝职在督税,职之不修,何敢预我军事!”季良对曰:“殿下方谋攻取而不爱百姓,一旦百姓离心,恐河北亦非殿下之有,况河南乎!”王悦,谢之。自是重之,每预谋议。

是岁,契丹改元天赞[15]。

大封王躬乂,性残忍,海军统帅王建杀之,自立,复称高丽王,以开州为东京,平壤为西京。建俭约宽厚,国人安之。

【注释】

①故营:旧营垒,即此前被镇州人所毁的阎宝的营垒。　②箙(fú福):盛箭之器,又称矢箙。　③泽、潞:州名。泽州治今山西晋城市。潞州治今山西长治市,为昭义军治所。　④兄弟俱忿:李嗣昭过去治理军府有勋劳,现在又身死战场,死后没有受到晋王的褒奖抚恤,所以导致“兄弟俱忿”。　⑤用兵方殷:指北有镇州未攻下,南与梁军正在黄河沿线对峙,战事频繁。　⑥东垣渡:地名。为滹沱河的重要渡口,在今河北正定县南。　⑦膂(lǚ吕)力:指四肢有力。　⑧课:赋税的一种,又作杂徭。　⑨淇门、共城、新乡:淇门,地名,属滑州,在今河南滑县东南。共城,县名,治今河南辉县市。新乡,县名,治今河南新乡市。两县均属魏州。　⑩缒(zhuì坠):本指系在绳子上放下去,后泛指上下城墙所用的绳索。　⑪磔(zhé哲):中国古代将犯人分裂肢体后悬首张尸示众的刑罚。　⑫斩衰(cuī崔):衰又作“缞”,为中国古代丧礼五服中最重的一种。用极粗的生麻布所制成,不缝边。服期三年,适用范围多是子为父、臣为君服斩衰。　⑬特进:为加官之号,多授予有特殊地位的大臣,

以示待遇优厚,其本身多另有官职。唐代特进为文官散阶之第二阶,品级为正二品。 ⑭司录:官名。与诸州司士、司兵、司功等诸曹,均为判司之类。主掌赋税财务。 ⑮改元天赞:此年二月改元,天赞为辽太祖耶律阿保机的第二个年号,922—925 年。

资治通鉴卷第二百七十二

后唐纪一[1] 昭阳协洽，一年。

庄宗光圣神闵孝皇帝上[2]

同光元年[3] 春，二月，晋王下教置百官，于四镇判官中选前朝士族[4]，欲以为相。河东节度判官卢质为之首，质固辞，请以义武节度判官豆卢革、河东观察判官卢程为之；王即召革、程拜行台左、右丞相[5]，以质为礼部尚书。

梁主遣兵部侍郎崔协等册命吴越王镠为吴越国王[6]。丁卯，镠始建国，仪卫名称多如天子之制，谓所居曰宫殿，府署曰朝廷，教令下统内曰制敕，将吏皆称臣，惟不改元，表疏称吴越国而不言军。以清海节度使兼侍中传瓘为镇海、镇东留后，总军府事。置百官，有丞相、侍郎、郎中、员外郎、客省等使[7]。

李继韬虽受晋王命为安义留后，终不自安，幕僚魏琢、牙将申蒙复从而间之曰："晋朝无人，终为梁所并耳。"会晋王置百官，三月，召监军张居翰、节度判官任圜赴魏州，琢、蒙复说继韬曰："王急召二人，情可知矣。"继韬弟继远亦劝继韬自托于梁，继韬乃使继远诣大梁，请以泽、潞为梁臣[8]。梁主大喜，更命安义军曰匡义，以继韬为节度使、同平章事。继韬以二子为质。

安义旧将裴约戍泽州，泣谕其众曰："余事故使逾二纪[9]，见其分财享士，志灭仇雠。不幸捐馆[10]，柩犹未葬，而郎君遽背君亲，吾宁死不能从也！"遂据州自守。梁主以其骁将董璋为泽州刺史，将兵攻之。

继韬散财募士，尧山人郭威往应募[11]。威使气杀人，系狱，继韬惜其才勇而逸之。

契丹寇幽州，晋王问帅于郭崇韬，崇韬荐横海节度使李存审。时存审卧病，己卯，徙存审为卢龙节度使，舆疾赴镇，以蕃汉马步副总管李嗣源领横海节度使。

晋王筑坛于魏州牙城之南[12]，夏，四月，己巳，升坛，祭告上帝，遂即皇帝位，国号大唐，大赦，改元[13]。尊母晋国太夫人曹氏为皇太后，嫡母秦国夫人刘氏为皇太妃。以豆卢革为门下侍郎，卢程为中书侍郎，并同平章事；郭崇韬、张居翰为枢密使，卢质、冯道为翰林学士，张宪为工部侍郎、租庸使，又以义武掌书记李德休为御史中丞。德休，绛之孙也[14]。

后唐庄宗李存勖像

诏卢程诣晋阳册太后、太妃。初，太妃无子，性贤，不妒忌；太后为武皇侍姬[15]，太妃常劝武皇善待之，太后亦自谦退，由是相得甚欢。及受册，太妃诣太后宫贺，有喜色，太后忸怩不自安。太妃曰："愿吾儿享国久长，吾辈获没于地，园陵有主，余何足言！"因相向歔欷[16]。

豆卢革、卢程皆轻浅无他能，上以其衣冠之绪，霸府元僚，故用之。

初，李绍宏为中门使，郭崇韬副之。至是，自幽州召还，崇韬恶其旧人位在己上，乃荐张居翰为枢密使[17]，以绍宏为宣徽使[18]，绍宏由是恨之。居翰和谨畏事，军国机政皆崇韬掌之。支度务使孔谦自谓才能勤效，应为租庸使；众议以谦人微地寒，不当遽总重任，故崇韬荐张宪，以谦副之，谦亦不悦。

以魏州为兴唐府，建东京；又于太原府建西京，又以镇州为真定府，建北都。以魏博节度判官王正言为礼部尚书，行兴唐尹[19]；太原马步都虞候孟知祥为太原尹，充西京副留守[20]；潞州观察判官任圜为工部尚书，兼真定尹，充北都副留守；皇子继岌为北都留守、兴圣宫使，判六军诸卫事。时唐国所有凡十三节度、五十州。

闰月，追尊皇曾祖执宜曰懿祖昭烈皇帝，祖国昌曰献祖文皇帝，考晋王曰太祖武皇帝。立宗庙于晋阳，以高祖、太宗、懿宗、昭宗洎懿祖以下为七室。

【注释】

①后唐：晋王李克用出生于西突厥处月别部，以朱邪为姓，自其祖父归唐、父亲李赤心有功于唐之后，遂赐姓李，编于属籍。李存勖嗣封，即帝位后，自以为是继承和恢复唐朝的天下，故国号仍称大唐。为有别于建都长安的李唐王朝，史称李存勖所建唐朝为后唐。　②庄宗：后唐开国皇帝李存勖的庙号。李存勖（885—926），晋王李克用长子，923—926年在位。后梁龙德三年（923）称帝，同年攻灭后梁。同光四年（926）因兵变被杀。　③同光：后梁龙德三年（923）四月改元。　④四镇：即晋国所辖四镇，它们是河东、魏博、易定、镇冀。　⑤行台：一般指帝王巡狩所居之处，此处为晋王在魏州所设行使中央职能的机构。　⑥梁主：指梁末帝朱友贞。因《通鉴》自此卷始为《后唐纪》，用后唐年号，故称前晋王为“帝”，梁帝为“梁主”。　⑦“客省等使”句：丞相为中央政府百官之长，侍郎为各台省的长官之副，郎中为尚书诸曹司的长官，员外郎为诸曹司的次官。客省使掌四方及外国贡率，下有副使。　⑧泽、潞：即安义军所辖的泽州、潞州。泽州治今山西晋城市，潞州治今山西长治市。⑨故使：指李继韬之父李嗣昭，事见上卷。二纪：十二年为一纪，二纪共二十四年。　⑩捐馆：又称捐馆舍，指舍弃所居之屋舍，为死亡之婉称。⑪郭威：五代后周王朝的建立者。951—954年在位。邢州尧山（治今河北隆尧县）人。在《通鉴》中，郭威事迹始见于此。　⑫牙城：主帅所居的第三重小城。　⑬改元：即改唐朝天祐年号为同光，在此之前晋王一直用唐朝年号。　⑭绛：即李绛，唐朝赞皇（治今河北赞皇县）人，字深之。贞元间进士，宪宗朝以直言敢谏称誉一时。　⑮武皇：指李存勖之

父、已故晋王李克用。同年李克用被追尊为太祖武皇帝,故称。 ⑯歔欷(xū xī 虚希):亦作欷歔,叹气抽咽之声。 ⑰枢密使:官名。掌军国要政。始置于唐代宗时,初用宦官,唐昭宗时改用士人。 ⑱宣徽使:官名。掌郊祀朝会供帐等。设置及用人同于枢密使,但权力和地位比枢密使相差很多。 ⑲行:任官称谓。官阶高而兼任低职称行。 ⑳充:任官称谓。充任、担任官职之意,有时指以本官兼任他职。

甲午,契丹寇幽州,至易定而还。

时契丹屡入寇,钞掠馈运,幽州食不支半年,卫州为梁所取,潞州内叛,人情岌岌[①],以为梁未可取,帝患之。会郓州将卢顺密来奔。先是,梁天平节度使戴思远屯杨村,留顺密与巡检使刘遂严、都指挥使燕颙守郓州。顺密言于帝曰:“郓州守兵不满千人,遂严、颙皆失众心,可袭取也。”郭崇韬等皆以为“悬军远袭,万一不利,虚弃数千人,顺密不可从”。帝密召李嗣源于帐中谋之曰:“梁人志在吞泽潞,不备东方,若得东平[②],则溃其心腹。东平果可取乎?”嗣源自胡柳有渡河之惭[③],常欲立奇功以补过,对曰:“今用兵岁久,生民疲弊,苟非出奇取胜,大功何由可成!臣愿独当此役,必有以报。”帝悦。壬寅,遣嗣源将所部精兵五千自德胜趣郓州。比及杨刘,日已暮,阴雨道黑,将士皆不欲进,高行周曰:“此天赞我也,彼必无备。”夜,渡河至城下,郓人不知,李从珂先登,杀守卒,启关纳外兵,进攻牙城,城中大扰。癸卯旦,嗣源兵尽入,遂拔牙城,刘遂严、燕颙奔大梁。嗣源禁焚掠,抚吏民,执知州事节度副使崔篔、判官赵凤送兴唐[④]。帝大喜曰:“总管真奇才,吾事集矣。”即以嗣源为天平节度使。

梁主闻郓州失守,大惧,斩刘遂严、燕颙于市,罢戴思远招讨使,降授宣化留后,遣使诘让北面诸将段凝、王彦章等,趣令进战。敬翔知梁室已危,以绳内靴中,入见梁主曰:“先帝取天下[⑤],不以臣为不肖,所谋无不用。今敌势益强,而陛下弃忽臣言,臣身无用,不如死。”引绳将自经。梁主止之,问所欲言,翔曰:“事急矣,非用王彦章为大将,不可救也。”梁主从之,以彦章代思远为北面招讨使,仍以段凝为副。

帝闻之，自将亲军屯澶州，命蕃汉马步都虞候朱守殷守德胜，戒之曰："王铁枪勇决[6]，乘愤激之气，必来唐突，宜谨备之！"守殷，王幼时所役苍头也[7]。

又遣使遗吴王书[8]，告以已克郓州，请同举兵击梁。五月，使者至吴，徐温欲持两端，将舟师循海而北，助其胜者。严可求曰："若梁人邀我登陆为援，何以拒之？"温乃止。

梁主召问王彦章以破敌之期，彦章对曰："三日。"左右皆失笑。彦章出，两日，驰至滑州。辛酉，置酒大会，阴遣人具舟于杨村；夜，命甲士六百，皆持巨斧，载冶者，具鞴炭[9]，乘流而下。会饮尚未散，彦章阳起更衣，引精兵数千循河南岸趋德胜。天微雨，朱守殷不为备，舟中兵举锁烧断之，因以巨斧斩浮桥，而彦章引兵急击南城。浮桥断，南城遂破，斩首数千级[10]，时受命适三日矣。守殷以小舟载甲士济河救之，不及。彦章进攻潘张、麻家口、景店诸寨，皆拔之，声势大振。

帝遣宦者焦彦宾急趣杨刘，与镇使李周固守，命守殷弃德胜北城，撤屋为筏，载兵械浮河东下，助杨刘守备，徙其刍粮薪炭于澶州[11]，所耗失殆半。王彦章亦撤南城屋材浮河而下，各行一岸，每遇湾曲，辄于中流交斗，飞矢雨集，或全舟覆没，一日百战，互有胜负。比及杨刘，殆亡士卒之半。己巳，王彦章、段凝以十万之众攻杨刘，百道俱进，昼夜不息，连巨舰九艘，横亘河津以绝援兵。城垂陷者数四，赖李周悉力拒之，与士卒同甘苦，彦章不能克，退屯城南[12]，为连营以守之。

【注释】

①岌（jí 及）岌：很危险的样子。 ②东平：地名。治今山东东平县西北。郓州即唐代的东平郡，所以后唐仍称此地为东平。 ③渡河之惭：指后梁贞明四年（918）李嗣源在李存勖进攻濮阳之际引兵北渡黄河、脱离战场的耻辱。 ④知州事：官名。是"权知某军州事"的简称，为暂时主持一州事务的官职。 ⑤先帝：指后梁太祖朱温。 ⑥王铁枪：后梁王彦章的绰号。 ⑦苍头：奴仆。自汉代以来仆隶均以深青色巾包头，故称。 ⑧遗（wèi 未）：交付、给予。 ⑨鞴（bèi 备）：吹炭火所用的鼓风皮囊。 ⑩斩首数千级：此句原文无，以本书校记增补。

⑪刍粮：刍为马料，粮为军粮。 ⑫城南：指杨刘城南。此时黄河南北交通已断绝，位于河南岸的杨刘更加孤立。

杨刘告急于帝，请日行百里以赴之；帝引兵救之，曰："李周在内，何忧！"日行六十里，不废畋猎，六月，乙亥，至杨刘。梁兵堑垒重复，严不可入，帝患之，问计于郭崇韬，对曰："今彦章据守津要，意谓可以坐取东平；苟大军不南，则东平不守矣。臣请筑垒于博州东岸以固河津，既得以应接东平，又可以分贼兵势。但虑彦章诇知[①]，径来薄我，城不能就。愿陛下募敢死之士，日令挑战以缀之[②]，苟彦章旬日不东，则城成矣。"时李嗣源守郓州，河北声问不通，人心渐离，不保朝夕。会梁右先锋指挥使康延孝密请降于嗣源，延孝者，太原胡人，有罪，亡奔梁，时隶段凝麾下。嗣源遣押牙临漳范延光送延孝蜡书诣帝，延光因言于帝曰："杨刘控扼已固，梁人必不能取，请筑垒马家口以通郓州之路。"帝从之，遣崇韬将万人夜发，倍道趣博州，至马家口渡河，筑城昼夜不息。帝在杨刘，与梁人昼夜苦战。崇韬筑新城凡六日，王彦章闻之，将兵数万人驰至。戊子，急攻新城[③]，连巨舰十余艘于中流以绝援路。时板筑仅毕，城犹卑下，沙土疏恶，未有楼橹及守备[④]；崇韬慰劳士卒，以身先之，四面拒战，遣间使告急于帝。帝自杨刘引大军救之，陈于新城西岸，城中望之增气，大呼叱梁军，梁人断绁敛舰；帝舣舟将渡[⑤]，彦章解围，退保邹家口。郓州奏报始通。

李嗣源密表请正朱守殷覆军之罪；帝不从。

秋，七月，丁未，帝引兵循河而南，彦章等弃邹家口，复趣杨刘。甲寅，游弈将李绍兴败梁游兵于清丘驿南[⑥]。段凝以为唐兵已自上流渡，惊骇失色，面数彦章，尤其深入[⑦]。

乙卯，蜀侍中魏王宗侃卒。

戊午，帝遣骑将李绍荣直抵梁营，擒其斥候[⑧]，梁人益恐，又以火筏焚其连舰。王彦章等闻帝引兵已至邹家口，己未，解杨刘围，走保杨村；唐兵追击之，复屯德胜。梁兵前后急攻诸城，士卒遭矢石、溺水、暍死者且万人[⑨]，委弃资粮、铠仗、锅幕，动以千计。杨刘比至围解，城中无食已三日矣。

王彦章疾赵、张乱政,及为招讨使,谓所亲曰:“待我成功还,当尽诛奸臣以谢天下!”赵、张闻之,私相谓曰:“我辈宁死于沙陀⑩,不可为彦章所杀。”相与协力倾之。段凝素疾彦章之能而谄附赵、张,在军中与彦章动相违戾,百方沮挠之⑪,惟恐其有功,潜伺彦章过失以闻于梁主。每捷奏至,赵、张悉归功于凝,由是彦章功竟无成。及归杨村,梁主信谗,犹恐彦章旦夕成功难制,征还大梁。使将兵会董璋攻泽州。

甲子,帝至杨刘劳李周曰:“微卿善守,吾事败矣。”

中书侍郎、同平章事卢程以私事干兴唐府,府吏不能应,鞭吏背;光禄卿兼兴唐少尹任团,圜之弟,帝之从姊婿也,诣程诉之。程骂曰:“公何等虫豸⑫,欲倚妇力邪!”团诉于帝。帝怒曰:“朕误相此痴物,乃敢辱吾九卿!”欲赐自尽;卢质力救之,乃贬右庶子。

裴约遣间使告急于帝,帝曰:“吾兄不幸生此枭獍⑬,裴约独能知逆顺。”顾谓北京内牙马步军都指挥使李绍斌曰:“泽州弹丸之地,朕无所用,卿为我取裴约以来。”八月,壬申,绍斌将甲士五千救之,未至,城已陷,约死,帝深惜之。

甲戌,帝自杨刘还兴唐。

梁主命于滑州决河,东注曹、濮及郓以限唐兵⑭。

初,梁主遣段凝监大军于河上,敬翔、李振屡请罢之,梁主曰:“凝未有过。”振曰:“俟其有过,则社稷危矣。”至是,凝厚赂赵、张求为招讨使,翔、振力争以为不可;赵、张主之,竟代王彦章为北面招讨使,于是宿将愤怒,士卒亦不服,天下兵马副元帅张宗奭言于梁主曰:“臣为副元帅,虽衰朽,犹足为陛下捍御北方⑮。段凝晚进,功名未能服人,众议讻讻⑯,恐贻国家深忧。”敬翔曰:“将帅系国安危,今国势已尔,陛下岂可尚不留意邪!”梁主皆不听。

戊子,凝将全军五万营于王村,自高陵津济河,剽掠澶州诸县,至于顿丘。

梁主又命王彦章将保銮骑士及他兵合万人,屯兖、郓之境,谋复郓州,以张汉杰监其军。

【注释】

①诇(xiòng 敻):侦察、刺探。 ②缀(chuò 绰):牵制。 ③新城:

指新建之城，非专有地名。 ④楼橹：古代的一种军事设施，即军中用以瞭望敌军的无顶盖高台。 ⑤舣舟：将船泊岸边。“舣”亦作“杈”。 ⑥游弈将：官名。负责巡逻的下级军官，一般指水军。“游弈”亦作“游弋”。 ⑦尤：责怪、归咎。 ⑧斥候：放哨的士兵，也指侦察兵。 ⑨暍（yē 耶）：中暑、伤于暴热。 ⑩沙陀：指后唐，因后唐帝先祖出于西突厥，曾居沙陀碛，故称。 ⑪沮桡：阻止、削弱和挫败。 ⑫虫豸（zhì 志）：多指无足的昆虫。《尔雅·释虫》：“有足谓之虫，无足谓之豸。” ⑬枭獍：传说枭为恶鸟，生而食母；獍乃恶兽，生而食父。枭獍常用来比喻不孝或忘恩负义的人。 ⑭曹、濮及郓：指位于五丈河流域的曹州，黄河之滨的濮州、济水之岸的郓州，此三州均在大梁的东北部。 ⑮捍（hàn 汗）御：抵御。 ⑯讻讻（xiōng 凶）：喧扰不安的样子。

庚寅，帝引兵屯朝城[①]。

戊戌，康延孝帅百余骑来奔，帝解所御锦袍玉带赐之，以为南面招讨都指挥使，领博州刺史。帝屏人问延孝以梁事，对曰：“梁朝地不为狭，兵不为少；然迹其行事，终必败亡。何则？主既暗懦，赵、张兄弟擅权，内结宫掖，外纳货赂，官之高下唯视赂之多少，不择才德，不校勋劳。段凝智勇俱无，一旦居王彦章、霍彦威之右[②]，自将兵以来，专率敛行伍以奉权贵。梁主每出一军，不能专任将帅，常以近臣监之，进止可否动为所制。近又闻欲数道出兵，令董璋引陕虢、泽潞之兵自石会关趣太原[③]，霍彦威以汝、洛之兵自相卫、邢洺寇镇定，王彦章、张汉杰以禁军攻郓州，段凝、杜晏球以大军当陛下，决以十月大举。臣窃观梁兵聚则不少，分则不多。愿陛下养勇蓄力以待其分兵，帅精骑五千自郓州直抵大梁，擒其伪主，旬月之间，天下定矣。”帝大悦。

蜀主以文思殿大学士韩昭、内皇城使潘在迎、武勇军使顾在珣为狎客，陪侍游宴，与宫女杂坐，或为艳歌相唱和[④]，或谈嘲谑浪，鄙俚亵慢，无所不至，蜀主乐之。在珣，彦朗之子也。

时枢密使宋光嗣等专断国事，恣为威虐，务徇蜀主之欲以盗其权。宰相王锴、庾传素等各保宠禄，无敢规正。潘在迎每劝蜀主诛谏者，无使谤国。嘉州司马刘赞献陈后主三阁图[⑤]，并作歌以讽;贤良方正蒲禹卿对策语极切直;蜀主虽不罪,亦不能用也。

九月,庚戌,蜀主以重阳宴近臣于宣华苑[6],酒酣,嘉王宗寿乘间极言社稷将危,流涕不已。韩昭、潘在迎曰:“嘉王好酒悲[7]。”因谐笑而罢。

帝在朝城,梁段凝进至临河之南,澶西、相南,日有寇掠。自德胜失利以来,丧刍粮数百万,租庸副使孔谦暴敛以供军,民多流亡,租税益少,仓廪之积不支半岁。泽潞未下。卢文进、王郁引契丹屡过瀛、涿之南,传闻俟草枯冰合,深入为寇。又闻梁人欲大举数道入寇,帝深以为忧,召诸将会议。宣徽使李绍宏等皆以为郓州城门之外皆为寇境,孤远难守,有之不如无之,请以易卫州及黎阳于梁[8],与之约和,以河为境,休兵息民,俟财力稍集,更图后举。帝不悦,曰:“如此吾无葬地矣。”乃罢诸将,独召郭崇韬问之。对曰:“陛下不栉沐[9],不解甲,十五余年,其志欲以雪家国之仇耻也。今已正尊号,河北士庶日望升平,始得郓州尺寸之地,不能守而弃之,安能尽有中原乎!臣恐将士解体,将来食尽众散,虽画河为境,谁为陛下守之!臣尝细询康延孝以河南之事,度己料彼,日夜思之,成败之机决在今岁。梁今悉以精兵授段凝,据我南鄙,又决河自固,谓我猝不能渡,恃此不复为备。使王彦章侵逼郓州,其意冀有奸人动摇,变生于内耳。段凝本非将材,不能临机决策,无足可畏。降者皆言大梁无兵,陛下若留兵守魏,固保杨刘,自以精兵与郓州合势,长驱入汴,彼城中既空虚,必望风自溃。苟伪主授首[10],则诸将自降矣。不然,今秋谷不登,军粮将尽,若非陛下决志,大功何由可成!谚曰:‘当道筑室,三年不成[11]。’帝王应运,必有天命,在陛下勿疑耳。”帝曰:“此正合朕志。丈夫得则为王,失则为虏,吾行决矣!”司天奏:“今岁天道不利,深入必无功。”帝不听。

王彦章引兵逾汶水,将攻郓州,李嗣源遣李从珂将骑兵逆战,败其前锋于递坊镇,获将士三百人,斩首二百级,彦章退保中都。戊辰,捷奏至朝城,帝大喜,谓郭崇韬曰:“郓州告捷,足壮吾气。”己巳,命将士悉遣其家属归兴唐。

冬,十月,辛未朔,日有食之。

【注释】

①朝城：县名。治今山东莘县西南，在兴唐府东南方向。　②一旦：忽然，一时间。　③石会关：地名。位于今山西太谷县南昌源河上游。④艳歌：描写有关爱情的歌词，也常有淫秽下流的内容。　⑤陈后主（553—604）：即陈叔宝。南朝陈皇帝。582—589年在位。字元秀。在位时生活奢侈，游宴不已，不理政事。祯明三年（589）隋兵入建康，被俘，后在洛阳病死。　⑥重阳：亦称“重九”，节日名。农历九月九日，古人以九为阳数，九月而又九日，故称重阳。　⑦酒悲：指容易酒后伤感、流涕。　⑧卫州及黎阳：此两地为后梁在黄河以北仅有的地盘，如同后唐在黄河以南仅有郓州一样，都是对方的心腹之患。　⑨不栉（zhì 治）沐：栉为梳头，沐为洗理。不栉沐常用来比喻为了大志放弃起码的生活必需的行为。　⑩授首：指投降或被杀。　⑪当道筑室，三年不成：在人来人往的大路旁建房子，三年都建不成。比喻人多嘴杂，众议过多，一事无成。

帝遣魏国夫人刘氏、皇子继岌归兴唐，与之诀曰：“事之成败，在此一决；若其不济，当聚吾家于魏宫而焚之！”仍命豆卢革、李绍宏、张宪、王正言同守东京[①]。

壬申，帝以大军自杨刘济河。癸酉，至郓州，中夜，进军逾汶，以李嗣源为前锋。甲戌旦，遇梁兵，一战败之，追至中都，围其城。城无守备，少顷，梁兵溃围出，追击，破之。王彦章以数十骑走，龙武大将军李绍奇单骑追之，识其声，曰：“王铁枪也！”拔矟刺之[②]，彦章重伤，马踬[③]，遂擒之，并擒都监张汉杰、曹州刺史李知节、裨将赵廷隐、刘嗣彬等二百余人，斩首数千级。廷隐，开封人；嗣彬，知俊之族子也。

彦章尝谓人曰：“李亚子斗鸡小儿，何足畏！”至是，帝谓彦章曰：“尔常谓我小儿，今日服未？”又问：“尔名善将，何不守兖州？中都无壁垒，何以自固？”彦章对曰：“天命已去，无足言者。”帝惜彦章之材，欲用之，赐药傅其创，屡遣人诱谕之。彦章曰：“余本匹夫，蒙梁恩，位至上将，与皇帝交战十五年；今兵败力穷，死自其分，纵皇帝怜而生我，我何面目见天下之人乎！岂有朝为梁将，暮为唐臣！此我所不为也。”帝复遣李嗣源自往谕之，彦章卧谓嗣源曰：“汝非邈佶烈乎[④]？”彦章素轻嗣源，故以小名呼之。于是诸将称贺，帝举酒属李嗣源曰：“今日之功，公与崇韬之力也。向从绍宏辈语，大事去矣。”

帝又谓诸将曰：“向所患惟王彦章，今已就擒，是天意灭梁也。段凝犹在河上，进退之计，宜何向而可？”诸将以为：“传者虽云大梁无备，未知虚实。今东方诸镇兵皆在段凝麾下，所余空城耳，以陛下天威临之，无不下者。若先广地，东傅于海[⑤]，然后观衅而动，可以万全。”康延孝固请亟取大梁。李嗣源曰：“兵贵神速。今彦章就擒，段凝必未之知；就使有人走告，疑信之间尚须三日。设若知吾所向，即发救兵，直路则阻决河，须自白马南渡，数万之众，舟楫亦难猝办。此去大梁至近，前无山险，方陈横行，昼夜兼程，信宿可至[⑥]。段凝未离河上，友贞已为吾擒矣。延孝之言是也，请陛下以大军徐进，臣愿以千骑前驱。”帝从之。令下，诸军皆踊跃愿行。

是夕，嗣源帅前军倍道趣大梁。乙亥，帝发中都，舁王彦章自随[⑦]，遣中使问彦章曰[⑧]：“吾此行克乎？”对曰：“段凝有精兵六万，虽主将非材，亦未肯遽尔倒戈，殆难克也。”帝知其终不为用，遂斩之。

丁丑，至曹州，梁守将降。

王彦章败卒有先至大梁，告梁主以“彦章就擒，唐军长驱且至”者，梁主聚族哭曰：“运祚尽矣！”召群臣问策，皆莫能对。梁主谓敬翔曰：“朕居常忽卿所言，以至于此。今事急矣，卿勿以为怼[⑨]。将若之何？”翔泣曰：“臣受先帝厚恩，殆将三纪[⑩]，名为宰相，其实朱氏老奴，事陛下如郎君。臣前后献言，莫匪尽忠。陛下初用段凝，臣极言不可，小人朋比[⑪]，致有今日。今唐兵且至，段凝限于水北[⑫]，不能赴救。臣欲请陛下出居避狄，陛下必不听从；欲请陛下出奇合战，陛下必不果决。虽使良、平更生，谁能为陛下计者！臣愿先赐死，不忍见宗庙之亡也。”因与梁主相向恸哭。

梁主遣张汉伦驰骑追段凝军。汉伦至滑州，坠马伤足，复限水不能进。

时城中尚有控鹤军数千[13]，朱珪请帅之出战。梁主不从，命开封尹王瓒驱市人乘城为备。

初，梁陕州节度使邵王友诲，全昱之子也，性颖悟，人心多向之。或言其诱致禁军欲为乱，梁主召还，与其兄友谅、友能并幽于别第[14]。及唐师将至，梁主疑诸兄弟乘危谋乱，并皇弟贺王友雍、建王友徽尽杀之。

五代十国《湖山春晓图》

【注释】

①东京：即魏州。后唐以魏州为东京兴唐府。 ②矟（shuò 朔）：又作"槊"，长矛。《释名·释兵》："矛长丈八尺曰矟。" ③踬（zhì 至）：被绊倒。 ④邈佶烈：李嗣源的小名。此处为蔑称，仍视其为旧时雁门夷狄之人。⑤东傅于海：傅，通"附"，靠近、到达。 ⑥信宿：连宿两夜。《左传·庄公三年》："凡师一宿为舍，再宿为信，过信为次。" ⑦舁（yú 鱼）：抬、扛。 ⑧中使：皇帝的私人使者，因其出自宫中，故称。 ⑨怼（duì 队）：怨恨。 ⑩三纪：纪为古代的纪年单位，十二年为一纪。三纪为三十六年。 ⑪小人朋比：小人们结党营私，指赵岩、张汉杰之流。 ⑫限于水：指本年八月梁主下令在滑州所决黄河之水，本为阻止唐军，却成了梁军回师的障碍。⑬控鹤军：皇帝的禁卫军，掌管宫门警卫等事，常在皇帝左右。 ⑭别第：官僚豪门正宅之外的宅邸。

梁主登建国楼[1]，面择亲信厚赐之，使衣野服，赍蜡诏[2]，促段凝军，既辞，皆亡匿。或请幸洛阳，收集诸军以拒唐，唐虽得都城，势不能久留。或请幸段凝军，控鹤都指挥使皇甫麟曰："凝本非将材，官由幸进，今危窘之际，望其临机制胜，转败为功，难矣。且凝闻彦章军败，其胆已破，安知能终为陛下尽节乎！"赵岩曰："事势如此，一下此楼，谁心可保！"梁主乃止。复召宰相谋之，郑珏请自怀传国宝诈降以纾国难[3]，梁主曰："今日固不敢爱宝，但如卿此策，竟可了否？"珏俯首久之，曰："但恐未了。"左右皆缩颈而笑。梁主日夜涕泣，不知所为；置传国宝于卧内，忽失之，已为左右窃之迎唐军矣。

戊寅，或告唐军已过曹州，尘埃涨天，赵岩谓从者曰："吾待温许州厚[4]，必不负我。"遂奔许州。

梁主谓皇甫麟曰："李氏吾世仇，理难降首，不可俟彼刀锯。吾不能自裁，卿可断吾首。"麟泣曰："臣为陛下挥剑死唐军则可矣，不敢奉此诏。"梁主曰："卿欲卖我邪？"麟欲自刭，梁主持之曰："与卿俱死。"麟遂弑梁主[5]，因自杀。梁主为人温恭俭约，无荒淫之失；但宠信赵、张，使擅威福，疏弃敬、李旧臣，不用其言，以至于亡。

己卯旦，李嗣源军至大梁，攻封丘门[6]，王瓒开门出降，嗣源入城，抚安军民。是日，帝入自梁门[7]，百官迎谒于马首，拜伏请罪，帝慰劳之，使各复其位。李嗣源迎贺，帝喜不自胜，手引嗣源衣，以头触之曰："吾有天下，卿父子之功也，天下与尔共之。"帝命访求梁主，顷之，或以其首献。

李振谓敬翔曰："有诏洗涤吾辈，相与朝新君乎？"翔曰："吾二人为梁宰相，君昏不能谏，国亡不能救，新君若问，将何辞以对！"是夕未曙，或报翔曰："崇政李太保已入朝矣[8]。"翔叹曰："李振谬为丈夫！朱氏与新君世为仇雠，今国亡君死，纵新君不诛，何面目入建国门乎！"乃缢而死。

庚辰，梁百官复待罪于朝堂，帝宣敕赦之。

赵岩至许州，温昭图迎谒归第，斩首来献，尽没岩所赍之货。

昭图复名韬。

辛巳，诏王瓒收朱友贞尸，殡于佛寺，漆其首，函之，藏于太社[⑨]。

段凝自滑州济河入援，以诸军排陈使杜晏球为前锋；至封丘，遇李从珂，晏球先降。壬午，凝将其众五万至封丘[⑩]，亦解甲请降。凝帅诸大将先诣阙待罪，帝劳赐之，慰谕士卒，使各复其所。凝出入公卿间，扬扬自得无愧色，梁之旧臣见者皆欲龁其面[⑪]，抉其心。

丙戌，诏贬梁中书侍郎、同平章事郑珏为莱州司户，萧顷为登州司户，翰林学士刘岳为均州司马，任赞为房州司马，姚颢为复州司马，封翘为唐州司马，李怿为怀州司马，窦梦征为沂州司马，崇政学士刘光素为密州司户，陆崇为安州司户，御史中丞王权为随州司户；以其世受唐恩而仕梁贵显故也。岳，崇龟之从子；颢，万年人；翘，敖之孙；怿，京兆人；权，龟之孙也。

段凝、杜晏球上言："伪梁要人赵岩、赵鹄、张希逸、张汉伦、张汉杰、张汉融、朱珪等，窃弄威福，残蠹群生[⑫]，不可不诛。"诏："敬翔、李振首佐朱温，共倾唐祚；契丹撒剌阿拨叛兄弃母[⑬]，负恩背国，宜与岩等并族诛于市；自余文武将吏一切不问。"又诏追废朱温、朱友贞为庶人，毁其宗庙神主。

帝之与梁战于河上也，梁拱宸左厢都指挥使陆思铎善射，常于笴上自镂姓名[⑭]，射帝，中马鞍，帝拔箭藏之。至是，思铎从众俱降，帝出箭示之，思铎伏地待罪，帝慰而释之，寻授龙武右厢都指挥使。

以豆卢革尚在魏，命枢密使郭崇韬权行中书事。

梁诸藩镇稍稍入朝，或上表待罪，帝皆慰释之。宋州节度使袁象先首来入朝，陕州留后霍彦威次之。象先辇珍货数十万[⑮]，遍赂刘夫人及权贵、伶官、宦者，旬日，中外争誉之，恩宠隆异。己丑，诏伪庭节度、观察、防御、团练使、刺史及诸将校，并不议改更，将校官吏先奔伪庭者一切不问。

【注释】

①建国楼：大梁宫城南门为建国门，是大臣们入朝的必经之门，其楼称建国楼。 ②赍（jī 机）：带着，以物送人。 ③传国宝：又称传国玺，

即皇帝的印章。 ④温许州:即温昭图,初名温韬,降梁后改名,此以官署地望称之。 ⑤弑:史书专用语。《释名》:"下杀上为弑。" ⑥封丘门:大梁城北面二门之一,又名含曜门。 ⑦梁门:大梁城西面北来第一门,又名乾象门。 ⑧崇政李太保:即李振,李振任梁崇政使、太保是古时对帝王辅弼之官的称谓。 ⑨太社:皇家祭坛。 ⑩封丘:县名。治今河南封丘县。 ⑪龁(hé 核):咬。 ⑫蠹(dù 杜):损害、侵蚀。 ⑬撒剌阿拨:契丹人,辽太祖耶律阿保机之弟,因图谋作乱曾被囚禁,率兵投奔李存勖,不久又投奔后梁。 ⑭笴(gě 舸):箭杆。 ⑮辇(niǎn 捻):人力拉的车。

庚寅,豆卢革至自魏。甲午,加崇韬守侍中,领成德节度使。崇韬权兼内外,谋猷规益[①],竭忠无隐,颇亦荐引人物,豆卢革受成而已,无所裁正。

丙申,赐滑州留后段凝姓名曰李绍钦,耀州刺史杜晏球曰李绍虔。

乙酉[②],梁西都留守河南尹张宗奭来朝,复名全义,献币马千计;帝命皇子继岌、皇弟存纪等兄事之[③]。帝欲发梁太祖墓,斫棺焚其尸,全义上言:"朱温虽国之深仇,然其人已死,刑无可加,屠灭其家,足以为报,乞免焚斫以存圣恩。"帝从之,但铲其阙室,削封树而已[④]。

戊戌,加天平节度使李嗣源兼中书令;以北京留守继岌为东京留守、同平章事[⑤]。

帝遣使宣谕谕诸道,梁所除节度使五十余人皆上表入贡。

楚王殷遣其子牙内马步都指挥使希范入见,纳洪、鄂行营都统印,上本道将吏籍。

荆南节度使高季昌闻帝灭梁,避唐庙讳[⑥],更名季兴,欲自入朝,梁震曰:"唐有吞天下之志,严兵守险,犹恐不自保,况数千里入朝乎!且公朱氏旧将,安知彼不以仇敌相遇乎!"季兴不从。

帝遣使以灭梁告吴、蜀,二国皆惧。徐温尤严可求曰:"公前沮吾计,今将奈何?"可求笑曰:"闻唐主始得中原,志气骄满,御下无法,不出数年,将有内变,吾但当卑辞厚礼[⑦],保境安民以待之耳。”唐使称诏，吴人不受；帝易其书，用敌国之礼[8]，曰“大唐皇帝致书于吴国主”，吴人复书称“大吴国主上大唐皇帝”，辞礼如笺表。

吴人有告寿州团练使钟泰章侵市官马者，徐知诰以吴王之命，遣滁州刺史王稔巡霍丘，因代为寿州团练使，以泰章为饶州刺史。徐温召至金陵，使陈彦谦诘之者三，皆不对。或问泰章：“何以不自辨？”泰章曰：“吾在扬州，十万军中号称壮士；寿州去淮数里，步骑不下五千，苟有他志，岂王稔单骑能代之乎！我义不负国，虽黜为县令亦行，况刺史乎！何为自辨以彰朝廷之失！”徐知诰欲以法绳诸将，请收泰章治罪。徐温曰：“吾非泰章，已死于张颢之手，今日富贵，安可负之！”命知诰为子景通娶其女以解之。

彗星见舆鬼[9]，长丈余，蜀司天监言国有大灾。蜀主诏于玉局化设道场[10]，右补阙张云上疏，以为：“百姓怨气上彻于天，故彗星见。此乃亡国之征，非祈禳可弭[11]。”蜀主怒，流云黎州，卒于道。

郭崇韬上言：“河南节度使、刺史上表者但称姓名，未除新官，恐负忧疑。”十一月，始降制以新官命之。

滑州留后李绍钦因伶人景进纳货于宫掖，除泰宁节度使。

帝幼善音律，故伶人多有宠，常侍左右；帝或时自傅粉墨，与优人共戏于庭，以悦刘夫人，优名谓之“李天下”。尝因为优，自呼曰“李天下，李天下”，优人敬新磨遽前批其颊[12]。帝失色，群优亦骇愕，新磨徐曰：“理天下者只有一人，尚谁呼邪！”帝悦，厚赐之。帝尝畋于中牟，践民稼，中牟令当马前谏曰：“陛下为民父母，奈何毁其所食，使转死沟壑乎！”帝怒，叱去，将杀之。敬新磨追擒至马前，责之曰：“汝为县令，独不知吾天子好猎邪？奈何纵民耕种，以妨吾天子之驰骋乎！汝罪当死！”因请行刑，帝笑而释之。

诸伶出入宫掖，侮弄缙绅[13]，群臣愤嫉，莫敢出气；亦反有相附托以希恩泽者，四方藩镇争以货赂结之。其尤蠹政害人者，景进为之首。进好采闾阎鄙细事闻于上[14]，上亦欲知外间事，遂委进以耳目。进每奏事，常屏左右问之，由是进得施其谗慝，干预政事。自将相大臣皆惮之，孔岩常以兄事之[15]。

壬寅，岐王遣使致书，贺帝灭梁，以季父自居[16]，辞礼甚倨。

癸卯，河中节度使朱友谦入朝，帝与之宴，宠锡无算。

张全义请帝迁都洛阳；从之。

乙巳，赐朱友谦姓名曰李继麟，命继岌兄事之。

以康延孝为郑州防御使，赐姓名曰李绍琛。

废北都，复为成德军。

赐宣武节度使袁象先姓名曰李绍安。

匡国节度使温韬入朝，赐姓名曰李绍冲。绍冲多赍金帛赂刘夫人及权贵伶宦，旬日，复遣还镇。郭崇韬曰："国家为唐雪耻，温韬发唐山陵殆遍，其罪与朱温相埒耳，何得复居方镇，天下义士其谓我何！"上曰："入汴之初，已赦其罪。"竟遣之。

【注释】

①谋猷：一作"谋犹"，计谋、出谋划策。　②乙酉：十月十五日，依史例此日期有误。　③兄事之：像侍奉兄长一样对待他。二人一为皇子一为皇弟，皆兄事之，辈分混淆，故旧史家认为长幼之序不明，是李氏爱好宝货、不知纲常的反映。　④阙室、封树：阙室为墓门立柱及其他建筑；聚土为坟叫封，植树为标记叫树，是古代尊者的一种葬礼。　⑤北京、东京："北京"当作"北都"，在镇州；东京为魏州。　⑥避唐庙讳：后唐庄宗李存勖于本年称帝时，追尊自己的祖父李国昌为献祖文皇帝。⑦但当：此二字原文无，以本书校记补。　⑧敌国：对等之国。　⑨见舆鬼："见"通"现"。舆鬼，星宿名，共有五星所组成，依古天象说，其在地上的对应地区为秦州、雍州。　⑩道场：指佛教或道教诵经礼拜成道修道的地方。　⑪祈禳：对天或神明祈求福祥，祛除灾变。　⑫批其颊：批，反手打；颊，脸的两侧。　⑬缙绅：指士大夫。　⑭闾阎：闾，里门；阎，里中门；泛指民间。　⑮孔岩：误，应为"孔谦"。　⑯季父：父亲幼弟，亦即叔父。岐王李茂贞与晋王李克用在唐代同为藩镇，又都是因功赐姓，隶唐属籍，义犹兄弟，故其对李存勖以季父自居。

戊申，中书奏以："国用未充，请量留三省、寺、监官，余并停，俟见任者满二十五月，以次代之；其西班上将军以下[①]，令枢密院准此。"从之。人颇咨怨。

初，梁均王将祀南郊于洛阳[②]，闻杨刘陷而止，其仪物具在。

张全义请上亟幸洛阳,谒庙毕即祀南郊;从之。

丙辰,复以梁东京开封府为宣武军汴州。梁以宋州为宣武军,诏更名归德军。

诏文武官先诣洛阳。

议者以郭崇韬勋臣为宰相,不能知朝廷典故,当用前朝名家以佐之。或荐礼部尚书薛廷珪,太子少保李琪,尝为太祖册礼使[③],皆耆宿有文,宜为相。崇韬奏廷珪浮华无相业,琪倾险无士风;尚书左丞赵光胤廉洁方正,自梁未亡,北人皆称其有宰相器。豆卢革荐礼部侍郎韦说谙练朝章。丁巳,以光胤为中书侍郎,与说并同平章事。光胤,光逢之弟;说,岫之子;廷珪,逢之子也。光胤性轻率,喜自矜;说谨重守常而已。

赵光逢自梁朝罢相[④],杜门不交宾客,光胤时往见之,语及政事。他日[⑤],光逢署其户曰:"请不言中书事。"

租庸副使孔谦畏张宪公正,欲专使务,言于郭崇韬曰:"东京重地,须大臣镇之,非张公不可。"崇韬即奏以宪为东京副留守,知留守事。戊午,以豆卢革判租庸[⑥],兼诸道盐铁转运使。谦弥失望。

己未,加张全义守尚书令[⑦],高季兴守中书令。时季兴入朝,上待之甚厚,从容问曰:"朕欲用兵于吴、蜀,二国何先?"季兴以蜀道险难取,乃对曰:"吴地薄民贫,克之无益,不如先伐蜀。蜀土富饶,又主荒民怨,伐之必克。克蜀之后,顺流而下,取吴如反掌耳。"上曰:"善!"

辛酉,复以永平军大安府为西京京兆府[⑧]。

甲子,帝发大梁;十二月,庚午,至洛阳。

吴越王镠以行军司马杜建徽为左丞相。

壬申,诏以汴州宫苑为行宫。

以耀州为顺义军,延州为彰武军,邓州为威胜军,晋州为建雄军,安州为安远军[⑨];自余藩镇,皆复唐旧名。

庚辰,御史台奏:"朱温篡逆,删改本朝《律令格式》,悉收旧本焚之,今台司及刑部、大理寺所用皆伪廷之法。闻定州敕库独有本朝《律令格式》具在[⑩],乞下本道录进。"从之。

李继韬闻上灭梁，忧惧，不知所为，欲北走契丹，会有诏征诣阙；继韬将行，其弟继远曰："兄以反为名，何地自容！往与不往等耳，不若深沟高垒，坐食积粟，犹可延岁月；入朝，立死矣。"或谓继韬曰："先令公有大功于国[11]，主上于公，季父也，往必无虞。"继韬母杨氏，善蓄财，家赀百万，乃与杨氏偕行，赍银四十万两，他货称是，大布赂遗。伶人宦官争为之言曰："继韬初无邪谋，为奸人所惑耳。嗣昭亲贤，不可无后。"杨氏复入宫见帝，泣请其死，以其先人为言；又求哀于刘夫人，刘夫人亦为之言。及继韬入见待罪，上释之，留月余，屡从游畋，宠待如故。皇弟义成节度使、同平章事存渥深诋诃之，继韬心不自安，复赂左右求还镇，上不许。继韬潜遣人遗继远书，教军士纵火，冀天子复遣己抚安之，事泄。辛巳，贬登州长史，寻斩于天津桥南，并其二子。遣使斩继远于上党，以李继达充军城巡检。

召权知军州事李继俦诣阙[12]，继俦据有继韬之室，料简妓妾，搜校货财，不时即路。继达怒曰："吾家兄弟父子同时诛死者四人，大兄曾无骨肉之情，贪淫如此；吾诚羞之，无面视人，生不如死！"甲申，继达衰服[13]，帅麾下百骑坐戟门呼曰："谁与吾反者？"因攻牙宅[14]，斩继俦。节度副使李继珂闻乱，募市人，得千余，攻子城。继达知事不济，开东门，归私第，尽杀其妻子，将奔契丹，出城数里，从骑皆散，乃自刭。

甲申，吴王复遣司农卿洛阳卢苹来奉使，严可求豫料帝所问，教苹应对，既至，皆如可求所料。苹还，言唐主荒于游畋，啬财拒谏，内外皆怨。

高季兴在洛阳，帝左右伶宦求货无厌[15]，季兴忿之。帝欲留季兴，郭崇韬谏曰："陛下新得天下，诸侯不过遣子弟将佐入贡，惟高季兴身自入朝，当褒赏以劝来者；乃羁留不遣，弃信亏义，沮四海之心，非计也。"乃遣之。季兴倍道而去，至许州，谓左右曰："此行有二失：来朝一失，纵我去一失。"过襄州，节度使孔勍留宴，中夜，斩关而去。丁酉，至江陵，握梁震手曰："不用君言，几不免虎口。"又谓将佐曰："新朝百战方得河南[16]，乃对功臣举手云，'吾于十指上得天下'，矜伐如此，则他人皆无功矣，其谁不解体！又荒于禽色，何能久长！吾无忧矣。”乃缮城积粟，招纳梁旧兵，为战守之备。

【注释】

①西班：指朝会时西边站班的官员，唐以后多指武官。 ②祀南郊：其事详见本书卷第二百七十贞明三年(917)。 ③尝为太祖册礼使：太祖，指后唐太祖武皇帝李克用；册礼使，一作册赠使，是唐代临时所置的差遣官，掌奉使册赠，事毕即罢。 ④罢相：赵光逢罢相事见本书卷第二百六十九贞明元年(915)三月。 ⑤他日：指赵光胤被任命为中书侍郎以后。 ⑥判租庸：即判租庸使；判，任官称谓，除指中枢官兼任地方官外，通常指以高官兼低职者。 ⑦守：任官称谓，署理，指官阶比所任实职低者，有时也含有试用的意思。 ⑧大安府：府名。后梁太祖于开平三年(909)以京兆府改名。 ⑨耀州、延州、邓州、晋州、安州：耀州原后梁崇州静胜军，治今陕西铜川市耀州区；延州原岐国忠义军，治今陕西延安东；邓州原后梁宣化军，治今河南邓州市；晋州原后梁建宁军，治今山西临汾市；安州原后梁宣威军，治今重庆云阳县。 ⑩敕(chì 赤)库：敕为皇帝的诏书文告，敕库类似于后世的国家档案馆。 ⑪先令公：指李继韬之父李嗣昭。李嗣昭为晋王李克用之义子，官至中书令。 ⑫权知：任官称谓，暂时主持、执掌某种官职，通常指京官带职兼任州、府的长官。⑬衰(cuī 催)服：“衰”通“缞”，丧服。 ⑭牙宅：官府内的住宅。⑮伶宦：原作“伶官”，以校记改。 ⑯新朝：指新得天下的后唐。

资治通鉴卷第二百七十三

后唐纪二 起阏逢涒滩，尽旃蒙作噩十月，凡一年有奇。

庄宗光圣神闵孝皇帝中

同光二年 春，正月，甲辰，幽州奏契丹入寇，至瓦桥。以天平军节度使李嗣源为北面行营都招讨使，陕州留后霍彦威副之，宣徽使李绍宏为监军，将兵救幽州。

孔谦复言于郭崇韬曰："首座相公万机事繁[①]，居第且远，租庸簿书多留滞，宜更图之。"豆卢革尝以手书便省库钱数十万[②]，谦以手书示崇韬，崇韬微以讽革。革惧，奏请崇韬专判租庸，崇韬固辞。上曰："然则谁可者？"崇韬曰："孔谦虽久典金谷，若遽委大任，恐不叶物望，请复用张宪。"帝即命召之。谦弥失望。

岐王闻帝入洛，内不自安，遣其子行军司马彰义节度使兼侍中继曮入贡，始上表称臣。帝以其前朝耆旧，与太祖比肩，特加优礼，每赐诏但称岐王而不名。庚戌，加继曮兼中书令，遣还。

敕："内官不应居外，应前朝内官及诸道监军并私家先所畜者，不以贵贱，并遣诣阙。"时在上左右者已五百人，至是殆及千人，皆给赡优厚，委之事任，以为腹心。内诸司使，自天祐以来以士人代之[③]，至是复用宦者，浸干政事。既而复置诸道监军，节度使出征或留阙下，军府之政皆监军决之，陵忽主帅，怙势争权，由是藩镇皆愤怒。

契丹出塞。召李嗣源旋师，命泰宁节度使李绍钦、泽州刺史董璋戍瓦桥。

李继曮见唐甲兵之盛，归，语岐王，岐王益惧，癸丑，表请正藩臣之礼，优诏不许。

孔谦恶张宪之来，言于豆卢革曰："钱谷细事，一健吏可办耳。魏都根本之地，顾不重乎！兴唐尹王正言操守有余，智力不足，必不得已，使之居朝廷，众人辅之，犹愈于专委方面也。"革为之言于崇韬，崇韬乃奏留张宪于东京。甲寅，以正言为租庸使。正言昏懦，谦利其易制故也。

李存审奏契丹去，复得新州。

戊午，敕盐铁、度支、户部三司并隶租庸使。

上遣皇弟存渥、皇子继岌迎太后、太妃于晋阳，太妃曰："陵庙在此[4]，若相与俱行，岁时何人奉祀！"遂留不来。太后至，庚申，上出迎于河阳；辛酉，从太后入洛阳。

二月，己巳朔，上祀南郊，大赦。孔谦欲聚敛以求媚，凡赦文所蠲者[5]，谦复征之。自是每有诏令，人皆不信，百姓愁怨。

郭崇韬初至汴、洛，颇受藩镇馈遗，所亲或谏之，崇韬曰："吾位兼将相，禄赐巨万，岂藉外材[6]！但以伪梁之季，贿赂成风，今河南藩镇，皆梁之旧臣，主上之仇雠也，若拒，其意能无惧乎！吾特为国家藏之私室耳。"及将祀南郊，崇韬首献劳军钱十万缗。先是，宦官劝帝分天下财赋为内外府，州县上供者入外府，充经费，方镇贡献者入内府，充宴游及给赐左右。于是外府常虚竭无余而内府山积。及有司办郊祀，乏劳军钱，崇韬言于上曰："臣已倾家所有以助大礼，愿陛下亦出内府之财以助有司。"上默然久之，曰："吾晋阳自有储积，可令租庸辇取以相助。"于是取李继韬私第金帛数十万以益之，军士皆不满望，始怨恨，有离心矣。

河中节度使李继麟请榷安邑、解县盐，每季输省课。己卯，以继麟充制置两池榷盐使[7]。

辛巳，进岐王爵为秦王，仍不名、不拜。

【注释】

①首座相公：指豆卢革。时豆氏为首相，故称之。 ②便省库钱：即借省库钱。时称借钱为便钱，取其借贷以方便所用之义。 ③天祐：唐

昭宗年号，始于904年。 ④陵庙：指李存勖曾祖永兴陵、祖长宁陵和父建极陵。均在代州雁门。 ⑤蠲（juān 捐）：通“捐”，除去、减免。 ⑥外材：依本书校记当为“外财”。 ⑦榷盐使：官名。亦称税盐使，掌食盐专卖。

郭崇韬知李绍宏怏怏[1]，乃置内句使，掌句三司财赋，以绍宏为之，冀弭其意，而绍宏终不悦，徒使州县增移报之烦。

崇韬位兼将相，复领节旄，以天下为己任，权侔人主，旦夕车马填门。性刚急，遇事辄发，嬖幸侥求，多所摧抑，宦官疾之，朝夕短之于上。崇韬扼腕，欲制之不能。豆卢革、韦说尝问之曰：“汾阳王本太原人，徙华阴，公世家雁门，岂其枝派邪？”崇韬因曰：“遭乱，亡失谱谍[2]，尝闻先人言，上距汾阳四世耳。”革曰：“然则固从祖也。”崇韬由是以膏粱自处，多甄别流品，引拔浮华，鄙弃勋旧。有求官者，崇韬曰：“深知公功能，然门地寒素，不敢相用，恐为名流所嗤。”由是嬖幸疾之于内，勋旧怨之于外。崇韬屡请以枢密使让李绍宏，上不许；又请分枢密院事归内诸司以轻其权[3]，而宦官谤之不已。崇韬郁郁不得志，与所亲谋赴本镇以避之，其人曰：“不可，蛟龙失水，蝼蚁足以制之。”

先是，上欲以刘夫人为皇后，而有正妃韩夫人在，太后素恶刘夫人，崇韬亦屡谏，上以是不果。于是所亲说崇韬曰：“公若请立刘夫人为皇后，上必喜。内有皇后之助，则伶宦辈不能为患矣。”崇韬从之，与宰相帅百官共奏刘夫人宜正位中宫。癸未，立魏国夫人刘氏为皇后。皇后生于寒微，既贵，专务蓄财，其在魏州，薪苏果茹皆贩鬻之。及为后，四方贡献皆分为二，一上天子，一上中宫。以是宝货山积，惟用写佛经、施尼师而已。

是时皇太后诰，皇后教，与制敕交行于藩镇，奉之如一[4]。

诏蔡州刺史朱勍浚索水，通漕运。

三月，己亥朔，蜀主宴近臣于怡神亭，酒酣，君臣及宫人皆脱冠露髻，喧哗自恣。知制诰京兆李龟祯谏曰：“君臣沉湎，不忧国政，臣恐启北敌之谋[5]。”不听。

乙巳，镇州言契丹将犯塞，诏横海节度使李绍斌、北京左厢马军指挥使李从珂帅骑兵分道备之；天平节度使李嗣源屯邢州。绍斌本姓赵，名行实，幽州人也。

丙午，加高季兴兼尚书令，进封南平王。

李存审自以身为诸将之首[6]，不得预克汴之功，感愤，疾益甚，屡表求入觐，郭崇韬抑而不许。存审疾亟，表乞生睹龙颜，乃许之。初，帝尝与右武卫上将军李存贤手搏，存贤不尽其技，帝曰："汝能胜我，当授藩镇。"存贤乃奉诏，仅仆帝而止。及许存审入觐，帝以存贤为卢龙行军司马，旬日除节度使，曰："手搏之约，吾不食言矣。"

庚戌，幽州奏契丹寇新城。

勋臣畏伶宦之谗[7]，皆不自安，蕃汉内外马步副总管李嗣源求解兵柄；帝不许。

自唐末丧乱，搢绅之家或以告赤鬻于族姻，遂乱昭穆[8]，至有舅叔拜甥、侄者，选人伪滥者众。郭崇韬欲革其弊，请令铨司精加考核。时南郊行事官千二百人，注官者才数十人，涂毁告身者十之九。选人或号哭道路，或馁死逆旅。

唐室诸陵先为温韬所发，庚申，以工部郎中李途为长安按视诸陵使。

皇子继岌代张全义判六军诸卫事。

夏，四月，己巳朔，群臣上尊号曰昭文睿武至德光孝皇帝。

帝遣客省使李严使于蜀，严盛称帝威德，有混一天下之志[9]。且言朱氏篡窃，诸侯曾无勤王之举。王宗俦以其语侵蜀，请斩之，蜀主不从。宣徽北院使宋光葆上言："晋王有凭陵我国家之志，宜选将练兵，屯戍边鄙，积糗粮，治战舰以待之。"蜀主乃以光葆为梓州观察使，充武德节度留后。

乙亥，加楚王殷兼尚书令。

庚辰，赐前保义留后霍彦威姓名李绍真[10]。

秦忠敬王李茂贞卒，遗奏以其子继曮权知凤翔军府事。

初，安义牙将杨立有宠于李继韬，继韬诛，常邑邑思乱。会发安义兵三千戍涿州，立谓其众曰："前此潞兵未尝戍边，今朝廷驱我辈投之绝塞，盖不欲置之潞州耳。与其暴骨沙场，不若据城自守，事成富贵，不成为群盗耳。”因聚噪攻子城东门，焚掠市肆；节度副使李继珂、监军张弘祚弃城走，立自称留后，遣将士表求旌节。诏以天平节度使李嗣源为招讨使，武宁节度使李绍荣为部署[11]，帐前都指挥使张廷蕴为马步都指挥使以讨之。

【注释】

①李绍宏怏怏：指后唐立国时郭崇韬表荐李绍宏为宣徽使，而让张居翰任枢密使，权位在己之上。　②谱谍：记述氏族或宗族世系的书。　③分枢密院事：枢密使本为张居翰，因其和气胆小，实际由郭崇韬掌理。见上卷元年（923）。　④诰、教、制敕：均为上对下行文告谕文体的专称。具体说来，诰为文书，教为命令，制敕是由中书省起草的皇帝诏令。　⑤北敌：指后唐。　⑥诸将之首：李存审当时任蕃汉马步军都总管，故称。　⑦伶宦：原作“伶官”，依本书校记改。　⑧昭穆：古代宗法社会中的宗庙或墓地的辈次排列制度。也表示宗族内的长幼、亲疏等。　⑨混一：统一。　⑩保义：保义军为原后梁陕州镇国军所改。⑪部署：官名。始见于本书，本在招讨使之下，其后有都部署，遂为专任主帅之职。

孔谦贷民钱，使以贱估偿丝[1]，屡檄州县督之。翰林学士承旨、权知汴州卢质上言：“梁赵岩为租庸使，举贷诛敛，结怨于人。陛下革故鼎新，为人除害，而有司未改其所为，是赵岩复生也。今春霜害稼[2]，茧丝甚薄，但输正税，犹惧流移，况益以称贷，人何以堪！臣惟事天子，不事租庸，敕旨未颁，省牒频下[3]，愿早降明命！”帝不报。

汉主引兵侵闽，屯于汀、漳境上；闽人击之，汉主败走。

初，胡柳之役，伶人周匝为梁所得，帝每思之；入汴之日，匝谒见于马前，帝甚喜。匝涕泣言曰：“臣之所以得生全者，皆梁教坊使陈俊、内园栽接使储德源之力也，愿就陛下乞二州以报之。”帝许之。郭崇韬谏曰：“陛下所与共取天下者，皆英豪忠勇之士。今大功始就，封赏未及一人，而先以伶人为刺史，恐失天下心。”以是不行。逾年，伶人屡以为言，帝谓崇韬曰：“吾已许周匝矣，使吾惭见此三人。公言虽正，然当为我屈意行之。”五月，壬寅，以俊为景州刺史，德源为宪州刺史。时亲军有从帝百战未得刺史者，莫不愤叹。

乙巳，右谏议大夫薛昭文上疏，以为："诸道僭窃者尚多，征伐之谋，未可遽息。又，士卒久从征伐，赏给未丰，贫乏者多，宜以四方贡献及南郊羡余，更加颁赉。又，河南诸军皆梁之精锐，恐僭窃之国潜以厚利诱之[4]，宜加收抚。又，户口流亡者，宜宽徭薄赋以安集之。又，土木不急之役，宜加裁省。又请择隙地牧马，勿使践京畿民田[5]。"皆不从。

戊申，蜀主遣李严还。初，帝因严入蜀，令以马市宫中珍玩，而蜀法禁锦绮珍奇不得入中国，其粗恶者乃听入中国，谓之"入草物"。严还，以闻，帝怒曰："王衍宁免为入草之人乎！"严因言于帝曰："衍童呆荒纵[6]，不亲政务，斥远故老，昵比小人。其用事之臣王宗弼、宋光嗣等，谄谀专恣，黩货无厌，贤愚易位，刑赏紊乱，君臣上下专以奢淫相尚。以臣观之，大兵一临，瓦解土崩，可翘足而待也。"帝深以为然。

帝以潞州叛故，庚戌，诏天下州镇无得修城浚隍，悉毁防城之具。

壬子，新宣武节度使兼中书令、蕃汉马步总管李存审卒于幽州。存审出于寒微，常戒诸子曰："尔父少提一剑去乡里，四十年间，位极将相，其间出万死获一生者非一，破骨出镞者凡百余。"因授以所出镞，命藏之，曰："尔曹生于膏粱[7]，当知尔父起家如此也。"

幽州言契丹将入寇，甲寅，以横海节度使李绍斌充东北面行营招讨使，将大军渡河而北。契丹屯幽州东南城门之外，虏骑充斥，馈运多为所掠。

壬戌，以李继曮为凤翔节度使。

乙丑，以权知归义留后曹义金为节度使。时瓜、沙与吐蕃杂居[8]，义金遣使间道入贡，故命之。

李嗣源大军前锋至潞州，日已暝；泊军方定，张廷蕴帅麾下壮士百余辈逾堑坎城而上，守者不能御，即斩关延诸军入。比明，嗣源及李绍荣至，城已下矣，嗣源等不悦。丙寅，嗣源奏潞州平。六月，丙子，磔杨立及其党于镇国桥。潞州城池高深，帝命夷之。

丙戌，以武宁节度使李绍荣为归德节度使、同平章事，留宿卫，宠遇甚厚。帝或时与太后、皇后同至其家。帝有幸姬，色美，尝生子矣，刘后妒之。会绍荣丧妻，一日，侍禁中，帝问绍荣："汝复娶乎？为汝求婚。"后因指幸姬曰："大家怜绍荣⑨，何不以此赐之！"帝难言不可，微许之。后趣绍荣拜谢，比起，顾幸姬，已肩舆出宫矣。帝为之托疾不食者累日。

壬辰，以天平节度使李嗣源为宣武节度使，代李存审为蕃汉内外马步总管。

【注释】

①贱估：贱价。 ②害稼：一本作"害桑"，较妥。 ③省牒：指租庸使所下文书。 ④僭窃之国：指前蜀、吴、南汉等国。 ⑤京畿(jī机)：国都所在地及其行政官署所管辖地区，又称京辅。 ⑥童呆：童幼痴愚。 ⑦膏粱：膏为肉之肥者，粱为食之精者，统指精美的食物；常用来比喻富贵人家。 ⑧瓜、沙：地名。瓜州在今甘肃瓜州县东南；沙州在今甘肃敦煌市西。 ⑨大家：宫中近臣或皇后对皇帝的称呼。

秋，七月，壬寅，蜀以礼部尚书许寂为中书侍郎、同平章事。

孔谦复短王正言于郭崇韬，又厚赂伶官①，求租庸使，终不获，意怏怏，癸卯，表求解职；帝怒，以为避事，将置于法，景进救之，得免。

梁所决河连年为曹、濮患②，甲辰，命右监门上将军娄继英督汴、滑兵塞之。未几，复坏。

庚申，置威塞军于新州。

契丹恃其强盛，遣使就帝求幽州以处卢文进。时东北诸夷皆役属契丹，惟勃海未服；契丹主谋入寇，恐勃海掎其后③，乃先举兵击勃海之辽东，遣其将秃馁及卢文进据营、平等州以扰燕地。

八月，戊辰，蜀主以右定远军使王宗锷为招讨马步使，帅二十一军屯洋州；乙亥，以长直马军使林思锷为昭武节度使，戍利州以备唐。

租庸使王正言病风，恍惚不能治事，景进屡以为言。癸酉，以副使、卫尉卿孔谦为租庸使，右威卫大将军孔循为副使。循即赵殷衡也，梁亡，复其姓名。谦自是得行其志，重敛急征以充帝欲，民不聊生。癸未，赐谦号丰财赡国功臣。

帝复遣使者李彦稠入蜀，九月，己亥，至成都。

癸卯，帝猎于近郊。时帝屡出游猎，从骑伤民禾稼，洛阳令何泽伏于丛薄[4]，俟帝至，遮马谏曰："陛下赋敛既急，今稼穑将成，复蹂践之，使吏何以为理，民何以为生！臣愿先赐死。"帝慰而遣之。泽，广州人也。

契丹攻渤海，无功而还。

蜀前山南节度使兼中书令王宗俦以蜀主失德，与王宗弼谋废立，宗弼犹豫未决。庚戌，宗俦忧愤而卒。宗弼谓枢密使宋光嗣、景润澄等曰："宗俦教我杀尔曹，今日无患矣。"光嗣辈俯伏泣谢。宗弼子承班闻之，谓人曰："吾家难乎免矣。"

乙卯，蜀主以前镇江军节度使张武为峡路应援招讨使。

丁巳，幽州言契丹入寇。

冬，十月，辛未，天平节度使李存霸、平卢节度使符习言："属州多称直奉租庸使帖指挥公事，使司殊不知[5]，有紊规程。"租庸使奏，近例皆直下。敕："朝廷故事，制敕不下支郡，牧守不专奏陈。今两道所奏，乃本朝旧规；租庸所陈，是伪廷近事[6]。自今支郡自非进奉，皆须本道腾奏，租庸征催亦须牒观察使[7]。"虽有此敕，竟不行。

易定言契丹入寇。

蜀宣徽北院使王承休请择诸军骁勇者万二千人，置驾下左、右龙武步骑四十军，兵械给赐皆优异于他军，以承休为龙武军马步都指挥使，以裨将安重霸副之，旧将无不愤耻。重霸，云州人，以狡佞贿赂事承休，故承休悦之。

吴越王镠复修本朝职贡[8]，壬午，帝因梁官爵而命之。镠厚贡献，并赂权要，求金印、玉册、赐诏不名、称国王。有司言："故事惟天子用玉册，王公皆用竹册；又，非四夷无封国王者。"帝皆曲从镠意。

吴王如白沙观楼船，更命白沙曰迎銮镇[9]。徐温自金陵来朝。先是，温以亲吏翟虔为阁门、宫城、武备等使，使察王起居，虔防制王甚急。至是，王对温名雨为水，温请其故。王曰："翟虔父名，吾讳之熟矣。"因谓温曰："公之忠诚，我所知也，然翟虔无礼，宫中及宗室所须多不获。"温顿首谢罪，请斩之，王曰："斩则太过，远徙可也。"乃徙抚州。

【注释】

①伶官：一本作"伶宦"，较妥。 ②"梁所决河"句：决黄河之事见本书卷第二百七十均王贞明四年(918)。 ③掎(jǐ 己)：拖住。 ④丛薄：草聚生为丛，草木交错为薄。 ⑤使司：指节度使司。 ⑥伪廷：指灭亡不久的朱梁王朝。 ⑦牒观察使：唐制，节度使掌兵权，观察使掌民事，故制敕要求租庸使征催须牒送观察使司。 ⑧复修本朝职贡：吴越王钱镠本是唐朝大臣，唐亡事梁，梁亡又事后唐，故云"复修本朝职贡"。⑨迎銮镇：由白沙镇所改，即今江苏仪征市真州镇。

十一月，蜀主遣其翰林学士欧阳彬来聘。彬，衡山人也。又遣李彦稠东还。

癸卯，帝帅亲军猎于伊阙[1]，命从官拜梁太祖墓。涉历山险，连日不止，或夜合围；士卒坠崖谷死及折伤者甚众。丙午，还宫。

蜀以唐修好，罢威武城戍，召关宏业等二十四军还成都。戊申，又罢武定、武兴招讨刘潜等三十七军。

丁巳，赐护国节度使李继麟铁券[2]，以其子令德、令锡皆为节度使，诸子胜衣者即拜官，宠冠列藩。

庚申，蔚州言契丹入寇。

辛酉，蜀主罢天雄军招讨，命王承骞等二十九军还成都。

十二月，乙丑朔，蜀主以右仆射张格兼中书侍郎、同平章事。初，格之得罪[3]，中书吏王鲁柔乘危窘之；及再为相用事，杖杀之。许寂谓人曰："张公才高而识浅，戮一鲁柔，他人谁敢自保！此取祸之端也。"

蜀主罢金州屯戍，命王承勋等七军还成都。

己巳，命宣武节度使李嗣源将宿卫兵三万七千人赴汴州，遂如幽州御契丹。

庚午，帝及皇后如张全义第，全义大陈贡献；酒酣，皇后奏称："妾幼失父母[4]，见老者辄思之，请父事全义。"帝许之。全义惶恐固辞，再三强之，竟受皇后拜，复贡献谢恩。明日，后命翰林学士赵凤草书谢全义，凤密奏："自古无天下之母拜人臣为父者。"帝嘉其直，然卒行之。自是后与全义日遣使往来问遗不绝。

初，唐僖、昭之世，宦官虽盛，未尝有建节者。蜀安重霸劝王承休求秦州节度使，承休言于蜀主曰："秦州多美妇人，请为陛下采择以献。"蜀主许之，庚午，以承休为天雄节度使，封鲁国公；以龙武军为承休牙兵。

乙亥，蜀主以前武德节度使兼中书令徐延琼为京城内外马步都指挥使。延琼以外戚代王宗弼居旧将之右，众皆不平。

壬午，北京言契丹寇岚州[5]。

辛卯，蜀主改明年元曰咸康。

卢龙节度使李存贤卒。

是岁，蜀主徙普王宗仁为卫王，雅王宗辂为豳王，褒王宗纪为赵王，荣王宗智为韩王，兴王宗泽为宋王，彭王宗鼎为鲁王，忠王宗平为薛王，资王宗特为莒王；宗辂、宗智、宗平皆罢军役。

【注释】

①伊阙：县名。治今河南伊川县西南，在洛阳南二百余里。　②铁券：帝王颁赐给功臣授予世代享受某种特权的铁契，多以豁免权为主要内容。　③格之得罪：张格得罪之事见本书卷第二百七十均王贞明四年(918)。　④幼失父母：所谓"幼失父母"之事，参见本书卷第二百七十均王贞明三年(917)。　⑤北京：指太原，后唐先以太原为西京，后改为北京。

三年　春，正月，甲午朔，蜀大赦。

丙申，敕有司改葬昭宗及少帝[1]，竟以用度不足而止。

契丹寇幽州。

庚子，帝发洛阳；庚戌，至兴唐。

诏平卢节度使符习治酸枣遥堤以御决河[2]。

初，李嗣源北征，过兴唐，东京库有供御细铠，嗣源牒副留守张宪取五百领，宪以军兴，不暇奏而给之；帝怒曰："宪不奉诏，擅以吾铠给嗣源，何意也！"罚宪俸一月，令自往军中取之。

帝以义武节度使王都将入朝，欲辟球场，宪曰："比以行宫阙廷为球场，前年陛下即位于此，其坛不可毁，请辟球场于宫西。"数日，未成，帝命毁即位坛。宪谓郭崇韬曰："此坛，主上所以礼上帝，始受命之地也，若之何毁之！"崇韬从容言于帝，帝立命两虞候毁之[③]。宪私于崇韬曰："忘天背本，不祥莫大焉。"

二月，甲戌，以横海节度使李绍斌为卢龙节度使。

丙子，李嗣源奏败契丹于涿州。

上以契丹为忧，与郭崇韬谋，以威名宿将零落殆尽，李绍斌位望素轻，欲徙李嗣源镇真定，为绍斌声援，崇韬深以为便。时崇韬领真定，上欲徙崇韬镇汴州，崇韬辞曰："臣内典枢机，外预大政，富贵极矣，何必更领藩方？且群臣或从陛下岁久，身经百战，所得不过一州。臣无汗马之劳，徒以侍从左右，时赞圣谟，致位至此，常不自安；今因委任勋贤，使臣得解旄节，乃大愿也。且汴州关东冲要，地富人繁，臣既不至治所，徒令他人摄职，何异空城！非所以固国基也。"上曰："深知卿忠尽，然卿为朕画策，袭取汶阳，保固河津，既而自此路直趋大梁[④]，成朕帝业，岂百战之功可比乎！今朕贵为天子，岂可使卿曾无尺寸之地乎！"崇韬固辞不已，上乃许之。庚辰，徙李嗣源为成德节度使。

汉主闻帝灭梁而惧，遣宫苑使何词入贡，且觇中国强弱[⑤]。甲申，词至魏。及还，言帝骄淫无政，不足畏也。汉主大悦，自是不复通中国。

帝性刚好胜，不欲权在臣下，入洛之后，信伶宦之谗，颇疏忌宿将。李嗣源家在太原，三月，丁酉，表卫州刺史李从珂为北京内牙马步都指挥使以便其家，帝怒曰："嗣源握兵权，居大镇，军政在吾，安得为其子奏请！"乃黜从珂为突骑指挥使，帅数百人戍石门镇。嗣源忧恐，上章申理，久之方解。辛丑，嗣源乞至东京朝觐，不许。郭崇韬以嗣源功高位重，亦忌之，私谓人曰："总管令公非久为人下者[⑥]，皇家子弟皆不及也。"密劝帝召之宿卫，罢其兵权，又劝帝除之，帝皆不从。

己酉，帝发兴唐，自德胜济河，历杨村、戚城，观昔时战处，指示群臣以为乐。

洛阳宫殿宏邃，宦者欲上增广嫔御，诈言宫中夜见鬼物；上欲使符咒者禳之[⑦]，宦者曰：“臣昔逮事咸通、乾符天子[⑧]，当是时，六宫贵贱不减万人。今掖庭太半空虚，故鬼物游之耳。”上乃命宦者王允平、伶人景进采择民间女子，远至太原、幽、镇，以充后庭，不啻三千人，不问所从来。上还自兴唐，载以牛车，累累盈路。张宪奏：“诸营妇女亡逸者千余人[⑨]，虑扈从诸军挟匿以行。”其实皆入宫矣。

庚辰[⑩]，帝至洛阳；辛酉，诏复以洛阳为东都，兴唐府为邺都。

夏，四月，癸亥朔，日有食之。

初，五台僧诚惠以妖妄惑人，自言能降伏天龙，命风召雨；帝尊信之，亲帅后妃及皇弟、皇子拜之，诚惠安坐不起，群臣莫敢不拜[⑪]。时大旱，帝自邺都迎诚惠至洛阳，使祈雨，士民朝夕瞻仰，数旬不雨。或谓诚惠：“官以师祈雨无验，将焚之。”诚惠逃去，惭惧而卒。

庚寅，中书侍郎、同平章事赵光胤卒。

太后自与太妃别[⑫]，常忽忽不乐，虽娱玩盈前，未尝解颜；太妃既别太后，亦邑邑成疾。太后遣中使医药相继于道，闻疾稍加，辄不食，又谓帝曰：“吾与太妃恩如兄弟，欲自往省之。”帝以天暑道远，苦谏，久之乃止，但遣皇弟存渥等往迎侍。五月，丁酉，北都奏太妃薨。太后悲哀不食者累日，帝宽譬不离左右。太后自是得疾，又欲自往会太妃葬，帝力谏而止。

闽王审知寝疾，命其子节度副使延翰权知军府事。

【注释】

①昭宗及少帝：即唐昭宗李晔和唐少帝李柷，因其被朱温所杀，当时葬仪多阙，故需改葬。　②遥堤：一种距河床较远的堤坝。　③两虞候：官名。一说为马军虞候和步军虞候，一说为左、右虞候。为亲军中的侍卫官。　④直趋大梁：一本“直趋”前有“乘虚”二字。　⑤觇（chān 掺）：窥看。　⑥总管令公：指李嗣源。时李嗣源担任中书令、蕃汉内外

马步军都总管,故称之。 ⑦符咒者:为道士、巫师之类。 ⑧咸通、乾符:咸通(860—873)为唐懿宗年号;乾符(874—879)为唐僖宗年号。 ⑨诸营妇女:诸营为魏州诸营,妇女为随军眷属。 ⑩庚辰:三月无此日,疑误。 ⑪莫敢不拜:一本此句下有“独郭崇韬不拜”六字。 ⑫与太妃别:同光二年(924)正月,太后离晋阳。

自春夏大旱,六月,壬申,始雨。

帝苦溽暑[1],于禁中择高凉之所,皆不称旨。宦者因言:“臣见长安全盛时,大明、兴庆宫楼观以百数。今日宅家曾无避暑之所,宫殿之盛曾不及当时公卿第舍耳。”帝乃命宫苑使王允平别建一楼以清暑。宦者曰:“郭崇韬常不伸眉,为孔谦论用度不足,恐陛下虽欲营缮,终不可得。”帝曰:“吾自用内府钱,无关经费[2]。”然犹虑崇韬谏,遣中使语之曰:“今岁盛暑异常,朕昔在河上,与梁人相拒,行营卑湿,被甲乘马,亲当矢石,犹无此暑。今居深宫之中而暑不可度,奈何?”对曰:“陛下昔在河上,勍敌未灭,深念仇耻,虽有盛暑,不介圣怀。今外患已除,海内宾服,故虽珍台闲馆犹觉郁蒸也。陛下倘不忘艰难之时,则暑气自消矣。”帝默然。宦者曰:“崇韬之第,无异皇居,宜其不知至尊之热也。”帝卒命允平营楼,日役万人,所费巨万。崇韬谏曰:“今两河水旱,军食不充,愿且息役,以俟丰年。”帝不听。

王审知像

帝将伐蜀,辛卯,诏天下括市战马。

吴镇海节度判官、楚州团练使陈彦谦有疾,徐知诰恐其遗言及继嗣事,遣之医药金帛，相属于道。彦谦临终，密留书遗徐温，请以所生子为嗣。

太后疾甚。秋，七月，甲午，成德节度使李嗣源以边事稍弭，表求入朝省太后，帝不许。壬寅，太后殂[③]。帝哀毁过甚，五日方食。

八月，癸未，杖杀河南令罗贯。初，贯为礼部员外郎，性强直，为郭崇韬所知，用为河南令。为政不避权豪，伶宦请托，书积几案，一不报，皆以示崇韬，崇韬奏之，由是伶宦切齿。河南尹张全义亦以贯高伉，恶之，遣婢诉于皇后，后与伶宦共毁之，帝含怒未发。会帝自往寿安视坤陵役者，道路泥泞，桥多坏。帝问主者为谁，宦官对属河南。帝怒，下贯狱；狱吏榜掠[④]，体无完肤，明日，传诏杀之。崇韬谏曰："贯坐桥道不修，法不至死。"帝怒曰："太后灵驾将发，天子朝夕往来，桥道不修，卿言无罪，是党也！"崇韬曰："陛下以万乘之尊，怒一县令，使天下谓陛下用法不平，臣之罪也。"帝曰："既公所爱，任公裁之。"拂衣起入宫，崇韬随之，论奏不已；帝自阖殿门，崇韬不得入。贯竟死，暴尸府门，远近冤之。

丁亥，遣吏部侍郎李德休等赐吴越国王玉册、金印、红袍御衣[⑤]。

九月，蜀主与太后、太妃游青城山，历丈人观、上清宫，遂至彭州阳平化、汉州三学山而还。

乙未，立皇子继岌为魏王。

丁酉，帝与宰相议伐蜀，威胜节度使李绍钦素谄事宣徽使李绍宏，绍宏荐"绍钦有盖世奇才，虽孙、吴不如[⑥]，可以大任"。郭崇韬曰："段凝亡国之将[⑦]，奸谄绝伦，不可信也。"众举李嗣源，崇韬曰："契丹方炽，总管不可离河朔。魏王地当储副，未立殊功，请依故事，以为伐蜀都统，成其威名。"帝曰："儿幼，岂能独往，当求其副。"既而曰："无以易卿。"庚子，以魏王继岌充西川四面行营都统，崇韬充东北面行营都招讨制置等使，军事悉以委之。又以荆南节度使高季兴充东南面行营都招讨使，凤翔节度使李继曮充都供军转运应接等使，同州节度使李令德充行营副招讨使[⑧]，陕州节度使李绍琛充蕃汉马步军都排陈斩斫使兼马步军都指挥使，西京留守张筠充西川管内安抚应接使，华州节度使毛璋充左厢马步都虞候，邠州节度使董璋充右厢马步都虞候，客省使李严充西川管内招抚使，将兵六万伐蜀，仍诏季兴自取夔、忠、万三州为巡属[9]。都统置中军，以供奉官李从袭充中军马步都指挥监押[10]，高品李廷安、吕知柔充魏王府通谒[11]。辛丑，以工部尚书任圜、翰林学士李愚并参预都统军机。

【注释】

①溽暑：即湿热。　②经费：指由租庸使所管理的属于外府的国家经费。　③殂（cú 徂）：对尊者死亡的称谓，常与崩殂、殂落等连用。　④榜掠：亦称“榜楚”，鞭笞。　⑤赐玉册、金印：吴越国王求赐玉册、金印事在同光二年（924）十月。　⑥孙、吴：指春秋战国时的两位著名军事家孙武、吴起。　⑦段凝：原梁朝北面招讨使，梁亡后降唐，改名为李绍钦。此处郭崇韬称其旧名，有轻蔑之意。　⑧李令德：即朱友谦（李继麟）之子，平蜀之后被魏王李继岌杀于遂州。　⑨自取夔、忠、万三州为巡属：此三州在唐代本属荆南节度，唐末之乱，王建占据蜀地，遂将此三州并为己有。　⑩供奉官：官名。对内侍阶官的称谓，有时也用以称中书、门下两省官及御史台官。　⑪高品：内侍阶官名，由宦官担任。

自六月甲午雨[1]，罕见日星，江河百川皆溢，凡七十五日乃霁。

郭崇韬以北都留守孟知祥有荐引旧恩[2]，将行，言于上曰：“孟知祥信厚有谋，若得西川而求帅，无逾此人者。”又荐邺都副留守张宪谨重有识，可为相。戊申，大军西行。

蜀安重霸劝王承休请蜀主东游秦州。承休到官，即毁府署，作行宫，大兴力役，强取民间女子教歌舞，图形遗韩昭，使言于蜀主；又献花木图，盛称秦州山川土风之美。蜀主将如秦州，群臣谏者甚众，皆不听；王宗弼上表谏，蜀主投其表于地；太后涕泣不食，止之，亦不能得。前秦州节度判官蒲禹卿上表几二千言，其略曰：“先帝艰难创业，欲传之万世。陛下少长富贵，荒色惑酒。秦州人杂羌、胡，地多瘴疠，万众困于奔驰，郡县疲于供亿。凤翔久为仇雠，必生衅隙；唐国方通欢好，恐怀疑贰[3]。先皇未尝无故盘游，陛下率意频离宫阙。秦皇东狩，銮驾不还；炀帝南巡，龙舟不返。蜀都强盛，雄视邻邦，边庭无烽火之虞，境内有腹心之疾，百姓失业，盗贼公行。昔李势屈于桓温[4],刘禅降于邓艾[5],山河险固,不足凭恃。"韩昭谓禹卿曰:"吾收汝表,俟主上西归,当使狱吏字字问汝!"王承休妻严氏美,蜀主私焉,故锐意欲行。

冬,十月,排陈斩斫使李绍琛与李严将骁骑三千、步兵万人为前锋,招讨判官陈乂至宝鸡,称疾乞留。李愚厉声曰:"陈乂见利则进,惧难则止。今大军涉险[6],人心易摇,宜斩以徇!"由是军中无敢顾望者。乂,蓟州人也。

癸亥,蜀主引兵数万发成都,甲子,至汉州。武兴节度使王承捷告唐兵西上,蜀主以为群臣同谋沮己,犹不信,大言曰:"吾方欲耀武。"遂东行。在道与群臣赋诗,殊不为意。

丁丑,李绍琛攻蜀威武城,蜀指挥使唐景思将兵出降;城使周彦禋等知不能守,亦降。景思,秦州人也。得城中粮二十万斛[7]。绍琛纵其败兵万余人逸去,因倍道趣凤州。李严飞书以谕王承捷。李继曮竭凤翔蓄积以馈军,不能充,人情忧恐。郭崇韬入散关,指其山曰:"吾辈进无成功,不得复还此矣。当尽力一决。今馈运将竭,宜先取凤州,因其粮。"诸将皆言蜀地险固,未可长驱,宜按兵观衅。崇韬以问李愚,愚曰:"蜀人苦其主荒淫,莫为之用。宜乘其人心崩离,风驱霆击,彼皆破胆,虽有险阻,谁与守之!兵势不可缓也。"是日李绍琛告捷,崇韬喜,谓李愚曰:"公料敌如此,吾复何忧!"乃倍道而进。戊寅,王承捷以凤、兴、文、扶四州印节迎降[8],得兵八千,粮四十万斛。崇韬曰:"平蜀必矣。"即以都统牒命承捷摄武兴节度使。

己卯,蜀主至利州,威武败卒奔还,始信唐兵之来。王宗弼、宋光嗣言于蜀主曰:"东川、山南兵力尚完[9],陛下但以大军扼利州,唐人安敢悬兵深入!"从之。庚辰,以随驾清道指挥使王宗勋、王宗俨、兼侍中王宗昱为三招讨,将兵三万逆战。从驾兵自绵、汉至深渡,千里相属,皆怨愤,曰:"龙武军粮赐倍于他军,他军安能御敌!"

李绍琛等过长举,兴州都指挥使程奉琏将所部兵五百来降,且请先治桥栈以俟唐军,由是军行无险阻之虞。辛巳,兴州刺史王承鉴弃城走,绍琛等克兴州,郭崇韬以唐景思摄兴州刺史[10]。乙西，成州刺史王承朴弃城走。李绍琛等与蜀三招讨战于三泉[11]，蜀兵大败，斩首五千级，余众溃走。又得粮十五万斛于三泉，由是军食优足。

戊子，葬贞简太后于坤陵。

蜀主闻王宗勋等败，自利州倍道西走，断桔柏津浮梁[12]；命中书令、判六军诸卫事王宗弼将大军守利州，且令斩王宗勋等三招讨。

李绍琛昼夜兼行趣利州。蜀武德留后宋光葆遗郭崇韬书，“请唐兵不入境，当举巡属内附；苟不如约，则背城决战以报本朝”。崇韬复书抚纳之。乙丑[13]，魏王继岌至兴州，光葆以梓、绵、剑、龙、普五州，武定节度使王承肇以洋、蓬、壁三州，山南节度使兼侍中王宗威以梁、开、通、渠、麟五州，阶州刺史王承岳以阶州，皆降。承肇，宗侃之子也。自余城镇皆望风款附。

天雄节度使王承休与副使安重霸谋掩击唐军，重霸曰：“击之不胜，则大事去矣。蜀中精兵十万，天下险固，唐兵虽勇，安能直度剑门邪！然公受国恩，闻难不可不赴，愿与公俱西[14]。”承休素亲信之，以为然。重霸请赂羌人买文、扶州路以归；承休从之，使重霸将龙武军及所募兵万二千人以从。将行，州人饯于城外。承休上道，重霸拜于马前曰：“国家竭力以得秦、陇[15]，若从开府还朝，谁当守之！开府行矣，重霸请为公留守。”承休业已上道，无如之何，遂与招讨副使王宗汭自扶、文而南，其地皆不毛，羌人抄之，且战且行，士卒冻馁，比至茂州，余众二千而已。重霸遂以秦、陇来降。

高季兴常欲取三峡，畏蜀峡路招讨使张武威名，不敢进。至是，乘唐兵势，使其子行军司马从诲权军府事，自将水军上峡取施州。张武以铁锁断江路，季兴遣勇士乘舟斫之。会风大起，舟絓于锁[16]，不能进退，矢石交下，坏其战舰，季兴轻舟遁去。既而闻北路陷败[17]，以夔、忠、万三州遣使诣魏王降。

郭崇韬遗王宗弼等书，为陈利害；李绍琛未至利州，宗弼弃城引兵西归。王宗勋等三招讨追及宗弼于白芀[18]，宗弼怀中探诏书示之曰：“宋光嗣令我杀尔曹。”因相持而泣，遂合谋送款于唐。

【注释】

①六月甲午:六月无甲午日,疑误。 ②有荐引旧恩:参见本书卷第二百七十均王贞明五年(919)。 ③恐怀疑贰:指无故举兵东进,会引起后唐怀疑,招致战争。 ④李势屈于桓温:参见本书卷第九十七晋孝宗永和三年(138)。 ⑤刘禅降于邓艾:参见本书卷第七十七魏元帝景元四年(263)。 ⑥大军涉险:从宝鸡入散关,涉栈阁之险,开始了艰难的行程。 ⑦斛(hú 胡):本为量器名,常作容量单位,古代多以十斗为一斛。 ⑧四州印节:即四州州印和武兴节度使印及其旌节。 ⑨东川、山南:唐代旧方镇的简称。这里东川指梓、遂等州,山南指兴、元等州。⑩摄:任官称谓。代理政事,常为"摄行""摄判"连用。 ⑪三泉:县名。属兴元府,治今陕西宁强县。 ⑫桔柏津:在今四川广元市西南嘉陵江、白龙江合流处。 ⑬乙丑:依体例,"乙丑"有误,十二行本作"己丑"。 ⑭与公俱西:指自秦州向西赶赴成都。 ⑮国家竭力以得秦、陇:蜀得秦、陇事参见本书卷第二百六十九均王贞明元年(915)。 ⑯絓(guà 挂):受阻、绊住。 ⑰北路陷败:指武德、武定等节度使降后唐。 ⑱白苻(tiáo 条):地名。属简州金水县,在今四川金堂县境内。

资治通鉴卷第二百七十四

后唐纪三　起旃蒙作噩十一月,尽柔兆阉茂三月,不满一年。

庄宗光圣神闵孝皇帝下

同光三年　十一月,丙申,蜀主至成都,百官及后宫迎于七里亭。蜀主入妃嫔中作回鹘队入宫。丁酉,出见群臣于文明殿,泣下沾襟,君臣相视,竟无一言以救国患。

戊戌,李绍琛至利州,修桔柏浮梁。昭武节度使林思谔先弃城奔阆州,遣使请降。甲辰,魏王继岌至剑州,蜀武信节度使兼中书令王宗寿以遂、合、渝、泸、昌五州降[1]。

王宗弼至成都,登大玄门,严兵自卫。蜀主及太后自往劳之,宗弼骄慢无复臣礼。乙巳,劫迁蜀主及太后后宫诸王于西宫,收其玺绶,使亲吏于义兴门邀取内库金帛,悉归其家。其子承涓杖剑入宫,取蜀主宠姬数人以归。丙午,宗弼自称权西川兵马留后。

李绍琛进至绵州,仓库民居已为蜀兵所燔,又断绵江浮梁,水深,无舟楫可渡,绍琛谓李严曰:"吾悬军深入,利在速战。乘蜀人破胆之时,但得百骑过鹿头关[2],彼且迎降不暇;若俟修缮桥梁,必留数日,或教王衍坚闭近关[3],折吾兵势,倘延旬浃,则胜负未可知矣。"乃与严乘马浮渡江,从兵得济者仅千人,溺死者亦千余人,遂入鹿头关;丁未,进据汉州;居三日,后军始至。

王宗弼遣使以币马牛酒劳军,且以蜀主书遗李严曰:"公来吾即降。"或谓严:"公首建伐蜀之策,蜀人怨公深入骨髓,不可往。"

严不从，欣然驰入成都，抚谕吏民，告以大军继至。蜀君臣后宫皆恸哭。蜀主引严见太后，以母妻为托。宗弼犹乘城为守备，严悉命撤去楼橹。

己酉，魏王继岌至绵州，蜀主命翰林学士李昊草降表，又命中书侍郎、同平章事王锴草降书[4]，遣兵部侍郎欧阳彬奉之以迎继岌及郭崇韬。

王宗弼称蜀君臣久欲归命，而内枢密使宋光嗣、景润澄、宣徽使李周辂、欧阳晃荧惑蜀主；皆斩之，函首送继岌。又责文思殿大学士、礼部尚书、成都尹韩昭佞谀，枭于金马坊门[5]。内外马步都指挥使兼中书令徐延琼、果州团练使潘在迎、嘉州刺史顾在珣及诸贵戚皆惶恐，倾其家金帛妓妾以赂宗弼，仅得免死。凡素所不快者，宗弼皆杀之。

辛亥，继岌至德阳。宗弼遣使奉笺，称已迁蜀主于西第[6]，安抚军城，以俟王师。又使其子承班以蜀主后宫及珍玩赂继岌及郭崇韬，求西川节度使，继岌曰："此皆我家物，奚以献为！"留其物而遣之。

李绍琛留汉州八日以俟都统[7]，甲寅，继岌至汉州，王宗弼迎谒；乙卯，至成都。丙辰，李严引蜀主及百官仪卫出降于升迁桥[8]，蜀主白衣、衔璧、牵羊，草绳萦首，百官衰绖、徒跣、舆榇[9]，号哭俟命。继岌受璧，崇韬解缚，焚榇，承制释罪；君臣东北向拜谢。丁巳，大军入成都。崇韬禁军士侵掠，市不改肆。自出师至克蜀[10]，凡七十日。得节度十，州六十四，县二百四十九，兵三万，铠仗、钱粮、金银、缯锦共以千万计。

高季兴闻蜀亡，方食，失匕箸，曰："是老夫之过也。"梁震曰："不足忧也。唐主得蜀益骄，亡无日矣，安知其不为吾福！"

楚王殷闻蜀亡，上表称："臣已营衡麓之间为菟裘之地，愿上印绶以保余龄。"上优诏慰谕之。

【注释】

①武信节度使：蜀置武信军治遂州，辖遂、合、渝、泸、昌五州。②鹿头关：地名。在今四川德阳市东北鹿头山上。 ③"或教王衍坚闭近关"句：王衍即蜀主；近关指鹿头关。 ④降表、降书：降表上呈后唐皇

帝,降书送达军前。 ⑤金马坊:地名。在成都城中,因有金马碧鸡祠,故以名坊。 ⑥西第:因其已奉表请降,所以不敢称西宫,但称西第。 ⑦都统:即魏王李继岌,其任伐蜀都统事见本书卷第二百七十三同光三年(925)九月丁酉。 ⑧升迁桥:在成都北五里。 ⑨榇(chèn 衬):空棺为榇。 ⑩“至克蜀”句:自唐昭宗大顺二年(891)王建取蜀,至后唐庄宗同光三年(925)王衍降后唐,前蜀政权共存在三十四年。

平蜀之功,李绍琛为多,位在董璋上;而璋素与郭崇韬善,崇韬数召璋与议军事。绍琛心不平,谓璋曰:“吾有平蜀之功,公等朴樕相从[①],反呫嗫于郭公之门[②],谋相倾害。吾为都将,独不能以军法斩公邪!”璋诉于崇韬。十二月,崇韬表璋为东川节度使,解其军职[③]。绍琛愈怒,曰:“吾冒白刃,陵险阻,定两川,璋乃坐有之邪!”乃见崇韬言:“东川重地,任尚书有文武才,宜表为帅。”崇韬怒曰:“绍琛反邪,何敢违吾节度!”绍琛惧而退。

初,帝遣宦者李从袭等从魏王继岌伐蜀;继岌虽为都统,军中制置补署一出郭崇韬,崇韬终日决事,将吏宾客趋走盈庭,而都统府惟大将晨谒外,牙门索然,从袭等固耻之。及破蜀,蜀之贵臣大将争以宝货、妓乐遗崇韬及其子廷诲,魏王所得,不过匹马、束帛、唾壶、麈柄而已[④],从袭等益不平。

王宗弼之自为西川留后也,赂崇韬求为节度使,崇韬阳许之,既而久未得,乃帅蜀人列状见继岌,请留崇韬镇蜀。从袭等因谓继岌曰:“郭公父子专横,今又使蜀人请己为帅,其志难测,王不可不为之备。”继岌谓崇韬曰:“主上倚侍中如山岳[⑤],不可离庙堂,岂肯弃元臣于蛮夷之域乎!且此非余之所敢知也,请诸人诣阙自陈。”由是继岌与崇韬互相疑。

会宋光葆自梓州来,诉王宗弼诬杀宋光嗣等;又,崇韬征犒军钱数万缗于宗弼,宗弼靳之,士卒怨怒,夜,纵火喧噪。崇韬欲诛宗弼以自明,己巳,白继岌收宗弼及王宗勋、王宗渥,皆数其不忠之罪,族诛之,籍没其家。蜀人争食宗弼之肉。

辛未,闽忠懿王审知卒[⑥],子延翰自称威武留后。汀州民陈本聚众三万围汀州,延翰遣右军都监柳邕等将兵二万讨之。

癸酉，王承休、王宗汭至成都，魏王继岌诘之曰："居大镇，拥强兵，何以不拒战？"对曰："畏大王神武。"曰："然则何以不降？"对曰："王师不入境。"曰："所俱入羌者几人？"对曰："万二千人。"曰："今归者几人？"对曰："二千人。"曰："可以偿万人之死矣。"皆斩之，并其子。

丙子，以知北都留守事孟知祥为西川节度使、同平章事，促召赴洛阳[⑦]。帝议选北都留守，枢密承旨段徊等恶邺都留守张宪，不欲其在朝廷，皆曰："北都非张宪不可。宪虽有宰相器，今国家新得中原，宰相在天子目前，事有得失，可以改更，比之北都独系一方安危，不为重也。"乃徙宪为太原尹，知北都留守事。以户部尚书王正言为兴唐尹，知邺都留守事。正言昏耄，帝以武德使史彦琼为邺都监军。彦琼，本伶人也，有宠于帝。魏、博等六州军旅金谷之政皆决于彦琼，威福自恣，陵忽将佐，自正言以下皆谄事之。

初，帝得魏州银枪效节都近八千人，以为亲军[⑧]，皆勇悍无敌。夹河之战，实赖其用，屡立殊功，常许以灭梁之日大加赏赉。既而河南平，虽赏赉非一，而士卒恃功，骄恣无厌，更成怨望。是岁大饥，民多流亡，租赋不充，道路涂潦，漕辇艰涩，东都仓廪空竭，无以给军士。租庸使孔谦日于上东门外望诸州漕运[⑨]，至者随以给之。军士乏食，有雇妻鬻子者，老弱采蔬于野，百十为群，往往馁死，流言怨嗟，而帝游畋不息。己卯，猎于白沙，皇后、皇子、后宫毕从。庚辰，宿伊阙；辛巳，宿潭泊；壬午，宿龛涧；癸未，还宫。时大雪，吏卒有僵仆于道路者。伊、汝间饥尤甚，卫兵所过，责其供饷，不得，则坏其什器，撤其室庐以为薪，甚于寇盗，县吏皆窜匿山谷。

有白龙见于汉宫；汉主改元白龙，更名曰龑。

长和骠信郑旻遣其布燮郑昭淳求婚于汉[⑩]，汉主以女增城公主妻之。长和即唐之南诏也。

成德节度使李嗣源入朝。

闰月，己丑朔，孟知祥至洛阳，帝宠待甚厚。

【注释】

①朴樕（sù 速）：亦作"樕朴"，木名。小木、散材，此处比喻董璋是

小材。 ②呫嗫(chè niè 彻聂):低声细语的样子。 ③解其军职:解除董璋军职,以防止李绍琛以军法惩治他。 ④麈(zhǔ 主):麈尾的省称,即拂尘。 ⑤侍中:指郭崇韬,时郭氏任侍中。 ⑥审知:即王审知,五代时闽国的创立者。字信通,光州固始人。909—925 年在位。 ⑦促召赴洛阳:促其先至洛阳,而后去成都赴任。 ⑧以为亲军:参见本书卷第二百六十九均王贞明元年(915)。 ⑨上东门:洛阳城东面三门之一。 ⑩骠信、布燮:长和国职官名。

帝以军储不足,谋于群臣,豆卢革以下皆莫知为计。吏部尚书李琪上疏,以为:"古者量入以为出,计农而发兵,故虽有水旱之灾而无匮乏之忧。近代税农以养兵,未有农富给而兵不足,农捐瘠而兵丰饱者也。今纵未能蠲省租税,苟除折纳、纽配之法[①],农亦可以小休矣。"帝即敕有司如琪所言,然竟不能行。

丁酉,诏蜀朝所署官四品以上降授有差,五品以下才地无取者悉纵归田里;其先降及有功者,委崇韬随事奖任。又赐王衍诏,略曰:"固当裂土而封,必不薄人于险。三辰在上,一言不欺。"

庚子,彰武、保大节度使兼中书令高万兴卒,以其子保大留后允韬为彰武留后。

帝以军储不充,欲如汴州,谏官上言:"不如节俭以足用,自古无就食天子。今杨氏未灭[②],不宜示以虚实。"乃止。

辛亥,立皇弟存美为邕王,存霸为永王,存礼为薛王,存渥为申王,存乂为睦王,存确为通王,存纪为雅王。

郭崇韬素疾宦官,尝密谓魏王继岌曰:"大王他日得天下,騬马亦不可乘,况任宦官!宜尽去之,专用士人。"吕知柔窃听,闻之,由是宦官皆切齿。

时成都虽下,而蜀中盗贼群起,布满山林。崇韬恐大军既去,更为后患,命任圜、张筠分道招讨,以是淹留未还。帝遣宦者向延嗣促之,崇韬不出郊迎,及见,礼节又倨,延嗣怒。李从袭谓延嗣曰:"魏王,太子也;主上万福,而郭公专权如是。郭廷诲拥徒出入,日与军中骁将、蜀土豪杰狎饮,指天画地,近闻白其父请表己为蜀帅;又言'蜀地富饶,大人宜善自为谋'。今诸军将校皆郭氏之党，王寄身于虎狼之口，一朝有变，吾属不知委骨何地矣。”因相向垂涕。延嗣归，具以语刘后。后泣诉于帝，请早救继岌之死。

前此帝闻蜀人请崇韬为帅，已不平，至是闻延嗣之言，不能无疑。帝阅蜀府库之籍，曰：“人言蜀中珍货无算，何如是之微也？”延嗣曰：“臣闻蜀破，其珍货皆入于崇韬父子，崇韬有金万两，银四十万两，钱百万缗，名马千匹，他物称是，廷诲所取，复在其外；故县官所得不多耳[③]。”帝遂怒形于色。及孟知祥将行，帝语之曰：“闻郭崇韬有异志，卿到，为朕诛之。”知祥曰：“崇韬，国之勋旧，不宜有此。俟臣至蜀察之，苟无他志则遣还。”帝许之。

壬子，知祥发洛阳。帝寻复遣衣甲库使马彦珪驰诣成都观崇韬去就[④]，如奉诏班师则已，若有迁延跋扈之状，则与继岌图之。彦珪见皇后，说之曰：“臣见向延嗣言蜀中事势忧在朝夕，今上当断不断，夫成败之机，间不容发，安能缓急禀命于三千里外乎！”皇后复言于帝，帝曰：“传闻之言，未知虚实，岂可遽尔果决？”皇后不得请，退，自为教与继岌，令杀崇韬。知祥行至石壕，彦珪夜叩门宣诏，促知祥赴镇，知祥窃叹曰：“乱将作矣！”乃昼夜兼行。

初，楚王殷既得湖南，不征商旅，由是四方商旅辐凑。湖南地多铅铁，殷用军都判官高郁策，铸铅铁为钱，商旅出境，无所用之，皆易他货而去，故能以境内所余之物易天下百货，国以富饶。湖南民不事桑蚕，郁命民输税者皆以帛代钱，未几，民间机杼大盛。

吴越王镠遣使者沈瑫致书，以受玉册、封吴越国王告于吴，吴人以其国名与己同[⑤]，不受书，遣瑫还。仍戒境上无得通吴越使者及商旅。

【注释】

①折纳、纽配之法：折纳即是在货重钱轻之时，折价交纳实物；纽配即是纽数而科配。　②杨氏：指吴国杨溥，后唐最大的敌国。　③县官：近臣对皇帝的称呼。　④衣甲库使：官名。后唐庄宗所置，为内诸司使之一。　⑤以其国名与己同：嫌其地居越境而兼有吴国之名。

明宗圣德和武钦孝皇帝上之上[1]

天成元年[2] 春,正月,庚申,魏王继岌遣李继曮、李严部送王衍及其宗族百官数千人诣洛阳。

河中节度使、尚书令李继麟自恃与帝故旧,且有功,帝待之厚,苦诸伶宦求丐无厌[3],遂拒不与。大军之征蜀也,继麟阅兵,遣其子令德将之以从。景进与宦官谮之曰:"继麟闻大军起,以为讨己,故惊惧,阅兵自卫。"又曰:"崇韬所以敢倔强于蜀者,与河中阴谋,内外相应故也。"继麟闻之惧,欲身入朝以自明,其所亲止之,继麟曰:"郭侍中功高于我。今事势将危,吾得见主上,面陈至诚,则谗人获罪矣。"癸亥,继麟入朝。

魏王继岌将发成都,令任圜权知留事,以俟孟知祥。诸军部署已定,是日,马彦珪至,以皇后教示继岌,继岌曰:"大军垂发,彼无衅端,安可为此负心事!公辈勿复言。且主上无敕,独以皇后教杀招讨使,可乎?"李从袭等泣曰:"既有此迹,万一崇韬闻之,中途为变[4],益不可救矣。"相与巧陈利害,继岌不得已从之。甲子旦,从袭以继岌之命召崇韬计事,继岌登楼避之。崇韬方升阶,继岌从者李环挝碎其首,并杀其子廷诲、廷信。外人犹未之知。都统推官饶阳李崧谓继岌曰:"今行军三千里外,初无敕旨,擅杀大将,大王奈何行此危事!独不能忍之至洛阳邪?"继岌曰:"公言是也,悔之无及。"崧乃召书吏数人,登楼去梯,矫为敕书,用蜡印宣之[5],军中粗定。崇韬左右皆窜匿,独掌书记滏阳张砺诣魏王府恸哭久之。继岌命任圜代崇韬总军政。

魏王通谒李廷安献蜀乐工二百余人,有严旭者,王衍用为蓬州刺史,帝问曰:"汝何以得刺史?"对曰:"以歌。"帝使歌而善之,许复故任。

戊辰,孟知祥至成都。时新杀郭崇韬,人情未安,知祥慰抚吏民,犒赐将卒,去留帖然。

闽人破陈本,斩之[6]。

契丹主击女真及勃海[7],恐唐乘虚袭之,戊寅,遣梅老鞋里来修好。

马彦珪还洛阳，乃下诏暴郭崇韬之罪，并杀其子廷说、廷让、廷议，于是朝野骇惋，群议纷然，帝使宦者潜察之。保大节度使睦王存乂，崇韬之婿也；宦官欲尽去崇韬之党，言"存乂对诸将攘臂垂泣，为崇韬称冤，言辞怨望"。庚辰，幽存乂于第，寻杀之。

景进言："河中人有告变，言李继麟与郭崇韬谋反；崇韬死，又与存乂连谋。"宦官因共劝帝速除之，帝乃徙继麟为义成节度使，是夜，遣蕃汉马步使朱守殷以兵围其第，驱继麟出徽安门外杀之，复其姓名曰朱友谦[8]。友谦二子，令德为武信节度使，令锡为忠武节度使；诏魏王继岌诛令德于遂州，郑州刺史王思同诛令锡于许州，河阳节度使李绍奇诛其家人于河中。绍奇至其家，友谦妻张氏帅家人二百余口见绍奇曰："朱氏宗族当死，愿无滥及平人。"乃别其婢仆百人，以其族百口就刑。张氏又取铁券以示绍奇曰："此皇帝去年所赐也，我妇人，不识书，不知其何等语也。"绍奇亦为之惭。友谦旧将史武等七人，时为刺史，皆坐族诛。

时洛中诸军饥窘，妄为谣言，伶官采之以闻于帝，故郭崇韬、朱友谦皆及于祸。成德节度使兼中书令李嗣源亦为谣言所属，帝遣朱守殷察之；守殷私谓嗣源曰："令公勋业振主[9]，宜自图归藩以远祸。"嗣源曰："吾心不负天地，祸福之来，无所可避，皆委之于命耳。"时伶宦用事，勋旧人不自保，嗣源危殆者数四，赖宣徽使李绍宏左右营护，以是得全。

魏王继岌留马步都指挥使陈留李仁罕、马军都指挥使东光潘仁嗣、左厢都指挥使赵廷隐、右厢都指挥使浚仪张业、牙内指挥使文水武漳、骁锐指挥使平恩李延厚戍成都。甲申，继岌发成都，命李绍琛帅万二千人为后军，行止常差中军一舍。

【注释】

①明宗：李嗣源（867—933），五代后唐皇帝，926—933 年在位。沙陀部人，少名邈佶烈，后为晋王李克用养子，改名嗣源。官至蕃汉马步军总管。即位后改名亶。　②天成元年（926）：此年四月改元，见下卷。③丐：乞求。　④中途：指回师京城途中。　⑤用蜡印：用蜡摹刻中书省印，以加盖在伪造的敕书上。　⑥"破陈本"句：陈本围汀州事见本卷同

光三年(925)十二月。 ⑦女真:中国古代少数民族名,满族的祖先。周时称肃慎氏,汉时称挹娄,北朝时称勿吉,隋唐时称靺鞨,五代时始称女真。 ⑧复其姓名:朱友谦改名李继麟事,见本书卷第二百七十二同光元年(923)。 ⑨振主:胡三省原校以为"振"当作"震"。

二月,己丑朔[1],以宣徽南院使李绍宏为枢密使。

魏博指挥使杨仁晸,将所部兵戍瓦桥,逾年代归,至贝州,以邺都空虚,恐兵至为变,敕留屯贝州。

时天下莫知郭崇韬之罪,民间讹言云:"崇韬杀继岌,自王于蜀,故族其家。"朱友谦子建徽为澶州刺史,帝密敕邺都监军史彦琼杀之[2]。门者白留守王正言曰:"史武德夜半驰马出城,不言何往。"又讹言云:"皇后以继岌之死归咎于帝,已弑帝矣,故急召彦琼计事。"人情愈骇。

杨仁晸部兵皇甫晖与其徒夜博不胜,因人情不安,遂作乱,劫仁晸曰:"主上所以有天下者,吾魏军力也;魏军甲不去体,马不解鞍者十余年,今天下已定,天子不念旧劳,更加猜忌。远戍逾年,方喜代归,去家咫尺,不使相见。今闻皇后弑逆,京师已乱,将士愿与公俱归,仍表闻朝廷。若天子万福,兴兵致讨,以吾魏博兵力足以拒之,安知不更为富贵之资乎!"仁晸不从,晖杀之;又劫小校,不从,又杀之。效节指挥使赵在礼闻乱,衣不及带,逾垣而走,晖追及,曳其足而下之,示以二首,在礼惧而从之。乱兵遂奉以为帅,焚掠贝州。晖,魏州人;在礼,涿州人也。诘旦,晖等拥在礼南趣临清、永济、馆陶,所过剽掠。

壬辰晚,有自贝州来告军乱将犯邺都者,都巡检使孙铎等亟诣史彦琼,请授甲乘城为备。彦琼疑铎等有异志,曰:"告者云今日贼至临清,计程须六日晚方至,为备未晚。"孙铎曰:"贼既作乱,必乘吾未备,昼夜倍道,安肯计程而行!请仆射帅众乘城,铎募劲兵千人伏于王莽河逆击之,贼既势挫,必当离散,然后可扑讨也[3]。必俟其至城下,万一有奸人为内应,则事危矣。"彦琼曰:"但严兵守城,何必逆战!"是夜,贼前锋攻北门,弓弩乱发。时彦琼将部兵宿北门楼,闻贼呼声,即时惊溃。彦琼单骑奔洛阳。

癸巳，贼入邺都，孙铎等拒战不胜，亡去。赵在礼据宫城[4]，署皇甫晖及军校赵进为马步都指挥使，纵兵大掠。进，定州人也。

王正言方据案召吏草奏，无至者，正言怒，其家人曰：“贼已入城，杀掠于市，吏皆逃散，公尚谁呼！”正言惊曰：“吾初不知也。”又索马，不能得，乃帅僚佐步出府门谒在礼，再拜请罪。在礼亦拜，曰：“士卒思归耳，尚书重德，勿自卑屈！”慰谕遣之。

众推在礼为魏博留后，具奏其状。北京留守张宪家在邺都，在礼厚抚之，遣使以书诱宪，宪不发封，斩其使以闻。

甲午，以景进为银青光禄大夫、检校右散骑常侍兼御史大夫、上柱国。

丙申，史彦琼至洛阳。帝问可为大将者于枢密使李绍宏，绍宏复请用李绍钦，帝许之，令条上方略。绍钦所请偏裨，皆梁旧将，己所善者，帝疑之而止。皇后曰：“此小事，不足烦大将，绍荣可办也。”帝乃命归德节度使李绍荣将骑三千诣邺都招抚，亦征诸道兵，备其不服。

郭崇韬之死也，李绍琛谓董璋曰：“公复欲呫嗫谁门乎？”璋惧，谢罪。魏王继岌军还至武连，遇敕使，谕以朱友谦已伏诛，令董璋将兵之遂州诛朱令德。时绍琛将后军在魏城，闻之，以帝不委已杀令德而委璋，大惊。俄而璋过绍琛军，不谒。绍琛怒，乘酒谓诸将曰：“国家南取大梁，西定巴、蜀，皆郭公之谋而吾之战功也；至于去逆效顺，与国家犄角以破梁，则朱公也[5]。今朱、郭皆无罪族灭，归朝之后，行及我矣。冤哉，天乎！奈何！”绍琛所将多河中兵，河中将焦武等号哭于军门曰：“西平王何罪，阖门屠脍！我属归则与史武等同诛，决不复东矣。”是日，魏王继岌至泥溪，绍琛至剑州遣人白继岌云：“河中将士号哭不止，欲为乱。”丁酉，绍琛自剑州拥兵西还，自称西川节度、三川制置等使，移檄成都，称奉诏代孟知祥，招谕蜀人，三日间众至五万。

戊戌，李继曮至凤翔，监军使柴重厚不以符印与之，促令诣阙。

己亥，魏王继岌至利州，李绍琛遣人断桔柏津。继岌闻之，以任圜为副招讨使，将步骑七千，与都指挥使梁汉颙、监军李延安追讨之。

庚子，邢州左右步直兵赵太等四百人据城自称安国留后；诏东北面招讨副使李绍真讨之。

辛丑，任圜先令别将何建崇击剑门关，下之。

【注释】

①己丑朔：此年二月戊子朔，己丑为初二。 ②“帝密敕邺都监军史彦琼杀之”句：澶州为魏博巡属，所以命邺都魏博监军杀之。 ③扑讨：一本作“扑灭”，较妥。 ④据宫城：庄宗即位于魏州，以牙城为宫城，所以据宫城即是据魏州牙城。 ⑤“与国家犄角以破梁”句：指朱友谦当年以蒲、同二州归附晋王，相为犄角以破梁。

李绍荣至邺都，攻其南门，遣人以敕招谕之，赵在礼以羊酒犒师，拜于城上曰：“将士思家擅归，相公诚善为敷奏，得免于死，敢不自新！”遂以敕遍谕军士。史彦琼戟手大骂曰：“群死贼，城破万段！”皇甫晖谓其众曰：“观史武德之言，上不赦我矣。”因聚噪，掠敕书，手坏之，守陴拒战。绍荣攻之不利，以状闻，帝怒曰：“克城之日，勿遗噍类[①]！”大发诸军讨之。壬寅，绍荣退屯澶州。

甲辰夜，从马直军士王温等五人杀军使，谋作乱，擒斩之。从马直指挥使郭从谦，本优人也，优名郭门高。帝与梁相拒于得胜，募勇士挑战，从谦应募，俘斩而还，由是益有宠。帝选诸军骁勇者为亲军，分置四指挥，号从马直，从谦自军使积功至指挥使。郭崇韬方用事，从谦以叔父事之，睦王存乂以从谦为假子。及崇韬、存乂得罪，从谦数以私财飨从马直诸校，对之流涕，言崇韬之冤。及王温作乱，帝戏之曰：“汝既负我附崇韬、存乂，又教王温反，欲何为也？”从谦益惧。既退，阴谓诸校曰：“主上以王温之故，俟邺都平定，尽坑若曹。家之所有宜尽市酒肉，勿为久计也。”由是亲军皆不自安。

乙巳，王衍至长安，有诏止之[②]。

先是，帝诸弟虽领节度使，皆留京师，但食其俸。戊申，始命护国节度使永王存霸至河中[③]。

丁未，李绍荣以诸道兵再攻邺都。庚戌，裨将杨重霸帅众数百登城，后无继者，重霸等皆死。贼知不赦，坚守无降意。朝廷患之，日发中使促魏王继岌东还。继岌以中军精兵皆从任圜讨李绍琛，留利州待之，未得还。

李绍荣讨赵在礼久无功；赵太据邢州未下。沧州军乱，小校王景戡讨定之，因自为留后；河朔州县告乱者相继。帝欲自征邺都，宰相、枢密使皆言京师根本，车驾不可轻动，帝曰："诸将无可使者。"皆曰："李嗣源最为勋旧。"帝心忌嗣源，曰："吾惜嗣源，欲留宿卫。"皆曰："他人无可者。"忠武节度使张全义亦言："河朔多事，久则患深，宜令总管进讨；若倚绍荣辈，未见成功之期。"李绍宏亦屡言之，帝以内外所荐[4]，甲寅，命嗣源将亲军讨邺都。

延州言绥、银军乱，剽州城。

董璋将兵二万屯绵州，会任圜讨李绍琛。帝遣中使崔延琛至成都，遇绍琛军，绐之曰："吾奉诏召孟郎[5]，公若缓兵，自当得蜀。"既至成都，劝孟知祥为战守备。知祥浚壕树栅，遣马步都指挥使李仁罕将四万人，骁锐指挥使李延厚将二千人讨绍琛。延厚集其众询之曰："有少壮勇锐，欲立功求富贵者东！衰疾畏懦，厌行陈者西！"得选兵七百人以行。

是日，任圜军追及绍琛于汉州，绍琛出兵逆战；招讨掌书记张砺请伏精兵于后，以羸兵诱之，圜从之，使董璋以东川羸兵先战而却。绍琮轻圜书生，又见其兵羸，极力追之，伏兵发，大破之，斩首数千级。自是绍琛入汉州，闭城不出。

三月，丁巳朔，李绍真奏克邢州，擒赵太等。庚申，绍真引兵至邺都，营于城西北，以太等徇于邺都城下而杀之。

辛酉，以威武节度副使王延翰为威武节度使。

壬戌，李嗣源至邺都，营于城西南；甲子，嗣源下令军中，诘旦攻城。是夜，从马直军士张破败作乱，帅众大噪，杀都将，焚营舍。诘旦，乱兵逼中军，嗣源帅亲军拒战，不能敌，乱兵益炽。嗣源叱而问之曰："尔曹欲何为？"对曰："将士从主上十年，百战以得天下。今主上弃恩任威，贝州戍卒思归，主上不赦，云'克城之后，当尽坑魏博之军'；近从马直数卒喧竞[6]，遽欲尽诛其众。我辈初无叛心，但畏死耳。今众议欲与城中合势击退诸道之军，请主上帝河南，令公帝河北[7]，为军民之主。"嗣源泣谕之，不从。嗣源曰："尔不用吾言，任尔所为，我自归京师。"乱兵拔白刃环之，曰："此辈虎狼也，不识尊卑，令公去欲何之！"因拥嗣源及李绍真等入城，城中不受外兵[8]，皇甫晖逆击张破败，斩之，外兵皆溃。赵在礼帅诸校迎拜嗣源，泣谢曰："将士辈负令公[9]，敢不惟命是听！"嗣源诡说在礼曰："凡举大事，须藉兵力，今外兵流散无所归，我为公出收之。"在礼乃听嗣源、绍真俱出城，宿魏县，散兵稍有至者。

【注释】

①噍（jiào 叫）类：亦作"遗类"，活人。 ②有诏止之：不使其至洛阳。 ③至河中：代行不久前被诛杀的西平王、河中节度使朱友谦的职务。 ④内外所荐：一本此句下有"久乃许之"四字。 ⑤孟郎：指孟知祥。孟氏为后唐太祖侄女婿，故称之，时人呼婿为郎。 ⑥从马直数卒喧竞：指从马直军士王温等人谋乱。 ⑦令公：对李嗣源的尊称，因李氏官中书令，故称其为令公。 ⑧外兵：指城外之兵。不受外兵，以防其诈。 ⑨将士辈负令公：李嗣源为蕃汉马步军都总管，辖河北诸镇兵，魏兵谋乱，故称负之。

汉州无城堑，树木为栅。乙丑，任圜进攻其栅，纵火焚之，李绍琛引兵出战于金雁桥，兵败，与十余骑奔绵竹，追擒之。孟知祥自至汉州犒军，与任圜、董璋置酒高会，引李绍琛槛车至座中，知祥自酌大卮饮之，谓曰："公已拥节旄，又有平蜀之功，何患不富贵，而求入此槛车邪！"绍琛曰："郭侍中佐命功第一，兵不血刃取两川，一旦无罪族诛；如绍琛辈安保首领！以此不敢归朝耳。"魏王继岌既获绍琛，乃引兵倍道而东。

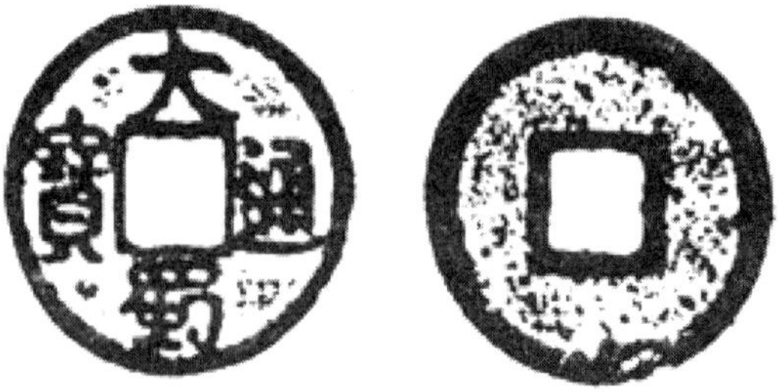

后蜀大蜀通宝

孟知祥获陕虢都指挥使汝阴李肇、河中都指挥使千乘侯弘实，以肇为牙内马步都指挥使，弘实副之。蜀中群盗犹未息，知祥择廉吏使治州县，蠲除横赋，安集流散，下宽大之令，与民更始[①]。遣左厢都指挥使赵廷隐、右厢都指挥使张业将兵分讨群盗，悉诛之。

李嗣源之为乱兵所逼也，李绍荣有众万人，营于城南，嗣源遣牙将张虔钊、高行周等七人相继召之，欲与共诛乱者。绍荣疑嗣源之诈，留使者，闭壁不应。及嗣源入邺都，遂引兵去。嗣源在魏县，众不满百，又无兵仗；李绍真所将镇兵五千[②]，闻嗣源得出，相帅归之，由是嗣源兵稍振。嗣源泣谓诸将曰："吾明日当归藩，上章待罪，听主上所裁。"李绍真及中门使安重诲曰："此策非宜。公为元帅，不幸为凶人所劫；李绍荣不战而退，归朝必以公藉口。公若归藩，则为据地邀君，适足以实谗慝之言耳。不若星行诣阙[③]，面见天子，庶可自明。"嗣源曰："善！"丁卯，自魏县南趣相州，遇马坊使康福，得马数千匹，始能成军。福，蔚州人也。

平卢节度使符习将本军攻邺都，闻李嗣源军溃，引兵归；至淄州，监军使杨希望遣兵逆击之，习惧，复引兵而西。青州指挥使王公俨攻希望，杀之，因据其城。

时近侍为诸道监军者，皆恃恩与节度使争权，及邺都军变，所在多杀之。安义监军杨继源谋杀节度使孔勍，勍先诱而杀之。武宁监军以李绍真从李嗣源，谋杀其元从[④]，据城拒之；权知留后淳于晏帅诸将先杀之。晏，登州人也。

戊辰，以军食不足，敕河南尹豫借夏秋税；民不聊生。

忠武节度使、尚书令齐王张全义闻李嗣源入邺都，忧惧不食，辛未，卒于洛阳。

租庸使以仓储不足，颇朘刻军粮，军士流言益甚。宰相惧，帅百官上表言："今租庸已竭，内库有余，诸军室家不能相保，倘不赈救，惧有离心。俟过凶年，其财复集。"上即欲从之，刘后曰："吾夫妇君临万国，虽藉武功，亦由天命。命既在天，人如我何！"宰相又于便殿论之，后属耳于屏风后，须臾，出妆具及三银盆、皇幼子三人于外曰："人言宫中蓄积多，四方贡献随以给赐，所余止此耳，请鬻以赡军！"宰相惶惧而退。

李绍荣自邺都退保卫州，奏李嗣源已叛，与贼合；嗣源遣使上章自理，一日数辈。嗣源长子从审为金枪指挥使，帝谓从审曰："吾深知尔父忠厚，尔往谕朕意，勿使自疑。"从审至卫州，绍荣囚，欲杀之。从审曰："公等既不亮吾父，吾亦不能至父所，请复还宿卫。"乃释之。帝怜从审，赐名继璟，待之如子。是后嗣源所奏，皆为绍荣所遏，不得通，嗣源由是疑惧。石敬瑭曰："夫事成于果决而败于犹豫，安有上将与叛卒入贼城，而他日得保无恙乎！大梁，天下之要会也[5]，愿假三百骑先往取之；若幸而得之，公宜引大军亟进，如此始可自全。"突骑都指挥使康义诚曰："主上无道，军民怨怒，公从众则生，守节必死。"嗣源乃令安重诲移檄会兵。义诚，代北胡人也。

时齐州防御使李绍虔、泰宁节度使李绍钦、贝州刺史李绍英屯瓦桥，北京右厢马军都指挥使安审通屯奉化军，嗣源皆遣使召之。绍英，瑕丘人，本姓房，名知温；审通，金全之侄也。嗣源家在真定，虞候将王建立先杀其监军，由是获全。建立，辽州人也。李从珂自横水将所部兵由盂县趣镇州，与王建立军合，倍道从嗣源。嗣源以李绍荣在卫州，谋自白皋济河，分三百骑使石敬瑭将之前驱，李从珂为殿，于是军势大盛。嗣源从子从璋自镇州引军而南，过邢州，邢人奉为留后。

【注释】

①更始：重新开始。　②镇兵：即镇州兵。李嗣源本镇镇州，所以其兵相率归之。　③星行：戴星而行，连夜前往。　④元从：指留在大本营彭城而以往跟随李绍真的将士。　⑤天下之要会：大梁控引黄河、汴河，南通淮水、泗水，北接滑州、魏州，水陆交通便利，又是后梁旧都，故称"天下之要会"。

癸酉，诏怀远指挥使白从晖将骑兵扼河阳桥，帝乃出金帛给赐诸军，枢密宣徽使及供奉内使景进等皆献金帛以助给赐。军士负物而诟曰："吾妻子已殍死，得此何为！"甲戌，李绍荣自卫州至洛阳，帝如鹞店劳之。绍荣曰："邺都乱兵已遣其党翟建白据博州，欲济河袭郓、汴，愿陛下幸关东招抚之[1]。"帝从之。

景进等言于帝曰："魏王未至，康延孝初平，西南犹未安；王衍族党不少，闻车驾东征，恐其为变，不若除之。"帝乃遣中使向延嗣赍敕往诛之，敕曰："王衍一行，并从杀戮。"已印画[②]，枢密使张居翰覆视，就殿柱揩去"行"字，改为"家"字，由是蜀百官及衍仆役获免者千余人。延嗣至长安，尽杀衍宗族于秦川驿。衍母徐氏且死，呼曰："吾儿以一国迎降，不免族诛，信义俱弃，吾知汝行亦受祸矣！"

乙亥，帝发洛阳；丁丑，次汜水；戊寅，遣李绍荣将骑兵循河而东。李嗣源亲党从帝者多亡去；或劝李继璟宜早自脱，继璟终无行意。帝屡遣继璟诣嗣源，继璟固辞，愿死于帝前以明赤诚。帝闻嗣源在黎阳，强遣继璟渡河召之，道遇李绍荣，绍荣杀之。

吴越王镠有疾，如衣锦军[③]，命镇海、镇东节度使留后传瓘监国。吴徐温遣使来问疾，左右劝镠勿见，镠曰："温阴狡，此名问疾，实使之觇我也。"强出见之。温果聚兵欲袭吴越，闻镠疾瘳而止。镠寻还钱塘。

吴以左仆射、同平章事徐知诰为侍中，右仆射严可求兼门下侍郎、同平章事。

庚辰，帝发汜水。

辛巳，李嗣源至白皋，遇山东上供绢数船，取以赏军。安重诲从者争舟，行营马步使陶玘斩以徇，由是军中肃然。玘，许州人也。嗣源济河，至滑州，遣人招符习，习与嗣源会于胙城[④]，安审通亦引兵来会。知汴州孔循遣使奉表西迎帝，亦遣使北输密款于嗣源，曰："先至者得之。"

先是，帝遣骑将满城西方邺守汴州[⑤]；石敬瑭使裨将李琼以劲兵突入封丘门，敬瑭踵其后，自西门入，遂据其城，西方邺请降。敬瑭使人趣嗣源；壬午，嗣源入大梁。

是日，帝至荥泽东，命龙骧指挥使姚彦温将三千骑为前军[⑥]，曰："汝曹汴人也，吾入汝境，不欲使他军前驱，恐扰汝室家。"厚赐而遣之。彦温即以其众叛归嗣源，谓嗣源曰："京师危迫，主上为元行钦所惑[⑦]，事势已离，不可复事矣。"嗣源曰："汝自不忠，何言之悖也！"即夺其兵。指挥使潘环守王村寨，有刍粟数万，帝遣骑视之，环亦奔大梁。

帝至万胜镇[8]，闻嗣源已据大梁，诸军离叛，神色沮丧，登高叹曰："吾不济矣！"即命旋师[9]，是夜复至汜水。帝之出关也，扈从兵二万五千，及还，已失万余人，乃留秦州都指挥使张唐以步骑三千守关。癸未，帝还过罂子谷，道狭，每遇卫士执兵仗者，辄以善言抚之曰："适报魏王又进西川金银五十万，到京当尽给尔曹。"对曰："陛下赐已晚矣，人亦不感圣恩！"帝流涕而已。又索袍带赐从官，内库使张容哥称颁给已尽[10]，卫士叱容哥曰："致吾君失社稷，皆此阉竖辈也。"抽刀逐之；或救之，获免。容哥谓同类曰："皇后吝财致此，今乃归咎于吾辈；事若不测，吾辈万段，吾不忍待也。"因赴河死。

甲申，帝至石桥西[11]，置酒悲涕，谓李绍荣等诸将曰："卿辈事吾以来，急难富贵靡不同之；今致吾至此，皆无一策以相救乎！"诸将百余人，皆截发置地，誓以死报，因相与号泣。是日晚，入洛城。

李嗣源命石敬瑭将前军趣汜水收抚散兵，嗣源继之；李绍虔、李绍英引兵来会[12]。

丙戌，宰相、枢密使共奏："魏王西军将至，车驾宜且控扼汜水，收抚散兵以俟之。"帝从之，自出上东门阅骑兵，戒以诘旦东行。

【注释】

①关东：汜水关以东。　②印画：印为中书印，画为皇帝画可。③衣锦军：又称"衣锦乡"。后梁开平二年(908)吴越置，治临安(今浙江临安市)。　④胙城：县名。治今河南延津县东北。　⑤满城：县名。治今河北保定市满城区北。　⑥龙骧：即龙骧军，原属后梁军队，后梁亡归属后唐，均为汴梁籍士兵。　⑦元行钦：即李绍荣。　⑧万胜镇：地名。在中牟境内，一名万胜寨，东距大梁数十里。　⑨"即命旋师"句：一本此句下有"是夜复至汜水"六字，今补。　⑩内库使：官名。后唐庄宗所置内诸司使之一，掌皇家内库。　⑪石桥：地名。在洛阳城东。　⑫引兵来会：李绍虔、李绍英均自瓦桥引兵来会。

资治通鉴卷第二百七十五

后唐纪四　起柔兆阉茂四月，尽强围大渊献六月，凡一年有奇。

明宗圣德和武钦孝皇帝上之下

天成元年　夏，四月，丁亥朔，严办将发[①]，骑兵陈于宣仁门外，步兵陈于五凤门外。从马直指挥使郭从谦不知睦王存义已死，欲奉之以作乱，帅所部兵自营中露刃大呼，与黄甲两军攻兴教门[②]。帝方食，闻变，帅诸王及近卫骑兵击之，逐乱兵出门，时蕃汉马步使朱守殷将骑兵在外，帝遣中使急召之，欲与同击贼；守殷不至，引兵憩于北邙茂林之下[③]。乱兵焚兴教门，缘城而入，近臣宿将皆释甲潜遁，独散员都指挥使李彦卿及宿卫军校何福进、王全斌等十余人力战。俄而帝为流矢所中，鹰坊人善友扶帝自门楼下，至绛霄殿庑下，抽矢，渴懑求水[④]，皇后不自省视，遣宦者进酪，须臾，帝殂。李彦卿等恸哭而去，左右皆散，善友敛庑下乐器覆帝尸而焚之。彦卿，存审之子；福进、全斌皆太原人也。刘后囊金宝系马鞍，与申王存渥及李绍荣引七百骑，焚嘉庆殿，自师子门出走。通王存确、雅王存纪奔南山。宫人多逃散，朱守殷入宫，选宫人三十余人，各令自取乐器珍玩，内于其家。于是诸军大掠都城。

是日，李嗣源至罂子谷，闻之，恸哭，谓诸将曰："主上素得士心，正为群小蔽惑至此，今吾将安归乎！"

戊子，朱守殷遣使驰白嗣源，以"京城大乱，诸军焚掠不已，愿亟来救之"。乙丑[⑤]，嗣源入洛阳，止于私第，禁焚掠，拾庄宗骨于灰烬之中而殡之。

嗣源之入邺也,前直指挥使平遥侯益脱身归洛阳,庄宗抚之流涕。至是,益自缚请罪;嗣源曰:"尔为臣尽节,又何罪也!"使复其职。

嗣源谓朱守殷曰:"公善巡徼,以待魏王。淑妃、德妃在宫,供给尤宜丰备。吾俟山陵毕,社稷有奉,则归藩为国家捍御北方耳。"

是日,豆卢革帅百官上笺劝进,嗣源面谕之曰:"吾奉诏讨贼,不幸部曲叛散;欲入朝自诉,又为绍荣所隔,披猖至此[6]。吾本无他心,诸君遽尔见推,殊非相悉,愿勿言也!"革等固请,嗣源不许。

李绍荣欲奔河中就永王存霸,从兵稍散;庚寅,至平陆,止余数骑,为人所执,折足送洛阳。存霸亦帅众千人弃镇奔晋阳。

辛卯,魏王继岌至兴平,闻洛阳乱,复引兵而西,谋保据凤翔。

向延嗣至凤翔,以庄宗之命诛李绍琛[7]。

初,庄宗命吕、郑二内养在晋阳,一监兵,一监仓库,自留守张宪以下皆承应不暇。及邺都有变,又命汾州刺史李彦超为北都巡检。彦超,彦卿之兄也。

庄宗既殂,推官河间张昭远劝张宪奉表劝进,宪曰:"吾一书生,自布衣至服金紫,皆出先帝之恩,岂可偷生而不自愧乎!"昭远泣曰:"此古人所行,公能行之,忠义不朽矣。"

有李存沼者,庄宗之近属,自洛阳奔晋阳,矫传庄宗之命,阴与二内养谋杀宪及彦超,据晋阳拒守。彦超知之,密告宪,欲先图之。宪曰:"仆受先帝厚恩,不忍为此。徇义而不免于祸,乃天也。"彦超谋未决,壬辰夜,军士共杀二内养及存沼于牙城,因大掠达旦。宪闻变,出奔忻州。会嗣源移书至,彦超号令士卒,城中始安,遂权知太原军府。

【注释】

①严办:皇帝出行前具备戒严诸事。 ②兴教门:洛阳皇城南门之一。 ③北邙:山名。一作北芒,即邙山,也称芒山、郏山、北山,在洛阳东北。 ④渴懑(mèn 闷):干渴闷躁。 ⑤乙丑:四月无"乙丑",当为"己丑(初三)",盖为形近致误。 ⑥披猖:猖狂、冒失。 ⑦庄宗:此时

庄宗已死,故不称帝而称庄宗。

百官三笺请嗣源监国[①],嗣源乃许之。甲午,入居兴圣宫[②],始受百官班见。下令称教,百官称之曰殿下。庄宗后宫存者犹千余人,宣徽使选其美少者数百献于监国,监国曰:"奚用此为!"对曰:"宫中职掌不可阙也。"监国曰:"宫中职掌宜谙故事,此辈安知!"乃悉用老旧之人补之,其少年者皆出归其亲戚,无亲戚者任其所适。蜀中所送宫人亦准此。

乙未,以中门使安重诲为枢密使,镇州别驾张延朗为副使。延朗,开封人也,仕梁为租庸吏,性纤巧,善事权贵,以女妻重诲之子,故重诲引之。

监国令所在访求诸王。通王存确、雅王存纪匿民间,或密告安重诲,重诲与李绍真谋曰:"今殿下既监国典丧,诸王宜早为之所,以壹人心。殿下性慈,不可以闻。"乃密遣人就田舍杀之。后月余,监国乃闻之,切责重诲,伤惜久之。

刘皇后与申王存渥奔晋阳,在道与存渥私通。存渥至晋阳,李彦超不纳,走至风谷[③],为其下所杀。明日,永王存霸亦至晋阳,从兵逃散俱尽,存霸削发、僧服谒李彦超,"愿为山僧,幸垂庇护"。军士争欲杀之,彦超曰:"六相公来[④],当奏取进止。"军士不听,杀之于府门之碑下。刘皇后为尼于晋阳,监国使人就杀之。薛王存礼及庄宗幼子继嵩、继潼、继蟾、继嶢,遭乱皆不知所终。惟邕王存美以病风偏枯得免,居于晋阳。

徐温、高季兴闻庄宗遇弑,益重严可求、梁震[⑤]。

梁震荐前陵州判官贵平孙光宪于季兴,使掌书记。季兴大治战舰,欲攻楚,光宪谏曰:"荆南乱离之后,赖公休息士民,始有生意,若又与楚国交恶,他国乘吾之弊,良可忧也。"季兴乃止。

戊戌,李绍荣至洛阳[⑥],监国责之曰:"吾何负于尔,而杀吾儿?"绍荣瞋目直视曰:"先帝何负于尔?"遂斩之,复其姓名曰元行钦。

监国恐征蜀军还为变,以石敬瑭为陕州留后;己亥,以李从珂为河中留后[⑦]。

枢密使张居翰乞归田里，许之。李绍真屡荐孔循之才，庚子，以循为枢密副使。李绍宏请复姓马[8]。

监国下教，数租庸使孔谦奸佞侵刻穷困军民之罪而斩之，凡谦所立苛敛之法皆罢之，因废租庸使及内勾司，依旧为盐铁、户部、度支三司，委宰相一人专判。又罢诸道监军使；以庄宗由宦官亡国，命诸道尽杀之。

魏王继岌自兴平退至武功，宦者李从袭曰："祸福未可知，退不如进，请王亟东行以救内难。"继岌从之。还，至渭水，权西都留守张篯已断浮梁；循水浮渡，是日至渭南，腹心吕知柔等皆已窜匿。从袭谓继岌曰："时事已去，王宜自图。"继岌徘徊流涕，乃自伏于床，命仆夫李环缢杀之[9]。任圜代将其众而东。监国命石敬瑭慰抚之，军士皆无异言。

先是，监国命所亲李沖为华州都监，应接西师。沖擅逼华州节度使史彦镕入朝；同州节度使李存敬过华州，沖杀之，并屠其家；又杀西川行营都监李从袭。彦镕泣诉于安重诲，重诲遣彦镕还镇，召沖归朝。

自监国入洛，内外机事皆决于李绍真。绍真擅收威胜节度使李绍钦、太子少保李绍沖下狱，欲杀之。安重诲谓绍真曰："温、段罪恶皆在梁朝，今殿下新平内难，冀安万国，岂专为公报仇邪[10]！"绍真由是稍沮。辛丑，监国教，李绍沖、绍钦复姓名为温韬、段凝，并放归田里。

壬寅，以孔循为枢密使。

有司议即位礼。李绍真、孔循以为唐运已尽，宜自建国号。监国问左右："何谓国号？"对曰："先帝赐姓于唐，为唐复仇，继昭宗后，故称唐。今梁朝之人不欲殿下称唐耳。"监国曰："吾年十三事献祖，献祖以吾宗属，视吾犹子。又事武皇垂三十年，先帝垂二十年，经纶攻战，未尝不预；武皇之基业则吾之基业也，先帝之天下则吾之天下也，安有同家而异国乎！"令执政更议。吏部尚书李琪曰："若改国号，则先帝遂为路人，梓宫安所托乎！不惟殿下忘三世旧君，吾曹为人臣者能自安乎！前代以旁支入继多矣，宜用嗣子柩前即位之礼。"众从之。丙午，监国自兴圣宫赴西宫，服斩衰[11]，于柩前即皇帝位，百官缟素。既而御衮冕受册[12]，百官吉服称贺。

【注释】

①监国：代行处理国政。古时帝王出巡，常由太子监国，而监国又是即皇帝位的前提。 ②兴圣宫：洛阳兴圣宫，在庄宗停放灵柩的西宫的东边。 ③风谷：胡三省以为当作“岚谷”，即岚谷县，治今山西岢岚县。④六相公：李存霸排行第六，故称之。 ⑤益重严可求、梁震：严可求预料后唐有内变事见本书卷第二百七十二庄宗同光元年(923)；梁震预料庄宗必亡事见本书卷第二百七十四同光三年(925)。 ⑥李绍荣至洛阳：即被陕州人械送至洛阳。 ⑦陕州、河中：陕州是征蜀军东进洛阳的必经之路；河中是征蜀军北归晋阳的必经之路。 ⑧请复姓马：李绍宏赐姓名事见本书卷第二百七十均王贞明五年(919)。 ⑨李环：即挝杀郭崇韬的李环。 ⑩为公报仇：李绍真(霍彦威)旧与李绍冲(温韬)、李绍钦(段凝)不和。 ⑪斩衰(cuī 崔)：旧时五种丧服中最重的一种，用粗麻布制成，是子为父所服的丧服。 ⑫衮冕：衮衣和冠冕，帝王和大夫的礼服和礼帽。

戊申，敕中外之臣毋得献鹰犬奇玩之类。

有司劾奏太原尹张宪委城之罪；庚戌，赐宪死。

任圜将征蜀兵二万六千人至洛阳，明宗慰抚之，各令还营。

甲寅，大赦，改元[1]。量留后宫百人，宦官三十人，教坊百人，鹰坊二十人，御厨五十人，自余任从所适。诸司使务有名无实者皆废之。分遣诸军就食近畿，以省馈运。除夏、秋税省耗[2]。节度、防御等使，正、至、端午、降诞四节听贡奉[3]，毋得敛百姓；刺史以下不得贡奉。选人先遭涂毁文书者，令三

后唐明宗天成元宝

铨止除诈伪[4]，余复旧规。

五月，丙辰朔，以太子宾客郑珏、工部尚书任圜并为中书侍郎、同平章事；圜仍判三司。圜忧公如家，简拔贤俊，杜绝侥幸，期年之间，府库充实，军民皆足，朝纲粗立。圜每以天下为己任，由是安重诲忌之。

武宁节度使李绍真、忠武节度使李绍琼、贝州刺史李绍英、齐州防御使李绍虔、河阳节度使李绍奇、洺州刺史李绍能，各请复旧姓名为霍彦威、苌从简、房知温、王晏球、夏鲁奇、米君立，许之。从简，陈州人也。晏球本王氏子，畜于杜氏，故请复姓王。

丁巳，初令百官正衙常朝外，五日一赴内殿起居。

宦官数百人窜匿山林，或落发为僧，至晋阳者七十余人，诏北都指挥使李从温悉诛之。从温，帝之侄也。

帝以前相州刺史安金全有功于晋阳[5]，壬戌，以金全为振武节度使、同平章事。

丙寅，赵在礼请帝幸邺都。戊辰，以在礼为义成节度使；辞以军情未听，不赴镇。

李彦超入朝，帝曰："河东无虞，尔之力也。"庚午，以为建雄留后。

甲戌，加王延翰同平章事。

帝目不知书，四方奏事皆令安重诲读之，重诲亦不能尽通，乃奏称："臣徒以忠实之心事陛下，得典枢机，今事粗能晓知，至于古事，非臣所及。愿仿前朝侍讲、侍读、近代直崇政、枢密院[6]，选文学之臣与之共事，以备应对。"乃置端明殿学士，乙亥，以翰林学士冯道、赵凤为之。

丙子，听郭崇韬归葬，复朱友谦官爵；两家货财田宅，前籍没者皆归之。

戊寅，以安重诲领山南东道节度使。重诲以襄阳要地[7]，不可乏帅，无宜兼领，固辞；许之。

诏发汴州控鹤指挥使张谏等三千人戍瓦桥[8]。六月，丁酉，出城，复还，作乱，焚掠坊市，杀权知州、推官高逖。逼马步都指挥使、曹州刺史李彦饶为帅，彦饶曰："汝欲吾为帅，当用吾命，禁止焚掠。”众从之。己亥旦，彦饶伏甲于室，诸将入贺，彦饶曰：“前日唱乱者数人而已。”遂执张谏等四人，斩之。其党张审琼帅众大噪于建国门，彦饶勒兵击之，尽诛其众四百人，军、州始定。即日，以军、州事牒节度推官韦俨权知，具以状闻。庚子，诏以枢密使孔循知汴州，收为乱者三千家，悉诛之。彦饶，彦超之弟也。

蜀百官至洛阳，永平节度使兼侍中马全曰：“国亡至此，生不如死！”不食而卒。以平章事王锴等为诸州府刺史、少尹、判官、司马，亦有复归蜀者。

辛丑，滑州都指挥使于可洪等纵火作乱，攻魏博戍兵三指挥，逐出之。

乙巳，敕：“朕二名，但不连称，皆无所避。”

戊申，加西川节度使孟知祥兼侍中。

李继曮至华州，闻洛中乱，复归凤翔；帝为之诛柴重厚。

高季兴表求夔、忠、万三州为属郡，诏许之。

安重诲恃恩骄横，殿直马延误冲前导[9]，斩之于马前，御史大夫李琪以闻。秋，七月，重诲白帝下诏，称延陵突重臣，戒谕中外。

于可洪与魏博戍将互相奏云作乱，帝遣使按验得实，辛酉，斩可洪于都市，其首谋滑州左崇牙全营族诛，助乱者右崇牙两长剑建平将校百人亦族诛。

壬申，初令百官每五日起居，转对奏事[10]。

【注释】

①改元：即改元天成。　②夏、秋税省耗：此前夏、秋二税都有省耗，每斗加收一升。是正税之外的税。　③正、至、端午、降诞：正在元正，即元旦；至为冬至；端午为五月初五；降诞又称应圣节，即皇帝的出生日。　④三铨：唐代选官的一种方式。选官分文选和武选，文选归吏部，武选归兵部。文选三铨一说为尚书铨、中铨、东铨，一说为吏部东、西铨和流外铨；武选三铨为兵部中铨、东铨、西铨。　⑤有功于晋阳：事见本书卷第二百六十九梁均王贞明二年(916)。　⑥侍讲、侍读、直崇政、枢密院：侍讲、侍读为唐朝旧制；直崇政院为梁朝旧制；枢密院为庄宗旧制。⑦襄阳要地：襄阳西控巴蜀，南扼荆楚，故称要地。　⑧汴州控鹤：此为原梁朝侍卫亲军，习气骄横而惧远戍，故作乱。　⑨殿直：侍直殿廷的武

官,即皇帝侍官。 ⑩转对奏事:即依盛唐之制,百官转对各奏本司公事。

契丹主攻勃海,拔其夫余城,更命曰东丹国。命其长子突欲镇东丹,号人皇王,以次子德光守西楼[1],号元帅太子。

帝遣供奉官姚坤告哀于契丹。契丹主闻庄宗为乱兵所害,恸哭曰:"我朝定儿也。吾方欲救之,以勃海未下,不果往,致吾儿及此。"哭不已。虏言"朝定",犹华言朋友也。又谓坤曰:"今天子闻洛阳有急,何不救?"对曰:"地远不能及。"曰:"何故自立?"坤为言帝所以即位之由,契丹主曰:"汉儿喜饰说,毋多谈!"突欲侍侧,曰:"牵牛以蹊人之田而夺之牛[2],可乎?"坤曰:"中国无主,唐天子不得已而立;亦犹天皇王初有国,岂强取之乎!"契丹主曰:"理当然。"又曰:"闻吾儿专好声色游畋[3],不恤军民,宜其及此。我自闻之,举家不饮酒,散遣伶人,解纵鹰犬。若亦效吾儿所为,行自亡矣。"又曰:"吾儿与我虽世旧,然屡与我战争,于今天子则无怨,足以修好。若与我大河之北,吾不复南侵矣。"坤曰:"此非使臣之所得专也。"契丹主怒,囚之,旬余,复召之,曰:"河北恐难得,得镇、定、幽州亦可也。"给纸笔趣令为状,坤不可,欲杀之,韩延徽谏,乃复囚之。

丙子,葬光圣神闵孝皇帝于雍陵[4],庙号庄宗。

丁丑,镇州留后王建立奏涿州刺史刘殷肇不受代,谋作乱,已讨擒之。

己卯,置彰国军于应州。

门下侍郎、同平章事豆卢革、韦说奏事帝前,或时礼貌不尽恭;百官俸钱皆折估,而革父子独受实钱;百官自五月给,而革父子自正月给;由是众论沸腾。说以孙为子,奏官;受选人王傪赂,除近官。中旨以库部郎中萧希甫为谏议大夫,革、说覆奏。希甫恨之,上疏言"革、说不忠前朝,阿谀取容";因诬"革强夺民田,纵田客杀人;说夺邻家井,取宿藏物[5]"。制贬革辰州刺史,说溆州刺史。庚辰,赐希甫金帛,擢为散骑常侍。

辛巳,契丹主阿保机卒于夫余城,述律后召诸将及酋长难制者之妻，谓曰："我今寡居，汝不可不效我。"又集其夫泣问曰："汝思先帝乎?"对曰："受先帝恩，岂得不思!"曰："果思之，宜往见之。"遂杀之。

癸未，再贬豆卢革费州司户，韦说夷州司户。甲申，革流陵州，说流合州。

孟知祥阴有据蜀之志，阅库中，得铠甲二十万，置左右牙等兵十六营，凡万六千人，营于牙城内外。

八月，乙酉朔，日有食之。

丁亥，契丹述律后使少子安端少君守东丹，与长子突欲奉契丹主之丧，将其众发夫余城。

初，郭崇韬以蜀骑兵分左、右骁卫等六营，凡三千人；步兵分左、右宁远等二十营，凡二万四千人。庚寅，孟知祥增置左、右冲山等六营，凡六千人，营于罗城内外；又置义宁等二十营，凡万六千人，分戍管内州县就食；又置左、右牢城四营，凡四千人，分戍成都境内。

王公俨既杀杨希望[6]，欲邀节钺，扬言符习为治严急，军府众情不愿其还。习还，至齐州，公俨拒之，习不敢前。公俨又令将士上表请己为帅，诏除登州刺史。

公俨不时之官，托云军情所留；帝乃徙天平节度使霍彦威为平卢节度使，聚兵淄州，以图攻取，公俨惧，乙未，始之官。丁酉，彦威至青州，追擒之，并其族党悉斩之，支使北海韩叔嗣预焉。其子熙载将奔吴，密告其友汝阴进士李谷，谷送至正阳[7]，痛饮而别。熙载谓谷曰："吴若用吾为相，当长驱以定中原。"谷笑曰："中原若用吾为相，取吴如囊中物耳。"

庚子，幽州言契丹寇边，命齐州防御使安审通将兵御之。

九月，壬戌，孟知祥置左、右飞棹兵六营，凡六千人，分戍滨江诸州，习水战以备夔、峡。

癸酉，卢龙节度使李绍斌请复姓赵，从之，仍赐名德钧。德钧养子延寿尚帝女兴平公主，故德钧尤蒙亲任。延寿本蓨令刘邟之子也。

加楚王殷守尚书令。

【注释】

①德光(902—947):即辽太宗耶律德光,927—947年在位。统治期间曾奖励耕织,立后唐叛将石敬瑭为后晋皇帝,后又灭后晋。947年,改国号契丹为辽。　②"夺之牛"句:此引《左传·宣公十一年》申叔言。③"闻吾儿"句:一本此句下有"不恤军民"四字,今补。　④雍陵:陵名。在河南新安(今河南渑池县)。　⑤宿藏物:前人所窖藏而不及发取之物。　⑥"杀杨希望"句:事见上卷本年(926)三月。　⑦正阳:地名。即今安徽寿县西南淮河正阳关,为当时后唐与吴两国边界。

契丹述律后爱中子德光,欲立之,至西楼,命与突欲俱乘马立帐前,谓诸酋长曰:"二子吾皆爱之,莫知所立,汝曹择可立者执其辔。"酋长知其意,争执德光辔欢跃曰:"愿事元帅太子。"后曰:"众之所欲,吾安敢违。"遂立之为天皇王[①]。突欲愠,帅数百骑欲奔唐,为逻者所遏;述律后不罪,遣归东丹。天皇王尊述律后为太后,国事皆决焉。太后复纳其侄为天皇王后。天皇王性孝谨,母病不食亦不食,侍于母前应对或不称旨,母扬眉视之,辄惧而趋避,非复召不敢见也。以韩延徽为政事令。听姚坤归复命,遣其臣阿思没骨馁来告哀。

壬午,赐李继曮名从曮。

冬,十月,甲申朔,初赐文武官春冬衣。

昭武节度使、同平章事王延翰[②],骄淫残暴,己丑,自称大闽国王。立宫殿,置百官,威仪文物皆仿天子之制,群下称之曰殿下。赦境内,追尊其父审知曰昭武王。

静难节度使毛璋,骄僭不法,训卒缮兵,有跋扈之志,诏以颍州团练使李承约为节度副使以察之。壬辰,徙璋为昭义节度使。璋欲不奉诏,承约与观察判官长安边蔚从容说谕,久之,乃肯受代。

庚子,幽州奏契丹卢龙节度使卢文进来奔[③]。初,文进为契丹守平州,帝即位,遣间使说之,以易代之后,无复嫌怨。文进所部皆华人,思归,乃杀契丹戍平州者,帅其众十余万、车帐八千乘来奔。

初,魏王继岌、郭崇韬率蜀中富民输犒赏钱五百万缗,听以金银缯帛充，昼夜督责，有自杀者，给军之余，犹二百万缗。至是，任圜判三司，知成都富饶[4]，遣盐铁判官、太仆卿赵季良为孟知祥官告国信兼三川都制置转运使。甲辰，季良至成都。蜀人欲皆不与，知祥曰："府库他人所聚，输之可也。州县租税，以赡镇兵十万，决不可得。"季良但发库物，不敢复言制置转运职事矣。

安重诲以知祥及东川节度使董璋皆据险要，拥强兵，恐久而难制；又知祥乃庄宗近姻，阴欲图之。客省使、泗州防御使李严自请为西川监军[5]，必能制知祥；己酉，以严为西川都监，文思使太原朱弘昭为东川副使。李严母贤明，谓严曰："汝前启灭蜀之谋[6]，今日再往，必以死报蜀人矣。"

旧制，吏部给告身，先责其人输朱胶绫轴钱。丧乱以来，贫者但受敕牒，多不取告身。十一月，甲戌，吏部侍郎刘岳上言："告身有褒贬训戒之辞，岂可使其人初不之睹！"敕文班丞、郎、给、谏，武班大将军以上，宜赐告身。其后执政议，以为朱胶绫轴，厥费无多，朝廷受以官禄[7]，何惜小费！乃奏："凡除官者更不输钱，皆赐告身。"当是时，所除正员官之外，其余试衔、帖号止以宠激军中将校而已[8]，及长兴以后[9]，所除浸多，乃至军中卒伍，使、州、镇、戍胥吏，皆得银青阶及宪官，岁赐告身以万数矣。

闽王延翰蔑弃兄弟，袭位才逾月，出其弟延钧为泉州刺史。延翰多取民女以充后庭，采择不已。延钧上书极谏，延翰怒，由是有隙。父审知养子延禀为建州刺史，延翰与书使之采择，延禀复书不逊，亦有隙。十二月，延禀、延钧合兵袭福州。延禀顺流先至，福州指挥使陈陶帅众拒之，兵败，陶自杀。是夜，延禀帅壮士百余人趣西门，梯城而入，执守门者，发库取兵仗。及寝门，延翰惊匿别室；辛卯旦，延禀执之，暴其罪恶，且称延翰与妻崔氏共弑先王，告谕吏民，斩于紫宸门外[10]。是日，延钧至城南，延禀开门纳之，推延钧为威武留后。

癸巳，以卢文进为义成节度使、同平章事。

庚子，以皇子从荣为天雄节度使、同平章事。

赵季良等运蜀金帛十亿至洛阳，时朝廷方匮乏，赖此以济。

是岁，吴越王镠以中国丧乱，朝命不通，改元宝正；其后复通中国，乃讳而不称。

【注释】

①天皇王：即大酋长，契丹国皇帝。 ②昭武节度使：胡三省注以为“昭武”当作“威武”。 ③“卢文进来奔”句：卢文进入契丹事见本书卷第二百六十九梁均王贞明三年(917)。 ④知成都富饶：庄宗时任圜曾随军伐蜀，故知成都富饶。 ⑤泗州防御使李严：李严为领泗州防御使，当时泗州尚属吴国。 ⑥前启灭蜀之谋：事见本书卷第二百七十三庄宗同光二年(924)。 ⑦受以官禄：胡三省注以为“受”当作“授”。 ⑧试衔、帖号：试衔指试某官某阶，为入官衔之始；帖号指帖以诸衔将军、郎将之号。寄衔官，无实职，为迁转具备资格。 ⑨长兴：后唐明宗年号，930—933年。 ⑩紫宸门：本为唐长安内城门之一，此处为闽国仿效其名。

二年　春，正月，癸丑朔，帝更名亶。

孟知祥闻李严来监其军，恶之；或请奏止之，知祥曰：“何必然，吾有以待之。”遣吏至绵、剑迎候。会武信节度使李绍文卒，知祥自言尝受密诏许便宜从事[①]，壬戌，以西川节度副使、内外马步军都指挥使李敬周为遂州留后，趣之上道，然后表闻。严先遣使至成都，知祥自以于严有旧恩[②]，冀其惧而自回，乃盛陈甲兵以示之，严不以为意。

安重诲以孔循少侍宫禁，谓其谙练故事，知朝士行能，多听其言。豆卢革、韦说既得罪，朝廷议置相，循意不欲用河北人，先已荐郑珏，又荐太常卿崔协。任圜欲用御史大夫李琪；郑珏素恶琪，故循力沮之，谓重诲曰：“李琪非无文学，但不廉耳。宰相但得端重有器度者，足以仪刑多士矣。”他日议于上前，上问谁可相者，重诲以协对。圜曰：“重诲未悉朝中人物，为人所卖。协虽名家，识字甚少。臣既以不学忝相位，奈何更益以协，为天下笑乎！”上曰：“宰相重任，卿辈更审议之。吾在河东时见冯书记多才博学[③]，与物无竞，此可相矣。”既退，孔循不揖，拂衣径去，曰：“天下事一则任圜，二则任圜，圜何者！使崔协暴死则已，不死会须相之。”因称疾不朝者数日，上使重诲谕之，方入。重诲私谓圜曰：“今方乏人，协且备员，可乎？”圜曰：“明公舍李琪而相崔协，是犹弃苏合之丸[4]，取蛣蜣之转也。”循与重诲共事，日短琪而誉协，癸亥，竟以端明殿学士冯道及崔协并为中书侍郎、同平章事。协，邠之曾孙也。

戊辰，王延禀还建州，王延钧送之，将别，谓延钧曰：“善守先人基业，勿烦老兄再下！”延钧逊谢甚恭而色变。

庚午，初令天下长吏每旬亲引虑系囚[5]。

孟知祥礼遇李严甚厚，一日谒知祥，知祥谓曰：“公前奉使王衍，归而请兵伐蜀，庄宗用公言，遂致两国俱亡。今公复来，蜀人惧矣。且天下皆废监军，公独来监吾军，何也？”严惶怖求哀，知祥曰：“众怒不可遏也。”遂揖下，斩之。又召左厢马步都虞候丁知俊，知俊大惧，知祥指严尸谓曰：“昔严奉使，汝为之副，然则故人也，为我瘗之[6]。”因诬奏：“严诈宣口敕，云代臣赴阙，又擅许将士优赏，臣辄已诛之。”

内八作使杨令芝以事入蜀[7]，至鹿头关，闻严死，奔还。朱弘昭在东川，闻之，亦惧，谋归洛；会有军事，董璋使之入奏，弘昭伪辞然后行，由是得免。

癸酉，以皇子从厚同平章事，充河南尹，判六军诸卫事[8]。从荣闻之，不悦。

己卯，加枢密使安重诲兼侍中，孔循同平章事。

吴马军都指挥使柴再用戎服入朝，御史弹之，再用恃功不服。侍中徐知诰阳于便殿误通起居，退而自劾，吴王优诏不问，知诰固请夺一月俸，由是中外肃然。

契丹改元天显，葬其主阿保机于木叶山。述律太后左右有桀黠者，后辄谓曰：“为我达语于先帝！”至墓所则杀之，前后所杀以百数。最后，平州人赵思温当往，思温不行，后曰：“汝事先帝尝亲近，何为不行？”对曰：“亲近莫如后，后行，臣则继之。”后曰：“吾非不欲从先帝于地下也，顾嗣子幼弱，国家无主，不得往耳。”乃断一腕，令置墓中。思温亦得免。

帝以冀州刺史乌震三将兵运粮入幽州，二月，戊子，以震为河北道副招讨，领宁国节度使[9]，屯卢台军。代泰宁节度使、同平章事房知温归兖州。

庚寅，以保义节度使石敬瑭兼六军诸卫副使。

丙申，以从马直指挥使郭从谦为景州刺史，既至，遣使族诛之。

高季兴既得三州，请朝廷不除刺史，自以子弟为之，不许。及夔州刺史潘炕罢官，季兴辄遣兵突入州城，杀戍兵而据之。朝廷除奉圣指挥使西方邺为刺史，不受；又遣兵袭涪州，不克。魏王继岌遣押牙韩珙等部送蜀珍货金帛四十万，浮江而下，季兴杀珙等于峡口⑩，尽掠取之。朝廷诘之，对曰："珙等舟行下峡，涉数千里，欲知覆溺之故，自宜按问水神。"帝怒，壬寅，制削夺季兴官爵，以山南东道节度使刘训为南面招讨使、知荆南行府事，忠武节度使夏鲁奇为副招讨使，将步骑四万讨之。东川节度使董璋充东南面招讨使，新夔州刺史西方邺副之，将蜀兵下峡；仍会湖南军三面进攻。

【注释】

①密诏：指此前受庄宗密诏。 ②于严有旧恩：孟知祥曾救李严免于一死，详见本书卷第二百六十八梁均王乾化二年(912)。 ③冯书记：即冯道，在晋王李克用时代曾任河东掌书记，故称之。时任端明殿学士。④苏合：香料名。传说为大秦国汇煎多种高级香料的汤汁加工而成。⑤引虑系囚：即是汉代的所谓"录囚徒"，自唐代以后都称"虑囚"。胡三省认为"虑"也读作"录"。 ⑥瘗(yì 意)：埋、埋葬。 ⑦内八作使：官名。掌京城内宫殿和各衙舍的修缮事务。 ⑧判六军诸卫事：一本此句下有"从厚，从荣之母弟也"八字。 ⑨领宁国节度使：宁国军时在宣州，属吴国。 ⑩峡口：即长江西陵峡口。

三月，甲寅，以李敬周为武信留后。

丙辰，初置监牧，蕃息国马。

初，庄宗之克梁也，以魏州牙兵之力；及其亡也，皇甫晖、张破败之乱亦由之。赵在礼之徙滑州，不之官，亦实为其下所制。在礼欲自谋脱祸，阴遣腹心诣阙求移镇，帝乃为之除皇甫晖陈州刺史，赵进贝州刺史，徙在礼为横海节度使；以皇子从荣镇邺都，命宣徽北院使范延光将兵送之，且制置邺都军事。乃出奉节等九指挥三千五百人，使军校龙晊部之，戍卢台军以备契丹，不给铠仗，但系帜于长竿以别队伍，由是皆俯首而去。中途闻孟知祥杀李严，军中籍籍[①]，已有讹言；既至，会朝廷不次擢乌震为副招讨使，讹言益甚。

房知温怨震骤来代己，震至，未交印。壬申，震召知温及诸道先锋马军都指挥使、齐州防御使安审通博于东寨[②]，知温诱龙晊所部兵杀震于席上，其众噪于营外，安审通脱身走，夺舟济河，将骑兵按甲不动。知温恐事不济，亦上马出门，军士揽其辔曰："公当为士卒主，去欲何之？"知温绐之曰："骑兵皆在河西，不收取之，独有步兵，何能集事！"遂跃马登舟济河，与审通合谋击乱兵，乱兵遂南行。骑兵徐踵其后，部伍甚整。乱者相顾失色，列炬宵行，疲于荒泽，诘朝，骑兵四合击之，乱兵殆尽，余众复趣故寨，审通已焚之，乱兵进退失据，遂溃。其匿于丛薄沟塍得免者什无一二。范延光还至淇门，闻卢台乱，发滑州兵复如邺都，以备奔逸。

帝遣客省使李仁矩如西川，传诏安谕孟知祥及吏民[③]；甲戌，至成都。

刘训兵至荆南，楚王殷遣都指挥使许德勋等将水军屯岳州[④]。高季兴坚壁不战，求救于吴，吴人遣水军援之。

夏，四月，庚寅，敕卢台乱兵在营家属并全门处斩。敕至邺都，阖九指挥之门，驱三千五百家凡万余人于石灰窑，悉斩之，永济渠为之变赤。

朝廷虽知房知温首乱，欲安反仄[⑤]，癸巳，加知温兼侍中。

先是，孟知祥遣牙内指挥使文水武漳迎其妻琼华长公主及子仁赞于晋阳[⑥]，及凤翔，李从曮闻知祥杀李严，止之，以闻，帝听其归蜀；丙申，至成都。

盐铁判官赵季良与孟知祥有旧，知祥奏留季良为副使。朝廷不得已，丁酉，以季良为西川节度副使。李昊归蜀，知祥以为观察推官。

江陵卑湿，复值久雨，粮道不继，将士疾疫，刘训亦寝疾；癸卯，帝遣枢密使孔循往视之，且审攻战之宜。

五月，癸丑，以威武留后王延钧为本道节度使、琅邪王[⑦]。

孔循至江陵，攻之不克，遣人入城说高季兴；季兴不逊。丙寅，遣使赐湖南行营夏衣万袭；丁卯，又遣使赐楚王殷鞍马玉带，督馈粮于行营，竟不能得[8]。庚午，诏刘训等引兵还。

楚王殷遣中军使史光宪入贡，帝赐之骏马十，美女二。过江陵，高季兴执光宪而夺之，且请举镇自附于吴。徐温曰："为国者当务实效而去虚名。高氏事唐久矣，洛阳去江陵不远，唐人步骑袭之甚易，我以舟师溯流救之甚难。夫臣人而弗能救，使之危亡，能无愧乎！"乃受其贡物，辞其称臣，听其自附于唐。

任圜性刚直，且恃与帝有旧，勇于敢为，权幸多疾之。旧制，馆券出于户部[9]，安重诲请从内出[10]，与圜争于上前，往复数四，声色俱厉。上退朝，宫人问上："适与重诲论事为谁？"上曰："宰相。"宫人曰："妾在长安宫中[11]，未尝见宰相、枢密奏事敢如是者，盖轻大家耳。"上愈不悦，卒从重诲议。圜因求罢三司，诏以枢密承旨孟鹄充三司副使权判。鹄，魏州人也。

六月，庚辰，太子詹事温辇请立太子。

丙戌，门下侍郎、同平章事任圜罢守太子少保。

己丑，以宣徽北院使张延朗判三司。

壬辰，贬刘训为檀州刺史。

丙申，封楚王殷为楚国王。

西方邺败荆南水军于峡中，复取夔、忠、万三州。

【注释】

①籍籍：纷纷扰扰的样子。　②东寨：当时卢台戍军夹黄河东西两岸分别设立两处营寨，东寨即东岸营寨。　③"传诏安谕孟知祥"句：因孟知祥新杀都监李严，惧其心不自安，故传诏安谕之。　④将水军屯岳州：用以接应后唐南面招讨使刘训。　⑤反仄：同"反侧"，动荡不定。⑥仁赞：孟仁赞，字保元，孟知祥第三子，即是后来改名为孟昶的后蜀国君。　⑦本道节度使：一本此句下有"守中书令"四字。　⑧竟不能得：湖南、荆南，唇齿相依，故马殷虽受厚赐，也不肯全力助后唐，致使其馈粮"竟不能得"。　⑨馆券：住宿和一应开销的凭证。按照唐朝旧制，使臣出使，均由户部发给此券。　⑩请从内出：即改由安重诲掌管的枢密院发给。　⑪妾在长安宫中：此宫女谙习长安旧事，定是唐时老宫女。

资治通鉴卷第二百七十六

后唐纪五 起强圉大渊献七月，尽屠维赤奋若，凡二年有奇。

明宗圣德和武钦孝皇帝中之上

天成二年 秋，七月，以归德节度使王晏球为北面副招讨使。

丙寅，升夔州为宁江军，以西方邺为节度使。

癸巳[①]，以与高季兴夔、忠、万三州为豆卢革、韦说之罪，皆赐死。

流段凝于辽州，温韬于德州，刘训于濮州。

任圜请致仕居磁州，许之。

八月，己卯朔，日有食之。

册礼使至长沙，楚王殷始建国，立宫殿，置百官，皆如天子，或微更其名：翰林学士曰文苑学士，知制诰曰知辞制，枢密院曰左右机要司，群下称之曰殿下，令曰教。以姚彦章为左丞相，许德勋为右丞相，李铎为司徒，崔颖为司空，拓跋恒为仆射，张彦瑶、张迎判机要司。然管内官属皆称摄[②]，惟朗、桂节度使先除后请命。恒本姓元，避殷父讳改焉。

九月，帝谓安重诲曰："从荣左右有矫宣朕旨，令勿接儒生，恐弱人志气者。朕以从荣年少临大藩[③]，故择名儒使辅导之，今奸人所言乃如此！"欲斩之；重诲请严戒而已。

北都留守李彦超请复姓符，从之。

丙寅，以枢密使孔循兼东都留守[④]。

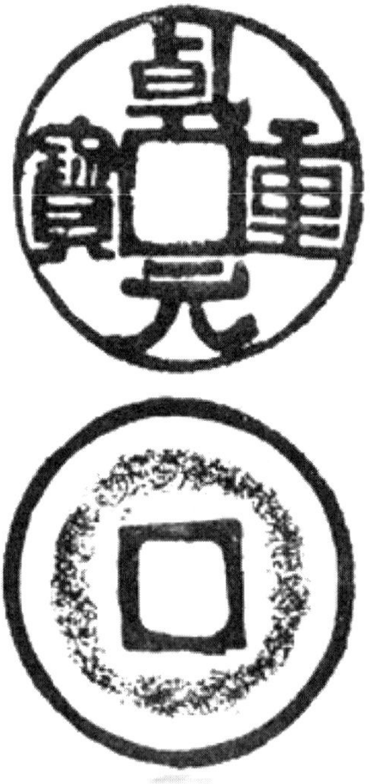

楚马殷乾元重宝

壬申，契丹来请修好，遣使报之。

冬，十月，乙酉，帝发洛阳，将如汴州；丁亥，至荥阳。

民间讹言帝欲自击吴，又云欲制置东方诸侯。宣武节度使、检校侍中朱守殷疑惧，判官高密孙晟劝守殷反，守殷遂乘城拒守。帝遣宣徽使范延光往谕之，延光曰："不早击之，则汴城坚矣；愿得五百骑与俱。"帝从之。延光暮发，未明行二百里，抵大梁城下，与汴人战，汴人大惊。戊子，帝至京水，遣御营使石敬瑭将亲兵倍道继之[5]。

或谓安重诲曰："失职在外之人，乘贼未破，或能为患，不如除之。"重诲以为然，奏遣使赐任圜死。端明殿学士赵凤哭谓重诲曰："任圜义士，安肯为逆！公滥刑如此，何以赞国！"使者至磁州，圜聚其族酣饮，然后死，神情不挠。

己丑，帝至大梁，四面进攻，吏民缒城出降者甚众。守殷知事不济，尽杀其族，引颈命左右斩之。乘城者望见乘舆，相帅开门降。孙晟奔吴，徐知诰客之。

戊戌，诏免三司逋负近二百万缗。

辛丑，吴大丞相、都督中外诸军事、诸道都统、镇海、宁国节度使兼中书令东海王徐温卒。

初，温子行军司马、忠义节度使、同平章事知询以其兄知诰非徐氏子，数请代之执吴政，温曰："汝曹皆不如也。"严可求及行军副使徐玠屡劝温以知询代知诰，温以知诰孝谨，不忍也。陈夫人曰[6]："知诰自我家贫贱时养之，奈何富贵而弃之！"可求等言之不已。温欲帅诸藩镇入朝，劝吴王称帝，将行，有疾，乃遣知询奉表劝进，因留代知诰执政。知诰草表欲求洪州节度使，俟旦上之，是夕，温凶问至，乃止。知询亟归金陵。吴主赠温齐王，谥曰忠武。

山南西道节度使张筠久疾，将佐请见，不许。副使符彦琳等疑其已死，恐左右有奸谋，请权交符印；筠怒，收彦琳及判官都指挥使下狱，诬以谋反。诏取彦琳等诣阙，按之无状，释之；徙筠为西都留守⑦。

癸卯，以保义节度使石敬瑭为宣武节度使，兼侍卫亲军马步都指挥使⑧。

【注释】

①癸巳：此年七月无癸巳日，一本"巳"作"酉"，则"癸酉"为本月二十四日。 ②称摄：摄为官吏代理政事，称摄即官名全部带有"代理"之意，其用意同于"微更其名"，以示不敢一切模拟天朝。 ③临大藩：指本年(927)三月下令李从荣镇守军事重镇邺都。 ④东都：即洛阳。庄宗同光三年(925)，恢复洛阳为东都。 ⑤亲兵：包括侍卫亲军、侍卫马军和侍卫步军三部分。 ⑥陈夫人：徐温之妻，徐知诰养母。 ⑦西都：即长安。庄宗同光三年(925)，恢复长安为西都。 ⑧以上二句：谓以石敬瑭代替因谋反致死的朱守殷。侍卫亲军马步都指挥使，即总管皇帝全部侍卫部队的官员。

十一月，庚戌，吴王即皇帝位，追尊孝武王曰武皇帝，景王曰景皇帝，宣王曰宣皇帝①。

安重诲议伐吴，帝不从。

甲子，吴大赦，改元乾贞。

丙子，吴主尊太妃王氏曰皇太后，以徐知询为诸道副都统、镇海、宁国节度使兼侍中，加徐知诰都督中外诸军事。

十二月，戊寅朔，孟知祥发民丁二十万修成都城。

吴主立兄庐江公濛为常山王，弟鄱阳公澈为平原王，兄子南昌公珙为建安王。

初，晋阳相者周玄豹尝言帝贵不可言，帝即位，欲召诣阙。赵凤曰："玄豹言陛下当为天子，今已验矣，无所复询。若置之京师，则轻躁狂险之人必辐辏其门，争问吉凶。自古术士妄言，致人族灭者多矣，非所以靖国家也。”帝乃就除光禄卿致仕，厚赐金帛而已。

中书舍人马缟请用汉光武故事，七庙之外别立亲庙[②]；中书门下奏请如汉孝德、孝仁皇例[③]，称皇不称帝。帝欲兼称帝，群臣乃引德明、玄元、兴圣皇帝例[④]，皆立庙京师；帝令立于应州旧宅，自高祖考妣以下皆追谥曰皇帝、皇后，墓曰陵。

汉主如康州。

是岁，蔚、代缘边粟斗不过十钱。

三年　春，正月，丁巳，吴主立子琏为江都王，璘为江夏王，璆为宜春王，宣帝子庐陵公玢为南阳王。

昭义节度使毛璋所为骄僭，时服赭袍[⑤]，纵酒为戏，左右有谏者，剖其心而视之。帝闻之，征为右金吾卫上将军。

契丹陷平州。

二月，丁丑朔，日有食之。

帝将如邺都，时扈驾诸军家属甫迁大梁，又闻将如邺都，皆不悦，讻讻有流言；帝闻之，不果行。

吴自庄宗灭梁以来，使者往来不绝。庚辰，吴使者至，安重诲以为杨溥敢与朝廷抗礼，遣使窥觇，拒而不受，自是遂与吴绝。

张筠至长安，守兵闭门拒之[⑥]；筠单骑入朝，以为左卫上将军。

壬辰，宁江节度使西方邺攻拔归州[⑦]；未几，荆南复取之。

枢密使、同平章事孔循，性狡佞，安重诲亲信之。帝欲为皇子娶重诲女，循谓重诲曰：“公职居近密，不宜复与皇子为婚。”重诲辞之。久之，或谓重诲曰：“循善离间人，不可置之密地。”循知之，阴遣人结王德妃，求纳其女；德妃请娶循女为从厚妇，帝许之。重诲大怒，乙未，以循同平章事，充忠武节度使兼东都留守。

重诲性强愎。秦州节度使华温琪入朝，请留阙下，帝嘉之[⑧]，除左骁卫上将军，月别赐钱谷。岁余，帝谓重诲曰：“温琪旧人，宜择一重镇处之。”重诲对以无阙。他日，帝屡言之，重诲愠曰：“臣累奏无阙，惟枢密使可代耳。”帝曰：“亦可。”重诲无以对。温琪闻之惧，数月不出。

重诲恶成德节度使、同平章事王建立，奏建立与王都交结，有异志。建立亦奏重诲专权，求入朝面言其状，帝召之；既至，言重诲与宣徽使判三司张延朗结婚，相表里，弄威福。三月，辛亥，帝见重诲，气色甚怒，谓曰："今与卿一镇自休息，以王建立代卿，张延朗亦除外官。"重诲曰："臣披荆棘事陛下数十年，值陛下龙飞，承乏机密[9]，数年间天下幸无事；今一旦弃之外镇，臣愿闻其罪！"帝不怿而起，以语宣徽使朱弘昭，弘昭曰："陛下平日待重诲如左右手，奈何以小忿弃之！愿垂三思。"帝寻召重诲慰抚之。明日，建立辞归镇，帝曰："卿比奏欲入分朕忧，今复去何之！"会门下侍郎兼刑部尚书、同平章事郑珏请致仕，己未，以珏为左仆射致仕；癸亥，以建立为右仆射兼中书侍郎、同平章事、判三司。

【注释】

①孝武王、景王、宣王：孝武王即忠武王杨行密，景王即威王杨渥，宣王即杨隆演。 ②七庙之外别立亲庙：事见本书卷第四十一汉光武建武三年(27)。 ③如汉孝德、孝仁皇例：孝德皇帝见本书卷第五十汉安帝建光元年(121)；孝仁皇帝见本书卷第五十六灵帝建宁元年(168)。④德明、玄元、兴圣皇帝：唐朝尊奉皋陶为德明皇帝，老子为玄元皇帝，西凉武昭王李暠为兴圣皇帝。 ⑤赭袍：红袍，为帝王的专用服饰。⑥守兵闭门拒之：胡三省注认为，守兵如此，是皇帝的特意安排。 ⑦归州：地名。治今湖北秭归县。时为荆南巡属。 ⑧帝嘉之：当时将帅都乐意在藩镇作威作福，唯独已任节度使的华温琪请求留在朝廷，所以皇帝嘉勉他。 ⑨承乏：谦辞，表示所任职位一时无适当人选，暂由自己充数。

孟知祥屡与董璋争盐利[1]，璋诱商旅贩东川盐入西川，知祥患之，乃于汉州置三场重征之，岁得钱七万缗，商旅不复之东川。

楚王殷如岳州，遣六军使袁诠、副使王环、监军马希瞻将水军击荆南，高季兴以水军逆战。至刘郎洑[2]，希瞻夜匿战舰数十艘于港中；诘旦，两军合战，希瞻出战舰横击之，季兴大败，俘斩以千数，进逼江陵。季兴请和，归史光宪于楚。军还，楚王殷让环不遂取荆南，环曰："江陵在中朝及吴、蜀之间[3]，四战之地也，宜存之以为吾捍蔽。”殷悦。环每战，身先士卒，与众同甘苦；常置针药于座右，战罢，索伤者于帐前，自傅治之。士卒隶环麾下者相贺曰：“吾属得死所矣。”故所向有功。

楚大举水军击汉，围封州。汉主以《周易》筮之，遇《大有》[4]，于是大赦，改元大有；命左右街使苏章将神弩三千、战舰百艘救封州。章至贺江，沉铁絚于水，两岸作巨轮挽絚，筑长堤以隐之，伏壮士于堤中。章以轻舟逆战，阳不利，楚人逐之，入堤中；挽轮举絚，楚舰不能进退，以强弩夹水射之，楚兵大败，解围遁去。汉主以章为封州团练使。

夏，四月，以邺都留守从荣为河东节度使、北都留守，以客省使太原冯赟为副留守，夹马指挥使新平杨思权为步军都指挥使以佐之。戊寅，以宣武节度使石敬瑭为邺都留守、天雄节度使，加同平章事；以枢密使范延光为成德节度使。丙戌，以枢密使安重诲兼河南尹，以河南尹从厚为宣武节度使，仍判六军诸卫事。

吴右雄武军使苗璘、静江统军王彦章将水军万人攻楚岳州，至君山[5]，楚王殷遣右丞相许德勋将战舰千艘御之。德勋曰：“吴人掩吾不备，见大军，必惧而走。”乃潜军角子湖，使王环夜帅战舰三百，绝吴归路[6]。迟明，吴人进军荆江口，将会荆南兵攻岳州，丁亥，至道人矶。德勋命战棹都虞候詹信以轻舟三百出吴军后，德勋以大军当其前，夹击之，吴军大败，虏璘及彦章以归。

初，义武节度使兼中书令王都镇易定十余年，自除刺史以下官，租赋皆赡本军。及安重诲用事，稍以法制裁之；帝亦以都篡父位[7]，恶之。时契丹数犯塞，朝廷多屯兵于幽、易间，大将往来，都阴为之备，浸成猜阻。都恐朝廷移之他镇，腹心和昭训劝都为自全之计，都乃求婚于卢龙节度使赵德钧。又知成德节度使王建立与安重诲有隙，遣使结为兄弟，阴与之谋复河北故事[8]，建立阳许而密奏之。都又以蜡书遗青、徐、潞、益、梓五帅[9]，离间之。又遣人说北面副招讨使归德节度使王晏球，晏球不从；乃以金遗晏球帐下，使图之，不克；癸巳，晏球以都反状闻，诏宣徽使张延朗与北面诸将议讨之。

戊戌，吴徙常山王濛为临川王。

庚子，诏削夺王都官爵。壬寅，以王晏球为北面招讨使，权知定州行州事，以横海节度使安审通为副招讨使，以郑州防御使张虔钊为都监，发诸道兵会讨定州。是日，晏球攻定州，拔其北关城。都以重赂求救于奚酋秃馁，五月，秃馁以万骑突入定州，晏球退保曲阳，都与秃馁就攻之。晏球与战于嘉山下，大破之。秃馁以二千骑奔还定州。晏球追至城门，因进攻之，得其西关城。定州城坚，不可攻，晏球增修西关城以为行府，使三州民输税供军食而守之⑩。

辛酉，以天雄节度副使赵敬怡为枢密使。

王晏球闻契丹发兵救定州，将大军趣望都，遣张延朗分兵退保新乐，延朗遂之真定，留赵州刺史朱建丰将兵修新乐城。契丹已自他道入定州，与王都夜袭新乐，破之，杀建丰。乙丑，王晏球、张延朗会于行唐。丙寅，至曲阳。王都乘胜，悉其众与契丹五千骑合万余人，邀晏球等于曲阳。丁卯，战于城南。晏球集诸将校令之曰："王都轻而骄，可一战擒也。今日，诸君报国之时也。悉去弓矢，以短兵击之，回顾者斩！"于是骑兵先进，奋棁挥剑，直冲其陈，大破之，僵尸蔽野；契丹死者过半，余众北走；都与秃馁得数骑，仅免。卢龙节度使赵德钧邀击契丹，北走者殆无孑遗。

吴遣使求和于楚，请苗璘、王彦章；楚王殷归之，使许德勋饯之。德勋谓二人曰："楚国虽小，旧臣宿将犹在，愿吴朝勿以措怀。必俟众驹争皂栈⑪，然后可图也。"时殷多内宠，嫡庶无别，诸子骄奢，故德勋语及之。

【注释】

①争盐利：史载西川有盐井十三所，东川有盐井四百六十所，东川盐利多于西川。 ②刘郎洑：地名。在江陵府石首（今湖北石首市）境内沙步。 ③中朝：即地处中原的后唐王朝，对楚国而言，又是天朝。④《大有》：为《周易》第十四卦，是该书关于农业的专卦之一。大有即大有年、大丰收之意。 ⑤君山：一名洞庭山、湘山，时在洞庭湖中，在今湖南岳阳市西南。 ⑥"绝吴归路"句：一本此句上有"屯阳林浦"四字。⑦都篡父位：王都囚禁父亲而夺其位之事见本书卷第二百七十一梁均王龙德元年（921）。 ⑧复河北故事：即恢复唐代对黄河以北各藩镇的旧

有作法，包括官爵世袭、不交贡赋、不受朝廷征发等。⑨五帅：即青帅霍彦威、徐帅房知温、潞帅毛璋、益帅孟知祥、梓帅董璋五人，均为当时实力人物。⑩三州：指定、祁、易三州。⑪众驹争皂栈：指马氏诸子争夺王位。皂栈，泛指马厩。

六月，辛巳，高季兴复请称藩于吴[1]，吴进季兴爵秦王，帝诏楚王殷讨之。殷遣许德勋将兵攻荆南，以其子希范为监军，次沙头；季兴从子云猛指挥使从嗣单骑造楚壁，请与希范挑战决胜，副指挥使廖匡齐出与之斗，拉杀之。季兴惧，明日，请和，德勋还。匡齐，赣人也。

王晏球知定州有备，未易急攻，朱弘昭、张虔钊宣言大将畏怯，有诏促令攻城。晏球不得已，乙未，攻之，杀伤将士三千人。

先是，诏发西川兵戍夔州，孟知祥遣左肃边指挥使毛重威将三千人往。顷之，知祥奏"夔、忠、万三州已平，请召戍兵还[2]，以省馈运"。帝不许。知祥阴使人诱之，重威帅其众鼓噪逃归；帝命按其罪，知祥请而免之。

陕州行军司马王宗寿请葬故蜀主王衍，秋，七月[3]，赠衍顺正公，以诸侯礼葬之。

北面招讨使安审通卒[4]。

东都民有犯私曲者，留守孔循族之。或请听民造曲，而于秋税亩收五钱；己未，敕从之。

壬戌，契丹复遣其酋长惕隐将七千骑救定州，王晏球逆战于唐河北，大破之；甲子，追至易州，时久雨水涨，契丹为唐所俘斩及陷溺死者，不可胜数。

戊辰，以威武节度使王延钧为闽王。

契丹北走，道路泥泞，人马饥疲，入幽州境。八月，壬戌[5]，赵德钧遣牙将武从谏将精骑邀击之，分兵扼险要，生擒惕隐等数百人；余众散投村落，村民以白梃击之，其得脱归国者不过数十人。自是契丹沮气，不敢轻犯塞。

初，庄宗徇地河北，获小儿，畜之宫中，及长，赐姓名李继陶；帝即位，纵遣之。王都得之，使衣黄袍坐堞间，谓王晏球曰："此庄宗皇帝子也，已即帝位。公受先朝厚恩，曾不念乎！”晏球曰：“公作此小数竟何益！吾今教公二策，不悉众决战，则束手出降耳，自余无以求生也。”

王建立以目不知书，请罢判三司，不许。

乙未，吴大赦。

吴越王镠欲立中子传瓘为嗣，谓诸子曰：“各言汝功，吾择多者而立之。”传瓘兄传琇、传璙、传璟皆推传瓘，乃奏请以两镇授传瓘。闰月，丁未，诏以传瓘为镇海、镇东节度使。

戊申，赵德钧献契丹俘惕隐等，诸将皆请诛之，帝曰：“此曹皆虏中之骁将，杀之则虏绝望，不若存之以纾边患。”乃赦惕隐等酋长五十人，置之亲卫⑥，余六百人悉斩之。

契丹遣梅老季素等入贡。

初，卢文进来降，契丹以蕃汉都提举使张希崇代之为卢龙节度使，守平州，遣亲将以三百骑监之。希崇本书生，为幽州牙将，没于契丹，性和易，契丹将稍亲信之，因与其部曲谋南归。部曲泣曰：“归固寝食所不忘也，然虏众我寡，奈何？”希崇曰：“吾诱其将杀之，兵必溃去。此去虏帐千余里，比其知而征兵，吾属去远矣。”众曰：“善！”乃先为阱，实以石灰，明日，召虏将饮，醉，并从者杀之，投诸阱中。其营在城北，亟发兵攻之，契丹众皆溃去。希崇悉举其所部二万余口来奔，诏以为汝州刺史⑦。

吴王太后殂。

【注释】

①复请称藩于吴：第一次请求向吴称臣见上卷上年（926）五月。
②请召戍兵还：孟知祥担心戍兵被朝廷滞留过久，削弱自己在蜀中的力量，故请召还。　③七月：一本此下有“乙巳”两字。　④北面招讨使安审通：胡三省以为当作北面招讨副使。此时招讨使为王晏球。　⑤壬戌：八月无壬戌日。一本作“甲戌”，本月初二。　⑥亲卫：宿卫宫廷的禁军机构三卫之一，即亲卫、勋卫、翊卫。　⑦汝州刺史：一说为汝州防御使。

九月，辛巳，荆南败楚兵于白田，执楚岳州刺史李廷规，归于吴[①]。

乙未，敕以温韬发诸陵，段凝反覆，令所在赐死。

己亥，以武宁节度使房知温兼荆南行营招讨使，知荆南行府事；分遣中使发诸道兵赴襄阳，以讨高季兴。

辛丑，徙庆州防御使窦廷琬为金州刺史；冬，十月，廷琬据庆州拒命。

丙午，以横海节度使李从敏兼北面行营副招讨使。从敏，帝之从子也。

戊申，诏静难节度使李敬通发兵讨窦廷琬[②]。

王都据定州，守备固，伺察严，诸将屡有谋翻城应官军者，皆不果。帝遣使者促王晏球攻城，晏球与使者联骑巡城，指之曰："城高峻如此，借使主人听外兵登城，亦非梯冲所及[③]。徒多杀精兵，无损于贼，如此何为！不若食三州之租，爱民养兵以俟之，彼必内溃。"帝从之。

十一月，有司请为哀帝立庙[④]，诏立庙于曹州。

平卢节度使晋忠武公霍彦威卒。

忠州刺史王雅取归州[⑤]。

庚寅，皇子从厚纳孔循女为妃，循因之得之大梁，厚结王德妃之党，乞留。安重诲具奏其事，力排之，礼毕，促令归镇。

甲午，以中书侍郎、同平章事王建立同平章事，充平卢节度使。

丙申，上问赵凤："帝王赐人铁券，何也？"对曰："与之立誓，令其子孙长享爵禄耳。"上曰："先朝受此赐者止三人，崇韬、继麟寻皆族灭[⑥]，朕得脱如毫厘耳。"因叹息久之。赵凤曰："帝王心存大信，固不必刻之金石也。"

十二月，甲辰，李敬周奏拔庆州，族窦廷琬。

荆南节度使高季兴寝疾，命其子行军司马、忠义节度使、同平章事从诲权知军府事；丙辰，季兴卒。吴主以从诲为荆南节度使兼侍中[⑦]。

史馆修撰张昭远上言："臣窃见先朝时，皇弟、皇子皆喜俳优，入则饰姬妾，出则夸仆马；习尚如此，何道能贤！诸皇子宜精择师傅,令皇子屈身师事之,讲礼义之经,论安危之理。古者人君即位则建太子,所以明嫡庶之分,塞祸乱之源。今卜嗣建储,臣未敢轻议。至于恩泽赐与之间,昏姻省侍之际,嫡庶长幼,宜有所分,示以等威,绝其侥冀。"帝赏叹其言而不能用。

闽王延钧度民二万为僧,由是闽中多僧。

河东节度使、北都留守从荣,年少骄很,不亲政务,帝遣左右素与从荣善者往与之处,使从容讽导之。其人私谓从荣曰:"河南相公恭谨好善[8],亲礼端士,有老成之风;相公齿长,宜自策励,勿令声问出河南之下。"从荣不悦,退,告步军都指挥使杨思权曰:"朝廷之人皆推从厚而短我,我其废乎!"思权曰:"相公手握强兵,且有思权在,何忧!"因劝从荣多募部曲,缮甲兵,阴为自固之备。又谓帝左右曰:"君每誉弟而抑其兄,我辈岂不能助之邪!"其人惧,以告副留守冯赟,赟密奏之。帝召思权诣阙,以从荣故,亦弗之罪也。

【注释】

①归于吴:时高季兴已向吴国称臣,所以战俘需交送吴国发落。 ②"诏静难节度使李敬通"句:通,一本作"周";庆州为静难军巡属,故诏其讨之。 ③梯冲:梯为云梯,冲为冲车,均为登城的专门工具。 ④哀帝:即唐哀帝李柷,908 年被梁太祖朱温杀于曹州,事见本书卷第二百六十六。 ⑤忠州、归州:忠州属唐西方邺所部夔州宁江军,归州属高季兴所部荆南军。 ⑥崇韬、继麟寻皆族灭:郭崇韬、李继麟(朱友谦)被族灭之事见本书卷第二百七十四天成元年(926)。 ⑦高从诲(891—948):五代时荆南国君。929—948 年在位。高季兴长子,字遵圣。即位后归附后唐,被封为南平王,又先后向吴、楚、蜀、闽、南汉等称臣。 ⑧河南相公:指李从荣之弟、河南府尹李从厚。

四年 春,正月,冯赟入为宣徽使,谓执政曰:"从荣刚僻而轻易,宜选重德辅之。"

王都、秃馁欲突围走,不得出。二月,癸丑,定州都指挥使马让能开门纳官军,都举族自焚,擒秃馁及契丹二千人。辛亥,以王晏球为天平节度使,与赵德钧并加兼侍中[1]。秃馁至大梁,斩于市。

枢密使赵敬怡卒。

甲子，帝发大梁。

丁卯，门下侍郎、同平章事崔协卒于须水。

庚午，帝至洛阳。

王晏球在定州城下，日以私财飨士，自始攻至克城未尝戮一卒。三月，辛巳，晏球入朝，帝美其功；晏球谢久烦馈运而已。

皇子右卫大将军从璨性刚，安重诲用事，从璨不为之屈。帝东巡[②]，以从璨为皇城使。从璨与客宴于会节园，酒酣，戏登御榻，重诲奏请诛之；丙戌，赐从璨死。

横山蛮寇邵州[③]。

楚王殷命其子武安节度副使、判长沙府希声知政事，总录内外诸军事，自是国政先历希声，乃闻于殷。

夏，四月，庚子朔，禁铁锡钱。时湖南专用锡钱，铜钱一直锡钱百，流入中国，法不能禁。

丙午，楚六军副使王环败荆南兵于石首。

初令缘边置场市党项马[④]，不令诣阙。先是，党项皆诣阙，以贡马为名，国家约其直酬之，加以馆谷赐与，岁费五十余万缗。有司苦其耗蠹，故止之。

壬子，以皇子从荣为河南尹、判六军诸卫事，从厚为河东节度使、北都留守。

契丹寇云州。

甲寅，以端明殿学士、兵部侍郎赵凤为门下侍郎、同平章事。

五月，乙酉，中书言："太常改谥哀帝曰昭宣光烈孝皇帝，庙号景宗。既称宗则应入太庙，在别庙则不应称宗。"乃去庙号。

帝将祀南郊，遣客省使李仁矩以诏谕两川，令西川献钱一百万缗，东川五十万缗；皆辞以军用不足，西川献五十万缗，东川献十万缗。仁矩，帝在藩镇时客将也，为安重诲所厚，恃恩骄慢。至梓州[⑤]，董璋置宴召之，日中不往，方拥妓酣饮。璋怒，从卒徒执兵入驿，立仁矩于阶下而诟之曰："公但闻西川斩李客省[⑥]，谓我独不能邪！"仁矩流涕拜请，仅而得免；既而厚赂仁矩以谢之。仁矩还，言璋不法。未几,帝复遣通事舍人李彦珣诣东川[7],入境,失小礼,璋拘其从者,彦珣奔还。

高季兴之叛也,其子从诲切谏,不听。从诲既袭位,谓僚佐曰:"唐近而吴远[8],舍近臣远,非计也。"乃因楚王殷以谢罪于唐。又遗山南东道节度使安元信书,求保奏,复修职贡。丙申,元信以从诲书闻,帝许之。

契丹寇云州。

六月,戊申,复以邺都为魏州,留守、皇城使并停。

庚申,高从诲自称前荆南行军司马、归州刺史,上表求内附。秋,七月,甲申,以从诲为荆南节度使兼侍中。己丑,罢荆南招讨使。

【注释】

①并加兼侍中:以奖赏王晏球平定王都之功和赵德钧俘获惕隐之功。　②帝东巡:指明宗于天成二年(927)冬十月入大梁。　③邵州:地名。治今湖南邵阳市。时在楚国境内。　④党项:中国古民族名。汉代西羌的一支。当时住在今甘肃、宁夏和陕北一带,部分为辽所兼并。⑤梓州:地名。治今四川三台县。时为东川节度巡属。　⑥西川斩李客省:西川孟知祥斩杀客省使李严之事见上卷天成二年(927)。　⑦通事舍人:官名。主掌传宣诏命。　⑧"唐近而吴远"句:一本此句下有"舍近臣远"四字,今补。

八月,吴武昌节度使兼侍中李简以疾求还江都,癸丑,卒于采石。徐知询,简婿也,擅留简亲兵二千人于金陵,表荐简子彦忠代父镇鄂州[1],徐知诰以龙武统军柴再用为武昌节度使;知询怒曰:"刘崇俊,兄之亲,三世为濠州[2];彦忠吾妻族,独不得邪!"

初,楚王殷用都军判官高郁为谋主,国赖以富强,邻国皆疾之。庄宗入洛,殷遣其子希范入贡,庄宗爱其警敏,曰:"比闻马氏当为高郁所夺,今有子如此,郁安能得之!"高季兴亦以流言间郁于殷,殷不听;乃遣使遗节度副使、知政事希声书,盛称郁功名,愿为兄弟。使者言于希声曰:"高公常云'马氏政事皆出高郁',此子孙之忧也。"希声信之。行军司马杨昭遂,希声之妻族也,谋代郁任，日谮之于希声。希声屡言于殷，称郁奢僭，且外交邻藩，请诛之。殷曰："成吾功业，皆郁力也；汝勿为此言！"希声固请罢其兵柄，乃左迁郁行军司马。郁谓所亲曰："亟营西山[3]，吾将归老。猘子渐大[4]，能咋人矣。"希声闻之，益怒，明日，矫以殷命杀郁于府舍，榜谕中外，诬郁谋叛，并诛其族党。至暮，殷尚未知，是日，大雾，殷谓左右曰："吾昔从孙儒度淮[5]，每杀不辜，多致兹异。马步院岂有冤死者乎？"明日，吏以郁死告，殷拊膺大恸曰："吾老耄，政非己出，使我勋旧横罹冤酷！"既而顾左右曰："吾亦何可久处此乎！"

九月，上与冯道从容语及年谷屡登，四方无事。道曰："臣常记昔在先皇幕府，奉使中山，历井陉之险，臣忧马蹶，执辔甚谨，幸而无失；逮至平路，放辔自逸，俄至颠陨。凡为天下者亦犹是也。"上深以为然。上又问道："今岁虽丰，百姓赡足否？"道曰："农家岁凶则死于流殍，岁丰则伤于谷贱，丰凶皆病者，惟农家为然。臣记进士聂夷中诗云：'二月卖新丝，五月粜新谷；医得眼下疮，剜却心头肉。'语虽鄙俚，曲尽田家之情状。农于四人之中最为勤苦[6]，人主不可不知也。"上悦，命左右录其诗，常讽诵之。

钱镠像

鄜州兵戍东川者归本道，董璋擅留其壮者，选羸老归之，仍收其甲兵。

癸巳，西川右都押牙孟容弟为资州税官，坐自盗抵死，观察判官冯瑑、中门副使王处回为之请，孟知祥曰："虽吾弟犯法，亦不可贷，况他人乎！"

吴越王镠居其国好自大，朝廷使者曲意奉之则赠遗丰厚，不然则礼遇疏薄。尝遗安重诲书，辞礼颇倨。帝遣供奉官乌昭遇、韩玫使吴越，昭遇与玫有隙，使还，玫奏："昭遇见镠，称臣拜舞，谓镠为殿下，及私以国事告镠。"安重诲奏赐昭遇死。癸巳，制镠以太师致仕，自余官爵皆削之，凡吴越进奏官、使者、纲吏，令所在系治之。镠令子传瓘等上表讼冤，皆不省。

初，朔方节度使韩洙卒，弟澄为留后。未几，定远军使李匡宾聚党据保静镇作乱，朔方不安；冬，十月，丁酉，韩澄遣使赍绢表乞朝廷命帅。

前磁州刺史康福，善胡语，上退朝，多召入便殿，访以时事，福以胡语对；安重诲恶之[7]，常戒之曰："康福，汝但妄奏事，会当斩汝！"福惧，求外补。重诲以灵州深入胡境，为帅者多遇害，戊戌，以福为朔方、河西节度使。福见上，涕泣辞之；上命重诲为福更他镇，重诲曰："福自刺史无功建节，尚复何求！且成命已行，难以复改。"上不得已，谓福曰："重诲不肯，非朕意也。"福辞行，上遣将军牛知柔、河中都指挥使卫审峹等将兵万人卫送之。审峹，徐州人也。

【注释】

①鄂州：地名。武昌节度使治所，在今湖北武汉。 ②三世为濠州：吴国初用刘金为濠州刺史，刘金卒，子刘仁规代任，刘仁规卒，子刘崇峻代任。 ③西山：指长沙西面岳麓诸山。 ④猘（zhì 质）：疯狗。 ⑤从孙儒渡淮：事见本书卷第二百五十七唐昭宗光启三年（887）。 ⑥四人：即士、农、工、商四民，唐避太宗李世民讳，一律称"民"为"人"。 ⑦安重诲恶之：恶其用胡语奏事，旁人难知其详。

辛亥，割阆、果二州置保宁军，壬子，以内客省使李仁矩为节度使。

先是，西川常发刍粮馈峡路，孟知祥辞以本道兵自多，难以奉他镇[1]，诏不许，屡督之；甲寅，知祥奏称财力乏，不奉诏。

吴诸道副都统、镇海宁国节度使兼侍中徐知询自以握兵据上流，意轻徐知诰，数与知诰争权，内相猜忌，知诰患之；内枢密使王令谋曰:“公辅政日久,挟天子以令境内,谁敢不从!知询年少,恩信未洽于人,无能为也。”知询待诸弟薄,诸弟皆怨之。徐玠知知询不可辅,反持其短以附知诰[2]。吴越王镠遗知询金玉鞍勒、器皿,皆饰以龙凤;知询不以为嫌,乘用之。知询典客周廷望说知询曰:“公诚能捐宝货以结朝中勋旧,使皆归心于公,则彼谁与处!”知询从之,使廷望如江都谕意。廷望与知诰亲吏周宗善,密输款于知诰,亦以知诰阴谋告知询。知询召知诰诣金陵除父温丧,知诰称吴主之命不许,周宗谓廷望曰:“人言侍中有不臣七事[3],宜亟入谢!”廷望还,以告知询。十一月,知询入朝,知诰留知询为统军,领镇海节度使,遣右雄武都指挥使柯厚征金陵兵还江都,知诰自是始专吴政。知询责知诰曰:“先王违世[4],兄为人子,初不临丧,可乎?”知诰曰:“尔挺剑待我,我何敢往!尔为人臣,畜乘舆服御物,亦可乎!”知询又以廷望所言诘知诰,知诰曰:“以尔所为告我者,亦廷望也。”遂斩廷望。

壬辰,吴主加尊号曰睿圣文明光孝皇帝,大赦,改元大和。

康福行至方渠,羌胡出兵邀福,福击走之;至青刚峡,遇吐蕃野利、大虫二族数千帐[5],皆不觉唐兵至,福遣卫审峹掩击,大破之,杀获殆尽。由是威声大振,遂进至灵州,自是朔方始受代。

十二月,吴加徐知诰兼中书令,领宁国节度使[6]。知诰召徐知询饮,以金钟酌酒赐之,曰:“愿弟寿千岁。”知询疑有毒,引他器均之,跽献知诰曰:“愿与兄各享五百岁。”知诰变色,左右顾,不肯受,知询捧酒不退。左右莫知所为,伶人申渐高径前为诙谐语,掠二酒合饮之,怀金钟趋出,知诰密遣人以良药解之,已脑溃而卒。

奉国节度使、知建州王延禀称疾退居里第,请以建州授其子继雄[7];庚子,诏以继雄为建州刺史。

安重诲既以李仁矩镇阆州,使与绵州刺史武虔裕皆将兵赴治。虔裕,帝之故吏,重诲之外兄也。重诲使仁矩诇董璋反状,仁矩增饰而奏之。朝廷又使武信节度使夏鲁奇治遂州城隍,缮甲兵,益兵戍之。璋大惧。时道路传言,又将割绵、龙为节镇,孟知祥亦惧。璋素与知祥有隙,未尝通问,至是,璋遣使诣成都,请为其子娶知祥女;知祥许之,谋并力以拒朝廷。

【注释】

①难以奉他镇:他镇指宁江军治所峡路,又称峡西路,在今四川三台。 ②以附知诰:徐玠原是劝说徐温任用徐知询取代徐知诰的人,现在弃旧从新,参见本书卷第二百七十五天成三年(928)十月。 ③侍中:指徐知询。徐知询替代其父镇守金陵,官加侍中,故以称之。 ④先王:指他们的父亲齐王徐温。 ⑤吐蕃(bō 波):中国古代藏族政权名。源出西羌,世居今西藏、甘肃、青海一带。 ⑥领宁国节度使:宁国节度使原为徐知询所任。史称徐知诰自此始夺徐知询兵权而自任。 ⑦“请以建州授其子”句:王延禀兵强权重,为保持上游建州对下游福州的控制权,对闽王王延钧施以压力,所以不请示王延钧而直接请示朝廷同意其子代其官职。

资治通鉴卷第二百七十七

后唐纪六　起上章摄提格，尽玄黓执徐六月，凡二年有奇。

明宗圣德和武钦孝皇帝中之下

长兴元年　春，正月，董璋遣兵筑七寨于剑门。辛巳，孟知祥遣赵季良如梓州修好。

鸿胪少卿郭在徽奏请铸当五千、三千、一千大钱；朝廷以其指虚为实，无识妄言，左迁卫尉少卿、同正[①]。

吴徙平原王澈为德化王。

二月，乙未朔，赵季良还成都，谓孟知祥曰："董公贪残好胜，志大谋短，终为西川之患。"

都指挥使李仁罕、张业欲置宴召知祥；先二日，有尼告二将谋以宴日害知祥；知祥诘之，无状，丁酉，推始言者军校都延昌、王行本，腰斩之。戊戌，就宴，尽去左右，独诣仁罕第；仁罕叩头流涕曰："老兵惟尽死以报德。"由是诸将皆亲附而服之。

壬子，孟知祥、董璋同上表言："两川闻朝廷于阆中建节，绵、遂益兵[②]，无不忧怨。"上以诏书慰谕之。

乙卯，上祀圜丘，大赦，改元[③]。凤翔节度使兼中书令李从曮入朝陪祀，三月，壬申，制徙从曮为宣武节度使。

癸酉，吴主立江都王琏为太子。

丙子，以宣徽使朱弘昭为凤翔节度使。

康福奏克保静镇，斩李匡宾。

复以安义为昭义军。

帝将立曹淑妃为后，淑妃谓王德妃曰："吾素病中烦，倦于接对，妹代我为之。"德妃曰："中宫敌偶至尊，谁敢干之！"庚寅，立淑妃为皇后。德妃事后恭谨，后亦怜之。

初，王德妃因安重诲得进，常德之。帝性俭约，及在位久，宫中用度稍侈，重诲每规谏。妃取外库锦造地衣，重诲切谏，引刘后为戒[4]；妃由是怨之。

高从诲遣使奉表诣吴，告以坟墓在中国[5]，恐为唐所讨，吴兵援之不及，谢绝之。吴遣兵击之，不克。

董璋恐绵州刺史武虔裕窥其所为，夏，四月，甲午朔，表兼行军司马，囚之府廷。

宣武节度使符习，自恃宿将[6]，论议多抗安重诲，重诲求其过失，奏之；丁酉，诏习以太子太师致仕。

戊戌，加孟知祥兼中书令，夏鲁奇同平章事。

初，帝在真定，李从珂与安重诲饮酒争言，从珂殴重诲，重诲走免；既醒，悔谢，重诲终衔之。至是，重诲用事，自皇子从荣、从厚皆敬事不暇。时从珂为河中节度使、同平章事，重诲屡短之于帝，帝不听。重诲乃矫以帝命谕河东牙内指挥使杨彦温使逐之[7]。是日，从珂出城阅马，彦温勒兵闭门拒之，从珂使人扣门，诘之曰："吾待汝厚，何为如是？"对曰："彦温非敢负恩，受枢密院宣耳。请公入朝。"从珂止于虞乡[8]，遣使以状闻。使者至，壬寅，帝问重诲曰："彦温安得此言？"对曰："此奸人妄言耳，宜速讨之。"帝疑之，欲诱致彦温讯其事，除彦温绛州刺史。重诲固请发兵击之，乃命西都留守索自通、步军都指挥使药彦稠将兵讨之。帝令彦稠："必生致彦温，吾欲面讯之。"召从珂诣洛阳。从珂知为重诲所构，驰入自明。

加安重诲兼中书令。

李从珂至洛阳，上责之使归第，绝朝请。

辛亥，索自通等拔河中，斩杨彦温[9]，癸丑，传首来献。上怒药彦稠不生致，深责之。

安重诲讽冯道、杨凤奏从珂失守[10]，宜加罪。上曰："吾儿为奸党所倾，未明曲直，公辈何为发此言，意不欲置之人间邪？此皆非公辈之意也。”二人惶恐而退。他日，赵凤又言之，上不应。明日，重诲自言之，上曰：“朕昔为小校，家贫，赖此小儿拾马粪自赡，以至今日为天子，曾不能庇之邪！卿欲如何处之于卿为便？”重诲曰：“陛下父子之间，臣何敢言！惟陛下裁之！”上曰：“使闲居私第亦可矣，何用复言！”

丙辰，以索自通为河中节度使。自通至镇，承重诲指，籍军府甲仗数上之，以为从珂私造；赖王德妃居中保护，从珂由是得免。士大夫不敢与从珂往来；惟礼部郎中史馆修撰吕琦居相近，时往见之，从珂每有奏请，皆咨琦而后行。

戊午，帝加尊号曰圣明神武文德恭孝皇帝。

安重诲言昭义节度使王建立过魏州有摇众之语，五月，丙寅，制以太傅致仕。

董璋阅集民众，皆剪发黥面，复于剑门北置永定关，布列烽火。

孟知祥累表请割云安等十三盐监隶西川，以盐直赡宁江屯兵。辛卯，许之。

【注释】

①同正：即“员外置同正员”的省称。区别于正员官而言，指不在正员额内的官。多用于安置受贬责的官员。 ②阆中建节，绵、遂益兵：阆中建节指在阆中设置保宁军；绵、遂益兵指绵州刺史武虔裕带兵戍城和武信节度使夏鲁奇修筑遂州城。参见上卷上年(929)十二月。 ③改元：即改元长兴。 ④刘后：指后唐庄宗刘皇后。 ⑤坟墓在中国：指祖坟在中原唐朝境内。高季兴为陕州硖石人，故如此说。 ⑥自恃宿将：符习原是成德军旧将，跟随庄宗转战黄河流域，所以“自恃宿将”。 ⑦河东牙内指挥使：胡三省注认为当作“河中牙内指挥使”，为节度使李从珂的部属。 ⑧虞乡：地名。治今山西永济市，在河中府东六十里。 ⑨斩杨彦温：此为索自通受安重诲密令，杀人以灭口。 ⑩杨凤：据下文，当为“赵凤”，凤下文可知。

六月，癸巳朔，日有食之。

辛亥，敕防御、团练使、刺史、行军司马、节度副使，自今皆自朝廷除之，诸道无得奏荐。

董璋遣兵掠遂、阆镇戍，秋，七月，戊辰，两川以朝廷继遣兵屯遂、阆，复有论奏，自是东北商旅少敢入蜀。

八月，乙未，捧圣军使李行德、十将张俭引告密人边彦温告"安重诲发兵，云欲自讨淮南；又引占相者问命"[1]。帝以问侍卫都指挥使安从进、药彦稠，二人曰："此奸人欲离间陛下勋旧耳。重诲事陛下三十年，幸而富贵，何苦谋反！臣等请以宗族保之。"帝乃斩彦温，召重诲慰抚之，君臣相泣。

以前忠武节度使张延朗行工部尚书，充三司使[2]。三司使之名自此始。

吴徐知诰以海州都指挥使王传拯有威名，得士心，值团练使陈宣罢归，知诰许以传拯代之；既而复遣宣还海州，征传拯还江都。传拯怒，以为宣毁之，己亥，帅麾下入辞宣，因斩宣，焚掠城郭，帅其众五千来奔。知诰曰："是吾过也。"免其妻子。涟水制置使王岩将兵入海州，以岩为威卫大将军，知海州。

五代十国《野花草虫图》

传拯，绾之子也，其季父舆为光州刺史。传拯遣间使持书至光州，舆执之以闻，因求罢归[3]；知诰以舆为控鹤都虞候。时政在徐氏，典兵宿卫者尤难其人，知诰以舆重厚慎密，故用之。

壬寅，赵凤奏："窃闻近有奸人，诬陷大臣，摇国柱石，行之未尽。"帝乃收李行德、张俭，皆族之。

立皇子从荣为秦王；丙辰，立从厚为宋王。

董璋之子光业为宫苑使，在洛阳，璋与书曰："朝廷割吾支郡为节镇，屯兵三千[4]，是杀我必矣。汝见枢要为吾言：如朝廷更发一骑入斜谷[5]，吾必反！与汝诀矣。"光业以书示枢密承旨李虔徽。未几，朝廷又遣别将荀咸乂将兵戍阆州，光业谓虔徽曰："此兵未至，吾父必反。吾不敢自爱，恐烦朝廷调发，愿止此兵，吾父保无他。"虔徽以告安重诲，重诲不从。璋闻之，遂反。利、阆、遂三镇以闻，且言已聚兵将攻三镇。重诲曰："臣久知其如此，陛下含容不讨耳。"帝曰："我不负人，人负我则讨之。"

九月，癸亥，西川进奏官苏愿白孟知祥云："朝廷欲大发兵讨两川。"知祥谋于副使赵季良，季良请以东川兵先取遂、阆，然后并兵守剑门，则大军虽来，吾无内顾之忧矣。知祥从之，遣使约董璋同举兵。璋移檄利、阆、遂三镇，数其离间朝廷，引兵击阆州。庚午，知祥以都指挥使李仁罕为行营都部署，汉州刺史赵廷隐副之，简州刺史张业为先锋指挥使，将兵三万攻遂州；别将牙内都指挥使侯弘实、先登指挥使孟思恭将兵四千会璋攻阆州。

安重诲久专大权，中外恶之者众；王德妃及武德使孟汉琼浸用事，数短重诲于上。重诲内忧惧，表解机务，上曰："朕无间于卿，诬罔者朕既诛之矣[6]，卿何为尔？"甲戌，重诲复面奏曰："臣以寒贱，致位至此，忽为人诬以反，非陛下至明，臣无种矣。由臣才薄任重，恐终不能镇浮言，愿赐一镇以全余生。"上不许；重诲求之不已，上怒曰："听卿去，朕不患无人！"前成德节度使范延光劝上留重诲，且曰："重诲去，谁能代之？"上曰："卿岂不可？"延光曰："臣受驱策日浅，且才不逮重诲，何敢当此！"上遣孟汉琼诣中书议重诲事，冯道曰："诸公果爱安令[7]，宜解其枢务为便。"赵凤曰："公失言！"乃奏大臣不可轻动。

东川兵至阆州，诸将皆曰："董璋久蓄反谋，以金帛啖其士卒，锐气不可当，宜深沟高垒以挫之，不过旬日，大军至，贼自走矣。"李仁矩曰："蜀兵懦弱，安能当我精卒！"遂出战，兵未交而溃归。董璋昼夜攻之，庚辰，城陷，杀仁矩，灭其族。

初，璋为梁将，指挥使姚洪尝隶麾下，至是，将兵千人戍阆州；璋密以书诱之，洪投诸厕。城陷，璋执洪而让之曰："吾自行间奖拔汝，今日何相负？"洪曰："老贼！汝昔为李氏奴，扫马粪，得脔炙，感恩无穷。今天子用汝为节度使，何负于汝而反邪？汝犹负天子，吾受汝何恩，而云相负哉！汝奴材，固无耻；吾义士，岂忍为汝所为乎！吾宁为天子死，不能与人奴并生！"璋怒，然镬于前[8]，令壮士十人刲其肉自啖之，洪至死骂不绝声。帝置洪二子于近卫，厚给其家。

【注释】

①十将：官名。一种低级军官，是都一级的都头、副都头或军使、副兵马使的属官。 ②三司使：官名。为后唐盐铁使、度支使、户部使的合称，权任极重，仅次执政。 ③因求罢归：因侄儿外叛，自己身居边郡，为避嫌疑，故求罢归。 ④三千：一本作"三川"，当是。三川即唐代剑南西川、剑南东川和山南西道三川的合称。 ⑤斜谷（yù 浴）：地名。在今陕西眉县西南。为进入三川必经之地。 ⑥诬罔者：指李行德、张俭。 ⑦安令：指安重诲。时安重诲兼中书令，故称之。 ⑧然镬（huò 获）：然，通"燃"。镬，一种无足的大鼎。

甲申，以范延光为枢密使，安重诲如故。

丙戌，下制削董璋官爵，兴兵讨之。丁亥，以孟知祥兼西南供馈使[1]。以天雄节度石敬瑭为东川行营都招讨使[2]，以夏鲁奇为之副。

璋使孟思恭分兵攻集州，思恭轻进，败归；璋怒，遣还成都，知祥免其官。

戊子，以石敬瑭权知东川事。庚寅，以右武卫上将军王思同为西都留守兼行营马步都虞候，为伐蜀前锋。

汉主遣其将梁克贞、李守鄘攻交州，拔之，执静海节度使曲承美以归，以其将李进守交州。

冬，十月，癸巳，李仁罕围遂州，夏鲁奇婴城固守；孟知祥命都押牙高敬柔帅资州义军二万人筑长城环之。鲁奇遣马军都指挥使康文通出战，文通闻阆州陷，遂以其众降于仁罕。

戊戌，董璋引兵趣利州，遇雨，粮运不继，还阆州。知祥闻之，惊曰："比破阆中，正欲径取利州，其帅不武[3]，必望风遁去。吾获其仓廪，据漫天之险[4]，北军终不能西救武信。今董公僻处阆州，远弃剑阁，非计也。"欲遣兵三千助守剑门；璋固辞曰："此已有备。"

钱镠因朝廷册闽王使者裴羽还，附表引咎；其子传瓘及将佐屡为镠上表自诉。癸卯，敕听两浙纲使自便[5]。

以宣徽北院使冯赟为左卫上将军、北都留守。

丁未，族诛董光业。

楚王殷寝疾，遣使诣阙，请传位于其子希声。朝廷疑殷已死，辛亥，以希声为起复武安节度使兼侍中[6]。

孟知祥以故蜀镇江节度使张武为峡路行营招收讨伐使，将水军趣夔州，以左飞棹指挥使袁彦超副之。

癸丑，东川兵陷征、合、巴、蓬、果五州。

丙辰，吴左仆射、同平章事严可求卒。徐知诰以其长子大将军景通为兵部尚书、参政事，知诰将出镇金陵故也。

汉将梁克贞入占城[7]，取其宝货以归。

十一月，戊辰，张武至渝州，刺史张环降之，遂取泸州，遣先锋将朱偓分兵趣黔、涪。

己巳，楚王殷卒，遗命诸子，兄弟相继；置剑于祠堂，曰："违吾命者戮之！"诸将议遣兵守四境，然后发丧，兵部侍郎黄损曰："吾丧君有君，何备之有！宜遣使诣邻道告终称嗣而已。"

石敬瑭入散关，阶州刺史王弘贽、泸州刺史冯晖与前锋马步都虞候王思同、步军都指挥使赵在礼引兵出人头山后，过剑门之南，还袭剑门，克之[8]，杀东川兵三千人，获都指挥使齐彦温，据而守之。晖，魏州人也。甲戌，弘贽等破剑州，而大军不继，乃焚其庐舍，取其资粮，还保剑门。

乙亥，诏削孟知祥官爵。

己卯，董璋遣使至成都告急。知祥闻剑门失守，大惧，曰："董公果误我！"庚辰，遣牙内都指挥使李肇将兵五千赴之，戒之曰："尔倍道兼行，先据剑州，北军无能为也。"又遣使诣遂州，令赵廷隐将万人会屯剑州[⑨]。又遣故蜀永平节度使李筠将兵四千趣龙州，守要害。时天寒，士卒恐惧，观望不进，廷隐流涕谕之曰："今北军势盛，汝曹不力战却敌，则妻子皆为人有矣。"众心乃奋。

董璋自阆州将两川兵屯木马寨[⑩]。

先是，西川牙内指挥使太谷庞福诚、昭信指挥使谢锽屯来苏村，闻剑门失守，相谓曰："使北军更得剑州，则二蜀势危矣。"遽引部兵千余人间道趣剑州。始至，官军万余人自北山大下，会日暮，二人谋曰："众寡不敌，逮明则吾属无遗矣。"福诚夜引兵数百升北山，大噪于官军营后，锽帅余众操短兵自其前急击之；官军大惊，空营遁去，复保剑门，十余日不出。孟知祥闻之，喜曰："吾始谓弘贽等克剑门，径据剑州，坚守其城，或引兵直趣梓州，董公必弃阆州奔还；我军失援，亦须解遂州之围。如此则内外受敌，两川震动，势可忧危；今乃焚毁剑州，运粮东归剑门，顿兵不进，吾事济矣。"

官军分道趣文州，将袭龙州，为西川定远指挥使潘福超、义胜都头太原沙延祚所败。

甲申，张武卒于渝州；知祥命袁彦超代将其兵。

朱偓将至涪州，武泰节度使杨汉宾弃黔南，奔忠州；偓追至丰都，还取涪州。知祥以成都支使崔善权武泰留后。董璋遣前陵州刺史王晖将兵三千会李肇等分屯剑州南山。

丙戌，马希声袭位，称遗命去建国之制[⑪]，复藩镇之旧。

契丹东丹王突欲自以失职[⑫]，帅部曲四十人越海自登州来奔。

十二月，壬辰，石敬瑭至剑门。乙未，进屯剑州北山；赵廷隐陈于牙城后山，李肇、王晖陈于河桥[⑬]。敬瑭引步兵进击廷隐，廷隐择善射者五百人伏敬瑭归路，按甲待之，矛稍欲相及，乃扬旗鼓噪击之，北军退走，颠坠下山，俘斩百余人。敬瑭又使骑兵冲河桥，李肇以强弩射之，骑兵不能进。薄暮，敬瑭引去，廷隐引兵蹑之，与伏兵合击，败之。敬瑭还屯剑门。

癸卯，夔州奏复取开州。

庚戌，以武安节度使马希声为武安、静江节度使，加兼中书令。

石敬瑭征蜀未有功，使者自军前来，多言道险狭，进兵甚难，关右之人疲于转饷，往往窜匿山谷，聚为盗贼。上忧之，壬子，谓近臣曰："谁能办吾事者！吾当自行耳。"安重诲曰："臣职忝机密，军威不振，臣之罪也，臣请自往督战。"上许之。重诲即拜辞，癸丑，遂行，日驰数百里。西方藩镇闻之⑭，无不惶骇。钱帛、刍粮昼夜辇运赴利州，人畜毙踣于山谷者不可胜纪。时上已疏重诲，石敬瑭本不欲西征，及重诲离上侧，乃敢累表奏论，以为蜀不可伐，上颇然之。

西川兵先戍夔州者千五百人，上悉纵归。

【注释】

①西南供馈使：一本作"西南面供馈使"。 ②天雄节度：当作"天雄节度使"。 ③其帅：指利州主帅李彦琦。 ④漫天之险：漫天即漫天寨，亦称漫天岭，有大漫天寨、小漫天寨，位于利州之北，即今四川广元市东北。 ⑤两浙纲使自便：系治两浙纲使之事见上卷天成四年(929)九月。 ⑥起复：任官称谓。官员因丧已解除官职在家服丧而朝廷特命起用，或已年老告退，或在贬降后朝廷再次擢用，均称为起复。 ⑦占城：古国名。地叫占婆。故地在今越南中南部。 ⑧克之：一本"克"上有"壬申"二字。 ⑨将万人会屯剑州：此为分围遂州之兵会屯剑州。⑩木马寨：地名。为故东巴州治所，位于阆州西北，剑州东南，即今四川剑阁县东南。 ⑪去建国之制：楚王马殷建国事见上卷天成二年(927)八月。 ⑫突欲自以失职：突欲不得立之事见本书卷第二百七十五天成元年(926)九月。 ⑬河桥：地名。胡三省注以为剑州无河，故无所谓河桥，其据《九国志》云当作"石桥"。 ⑭西方藩镇：概指陕州保义军、华州镇国军、同州匡国军、耀州顺义军、凤翔节度使和山南西道节度使等。

二年　春，正月，壬戌，孟知祥奉表谢①。

庚午，李仁罕陷遂州，夏鲁奇自杀。

癸酉,石敬瑭复引兵至剑州,屯于北山。孟知祥枭夏鲁奇首以示之。鲁奇二子从敬瑭在军中,泣请往取其首葬之,敬瑭曰:“知祥长者,必葬而父,岂不愈于身首异处乎!”既而知祥果收葬之。敬瑭与赵廷隐战不利,复还剑门。

丙戌,加高从诲兼中书令。

东川归合州于武信军。

初,凤翔节度使朱弘昭谄事安重诲,连得大镇。重诲过凤翔,弘昭迎拜马首,馆于府舍,延入寝室,妻子罗拜,奉进酒食,礼甚谨。重诲为弘昭泣言:“谗人交构[2],几不免,赖主上明察,得保宗族。”重诲既去,弘昭即奏“重诲怨望,有恶言,不可令至行营,恐夺石敬瑭兵柄”。又遗敬瑭书,言“重诲举措孟浪,若至军前,恐将士疑骇,不战自溃,宜逆止之”。敬瑭大惧,即上言:“重诲至,恐人情有变,宜急征还。”宣徽使孟汉琼自西方还,亦言重诲过恶,有诏召重诲还。

二月,己丑朔,石敬瑭以遂、阆既陷,粮运不继,烧营北归。军前以告孟知祥[3],知祥匿其书,谓赵季良曰:“北军渐进,奈何?”季良曰:“不过绵州,必遁。”知祥问其故,曰:“我逸彼劳,彼悬军千里,粮尽,能无遁乎!”知祥大笑,以书示之。

安重诲至三泉,得诏亟归;过凤翔,朱弘昭不内,重诲惧,驰骑而东。

两川兵追石敬瑭至利州,壬辰,昭武节度使李彦琦弃城走;甲午,两川兵入利州。孟知祥以赵廷隐为昭武留后,廷隐遣使密言于知祥曰:“董璋多诈,可与同忧,不可与共乐,他日必为公患。因其至剑州劳军,请图之。并两川之众,可以得志于天下。”知祥不许。璋入廷隐营,留宿而去。廷隐叹曰:“不从吾谋,祸难未已!”

庚子,孟知祥以武信留后李仁罕为峡路行营招讨使,使将水军东略地。

辛丑,以枢密使兼中书令安重诲为护国节度使[4]。赵凤言于上曰:“重诲陛下家臣,其心终不叛主,但以不能周防,为人所谗;陛下不察其心,死无日矣[5]。”上以为朋党,不悦。

乙巳,赵廷隐、李肇自剑州引还,留兵五千戍利州。丙午,董璋亦还东川，留兵三千戍果、阆。

丁巳，李仁罕陷忠州。

吴徐知诰欲以中书侍郎、内枢使宋齐丘为相[⑥]，齐丘自以资望素浅，欲以退让为高，谒归洪州葬父，因入九华山，止于应天寺，启求隐居；吴主下诏征之，知诰亦以书招之，皆不至。知诰遣其子景通自入山敦谕，齐丘始还朝，除右仆射致仕，更命应天寺曰征贤寺。

【注释】

①奉表谢：表谢明宗遣返夔州戍守士卒，而蜀中战事如故。　②谗人交构：指李行德、张剑等告其谋反。　③军前：指赵廷隐、李肇之军。　④为护国节度使：此为安重诲在被征还京师途中而除任外镇，是明宗不欲其入朝。　⑤死无日矣：一本作"重诲死无日矣"。　⑥内枢使：即内枢密使。

三月，己未朔，李仁罕陷万州；庚申，陷云安监[①]。

辛酉，赐契丹东丹王突欲姓东丹，名慕华，以为怀化节度使、瑞、慎等州观察使；其部曲及先所俘契丹将惕隐等[②]，皆赐姓名。惕隐姓狄，名怀惠。

李仁罕至夔州，宁江节度使安崇阮弃镇，与杨汉宾自均、房逃归；壬戌，仁罕陷夔州[③]。

帝既解安重诲枢务，乃召李从珂，泣谓曰："如重诲意，汝安得复见吾！"丙寅，以从珂为左卫大将军。

壬申，横海节度使、同平章事孔循卒。

乙酉，复以钱镠为天下兵马都元帅、尚父、吴越国王，遣监门上将军张篯往谕旨，以向日致仕[④]，安重诲矫制也。

丁亥，以太常卿李愚为中书侍郎、同平章事。

夏，四月，辛卯，以王德妃为淑妃。

闽奉国节度使兼中书令王延禀闻闽王延钧有疾，以次子继升知建州留后，帅建州刺史继雄将水军袭福州。癸卯，延禀攻西门，继雄攻东门；延钧遣楼船指挥使王仁达将水军拒之。仁达伏甲舟中，伪立白帜请降，继雄喜，屏左右，登仁达舟慰抚之；仁达斩继雄，枭首于西门。延禀方纵火攻城，见之，恸哭，仁达因纵兵击之，众溃，左右以斛舁延禀而走，甲辰，追擒之。延钧见之曰："果烦老兄再下[5]！"延禀惭不能对。延钧囚于别室，遣使者如建州招抚其党；其党杀使者，奉继升及弟继伦奔吴越。仁达，延钧从子也。

以宣徽北院使赵延寿为枢密使。

己酉，天雄节度使、同平章事石敬瑭兼六军诸卫副使。

辛亥，以朱弘昭为宣徽南院使。

五月，闽王延钧斩王延禀于市，复其姓名曰周彦琛，遣其弟都教练使延政如建州抚慰吏民。

丁卯，罢亩税曲钱[6]，城中官造曲减旧半价，乡村听百姓自造；民甚便之。

己卯，以孟汉琼知内侍省事，充宣徽北院使。汉琼，本赵王镕奴也。时范延光、赵延寿虽为枢密使，惩安重诲以刚愎得罪，每于政事不敢可否；独汉琼与王淑妃居中用事，人皆惮之。先是，宫中须索稍逾常度，重诲辄执奏，由是非分之求殆绝。至是，汉琼直以中宫之命取府库物，不复关由枢密院及三司，亦无文书，所取不可胜纪。

辛巳，以相州刺史孟鹄为左骁卫大将军，充三司使。

昭武留后赵廷隐自成都赴利州，逾月，请兵进取兴元及秦、凤；孟知祥以兵疲民困，不许。

护国节度使兼中书令安重诲内不自安，表请致仕；闰月，庚寅，制以太子太师致仕。是日，其子崇赞、崇绪逃奔河中[7]。

壬辰，以保义节度使李从璋为护国节度使。甲午，遣步军指挥使药彦稠将兵趣河中。

安崇赞等至河中，重诲惊曰："汝安得来？"既而曰："吾知之矣，此非渠意，为人所使耳。吾以死徇国，夫复何言！"乃执二子表送诣阙。

明日，有中使至，见重诲，恸哭久之；重诲问其故，中使曰："人言令公有异志，朝廷已遣药彦稠将兵至矣。"重诲曰："吾受国恩，死不足报，敢有异志，更烦国家发兵，贻主上之忧，罪益重矣。"崇赞等至陕，有诏系狱。皇城使翟光邺素恶重诲，帝遣诣河中察之，曰:“重诲果有异志则诛之。”光邺至河中,李从璋以甲士围其第,自入见重诲,拜于庭下。重诲惊,降阶答拜,从璋奋挝击其首;妻张氏惊救,亦挝杀之。

奏至,己亥,下诏,以重诲离间孟知祥、董璋、钱镠为重诲罪,又诬其欲自击淮南以图兵柄,遣元随窃二子归本道;并二子诛之。

丙午,帝遣西川进奏官苏愿、东川军将刘澄各还本道,谕以安重诲专命,兴兵致讨,今已伏辜。

【注释】

①云安监:治今重庆云阳县,因其地产盐,故置监。 ②契丹将惕隐等:惕隐被俘事见上卷天成三年(928)八月。 ③仁罕陷夔州:至此孟知祥遂据有夔、忠、万三州。 ④向日致仕:钱镠致仕事见上卷天成四年(929)九月。 ⑤“果烦老兄再下”句:王延钧所引此语见本书卷第二百七十五天成二年(927)正月。 ⑥亩税曲钱:计亩税曲钱见上卷天成三年(928)七月。 ⑦河中:即护国军治所河中府,治今山西永济市。当时安重诲始在此地。

六月,乙丑,复以李从珂同平章事,充西都留守。

丙子,命诸道均民田税。

闽王延钧好神仙之术,道士陈守元、巫者徐彦林、兴盛韬共诱之作宝皇宫,极土木之盛,以守元为宫主。

秋,九月,己亥,更赐东丹慕华姓名曰李赞华[①]。

吴镇南节度使、同平章事徐知谏卒;以诸道副都统、镇海节度使、守中书令徐知询代之,赐爵东海郡王。徐知诰之召知询入朝也[②],知谏豫其谋。知询遇其丧于涂,抚棺泣曰:“弟用心如此,我亦无憾,然何面见先王于地下乎!”

辛丑,加枢密使范延光同平章事。

辛亥,敕解纵五坊鹰隼,内外无得更进。冯道曰:“陛下可谓仁及禽兽。”上曰:“不然。朕昔尝从武皇猎[③],时秋稼方熟,有兽逸入田中,遣骑取之,比及得兽,余稼无几。以是思之,猎有损无益,故不为耳。”

冬,十月,丁卯,洋州指挥使李进唐攻通州,拔之。

壬午，以王延政为建州刺史。

十一月，甲申朔，日有食之。

癸巳，苏愿至成都，孟知祥闻甥侄在朝廷者皆无恙[4]，遣使告董璋，欲与之俱上表谢罪。璋怒曰："孟公亲戚皆完，固宜归附；璋已族灭[5]，尚何谢为！诏书皆在苏愿腹中，刘澄安得豫闻，璋岂不知邪！"由是复为怨敌。

乙未，李仁罕自夔州引兵还成都。

吴中书令徐知诰表称辅政岁久，请归老金陵；乃以知诰为镇海、宁国节度使，镇金陵，余官如故，总录朝政如徐温故事。以其子兵部尚书、参政事景通为司徒、同平章事，知中外左右诸军事，留江都辅政；以内枢使、同平章事王令谋为左仆射，兼门下侍郎；以宋齐丘为右仆射，兼中书侍郎，并同平章事，兼内枢使，以佐景通。

赐德胜节度使张崇爵清河王[6]。崇在庐州贪暴，州人苦之，屡尝入朝，厚以货结权要，由是常得还镇，为庐州患者二十余年。

十二月，甲寅朔，初听百姓自铸农器并杂铁器[7]，每田二亩，夏秋输农具三钱。

武安、静江节度使马希声闻梁太祖嗜食鸡，慕之，既袭位，日杀五十鸡为膳；居丧无戚容。庚申，葬武穆王于衡阳，将发引，顿食鸡臛数盘[8]，前吏部侍郎潘起讥之曰："昔阮籍居丧食蒸豚；何代无贤！"

癸亥，徐知诰至金陵。

昭武留后赵廷隐白孟知祥以利州城堑已完，顷在剑州与牙内都指挥使李肇同功，愿以昭武让肇，知祥褒谕，不许；廷隐三让，癸酉，知祥召廷隐还成都，以肇代之。

闽陈守元等称宝皇之命，谓闽王延钧曰："苟能避位受道，当为天子六十年。"延钧信之，丙子，命其子节度副使继鹏权军府事。延钧避位受箓，道名玄锡。

爱州将杨廷艺养假子三千人[9]，图复交州；汉交州守将李进知之，受其赂，不以闻。是岁，廷艺举兵围交州，汉主遣承旨程宝将兵救之，未至，城陷。进逃归，汉主杀之。宝围交州，廷艺出战，宝败死。

【注释】

①“更赐”句：初赐姓名在本年（931）三月。 ②召知询入朝：参见上卷天成四年（929）十一月。 ③武皇：指晋王李克用。 ④甥侄：晚辈亲属。姊妹之子称甥，兄弟之子称侄。 ⑤璋已族灭：指朝廷族诛其子董光业，见本卷元年十月。 ⑥德胜节度使：吴国德胜军治庐州，即今安徽合肥市。 ⑦杂铁器：指铁锅和其他日用器物。 ⑧臛（huò 霍）：同“臛”，肉羹。 ⑨爱州：地名。在今越南清化省清化市。

三年 春，正月，枢密使范延光言：“自灵州至邠州方渠镇，使臣及外国入贡者多为党项所掠，请发兵击之。”己丑，遣静难节度使药彦稠、前朔方节度使康福将步骑七千讨党项。

乙未，孟知祥妻福庆长公主卒[①]。

孟知祥以朝廷恩意优厚，而董璋塞绵州路，不听遣使入谢，与节度副使赵季良等谋，欲发使自峡江上表，掌书记李昊曰：“公不与东川谋而独遣使，则异日负约之责在我矣。”乃复遣使语之，璋不从。

二月，赵季良与诸将议遣昭武都监太原高彦俦将兵攻取壁州，以绝山南兵转入山后诸州者[②]；孟知祥谋于僚佐，李昊曰：“朝廷遣苏愿等西归，未尝报谢，今遣兵侵轶，公若不顾坟墓[③]、甥侄，则不若传檄举兵直取梁、洋，安用壁州乎！”知祥乃止。季良由是恶昊。

辛未，初令国子监校定《九经》[④]，雕印卖之。

药彦稠等奏破党项十九族，俘二千七百人。

赐高从诲爵勃海王。

吴徐知诰作礼贤院于府舍[⑤]，聚图书，延士大夫，与孙晟及海陵陈觉谈议时事。

孟知祥三遣使说董璋，以主上加礼于两川，苟不奉表谢罪，恐复致讨；璋不从。三月，辛丑，遣李昊诣梓州，极论利害，璋见昊，诟怒，不许。昊还，言于知祥曰：“璋不通谋议，且有窥西川之志，公宜备之。”

甲辰，闽王延钧复位。

吴越武肃王钱镠疾，谓将吏曰："吾疾必不起，诸儿皆愚懦，谁可为帅者？"众泣曰："两镇令公仁孝有功[6]，孰不爱戴！"镠乃悉出印钥授传瓘，曰："将吏推尔，宜善守之。"又曰："子孙善事中国，勿以易姓废事大之礼。"庚戌卒，年八十一。

传瓘与兄弟同幄行丧，内牙指挥使陆仁章曰："令公嗣先王霸业，将吏旦暮趋谒，当与诸公子异处。"乃命主者更设一幄，扶传瓘居之，告将吏曰："自今惟谒令公，禁诸公子从者无得妄入。"昼夜警卫，未尝休息。镠末年左右皆附传瓘，独仁章数以事犯之。至是，传瓘劳之，仁章曰："先王在位[7]，仁章不知事令公，今日尽节，犹事先王也。"传瓘嘉叹久之。

传瓘既袭位，更名元瓘，兄弟名"传"者皆更为"元"。以遗命去国仪[8]，用藩镇法；除民田荒绝者租税。命处州刺史曹仲达权知政事。置择能院，掌选举殿最[9]，以浙西营田副使沈崧领之。

内牙指挥使富阳刘仁杞及陆仁章久用事，仁章性刚，仁杞好毁短人，皆为众所恶。一日，诸将共诣府门请诛之；元瓘使从子仁俊谕之曰："二将事先王久，吾方图其功，汝曹乃欲逞私憾而杀之，可乎？吾为汝王，汝当禀吾命；不然，吾当归临安以避贤路！"众惧而退。乃以仁章为衢州刺史，仁杞为湖州刺史。中外有上书告讦者，元瓘皆置不问，由是将吏辑睦。

初，契丹舍利荝剌与惕隐皆为赵德钧所擒[10]，契丹屡遣使请之。上谋于群臣，德钧等皆曰："契丹所以数年不犯边，数求和者，以此辈在南故也，纵之则边患复生。"上以问冀州刺史杨檀，对曰："荝剌，契丹之骁将，向助王都谋危社稷，幸而擒之，陛下免其死，为赐已多。契丹失之如丧手足。彼在朝廷数年，知中国虚实，若得归，为患必深，彼才出塞，则南向发矢矣，恐悔之无及。"上乃止。檀，沙陀人也。

上欲授李赞华以河南藩镇，群臣皆以为不可，上曰："吾与其父约为昆弟，故赞华归我。吾老矣，后世继体之君，虽欲招之，其可致乎！"夏，四月，癸亥，以赞华为义成节度使，为选朝士为僚属辅之。赞华但优游自奉，不豫政事；上嘉之，虽时有不法亦不问，以庄宗后宫夏氏妻之。赞华好饮人血,姬妾多刺臂以吮之;婢仆小过,或抉目,或刀刲火灼[11];夏氏不忍其残,奏离婚为尼。

乙丑,加宋王从厚兼中书令。

【注释】

①福庆长公主:长兴元年(930)秋,改封孟知祥妻琼华长公主为福庆长公主。 ②山后诸州:指巴、蓬、果诸州。 ③不顾坟墓:孟知祥先人坟墓在邢州龙冈县,时属朝廷辖境。 ④《九经》:儒家典籍总称。它们是《易》《书》《诗》《周礼》《仪礼》《礼记》《左传》《公羊传》《穀梁传》。此次校经由冯道、李愚提议。 ⑤府舍:指在金陵的府舍。 ⑥两镇令公:指钱镠之子钱传瓘。天成三年(928)闰月钱镠以镇海、镇东两军镇授钱传瓘,故称之。 ⑦先王:此先王指钱镠。 ⑧去国仪:吴越建国见本书卷第二百七十一梁均王龙德三年(即后唐同光元年,923 年)二月。⑨殿最:考核官吏军功或政绩的等级。上等为最,下等为殿。 ⑩舍利荝剌(cè lá 册旯):舍利,同于惕隐,均为契丹管军头目名称。荝剌,人名。 ⑪刲(kuī 亏):割杀、割取。

东川节度使董璋会诸将谋袭成都,皆曰必克;前陵州刺史王晖曰:“剑南万里,成都为大,时方盛夏,师出无名,必无成功[1]。”璋不从。孟知祥闻之,遣马军都指挥使潘仁嗣将三千人诣汉州诇之。

璋入境,破白杨林镇,执戍将武弘礼,声势甚盛,知祥忧之,赵季良曰:“璋为人勇而无恩,士卒不附,城守则难克,野战则成擒矣。今不守巢穴,公之利也。璋用兵精锐皆在前锋,公宜以羸兵诱之,以劲兵待之,始虽小衄[2],后必大捷。璋素有威名,今举兵暴至,人心危惧,公当自出御之,以强众心。”赵廷隐以季良言为然,曰:“璋轻而无谋,举兵必败,当为公擒之。”辛巳,以廷隐为行营马步军都部署,将三万人拒之。

五月,壬午朔,廷隐入辞。董璋檄书至,又有遗季良、廷隐及李肇书,诬之云,季良、廷隐与己通谋,召己令来。知祥以书授廷隐,廷隐不视,投之于地,曰:“不过为反间[3],欲令公杀副使与廷隐耳[4]。”再拜而行。知祥曰:“事必济矣。”肇素不知书,视之,曰:

“璋教我反耳。”囚其使者，然亦拥众为自全计。

璋兵至汉州，潘仁嗣与战于赤水，大败，为璋所擒，璋遂克汉州。

癸未，知祥留赵季良、高敬柔守成都，自将兵八千趣汉州，至弥牟镇，赵廷隐陈于镇北。甲申，迟明，廷隐陈于鸡踪桥，义胜定远都知兵马使张公铎陈于其后。俄而璋望西川兵盛，退陈于武侯庙下[5]，璋帐下骁卒大噪曰：“日中曝我辈何为[6]，何不速战！”璋乃上马。前锋始交，东川右厢马步都指挥使张守进降于知祥，言“璋兵尽此，无复后继，当急击之”。知祥登高冢督战，左明义指挥使毛重威、左冲山指挥使李瑭守鸡踪桥，皆为东川兵所杀；赵廷隐三战不利，牙内都指挥副使侯弘实兵亦却，知祥惧，以马棰指后陈。张公铎帅众大呼而进，东川兵大败，死者数千人，擒东川中都指挥使元瓒[7]、牙内副指挥使董光演等八十余人。璋拊膺曰：“亲兵皆尽，吾何依乎！”与数骑遁去，余众七千人降，复得潘仁嗣。知祥引兵追璋至五侯津，东川马步都指挥使元瓌降。西川兵入汉州府第，求璋不得，士卒争璋军资，故璋走得免。赵廷隐追至赤水，又降其卒三千人。是夕，知祥宿雒县，命李昊草榜谕东川吏民，及草书劳问璋，且言将如梓州询负约之由，请见伐之罪。乙酉，知祥会廷隐于赤水，遂西还，命廷隐将兵攻梓州。

璋至梓州，肩舆而入，王晖迎问曰：“太尉全军出征[8]，今还者无十人，何也？”璋涕泣不能对。至府第，方食，晖与璋从子牙内都虞候延浩帅兵三百大噪而入。璋引妻子登城，子光嗣自杀。璋至北门楼，呼指挥使潘稠使讨乱兵，稠引十卒登城，斩璋首，及取光嗣首以授王晖，晖举城迎降。赵廷隐入梓州，封府库以待知祥。李肇闻璋败，始斩其使以闻。

丙戌，知祥入成都，丁亥，复将兵八千如梓州，至新都。赵廷隐献董璋首。己丑，发玄武[9]，赵廷隐帅东川将吏来迎。

康福奏党项钞盗者已伏诛，余皆降附。

【注释】

①“必无成功”句：此句下原无“璋不从”三字，今据另本补。 ②衄（nǜ 女去）：本义为鼻出血，引申为损伤、挫败。 ③反间（jiàn 贱）：一种

用计离间敌人,使其起内讧的计谋。 ④副使:即节度副使赵季良。⑤武侯庙:即三国蜀诸葛亮庙,因其生前有功于蜀,死后被谥为忠武侯,所以蜀人为其立庙。 ⑥"日中曝我辈何为"句:一本此句下有"何不速战"四字,今补。 ⑦中都指挥使:即中军都指挥使。 ⑧太尉:指董璋。太尉自古主兵,唐末藩镇强盛,所以多称军镇将帅为太尉。 ⑨玄武:地名。治今四川中江县,在梓州之西近九十里。

壬辰,孟知祥有疾,癸巳,疾甚,中门副使王处回侍左右,庖人进食,必空器而出,以安众心。李仁罕自遂州来,赵廷隐迎于板桥[1];仁罕不称东川之功,侵侮廷隐,廷隐大怒。乙未,知祥疾瘳;丁酉,入梓州。戊戌,犒赏将士,既罢,知祥谓李仁罕、赵廷隐曰:"二将谁当镇此?"仁罕曰:"令公再与蜀州[2],亦行耳。"廷隐不对。知祥愕然,退,命李昊草牒,俟二将有所推则命一人为留后,昊曰:"昔梁祖、庄宗皆兼领四镇[3],今二将不让,惟公自领之为便耳。公宜亟还府,更与赵仆射议之[4]。"

己亥,契丹使者迭罗卿辞归国,上曰:"朕志在安边,不可不少副其求。"乃遣荝骨舍利与之俱归。契丹以不得荝剌,自是数寇云州及振武。

孟知祥命李仁罕归遂州,留赵廷隐东川巡检,以李昊行梓州军府事。昊曰:"二虎方争,仆不敢受命,愿从公还。"乃以都押牙王彦铢为东川监押[5]。癸卯,知祥至成都,赵廷隐寻亦引兵西还。

知祥谓李昊曰:"吾得东川,为患益深。"昊请其故,知祥曰:"自吾发梓州,得仁罕七状,皆云'公宜自领东川,不然诸将不服'。廷隐言'本不敢当东川,因仁罕不让,遂有争心耳'。君为我晓廷隐,复以阆州为保宁军[6],益以果、蓬、渠、开四州,往镇之。吾自领东川,以绝仁罕之望。"廷隐犹不平,请与仁罕斗,胜者为东川;昊深解之,乃受命。六月,以廷隐为保宁留后。戊午,赵季良帅将吏请知祥兼镇东川,许之。季良等又请知祥称王,权行制书,赏功臣,不许。

董璋之起兵攻知祥也[7],山南西道节度使王思同以闻,范延光言于上曰:"若两川并于一贼,抚众守险,则取之益难,宜及其交争，早图之。”上命思同以兴元之兵密规进取[8]。未几，闻璋败死，延光曰：“知祥虽据全蜀，然士卒皆东方人，知祥恐其思归为变，亦欲倚朝廷之重以威其众，陛下不屈意抚之，彼则无从自新。”上曰：“知祥吾故人，为人离间至此[9]，何屈意之有！”乃遣供奉官李存瓌赐知祥诏曰：“董璋狐狼，自贻族灭。卿丘园亲戚皆保安全，所宜成家世之美名，守君臣之大节。”存瓌，克宁之子，知祥之甥也。

闽王延钧谓陈守元曰：“为我问宝皇：既为六十年天子[10]，后当何如？”明日，守元入白：“昨夕奏章，得宝皇旨，当为大罗仙主。”徐彦等亦曰：“北庙崇顺王尝见宝皇，其言与守元同。”延钧益自负，始谋称帝。表朝廷云：“钱镠卒，请以臣为吴越王；马殷卒，请以臣为尚书令。”朝廷不报，自是职贡遂绝。

【注释】

①板桥：在梓州东南，即今四川三台县东南。 ②“令公再与蜀州”句：令公，朝廷曾加封孟知祥中书令，故称之；再与蜀州，此前李仁罕曾兼领蜀州，故言之。 ③梁祖、庄宗皆兼领四镇：后梁太祖朱温曾领宣武、宣义、天平、护国四镇；后唐庄宗李存勖曾领河东、魏博、卢龙、成德四镇。 ④赵仆射：指赵季良。 ⑤监押：官名。兵马监押的简称，主管一州兵马事务，常为临时差遣，多由中官兼任。 ⑥“复以阆州”句：原保宁军治阆州，董璋占据阆州后，废止保宁军。现孟知祥欲图恢复，以赏赵廷隐。 ⑦“董璋”句：一本“之”下有“起兵”二字，今补。 ⑧兴元：地名。山南西道治所，即今陕西汉中市。 ⑨为人离间：指被安重诲所离间。 ⑩六十年天子：此语参见上年(931)十二月，陈守元要王延钧避位受道，可当天子六十年。

资治通鉴卷第二百七十八

后唐纪七　起玄黓执徐七月，尽阏逢敦牂闰正月，凡一年有奇。

明宗圣德和武钦孝皇帝下

长兴三年　秋，七月朔[①]，朔方奏夏州党项入寇，击败之，追至贺兰山。

己丑，加镇海、镇东军节度使钱元瓘守中书令。

庚寅，李存瓌至成都，孟知祥拜泣受诏。

武安、静江节度使马希声以湖南比年大旱，命闭南岳及境内诸神祠门，竟不雨。辛卯，希声卒，六军使袁诠、潘约等迎镇南节度使希范于朗州而立之[②]。

乙未，孟知祥遣李存瓌还，上表谢罪，且告福庆公主之丧[③]。自是复称藩[④]。

庚子，以西京留守、同平章事李从珂为凤翔节度使。

废武兴军，复以凤、兴、文三州隶山南西道。

丁未，以门下侍郎、同平章事赵凤同平章事，充安国节度使。

八月，庚申，马希范至长沙；辛酉，袭位。

甲子，孟知祥令李昊为武泰赵季良等五留后草表[⑤]，请以知祥为蜀王，行墨制，仍自求旌节，昊曰："比者诸将攻取方镇，即有其地，今又自求朝廷节钺及明公封爵，然则轻重之权皆在群下矣；借使明公自请，岂不可邪！"知祥大悟，更令昊为己草表，请行墨制，补两川刺史已下；又表请以季良等五留后为节度使。

初，安重诲欲图两川，自知祥杀李严[6]，每除刺史，皆以东兵卫送之，小州不减五百人，夏鲁奇、李仁矩、武虔裕各数千人，皆以牙队为名。及知祥克遂、阆、利、夔、黔、梓六镇，得东兵无虑三万人，恐朝廷征还，表请其妻子。

吴徐知诰广金陵城周围二十里。

初，契丹既强，寇抄卢龙诸州皆遍，幽州城门之外，虏骑充斥。每自涿州运粮入幽州，虏多伏兵于阎沟，掠取之。及赵德钧为节度使，城阎沟而戍之，为良乡县，粮道稍通。幽州东十里之外，人不敢樵牧；德钧于州东五十里城潞县而戍之，近州之民始得稼穑。至是，又于州东北百余里城三河县以通蓟州运路，虏骑来争，德钧击却之。九月，庚辰朔，奏城三河毕。边人赖之。

壬午，以镇南节度使马希范为武安节度使，兼侍中。

孟知祥命其子仁赞摄行军司马，兼都总辖两川牙内马步都军事。

冬，十月，己酉朔，帝复遣李存瓌如成都[7]，凡剑南自节度使、刺史以下官，听知祥差署讫奏闻，朝廷更不除人；唯不遣戍兵妻子，然其兵亦不复征也。

秦王从荣喜为诗，聚浮华之士高辇等于幕府，与相唱和，颇自矜伐。每置酒，辄令僚属赋诗，有不如意者面毁裂抵弃。壬子，从荣入谒，帝语之曰："吾虽不知书，然喜闻儒生讲经义，开益人智思。吾见庄宗好为诗，将家子文非素习，徒取人窃笑，汝勿效也。"

丙辰，幽州奏契丹屯捺剌泊[8]。

前彰义节度使李金全屡献马，上不受，曰："卿在镇为治何如？勿但以献马为事！"金全，吐谷浑人也。

【注释】

①七月朔：月下脱"辛巳"二字，应为辛巳朔。　②镇南节度使希范：镇南军治洪州，时属吴国，马希范遥领该军。　③福庆公主：当作"福庆长公主"，卒于本年(932)春正月乙未日。　④"自是复称藩"句：一本此句下有"然益骄倨矣"五字。　⑤武泰赵季良等五留后：指武泰留后赵季良、武信留后李仁罕、保宁留后赵廷隐、宁江留后张业、昭武留后李肇。　⑥知祥杀李严：事见本书卷第二百七十五天成二年(927)春正月。

⑦复遣李存瓌如成都：本年(932)七月李存瓌始自成都回，今又遣之。
⑧契丹屯捺剌泊：因幽州防备甚严，契丹寇掠难遂其志，故西迁至黑榆南之捺剌泊，常寇云、朔诸州。

壬申，大理少卿康澄上疏曰："臣闻童谣非祸福之本，妖祥岂隆替之源！故雊雉升鼎而桑谷生朝[①]，不能止殷宗之盛；神马长嘶而玉龟告兆[②]，不能延晋祚之长。是知国家有不足惧者五，有深可畏者六：阴阳不调不足惧，三辰失行不足惧，小人讹言不足惧，山崩川涸不足惧，蟊贼伤稼不足惧；贤人藏匿深可畏，四民迁业深可畏，上下相徇深可畏，廉耻道消深可畏，毁誉乱真深可畏，直言蔑闻深可畏。不足惧者，愿陛下存而勿论；深可畏者，愿陛下修而靡忒。"优诏奖之。

秦王从荣为人鹰视[③]，轻佻峻急；既判六军诸卫事，复参朝政，多骄纵不法。初，安重诲为枢密使，上专属任之。从荣及宋王从厚自襁褓与之亲狎，虽典兵，常为重诲所制，畏事之。重诲死，王淑妃与宣徽使孟汉琼宣传帝命，范延光、赵延寿为枢密使，从荣皆轻侮之。河阳节度使、同平章事石敬瑭兼六军诸卫副使，其妻永宁公主与从荣异母，素相憎疾。从荣以从厚声名出己右，尤忌之[④]；从厚善以卑弱奉之，故嫌隙不外见。石敬瑭不欲与从荣共事[⑤]，常思外补以避之。范延光、赵延寿亦虑及祸，屡辞机要，请与旧臣迭为之，上不许。会契丹欲入寇，上命择帅臣镇河东，延光、延寿皆曰："当今帅臣可往者独石敬瑭、康义诚耳。"敬瑭亦愿行，上即命除之。既受诏，不落六军副使，敬瑭复辞，上乃以宣徽使朱弘昭知山南东道，代义诚诣阙。

十一月，辛巳，以三司使孟鹄为忠武节度使，以忠武节度使冯赟充宣徽南院使，判三司。鹄本刀笔吏[⑥]，与范延光乡里厚善，数年间引擢至节度使；上虽知其太速，然不能违也。

乙酉，上以胡寇浸逼北边，命趣议河东帅[⑦]；石敬瑭欲之，而范延光、赵延寿欲用康义诚，议久不决。权枢密直学士李崧以为非石太尉不可。延光曰："仆亦累奏用之，上欲留之宿卫耳。"会上遣中使趣之，众乃从崧议。丁亥，以石敬瑭为北京留守、河东节度使,兼大同、振武、彰国、威塞等军蕃汉马步总管[⑧],加兼侍中。

己丑,加枢密使赵延寿同平章事。

吴以诸道都统徐知诰为大丞相、太师,加领得胜节度使[⑨];知诰辞丞相、太师。

大同节度使张敬达聚兵要害,契丹竟不敢南下而还。敬达,代州人也。

蔚州刺史张彦超本沙陀人,尝为帝养子,与石敬瑭有隙;闻敬瑭为总管,举城附于契丹,契丹以为大同节度使。

石敬瑭至晋阳,以部将刘知远、周瓌为都押衙,委以心腹;军事委知远,帑藏委瓌。瓌,晋阳人也。

十二月,戊午,以康义诚为河阳节度使,兼侍卫亲军马步都指挥使;以朱弘昭为山南东道节度使。

是岁,汉主立其子耀枢为雍王,龟图为康王,弘度为宾王,弘熙为晋王,弘昌为越王,弘弼为齐王,弘雅为韶王,弘泽为镇王,弘操为万王,弘杲为循王,弘暐为思王,弘邈为高王,弘简为同王,弘建为益王,弘济为辩王,弘道为贵王,弘昭为宜王,弘政为通王,弘益为定王;未几,徙弘度为秦王。

【注释】

①雊(gòu 够)雉(zhì 至)升鼎而桑谷生朝:雊为野鸡叫,雉为野鸡,雊雉为求偶的野鸡。商王武丁祭成汤时,有飞雉登鼎耳而叫;商王太戊时,亳都有桑谷共生于朝。二者均为妖祥。 ②神马长嘶而玉龟告兆:指晋怀帝永嘉六年(312)二月,神马嘶于南城门;魏明帝时,张掖水涌,有石马、石龟等出现,时人认为是晋兴之祥。二者均为吉兆。 ③鹰视:指目光有飞鹰的特点。飞鹰扑食前,先俯视侧目捕捉目标。 ④尤忌之:李从荣忌李从厚见本书卷第二百七十六天成三年(928)十二月。 ⑤不欲与从荣共事:李从荣判六军诸卫事,石敬瑭为其副使,故说“共事”。 ⑥刀笔吏:文书小吏。后世称刀笔吏多含贬义。 ⑦趣:通“促”。下文“遣中使趣之”同此。 ⑧大同、振武、彰国、威塞等军:大同军治云州,振武军治朔州,彰国军治应州,威塞军治新州。 ⑨得胜:当作“德胜”,今据他本改。德胜军治庐州。

四年 春，正月，戊子，加秦王从荣守尚书令，兼侍中。庚寅，以端明殿学士归义刘昫为中书侍郎、同平章事[①]。

闽人有言真封宅龙见者[②]，闽王延钧更命其宅曰龙跃宫[③]。遂诣宝皇宫受册，备仪卫，入府，即皇帝位，国号大闽，大赦，改元龙启；更名璘。追尊父祖，立五庙。以其僚属李敏为左仆射、门下侍郎，其子节度副使继鹏为右仆射、中书侍郎，并同平章事；以亲吏吴勖为枢密使。唐册礼使裴杰、程侃适至海门，闽主以杰为如京使；侃固求北还，不许。闽主自以国小地僻，常谨事四邻，由是境内差安。

二月，戊申，孟知祥墨制以赵季良等为五镇节度使[④]。

凉州大将拓跋承谦及耆老上表，请以权知留后孙超为节度使。上问使者："超为何人？"对曰："张义潮在河西[⑤]，朝廷以天平军二千五百人戍凉州，自黄巢之乱，凉州为党项所隔，郓人稍稍物故皆尽，超及城中之人皆其子孙也。"

乙卯，以马希范为武安、武平节度使，兼中书令。

戊午，定难节度使李仁福卒；庚申，军中立其子彝超为留后。

癸亥，以孟知祥为东西川节度使、蜀王。

先是，河西诸镇皆言李仁福潜通契丹，朝廷恐其与契丹连兵，并吞河右，南侵关中，会仁福卒，三月，癸未，以其子彝超为彰武留后，徙彰武节度使安从进为定难留后，仍命静塞节度使药彦稠将兵五万[⑥]，以宫苑使安重益为监军，送从进赴镇。从进，索葛人也。

乙酉，始下制除赵季良等为五镇节度使。

丁亥，敕谕夏、银、绥、宥将士吏民，以"夏州穷边，李彝超年少，未能捍御，故使之延安[⑦]，从命则有李从曮、高允韬富贵之福，违命则有王都、李匡宾覆族之祸"。夏，四月，彝超上言，为军士百姓拥留，未得赴镇，诏遣使趣之。

言事者请为亲王置师傅，宰相畏秦王从荣，不敢除人，请令王自择。秦王府判官、太子詹事王居敏荐兵部侍郎刘瓒于从荣，从荣表请之。癸丑，以瓒为秘书监、秦王傅，前襄州支使山阳鱼崇远为记室[⑧]。瓒自以左迁，泣诉，不得免。王府参佐皆新进少年，轻脱谄谀，瓒独从容规讽，从荣不悦。瓒虽为傅，从荣一概以僚属待之,瓒有难色;从荣觉之,自是戒门者勿为通,月听一至府,或竟日不召,亦不得食。

李彝超不奉诏,遣其兄阿啰王守青岭门,集境内党项诸胡以自救。药彦稠等进屯芦关,彝超遣党项抄粮运及攻具,官军自芦关退保金明。

闽王璘立子继鹏为福王,充宝皇宫使。

五月,戊寅,立皇子从珂为潞王,从益为许王,从子天平节度使从温为兖王,护国节度使从璋为洋王,成德节度使从敏为泾王。

庚辰,闽地震,闽主璘避位修道,命福王继鹏权总万机。初,闽王审知性节俭,府舍皆庳陋[9];至是,大作宫殿,极土木之盛。

甲申,帝暴得风疾;庚寅,小愈,见群臣于文明殿。

壬辰夜,夏州城上举火,比明,杂虏数千骑救之,安从进遣先锋使宋温击走之。

吴宋齐丘劝徐知诰徙吴主都金陵,知诰乃营宫城于金陵。

【注释】

①刘昫(xù 续):五代涿州归义(今河北雄县西北)人,字跃远。后唐时官至端明殿学士、中书侍郎等。后晋时官至司空、同平章事。两朝均监修国史。今传世的《旧唐书》即为其监修。 ②真封宅:即闽王王延钧未袭位前所居之所。 ③更命其宅:一本此上有“闽王延钧”四字,今补。 ④墨制:一般指由皇帝直接发出不经外廷的亲笔手令。此处指孟知祥行使代行的特权。 ⑤张义潮在河西:张义潮率河西归附,始见于本书卷第二百四十九唐宣宗大中五年(851)。 ⑥静塞节度使:“静塞”当作“静难”。 ⑦使之延安:一本作“徙之延安”,今改。 ⑧记室:亲王府官,多以常参官兼任。 ⑨庳(bēi 卑)陋:低下,矮小。

帝旬日不见群臣,都人恟惧,或潜窜山野,或寓止军营。秋,七月,庚辰,帝力疾御广寿殿,人情始安。

安从进攻夏州。州城赫连勃勃所筑[1],坚如铁石,斸凿不能入[2]。又党项万余骑徜徉四野,抄掠粮饷,官军无所刍牧。山路险狭,关中民输斗粟束藁费钱数缗[3],民间困竭不能供。李彝超兄弟登城谓从进曰:“夏州贫瘠,非有珍宝蓄积可以充朝廷贡赋也;但以祖父世守此土，不欲失之。蕞尔孤城[4]，胜之不武，何足烦国家劳费如此！幸为表闻，若许其自新，或使之征伐，愿为众先。”上闻之，壬午，命从进引兵还。

其后有知李仁福阴事者，云：“仁福畏朝廷除移，扬言结契丹为援，契丹实不与之通也；致朝廷误兴是役，无功而还。”自是夏州轻朝廷，每有叛臣，必阴与之连以邀赂遗。上疾久未平，征夏州无功，军士颇有流言，乙酉，赐在京诸军优给有差；既赏赉无名，士卒由是益骄[5]。

丁亥，赐钱元瓘爵吴王。元瓘于兄弟甚厚，其兄中吴、建武节度使元璙自苏州入见，元瓘以家人礼事之，奉觞为寿，曰：“此兄之位也，而小子居之，兄之赐也[6]。”元璙曰：“先王择贤而立之，君臣位定，元璙知忠顺而已。”因相与对泣。

戊子，闽主璘复位。初，福建中军使薛文杰，性巧佞，璘喜奢侈，文杰以聚敛求媚，璘以为国计使，亲任之。文杰阴求富民之罪，籍没其财，被榜捶者胸背分受，仍以铜斗火熨之。建州土豪吴光入朝，文杰利其财，求其罪，将治之；光怨怒，帅其众且万人叛奔吴。

帝以工部尚书卢文纪、礼部郎中吕琦为蜀王册礼使，并赐蜀王一品朝服。知祥自作九旒冕、九章衣，车服旌旗皆拟王者[7]。八月，乙巳朔，文纪等至成都。戊申，知祥服衮冕，备仪卫诣驿，降阶北面受册，升玉辂，至府门，乘步辇而归。文纪，简求之孙也。

戊申，群臣上尊号曰圣明神武广道法天文德恭孝皇帝，大赦。在京及诸道将士各等第优给。时一月之间再行优给，由是用度益窘。

太仆少卿致仕何泽见上寝疾[8]，秦王从荣权势方盛，冀己复进用，表请立从荣为太子。上览表泣下，私谓左右曰：“群臣请立太子，朕当归老太原旧第耳。”不得已，丙戌[9]，诏宰相枢密使议之。丁卯，从荣见上，言曰：“窃闻有奸人请立臣为太子；臣幼少，且愿学治军民，不愿当此名。”上曰：“群臣所欲也。”从荣退，见范延光、赵延寿曰：“执政欲以吾为太子，是欲夺我兵柄，幽之东宫耳。”延光等知上意，且惧从荣之言，即具以白上；辛未，制以从荣为天下兵马大元帅。

九月，甲戌朔，吴主立德妃王氏为皇后。

戊寅，加范延光、赵延寿兼侍中。

癸未，中书奏节度使见元帅仪，虽带平章事，亦以军礼廷参。从之。

帝欲加宣徽使、判三司冯赟同平章事；赟父名章。执政误引故事[10]，庚寅，加赟同中书门下二品，充三司使。

秦王从荣请严卫、捧圣步骑两指挥为牙兵。每入朝，从数百骑，张弓挟矢，驰骋衢路；令文士试草《檄淮南书》，陈己将廓清海内之意。从荣不快于执政，私谓所亲曰："吾一旦南面，必族之。"范延光、赵延寿惧，屡求外补以避之。上以为见己病而求去，甚怒，曰："欲去自去，奚用表为！"齐国公主复为延寿言于禁中[11]，云"延寿实有疾，不堪机务"。丙申，二人复言于上曰："臣等非敢惮劳，愿与勋旧迭为之。亦不敢俱去，愿听一人先出。若新人不称职，复召臣，臣即至矣。"上乃许之。戊戌，以延寿为宣武节度使；以山南东道节度使朱弘昭为枢密使、同平章事。制下，弘昭复辞，上叱之曰："汝辈皆不欲在吾侧，吾蓄养汝辈何为！"弘昭乃不敢言。

吏部侍郎张文宝泛海使杭州，船坏，水工以小舟济之，风飘至天长；从者二百人，所存者五人。吴主厚礼之，资以从者仪服钱币数万，仍为之牒钱氏[12]，使于境上迎候。文宝独受饮食，余皆辞之，曰："本朝与吴久不通问，今既非君臣，又非宾主，若受兹物，何辞以谢！"吴主嘉之，竟达命于杭州而还。

庚子，以前义成节度使李赞华为昭信节度使，留洛阳食其俸。

辛丑，诏大元帅从荣位在宰相上。

吴徐知诰以国中水火屡为灾，曰："兵民困苦，吾安可独乐！"悉纵遣侍妓，取乐器焚之。

闽内枢密使薛文杰说闽王抑挫诸宗室；从子继图不胜忿，谋反，坐诛，连坐者千余人。

【注释】

①州城赫连勃勃所筑：夏州城即赫连勃勃所筑的统万城，在今陕西

靖边县东北白城子。参见本书卷第一百一十七晋安帝义熙九年(413);赫连勃勃(381—425),十六国时期夏的建立者。407—425年在位。匈奴族铁弗部人。413年,筑都城统万。 ②斸(zhú 竹):大锄。引申为斫。 ③藁:音、义同“稿”,稻麦等庄稼的秸秆。 ④蕞(zuì 最)尔:小的样子。 ⑤士卒由是益骄:胡三省认为,唐兵的骄横,始于庄宗同光年间,甚于明宗长兴年间,极于潞王清泰年间。 ⑥兄之赐也:钱元瓘让位于钱元瓘,见本书卷第二百七十六天成三年(928)八月。 ⑦“自作九旒冕”至“皆拟王者”:九旒冕、九章衣分别为皇帝的首饰及服饰;“拟王者”即拟天子。 ⑧太仆少卿:一本“少卿”下有“致仕”二字,今补。 ⑨丙戌:八月无丙戌日。一本作“壬戌”,即十八日。 ⑩执政误引故事:指下文“加赞同中书门下二品”。依唐制,中书门下二省,只有中书令、侍中为正二品,侍郎则为正三品,即便是兼宰相之职,而官则仍依本品。 ⑪齐国公主:皇帝之女齐国公主为赵延寿妻。 ⑫牒:书札。

冬,十月,乙卯,范延光、冯赟奏:“西北诸胡卖马者往来如织[①],日用绢无虑五千匹,计耗国用什之七,请委缘边镇戍择诸胡所卖马良者给券,具数以闻。”从之。

戊午,以前武兴节度使孙岳为三司使。

范延光屡因孟汉琼、王淑妃以求出;庚申,以延光为成德节度使,以冯赟为枢密使。

帝以亲军都指挥使·河阳节度使·同平章事康义诚为朴忠,亲任之。时要近之官多求出以避秦王之祸,义诚度不能自脱,乃令其子事秦王,务以恭顺持两端,冀得自全。

权知夏州事李彝超上表谢罪,求昭雪;壬戌,以彝超为定难军节度使。

十一月,甲戌,上饯范延光,酒罢,上曰:“卿今远去,事宜尽言。”对曰:“朝廷大事,愿陛下与内外辅臣参决,勿听群小之言[②]。”遂相泣而别。时孟汉琼用事,附之者共为朋党以蔽惑上听,故延光言及之。

庚辰,改慎州怀化军[③]。置保顺军于洮州,领洮、鄯等州。

戊子,帝疾复作,己丑,大渐,秦王从荣入问疾,帝俯首不能举。王淑妃曰："从荣在此。"帝不应。从荣出，闻宫中皆哭，从荣意帝已殂，明旦，称疾不入。是夕，帝实小愈，而从荣不知。

从荣自知不为时论所与，恐不得为嗣，与其党谋，欲以兵入侍，先制权臣。辛卯，从荣遣都押牙马处钧谓朱弘昭、冯赟曰："吾欲帅牙兵入宫中侍疾，且备非常，当止于何所？"二人曰："王自择之。"既而私于处钧曰："主上万福[④]，王宜竭心忠孝，不可妄信人浮言。"从荣怒，复遣处钧谓二人曰："公辈殊不爱家族邪？何敢拒我！"二人患之，入告王淑妃及宣徽使孟汉琼，咸曰："兹事不得康义诚不可济[⑤]。"乃召义诚谋之，义诚竟无言，但曰："义诚将校耳，不敢预议，惟相公所使。"弘昭疑义诚不欲众中言之，夜，邀至私第问之，其对如初。

壬辰，从荣自河南府常服将步骑千人陈于天津桥。是日黎明，从荣遣马处钧至冯赟第，语之曰："吾今日决入，且居兴圣宫[⑥]。公辈各有宗族，处事亦宜详允，祸福在须臾耳。"又遣处钧诣康义诚，义诚曰："王来则奉迎。"

赟驰入右掖门，见弘昭、义诚、汉琼及三司使孙岳方聚谋于中兴殿门外，赟具道处钧之言，因让义诚曰："秦王言'祸福在须臾'，其事可知，公勿以儿在秦府，左右顾望！主上拔擢吾辈，自布衣至将相，苟使秦王兵得入此门，置主上何地？吾辈尚有遗种乎？"义诚未及对，监门白秦王已将兵至端门外。汉琼拂衣起曰："今日之事，危及君父，公犹顾望择利邪？吾何爱余生，当自帅兵拒之耳！"即入殿门，弘昭、赟随之，义诚不得已，亦随之入。

汉琼见帝曰："从荣反，兵已攻端门，须臾入宫，则大乱矣。"宫中相顾号哭，帝曰："从荣何苦乃尔！"问弘昭等："有诸？"对曰："有之，适已令门者阖门矣。"帝指天泣下，谓义诚曰："卿自处置，勿惊百姓！"控鹤指挥使李重吉，从珂之子也，时侍侧，帝曰："吾与尔父，冒矢石定天下，数脱吾于厄；从荣辈得何力，今乃为人所教，为此悖逆！我固知此曹不足付大事，当呼尔父授以兵柄耳。汝为我部闭诸门。"重吉即帅控鹤兵守宫门。孟汉琼被甲乘马，召马军都指挥使朱洪实，使将五百骑讨从荣。

从荣方据胡床[⑦]，坐桥上，遣左右召康义诚。端门已闭，叩左掖门，从门隙中窥之，见朱洪实引骑兵北来，走白从荣。从荣大惊，命取铁掩心擐之[8]，坐调弓矢。俄而骑兵大至，从荣走归府，僚佐皆窜匿，牙兵掠嘉善坊溃去。从荣与妃刘氏匿床下，皇城使安从益就斩之，并杀其子，以其首献。初，孙岳颇得豫内廷密谋，冯、朱患从荣狼伉[9]，岳尝为之极言祸福之归；康义诚恨之，至是，乘乱密遣骑士射杀之。帝闻从荣死，悲骇，几落御榻，绝而复苏者再，由是疾复剧。从荣一子尚幼，养宫中，诸将请除之，帝泣曰："此何罪！"不得已，竟与之。癸巳，冯道帅群臣入见帝于雍和殿，帝雨泣呜咽，曰："吾家事至此，惭见卿等！"

【注释】

①"西北诸胡"句：天成四年(929)四月，于沿边置场市党项马，以禁诣阙卖马。然而屡禁不止，以致"往来如织"。 ②内外辅臣、群小：内辅臣指枢密使；外辅臣指宰相；群小指孟汉琼及其党羽。 ③改慎州怀化军：胡三省认为下脱"为昭化军"四字。 ④万福：称人起居无恙为万福。 ⑤不得康义诚不可济：康义诚当时总管侍卫亲军，故有此言。 ⑥兴圣宫：为明宗皇帝继位前所居之宫，李从荣亦欲效法之。⑦胡床：也叫交椅、交床，是一种可以折叠的轻便坐具。因从胡地传入，故名。 ⑧铁掩心：一种护胸甲。 ⑨狼伉：一作"狼抗"，骄傲、乖戾。

宋王从厚为天雄节度使；甲午，遣孟汉琼征从厚，且权知天雄军府事。

丙申，追废从荣为庶人。执政共议从荣官属之罪，冯道曰："从荣所亲者高辇、刘陟、王说而已，任赞到官才半月，王居敏、司徒诩在病告已半年，岂豫其谋！居敏尤为从荣所恶，昨举兵向阙之际，与辇、陟并辔而行，指日景曰：'来日及今，已诛王詹事矣[1]。'自非与之同谋者，岂得一切诛之乎！"朱弘昭曰："使从荣得入光政门，赞等当如何任使，而吾辈犹有种乎！且首从差一等耳，今首已孥戮而从皆不问，主上能不以吾辈为庇奸人乎！"冯赟力争之，始议流贬。时咨议高辇已伏诛。丁酉，元帅府判官、兵部侍郎任赞、秘书监兼王傅刘瓒、友苏瓒、记室鱼崇远、河南少尹刘陟、判官司徒诩、推官王说等八人并长流，河南巡官李澣、江文蔚等六人勒归田里，六军判官·太子詹事王居敏、推官郭晙并贬官。澥，回之族曾孙也[2]；诩，贝州人；文蔚，建安人也。文蔚奔吴，徐知诰厚礼之。

初，从荣失道，六军判官、司谏郎中赵远谏曰："大王地居上嗣，当勤修令德，奈何所为如是！勿谓父子至亲为可恃，独不见恭世子、戾太子乎[3]！"从荣怒，出为泾州判官；及从荣败，远以是知名。远，字上交，幽州人也。

戊戌，帝殂。帝性不猜忌，与物无竞，登极之年已逾六十，每夕于宫中焚香祝天曰："某胡人，因乱为众所推[4]；愿天早生圣人，为生民主。"在位年谷屡丰，兵革罕用，校于五代，粗为小康。

辛丑，宋王至洛阳。

闽主尊鲁国太夫人黄氏为皇太后。

闽主好鬼神，巫盛韬等皆有宠。薛文杰言于闽主曰："陛下左右多奸臣，非质诸鬼神，不能知也。盛韬善视鬼，宜使察之。"闽主从之。文杰恶枢密使吴勖[5]，勖有疾，文杰省之，曰："主上以公久疾，欲罢公近密，仆言公但小苦头痛耳，将愈矣。主上或遣使来问，慎勿以他疾对也。"勖许诺。明日，文杰使韬言于闽主曰："适见北庙崇顺王讯吴勖谋反，以铜钉钉其脑，金椎击之。"闽主以告文杰，文杰曰："未可信也，宜遣使问之。"果以头痛对，即收下狱，遣文杰及狱吏杂治之，勖自诬服，并其妻子诛之。由是国人益怒。

吴光请兵于吴，吴信州刺史蒋延徽不俟朝命，引兵会光攻建州，闽主遣使求救于吴越。

十二月，癸卯朔，始发明宗丧，宋王即皇帝位[6]。

秦王从荣既死，朱洪实妻入宫，司衣王氏与之语及秦王[7]，王氏曰："秦王为人子，不在左右侍疾，致人归祸，是其罪也；若云大逆，则厚诬矣。朱司徒最受王恩[8]，当时不为之辨，惜哉！"洪实闻之，大惧，与康义诚以其语白闵帝[9]，且言王氏私于从荣，为之诇宫中事，辛亥，赐王氏死。事连王淑妃，淑妃素厚于从荣，帝由是疑之。

丙辰，以天雄左都押牙宋令询为磁州刺史。朱弘昭以诛秦王立帝为己功，欲专朝政；令询侍帝左右最久，雅为帝所亲信，弘昭不欲旧人在帝侧，故出之。帝不悦而无之何[10]。

闽彩绘文官俑

孟知祥闻明宗殂，谓僚佐曰："宋王幼弱，为政者皆胥史小人，其乱可坐俟也。"

辛未，帝始御中兴殿。帝自终易月之制[11]，即召学士读《贞观政要》《太宗实录》，有致治之志；然不知其要，宽柔少断。李愚私谓同列曰："吾君延访，鲜及吾辈，位高责重，事亦堪忧。"众惕息不敢应。

顺化节度使、同平章事、判明州钱元珦骄纵不法，每请事于王府不获，辄上书悖慢。尝怒一吏，置铁床炙之，臭满城郭。吴王元瓘遣牙将仰仁诠诣明州召之，仁诠左右虑元珦难制，劝为之备，仁诠不从，常服径造听事。元珦见仁诠至，股栗，遂还钱塘，幽于别第。仁诠，湖州人也。

闽主改福州为长乐府。

亲从都指挥使王仁达有擒王延禀之功[12]，性慷慨，言事无所避。闽主恶之，尝私谓左右曰："仁达智有余，吾犹能御之，非少主臣也。"至是，竟诬以叛，族诛之。

初，马希声、希范同日生。希声母曰袁德妃，希范母曰陈氏。希范怨希声先立不让，及嗣位，不礼于袁德妃。希声母弟希旺为亲从都指挥使，希范多谴责之；袁德妃请纳希旺官为道士，不许，解其军职，使居竹屋草门，不得预兄弟燕集。德妃卒，希旺忧愤而卒。

【注释】

①王詹事：指秦王府詹事王居敏，称其官名。 ②回：李回，唐朝

武宗时宰相。 ③恭世子、戾太子：春秋时晋献公太子申生，为骊姬陷害而自缢身亡，后谥为恭，人称恭世子；西汉武帝太子刘据，为幸臣江充所陷害，举兵自卫，后兵败逃亡自杀，谥为戾，人称戾太子。 ④因乱为众所推：参见本书卷第二百七十四天成元年(926)。 ⑤吴勖：欧阳修《新五代史》作“吴英”；吴勖本是闽主的亲信官吏，因典掌机要，所以薛文杰恶之。 ⑥宋王：李从厚(914—934)，后唐明宗第五子，一说为第三子。 ⑦“司衣王氏”句：司衣，官名，属尚服局，掌宫内御服、首饰，一本“王氏”下有“与之”二字，今补。 ⑧朱司徒：朱洪实官加检校司徒，故以其官名称之。 ⑨闵帝：指新继位的李从厚。 ⑩无之何：一本“无”下有“如”字。 ⑪易月之制：一种传统丧制，以日代月，二十七日丧期服满。 ⑫有擒王延禀之功：王仁达擒王延禀见上卷长兴二年(931)四月。

潞　王　上[①]

清泰元年[②]　春，正月，戊寅，闵帝大赦，改元应顺。

壬午，加河阳节度使兼侍卫都指挥使康义诚兼侍中，判六军诸卫事。

朱弘昭、冯赟忌侍卫马军都指挥使安彦威[③]、侍卫步军都指挥使、忠正节度使张从宾，甲申，出彦威为护国节度使，以捧圣马军都指挥使朱洪实代之；出从宾为彰义节度使，以严卫步军都指挥使皇甫遇代之。彦威，崞人；遇，真定人也。

戊子，枢密使、同平章事朱弘昭、同中书门下二品冯赟、河东节度使兼侍中石敬瑭并兼中书令。赟以超迁太过，坚辞不受；己丑，改兼侍中。

壬辰，以荆南节度使高从诲为南平王，武安、武平节度使马希范为楚王。

甲午，以镇海、镇东节度使吴王元瓘为吴越王。

吴徐知诰别治私第于金陵，乙未，迁居私第，虚府舍以待吴主。

凤翔节度使兼侍中潞王从珂，与石敬瑭少从明帝征伐，有功名，得众心；朱弘昭、冯赟位望素出二人下远甚，一旦执朝政，皆忌之[4]。明宗有疾，潞王屡遣其夫人入省侍；及明宗殂，潞王辞疾不来，使臣至凤翔者或自言伺得潞王阴事。时潞王长子重吉为控鹤都指挥使，朱、冯不欲其典禁兵，己亥，出为亳州团练使。潞王有女惠明为尼，在洛阳，亦召入禁中。潞王由是疑惧。

吴蒋延徽败闽兵于浦城，遂围建州，闽主璘遣上军使张彦柔[5]、骠骑大将军王延宗将兵万人救建州。延宗军及中涂，士卒不进，曰："不得薛文杰，不能讨贼。"延宗驰使以闻，国人震恐。太后及福王继鹏泣谓璘曰："文杰盗弄国权，枉害无辜，上下怨怒久矣。今吴兵深入，士卒不进，社稷一旦倾覆，留文杰何益！"文杰亦在侧，互陈利害。璘曰："吾无如卿何，卿自为谋。"文杰出，继鹏伺之于启圣门外，以笏击之仆地[6]，槛车送军前，市人争持瓦砾击之。文杰善术数，自云过三日则无患。部送者闻之，倍道兼行，二日而至，士卒见之踊跃，脔食之；闽主亟遣赦之，不及。初，文杰以为古制槛车疏阔，更为之，形如木匮，攒以铁铓，内向，动辄触之。车成，文杰首自入焉。并诛盛韬。

蒋延徽攻建州垂克，徐知诰以延徽吴太祖之婿[7]，与临川王濛素善，恐其克建州奉濛以图兴复，遣使召之。延徽亦闻闽兵及吴越兵将至，引兵归；闽人追击，败之，士卒死亡甚众，归罪于都虞候张重进，斩之。知诰贬延徽为右威卫将军，遣使求好于闽。

闰月，以左谏议大夫唐汭、膳部郎中·知制诰陈乂皆为给事中，充枢密直学士。汭以文学从帝，历三镇在幕府[8]。及即位，将佐之有才者，朱、冯皆斥逐之。汭性迂疏，朱、冯恐帝含怒有时而发，乃引汭于密近，以其党陈乂监之。

丙午，尊皇后为皇太后[9]。

安远节度使符彦超奴王希全、任贺儿见朝廷多事，谋杀彦超，据安州附于吴，夜，叩门称有急递，彦超出至听事[10]，二奴杀之，因以彦超之命召诸将，有不从己者辄杀之。己酉旦，副使李端帅州兵讨诛之，并其党。

甲寅，以王淑妃为太妃。

蜀将吏劝蜀王知祥称帝；己巳，知祥即皇帝位于成都。

【注释】

①潞王：即李从珂（885—936），镇州平山（治今河北平山县）人，本姓王，明宗早年为将时在平山掠得之，收为养子。及长，因有战功于唐，被封为潞王。934年即位，后世称为末帝。 ②清泰：末帝李从珂的年号。此年四月始改元清泰，见下卷元年（934）四月乙酉。 ③都指挥使：一本“使”下有“宁国节度使”五字。 ④皆忌之：忌李从珂和石敬瑭。⑤上军使：闽国所置官名，有上军使、中军使、下军使。 ⑥笏（hù 户）：古代朝会时所执的手板，有事则书于上，以备遗忘。常用象牙或竹加工而成。 ⑦吴太祖：指杨行密。 ⑧历三镇：后唐闵帝于开成三年（838）镇宣武，四年（839）镇河东，长兴元年（930）徙镇天雄。 ⑨皇后：指明宗曹皇后。 ⑩听事：又称厅事，官府办公的地方。

资治通鉴卷第二百七十九

后唐纪八　起阏逢敦牂二月，尽旃蒙协洽，凡一年有奇。

潞　王　下

清泰元年　二月，癸酉，蜀主以武泰节度使赵季良为司空兼门下侍郎、同平章事，领节度使如故。

吴人多不欲迁都者[①]，都押牙周宗言于徐知诰曰："主上西迁，公复须东行，不惟劳费甚大，且违众心。"丙子，吴主遣宋齐丘如金陵，谕知诰罢迁都。

先是，知诰久有传禅之志，以吴主无失德，恐众心不悦，欲待嗣君；宋齐丘亦以为然。一旦，知诰临镜镊白髭[②]，叹曰："国家安而吾老矣，奈何？"周宗知其意，请如江都，微以传禅讽吴主，且告齐丘。齐丘以宗先己，心疾之，遣使驰诣金陵，手书切谏，以为天时人事未可；知诰愕然。后数日，齐丘至，请斩宗以谢吴主，乃黜宗为池州副使[③]。久之，节度副使李建勋、行军司马徐玠等屡陈知诰功业，宜早从民望，召宗复为都押牙。知诰由是疏齐丘。

朱弘昭、冯赟不欲石敬瑭久在太原，且欲召孟汉琼，己卯，徙成德节度使范延光为天雄节度使，代汉琼；徙潞王从珂为河东节度使，兼北都留守；徙石敬瑭为成德节度使。皆不降制书，但各遣使臣持宣监送赴镇[④]。

吴主诏徐知诰还府舍。甲申，金陵大火；乙酉，又火。知诰疑有变，勒兵自卫[⑤]。

潞王既与朝廷猜阻，朝廷又命洋王从璋权知凤翔。从璋性粗率乐祸，前代安重诲镇河中，手杀之；潞王闻其来，尤恶之，欲拒命则兵弱粮少，不知所为，谋于将佐，皆曰："主上富于春秋，政事出于朱、冯，大王功名震主，离镇必无全理，不可受也。"王问观察判官滴河马胤孙曰："今道过京师，当何向为便?"对曰："君命召，不俟驾。临丧赴镇，又何疑焉！诸人凶谋，不可从也。"众哂之[⑥]。王乃移檄邻道，言："朱弘昭等乘先帝疾亟，杀长立少，专制朝权，别疏骨肉，动摇藩垣[⑦]，惧倾覆社稷。今从珂将入朝以清君侧之恶，而力不能独办，愿乞灵邻藩以济之。"

潞王以西都留守王思同当东出之道[⑧]，尤欲与之相结，遣推官郝诩、押牙朱廷乂等相继诣长安，说以利害，饵以美妓，不从则令就图之。思同谓将吏曰："吾受明宗大恩，今与凤翔同反，借使事成而荣，犹为一时之叛臣，况事败而辱，流千古之丑迹乎！"遂执诩等，以状闻。时潞王使者多为邻道所执，不则依阿操两端，惟陇州防御使相里金倾心附之，遣判官薛文遇往来计事。金，并州人也。

朝廷议讨凤翔。康义诚不欲出外，恐失军权，请以王思同为统帅，以羽林都指挥使侯益为行营马步军都虞候。益知军情将变，辞不行[⑨]；执政怒之，出为商州刺史。辛卯，以王思同为西面行营马步军都部署，前静难节度使药彦稠副之，前绛州刺史苌从简为马步都虞候，严卫步军左厢指挥使尹晖、羽林指挥使杨思权等皆为偏裨。晖，魏州人也。

蜀主以中门使王处回为枢密使。

丁酉，加王思同同平章事，知凤翔行府；以护国节度使安彦威为西面行营都监。思同虽有忠义之志，而御军无法；潞王老于行阵，将士徼幸富贵者心皆向之。诏遣殿直楚匡祚执亳州团练使李重吉[⑩]，幽于宋州。洋王从璋行至关西，闻凤翔拒命而还。

【注释】

①不欲迁都：迁都之议始于上卷长兴四年(933)五月。　②髭(zī 兹)：嘴上边的胡子。胡子在口上为髭，口下为须，两颊为髯。　③池州副使：即池州团练副使。　④使臣持宣：使臣即诸司使西班中的大使臣或小使臣；宣，枢密院所行文书称宣。　⑤"勒兵自卫"句：一本此句下

有“己丑，复入府舍”六字。 ⑥哂（shěn 审）：微笑，讥笑。 ⑦动摇藩垣：指易置石敬瑭和潞王本人。 ⑧东出之道：自凤翔到洛阳，道出长安。 ⑨辞不行：一本作“辞疾不行”，“辞疾不行”为妥。 ⑩李重吉：潞王李从珂长子。

三月，安彦威与山南西道张虔钊、武定孙汉韶、彰义张从宾、静难康福等五节度使奏合兵讨凤翔。汉韶，李存进之子也。

乙卯，诸道兵大集于凤翔城下攻之，克东西关城，城中死者甚众。丙辰，复进攻城，期于必取。凤翔城堑卑浅，守备俱乏，众心危急，潞王登城泣谓外军曰：“吾未冠从先帝百战，出入生死，金创满身，以立今日之社稷；汝曹从我，目睹其事。今朝廷信任谗臣，猜忌骨肉，我何罪而受诛乎！”因恸哭。闻者哀之。

张虔钊性褊急，主攻城西南，以白刃驱士卒登城，士卒怒，大诟，反攻之，虔钊跃马走免，杨思权因大呼曰：“大相公[1]，吾主也。”遂帅诸军解甲投兵，请降于潞王，自西门入，以幅纸进潞王曰：“愿王克京城日，以臣为节度使，勿以为防、团。”潞王即书“思权可邠宁节度使”授之[2]。王思同犹未之知，趣士卒登城，尹晖大呼曰：“城西军已入城受赏矣。”众争弃甲投兵而降，其声震地。日中，乱兵悉入，外军亦溃，思同等六节度使皆遁去[3]。潞王悉敛城中将吏士民之财以犒军，至于鼎釜皆估直以给之。丁巳，王思同、药彦稠等走至长安，西京副留守刘遂雍闭门不内，乃趣潼关。遂雍，鄩之子也。

潞王建大将旗鼓，整众而东，以孔目官虞城刘延朗为腹心[4]。潞王始忧王思同等并力据长安拒守，至岐山，闻刘遂雍不内思同，甚喜，遣使慰抚之，遂雍悉出府库之财于外，军士前至者即给赏令过；比潞王至，前军赏遍，皆不入城。庚申，潞王至长安，遂雍迎谒，率民财以充赏。

是日，西面步军都监王景从等自军前奔还，中外大骇。帝不知所为，谓康义诚等曰：“先帝弃万国，朕外守藩方[5]，当是之时，为嗣者在诸公所取耳，朕实无心与人争国。既承大业，年在幼冲，国事皆委诸公。朕于兄弟间不至榛梗[6]，诸公以社稷大计见告，朕何敢违！军兴之初，皆自夸大，以为寇不足平；今事至于此，何方可以转祸？朕欲自迎潞王，以大位让之，若不免于罪，亦所甘心。"朱弘昭、冯赟大惧，不敢对。义诚欲悉以宿卫兵迎降为己功，乃曰："西师惊溃，盖主将失策耳。今侍卫诸军尚多，臣请自往扼其冲要，招集离散以图后效，幸陛下勿为过忧！"帝遣使召石敬瑭，欲令将兵拒之。义诚固请自行，帝乃召将士慰谕，空府库以劳之，许以平凤翔，人更赏二百缗，府库不足，当以宫中服玩继之。军士益骄，无所畏忌，负赐物，扬言于路曰："至凤翔更请一分。"

遣楚匡祚杀李重吉于宋州；匡祚榜棰重吉，责其家财。又杀尼惠明⑦。

初，马军都指挥使朱洪实为秦王从荣所厚，及朱弘昭为枢密使，洪实以宗兄事之；从荣勒兵天津桥，洪实首为孟汉琼击从荣，康义诚由是恨之⑧。辛酉，帝亲至左藏⑨，给将士金帛。义诚、洪实共论用兵利害，洪实欲以禁军固守洛阳，曰："如此，彼亦未敢径前，然后徐图进取，可以万全。"义诚怒曰："洪实为此言，欲反邪！"洪实曰："公自欲反，乃谓谁反！"其声渐厉。帝闻，召而讯之，二人讼于帝前，帝不能辨其是非，遂斩洪实，军士益愤怒。

壬戌，潞王至昭应，闻前军获王思同，王曰："思同虽失计，然尽心所奉，亦可嘉也。"癸亥，至灵口，前军执思同以至，王责让之，对曰："思同起行间，先帝擢之，位至节将，常愧无功以报大恩。非不知附大王立得富贵，助朝廷自取祸殃，但恐死之日无面目见先帝于泉下耳。败而衅鼓⑩，固其所也。请早就死！"王为之改容，曰："公且休矣。"王欲宥之，而杨思权之徒耻见其面。王之过长安，尹晖尽取思同家资及妓妾，屡言于刘延朗曰："若留思同，虑失士心。"属王醉，不待报，擅杀思同及其妻子。王醒，怒延朗，嗟惜者累日。

【注释】

①大相公：指潞王李从珂。李从珂虽为明宗养子，但在明宗诸子中年岁最长，故称之。 ②邠宁：方镇名。号静难军。治今陕西彬县。③六节度使：据下文，此六节度使除以上所言五节度使之外，尚有副都部署、前静难节度使药彦稠。 ④孔目官：官名。掌文书簿记图籍的属吏。

因官府大小众事一孔一目皆经其手，故称。 ⑤外守藩方：指其镇守天雄军。 ⑥榛（zhēn 真）梗：榛为灌木或小乔木。榛梗指阻塞不通。 ⑦尼惠明：尼姑惠明为李从珂之女，其被召入宫中见上卷本年（934）正月。 ⑧康义诚由是恨之：康义诚曾暗许迎降秦王李从荣，而朱洪实击之，故恨之。 ⑨左藏：官库名。为国库，掌钱帛、四方贡赋等。 ⑩衅鼓：古代新鼓制成，杀牲以祭，用血涂抹缝隙，称衅鼓。这里指被杀。

癸亥，制以康义诚为凤翔行营都招讨使，以王思同副之。

甲子，潞王至华州，获药彦稠，囚之。乙丑，至阌乡[1]。朝廷前后所发诸军，遇西军皆迎降，无一人战者。丙寅，康义诚引侍卫兵发洛阳，诏以侍卫马军指挥使安从进为京城巡检；从进已受潞王书，潜布腹心矣。

是日，潞王至灵宝，护国节度使安彦威、匡国节度使安重霸皆降，惟保义节度使康思立谋固守陕城以俟康义诚。先是，捧圣五百骑戍陕西，为潞王前锋，至城下，呼城上人曰："禁军十万已奉新帝，尔辈数人奚为！徒累一城人涂地耳。"于是捧圣卒争出迎，思立不能禁，不得已亦出迎。

丁卯，潞王至陕，僚佐说王曰："今大王将及京畿，传闻乘舆已播迁[2]，大王宜少留于此，先移书慰安京城士庶。"王从之，移书谕洛阳文武士庶，惟朱弘昭、冯赟两族不赦外，自余勿有忧疑。

康义诚军至新安，所部将士自相结，百什为群，弃甲兵，争先诣陕降，累累不绝。义诚至乾壕，麾下才数十人；遇潞王候骑十余人，义诚解所佩弓剑为信，因候骑请降于潞王。

戊辰，闵帝闻潞王至陕，义诚军溃，忧骇不知所为，急遣使召朱弘昭谋所向[3]，弘昭曰："急召我，欲罪之也。"赴井死。安从进闻弘昭死，杀冯赟于第，灭其族，传弘昭、赟首于潞王。帝欲奔魏州，召孟汉琼使诣魏州为先置；汉琼不应召，单骑奔陕。

初，帝在藩镇，爱信牙将慕容迁，及即位，以为控鹤指挥使；帝将北渡河，密与之谋，使帅部兵守玄武门[4]。是夕，帝以五十骑出玄武门，谓迁曰："朕且幸魏州，徐图兴复，汝帅有马控鹤从我。"迁曰："生死从大家。"乃阳为团结；帝既出，即阖门不行。

己巳，冯道等入朝，及端门，闻朱、冯死，帝已北走；道及刘昫欲归，李愚曰：“天子之出，吾辈不预谋。今太后在宫，吾辈当至中书，遣小黄门取太后进止[⑤]，然后归第，人臣之义也。”道曰：“主上失守社稷，人臣惟君是奉，无君而入宫城[⑥]，恐非所宜。潞王已处处张榜，不若归俟教令。”乃归。至天宫寺，安从进遣人语之曰：“潞王倍道而来，且至矣，相公宜帅百官至谷水奉迎[⑦]。”乃止于寺中，召百官。中书舍人卢导至，冯道曰：“俟舍人久矣，所急者劝进文书，宜速具草。”导曰：“潞王入朝，百官班迎可也；设有废立，当俟太后教令，岂可遽议劝进乎？”道曰：“事当务实。”导曰：“安有天子在外，人臣遽以大位劝人者邪！若潞王守节北面，以大义见责，将何辞以对！公不如帅百官诣宫门，进名问安，取太后进止，则去就善矣。”道未及对，从进屡遣人趣之曰：“潞王至矣，太后、太妃已遣中使迎劳矣，安得百官无班！”道等即纷然而去。既而潞王未至，三相息于上阳门外[⑧]，卢导过于前，道复召而语之，导对如初。李愚曰：“舍人之言是也。吾辈之罪，擢发不足数。”

冯道像

康义诚至陕待罪，潞王责之曰：“先帝晏驾，立嗣在诸公；今上亮阴[⑨]，政事出诸公，何为不能终始，陷吾弟至此乎？”义诚大惧，叩头请死。王素恶其为人，未欲遽诛，且宥之。马步都虞候苌从简、左龙武统军王景戡皆为部下所执，降于潞王，东军尽降。潞王上笺于太后取进止，遂自陕而东。

【注释】

①阌乡：地名。治今河南灵宝市。　②播迁：流离迁徙。一般用于尊贵者。　③急遣使：一本作"急遣中使"。　④玄武门：京师洛阳宫城北门。　⑤小黄门：宦官名。一种资浅位卑的宦官，掌关通中宫内外。　⑥入宫城：后唐两京，三省及寺监均在宫城之内，故"至中书"就是"入宫城"。　⑦谷水：水名。在洛阳城西，即今河南洛河支流涧水及其上游渑池南渑水。　⑧三相：指冯道、李愚、刘昫。　⑨亮阴：帝王居丧。常称帝王亮阴，三年不言。亦作谅阴、谅(亮)阁。

夏，四月，庚午朔，未明，闵帝至卫州东数里，遇石敬瑭；帝大喜，问以社稷大计，敬瑭曰："闻康义诚西讨，何如？陛下何为至此？"帝曰："义诚亦叛去矣。"敬瑭俯首长叹数四，曰："卫州刺史王弘贽，宿将习事，请与图之。"乃往见弘贽问之，弘贽曰："前代天子播迁多矣，然皆有将相、侍卫、府库、法物[①]，使群下有所瞻仰；今皆无之，独以五十骑自随，虽有忠义之心，将若之何？"敬瑭还，见帝于卫州驿，以弘贽之言告。弓箭库使沙守荣、奔洪进前责敬瑭曰："公明宗爱婿，富贵相与共之，忧患亦宜相恤。今天子播越[②]，委计于公，冀图兴复，乃以此四者为辞[③]，是直欲附贼卖天子耳！"守荣抽佩刀欲刺之，敬瑭亲将陈晖救之，守荣与晖斗死，洪进亦自刎。敬瑭牙内指挥使刘知远引兵入，尽杀帝左右及从骑，独置帝而去。敬瑭遂趣洛阳。

是日，太后令内诸司至乾壕迎潞王，王亟遣还洛阳。

初，潞王罢河中，归私第[④]，王淑妃数遣孟汉琼存抚之。汉琼自谓于王有旧恩，至渑池西，见王大哭，欲有所陈，王曰："诸事不言可知。"仍自预从臣之列，王即命斩于路隅。

山南西道节度使张虔钊之讨凤翔也，留武定节度使孙汉韶守兴元。虔钊既败，奔归兴元，与汉韶举两镇之地降于蜀；蜀主命奉銮肃卫马步都指挥使、昭武节度使李肇将兵五千还利州，右匡圣马步都指挥使、宁江节度使张业将兵一万屯大漫天以迎之。

壬申，潞王至蒋桥，百官班迎于路，传教以未拜梓宫[⑤]，未可相见。冯道等皆上笺劝进。王入谒太后、太妃，诣西宫，伏梓宫恸哭，自陈诣阙之由。冯道帅百官班见，拜；王答拜。道等复上笺劝进，王立谓道等曰："予之此行，事非获已。俟皇帝归阙，园寝礼终，当还守藩服；群公遽言及此，甚无谓也！"

癸酉，太后下令废少帝为鄂王[6]，以潞王知军国事，权以书诏印施行[7]。百官诣至德宫门待罪，王命各复其位。甲戌，太后令潞王宜即皇帝位；乙亥，即位于柩前。

帝之发凤翔也，许军士以入洛人赏钱百缗。既至，问三司使王玫以府库之实，对有数百万在。既而阅实，金、帛不过三万两、匹；而赏军之费计应用五十万缗。帝怒，玫请率京城民财以足之，数日，仅得数万缗，帝谓执政曰："军不可不赏，人不可不恤，今将奈何？"执政请据屋为率[8]，无问士庶自居及僦者，预借五月僦直，从之。

王弘贽迁闵帝于州廨，帝遣弘贽之子殿直峦往鸩之。戊寅，峦至卫州谒见，闵帝问来故，不对。弘贽数进酒，闵帝知其有毒，不饮，峦缢杀之。

闵帝性仁厚，于兄弟敦睦，虽遭秦王忌疾，闵帝坦怀待之，卒免于患[9]。及嗣位，于潞王亦无嫌，而朱弘昭、孟汉琼之徒横生猜间，闵帝不能违，以致祸败焉。

孔妃尚在宫中，王峦既还，潞王使人谓之曰[10]："重吉辈何在？"遂杀妃，并其四子。

闵帝之在卫州也，惟磁州刺史宋令询遣使问起居，闻其遇害，恸哭半日，自经死。

己卯，石敬瑭入朝。

庚辰，以刘昫判三司。

辛巳，蜀大赦，改元明德。

帝之起凤翔也，召兴州刺史刘遂清，迟疑不至。闻帝入洛，乃悉集三泉、西县、金牛、桑林戍兵以归，自散关以南城镇悉弃之，皆为蜀人所有。癸未，入朝，帝欲治其罪，以其能自归，乃赦之。遂清，鄩之侄也。

甲申，蜀将张业将兵入兴元、洋州。

【注释】

①法物:帝王仪仗队所用的器物。 ②播越:即“播迁”义,流离迁徙。 ③此四者:指王弘贽所言无将相、侍卫、府库、法物。 ④罢河中,归私第:见本书卷第二百七十七长兴元年(930)四月。 ⑤传教以未拜梓宫:传教,即传令,王所下令为教;梓宫,帝后所用以梓木制的棺材,亦代指灵柩。 ⑥少帝:即闵帝。 ⑦权以书诏印施行:书诏印即皇帝画可所用之印。因闵帝出行时把主要玺印全部带走,所以只好“权以书诏印施行”。 ⑧率:计算。 ⑨卒免于患:事见上卷明宗长兴三年(932)。 ⑩潞王:按照史书体例,此处当称“帝”。

乙酉,改元[①],大赦。

丁亥,以宣徽南院使郝琼权判枢密院,前三司使王玫为宣徽北院使,凤翔节度判官韩昭胤为左谏议大夫、充端明殿学士。

戊子,斩河阳节度使、判六军诸卫兼侍中康义诚,灭其族。

己丑,诛药彦稠。

庚寅,释王景戡、苌从简。

有司百方敛民财,仅得六万,帝怒,下军巡使狱,昼夜督责,囚系满狱,贫者至自经、赴井[②]。而军士游市肆皆有骄色,市人聚诟之曰:“汝曹为主力战,立功良苦,反使我辈鞭胸杖背,出财为赏,汝曹犹扬扬自得,独不愧天地乎!”

是时,竭左藏旧物及诸道贡献,乃至太后、太妃器服簪珥皆出之[③],才及二十万缗,帝患之,李专美夜直[④],帝让之曰:“卿名有才,不能为我谋此,留才安所施乎!”专美谢曰:“臣驽劣,陛下擢任过分,然军赏不给,非臣之责也。窃思自长兴之季[⑤],赏赉亟行,卒以是骄;继以山陵及出师,帑藏遂涸。虽有无穷之财,终不能满骄卒之心,故陛下拱手于危困之中而得天下。夫国之存亡,不专系于厚赏,亦在修法度,立纪纲。陛下苟不改覆车之辙,臣恐徒困百姓,存亡未可知也。今财力尽于此矣,宜据所有均给之,何必践初言乎!”帝以为然。壬辰,诏禁军在凤翔归命者,自杨思权、尹晖等各赐二马、一驼、钱七十缗,下至军人钱二十缗,其在京者各十缗。军士无厌,犹怨望,为谣言曰:“除去菩萨[⑥],扶立生铁。”以闵帝仁弱,帝刚严,有悔心故也。

丙申,葬圣德和武钦孝皇帝于徽陵[⑦],庙号明宗。帝衰绖护从至陵所,宿焉。

五月,丙午,以韩昭胤为枢密使,以庄宅使刘延朗为枢密副使,权知枢密院房暠为宣徽北院使。暠,长安人也。

帝与石敬瑭皆以勇力善斗,事明宗为左右;然心竞,素不相悦。帝即位,敬瑭不得已入朝,山陵既毕,不敢言归。时敬瑭久病羸瘠,太后及魏国公主屡为之言[⑧];而凤翔旧将佐多劝帝留之,惟韩昭胤、李专美以为赵延寿在汴[⑨],不宜猜忌敬瑭。帝亦见其骨立,不以为虞,乃曰:"石郎不惟密亲,兼自少与吾同艰难;今我为天子,非石郎尚谁托哉!"乃复以为河东节度使。

戊午,以陇州防御使相里金为保义节度使。

丁未,阶州刺史赵澄降蜀。

戊申,以羽林军使杨思权为静难节度使[⑩]。

己酉,张虔钊、孙汉韶举族迁于成都。

庚戌,以司空兼门下侍郎、同平章事冯道同平章事,充匡国节度使。

以天雄节度使兼侍中范延光为枢密使。

帝之起凤翔也,悉取天平节度使李从曮家财甲兵以供军[⑪]。将行,凤翔之民遮马请复以从曮镇凤翔,帝许之,至是,徙从曮为凤翔节度使。

初,明宗为北面招讨使,平卢节度使房知温为副都部署,帝以别将事之,尝被酒忿争,拔刃相拟。及帝举兵入洛,知温密与行军司马李沖谋拒之,沖请先奉表以观形势,还,言洛中已安定,知温惧,壬戌[⑫],入朝谢罪,帝优礼之。知温贡献甚厚。

吴镇南节度使、守中书令东海康王徐知询卒。

蜀人取成州。

【注释】

①改元:改元清泰。 ②至自经:一本"至"上有"贫者"二字,今补。 ③簪珥:簪为头饰,珥为耳饰。 ④李专美:本为凤翔掌书记,当时任枢密直学士。 ⑤长兴:后唐明宗年号,930—933年。 ⑥菩萨:指

闵帝,闵帝小字菩萨。 ⑦徽陵:在河南府洛阳县,即今河南洛阳市东北。 ⑧魏国公主:明宗之女,曹太后所生,为石敬瑭之妻。 ⑨以为赵延寿在汴:赵延寿当时任宣武节度使,逼近京师。其父赵德钧在幽州,拥有强兵。建言者认为,若猜忌石敬瑭,赵延寿一定会因恐惧而生异心。 ⑩杨思权为静难节度使:此为兑现当初凤翔所书之言。静难节度使初名邠宁节度使。 ⑪家财甲兵以供军:李从曮自其父李茂贞以来两世镇凤翔,家资甚富,李从曮虽移镇,但其家财甲兵仍在故地。 ⑫壬戌:一本"壬戌"上有"知温惧"三字,今补。

六月,甲戌,以皇子左卫上将军重美为成德节度使、同平章事,兼河南尹,判六军诸卫事。

文州都指挥使成延龟举州附蜀。

吴徐知诰将受禅,忌昭武节度使兼中书令临川王濛[①],遣人告濛藏匿亡命,擅造兵器;丙子,降封历阳公,幽于和州,命控鹤军使王宏将兵二百卫之。

刘昫与冯道昏姻。昫性苛察,李愚刚褊;道既出镇,二人论议多不合,事有应改者,愚谓昫曰:"此贤亲家所为,更之不亦便乎!"昫恨之,由是动成忿争,至相诟骂,各欲非时求见,事多凝滞。帝患之,欲更命相,问所亲信以朝臣闻望宜为相者,皆以尚书左丞姚𫖮、太常卿卢文纪、秘书监崔居俭对;论其才行,互有优劣。帝不能决,乃置其名于琉璃瓶,夜焚香祝天,且以箸挟之,首得文纪,次得𫖮。秋,七月,辛亥,以文纪为中书侍郎、同平章事。居俭,荛之子也。

帝欲杀楚匡祚[②],韩昭胤曰:"陛下为天下父,天下之人皆陛下子,用法宜存至公,匡祚受诏检校重吉家财,不得不尔。今族匡祚,无益死者,恐不厌众心。"乙卯,长流匡祚于登州。

丁巳,立沛国夫人刘氏为皇后。

回鹘入贡者多为河西杂虏所掠[③],诏将军牛知柔帅禁兵卫送,与邠州兵共讨之。

吴徐知诰召右仆射兼中书侍郎、同平章事宋齐丘还金陵,以为诸道都统判官,加司空,于事皆无所关预[④],齐丘屡请退居,知诰以南园给之。

护国节度使洋王从璋,归德节度使泾王从敏,皆罢镇居洛阳私第,帝待之甚薄;从敏在宋州预杀重吉,帝尤恶之。尝侍宴禁中,酒酣,顾二王曰:“尔等皆何物,辄据雄藩!”二王大惧,太后叱之曰:“帝醉矣,尔曹速去!”

蜀置永平军于雅州⑤,以孙汉韶为节度使。复以张虔钊为山南西道节度使、同平章事;虔钊固辞不行。

蜀主得风疾逾年,至是增剧;甲子,立子东川节度使、同平章事、亲卫马步都指挥使仁赞为太子,仍监国。召司空·同平章事赵季良、武信节度使李仁罕、保宁节度使赵廷隐、枢密使王处回、捧圣控鹤都指挥使张公铎、奉銮肃卫指挥副使侯弘实受遗诏辅政。是夕殂,秘不发丧。

王处回夜启义兴门告赵季良,处回泣不已,季良正色曰:“今强将握兵⑥,专伺时变,宜速立嗣君以绝觊觎,岂可但相泣邪!”处回收泪谢之。季良教处回见李仁罕,审其词旨然后告之。处回至仁罕第,仁罕设备而出,遂不以实告。

丙寅,宣遗制,命太子仁赞更名昶,丁卯,即皇帝位。

初,帝以王玫对左藏见财失实,故以刘昫代判三司。昫命判官高延赏钩考穷核,皆积年逋欠之数,奸吏利其征责丐取,故存之。昫具奏其状,且请察其可征者急督之,必无可偿者悉蠲之,韩昭胤极言其便。八月,庚午,诏长兴以前户部及诸道逋租三百三十八万,虚烦簿籍,咸蠲免勿征。贫民大悦,而三司吏怨之。

辛未,以姚顗为中书侍郎、同平章事。

右龙武统军索自通,以河中之隙⑦,心不自安,戊子,退朝过洛,自投于水而卒。帝闻之,大惊,赠太尉。

丙申,以前安国节度使、同平章事赵凤为太子太保。

【注释】

①昭武节度使:此为遥领。昭武军在利州,当时为蜀国所统辖。②欲杀楚匡祚:楚匡祚曾受命杀死皇帝之子李重吉。　③回鹘:中国古族名。又称回纥。先居今鄂尔浑河流域,唐末分三支西迁,其中迁往河西走廊的一支,称河西回鹘,世以游牧为业。　④无所关预:徐知诰疏远

宋齐丘之事见本卷二月。 ⑤雅州:地名。治今四川雅安市西。 ⑥强将握兵:强将指李罕之、李肇等人。 ⑦河中之隙:见本书卷第二百七十五明宗长兴元年(930)四月。

九月,癸卯,诏凤翔益兵守东安镇以备蜀。

蜀卫圣诸军都指挥使、武信节度使李仁罕自恃宿将有功,复受顾托,求判六军,令进奏吏宋从会以意谕枢密院,又至学士院侦草麻[1]。蜀主不得已,甲寅,加仁罕兼中书令,判六军事;以左匡圣都指挥使、保宁节度使赵廷隐兼侍中,为之副。

己未,云州奏契丹入寇,北面招讨使石敬瑭奏自将兵屯百井以备契丹。辛酉,敬瑭奏振武节度使杨檀击契丹于境上,却之。

蜀奉銮肃卫都指挥使、昭武节度使兼侍中李肇闻蜀主即位,顾望,不时入朝,至汉州,留与亲戚燕饮逾旬;冬,十月,庚午,始至成都,称足疾,扶杖入朝见,见蜀主不拜。

戊寅,左仆射、门下侍郎、同平章事李愚罢守本官,吏部尚书兼门下侍郎、同平章事、判三司刘昫罢为右仆射。三司吏闻昫罢相,皆相贺[2],无一人从归第者。

蜀捧圣控鹤都指挥使张公铎与医官使韩继勋、丰德库使韩保贞、茶酒库使安思谦等皆事蜀主于藩邸,素怨李仁罕,共谮之,云仁罕有异志;蜀主令继勋等与赵季良、赵廷隐谋,因仁罕入朝,命武士执而杀之。癸未,下诏暴其罪,并其子继宏及宋从会等数人皆伏诛。是日,李肇释杖而拜。

蜀渠州都押牙文景琛据城叛,果州刺史李延厚讨平之。

蜀主左右以李肇倨慢,请诛之;戊子,以肇为太子少傅致仕,徙邛州。

吴主加徐知诰大丞相、尚父、嗣齐王、九锡[3];辞不受。

雄武节度使张延朗将兵围文州,阶州刺史郭知琼拔尖石寨。蜀李延厚将果州兵屯兴州,遣先登指挥使范延晖将兵救文州,延朗解围而归。兴州刺史冯晖自乾渠引戍兵归凤翔[4]。

十一月,徐知诰召其子司徒、同平章事景通还金陵,为镇海·宁国节度副大使、诸道副都统、判中外诸军事;以次子牙内马步都指挥使、海州团练使景迁为左右军都军使、左仆射、参政事，留江都辅政。

十二月，己巳，以易州刺史安叔千为振武节度使，齐州防御使尹晖为彰国节度使。叔千，沙陀人也。

壬申，石敬瑭奏契丹引去，罢兵归。

乙亥，征雄武节度使张延朗为中书侍郎、同平章事、判三司。

辛巳，汉皇后马氏殂[5]。

甲申，蜀葬文武圣德英烈明孝皇帝于和陵，庙号高祖。

乙酉，葬鄂王于徽陵城南[6]，封才数尺；观者悲之。

是岁秋、冬旱，民多流亡，同、华、蒲、绛尤甚。

汉主命判六军秦王弘度募宿卫兵千人，皆市井无赖子弟，弘度昵之。同平章事杨洞潜谏曰："秦王，国之冢嫡，宜亲端士。使之治军已过矣，况昵群小乎！"汉主曰："小儿教以戎事，过烦公忧。"终不戒弘度。洞潜出，见卫士掠商人金帛，商人不敢诉，叹曰："政乱如此，安用宰相！"因谢病归第；久之，不召，遂卒。

【注释】

①草麻：起草诏书。唐代用黄麻纸书写诏书，故称起草诏书为草麻。 ②皆相贺：刘昫代判三司时曾奏免诸道拖欠租税，三司吏无处渔利，皆怨之。今其罢相，故皆相贺。 ③九锡：传说古代帝王尊礼大臣所给的九种器物。后世掌权大臣夺取政权、建立新王朝以前，都是先加九锡，成为惯行。 ④兴州刺史：当时兴州属蜀国，治所在乾渠，后唐兴州刺史属遥领。 ⑤汉皇后马氏：楚王马殷之女。 ⑥徽陵城：徽陵为后唐明宗陵墓。陵墓之外，建有垣墙，列植柏树，称为柏城。

二年 春，正月，丙申朔，闽大赦。改元永和。

二月，丙寅朔，蜀大赦。

甲戌，以枢密使、天雄节度使兼侍中范延光为宣武节度使兼中书令。

丁丑，夏州节度使李彝超上言疾病[1]，以兄行军司马彝殷权知军州事；彝超寻卒。

戊寅，蜀主尊母李氏为皇太后。太后，太原人，本庄宗后宫也，以赐蜀高祖。

己丑，追尊帝母鲁国夫人魏氏曰宣宪皇太后。

闽主立淑妃陈氏为皇后。初，闽主两娶刘氏，皆士族，美而无宠。陈后，本闽太祖侍婢金凤也，陋而淫，闽主嬖之，以其族人守恩、匡胜为殿使。

三月，辛丑，以前宣武节度使兼侍中赵延寿为忠武节度使兼枢密使。

以李彝殷为定难节度使。

己酉，赠吴越王元瓘母陈氏为晋国太夫人。元瓘性孝，尊礼母党，厚加赐与，而未尝迁官，授以重任。

壬戌，以彰圣都指挥使安审琦领顺化节度使。审琦，金全之子也。

太常丞史在德，性狂狷，上书历诋内外文武之士，请遍加考试，黜陟能否。执政及朝士大怒，卢文纪及补阙刘涛[②]、杨昭俭等皆请加罪。帝谓学士马胤孙曰："朕新临天下，宜开言路；若朝士以言获罪，谁敢言者！卿为朕作诏书，宣朕意。"乃下诏，略曰："昔魏征请赏皇甫德参[③]，今涛等请黜史在德；事同言异，何其远哉！在德情在倾输，安可责也！"昭俭，嗣复之曾孙也。

吴加徐景迁同平章事、知左右军事；徐知诰令尚书郎陈觉辅之，谓觉曰："吾少时与宋子嵩论议，好相诘难，或吾舍子嵩还家，或子嵩拂衣而起。子嵩携衣笥望秦淮门欲去者数矣[④]，吾常戒门者止之。吾今老矣，犹未遍达时事，况景迁年少当国，故屈吾子以诲之耳。"

夏，四月，庚午，蜀以御史中丞龙门毋昭裔为中书侍郎、同平章事。

癸未，加枢密使、刑部尚书韩昭胤中书侍郎、同平章事。辛卯，以宣徽南院使刘延皓为刑部尚书，充枢密使。延皓，皇后之弟也。癸巳，以左领军卫大将军刘延朗为本卫上将军，充宣徽北院使，兼枢密副使。

五月，丙申，契丹寇新州及振武。

庚戌，赐振武节度使杨檀名光远[⑤]。

六月，吴德胜节度使兼中书令柴再用卒。先是，史官王振尝询其战功，再用曰："鹰犬微效，皆社稷之灵，再用何功之有！"竟不报。

契丹寇应州。

河东节度使、北面总管石敬瑭既还镇，阴为自全之计。帝好咨访外事，常命端明殿学士李专美、翰林学士李崧、知制诰吕琦、薛文遇、翰林天文赵延乂等更直于中兴殿庭[6]，与语或至夜分。时敬瑭二子为内使，曹太后则晋国长公主之母也[7]，敬瑭赂太后左右，令伺帝之密谋，事无巨细皆知之。敬瑭多于宾客前自称羸瘠不堪为帅，冀朝廷不之忌。

时契丹屡寇北边，禁军多在幽、并，敬瑭与赵德钧求益兵运粮，朝夕相继。甲申，诏借河东人有蓄积者菽粟。乙酉，诏镇州输绢五万匹于总管府，籴军粮，率镇冀人车千五百乘运粮于代州；又诏魏博市籴。时水旱民饥，敬瑭遣使督趣严急，山东之民流散[8]，乱始兆矣。

敬瑭将大军屯忻州，朝廷遣使赐军士夏衣，传诏抚谕，军士呼万岁者数四。敬瑭惧，幕僚河内段希尧请诛其唱首者，敬瑭命都押衙刘知远斩挟马都将李晖等三十六人以徇。希尧，怀州人也。帝闻之，益疑敬瑭。

壬辰，诏："窃盗不计赃多少，并纵火强盗，并行极法。"

闽福王继鹏私于宫人李春燕，继鹏请之于陈后，后白闽主而赐之。

【注释】

①疾病：轻病为疾，重病为病。 ②补阙：官名。掌侍中讽谏。一般分为左、右，左补阙属门下省，右补阙属中书省。 ③魏征请赏皇甫德参：参见本书卷第一百九十四太宗贞观八年（634）。 ④子嵩、秦淮门：子嵩即宋齐丘，子嵩为其字；秦淮门即金陵城门。 ⑤"赐振武节度使杨檀名光远"句：避后唐明宗庙讳"亶"，改名光远。明宗初名李嗣源，即位后改为李亶。 ⑥翰林天文：官署名。即翰林天文院，掌观测天象、占候卜筮，与司天台的观察结果互相参证。 ⑦晋国长公主：即石敬瑭之妻魏国公主，本年（935）四月进封为晋国长公主。 ⑧山东：指太行山、常

山以东。

秋，七月，以枢密使刘延皓为天雄节度使。

乙巳，以武宁节度使张敬达为北面行营副总管，将兵屯代州，以分石敬瑭之权。

帝深以时事为忧，尝从容让卢文纪等以无所规赞。丁巳，文纪等上言："臣等每五日起居，与两班旅见，暂获对扬[①]，侍卫满前，虽有愚虑，不敢敷陈。窃见前朝自上元以来[②]，置延英殿，或宰相欲有奏论，天子欲有咨度[③]，皆非时召对，旁无侍卫，故人得尽言。望复此故事，惟听机要之臣侍侧。"诏以"旧制五日起居，百僚俱退，宰相独升，若常事自可敷奏。或事应严密，不以其日，或异日听于阁门奏榜子，当尽屏侍臣，于便殿相待，何必袭延英之名也"！

吴润州团练使徐知谔，狎昵小人，游燕废务，作列肆于牙城西，躬自贸易。徐知诰闻之怒，召知谔左右诘责；知谔惧。或谓知诰曰："忠武王最爱知谔[④]，而以后事传于公。往年知询失守，论议至今未息。借使知谔治有能名，训兵养民，于公何利？"知诰感悟，待之加厚。

九月，丙申，吴大赦，改元天祚。

己酉，以宣徽南院使房暠为刑部尚书，充枢密使；宣徽北院使刘延朗为南院使，仍兼枢密副使。于是延朗及枢密直学士薛文遇等居中用事，暠与赵延寿虽为使长[⑤]，其听用之言什不三四。暠随势可否，不为事先；每幽、并遣使入奏，枢密诸人环坐议之，暠多俯首而寐，比觉，引颈振衣，则使者去矣。启奏除授，一归延朗。诸方镇、刺史自外入者，必先赂延朗，后议贡献，赂厚者先，得内地；赂薄者晚，得边陲。由是诸将帅皆怨愤，帝不能察。

蜀金州防御使全师郁寇金州，拔水寨。城中兵才千人，都监陈知隐托他事将兵三百沿流遁去。防御使马全节罄私财以给军，出奇死战，蜀兵乃退。戊寅[⑥]，诏斩知隐。

初，闽主有幸臣归守明，出入卧内；闽主晚年得风疾，陈后与守明及百工院使李可殷私通，国人皆恶之，莫敢言。

可殷尝谮皇城使李倣于闽主，后族陈匡胜无礼于福王继鹏，倣及继鹏皆恨之。闽主疾甚，继鹏有喜色，倣以闽主为必不起。冬，十月，己卯，使壮士数人持白梃击李可殷[7]，杀之，中外震惊。庚辰，闽主疾少间，陈后诉之。闽主力疾视朝，诘可殷死状，倣惧而出，俄顷，引部兵鼓噪入宫。闽主闻变，匿于九龙帐下，乱兵刺之而出。闽主宛转未绝，宫人不忍其苦，为绝之。倣与继鹏杀陈后、陈守恩、陈匡胜、归守明及继鹏弟继韬；继韬素与继鹏相恶故也。辛巳，继鹏称皇太后令监国[8]，是日，即皇帝位。更名昶。谥其父曰齐肃明孝皇帝，庙号惠宗。既而自称权知福建节度事，遣使奉表于唐，大赦境内；立李春燕为贤妃。

初，闽惠宗娶汉主女清远公主，使宦者闽清林延遇置邸于番禺，专掌国信。汉主赐以大第，禀赐甚厚，数问以闽事。延遇不对，退，谓人曰："去闽语闽，去越语越，处人宫禁，可如是乎！"汉主闻而贤之，以为内常侍，使钩校诸司事。延遇闻惠宗遇弑，求归，不许，素服向其国三日哭。

【注释】

①对扬：对答称扬。后来转指臣子在皇帝面前进对。 ②上元：唐肃宗年号，760—761 年。 ③"天子欲有咨度"句：一本此句下有"皆非时召对"五字，今补。 ④忠武王：徐温的谥号。 ⑤使长：枢密使为枢密院之长。 ⑥戊寅：九月无此日，疑误。 ⑦白梃：刮去树皮做成的棍棒。 ⑧皇太后：即闽主王璘之母黄氏，为王璘长子王继鹏的祖母。

荆南节度使高从诲，性明达，亲礼贤士，委任梁震，以兄事之；震常谓从诲为郎君[1]。

楚王希范好奢靡，游谈者共夸其盛，从诲谓僚佐曰："如马王可谓大丈夫矣。"孙光宪对曰："天子诸侯，礼有等差。彼乳臭子骄侈僭忲，取快一时，不为远虑，危亡无日，又足慕乎！"从诲久而悟，曰："公言是也。"他日，谓梁震曰："吾自念平生奉养，固已过矣。"乃捐去玩好，以经史自娱，省刑薄赋，境内以安。

梁震曰："先王待我如布衣交，以嗣王属我[2]。今嗣王能自立，不坠其业，吾老矣，不复事人矣。"遂固请退居。从诲不能留，乃为之筑室于土洲。震披鹤氅，自称荆台隐士，每诣府，跨黄牛至听事。从诲时过其家，四时赐与甚厚。自是悉以政事属孙光宪。

臣光曰：孙光宪见微而能谏，高从诲闻善而能徙，梁震成功而能退，自古有国家者能如是，夫何亡国败家丧身之有。

吴加中书令徐知诰尚父、太师、大丞相、大元帅，进封齐王，备殊礼，以升、润、宣、池、歙、常、江、饶、信、海十州为齐国[③]；知诰辞尚父、丞相，殊礼不受。

闽皇城使、判六军诸卫李倣专制朝政，阴养死士，闽主昶与拱宸指挥使林延皓等图之。延皓等诈亲附倣，倣待之不疑。十一月，壬子，倣入朝，延皓等伏卫士数百于内殿，执斩之，枭首朝门[④]。倣部兵千余持白梃攻应天门，不克，焚启圣门，夺倣首奔吴越。诏暴倣弑君及杀继韬等罪，告谕中外。以建王继严权判六军诸卫，以六军判官永泰叶翘为内宣徽使、参政事。

翘博学质直，闽惠宗擢为福王友[⑤]，昶以师傅礼待之，多所裨益，宫中谓之“国翁”。昶既嗣位，骄纵，不与翘议国事。一旦，昶方视事，翘衣道士服过庭中趋出，昶召还，拜之，曰：“军国事殷，久不接对，孤之过也。”翘顿首曰：“老臣辅导无状，致陛下即位以来无一善可称，愿乞骸骨。”昶曰：“先帝以孤属公，政令不善，公当极言，奈何弃孤去！”厚赐金帛，慰谕令复位。昶元妃梁国夫人李氏，同平章事敏之女，昶嬖李春燕，待夫人甚薄。翘谏曰：“夫人先帝之甥，聘之以礼，奈何以新爱而弃之！”昶不悦，由是疏之。未几，复上书言事，昶批其纸尾曰：“一叶随风落御沟。”遂放归永泰，以寿终。

帝嘉马全节之功[⑥]，召诣阙。刘延朗求赂，全节无以与之；延朗欲除全节绛州刺史，群议沸腾。帝闻之，乙卯，以全节为横海留后。

十二月，壬申，以中书侍郎、同平章事充枢密使韩昭胤同平章事，充护国节度使。

乙酉，以前匡国节度使、同平章事冯道为司空。时久无正拜三公者[⑦]，朝议疑其职事；卢文纪欲令掌祭祀扫除，道闻之曰：“司空扫除，职也，吾何惮焉。”既而文纪自知不可，乃止。

闽主赐洞真先生陈守元号天师，信重之，乃至更易将相、刑罚、选举，皆与之议；守元受赂请托，言无不从，其门如市。

【注释】

①郎君：门生故吏称其长官或师门子弟为郎君。梁震曾侍奉高从诲之父高季兴，故称高从诲为郎君。 ②先王、嗣王：先王指高季兴，嗣王指高从诲。 ③十州为齐国：胡三省注认为，就徐知诰所封十州而论，已有包举吴国之势。 ④朝门：正朝之门。 ⑤福王：闽主王昶即位前为福王。 ⑥马全节之功：指抵御蜀兵、保全金州之功。 ⑦三公：指太尉、司徒、司空。

资治通鉴卷第二百八十

后晋纪一　柔兆涒滩，一年。

高祖圣文章武明德孝皇帝上之上[1]

天福元年[2]　春，正月，吴徐知诰始建大元帅府，以幕职分判吏、户、礼、兵、刑、工部及盐铁。

丁未，唐主立子重美为雍王[3]。

癸丑，唐主以千春节置酒[4]，晋国长公主上寿毕，辞归晋阳。帝醉，曰："何不且留，遽归，欲与石郎反邪！"石敬瑭闻之，益惧。

三月，丙午，以翰林学士、礼部侍郎马胤孙为中书侍郎、同平章事。胤孙性谨懦，中书事多凝滞，又罕接宾客，时人目为"三不开"，谓口、印、门也。

石敬瑭尽收其货之在洛阳及诸道者归晋阳，托言以助军费，人皆知其有异志。唐主夜与近臣从容语曰："石郎于朕至亲，无可疑者；但流言不释，万一失欢，何以解之？"皆不对。

端明殿学士、给事中李崧退谓同僚吕琦曰："吾辈受恩深厚，岂得自同众人，一概观望邪！计将安出？"琦曰："河东若有异谋，必结契丹为援。契丹母以赞华在中国[5]，屡求和亲，但求萴剌等未获，故和未成耳。今诚归萴剌等与之和，岁以礼币约直十余万缗遗之，彼必欢然承命。如此，则河东虽欲陆梁[6]，无能为矣。"崧曰："此吾志也。然钱谷皆出三司，宜更与张相谋之。"遂告张延朗，延朗曰："如学士计，不惟可以制河东，亦省边费之什九，计无便于此者。若主上听从，但责办于老夫，请于库财之外捃拾以供之，他夕，二人密言于帝，帝大喜，称其忠，二人私草《遗契丹书》以俟命。

久之，帝以其谋告枢密直学士薛文遇，文遇对曰："以天子之尊，屈身奉夷狄，不亦辱乎！又，虏若循故事求尚公主，何以拒之？"因诵戎昱昭君诗曰⑦："安危托妇人。"帝意遂变。一日，急召崧、琦至后楼，盛怒，责之曰："卿辈皆知古今，欲佐人主致太平；今乃为谋如是！朕一女尚乳臭⑧，卿欲弃之沙漠邪？且欲以养士之财输之虏庭，其意安在？"二人惧，汗流浃背，曰："臣等志在竭愚以报国，非为虏计也，愿陛下察之。"拜谢无数，帝诟责不已。吕琦气竭，拜少止，帝曰："吕琦强项，肯视朕为人主邪！"琦曰："臣等为谋不臧，愿陛下治其罪，多拜何为！"帝怒稍解，止其拜，各赐卮酒罢之，自是群臣不敢复言和亲之策。丁巳，以琦为御史中丞，盖疏之也⑨。

吴徐知诰以其子副都统景通为太尉、副元帅，都统判官宋齐丘、行军司马徐玠为元帅府左、右司马。

闽主昶改元通文，立贤妃李氏为皇后，尊皇太后曰太皇太后。

静江节度使、同平章事马希杲有善政⑩，监军裴仁煦谮之于楚王希范，言其收众心，希范疑之。夏，四月，汉将孙德威侵蒙、桂二州，希范命其弟武安节度副使希广权知军府事，自将步骑五千如桂州。希杲惧，其母华夫人逆希范于全义岭，谢曰："希杲为治无状，致寇戎入境，烦殿下亲涉险阻，皆妾之罪也。愿削封邑，洒扫掖庭，以赎希杲罪。"希范曰："吾久不见希杲，闻其治行尤异，故来省之，无他也。"汉兵自蒙州引去，徙希杲知朗州。

【注释】

①高祖：五代后晋高祖石敬瑭（892—942），后晋王朝的建立者，936—942 年在位。沙陀部人。后唐时为河东节度使，镇守太原。936 年勾结契丹灭后唐，受契丹册封为帝，建都汴梁，国号晋。　②天福元年（936）：本年十一月石敬瑭即位改元。　③唐主：即唐末帝李从珂。自本卷始，称后唐皇帝为"唐主"。　④千春节：唐末帝李从珂以其生日为千春节。其生于唐光启元年（885）阴历正月二十三日，时年五十二岁。⑤契丹母：即契丹皇帝耶律阿保机之妻述律皇后。　⑥陆梁：嚣张、猖

獗。 ⑦戎昱:唐代诗人。 ⑧乳臭(xiù 秀):口中尚有乳味。指幼稚。⑨疏之:御史中丞居外朝,不得入直禁中,故为“疏之”。 ⑩静江:方镇名。治桂州(即今广西桂林市)。

高从诲遣使奉笺于徐知诰,劝即帝位。

初,石敬瑭欲尝唐主之意,累表自陈羸疾,乞解兵柄[1],移他镇。帝与执政议从其请,移镇郓州。房暠、李崧、吕琦等皆力谏,以为不可,帝犹豫久之。

五月,庚寅夜,李崧请急在外,薛文遇独直,帝与之议河东事,文遇曰:“谚有之:‘当道筑室,三年不成。’兹事断自圣志;群臣各为身谋,安肯尽言!以臣观之,河东移亦反,不移亦反,在旦暮耳,不若先事图之。”先是,术者言国家今年应得贤佐,出奇谋,定天下,帝意文遇当之,闻其言,大喜,曰:“卿言殊豁吾意,成败吾决行之。”即为除目[2],付学士院使草制。辛卯,以敬瑭为天平节度使,以马军都指挥使、河阳节度使宋审虔为河东节度使。制出,两班闻呼敬瑭名,相顾失色。

甲午,以建雄节度使张敬达为西北蕃汉马步都部署,趣敬瑭之郓州[3]。敬瑭疑惧,谋于将佐曰:“吾之再来河东也,主上面许终身不除代;今忽有是命,得非如今年千春节与公主所言乎?我不兴乱,朝廷发之,安能束手死于道路乎!今且发表称疾以观其意,若其宽我,我当事之;若加兵于我,我则改图耳。”幕僚段希尧极言拒之,敬瑭以其朴直,不责也。节度判官华阴赵莹劝敬瑭赴郓州;观察判官平遥薛融曰:“融书生,不习军旅。”都押牙刘知远曰:“明公久将兵,得士卒心;今据形胜之地[4],士马精强,若称兵传檄,帝业可成,奈何以一纸制书自投虎口乎!”掌书记洛阳桑维翰曰:“主上初即位,明公入朝,主上岂不知蛟龙不可纵之深渊邪?然卒以河东复授公,此乃天意假公以利器。明宗遗爱在人,主上以庶孽代之,群情不附。公明宗之爱婿,今主上以反逆见待,此非首谢可免,但力为自全之计。契丹素与明宗约为兄弟[5],今部落近在云、应,公诚能推心屈节事之,万一有急,朝呼夕至,何患无成。”敬瑭意遂决。

先是，朝廷疑敬瑭，以羽林将军宝鼎杨彦询为北京副留守，敬瑭将举事，亦以情告之。彦询曰："不知河东兵粮几何，能敌朝廷乎？"左右请杀彦询，敬瑭曰："惟副使一人我自保之，汝辈勿言也。"

戊戌，昭义节度使皇甫立奏敬瑭反。敬瑭表："帝养子，不应承祀，请传位许王[6]。"帝手裂其表抵地，以诏答之曰："卿于鄂王固非疏远，卫州之事[7]，天下皆知；许王之言，何人肯信！"壬寅，制削夺敬瑭官爵。乙巳，以张敬达兼太原四面排陈使，河阳节度使张彦琪为马步军都指挥使，以安国节度使安审琦为马军都指挥使，以保义节度使相里金为步军都指挥使，以右监门上将军武廷翰为壕寨使。丙午，以张敬达为太原四面兵马都部署，以义武节度使杨光远为副部署。丁未，又以张敬达知太原行府事，以前彰武节度使高行周为太原四面招抚、排陈等使。光远既行，定州军乱，牙将千乘方太讨平之。

张敬达将兵三万营于晋安乡[8]，戊申，敬达奏西北先锋马军都指挥使安审信叛奔晋阳。审信，金全之弟子也，敬瑭与之有旧[9]。先是，雄义都指挥使马邑安元信将所部六百余人戍代州，代州刺史张朗善遇之，元信密说朗曰："吾观石令公长者，举事必成；公何不潜遣人通意，可以自全。"朗不从，由是互相猜忌。元信谋杀朗，不克，帅其众奔审信，审信遂帅麾下数百骑与元信掠百井奔晋阳。敬瑭谓元信曰："汝见何利害，舍强而归弱？"对曰："元信非知星识气，顾以人事决之耳。夫帝王所以御天下，莫重于信。今主上失大信于令公，亲而贵者且不自保[10]，况疏贱乎！其亡可翘足而待，何强之有！"敬瑭悦，委以军事。振武西北巡检使安重荣戍代北，帅步骑五百奔晋阳。重荣，朔州人也。以宋审虔为宁国节度使、充侍卫马军都指挥使。

【注释】

①兵柄：指其所任北面马步军都总管一职。　②除目：任免名单。除目有两种形式：一是御笔亲除付外朝执行，一是经宰相奏拟而后执行。　③郓州：地名。治今山东东平县西北。为天平军治所。　④形胜：指地势优越便利。　⑤契丹：一本作"契丹主"。　⑥许王：即李从

益,后唐明宗之子。 ⑦卫州之事:指石敬瑭尽杀闵帝从骑,把闵帝一人丢在卫州。详见上卷清泰元年(934)四月。 ⑧晋安乡:地名。在河东军镇治所晋阳城南。 ⑨敬瑭与之有旧:石敬瑭与安氏家族是同乡,均为代北人。 ⑩亲而贵者:指石敬瑭。身为帝婿谓亲,官至中书令,又建节总兵,谓贵。

天雄节度使刘延皓恃后族之势[1],骄纵,夺人财产,减将士给赐,宴饮无度。捧圣都虞候张令昭因众心怨怒,谋以魏博应河东,癸丑未明,帅众攻牙城,克之;延皓脱身走,乱兵大掠。令昭奏:"延皓失于抚御,以致军乱;臣以抚安士卒[2],权领军府,乞赐旌节!"延皓至洛阳,唐主怒,命远贬;皇后为之请,六月,庚申,止削延皓官爵,归私第。

辛酉,吴太保、同平章事徐景迁以疾罢,以其弟景遂代为门下侍郎、参政事。

癸亥,唐主以张令昭为右千牛卫将军、权知天雄军府事。令昭以调发未集,且受新命。寻有诏徙齐州防御使,令昭托以士卒所留,实俟河东之成败。唐主遣使谕之,令昭杀使者。甲戌,以宣武节度使兼中书令范延光为天雄四面行营招讨使、知魏博行府事,以张敬达充太原四面招讨使,以杨光远为副使。丙子,以西京留守李周为天雄军四面行营副招讨使。

石敬瑭之子右卫上将军重殷、皇城副使重裔闻敬瑭举兵,匿于民间井中。弟沂州都指挥使敬德杀其妻女而逃,寻捕得,死狱中,从弟彰圣都指挥使敬威自杀。秋,七月,戊子,获重殷、重裔,诛之,并族所匿之家。

庚寅,楚王希范自桂州北还[3]。

云州步军指挥使桑迁奏应州节度使尹晖逐云州节度使沙彦珣,收其兵应河东。丁酉,彦珣表迁谋叛应河东,引兵围子城。彦珣犯围走出西山,据雷公口,明日,收兵入城击乱兵,迁败走,军城复安。是日,尹晖执迁送洛阳,斩之。

丁未,范延光拔魏州,斩张令昭。诏悉诛其党七指挥。

张敬达发怀州彰圣军戍虎北口,其指挥使张万迪将五百骑奔河东。丙辰，诏尽诛其家。

石敬瑭遣间使求救于契丹[4]，令桑维翰草表称臣于契丹主，且请以父礼事之，约事捷之日，割卢龙一道及雁门关以北诸州与之。刘知远谏曰："称臣可矣，以父事之太过。厚以金帛赂之，自足致其兵，不必许以土田，恐异日大为中国之患，悔之无及。"敬瑭不从。表至契丹，契丹主大喜，白其母曰："儿比梦石郎遣使来，今果然，此天意也。"乃为复书，许俟仲秋倾国赴援[5]。

八月，己未，以范延光为天雄节度使，李周为宣武节度使、同平章事。

癸亥，应州言契丹三千骑攻城。

张敬达筑长围以攻晋阳。石敬瑭以刘知远为马步都指挥使，安重荣、张万迪降兵皆隶焉。知远用法无私，抚之如一，由是人无贰心。敬瑭亲乘城，坐卧矢石下，知远曰："观敬达辈高垒深堑，欲为持久之计，无他奇策，不足虑也。愿明公四出间使，经略外事。守城至易，知远独能办之。"敬瑭执知远手，抚其背而赏之。

戊寅，以成德节度使董温琪为东北面副招讨使，以佐卢龙节度使赵德钧。

唐主使端明殿学士吕琦至河东行营犒军，杨光远谓琦曰："愿附奏陛下，幸宽宵旰[6]。贼若无援，旦夕当平；若引契丹，当纵之令入，可一战破也。"帝甚悦。帝闻契丹许石敬瑭以仲秋赴援，屡督张敬达急攻晋阳，不能下。每有营构，多值风雨，长围复为水潦所坏，竟不能合。晋阳城中日窘，粮储浸乏。

【注释】

①刘延皓恃后族之势：刘延皓为刘皇后之弟。　②臣以：胡三省注认为，"臣以"当作"臣已"。　③自桂州北还：马希范四月至桂州（今广西桂林市）。　④间使：负有见机而行特殊使命而又单独行动的使者。⑤许俟仲秋：秋高而马肥，契丹人的大规模军事行动一般在秋季，故"许俟仲秋"。　⑥宵旰（gàn 干）：即"宵衣旰食"的省称。指天未明就起来穿衣，傍晚才进食。常用来比喻勤于政务。

九月，契丹主将五万骑，号三十万，自扬武谷而南[1]，旌旗不绝五十余里。代州刺史张朗、忻州刺史丁审琦婴城自守,虏骑过城下,亦不诱胁。审琦,洺州人也。

辛丑,契丹主至晋阳,陈于汾北之虎北口[2]。先遣人谓敬瑭曰:"吾欲今日即破贼可乎?"敬瑭遣人驰告曰:"南军甚厚[3],不可轻,请俟明日议战未晚也。"使者未至,契丹已与唐骑将高行周、符彦卿合战,敬瑭乃遣刘知远出兵助之。张敬达、杨光远、安审琦以步兵陈于城西北山下,契丹遣轻骑三千,不被甲,直犯其陈。唐兵见其羸,争逐之,至汾曲[4],契丹涉水而去。唐兵循岸而进,契丹伏兵自东北起,冲唐兵断而为二,步兵在北者多为契丹所杀,骑兵在南者引归晋安寨。契丹纵兵乘之,唐兵大败,步兵死者近万人,骑兵独全。敬达等收余众保晋安,契丹亦引兵归虎北口。敬瑭得唐降兵千余人,刘知远劝敬瑭尽杀之。

是夕,敬瑭出北门,见契丹主,契丹主执敬瑭手,恨相见之晚。敬瑭问曰:"皇帝远来,士马疲倦,遽与唐战而大胜,何也?"契丹主曰:"始吾自北来,谓唐必断雁门诸路[5],伏兵险要,则吾不可得进矣。使人侦视,皆无之,吾是以长驱深入,知大事必济也。兵既相接,我气方锐,彼气方沮,若不乘此急击之,旷日持久,则胜负未可知矣。此吾所以亟战而胜,不可以劳逸常理论也。"敬瑭甚叹伏。

壬寅,敬瑭引兵会契丹围晋安寨,置营于晋安之南,长百余里,厚五十里,多设铃索吠犬,人跬步不能过[6]。敬达等士卒犹五万人,马万匹,四顾无所之。甲辰,敬达遣使告败于唐,自是声问不复通。唐主大惧,遣彰圣都指挥使符彦饶将洛阳步骑兵屯河阳,诏天雄节度使兼中书令范延光将魏州兵二万由青山趣榆次,卢龙节度使、东北面招讨使兼中书令北平王赵德钧将幽州兵由飞狐出契丹军后[7],耀州防御使潘环纠合西路戍兵[8],由晋、绛两乳岭出慈、隰,共救晋安寨。契丹主移帐于柳林,游骑过石会关,不见唐兵。

丁未,唐主下诏亲征。雍王重美曰:"陛下目疾未平,未可远涉风沙;臣虽童稚,愿代陛下北行。"帝意本不欲行,闻之,颇悦。张延朗、刘延皓及宣徽南院使刘延朗皆劝帝行,帝不得已。戊申,发洛阳,谓卢文纪曰:"朕雅闻卿有相业,故排众议首用卿,今祸难如此，卿嘉谋皆安在乎？"文纪但拜谢，不能对。己酉，遣刘延朗监侍卫步军都指挥使符彦饶军赴潞州，为大军后援[9]。诸军自凤翔推戴以来，骄悍不为用，彦饶恐其为乱，不敢束之以法。

帝至河阳，心惮北行，召宰相、枢密使议进取方略，卢文纪希帝旨，言："国家根本，太半在河南。胡兵倏来忽往，不能久留；晋安大寨甚固，况已发三道兵救之[10]。河阳天下津要，车驾宜留此镇抚南北，且遣近臣往督战，苟不能解围，进亦未晚。"张延朗欲因事令赵延寿得解枢务，因曰："文纪言是也。"帝访于余人，无敢异言者。泽州刺史刘遂凝，鄩之子也，潜自通于石敬瑭，表称车驾不可逾太行。帝议近臣可使北行者，张延朗与翰林学士须昌和凝等皆曰："赵延寿父德钧以卢龙兵来赴难，宜遣延寿会之。"庚戌，遣枢密使、忠武节度使、随驾诸军都部署、兼侍中赵延寿将兵二万如潞州。辛亥，帝如怀州。以右神武统军康思立为北面行营马军都指挥使，帅扈从骑兵赴团柏谷[11]。思立，晋阳胡人也。

帝以晋安为忧，问策于群臣，吏部侍郎永清龙敏请立李赞华为契丹主[12]，令天雄、卢龙二镇分兵送之，自幽州趣西楼，朝廷露檄言之，契丹主必有内顾之忧，然后选募军中精锐以击之，此亦解围之一策也。"帝深以为然，而执政恐其无成，议竟不决。

帝忧沮形于神色，但日夕酣饮悲歌。群臣或劝其北行，则曰："卿勿言，石郎使我心胆堕地！"

【注释】

①扬武谷：地名。一作阳武谷、杨武谷。在今山西原平市西北。②虎北口：地名。在今山西太原市北。　③南军：即后唐军。因其自南而来攻打晋阳，故称。　④汾曲：地名。汾水弯曲处。　⑤雁门诸路：指雁门的东陉、西陉等天险，崞县的扬武、石门等关隘。　⑥跬（kuǐ 傀）步：一步为步，半步为跬。一跬相当于今天的一步，约三尺。　⑦幽州兵：一本"幽州兵"下有"由飞狐"三字，今补。　⑧纠：音、义同"纠"。⑨大军：指晋安寨之军。　⑩三道兵：指范延光、赵德钧、潘环三帅所领之兵。　⑪团柏谷：地名。在太原府祁县团柏镇，即今山西祁县东。⑫李赞华：即原契丹东丹王耶律突欲，为契丹主耶律德光之兄，后唐明宗长兴元年（930）十一月投奔后唐，赐今姓名，当时在洛阳。

冬，十月，壬戌，诏大括天下将吏及民间马；又发民为兵，每七户出征夫一人，自备铠仗，谓之“义军”，期以十一月俱集，命陈州刺史郎万金教以战陈，用张延朗之谋也。凡得马二千余匹，征夫五千人，实无益于用，而民间大扰。

初，赵德钧阴蓄异志，欲因乱取中原，自请救晋安寨；唐主命自飞狐踵契丹后，钞其部落，德钧请将银鞍契丹直三千骑[①]，由土门路西入，帝许之。赵州刺史、北面行营都指挥使刘在明先将兵戍易州，德钧过易州，命在明以其众自随。在明，幽州人也。德钧至镇州，以董温琪领招讨副使，邀与偕行，又表称兵少，须合泽潞兵；乃自吴儿谷趣潞州，癸酉，至乱柳。时范延光受诏将部兵二万屯辽州，德钧又请与魏博军合；延光知德钧合诸军，志趣难测，表称魏博兵已入贼境，无容南行数百里与德钧合，乃止。

汉主以宗正卿兼工部侍郎刘濬为中书侍郎、同平章事。濬，崇望之子也[②]。

十一月[③]，戊子，以赵德钧为诸道行营都统，依前东北面行营招讨使。以赵延寿为河东道南面行营招讨使，以翰林学士张砺为判官。庚寅，以范延光为河东道东南面行营招讨使，以宣武节度使、同平章事李周副之。辛卯，以刘延朗为河东道南面行营招讨副使。赵延寿遇赵德钧于西汤，悉以兵属德钧。唐主遣吕琦赐德钧敕告[④]，且犒军。德钧志在并范延光军，逗留不进，诏书屡趣之，德钧乃引兵北屯团柏谷口。

石敬瑭像

癸巳，吴主诏齐主徐知诰置百官，以金陵府为西都。

前坊州刺史刘景岩，延州人也，多财而喜侠，交结豪杰，家有丁夫兵仗，人服其强，势倾州县。彰武节度使杨汉章无政，失夷、夏心，会括马及义军，汉章帅步骑数千人将赴军期，阅之于野。景岩潜使人挠之曰："契丹强盛，汝曹有去无归。"众惧，杀汉章，奉景岩为留后。唐主不获已，丁酉，以景岩为彰武留后。

契丹主谓石敬瑭曰："吾三千里赴难，必有成功。观汝气貌识量，真中原之主也。吾欲立汝为天子。"敬瑭辞让数四，将吏复劝进，乃许之。契丹主作册书，命敬瑭为大晋皇帝，自解衣冠授之，筑坛于柳林，是日，即皇帝位。割幽、蓟、瀛、莫、涿、檀、顺、新、妫、儒、武、云、应、寰、朔、蔚十六州以与契丹⑤，仍许岁输帛三十万匹。己亥，制改长兴七年为天福元年，大赦；敕命法制，皆遵明宗之旧。以节度判官赵莹为翰林学士承旨、户部侍郎、知河东军府事，掌书记桑维翰为翰林学士、礼部侍郎、权知枢密使事，观察判官薛融为侍御史知杂事，节度推官白水窦贞固为翰林学士，军城都巡检使刘知远为侍卫马军都指挥使⑥，客将景延广为步军都指挥使⑦。延广，陕州人也。立晋国长公主为皇后。

契丹主虽军柳林，其辎重老弱皆在虎北口，每日暝辄结束，以备仓猝遁逃，而赵德钧欲倚契丹取中国，至团柏逾月，按兵不战，去晋安才百里，声问不能相通。德钧累表为延寿求成德节度使，曰："臣今远征，幽州势孤，欲使延寿在镇州，左右便于应接⑧。"唐主曰："延寿方击贼，何暇往镇州！俟贼平，当如所请。"德钧求之不已，唐主怒曰："赵氏父子坚欲得镇州，何意也？苟能却胡寇，虽欲代吾位，吾亦甘心，若玩寇邀君，但恐犬兔俱毙耳。"德钧闻之，不悦。

【注释】

①银鞍契丹直：军名。赵德钧镇幽州时，简择契丹来降将士之骁勇者所置。 ②崇望：即刘崇望，唐昭宗时宰相。 ③十一月：一本下有"戊子"二字，今补。 ④敕告：皇帝行文给臣僚的委任证明。此敕告内容为任命赵德钧为诸道行营都统。 ⑤十六州：史称"幽蓟十六州"或"燕云十六州"。范围相当今以北京和山西大同为中心，西界山西神池，东至河北遵化，北到长城，南至天津、河北河间与保定，以及山西繁峙和

宁武一线。 ⑥军城：指河东军城。 ⑦客将：军将的别称，亦称“别将”。 ⑧“左右便于应接”句：成德节度使治所在镇州，左可应接蓟门，右可应接团柏谷。

闰月，赵延寿献契丹主所赐诏及甲马弓剑，诈云德钧遣使致书于契丹主，为唐结好，说令引兵归国；其实别为密书，厚以金帛赂契丹主，云：“若立己为帝，请即以见兵南平洛阳[1]，与契丹为兄弟之国；仍许石氏常镇河东。”契丹主自以深入敌境，晋安未下，德钧兵尚强，范延光在其东，又恐山北诸州邀其归路[2]，欲许德钧之请。

帝闻之，大惧，亟使桑维翰见契丹主，说之曰：“大国举义兵以救孤危，一战而唐兵瓦解，退守一栅，食尽力穷。赵北平父子不忠不信[3]，畏大国之强，且素蓄异志，按兵观变，非以死徇国之人，何足可畏，而信其诞妄之辞，贪豪末之利，弃垂成之功乎！且使晋得天下，将竭中国之财以奉大国，岂此小利之比乎！”契丹主曰：“尔见捕鼠者乎，不备之，犹或啮伤其手，况大敌乎！”对曰：“今大国已扼其喉，安能啮人乎！”契丹主曰：“吾非有渝前约也[4]，但兵家权谋不得不尔。”对曰：“皇帝以信义救人之急，四海之人俱属耳目，奈何二三其命，使大义不终！臣窃为皇帝不取也。”跪于帐前，自旦至暮，涕泣争之。契丹主乃从之，指帐前石谓德钧使者曰：“我已许石郎，此石烂，可改矣。”

龙敏谓前郑州防御使李懿曰：“君，国之近亲，今社稷之危，翘足可待，君独无忧乎？”懿为言赵德钧必能破敌之状。敏曰：“我燕人也[5]，知德钧之为人，怯而无谋，但于守城差长耳。况今内蓄奸谋，岂可恃乎！仆有狂策，但恐朝廷不肯为耳。今从驾兵尚万余人，马近五千匹，若选精骑一千，使仆与郎万金将之[6]，自介休山路，夜冒虏骑入晋安寨，但使其半得入，则事济矣。张敬达等陷于重围，不知朝廷声问，若知大军近在团柏，虽有铁障可冲陷，况虏骑乎！”懿以白唐主，唐主曰：“龙敏之志极壮，用之晚矣。”

丹州义军作乱，逐刺史康承询，承询奔鄜州。

晋安寨被围数月，高行周、符彦卿数引骑兵出战，众寡不敌，皆无功。刍粮俱竭，削柹淘粪以饲马[7]，马相啖，尾鬣皆秃[8]，死则将士分食之，援兵竟不至。张敬达性刚，时谓之“张生铁”，杨光远、安审琦劝敬达降于契丹，敬达曰：“吾受明宗及今上厚恩，为元帅而败军，其罪已大，况降敌乎！今援兵旦暮至，且当俟之。必若力尽势穷，则诸军斩我首[9]，携之出降，自求多福，未为晚也。”光远目审琦欲杀敬达，审琦未忍。高行周知光远欲图敬达，常引壮骑尾而卫之，敬达不知其故，谓人曰：“行周每踵余后，何意也？”行周乃不敢随之。诸将每旦集于招讨使营，甲子，高行周、符彦卿未至，光远乘其无备，斩敬达首，帅诸将上表降于契丹。契丹主素闻诸将名，皆慰劳，赐以裘帽，因戏之曰：“汝辈亦大恶汉[10]，不用盐酪啖战马万匹！”光远等大惭。契丹主嘉张敬达之忠，命收葬而祭之，谓其下及晋诸将曰：“汝曹为人臣，当效敬达也。”时晋安寨马犹近五千，铠仗五万，契丹悉取以归其国，悉以唐之将卒授帝，语之曰：“勉事而主。”马军都指挥使康思立愤惋而死。

帝以晋安已降，遣使谕诸州。代州刺史张朗斩其使；吕琦奉唐主诏劳北军[11]，至忻州，遇晋使，亦斩之，谓刺史丁审琦曰：“虏过城下而不顾，其心可见，还日必无全理，不若早帅兵民自五台奔镇州。”将行，审琦悔之，闭牙城不从。州兵欲攻之，琦曰：“家国如此，何为复相屠灭！”乃帅州兵趣镇州，审琦遂降契丹。

【注释】

①见兵：指其当时所统有之兵。　②山北诸州：太行山以北诸州，具体指云、应、寰、朔等州。　③赵北平：即赵德钧。因被封为北平王，故称之。　④前约：指扶立石敬瑭为皇帝之约。　⑤燕人：指龙敏，为幽州永清人。　⑥郎万金：即前教义军战阵的陈州刺史，为当时勇将。　⑦削柹（fèi 废）淘粪：削柹为削薄木片，淘粪指淘出马粪中的草筋再用以饲马。　⑧鬣（liè 猎）：马颈上的长毛。　⑨诸军：胡三省校，“军，当作君”。　⑩汉：汉时北方人称南方人为“汉”。　⑪北军：指后唐在雁门以北诸州固守的军队。

契丹主谓帝曰：“桑维翰尽忠于汝，宜以为相。”丙寅，以赵莹为门下侍郎，桑维翰为中书侍郎，并同平章事；维翰仍权知枢密使事。以杨光远为侍卫马步军都指挥使，以刘知远为保义节度使、侍卫马步军都虞候。

帝与契丹主将引兵而南，欲留一子守河东，咨于契丹主，契丹主令帝尽出诸子，自择之。帝兄子重贵，父敬儒早卒，帝养以为子，貌类帝而短小，契丹主指之曰："此大目者可也。"乃以重贵为北京留守、太原尹、河东节度使。契丹以其将高谟翰为前锋，与降卒偕进[1]。丁卯，至团柏，与唐兵战，赵德钧、赵延寿先遁，符彦饶、张彦琦、刘延朗、刘在明继之，士卒大溃，相腾践死者万计。

己巳，延朗、在明至怀州，唐主始知帝即位，杨光远降。众议以"天雄军府尚完，契丹必惮山东[2]，未敢南下，车驾宜幸魏州"。唐主以李崧素与范延光善，召崧谋之。薛文遇不知而继至[3]，唐主怒，变色；崧蹑文遇足，文遇乃去。唐主曰："我见此物肉颤，适几欲抽佩刀刺之。"崧曰："文遇小人，浅谋误国，刺之益丑。"崧因劝唐主南还，唐主从之。

洛阳闻北军败，众心大震，居人四出，逃窜山谷。门者请禁之，河南尹雍王重美曰："国家多难，未能为百姓主，又禁其求生，徒增恶名耳；不若听其自便，事宁自还。"乃出令任从所适，众心差安。

壬申，唐主还至河阳，命诸将分守南、北城[4]。张延朗请幸滑州，庶与魏博声势相接，唐主不能决。

赵德钧、赵延寿南奔潞州，唐败兵稍稍从之，其将时赛帅卢龙轻骑东还渔阳。帝先遣昭义节度使高行周还具食，至城下，见德钧父子在城上，行周曰："仆与大王乡曲，敢不忠告！城中无斗粟可守，不若速迎车驾。"甲戌，帝与契丹主至潞州，德钧父子迎谒于高河，契丹主慰谕之，父子拜帝于马首，进曰："别后安否？"帝不顾，亦不与之言。契丹主谓德钧曰："汝在幽州所置银鞍契丹直何在？"德钧指示之，契丹主命尽杀之于西郊，凡三千人。遂琐德钧、延寿[5]，送归其国。

德钧见述律太后，悉以所赍宝货并籍其田宅献之，太后问曰："汝近者何为往太原？"德钧曰："奉唐主之命。"太后指天曰："汝从吾儿求为天子，何妄语邪[6]！"又自指其心曰："此不可欺也。"又曰："吾儿将行，吾戒之云：赵大王若引兵北向渝关，亟须引归，太原不可救也。汝欲为天子，何不先击退吾儿，徐图亦未晚。汝为人臣，既负其主，不能击敌，又欲乘乱邀利，所为如此，何面目复求生乎？"德钧俯首不能对。又问："器玩在此，田宅何在？"德钧曰："在幽州。"太后曰："幽州今属谁？"德钧曰："属太后。"太后曰："然则又何献焉？"德钧益惭。自是郁郁不多食，逾年而卒。张砺与延寿俱入契丹，契丹主复以为翰林学士⑦。

帝将发上党，契丹主举酒属帝曰："余远来徇义，今大事已成，我若南向，河南之人必大惊骇；汝宜自引汉兵南下，人必不甚惧。我令太相温将五千骑卫送汝至河梁，欲与之渡河者多少随意，余且留此，俟汝音闻，有急则下山救汝；若洛阳既定，吾即北返矣。"与帝执手相泣，久之不能别，解白貂裘以衣帝，赠良马二十匹，战马千二百匹，曰："世世子孙勿相忘。"又曰："刘知远、赵莹、桑维翰皆创业功臣，无大故，勿弃也。"

初，张敬达既出师，唐主遣左金吾大将军历山高汉筠守晋州。敬达死，建雄节度副使田承肇帅众攻汉筠于府署，汉筠开门延承肇入，从容谓曰："仆与公俱受朝寄，何相迫如此？"承肇曰："欲奉公为节度使。"汉筠曰："仆老矣，义不为乱首，死生惟公所处。"承肇目左右欲杀之，军士投刃于地曰："高金吾累朝宿德，奈何害之！"承肇乃谢曰："与公戏耳。"听汉筠归洛阳。帝遇诸涂，曰："朕忧卿为乱兵所伤，今见卿甚喜。"

符彦饶、张彦琪至河阳，密言于唐主曰："今胡兵大下，河水复浅，人心已离，此不可守。"己丑⑧，唐主命河阳节度使苌从简与赵州刺史刘在明守河阳南城，遂断浮梁，归洛阳。遣宦者秦继旻、皇城使李彦绅杀昭信节度使李赞华于其第。

【注释】

①降卒：指唐晋安寨降卒。　②山东：指在太行山之东的天雄军。　③薛文遇不知而继至：薛文遇和李崧同在直，薛文遇不知只召李崧一人，以为是两人同召，所以继李崧之后来到，讨个没趣。　④分守南、北城：河阳有南、北、中潬三城，南、北城分别在黄河桥两岸。　⑤瑣：通"锁"。　⑥何妄语邪：指其意欲请求称帝，却谎称是奉唐主之命。

⑦复以为翰林学士：张砺在后唐明宗时为翰林学士，受唐主潞王所遣督赵延寿进军于团柏，俱入契丹。 ⑧己丑：闰十一月无此日。一本作“丁丑”，当从之。

己卯，帝至河阳，苌从简迎降，舟楫已具。彰圣军执刘在明以降，帝释之，使复其所。

唐主命马军都指挥使宋审虔、步军都指挥使符彦饶、河阳节度使张彦琪、宣徽南院使刘延朗将千余骑至白马阪行战地[①]，有五十余骑度河奔于北军[②]。诸将谓审虔曰：“何地不可战，谁肯立于此？”乃还。庚辰，唐主又与四将议复向河阳，而将校皆已飞状迎帝。帝虑唐主西奔，遣契丹千骑扼渑池。

辛巳，唐主与曹太后、刘皇后、雍王重美及宋审虔等携传国宝登玄武楼自焚，皇后积薪欲烧宫室，重美谏曰：“新天子至，必不露居，他日重劳民力；死而遗怨，将安用之！”乃止。王淑妃谓太后曰：“事急矣，宜且避匿，以俟姑夫[③]。”太后曰：“吾子孙妇女一朝至此，何忍独生！妹自勉之。”淑妃乃与许王从益匿于球场，获免。

是日晚，帝入洛阳，止于旧第。唐兵皆解甲待罪，帝慰而释之。帝命刘知远部署京城，知远分汉军使还营，馆契丹于天宫寺，城中肃然，无敢犯令。士民避乱窜匿者，数日皆还复业。

初，帝在河东，为唐朝所忌，中书侍郎、同平章事、判三司张延朗不欲河东多蓄积，凡财赋应留使之外尽收取之[④]，帝以是恨之。壬午，百官入见，独收延朗付御史台，余皆谢恩。

甲申，车驾入宫，大赦：“应中外官吏一切不问，惟贼臣张延朗、刘延皓、刘延朗奸邪贪猥，罪难容贷；中书侍郎、平章事马胤孙、枢密使房暠、宣徽使李专美、河中节度使韩昭胤等，虽居重位，不务诡随，并释罪除名；中外臣僚先归顺者，委中书门下别加任使。”刘延皓匿于龙门[⑤]，数日，自经死。刘延朗将奔南山，捕得，杀之。斩张延朗；既而选三司使，难其人，帝甚悔之。

闽人闻唐主之亡，叹曰：“潞王之罪，天下未之闻也，将如吾君何！”

十二月，辛酉朔[⑥]，帝如河阳，饯太相温及契丹兵归国。

追废唐主为庶人。

丁亥，以冯道兼门下侍郎、同平章事。

曹州刺史郑阮贪暴，指挥使石重立因乱杀之，族其家。

辛卯，以唐中书侍郎姚颛为刑部尚书。

初，朔方节度使张希崇为政有威信，民夷爱之，兴屯田以省漕运；在镇五年，求内徙，唐潞王以为静难节度使。帝与契丹修好，恐其复取灵武，癸巳，复以希崇为朔方节度使。

初，成德节度使董温琪贪暴，积货巨万，以牙内都虞候平山秘琼为腹心。温琪与赵德钧俱没于契丹，琼尽杀温琪家人，瘗于一坎[7]，而取其货，自称留后，表称军乱。

同州小校门铎杀节度使杨汉宾，焚掠州城。

诏赠李赞华燕王，遣使送其丧归国。

张朗将其众入朝。

庚子，以唐中书侍郎卢文纪为吏部尚书。以皇城使晋阳周瓌为大将军、充三司使；瓌辞曰："臣自知才不称职，宁以避事见弃，犹胜冒宠获辜。"帝许之。

帝闻平卢节度使房知温卒，遣天平节度使王建立将兵巡抚青州。

改兴唐府曰广晋府。

安远节度使卢文进闻帝为契丹所立，自以本契丹叛将[8]，辛丑，弃镇奔吴。所过镇戍，召其主将，告之故，皆拜辞而退。

徐知诰以荆南节度使、太尉兼中书令李德诚、德胜节度使兼中书令周本位望隆重，欲使之帅众推戴，本曰："我受先王大恩，自徐温父子用事，恨不能救杨氏之危，又使我为此，可乎！"其子弘祚强之，不得已与德诚帅诸将诣江都表吴主，陈知诰功德，请行册命；又诣金陵劝进。宋齐丘谓德诚之子建勋曰："尊公，太祖元勋[9]，今日扫地矣。"于是吴宫多妖，吴主曰："吴祚其终乎！"左右曰："此乃天意，非人事也。"

高丽王建用兵击破新罗、百济[10]，于是东夷诸国皆附之，有二京、六府、九节度、百二十郡。

【注释】

①白马阪:当作“白司马阪”,即白马山,在今河南洛阳市北。②北军:指石敬瑭的晋兵。因从北方太原而来,故称。 ③姑夫:即石敬瑭。他为唐室之婿,尚曹太后之女,故称。 ④留使:留为府家用度。唐代诸州财赋分而为三,一为进贡,二为送使,三为留州(府)。 ⑤龙门:地名。在今河南洛阳市南。 ⑥辛酉朔:十二月无辛酉日,一本作“乙酉”,当从之。 ⑦瘗(yì 意):埋、埋葬。 ⑧本契丹叛将:卢文进自契丹投奔后唐事见本书卷第二百七十五明宗天成元年(926)十月。⑨太祖:指吴主杨行密,其庙号为太祖。前此“先王”亦指杨行密。⑩高丽王建:王建得高丽事见本书卷第二百七十一梁均王龙德三年(923)。

资治通鉴卷第二百八十一

后晋纪二　起强圉作噩，尽著雍阉茂，凡二年。

高祖圣文章武明德孝皇帝上之下

天福二年　春，正月，乙卯，日有食之。

诏以前北面招收指挥使安重荣为成德节度使，以秘琼为齐州防御使。遣引进使王景崇谕琼以利害。重荣与契丹将赵思温偕如镇州，琼不敢拒命。丙辰，重荣奏已视事。景崇，邢州人也。

契丹以幽州为南京。

李崧、吕琦逃匿于伊阙民间[①]。帝以始镇河东，崧有力焉[②]，德之；亦不责琦。乙丑，以琦为秘书监；丙寅，以崧为兵部侍郎、判户部。

初，天雄节度使兼中书令范延光微时，有术士张生语之云："必为将相。"延光既贵，信重之。延光尝梦蛇自脐入腹，以问张生，张生曰："蛇者龙也，帝王之兆。"延光由是有非望之志。唐潞王素与延光善，及赵德钧败，延光自辽州引兵还魏州，虽奉表请降，内不自安，以书潜结秘琼，欲与之为乱；琼受其书不报，延光恨之。琼将之齐，过魏境，延光欲灭口，且利其货，遣兵邀之于夏津[③]，杀之。丁卯，延光奏称夏津捕盗兵误杀琼；帝不问。

戊寅，以李崧为中书侍郎、同平章事，充枢密使，桑维翰兼枢密使。时晋新得天下，藩镇多未服从；或虽服从，反仄不安。兵火之余，府库殚竭，民间困穷，而契丹征求无厌。维翰劝帝推诚弃怨以抚藩镇,卑辞厚礼以奉契丹,训卒缮兵以修武备,务农桑以实仓廪,通商贾以丰货财。数年之间,中国稍安。

吴太子琏纳齐王知诰女为妃。

知诰始建太庙、社稷,改金陵为江宁府,牙城曰宫城,厅堂曰殿;以左、右司马宋齐丘、徐玠为左、右丞相,马步判官周宗、内枢判官黟人周廷玉为内枢使。自余百官皆如吴朝之制。置骑兵八军,步兵九军。

二月,吴主以卢文进为宣武节度使[4],兼侍中。

戊子,吴主使宜阳王璪如西都,册命齐王;王受册,赦境内。册王妃曰王后。

吴越王元瓘之弟顺化节度使、同平章事元珦获罪于元瓘[5],废为庶人。

契丹主自上党过云州,大同节度使沙彦珣出迎,契丹主留之,不使还镇。节度判官吴峦在城中,谓其众曰:"吾属礼义之俗,安可臣于夷狄乎!"众推峦领州事,闭城不受契丹之命,契丹攻之,不克。应州马军都指挥使金城郭崇威亦耻臣契丹,挺身南归。

契丹主过新州,命威塞节度使翟璋敛犒军钱十万缗。初,契丹主阿保机强盛,室韦、奚、霫皆役属焉[6],奚王去诸苦契丹贪虐,帅其众西徙妫州,依刘仁恭父子,号西奚[7]。去诸卒,子扫剌立。唐庄宗灭刘守光,赐扫剌姓李名绍威。绍威娶契丹逐不鲁之姊。逐不鲁获罪于契丹,奔绍威,绍威纳之;契丹怒,攻之,不克。绍威卒,子拽剌立。及契丹主德光自上党北还,拽剌迎降,时逐不鲁亦卒,契丹主曰:"汝诚无罪,扫剌、逐不鲁负我。"皆命发其骨,硙而飏之。诸奚畏契丹之虐,多逃叛。契丹主劳翟璋曰:"当为汝除代,令汝南归。"己亥,璋表乞征诣阙。既而契丹遣璋将兵讨叛奚、攻云州,有功,留不遣璋,璋郁郁而卒。

张砺自契丹逃归,为追骑所获,契丹主责之曰:"何故舍我去?"对曰:"臣华人,饮食衣服皆不与此同,生不如死,愿早就戮。"契丹主顾通事高彦英曰[8]:"吾常戒汝善遇此人,何故使之失所而亡去?若失之,安可复得邪!"笞彦英而谢砺。砺事契丹主甚忠直,遇事辄言,无所隐避,契丹主甚重之。

【注释】

①伊阙：地名。一名阙口，又名龙门。在今河南洛阳市南。 ②崧有力焉：李崧建议石敬瑭镇守河东事见本书卷第二百七十八唐明宗长兴三年(932)十一月。 ③夏津：地名。治今山东夏津县。 ④宣武节度使：宣武军治汴州，时属后晋，卢文进为遥领。 ⑤获罪于元瓘：钱元珦获罪事见本书卷第二百七十八唐明宗长兴四年(933)十二月。 ⑥霫(xí 习)：中国古族名。隋唐时，居潢水(今内蒙古西拉木伦河及其下游西辽河)以北，以射猎为主，风俗与契丹略同。唐末，霫、奚俱附于契丹，后渐融合。 ⑦西奚：相对于居于琵琶山的东奚而言。 ⑧通事：官名。主掌在契丹的中国人的事务，多由知汉俗、通汉语的契丹主心腹担任。

初，吴越王镠少子元球数有军功，镠赐之兵仗。及吴越王元瓘立，元球为土客马步军都指挥使、静江节度使[①]，兼中书令，恃恩骄横，增置兵仗至数千，国人多附之。元瓘忌之，使人讽元球请输兵仗，出判温州，元球不从。铜官庙吏告元球遣亲信祷神，求主吴越江山；又为蜡丸从水窦出入[②]，与兄元珦谋议。三月，戊午，元瓘遣使者召元球宴宫中，既至，左右称元球有刃坠于怀袖，即格杀之；并杀元珦[③]。元瓘欲按诸将吏与元珦、元球交通者，其子仁俊谏曰："昔光武克王郎，曹公破袁绍，皆焚其书疏以安反侧，今宜效之[④]。"元瓘从之。

或得唐潞王膂及髀骨献之，庚申，诏以王礼葬于徽陵南。

帝遣使诣蜀告即位，且叙姻好[⑤]；蜀主复书，用敌国礼。

范延光聚卒缮兵，悉召巡内刺史集魏州，将作乱。会帝谋徙都大梁，桑维翰曰："大梁北控燕、赵，南通江、淮，水陆都会，资用富饶。今延光反形已露，大梁距魏不过十驿[⑥]，彼若有变，大军寻至，所谓疾雷不及掩耳也。"丙寅，下诏，托以洛阳漕运有阙，东巡汴州。

吴徐知诰立子景通为王太子，固辞不受。追尊考忠武王温曰太祖武王，妣明德太妃李氏曰王太后。壬申，更名诰。

庚辰，帝发洛阳，留前朔方节度使张从宾为东都巡检使。

汉主以疾愈，大赦。

交州将皎公羡杀安南节度使杨廷艺而代之。

夏，四月，丙戌，帝至汴州；丁亥，大赦。

吴越王元瓘复建国[7]，如同光故事。丙申，赦境内，立其子弘僔为世子。以曹仲达、沈崧、皮光业为丞相，镇海节度判官林鼎掌教令。

丁酉，加宣武节度使杨光远兼侍中。

闽主作紫微宫，饰以水晶，土木之盛倍于宝皇宫[8]。又遣使散诣诸州，伺人隐慝。

五月，吴徐诰用宋齐丘策，欲结契丹以取中国，遣使以美女、珍玩泛海修好，契丹主亦遣使报之。

丙辰，敕权署汴州牙城曰大宁宫。

壬申，进范延光爵临清郡王，以安其意。

追尊四代考妣为帝后。己卯，诏太社所藏唐室罪人首听亲旧收葬。初，武卫上将军娄继英尝事梁均王，为内诸司使，至是，请其首而葬之[9]。

六月，吴诸道副都统徐景迁卒。

范延光素以军府之政委元随左都押牙孙锐，锐恃恩专横，符奏有不如意者，对延光手裂之。会延光病经旬，锐密召澶州刺史冯晖，与之合谋逼延光反；延光亦思张生之言，遂从之。

甲午，六宅使张言奉使魏州还，言延光反状；义成节度使符彦饶奏延光遣兵渡河，焚草市[10]；诏侍卫马军都指挥使、昭信节度使白奉进将千五百骑屯白马津以备之。奉进，云州人也。丁酉，以东都巡检使张从宾为魏府西南面都部署。戊戌，遣侍卫都军使杨光远将步骑一万屯滑州。己亥，遣护圣都指挥使杜重威将兵屯卫州。重威，朔州人也，尚帝妹乐平长公主。范延光以冯晖为都部署，孙锐为兵马都监，将步骑二万循河西抵黎阳口。辛丑，杨光远奏引兵逾胡梁渡。

【注释】

①“元球”句：一本此句下有“静江节度使”五字，今补。 ②水窦：下水道。 ③并杀元珣：钱元珣被幽禁事见本书卷第二百七十八唐明宗长兴四年(933)十二月。 ④光武、曹公：光武克王郎见本书卷第三十九

汉更始二年(24),曹公破袁绍见本书卷第六十四献帝建安五年(200)。⑤且叙姻好:蜀主孟知祥与晋帝石敬瑭同为唐室之婿,为兄弟行,故叙姻好。 ⑥十驿:唐制,三十里为一驿,十驿为三百里。 ⑦复建国:钱元瓘初立时曾罢建国,见本书卷第二百七十八明宗长兴三年(932)三月。⑧宝皇宫:极盛一时的宝皇宫修建于明宗长兴二年(931)。 ⑨请其首:唐藏梁均王之首于太社,见本书卷第二百七十二庄宗同光元年(923)十月。 ⑩草市:此指滑州城外居民们用草屋构成的市里。

以翰林学士、礼部侍郎和凝为端明殿学士。凝署其门,不通宾客。前耀州团练推官襄邑张谊致书于凝,以为"切近之职为天子耳目,宜知四方利病,奈何拒绝宾客!虽安身为便,如负国何"!凝奇之,荐于桑维翰,未几,除左拾遗。谊上言:"北狄有援立之功,宜外敦信好,内谨边备,不可自逸,以启戎心。"帝深然之。

契丹攻云州,半岁不能下。吴峦遣使间道奉表求救,帝为之致书契丹主请之,契丹主乃命翟璋解围去。帝召峦归,以为武宁节度副使。

丁未,以侍卫使杨光远为魏府四面都部署[①],张从宾为副部署兼诸军都虞候,昭义节度使高行周将本军屯相州,为魏府西面都部署。

军士郭威旧隶刘知远,当从杨光远北征,白知远乞留。人问其故,威曰:"杨公有奸诈之才,无英雄之气,得我何用?能用我者其刘公乎!"

诏张从宾发河南兵数千人击范延光[②]。延光使人诱从宾,从宾遂与之同反,杀皇子河阳节度使重信,使上将军张继祚知河阳留后。继祚,全义之子也。从宾又引兵入洛阳,杀皇子权东都留守重乂,以东都副留守、都巡检使张延播知河南府事,从军[③]。取内库钱帛以赏部兵;留守判官李遐不与,兵众杀之。从宾引兵扼汜水关[④],将逼汴州。诏奉国都指挥使侯益帅禁兵五千会杜重威讨张从宾;又诏宣徽使刘处让自黎阳分兵讨之。时羽檄纵横,从官在大梁者无不恟惧[⑤],独桑维翰从容指画军事,神色自若,接对宾客,不改常度,众心差安。

后晋版画《毗沙门天王像》

方士言于闽主，云有白龙夜见螺峰；闽主作白龙寺。时百役繁兴，用度不足，闽主谓吏部侍郎、判三司候官蔡守蒙曰：“闻有司除官皆受赂，有诸？”对曰：“浮议无足信也。”闽主曰：“朕知之久矣，今以委卿，择贤而授，不肖及罔冒者勿拒[⑥]，第令纳赂，籍而献之。”守蒙素廉，以为不可；闽主怒，守蒙惧而从之。自是除官但以货多少为差。闽主又以空名堂牒使医工陈究卖官于外[⑦]，专务聚敛，无有盈厌。又诏民有隐年者杖背，隐口者死，逃亡者族。果菜鸡豚，皆重征之。

秋，七月，张从宾攻汜水，杀巡检使宋廷浩。帝戎服，严轻骑，将奔晋阳以避之。桑维翰叩头苦谏曰：“贼锋虽盛，势不能久，请少待之，不可轻动。”帝乃止。

范延光遣使以蜡丸招诱失职者[⑧]，右武卫上将军娄继英、右卫大将军尹晖在大梁，温韬之子延濬、延沼、延衮居许州，皆应之。延光令延濬兄弟取许州，聚徒已及千人。继英、晖事泄，皆出走。壬子，敕以延光奸谋，诬污忠良，自今获延光谍人，赏获者，杀谍人，焚蜡书[⑨]，勿以闻。晖将奔吴，为人所杀。继英奔许州，依温氏。忠武节度使苌从简盛为之备，延濬等不得发，欲杀继英以自明，延沼止之，遂同奔张从宾。继英知其谋，劝从宾执三温，皆斩之。

【注释】

①侍卫使：即侍卫都军使之省称。　②河南兵：指河南府的军队。　③从军：一本作“从宾”。　④汜水关：地名。即虎牢关，在今河南荥

阳市西北。 ⑤无不恟惧：因从官家属均留在东都洛阳，而洛阳已陷，故恟惧。 ⑥罔冒者：即期罔伪冒而求官者。 ⑦堂牒：亦称堂帖、札子，授官文状。 ⑧失职者：指被降任、弃官和居冗散之职的人。 ⑨焚蜡书：原本作“禁蜡书”，今据另本改。

白奉进在滑州，军士有夜掠者，捕之，获五人，其三隶奉进，其二隶符彦饶，奉进皆斩之；彦饶以其不先白己，甚怒。明日，奉进从数骑诣彦饶谢，彦饶曰：“军中各有部分，奈何取滑州军士并斩之，殊无客主之义乎[1]！”奉进曰：“军士犯法，何有彼我！仆已引咎谢公，而公怒不解，岂非欲与延光同反邪！”拂衣而起，彦饶不留；帐下甲士大噪，擒奉进，杀之。从骑走出，大呼于外，诸军争擐甲操兵，喧噪不可禁止。奉国左厢都指挥使马万惶惑不知所为，帅步兵欲从乱，遇右厢都指挥使卢顺密帅部兵出营，厉声谓万曰：“符公擅杀白公，必与魏城通谋[2]，此去行宫才二百里，吾辈及军士家属皆在大梁，奈何不思报国，乃欲助乱，自求族灭乎！今日当共擒符公，送天子，立大功。军士从命者赏，违命者诛，勿复疑也！”万所部兵尚有呼跃者，顺密杀数人，众莫敢动。万不得已从之，与奉国都虞候方太等共攻牙城，执彦饶，令太部送大梁。甲寅，敕斩彦饶于班荆馆，其兄弟皆不问。

杨光远自白皋引兵趣滑州，士卒闻滑州乱，欲推光远为主。光远曰：“天子岂汝辈贩弄之物！晋阳之降出于穷迫[3]，今若改图，真反贼也。”其下乃不敢言。时魏、孟、滑三镇继叛[4]，人情大震，帝问计于刘知远，对曰：“帝者之兴，自有天命。陛下昔在晋阳，粮不支五日，俄成大业。今天下已定，内有劲兵，北结强虏，鼠辈何能为乎！愿陛下抚将相以恩，臣请戢士卒以威；恩威兼著，京邑自安，本根深固，则枝叶不伤矣。”知远乃严设科禁，宿卫诸军无敢犯者。有军士盗纸钱一幞，主者擒之，左右请释之，知远曰：“吾诛其情，不计其直。”竟杀之。由是众皆畏服。

乙卯，以杨光远为魏府行营都招讨使、兼知行府事，以昭义节度使高行周为河南尹、东京留守[5]，以杜重威为昭义节度使、充侍卫马军都指挥使，以侯益为河阳节度使。帝以滑州奏事皆马万为首，擢万为义成节度使。丙辰，以卢顺密为果州团练使[6]，方太为赵州刺史；既而知皆顺密之功也，更以顺密为昭义留后。

冯晖、孙锐引兵至六明镇，光远引之渡河，半渡而击之，晖、锐众大败，多溺死，斩首三千级，晖、锐走还魏。

杜重威、侯益引兵至汜水，遇张从宾众万余人，与战，俘斩殆尽，遂克汜水。从宾走，乘马渡河，溺死。获其党张延播、继祚、娄继英，送大梁，斩之，灭其族。史馆修撰李涛上言，张全义有再造洛邑之功[7]，乞免其族，乃止诛继祚妻子。涛，回之族曾孙也。

诏东都留守司百官悉赴行在[8]。

杨光远奏知博州张晖举城降。

安州威和指挥使王晖闻范延光作乱，杀安远节度使周瓌，自领军府，欲俟延光胜则附之，败则渡江奔吴。帝遣右领军上将军李金全将千骑如安州巡检，许赦王晖以为唐州刺史。

范延光知事不济，归罪于孙锐而族之，遣使奉表待罪。戊寅，杨光远以闻，帝不许。

吴同平章事王令谋如金陵劝徐诰受禅，诰让不受。

山南东道节度使安从进恐王晖奔吴，遣行军司马张朏将兵会复州兵于要路邀之。晖大掠安州，将奔吴，部将胡进杀之。八月，癸巳，以状闻。李金全至安州，将士之预于乱者数百人，金全说谕，悉遣诣阙；既而闻指挥使武彦和等数十人挟贿甚多，伏兵于野，执而斩之。彦和且死，呼曰："王晖首恶，天子犹赦之；我辈胁从，何罪乎！"帝虽知金全之情，掩而不问。

吴历阳公濛知吴将亡，甲子[9]，杀守卫军使王宏。宏子勒兵攻濛，濛射杀之。以德胜节度使周本吴之勋旧，引二骑诣庐州，欲依之。本闻濛至，将见之，其子弘祚固谏，本怒曰："我家郎君来，何为不使我见！"弘祚合扉不听本出，使人执濛于外，送江都。徐诰遣使称诏杀濛于采石，追废为悖逆庶人，绝属籍[10]。侍卫军使郭悰杀濛妻子于和州，诰归罪于悰，贬池州。

【注释】

①客主之义：符彦饶以义成节度使镇滑州为主，白奉进以侍卫马军都指挥使屯滑州为客。　②魏城：即魏州城，当时范延光占据魏州谋

反。 ③晋阳之降：指其上年在晋安寨杀张敬达而投降契丹。 ④魏、孟、滑三镇继叛：指魏州范延光、孟州张从宾、滑州符彦饶相继叛乱。⑤东京留守：当为“东都留守”。 ⑥果州团练使：当时果州属蜀国，此为遥领。 ⑦再造洛邑之功：见本书卷第二百五十七唐僖宗光启三年(887)。 ⑧悉赴行在：从此即定都大梁。 ⑨甲子：八月无此日。一本作“甲午”，当从之。 ⑩属籍：家族的名册。

乙巳，赦张从宾、符彦饶、王晖之党，未伏诛者皆不问。

梁、唐以来，士民奉使及俘掠在契丹者，悉遣使赎还其家。

吴司徒、门下侍郎、同平章事、内枢使、忠武节度使王令谋老病无齿[①]，或劝之致仕，令谋曰：“齐王大事未毕，吾何敢自安！”疾亟，力劝徐诰受禅。是月，吴主下诏，禅位于齐。李德诚等复诣金陵帅百官劝进，宋齐丘不署表。九月，癸丑，令谋卒。

甲寅，以李金全为安远节度使。

娄继英未及葬梁均王而诛死，诏梁故臣右卫上将军安崇阮与王故妃郭氏葬之。

丙寅，吴主命江夏王璘奉玺绶于齐。冬，十月，甲申，齐王诰即皇帝位于金陵[②]，大赦，改元昇元，国号唐。追尊太祖武王曰武皇帝。乙酉，遣右丞相玠奉册诣吴主，称受禅老臣诰谨拜稽首上皇帝尊号曰高尚思玄弘古让皇，宫室、乘舆、服御皆如故，宗庙、正朔、徽章、服色悉从吴制。丁亥，立徐知证为江王，徐知谔为饶王[③]。以吴太子琏领平卢节度使、兼中书令，封弘农公。

唐主宴群臣于天泉阁，李德诚曰：“陛下应天顺人，惟宋齐丘不乐。”因出齐丘止德诚劝进书，唐主执书不视，曰：“子嵩三十年旧交[④]，必不相负。”齐丘顿首谢。

己丑，唐主表让皇改东都宫殿名，皆取于仙经。让皇常服羽衣，习辟谷术[⑤]。辛卯，吴宗室建安王珙等十二人皆降爵为公，而加官增邑。丙申，以吴同平章事张延翰及门下侍郎张居咏、中书侍郎李建勋并同平章事。让皇以唐主上表，致书辞之；唐主表谢而不改。

丁酉，加宋齐丘大司徒。齐丘虽为左丞相，不预政事，心愠怼，闻制词云“布衣之交”，抗声曰：“臣为布衣时，陛下为刺史；今日为天子，可不用老臣矣。”还家请罪，唐主手诏谢之，亦不改命。久之，齐丘不知所出，乃更上书请迁让皇于他州，及斥远吴太子琏，绝其婚；唐主不从。

乙巳，立王后宋氏为皇后。戊申，以诸道都统、判元帅府事景通为诸道副元帅、判六军诸卫事、太尉、尚书令、吴王。

闽主命其弟威武节度使继恭上表告嗣位于晋，且请置邸于都下。

十一月，乙卯，唐吴王景通更名璟。

唐主赐杨琏妃号永兴公主[⑥]；妃闻人呼公主则流涕而辞。

戊午，唐主立其子景遂为吉王，景达为寿阳公；以景遂为侍中、东都留守、江都尹，帅留司百官赴东都。

戊辰，诏加吴越王元瓘天下兵马副元帅，进封吴越国王。

安远节度使李金全以亲吏胡汉筠为中门使，军府事一以委之。汉筠贪滑残忍，聚敛无厌。帝闻之，以廉吏贾仁沼代之，且召汉筠，欲授以他职，庶保全功臣。汉筠大惧，始劝金全以异谋。乙亥，金全表汉筠病，未任行。金全故人庞令图屡谏曰：“仁沼忠义之士，以代汉筠，所益多矣。”汉筠夜遣壮士逾垣灭令图之族，又毒仁沼，舌烂而卒。汉筠与推官张纬相结，以谄惑金全，金全爱之弥笃。

十二月，戊申，蜀大赦，改明年元曰明德。

诏加马希范江南诸道都统，制置武平、静江等军事。

是岁，契丹改元会同，国号大辽，公卿庶官皆仿中国，参用中国人，以赵延寿为枢密使，寻兼政事令[⑦]。

【注释】

①忠武节度使：忠武军治许州，治时属后晋，王令谋为遥领节镇。②齐王诰：即徐知诰、徐诰。五代时南唐国的建立者，937—943 年在位。徐州人。初为杨行密收养，后为吴国丞相徐温养子。徐温死后，独专吴政，封为齐王。即位后国号为唐，史称南唐，改姓名为李昪（biàn，变）。③徐知证、徐知谔：两人均为徐温之子、徐诰之弟。 ④子嵩：即宋齐丘，子嵩为其字。 ⑤辟谷术：又称断谷、绝谷。是中国古代的一种修养方

法，即只食药物，不吃五谷，静居行气，传说这样可以长生不死。　⑥杨琏妃：吴太子杨琏妃，为徐诰之女。　⑦政事令：官名。辽置，为政事省的长官。主掌参决中外之事，为宰相的职任。后政事省改称中书省，政事令也改为中书令。

三年　春，正月，己酉，日有食之。

唐德胜节度使兼中书令西平恭烈王周本以不能存吴，愧恨而卒。

丙寅，唐以侍中吉王景遂参判尚书都省。

蜀主以武信节度使、同平章事张业为左仆射兼中书侍郎、同平章事、枢密使，武泰节度使王处回兼武信节度使、同平章事。

二月，庚辰，左散骑常侍张允上《驳赦论》，以为："帝王遇天灾多肆赦，谓之修德。借有二人坐狱遇赦，则曲者幸免，直者衔冤，冤气升闻，乃所以致灾，非所以弭灾也。"诏褒之。帝乐闻谠言[①]，诏百官各上封事，命吏部尚书梁文矩等十人置详定院以考之[②]，无取者留中，可者行之。数月，应诏者无十人，乙未，复降御札趣之。

三月，丁丑，敕禁民作铜器。初，唐世天下铸钱有三十六冶[③]，丧乱以来，皆废绝，钱日益耗，民多销钱为铜器，故禁之。

中书舍人李详上疏，以为"十年以来，赦令屡降，诸道职掌皆许推恩，而藩方荐论动逾数百，乃至藏典[④]、书吏、优伶、奴仆，初命则至银青阶，被服皆紫袍象笏，名器僭滥，贵贱不分。请自今诸道主兵将校之外，节度州听奏朱记大将以上十人[⑤]，他州止听奏都押牙、都虞候、孔目官，自余但委本道量迁职名而已"。从之。

夏，四月，甲申，唐宋齐丘自陈丞相不应不豫政事，唐主答以省署未备。

吴让皇固辞旧宫，屡请徙居；李德诚等亦亟以为言。五月，戊午，唐主改润州牙城为丹杨宫，以李建勋为迎奉让皇使。

杨光远自恃拥重兵，颇干预朝政，屡有抗奏，帝常屈意从之。庚申，以其子承祚为左威卫将军，尚帝女长安公主，次子承信亦拜美官，宠冠当时。

壬戌，唐主以左宣威副统军王舆为镇海留后，客省使公孙圭为监军使,亲吏马思让为丹杨宫使,徙让皇居丹杨宫。

宋齐丘复自陈为左右所间,唐主大怒;齐丘归第,白衣待罪。或曰:"齐丘旧臣,不宜以小过弃之。"唐主曰:"齐丘有才,不识大体。"乃命吴王璟持手诏召之。

六月,壬午,或献毒酒方于唐主,唐主曰:"犯吾法者自有常刑,安用此为!"群臣争请改府寺州县名有"吴"及"阳"者[6],留守判官杨嗣请更姓"羊",徐玠曰:"陛下自应天顺人,事非逆取,而谄邪之人专事改更,咸非急务,不可从也。"唐主然之。

河南留守高行周奏修洛阳宫。丙戌,左谏议大夫薛融谏曰:"今宫室虽经焚毁,犹侈于帝尧之茅茨;所费虽寡,犹多于汉文之露台[7]。况魏城未下[8],公私困窘,诚非陛下修宫馆之日;请俟海内平宁,营之未晚。"上纳其言,仍赐诏褒之。

己丑,金部郎中张铸奏[9]:"窃见乡村浮户,非不勤稼穑,非不乐安居,但以种木未盈十年,垦田未及三顷,似成生业,已为县司收供徭役,责之重赋,威以严刑,故不免捐功舍业,更思他适。乞自今民垦田及五顷以上,三年外乃听县司徭役。"从之。

【注释】

①谠(dǎng 党)言:正直的言论。　②详定院:官署名。后晋置。主掌裁定四方上书并送呈皇帝。　③唐世:指后唐之世。　④藏典:官名。看守国库的官吏。　⑤节度州、朱记大将:节度州指节度使所治之州;朱记大将指所授大将不给铜印,只能给木朱记作为印信。　⑥有"吴"及"阳"者:"吴"为杨氏的国号,"阳"与"杨"为同音字。　⑦汉文之露台:见本书卷第十五汉文帝后元七年(前157)。　⑧魏城未下:指范延光尚据守魏州,杨光远攻之未下。　⑨金部郎中:官名。属户部,主管天下库藏钱帛的审计、预算和出纳。

秋,七月,中书奏:"朝代虽殊,条制无异。请委官取明宗及清泰时敕[1],详定可久行者编次之。"己酉,诏左谏议大夫薛融等详定。

辛酉,敕作受命宝[2],以"受天明命,惟德允昌"为文。

帝上尊号于契丹主及太后[3],戊寅,以冯道为太后册礼使,左仆射刘煦为契丹主册礼使，备卤簿、仪仗、车辂，诣契丹行礼；契丹主大悦。帝事契丹甚谨，奉表称臣，谓契丹主为“父皇帝”；每契丹使至，帝于别殿拜受诏敕。岁输金帛三十万之外，吉凶庆吊，岁时赠遗，玩好珍异，相继于道。乃至应天太后[④]、元帅太子、伟王、南、北二王、韩延徽、赵延寿等诸大臣皆有赂遗。小不如意，辄来责让，帝常卑辞谢之。晋使者至契丹，契丹骄倨，多不逊语。使者还，以闻，朝野咸以为耻，而帝事之曾无倦意，以是终帝之世与契丹无隙。然所输金帛不过数县租赋，往往托以民困，不能满数。其后契丹主屡止帝上表称臣，但令为书称“儿皇帝”，如家人礼。

初，契丹主既得幽州[⑤]，命曰南京，以唐降将赵思温为留守。思温子延照在晋，帝以为祁州刺史。思温密令延昭言虏情终变，请以幽州内附；帝不许。

契丹遣使诣唐，宋齐丘劝唐主厚贿之，俟至淮北，潜遣人杀之，欲以间晋。

壬午，杨光远奏前澶州刺史冯晖自广晋城中出战[⑥]，因来降，言范延光食尽穷困；己丑，以晖为义成节度使。

杨光远攻广晋，岁余不下，帝以师老民疲，遣内职朱宪入城谕范延光[⑦]，许移大藩，曰：“若降而杀汝，白日在上，吾无以享国。”延光谓节度副使李式曰：“主上重信，云不死则不死矣。”乃撤守备，然犹迁延未决。宣徽南院使刘处让复入谕之，延光意乃决。九月，乙巳朔，杨光远送延光二子守图、守英诣大梁。己酉，延光遣牙将奉表待罪。壬子，诏书至广晋，延光帅其众素服于牙门，使者宣诏释之。朱宪，汴州人也。

契丹遣使如洛阳，取赵延寿妻唐燕国长公主以归。

壬戌，唐太府卿赵可封请唐主复姓李，立唐宗庙。

庚午[⑧]，杨光远表乞入朝；命刘处让权知天雄军府事。己巳，制以范延光为天平节度使，仍赐铁券，应广晋城中将吏军民今日以前罪皆释不问；其张从宾、符彦饶余党及自官军逃叛入城者，亦释之。延光腹心将佐李式、孙汉威、薛霸皆除防御、团练使、刺史，牙兵皆升为侍卫亲军。

初，河阳行军司马李彦珣，邢州人也，父母在乡里，未尝供馈。

后与张从宾同反，从宾败，奔广晋，范延光以为步军都监，使登城拒守。杨光远访获其母，置城下以招之，彦珣引弓射杀其母。延光既降，帝以彦珣为坊州刺史。近臣言彦珣杀母，杀母恶逆不可赦[⑨]；帝曰："赦令已行，不可改也。"乃遣之官。

臣光曰：治国家者固不可无信。然彦珣之恶，三灵所不容[⑩]，晋高祖赦其叛君之愆，治其杀母之罪，何损于信哉！

辛未，以杨光远为天雄节度使。

【注释】

①清泰：后唐末帝年号，934—936年。 ②受命宝：主要用于皇帝修封禅、礼神祇。因后唐受命宝被潞王所焚，故需重新制作。 ③帝上尊号：一本"帝"上有"八月"二字，当是。 ④应天太后：即契丹主之母述律太后，"应天"为后晋所加之徽号。 ⑤契丹主既得幽州：契丹得幽州在天福元年，即936年。 ⑥广晋城：即后唐时的魏州城，后晋石敬瑭即位后改名。天福二年（937）六月，冯晖自澶州入广晋与范延光同反。 ⑦内职：内朝官职。因其任职于禁内，故称，为宦官所专任。 ⑧庚午：一本将"庚午"改作"己巳"，而将下文"己巳"改作"庚午"。 ⑨杀母恶逆不可赦：古律有十恶不赦，杀父母者为恶逆，即在不赦之列。 ⑩三灵：指天神、地祇、人鬼。

冬，十月，戊寅，契丹遣使奉宝册，加帝尊号曰英武明义皇帝。

帝以大梁舟车所会，便于漕运。丙辰[①]，建东京于汴州，复以汴州为开封府，以东都为西京，以西都为晋昌军节度。

帝遣兵部尚书王权使契丹谢尊号，权自以累世将相，耻之，谓人曰："吾老矣，安能向穹庐屈膝[②]！"乃辞以老疾。帝怒，戊子，权坐停官。

初，郭崇韬既死[③]，宰相罕有兼枢密使者。帝即位，桑维翰、李崧兼之，宣徽使刘处让及宦官皆不悦。杨光远围广晋，处让数以军事衔命往来，光远奏请多逾分，帝常依违，维翰独以法裁折之。光远对处让有不平语，处让曰："是皆执政之意。"光远由是怨执政。范延光降，光远密表论执政过失；帝知其故而不得已，加维翰兵部尚书，崧工部尚书，皆罢其枢密使；以处让为枢密使。

太常奏："今建东京，而宗庙、社稷皆在西京，请迁置大梁。"敕旨："且仍旧。"

戊戌，大赦。

杨延艺故将吴权自爱州举兵攻皎公羡于交州[④]，公羡遣使以赂求救于汉。汉主欲乘其乱而取之，以其子万王弘操为静海节度使，徙封交王，将兵救公羡，汉主自将屯于海门，为之声援。汉主问策于崇文使萧益，益曰："今霖雨积旬，海道险远，吴权桀黠，未可轻也。大军当持重，多用乡导，然后可进。"不听。命弘操帅战舰自白藤江趣交州。权已杀公羡，据交州，引兵逆战，先于海口多植大杙[⑤]，锐其首，冒之以铁，遣轻舟乘潮挑战而伪遁[⑥]，须臾潮落，汉舰皆碍铁杙不得返，汉兵大败，士卒覆溺者太半；弘操死，汉主恸哭，收余众而还。先是，著作佐郎侯融劝汉主弭兵息民，至是以兵不振，追咎融，剖棺暴其尸。益，仿之孙也。

楚顺贤夫人彭氏卒。彭夫人貌陋而治家有法，楚王希范惮之；既卒，希范始纵声色，为长夜之饮，内外无别。有商人妻美，希范杀其夫而夺之，妻誓不辱，自经死。

河决郓州。

十一月，范延光自郓州入朝[⑦]。

丙午，以闽主昶为闽国王，以左散骑常侍卢损为册礼使，赐昶赭袍[⑧]。戊申，以威武节度使王继恭为临海郡王。闽主闻之，遣进奏官林恩白执政，以既袭帝号，辞册命及使者。闽谏议大夫黄讽以闽主淫暴，与妻子辞诀入谏，闽主欲杖之，讽曰："臣若迷国不忠，死亦无怨；直谏被杖，臣不受也。"闽主怒，黜为民。

帝患天雄节度使杨光远跋扈难制，桑维翰请分天雄之众，加光远太尉、西京留守兼河阳节度使。光远由是怨望，密以赂自诉于契丹，养部曲千余人，常蓄异志。

辛亥，建邺都于广晋府；置彰德军于相州，以澶、卫隶之；置永清军于贝州，以博、冀隶之[⑨]。澶州旧治顿丘，帝虑契丹为后世之患，遣前淄州刺史汲人刘继勋徙澶州跨德胜津，并顿丘徙焉。以河南尹高行周为广晋尹、邺都留守，贝州防御使王廷胤为彰德节度使，右神武统军王周为永清节度使。廷胤，处存之孙；周，邺都人也。

范延光屡请致仕，甲寅，诏以太子太师致仕，居于大梁，每预宴会，与群臣无异。

延光之反也，相州刺史掖人王景拒境不从，戊午，以景为耀州团练使。

癸亥，敕听公私自铸铜钱，无得杂以铅铁，每十钱重一两，以“天福元宝”为文，仍令盐铁颁下模范[10]。惟禁私作铜器。

立左金吾卫上将军重贵为郑王，充开封尹。

庚辰，敕先许公私铸钱，虑铜难得，听轻重从便，但勿令缺漏。

辛丑[11]，吴让皇卒。唐主废朝二十七日，追谥曰睿皇帝。是岁，唐主徙吴王璟为齐王。

凤翔节度使李从曮，厚文士而薄武人，爱农民而严士卒，由是将士怨之。会发兵戍西边，既出郊，作乱，突门入城，剽掠于市。从曮发帐下兵击之，乱兵败，东走，欲自诉于朝廷，至华州，镇国节度使太原张彦泽邀击，尽诛之。

【注释】

①丙辰：十月无丙辰日，疑误。　②穹庐：北方游牧民族居住的毡帐。这里代指契丹。　③郭崇韬既死：郭崇韬之死见本书卷第二百七十四唐明宗天成元年（926）正月。　④杨延艺：胡三省注认为，“延艺”当作“廷艺”。皎公羡杀杨廷艺之事见本卷上年（937）三月。　⑤杙（yì亦）：木桩。　⑥“遣轻舟”句：一本此句下有“弘操逐之”四字。　⑦自郓州入朝：范延光归降后徙任天平节度使，治郓州，今自郓州入朝。⑧赭袍：红袍，为帝王之衣。　⑨以博、冀隶之：即分天雄军的贝州、博州，成德军的冀州，设置永清军。　⑩盐铁：即负责食盐专卖和金属开采冶炼的盐铁使司。　⑪辛丑：十一月无此日，一本作“辛未”，当是。

资治通鉴卷第二百八十二

后晋纪三 起屠维大渊献，尽重光赤奋若，凡三年。

高祖圣文章武明德孝皇帝中

天福四年 春，正月，辛亥，以澶州防御使太原张从恩为枢密副使。

朔方节度使张希崇卒，羌胡寇钞[①]，无复畏惮。甲寅，以义成节度使冯晖为朔方节度使。党项酋长拓跋彦超最为强大，晖至，彦超入贺，晖厚遇之，因为于城中治第，丰其服玩，留之不遣，封内遂安。

唐群臣江王知证等累表请唐主复姓李，立唐宗庙，乙丑，唐主许之。群臣又请上尊号，唐主曰："尊号虚美，且非古。"遂不受。其后子孙皆踵其法，不受尊号，又不以外戚辅政，宦者不得预事，皆他国所不及也。

二月，乙亥，改太祖庙号曰义祖。己卯，唐主为李氏考妣发哀，与皇后斩衰居庐，如初丧礼，朝夕临凡五十四日。江王知证、饶王知谔请亦服斩衰；不许。李建勋之妻广德长公主假衰绖入哭尽礼[②]，如父母之丧。

辛巳，诏国事委齐王璟详决，惟军旅以闻。庚寅，唐主更名昪。

诏百官议二祚合享礼[③]。辛卯，宋齐丘等议以义祖居七室之东。唐主命居高祖于西室，太宗次之，义祖又次之，皆为不祧之主。群臣言："义祖诸侯，不宜与高祖、太宗同享，请于太庙正殿后别建庙祀之。"帝曰："吾自幼托身义祖[4]，向非义祖有功于吴，朕安能启此中兴之业？"群臣乃不敢言。

唐主欲祖吴王恪，或曰："恪诛死，不若祖郑王元懿。"唐主命有司考二王苗裔，以吴王孙祎有功，祎子岘为宰相[5]，遂祖吴王，云自岘五世至父荣。其名率皆有司所撰。唐主又以历十九帝、三百年，疑十世太少。有司曰："三十年为世，陛下生于文德[6]，已五十年矣。"遂从之。

卢损至福州，闽主称疾不见，命弟继恭主之。遣其礼部员外郎郑元弼奉继恭表随损入贡。闽主不礼于损，有士人林省邹私谓损曰："吾主不事其君，不爱其亲，不恤其民，不敬其神，不睦其邻，不礼其宾，其能久乎！余将僧服而北逃，会相见于上国耳[7]。"

三月，庚戌，唐主追尊吴王恪为定宗孝静皇帝，自曾祖以下皆追尊庙号及谥。

【注释】

①钞：同"抄"。　②衰（cuī 崔）绖入哭尽礼：衰绖，古代丧礼中五服之一，次于斩衰；尽礼，他本均作"尽哀"。　③二祚：指徐、李二姓的祖先。　④自幼托身义祖：南唐始祖徐知诰，本姓李，幼孤，被行密军队俘获并收为养子，旋即赐徐温为子，徐温为他取名知诰。事见本书卷第二百六十唐昭宗乾宁二年（895）。　⑤岘：李岘，唐玄宗时信安王李祎之子，唐肃宗时曾任宰相。　⑥文德：唐僖宗末年的年号，起888年，仅使用一年；徐知诰生于888年，至此年939年，共五十一年，故称"已五十年矣"。　⑦上国：当时边隅地区的居民对中原的称呼。

己未，诏归德节度使刘知远、忠武节度使杜重威并加同平章事。知远自以有佐命功，重威起于外戚，无大功，耻与之同制，制下数日，杜门四表辞不受。帝怒，谓赵莹曰："重威朕之妹夫，知远虽有功，何得坚拒制命！可落军权，令归私第。"莹拜请曰："陛下昔在晋阳，兵不过五千，为唐兵十余万所攻[1]，危于朝露，非知远心如铁石，岂能成大业！奈何以小过弃之！窃恐此语外闻，非所以彰人君之大度也。"帝意乃解，命端明殿学士和凝诣知远第谕旨，知远惶恐，起受命。

灵州戍将王彦忠据怀远城叛[2]，上遣供奉官齐延祚往招谕之；彦忠降，延祚杀之。上怒曰："朕践阼以来，未尝失信于人，彦忠已输仗出迎，延祚何得擅杀之！"除延祚名，重杖配流。议者犹以为延祚不应免死。

辛酉，册回鹘可汗仁美为奉化可汗。

夏，四月，唐江王徐知证等请亦姓李，不许。

辛巳，唐主祀南郊；癸未，大赦。

梁太祖以来，军国大政，天子多与崇政、枢密使议[3]，宰相受成命，行制敕，讲典故，治文事而已。帝惩唐明宗之世安重诲专横，故即位之初，但命桑维翰兼枢密使。及刘处让为枢密使[4]，奏对多不称旨，会处让遭母丧。甲申，废枢密院，以印付中书，院事皆委宰相分判。以副使张从恩为宣徽使，直学士、仓部郎中司徒诩、工部郎中颜衎并罢守本官。然勋臣近习不知大体，习于故事，每欲复之。

帝以唐之大臣除名在两京者皆贫悴，复以李专美为赞善大夫。丙戌，以韩昭胤为兵部尚书，马胤孙为太子宾客，房暠为右骁卫大将军，并致仕。

闽主忌其叔父前建州刺史延武、户部尚书延望才名，巫者林兴与延武有怨，托鬼神语云："延武、延望将为变。"闽主不复诘，使兴帅壮士就第杀之，并其五子。

闽主用陈守元言，作三清殿于禁中[5]，以黄金数千斤铸宝皇大帝、天尊、老君像，昼夜作乐，焚香祷祀，求神丹。政无大小，皆林兴传宝皇命决之。

戊申，加楚王希范天策上将军，赐印，听开府置官属。

辛亥，唐徙吉王景遂为寿王，立寿阳公景达为宣城王。

乙卯，唐镇海节度使兼中书令梁怀王徐知谔卒。

唐人迁让皇之族于泰州[6]，号永宁宫，防卫甚严。康化节度使兼中书令杨珙称疾[7]，罢归永宁宫。乙丑，以平卢节度使兼中书令杨琏为康化节度使；琏固辞，请终丧，从之。

唐主将立齐王璟为太子，固辞；乃以为诸道兵马大元帅、判六军诸卫、守太尉、录尚书事、昇、扬二州牧[8]。

闽判六军诸卫建王继严得士心，闽主忌之，六月，罢其兵柄，更名继裕；以弟继镛判六军[9]，去“诸卫”字。

林兴诈觉，流泉州。望气者言宫中有灾，乙未，闽主徙居长春宫。

秋，七月，庚子朔，日有食之。

【注释】

①“为唐兵十余万所攻”句：后晋高祖为唐兵围攻，事见上卷上年(938)。　②怀远城：似指灵州怀远郡治，治所在今宁夏银川东黄河西岸。　③崇政、枢密使：崇政使职同枢密使，后梁置崇政使，故与崇政使议军国大政；后唐置枢密使，故多与枢密使议军国大政。　④刘处让：后晋刘处让夺桑维翰枢密使之职，事见上卷上年(938)。　⑤三清殿：指上清殿、玉清殿、太清殿；道家以上清、玉清、太清为三清。　⑥泰州：南唐昇元元年(937)改扬州海陵县置，治所在江苏泰州。　⑦康化：地名，南唐境内。胡三省注：“康化军亦吴于统内所置节镇，或南唐置之，其地今无可考。”　⑧昇、扬二州：昇州，唐乾元元年(758)始置，治所在今江苏南京市；扬州，即今江苏扬州市。南唐以昇州为西都，扬州为东都。⑨镛：他本均作“镛”，今改。

成德节度使安重荣出于行伍，性粗率，恃勇骄暴，每谓人曰：“今世天子，兵强马壮则为之耳。”府廨有幡竿高数十尺，尝挟弓矢谓左右曰：“我能中竿上龙者[1]，必有天命。”一发中之，以是益自负。

帝之遣重荣代秘琼也[2]，戒之曰：“琼不受代，当别除汝一镇，勿以力取，恐为患滋深。”重荣由是以帝为怯，谓人曰：“秘琼匹夫耳，天子尚畏之，况我以将相之重，士马之众乎！”每所奏请多逾分，为执政所可否，意愤愤不快，乃聚亡命，市战马，有飞扬之志。帝知之，义武节度使皇甫遇与重荣姻家。甲辰，徙遇为昭义节度使。

乙巳，闽北宫火，焚宫殿殆尽。

戊申，薛融等上所定编敕，行之。

丙辰，敕："先令天下公私铸钱[3]，今私钱多用铅锡，小弱缺薄，宜皆禁之，专令官司自铸。"

西京留守杨光远疏中书侍郎、同平章事桑维翰迁除不公及营邸肆于两都，与民争利；帝不得已，闰月，壬申，出维翰为彰德节度使兼侍中。

初，义武节度使王处直子威，避王都之难[4]，亡在契丹，至是，义武缺帅，契丹主遣使来言，"请使威袭父土地，如我朝之法"。帝辞以"中国之法必自刺史、团练、防御序迁乃至节度使，请遣威至此，渐加进用"。契丹主怒，复遣使来言曰："尔自节度使为天子，亦有阶级邪！"帝恐其滋蔓不已，厚赂契丹，且请以处直兄孙彰德节度使廷胤为义武节度使以厌其意。契丹怒稍解。

初，闽惠宗以太祖元从为拱宸、控鹤都[5]，及康宗立，更募壮士二千人为腹心，号宸卫都，禄赐皆厚于二都；或言二都怨望，将作乱，闽主欲分隶漳、泉二州，二都益怒。闽主好为长夜之饮，强群臣酒，醉则令左右伺其过失；从弟继隆醉失礼，斩之。屡以猜怒诛宗室，叔父左仆射、同平章事延羲阳为狂愚以避祸，闽主赐以道士服，置武夷山中；寻复召还，幽于私第。

闽主数侮拱宸、控鹤军使永泰朱文进、光山连重遇，二人怨之。会北宫火，求贼不获；闽主命重遇将内外营兵扫除余烬，日役万人，士卒甚苦之。又疑重遇知纵火之谋，欲诛之；内学士陈郯私告重遇。辛巳夜，重遇入直，帅二都兵焚长春宫以攻闽主，使人迎延羲于瓦砾中，呼万岁；复召外营兵共攻闽主；独宸卫都拒战，闽主乃与李后如宸卫都。比明，乱兵焚宸卫都，宸卫都战败，余众千余人奉闽主及李后出北关，至梧桐岭，众稍逃散。延羲使兄子前汀州刺史继业将兵追之，及于村舍；闽主素善射，引弓杀数人。俄而追兵云集，闽主知不免，投弓谓继业曰："卿臣节安在！"继业曰："君无君德，臣安有臣节！新君，叔父也，旧君，昆弟也，孰亲孰疏？"闽主不复言。继业与之俱还，至陀庄，饮以酒，醉而缢之，并李后及诸子、王继恭皆死。宸卫余众奔吴越。

延羲自称威武节度使、闽国王，更名曦，改元永隆，赦系囚，颁赉中外。以宸卫弑闽主赴于邻国；谥闽主曰圣神英睿文明广武应道大弘孝皇帝，庙号康宗。遣商人间道奉表称藩于晋；然其在国，置百官皆如天子之制。以太子太傅致仕李真为司空兼中书侍郎、同平章事。

连重遇之攻康宗也，陈守元在宫中，易服将逃，兵人杀之。重遇执蔡守蒙，数以卖官之罪而斩之[6]。闽王曦既立，遣使诛林兴于泉州[7]。

【注释】

①龙：他本“龙”下均有“首”字。 ②秘琼：后晋以秘琼为齐州防御史，事见上卷后晋高祖天福二年(937)。 ③公私铸钱：后晋敕令听任公私铸钱，事见上卷天福三年(938)。 ④王都之难：指晋王囚禁王处直之事，见本书卷第二百七十一后梁均王龙德元年(921)。 ⑤太祖：闽主王审知的庙号。拱宸、控鹤二都，均为闽主身边近卫军名称。 ⑥卖官之罪：指蔡守蒙任吏部侍郎、判三官时，授官只以财货多少为差；事见上卷天福二年(937)。 ⑦诛林兴：蜀本作“追林兴”；林兴于此年六月被流放泉州。

河决薄州[1]。

八月，辛丑，以冯道守司徒兼侍中。壬寅，诏中书知印止委上相，由是事无巨细，悉委于道。帝尝访以军谋，对曰：“征伐大事，在圣心独断。臣书生，惟知谨守历代成规而已。”帝以为然。道尝称疾求退，帝使郑王重贵诣第省之，曰：“来日不出，朕当亲往。”道乃出视事。当时宠遇，群臣无与为比。

己酉，以吴越王元瓘为天下兵马元帅。

黔南巡内溪州刺史彭士愁引蒋、锦州蛮万余人寇辰、澧州[2]，焚掠镇戍，遣使乞师于蜀；蜀主以道远，不许。九月，辛未，楚王希范命左静江指挥使刘勍、决胜指挥使廖匡齐帅衡山兵五千讨之。

癸未，以唐许王从益为郇国公，奉唐祀。从益尚幼，李后养从益于宫中，奉王淑妃如事母[3]。

冬，十月，庚戌，闽康宗所遣使者郑元弼至大梁。康宗遗执政书曰：“闽国一从兴运，久历年华，见北辰之帝座频移，致东海之风帆多阻。”又求用敌国礼致书往来。帝怒其不逊，壬子，诏却其贡物及福、建诸州纲运，并令元弼及进奏官林恩部送速归。兵部员外郎李知损上言："王昶僭慢，宜执留使者，籍没其货。"乃下元弼、恩狱。

吴越恭穆夫人马氏卒。夫人，雄武节度使绰之女也[④]。初，武肃王镠禁中外畜声妓[⑤]，文穆王元瓘年三十余无子，夫人为之请于镠，镠喜曰："吾家祭祀，汝实主之。"乃听元瓘纳妾。鹿氏，生弘僔弘倧；许氏，生弘佐；吴氏，生弘俶；众妾生弘偡、弘亿[⑥]、弘偓、弘仰、弘信；夫人抚视慈爱如一。常置银鹿于帐前，坐诸儿于上而弄之。

十一月，戊子，契丹遣其臣遥折来使，遂如吴越。

楚王希范始开天策府，置护军都尉、领军司马等官[⑦]，以诸弟及将校为之。又以幕僚拓跋恒、李弘皋、廖匡图、徐仲雅等十八人为学士。

刘勍等进攻溪州，彭士愁兵败，弃州走保山寨；石崖四绝，勍为梯栈上围之。廖匡齐战死，楚王希范遣吊其母，其母不哭，谓使者曰："廖氏三百口受王温饱之赐，举族效死，未足以报，况一子乎！愿王无以为念。"王以其母为贤，厚恤其家。

十二月，丙戌[⑧]，禁创造佛寺。

闽王作新宫，徙居之。

是岁，汉门下侍郎、同平章事赵光裔言于汉主曰："自马后崩，未尝通使于楚，亲邻旧好，不可忘也。"因荐谏议大夫李纾可以将命，汉主从之；楚亦遣使报聘。光裔相汉二十余年，府库充实，边境无虞。及卒，汉主复以其子翰林学士承旨、尚书左丞损为门下侍郎、同平章事。

【注释】

①薄州：当作"博州"，治今山东聊城市东北。　②黔南巡内：黔南，指黔南节度使；巡内，指在黔南节度使的巡属范围之内。下文"蒋"当作"奖"，指唐末"奖州"，治所在今云南鹤庆县。　③李后：后晋李皇后是后唐明宗曹皇后生女。王淑妃：后唐明宗的次妃。　④绰：马绰，余杭人，小时与钱镠一同侍奉董昌，钱镠为钱元瓘娶马绰之女为妻。　⑤畜：同"蓄"。　⑥弘亿：他本"亿"下均有"弘仪"二字。　⑦都尉：他本均作

"中尉",今改。 ⑧丙戌:依陈垣《二十史朔闰表》,后晋天福四年(939)十二月无此日,疑误。

五年 春,正月,帝引见闽使郑元弼等。元弼曰:"王昶蛮夷之君,不知礼义,陛下得其善言不足喜,恶言不足怒。臣将命无状,愿伏铁锧以赎昶罪[①]。"帝怜之,辛未,诏释元弼等。

楚刘勍等因大风,以火箭焚彭士愁寨而攻之,士愁帅麾下逃入奖、锦深山。乙未,遣其子师暠帅诸酋长纳溪、锦、奖三州印,请降于楚。

二月,庚戌,北都留守、同平章事安彦威入朝,上曰:"吾所重者信与义。昔契丹以义救我,我今以信报之;闻其征求不已,公能屈节奉之,深称朕意。"对曰:"陛下以苍生之故,犹卑辞厚币以事之,臣何屈节之有!"上悦。

刘勍引兵还长沙。楚王希范徙溪州于便地,表彭士愁为溪州刺史,以刘勍为锦州刺史;自是群蛮服于楚。希范自谓伏波之后[②],以铜五千斤铸柱,高丈二尺,入地六尺,铭誓状于上,立之溪州。

唐康化节度使兼中书令杨琏谒平陵还,一夕,大醉,卒于舟中,唐主追封谥曰弘农靖王。

闽王曦既立,骄淫苛虐,猜忌宗族,多寻旧怨。其弟建州刺史延政数以书谏之,曦怒,复书骂之;遣亲吏业翘监建州军,教练使杜汉崇监南镇军,二人争捃延政阴事告于曦[③],由是兄弟积相猜恨。一日,翘与延政议事不叶,翘诃之曰:"公反邪!"延政怒,欲斩翘;翘奔南镇,延政发兵就攻之,败其戍兵。翘、汉崇奔福州,西鄙戍兵皆溃。

二月,曦遣统军使潘师逵、吴行真将兵四万击延政。师逵军于建州城西,行真军于城南,皆阻水置营,焚城外庐舍。延政求救于吴越,壬戌,吴越王元瓘遣宁国节度使、同平章事仰仁诠、内都监使薛万忠将兵四万救之,丞相林鼎谏,不听。三月,戊辰,师逵分兵三千,遣都军使蔡弘裔将之出战,延政遣其将林汉彻等败之于茶山[④],斩首千余级。

安彦威、王建立皆请致仕；不许。辛未，以归德节度使、侍卫马步都指挥使、同平章事刘知远为邺都留守，徙彦威为归德节度使，加兼侍中。癸酉，徙建立为昭义节度使，进爵韩王；以建立辽州人，割辽、沁二州隶昭义。徙建雄节度使李德琉为北都留守。

山南东道节度使、同平章事安从进恃其险固，阴蓄异谋，擅邀取湖南贡物，招纳亡命，增广甲卒；元随都押牙王令谦、押牙潘知麟谏，皆杀之。及王建立徙潞州，帝使问之曰："朕虚青州以待卿，卿有意则降制。"从进对曰："若移青州置汉南，臣即赴镇。"帝不之责。

丁丑，王延政募敢死士千余人，夜涉水，潜入潘师逵垒，因风纵火，城上鼓噪以应之，战棹都头建安陈诲杀师逵，其众皆溃。戊寅，引兵欲攻吴行真寨，建人未涉水，行真及将士弃营走，死者万人。延政乘胜取永平、顺昌二城⑤。自是建州之兵始盛。

夏，四月，蜀太保兼门下侍郎、同平章事赵季良请与门下侍郎、同平章事毋昭裔，中书侍郎、同平章事张业分判三司。癸卯，蜀主命季良判户部，昭裔判盐铁，业判度支。

【注释】

①鈇（fū 夫，又读 fǔ 府）锧：古代腰斩人的用具。鈇，通"斧"；锧，垫在下面的砧板。　②伏波：即东汉初将领马援（前 14—49）。他在建武十七年（41）任伏波将军。后来便用"伏波"来代指马援。　③捃（jùn 郡）：摘取，收集。　④茶山：地名。亦名凤凰山。在今福建建瓯市东。⑤永平城：即今福建南平市。顺昌城：即今福建顺昌县。

庚戌，以前横海节度使马全节为安远节度使。

甲子，吴越孝献世子弘僔卒。

吴越仰仁诠等兵至建州，王延政以福州兵已败去，奉牛酒犒之，请班师；仁诠等不从，营于城之西北。延政惧，复遣使乞师于闽王。闽王以泉州刺史王继业为行营都统，将兵二万救之；且移书责吴越，遣轻兵绝吴越粮道。会久雨，吴越军食尽，五月，延政遣兵出击，大破之，俘斩以万计。癸未，仁诠等夜遁。

胡汉筠既违诏命不诣阙，又闻贾仁沼二子欲诉诸朝；及除马全节镇安州代李金全，汉筠给金全曰："进奏吏遣人倍道来言，朝廷俟公受代，即按贾仁沼死状，以为必有异图。"金全大惧。汉筠因说金全拒命，自归于唐；金全从之。

丙戌，帝闻金全叛，命马全节以汴、洛、汝、郑、单、宋、陈、蔡、曹、濮、申、唐之兵讨之，以保大节度使安审晖为之副。审晖，审琦之兄也。

李金全遣推官张纬奉表请降于唐，唐主遣鄂州屯营使李承裕、段处恭将兵三千逆之。

唐主遣客省使尚全恭如闽，和闽王曦及王延政。六月，延政遣牙将及女奴持誓书及香炉至福州，与曦盟于宣陵。然兄弟相猜恨犹如故。

癸卯，唐李承裕等引兵至安州。是夕，李金全将麾下数百人诣唐军，妓妾资财皆为承裕所夺，承裕入据安州。甲辰，马全节自应山进军大化镇[1]，与承裕战于城南，大破之。承裕掠安州南走，全节入安州。丙午，安审晖追败唐兵于黄花谷，段处恭战死。丁未，审晖又败唐兵于云梦泽中，虏承裕及其众。唐将张建崇据云梦桥拒战，审晖乃还。马全节斩承裕及其众千五百人于城下，送监军杜光业等五百七人于大梁。上曰："此曹何罪！"皆赐马及器服而归之。

初，卢文进之奔吴也，唐主命祖全恩将兵逆之，戒无入安州城，陈于城外，俟文进出，殿之以归，无得剽掠。及李承裕逆李金全，戒之如全恩；承裕贪剽掠，与晋兵战而败，失亡四千人。唐主惋恨累日，自以戒敕之不熟也。杜光业等至唐，唐主以其违命而败，不受，复送于淮北，遗帝书曰："边校贪功，乘便据垒。"又曰："军法朝章，彼此不可。"帝复遣之归，使者将自桐墟济淮[2]，唐主遣战舰拒之，乃还。帝悉授唐诸将官，以其士卒为显义都，命旧将刘康领之。

臣光曰：违命者将也，士卒从将之令者也，又何罪乎！受而戮其将以谢敌，吊士卒而抚之，斯可矣，何必弃民以资敌国乎！

唐主使宦者祭庐山，还，劳之曰："卿此行甚精洁。"宦者曰：

"臣自奉诏,蔬食至今。"唐主曰:"卿某处市鱼为羹,某日市肉为胾[3],何为蔬食?"宦者惭服。仓吏岁终献羡余万余石,唐主曰:"出纳有数,苟非掊民刻军,安得羡余邪!"

秋,七月,闽主曦城福州西郭以备建人。又度民为僧,民避重赋多为僧,凡度万一千人。

乙丑,帝赐郑元弼等帛,遣归。

李金全之叛也,安州马步副都指挥使桑千、威和指挥使王万金、成彦温不从而死,马步都指挥使庞守荣诮其愚,以徇金全之意。己巳,诏赠贾仁沼及桑千等官,遣使诛守荣于安州。李金全至金陵,唐主待之甚薄。

【注释】

①大化镇:地名。在今湖北广水市。 ②桐墟:地名。在今安徽宿州市西南。 ③胾(zì 字):大块的肉。

丁巳[1],唐主立齐王璟为太子,兼大元帅,录尚书事。

太子太师致仕范延光请归河阳私第,帝许之。延光重载而行。西京留守杨光远兼领河阳,利其货,且虑为子孙之患,奏:"延光叛臣,不家汴、洛而就外藩,恐其逃逸入敌国,宜早除之!"帝不许。光远请敕延光居西京,从之。光远使其子承贵以甲士围其第,逼令自杀。延光曰:"天子在上,赐我铁券,许以不死,尔父子何得如此?"己未[2],承贵以白刃驱延光上马,至浮梁,挤于河。光远奏云自赴水死,帝知其故,惮光远之强,不敢诘;为延光辍朝,赠太师。

唐齐王璟固辞太子;九月,乙丑,唐主许之,诏中外致笺如太子礼。

丁卯,以翰林学士承旨、户部侍郎和凝为中书侍郎、同平章事。

己巳,邺都留守刘知远入朝。

辛未,李崧奏:"诸州仓粮,于计帐之外所余颇多。"上曰:"法外税民,罪同枉法。仓吏特贷其死[3],各痛惩之。"

翰林学士李瀚,轻薄,多酒失,上恶之。丙子,罢翰林学士,并其职于中书舍人。澣，涛之弟也。

杨光远入朝，帝欲徙之他镇，谓光远曰："围魏之役[④]，卿左右皆有功，尚未之赏，今当各除一州以荣之。"因以其将校数人为刺史。甲申，徙光远为平卢节度使，进爵东平王。

冬，十月，丁酉，加吴越王元瓘天下兵马都元帅、尚书令。

壬寅，唐大赦，诏中外奏章无得言"睿""圣"，犯者以不敬论。

术士孙智永以四星聚斗，分野有灾[⑤]，劝唐主巡东都，乙巳，唐主命齐王璟监国。光政副使、太仆少卿陈觉以私憾奏泰州刺史褚仁规贪残[⑥]；丙午，罢仁规为扈驾都部署，觉始用事。庚戌，唐主发金陵；甲寅，至江都。

闽王曦因商人奉表自理；十一月，甲申，以曦为威武节度使，兼中书令，封闽国王。

唐主欲遂居江都，以水冻，漕运不给，乃还；十二月，丙申，至金陵。

唐右仆射兼门下侍郎、同平章事张延翰卒。

是岁，汉门下侍郎、同平章事赵损卒；以宁远节度使南昌王定保为中书侍郎、同平章事，不逾年亦卒。

初，帝割雁门之北以赂契丹[⑦]，由是吐谷浑皆属契丹，苦其贪虐，思归中国；成德节度使安重荣复诱之，于是吐谷浑帅部落千余帐自五台来奔。契丹大怒，遣使让帝以招纳叛人。

【注释】

①丁巳：据《二十史朔闰表》七月无"丁巳"日，应为八月丁巳，丁巳前漏"八月"二字。　②己未：据《旧五代史》《新五代史》中的《晋高祖本纪》可知，"己未"日范延光被杀一事在"八月"。　③贷：饶恕，宽免。④围魏之役：参看本书卷第二百八十一晋高祖天福二年（937）和天福三年（938）。　⑤分野：古天文学说，把天上十二星辰的位置与地上州、国的位置相对应。就天文说，称分星；就地上说，称分野。古人根据分野理论常常以天象的变异来比附州国的吉凶。　⑥泰州：州名。五代南唐昇元元年（937）置，治所在今江苏泰州市。　⑦帝割雁门之北以赂契丹：事见本书卷第二百八十晋高祖天福元年（936）。

六年 春，正月，丙寅，帝遣供奉官张澄将兵二千索吐谷浑在并、镇、忻、代四州山谷者，逐之使还故土。

王延政城建州，周二十里，请于闽王曦，欲以建州为威武军，自为节度使。曦以威武军福州也，乃以建州为镇安军，以延政为节度使，封富沙王；延政改镇安曰镇武而称之。

二月，壬辰，作浮梁于德胜口①。

彰义节度使张彦泽欲杀其子，掌书记张式素为彦泽所厚，谏止之。彦泽怒，射之；左右素恶式，从而谗之。式惧，谢病去，彦泽遣兵追之。式至邠州，静难节度使李周以闻，帝以彦泽故，流式商州。彦泽遣行军司马郑元昭诣阙求之，且曰："彦泽不得张式，恐致不测。"帝不得已，与之。癸未②，式至泾州，彦泽命决口、剖心，断其四支。

凉州军乱，留后李文谦闭门自焚死。

蜀自建国以来③，节度使多领禁兵，或以他职留成都，委僚佐知留务，专事聚敛，政事不治，民无所诉。蜀主知其弊，丙辰，加卫圣马步都指挥使·武德节度使兼中书令赵廷隐、枢密使·武信节度使·同平章事王处回、捧圣控鹤都指挥使·保宁节度使·同平章事张公铎检校官，并罢其节度使。三月，甲戌，以翰林学士承旨李昊知武德军，散骑常侍刘英图知保宁军，谏议大夫崔銮知武信军，给事中谢从志知武泰军，将作监张赞知宁江军。

夏，四月，闽王曦以其子亚澄同平章事、判六军诸卫。曦疑其弟汀州刺史延喜与延政通谋，遣将军许仁钦以兵三千如汀州，执延喜以归。

唐主以陈觉及万年常梦锡为宣徽副使。

辛巳④，北京留守李德珫遣牙校以吐谷浑酋长白承福入朝。

唐主遣通事舍人欧阳遇求假道以通契丹，帝不许。

自黄巢犯长安以来，天下血战数十年，然后诸国各有分土，兵革稍息。及唐主即位，江、淮比年丰稔，兵食有余，群臣争言"陛下中兴，今北方多难，宜出兵恢复旧疆⑤"。唐主曰："吾少长军旅，见兵之为民害深矣，不忍复言。使彼民安，则吾民亦安矣，又何求焉！"汉主遣使如唐，谋共取楚，分其地；唐主不许。

山南东道节度使安从进谋反，遣使奉表诣蜀，请出师金、商以为声援；丁亥[6]，使者至成都。蜀主与群臣谋之，皆曰："金、商险远，少出师则不足制敌，多则漕挽不继[7]。"蜀主乃辞之。又求援于荆南，高从诲遗从进书，谕以祸福；从进怒，反诬奏从诲。荆南行军司马王保义劝从诲具奏其状，且请发兵助朝廷讨之；从诲从之。

【注释】

①德胜口：地名。五代时黄河渡口，在今河南濮阳市。 ②癸未：据严校，"癸未"应为"癸巳"，即初三。 ③蜀自建国以来：后蜀建国于934年。 ④辛巳：据推算，四月无辛巳日。考《旧五代史·晋书·高祖本纪》，此事记作"五月甲戌"。与《通鉴》不同。 ⑤旧疆：指盛唐时的疆土。 ⑥丁亥：据推算，四月无"丁亥"日，疑误。 ⑦漕挽（wǎn 晚）：水运称漕，陆运称挽。

成德节度使安重荣耻臣契丹，见契丹使者，必箕踞慢骂[1]，使过其境，或潜遣人杀之；契丹以让帝，帝为之逊谢。六月，戊午，重荣执契丹使拽剌[2]，遣骑掠幽州南境，军于博野[3]，上表称："吐谷浑、两突厥、浑、契苾、沙陀各帅部众归附；党项等亦遣使纳契丹告身职牒，言为虏所陵暴，又言自二月以来，令各具精甲壮马，将以上秋南寇，恐天命不佑，与之俱灭，愿自备十万众，与晋共击契丹。又朔州节度副使赵崇已逐契丹节度使刘山，求归命朝廷。臣相继以闻。陛下屡敕臣承奉契丹，勿自起衅端；其如天道人心，难以违拒，机不可失，时不再来。诸节度使没于虏庭者[4]，皆延颈企踵以待王师，良可哀闵。愿早决计。"表数千言，大抵斥帝父事契丹，竭中国以媚无厌之虏。又以此意为书遗朝贵及移藩镇，云已勒兵，必与契丹决战。帝以重荣方握强兵，不能制，甚患之。

时邺都留守、侍卫马步都指挥使刘知远在大梁；泰宁节度使桑维翰知重荣已蓄奸谋，又虑朝廷重违其意，密上疏曰："陛下免于晋阳之难而有天下，皆契丹之功也，不可负之。今重荣恃勇轻敌，吐浑假手报仇，皆非国家之利，不可听也。臣窃观契丹数年以来，士马精强，吞噬四邻，战必胜，攻必取，割中国之土地，收中国之器械；其君智勇过人，其臣上下辑睦，牛马蕃息，国无天灾，此未可与为敌也。且中国新败[5]，士气凋沮，以当契丹乘胜之威，其势相去甚远。又，和亲既绝，则当发兵守塞，兵少则不足以待寇，兵多则馈运无以继之。我出则彼归，我归则彼至，臣恐禁卫之士疲于奔命，镇、定之地无复遗民。今天下粗安，疮痍未复，府库虚竭，蒸民困弊，静而守之，犹惧不济，其可妄动乎！契丹与国家恩义非轻，信誓甚著，彼无间隙而自启衅端，就使克之，后患愈重；万一不克，大事去矣。议者以岁输缯帛谓之耗蠹，有所卑逊谓之屈辱。殊不知兵连而不休，祸结而不解，财力将匮，耗蠹孰甚焉！用兵则武吏功臣过求姑息，边藩远郡得以骄矜，下陵上替，屈辱孰大焉！臣愿陛下训农习战，养兵息民，俟国无内忧，民有余力，然后观衅而动，则动必有成矣。又，邺都富盛，国家藩屏，今主帅赴阙，军府无人，臣窃思慢藏诲盗之言[6]，勇夫重闭之义[7]，乞陛下略加巡幸，以杜奸谋。"帝谓使者曰："朕比日以来，烦懑不决，今见卿奏，如醉醒矣，卿勿以为忧。"

闽王曦闻王延政以书招泉州刺史王继业，召继业还，赐死于郊外，杀其子于泉州。初，继业为汀州刺史，司徒兼门下侍郎、同平章事杨沂丰为士曹参军，与之亲善；或告沂丰与继业通谋，沂丰方侍宴，即收下狱，明日斩之，夷其族。沂丰，涉之从弟也，时年八十余，国人哀之。自是宗族勋旧相继被诛，人不自保；谏议大夫黄峻舁榇诣朝堂极谏[8]，曦曰："老物狂发矣！"贬漳州司户。

曦淫侈无度，资用不给，谋于国计使南安陈匡范，匡范请日进万金；曦悦，加匡范礼部侍郎，匡范增算商贾数倍。曦宴群臣，举酒属匡范曰："明珠美玉，求之可得；如匡范人中之宝，不可得也。"未几，商贾之算不能足日进，贷诸省务钱以足之，恐事觉，忧悸而卒，曦祭赠甚厚。诸省务以匡范贷帖闻[9]，曦大怒，斫棺，断其尸弃水中，以连江人黄绍颇代为国计使。绍颇请"令欲仕者，自非荫补，皆听输钱即授之，以资望高下及州县户口多寡定其直，自百缗至千缗"。从之。

【注释】

①箕（jī 机）踞：亦作"箕倨""踑踞"。坐时两腿伸直岔开，形似簸箕。一说屈膝张足而坐。为一种轻慢姿态。　②拽（yè 夜）刺：同"曳

刺”，丹语，走卒，衙役。 ③博野：县名。北魏景明元年（500）改博陵县置。治所即今河北蠡县。 ④诸节度使没于虏庭者：指赵德钧、董温琪、沙彦珣、翟章等人。 ⑤中国新败：指张敬达晋安之败，赵德钧团柏之败。 ⑥慢藏诲盗：语见《周易·系辞上》。慢藏，懒于收藏财物；诲盗，诱诲盗者来盗。 ⑦勇夫重闭：语出《左传·成公八年》。意思是说勇敢的人也要把内外门户层层关闭起来。 ⑧舁榇（yú chèn 于衬）：抬着棺材。舁，抬。 ⑨贷帖：借钱的文书。

唐主自以专权取吴，尤忌宰相权重，以右仆射兼中书侍郎、同平章事李建勋执政岁久，欲罢之。会建勋上疏言事，意其留中[①]，既而唐主下有司施行。建勋自知事挟爱憎，密取所奏改之；秋，七月，戊辰，罢建勋归私第。

帝忧安重荣跋扈，己巳，以刘知远为北京留守、河东节度使，复以辽、沁隶河东；以北京留守李德珫为邺都留守。

知远微时，为晋阳李氏赘婿，尝牧马，犯僧田，僧执而笞之。知远至晋阳，首召其僧，命之坐，慰谕赠遗，众心大悦。

吴越府署火，宫室府库几尽。吴越王元瓘惊惧，发狂疾，唐人争劝唐主乘弊取之，唐主曰：“奈何利人之灾！”遣使唁之，且赒其乏[②]。

闽主曦自称大闽皇，领威武节度使，与王延政治兵相攻，互有胜负，福、建之间，暴骨如莽。镇武节度判官晋江潘承祐屡请息兵修好，延政不从。闽主使者至，延政大陈甲卒以示之，对使者语甚悖慢；承祐长跪切谏，延政怒，顾左右曰：“判官之肉可食乎！”承祐不顾，声色愈厉，闽主曦恶泉州刺史王继严得众心，罢归，鸩杀之。

八月，戊子朔，以开封尹郑王重贵为东京留守。

冯道、李崧屡荐天平节度使兼侍卫亲军马步副都指挥使、同平章事杜重威之能，以为都指挥使，充随驾御营使，代刘知远，知远由是恨二相。重威所至黩货，民多逃亡，尝出过市，谓左右曰：“人言我驱尽百姓，何市人之多也！”

壬辰，帝发大梁；己亥，至邺都；壬寅，大赦。帝以诏谕安重荣曰：“尔身为大臣，家有老母，忿不思难，弃君与亲。吾因契丹得天下，尔因吾致富贵，吾不敢忘德，尔乃忘之，何邪？今吾以天下臣之，尔欲以一镇抗之，不亦难乎！宜审思之，无取后悔！”重荣得诏愈骄，闻山南东道节度使安从进有异志，阴遣使与之通谋。

吴越文穆王元瓘寝疾，察内都监章德安忠厚，能断大事，欲属以后事，语之曰：“弘佐尚少，当择宗人长者立之。”德安曰：“弘佐虽少，群下伏其英敏，愿王勿以为念！”王曰：“汝善辅之，吾无忧矣。”德安，处州人也。辛亥，元瓘卒。

初，内牙指挥使戴恽，为元瓘所亲任，悉以军事委之。元瓘养子弘侑乳母，恽妻之亲也，或告恽谋立弘侑。德安秘不发丧，与诸将谋，伏甲士于幕下；壬子，恽入府，执而杀之，废弘侑为庶人，复姓孙，幽之明州。是日，将吏以元瓘遗命，承制以镇海、镇东副大使弘佐为节度使，时年十四。九月，庚申，弘佐即王位，命丞相曹仲达摄政。军中言赐与不均，举仗不受，诸将不能制；仲达亲谕之，皆释仗而拜。

弘佐温恭，好书，礼士，躬勤政务，发擿奸伏[③]，人不能欺。民有献嘉禾者，弘佐问仓吏：“今蓄积几何？”对曰：“十年。”王曰：“然则军食足矣，可以宽吾民。”乃命复其境内税三年[④]。

辛酉，滑州言河决。

帝以安重荣杀契丹使者，恐其犯塞，乙亥，遣安国节度使杨彦询使于契丹。彦询至其帐，契丹主责以使者死状，彦询曰：“譬如人家有恶子，父母所不能制，将如之何？”契丹主怒乃解。

【注释】

①留中：君主把臣下送来的奏章，留在禁中，不批示，不交议。②赒（zhōu 周）：周济，救济。　③发擿（tī 梯）奸伏：揭发隐秘的坏事。擿，揭发。　④复（fù 付）：免除徭役。

闽主曦以其子琅邪王亚澄为威武节度使、兼中书令，改号长乐王。

刘知远遣亲将郭威以诏指说吐谷浑酋长白承福，令去安重荣归朝廷，许以节钺[①]。威还，谓知远曰：“虏惟利是嗜，安铁胡止以袍袴赂之[②]；今欲其来，莫若重赂乃可致耳。”知远从之，且使谓承福曰："朝廷已割尔曹隶契丹，尔曹当自安部落；今乃南来助安重荣为逆，重荣已为天下所弃，朝夕败亡，尔曹宜早从化，勿俟临之以兵，南北无归[3]，悔无及矣。"承福惧，冬，十月，帅其众归于知远。知远处之太原东山及岚、石之间，表承福领大同节度使，收其精骑以隶麾下。

始，安重荣移檄诸道，云与吐谷浑、达靼、契苾同起兵，既而承福降知远，达靼、契苾亦莫之赴，重荣势大沮。

闽主曦即皇帝位，王延政自称兵马元帅。闽同平章事李敏卒。

帝之发大梁也，和凝请曰："车驾已行，安从进若反，何以备之？"帝曰："卿意如何？"凝请密留空名宣敕十数通，付留守郑王，闻变则书诸将名，遣击之；帝从之。

十一月，从进举兵攻邓州，唐州刺史武延翰以闻。郑王遣宣徽南院使张从恩、武德使焦继勋、护圣都指挥使郭金海、作坊使陈思让将大梁兵就申州刺史李建崇兵于叶县以讨之。金海，本突厥；思让，幽州人也。丁丑，以西京留守高行周为南面军前都部署，前同州节度使宋彦筠副之，张从恩监焉；又以郭金海为先锋使，陈思让监焉。彦筠，滑州人也。

庚辰，以邺都留守李德珫权东京留守，召郑王重贵如邺都。

安从进攻邓州，威胜节度使安审晖据牙城拒之，从进不能克而退。癸未，从进至花山[4]，遇张从恩兵，不意其至之速，合战，大败，从恩获其子牙内都指挥使弘义，从进以数十骑奔还襄州，婴城自守。

唐主性节俭，常蹑蒲屦，盥頮用铁盎[5]，暑则寝于青葛帷，左右使令惟老丑宫人，服饰粗略。死国事者虽士卒皆给禄三年。分遣使者按行民田，以肥瘠定其税，民间称其平允。自是江、淮调兵兴役及他赋敛，皆以税钱为率，至今用之。唐主勤于听政，以夜继昼，还自江都，不复宴乐；颇伤躁急，内侍王绍颜上书，以为"今春以来，群臣获罪者众，中外疑惧"。唐主手诏释其所以然，令绍颜告谕中外。

十二月，丙戌朔，徙郑王重贵为齐王，充邺都留守；以李德珫为东都留守。

丁亥，以高行周知襄州行府事。诏荆南、湖南共讨襄州。高从诲遣都指挥使李端将水军数千至南津，楚王希范遣天策都军使张少敌将战舰百五十艘入汉江助行周，仍各运粮以馈之。少敌，佶之子也。

安重荣闻安从进举兵反，谋遂决，大集境内饥民，众至数万，南向邺都，声言入朝。初，重荣与深州人赵彦之俱为散指挥使，相得欢甚。重荣镇成德，彦之自关西归之，重荣待遇甚厚，使彦之招募党众；然心实忌之，及举兵，止用为排陈使，彦之恨之。

帝闻重荣反，壬辰，遣护圣等马步三十九指挥击之。以天平节度使杜重威为招讨使，安国节度使马全节副之，前永清节度使王周为马步都虞候。

安从进遣其弟从贵将兵逆均州刺史蔡行遇，焦继勋邀击，败之，获从贵，断其足而归之。

戊戌，杜重威与安重荣遇于宗城西南[⑥]，重荣为偃月陈，官军再击之，不动；重威惧，欲退。指挥使宛丘王重胤曰："兵家忌退。镇之精兵尽在中军，请公分锐士击其左右翼，重胤为公以契丹直冲其中军，彼必狼狈。"重威从之。镇人陈稍却，赵彦之卷旗策马来降。彦之以银饰铠胄及鞍勒，官军杀而分之。重荣闻彦之叛，大惧，退匿于辎重中。官军从而乘之，镇人大溃，斩首万五千级。重荣收余众，走保宗城，官军进攻，夜分，拔之。重荣以十余骑走还镇州，婴城自守。会天寒，镇人战及冻死者二万余人。

契丹闻重荣反，乃听杨彦询还。

庚子，冀州刺史张建武等取赵州。

汉主寝疾，有胡僧谓汉主名龚不利；汉主自造"龑"字名之[⑦]，义取"飞龙在天"，读若俨。

庚戌，制以钱弘佐为镇海、镇东军节度使兼中书令、吴越国王。

【注释】

①节钺：符节和斧钺，古代授予将帅，作为加重权力的表示。 ②安铁胡：即安重荣，安重荣小字铁胡。 ③"南北无归"句：意为吐谷浑如

果帮助安重荣,安重荣失败以后,吐谷浑向南不能归依晋,向北不能归依契丹。 ④花山:地名。在今河南唐河县南。 ⑤頮(huì 会):洗脸。盎:一种腹大口小的容器。 ⑥宗城:县名。隋仁寿元年(601)改广宗县置,治所在今河北威县东。唐天祐三年(906)改为广宗县。五代唐时复为宗城县。 ⑦龑(yǎn 掩):南汉主自造以为名的字,取义于《易经·乾》的“飞龙在天”。

资治通鉴卷第二百八十三

后晋纪四　起玄黓摄提格，尽阏逢执徐正月，凡二年有奇。

高祖圣文章武明德孝皇帝下

天福七年　春，正月，丁巳，镇州牙将自西郭水碾门导官军入城，杀守陴民二万人，执安重荣，斩之。杜重威杀导者，自以为功。庚申，重荣首至邺都，帝命漆之，函送契丹。

癸亥，改镇州为恒州[①]，成德军为顺国军。

丙寅，以门下侍郎、同平章事赵莹为侍中，以杜重威为顺国节度使兼侍中。

安重荣私财及恒州府库，重威尽有之，帝知而不问。又表卫尉少卿范阳王瑜为副使，瑜为之重敛于民，恒人不胜其苦。

张式父铎诣阙讼冤。壬午，以河阳节度使王周为彰义节度使，代张彦泽。

闽主曦立皇后李氏，同平章事真之女也；嗜酒刚愎，曦宠而惮之。

彰武节度使丁审琪，养部曲千人，纵之为暴于境内；军校贺行政与诸胡相结为乱，攻延州，帝遣曹州防御使何重建将兵救之，同、鄜援兵继至，乃得免。二月，癸巳，以重建为彰武留后，召审琪归朝。重建，云、朔间胡人也。

唐左丞相宋齐丘固求豫政事，唐主听入中书；又求领尚书省，乃罢侍中寿王景遂判尚书省，更领中书、门下省，以齐丘知尚书省事;其三省事并取齐王璟参决[2]。齐丘视事数月,亲吏夏昌图盗官钱三千缗,齐丘判贷其死;唐主大怒,斩昌图。齐丘称疾,请罢省事,从之。

泾州奏遣押牙陈延晖持敕书诣凉州,州中将吏请延晖为节度使。

三月,闽主曦立长乐王亚澄为闽王。

张彦泽在泾州,擅发兵击诸胡,兵皆败没,调民马千余匹以补之。还至陕[3],获亡将杨洪,乘醉断其手足而斩之。王周奏彦泽在镇贪残不法二十六条,民散亡者五千余户。彦泽既至,帝以其有军功,又与杨光远连姻,释不问。

夏,四月,己未,右谏议大夫郑受益上言:"杨洪所以被屠,由陛下去岁送张式与彦泽,使之逞志,致彦泽敢肆凶残,无所忌惮。见闻之人无不切齿,而陛下曾不动心,一无诘让;淑慝莫辨,赏罚无章。中外皆言陛下受彦泽所献马百匹,听其如是,臣窃为陛下惜此恶名,乞正彦泽罪法以湔洗圣德[4]。"疏奏,留中。受益,从谠之兄子也。

庚申,刑部郎中李涛等伏阁极论彦泽之罪,语甚切至。辛酉,敕:"张彦泽削一阶,降爵一级[5]。张式父及子弟皆拜官。泾州民复业者,减其徭赋。"癸亥,李涛复与两省及御史台官伏阁奏彦泽罚太轻,请论如法。帝召涛面谕之。涛端笏前迫殿陛,论辨声色俱厉[6]。帝怒,连叱之,涛不退。帝曰:"朕已许彦泽不死。"涛曰:"陛下许彦泽不死,不可负;不知范延光铁券安在!"帝拂衣起,入禁中。丙寅,以彦泽为左龙武大将军。

【注释】

①改镇州为恒州:镇州本是恒州,唐代为避穆宗名讳改为镇州,今改州名从旧。 ②并取齐王璟参决:胡三省注认为,此举是为钳制宋齐丘。 ③还至陕:因为王周代任,离职回京到达陕州。 ④湔(jiān 煎):洗。 ⑤阶、爵级:阶为武散阶,爵级为封爵之级。 ⑥声色俱厉:一本作"论辨声色俱厉",今补。

汉高祖寝疾[1],以其子秦王弘度、晋王弘熙皆骄恣,少子越王弘昌孝谨有智识，与右仆射兼西御院使王翷谋出弘度镇邕州，弘熙镇容州，而立弘昌。制命将行，会崇文使萧益入问疾，以其事访之。益曰："立嫡以长，违之必乱。"乃止。

丁丑，高祖殂。

高祖为人辩察，多权数，好自矜大，常谓中国天子为"洛州刺史"。岭南珍异所聚，每穷奢极丽，宫殿悉以金玉珠翠为饰。用刑惨酷，有灌鼻、割舌、支解、刳剔、炮炙、烹蒸之法；或聚毒蛇水中，以罪人投之，谓之水狱。同平章事杨洞潜谏，不听。末年尤猜忌；以士人多为子孙计，故专任宦者，由是其国中宦者大盛。

秦王弘度即皇帝位，更名玢；以弘熙辅政，改元光天；尊母赵昭仪曰皇太妃。

契丹以晋招纳吐谷浑，遣使来让。帝忧悒不知为计；五月，己亥，始有疾。

乙巳，尊太妃刘氏为皇太后。太后，帝之庶母也[②]。

唐丞相、太保宋齐丘既罢尚书省，不复朝谒。唐主遣寿王景遂劳问，许镇洪州，始入朝。

唐主与之宴，酒酣，齐丘曰："陛下中兴，臣之力也，奈何忘之！"唐主怒曰："公以游客干朕[③]，今为三公，亦足矣。乃与人言朕乌喙如句践，难与共安乐，有之乎？"齐丘曰："臣实有此言。臣为游客时，陛下乃偏裨耳。今日杀臣可矣。"明日，唐主手诏谢之曰："朕之褊性，子嵩平昔所知。少相亲，老相怨，可乎！"

丙午，以齐丘为镇南节度使[④]。

帝寝疾，一旦，冯道独对。帝命幼子重睿出拜之，又令宦者抱重睿置道怀中，其意盖欲道辅立之。

六月，乙丑，帝殂。

道与天平节度使、侍卫马步都虞候景延广议，以国家多难，宜立长君，乃奉广晋尹齐王重贵为嗣。是日，齐王即皇帝位。延广以为己功，始用事，禁都下人无得偶语。

初，高祖疾亟，有旨召河东节度使刘知远入辅政，齐王寝之；知远由是怨齐王。

丁卯，尊皇太后曰太皇太后，皇后曰皇太后[⑤]。

闽富沙王延政围汀州，闽主曦发漳、泉兵五千救之。又遣其将林守亮入尤溪，大明宫使黄敬忠屯尤口[6]，欲乘虚袭建州；国计使黄绍颇将步卒八千为二军声援。

秋，七月，壬辰，太皇太后刘氏殂。

闽富沙王延政攻汀州，四十二战，不克而归。其将包洪实、陈望，将水军以御福州之师；丁酉，遇于尤口。黄敬忠将战，占者言时刻未利，按兵不动；洪实等引兵登岸，水陆夹攻之，杀敬忠，俘斩二千级，林守亮、黄绍颇皆遁归。

庚子，大赦。

癸卯，加景延广同平章事，兼侍卫马步都指挥使。

勋旧皆欲复置枢密使，冯道等三表，请以枢密旧职让之[7]；帝不许。

有神降于博罗县民家[8]，与人言而不见其形，闾阎人往占吉凶，多验，县吏张遇贤事之甚谨。时循州盗贼群起，莫相统一，贼帅共祷于神，神大言曰："张遇贤当为汝主。"于是共奉遇贤[9]，称中天八国王，改元永乐，置百官，攻掠海隅[10]。遇贤年少，无他方略，诸将但告进退而已。

汉主以越王弘昌为都统，循王弘杲为副以讨之，战于钱帛馆。汉兵不利，二王皆为贼所围；指挥使陈道庠等力战救之，得免。东方州县多为遇贤所陷。道庠，端州人也。

高行周围襄州逾年，不下。城中食尽，奉国军都虞候曲周王清言于行周曰："贼城已危，我师已老，民力已困，不早迫之，尚何俟乎！"与奉国都指挥使元城刘词帅众先登。八月，拔之。安从进举族自焚。

【注释】

①汉高祖：即刘龑，五代时南汉国的建立者。911—942年在位，据有今广东及广西之地。享年五十四岁。以史例，此处应称"汉主"，不当称"汉高祖"。　②庶母：父之妾。此庶母刘氏为后晋皇帝石敬瑭之生母。　③"公以游客干朕"句：见本书卷第二百六十六梁太祖乾化二年(912)。　④"以齐丘"句：镇南军治洪州(今江西南昌市)，宋齐丘本是洪州进士，任其为节度使，一为兑现前约，二为使其衣锦还乡。　⑤皇太

后、皇后：皇太后即后晋高祖庶母刘氏，皇后即后晋高祖皇后李氏。⑥尤溪：县名。治今福建尤溪县。尤口：即尤溪口。 ⑦枢密旧职：指已归并到中书省的原枢密院所典之职。 ⑧博罗：县名。治今广东博罗县。时属南汉。 ⑨于是共奉遇贤：一本"于是"下有"群帅"二字。⑩海隅：指循州、潮州、惠州一带。

甲子，以赵莹为中书令。

闽主曦遣使以手诏及金器九百、钱万缗、将吏敕告六百四十通，求和于富沙王延政，延政不受。

丙寅，闽主曦宴群臣于九龙殿。从子继柔不能饮，强之。继柔私减其酒，曦怒，并客将斩之。

闽人铸永隆通宝大铁钱[1]，一当铅钱百。

汉葬天皇大帝于康陵，庙号高祖。

唐主自为吴相，兴利除害，变更旧法甚多。及即位，命法官及尚书删定为《昇元条》三十卷[2]；庚寅[3]，行之。

闽主曦以同平章事候官余廷英为泉州刺史。廷英贪秽，掠人女子，诈称受诏采择以备后宫。事觉，曦遣御史按之。廷英惧，诣福州自归，曦诘责，将以属吏；廷英退，献买宴钱万缗。曦悦，明日召见，谓曰："宴已买矣，皇后贡物安在？"廷英复献钱于李后，乃遣归泉州；自是诸州皆别贡皇后物。未几，复召廷英为相。

冬，十月，丙子，张遇贤陷循州，杀汉刺史刘传。

楚王希范作天策府，极栋宇之盛；户牖栏槛皆饰以金玉，涂壁用丹砂数十万斤；地衣，春夏用角簟[4]，秋冬用木绵。与子弟僚属游宴其间。

十一月，庚寅，葬圣文章武明德孝皇帝于显陵[5]，庙号高祖。

先是河南、北诸州官自卖海盐，岁收缗钱十七万；又散蚕盐敛民钱[6]。言事者称民坐私贩盐抵罪者众，不若听民自贩，而岁以官所卖钱直敛于民，谓之食盐钱；高祖从之。俄而盐价顿贱，每斤至十钱。

至是，三司使董遇欲增求羡利[7]，而难于骤变前法，乃重征盐商，过者七钱，留卖者十钱。由是盐商殆绝，而官复自卖。其食盐钱,至今敛之如故。

闽盐铁使、右仆射李仁遇,敏之子,闽主曦之甥也;年少,美姿容,得幸于曦。十二月,以仁遇为左仆射兼中书侍郎,翰林学士、吏部侍郎李光准为中书侍郎兼户部尚书,并同平章事。

曦荒淫无度,尝夜宴,光准醉忤旨,命执送都市斩之;吏不敢杀,系狱中。明日,视朝,召复其位。是夕,又宴,收翰林学士周维岳下狱。吏拂榻待之,曰:"相公昨夜宿此,尚书勿忧。"醒而释之。他日,又宴,侍臣皆以醉去,独维岳在。曦曰:"维岳身甚小,何饮酒之多?"左右或曰:"酒有别肠,不必长大。"曦欣然,命捽维岳下殿,欲剖视其酒肠。或曰:"杀维岳,无人侍陛下剧饮者[8]。"乃舍之。

帝之初即位也,大臣议奉表称臣告哀于契丹,景延广请致书称孙而不称臣[9]。李崧曰:"屈身以为社稷,何耻之有!陛下如此,他日必躬擐甲胄,与契丹战,于时悔无益矣。"延广固争,冯道依违其间。帝卒从延广议。契丹大怒,遣使来责让,且言:"何得不先承禀,遽即帝位?"延广复以不逊语答之。

契丹卢龙节度使赵延寿欲代晋帝中国,屡说契丹击晋,契丹主颇然之。

【注释】

①永隆通宝:以年号名钱。永隆为闽主王曦年号,时为闽永隆四年(942)。 ②昇元:南唐国主李昪的年号,时为昇元六年(942)。 ③庚寅:八月无此日,疑误。 ④角簟(diàn 电):由细竹篾织成的席子。 ⑤显陵:在河南府寿安县,即今河南宜阳县。 ⑥蚕盐:官府以目前盐价,于春季时给民食用,民随夏税交纳所领盐价,这种盐称为蚕盐。 ⑦羡利:正赋之外的无名收入,常表现为一些巧立名目的杂税。 ⑧无人侍陛下:一本"无人"下有"复能"二字。 ⑨致书称孙而不称臣:即仅致家人之礼而无附属国礼。

齐　王　上[1]

天福八年　春,正月,癸卯,蜀主以宣徽使兼宫苑使田敬全领永平节度使；敬全，宦者也，引前蜀王承休为比而命之[2]，国人非之。

帝闻契丹将入寇，二月，己未，发邺都；乙丑，至东京。然犹与契丹问遗相往来，无虚月。

唐宣城王景达，刚毅开爽，烈祖爱之[3]，屡欲以为嗣；宋齐丘亟称其才，唐主以齐王璟年长而止。璟以是怨齐丘。

唐主幼子景逷，母种氏有宠，齐王璟母宋皇后稀得进见。唐主如璟宫，遇璟亲调乐器，大怒，诮让者数日。种氏乘间言，景逷虽幼而慧，可以为嗣。唐主怒曰："子有过，父训之，常事也。国家大计，女子何得预知！"即命嫁之。

唐主尝梦吞灵丹，旦而方士史守冲献丹方，以为神而饵之，浸成躁急。左右谏，不听。尝以药赐李建勋，建勋曰："臣饵之数日，已觉躁热，况多饵乎！"唐主曰："朕服之久矣。"群臣奏事，往往暴怒；然或有正色论辩中理者，亦敛容慰谢而从之。

唐主问道士王栖霞："何道可致太平？"对曰："王者治心治身，乃治家国。今陛下尚未能去饥嗔、饱喜，何论太平！"宋后自帘中称叹，以为至言。凡唐主所赐予，栖霞皆不受。栖霞常为人奏章，唐主欲为之筑坛。辞曰："国用方乏，何暇及此！俟焚章不化[4]，乃当奏请耳。"

驾部郎中冯延巳，为齐王元帅府掌书记，性倾巧，与宋齐丘及宣徽副使陈觉相结；同府在己上者，延巳稍以计逐之。延巳尝戏谓中书侍郎孙晟曰："公有何能，为中书郎？"晟曰："晟，山东鄙儒，文章不如公，谈谐不如公，谄诈不如公。然主上使公与齐王游处，盖欲以仁义辅导之也，岂但为声色狗马之友邪！晟诚无能；公之能[5]，适足为国家之祸耳。"延巳，歙州人也。

又有魏岑者，亦在齐王府。给事中常梦锡屡言陈觉、冯延巳、魏岑皆佞邪小人，不宜侍东宫；司门郎中判大理寺萧俨表称陈觉奸回乱政；唐主颇感悟，未及去。

会疽发背，秘不令人知，密令医治之，听政如故。庚午，疾亟，太医吴廷裕遣亲信召齐王璟入侍疾。唐主谓璟曰："吾饵金石，始欲益寿，乃更伤生，汝宜戒之！"是夕，殂。秘不发丧，下制："以齐王监国，大赦。”

孙晟恐冯延巳等用事，欲称遗诏令太后临朝称制。翰林学士李贻业曰：“先帝尝云：‘妇人预政，乱之本也。’安肯自为厉阶⑥！此必近习奸人之诈也。且嗣君春秋已长，明德著闻，公何得遽为亡国之言！若果宣行，吾必对百官毁之。”晟惧而止。贻业，蔚之从曾孙也。

丙子，始宣遗制。烈祖末年卞急，近臣多罹谴罚。陈觉称疾，累月不入，及宣遗诏，乃出。萧俨劾奏：“觉端居私室，以俟升遐⑦，请按其罪。”齐王不许。

自烈祖相吴，禁压良为贱，令买奴婢者通官作券。冯延巳及弟礼部员外郎延鲁，俱在元帅府，草遗诏听民卖男女；意欲自买姬妾，萧俨驳曰：“此必延巳等所为，非大行之命也⑧。昔延鲁为东都判官，已有此请；先帝访臣，臣对曰：‘陛下昔为吴相，民有鬻男女者，为出府金，赎而归之，故远近归心。今即位而反之，使贫人之子为富人厮役，可乎？’先帝以为然，将治延鲁罪。臣以为延鲁愚，无足责。先帝斜封延鲁章，抹三笔，持入宫。请求诸宫中，必尚在。”齐王命取先帝时留中章奏得千余道⑨，皆斜封一抹，果得延鲁疏。然以遗诏已行，竟不之改。

闽富沙王延政称帝于建州，国号大殷，大赦，改元天德。以将乐县为镛州，延平镇为镡州。立皇后张氏。以节度判官潘承祐为吏部尚书，节度巡官建阳杨思恭为兵部尚书。未几，以承祐同平章事，思恭迁仆射，录军国事。

延政服赭袍视事，然牙参及接邻国使者，犹如藩镇礼。

殷国小民贫，军旅不息。杨思恭以善聚敛得幸，增田亩山泽之税，至于鱼盐蔬果，无不倍征，国人谓之“杨剥皮”。

【注释】

①齐王：即后晋出帝石重贵，后晋高祖石敬瑭兄石敬儒之子，942年即位。 ②引前蜀王承休为比：前蜀宦官王承休帅秦州见本书卷第二百七十三唐庄宗同光二年（924）。 ③烈祖：即南唐国主李昪，庙号为烈祖，《通鉴》以删减旧史书之，此处当称“唐主”。 ④焚章不化：道士代人向上天上奏章，焚章不化指已感应天帝。 ⑤公之能：一本作“如公之

能”，今改。 ⑥厉阶：祸端。 ⑦升遐：升到很高远的地方，多用来代指帝王之死。 ⑧大行：自汉代以后，皇帝去世，梓宫在殡，尚未安葬，称为大行皇帝。 ⑨留中章奏：即留滞禁中不下行的章奏，多为内容不可行者；若可行，即付外施行而不留中。

三月，己卯朔，以中书令赵莹为晋昌节度使兼中书令；以晋昌节度使兼侍中桑维翰为侍中。

唐元宗即位[1]，大赦，改元保大。秘书郎韩熙载请俟逾年改元，不从。尊皇后曰皇太后，立妃钟氏为皇后。

唐主未听政[2]，冯延巳屡入白事，一日至数四。唐主曰：“书记有常职[3]，何为如是其烦也！”

唐主为人谦谨，初即位，不名大臣，数延公卿论政体，李建勋谓人曰：“主上宽仁大度，优于先帝；但性习未定，苟旁无正人，但恐不能守先帝之业耳。”

唐主以镇南节度使宋齐丘为太保兼中书令，奉化节度使周宗为侍中。唐主以齐丘、宗先朝勋旧，故顺人望召为相，政事皆自决之。

徙寿王景遂为燕王，宣城王景达为鄂王。

初，唐主为齐王，知政事，每有过失，常梦锡常直言规正；始虽忿怼，终以谅直多之。及即位，许以为翰林学士，齐丘之党疾之，坐封驳制书，贬池州判官。池州多迁客[4]，节度使上蔡王彦俦，防制过甚，几不聊生，惟事梦锡如在朝廷。

宋齐丘待陈觉素厚，唐主亦以觉为有才，遂委任之。冯延巳、延鲁、魏

南唐李璟保大元宝

岑，虽齐邸旧僚，皆依附觉，与休宁查文徽更相汲引，侵蠹政事，唐人谓觉等为“五鬼”。延鲁自礼部员外郎迁中书舍人、勤政殿学士[5]，江州观察使杜昌业闻之，叹曰：“国家所以驱驾群臣，在官爵而已。若一言称旨，遽跻通显，后有立功者，何以赏之！”未几，唐主以岑及文徽皆为枢密副使。岑既得志，会觉遭母丧，岑即暴扬觉过恶，摈斥之。

唐置定远军于濠州。

汉殇帝骄奢[6]，不亲政事。高祖在殡，作乐酣饮；夜与倡妇微行，倮男女而观之。左右忤意辄死，无敢谏者；惟越王弘昌及内常侍番禺吴怀恩屡谏，不听。常猜忌诸弟，每宴集，令宦者守门，群臣、宗室，皆露索，然后入。

晋王弘熙欲图之，乃盛饰声伎，娱悦其意，以成其恶。汉主好手搏，弘熙令指挥使陈道庠引力士刘思潮、谭令禋、林少强、林少良、何昌廷等五人习手搏于晋府[7]，汉主闻而悦之。丙戌，与诸王宴于长春宫，观手搏，至夕罢宴，汉主大醉。弘熙使道庠、思潮等掖汉主，因拉杀之，尽杀其左右。

明旦，百官诸王莫敢入宫，越王弘昌帅诸弟临于寝殿，迎弘熙即皇帝位，更名晟，改元应乾。以弘昌为太尉兼中书令、诸道兵马都元帅，知政事，循王弘杲为副元帅，参预政事。陈道庠及刘思潮等皆受赏赐甚厚。

闽主曦纳金吾使尚保殷之女，立为贤妃。妃有殊色，曦嬖之；醉中，妃所欲杀则杀之，所欲宥则宥之。

夏，四月，戊申朔，日有食之。

唐以中书侍郎、同平章事李建勋为昭武节度使，镇抚州。

殷将陈望等攻闽福州，入其西郛，既而败归。

【注释】

①唐元宗：即南唐元宗李璟（916—961），初名徐景通，后改为李璟，又改为李景。　②“唐主未听政”句：因其居丧之期未满，不能临朝听政。　③书记：指冯延巳，当时冯为齐王元帅府掌书记，故称。　④迁客：因获罪被降任于外州的人，当地人就称他们为“迁客”。　⑤勤政殿学士：南唐烈祖李昪所设置，类似于中原王朝的端明殿学士。　⑥汉殇

帝:即南汉国主刘玢。汉主刘龑长子。即位一年,即于942年为其弟刘晟所杀,谥号殇帝。　⑦晋府:即刘弘熙的晋王府第。

五月,殷吏部尚书、同平章事潘承祐上书陈十事,大指言:"兄弟相攻,逆伤天理,一也。赋敛烦重,力役无节,二也。发民为兵,羁旅愁怨,三也。杨思恭夺民衣食,使归怨于上,群臣莫敢言,四也。疆土狭隘,多置州县①,增吏困民,五也。除道裹粮,将攻临汀,曾不忧金陵、钱塘乘虚相袭②,六也。括高赀户,财多者补官,逋负者被刑,七也。延平诸津,征果菜鱼米,获利至微,敛怨甚大,八也。与唐、吴越为邻,即位以来,未尝通使,九也。宫室台榭,崇饰无度,十也。"殷王延政大怒③,削承祐官爵,勒归私第。

汉中宗既立④,国中议论汹汹。循王弘杲请斩刘思潮等以谢中外,汉主不从。思潮等闻之,谮弘杲谋反,汉主令思潮等伺之。弘杲方宴客,思潮与谭令禋帅卫兵突入,斩弘杲。于是汉主谋尽诛诸弟,以越王弘昌贤而得众,尤忌之。雄武节度使齐王弘弼,自以居大镇,惧祸,求入朝;许之。

初,闽主曦侍康宗宴⑤,会新罗献宝剑⑥,康宗举以示同平章事王倓曰:"此何所施?"倓对曰:"斩为臣不忠者。"时曦已蓄异志,凛然变色。至是宴群臣,复有献剑者,曦命发倓冢,斩其尸。

校书郎陈光逸谓其友曰:"主上失德,亡无日矣,吾欲死谏。"其友止之,不从;上书陈曦大恶五十事。曦怒,命卫士鞭之数百,不死;以绳系其颈,悬诸庭树,久之乃绝。

秋,七月,己丑,诏以年饥,国用不足,分遣使者六十余人于诸道括民谷。

吴越王弘佐初立,上统军使阚璠强戾,排斥异己,弘佐不能制;内牙上都监使章德安数与之争,右都监使李文庆不附于璠,乙巳,贬德安于处州,文庆于睦州。璠与右统军使胡进思益专横。璠,明州人;文庆,睦州人;进思,湖州人也。

唐主缘烈祖意,以天雄节度使兼中书令、金陵尹燕王景遂为诸道兵马元帅,徙封齐王,居东宫;天平节度使、守侍中、东都留守鄂王景达为副元帅,徙封燕王;宣告中外,约以传位。立长子弘冀为南昌王。景遂、景达固辞,不许。景遂自誓必不敢为嗣,更其字曰退身。

汉指挥使万景忻败张遇贤于循州。遇贤告于神,神曰:“取虔州,则大事可成。”遇贤帅众逾岭,趣虔州。唐百胜节度使贾匡浩不为备,遇贤众十余万攻陷诸县,再败州兵,城门昼闭。遇贤作宫室营署于白云洞,遣将四出剽掠。匡浩,公铎之子也⑦。

八月,乙卯,唐主立弟景遏为保宁王。宋太后怨种夫人,屡欲害景遏,唐主力保全之。

夏州牙内指挥使拓跋崇斌谋作乱,绥州刺史李彝敏将助之,事觉;辛未,彝敏弃州,与其弟彝俊等五人奔延州。

九月,尊帝母秦国夫人安氏为皇太妃。妃,代北人也。帝事太后、太妃甚谨,多侍食于其宫,待诸弟亦友爱。

初,河阳牙将乔荣从赵延寿入契丹,契丹以为回图使⑧,往来贩易于晋,置邸大梁。及契丹与晋有隙,景延广说帝囚荣于狱,悉取邸中之货。凡契丹之人贩易在晋境者,皆杀之,夺其货。大臣皆言契丹有大功⑨,不可负。戊子,释荣,慰赐而归之。

荣辞延广,延广大言曰:“归语而主,先帝为北朝所立,故称臣奉表。今上乃中国所立,所以降志于北朝者,正以不敢忘先帝盟约故耳。为邻称孙,足矣,无称臣之理。北朝皇帝勿信赵延寿诳诱,轻侮中国。中国士马,尔所目睹。翁怒则来战,孙有十万横磨剑,足以相待。它日为孙所败,取笑天下,毋悔也!”荣自以亡失货财,恐归获罪,且欲为异时据验,乃曰:“公所言颇多,惧有遗忘,愿记之纸墨。”延广命吏书其语以授之,荣具以白契丹主。契丹主大怒,入寇之志始决。晋使如契丹,皆絷之幽州,不得见。

桑维翰屡请逊辞以谢契丹,每为延广所沮。帝以延广为有定策功,故宠冠群臣;又总宿卫兵,故大臣莫能与之争。河东节度使刘知远,知延广必致寇,而畏其方用事,不敢言,但益募兵,奏置兴捷、武节等十余军以备契丹。

甲午,定难节度使李彝殷奏李彝敏作乱之状,诏执彝敏送夏州,斩之。

【注释】

①多置州县:指改将乐县为镛州,延平镇为镡州。 ②金陵、钱塘:这里代指南唐和吴越两国。 ③殷王:胡三省注认为“殷王”当作“殷主”。 ④汉中宗:即南汉国主刘晟,其庙号为中宗。 ⑤康宗:即闽主王昶,其庙号为康宗。 ⑥新罗:朝鲜古国名。曾与百济、高句丽三足鼎立,七世纪中叶灭此两国,统一半岛大部,后衰落。935 年为王氏高丽所取代。书中此处称“新罗”,是用其旧称。 ⑦公铎:即贾公铎,其事见本书卷第二百六十唐昭宗乾宁三年(896)。 ⑧回图使:官名。契丹所置。主管与中原地区的贸易。 ⑨契丹有大功:指其解救晋阳之围及帮助石敬瑭即位称帝。

冬,十月,戊申,立吴国夫人冯氏为皇后。

初,高祖爱少弟重胤,养以为子;及留守邺都,娶副留守安喜冯濛女为其妇。重胤早卒,冯夫人寡居,有美色,帝见而悦之;高祖崩,梓宫在殡,帝遂纳之。群臣皆贺,帝谓冯道等曰:“皇太后之命,与卿等不任大庆[①]。”群臣出,帝与夫人酣饮,过梓宫前,醊而告曰[②]:“皇太后之命,与先帝不任大庆。”左右失笑,帝亦自笑,顾谓左右曰:“我今日作新婿,何如?”夫人与左右皆大笑。太后虽恚,而无如之何。

既正位中宫,颇预政事。后兄玉,时为礼部郎中、盐铁判官,帝骤擢用至端明殿学士、户部侍郎,与议政事。

汉主命韶王弘雅致仕。

唐主遣洪州营屯都虞候严恩将兵讨张遇贤,以通事舍人金陵边镐为监军。镐用虔州人白昌裕为谋主,击张遇贤,屡破之。遇贤祷于神,神不复言,其徒大惧。昌裕劝镐伐木开道,出其营后袭之,遇贤弃众奔别将李台。台知神无验,执遇贤以降,斩于金陵市。

十一月,丁亥,汉主祀南郊,大赦,改元乾和。

戊子,吴越王弘佐纳妃仰氏,仁诠之女也。

初,高祖以马三百借平卢节度使杨光远,景延广以诏命取之。光远怒曰:“是疑我也。”密召其子单州刺史承祚,戊戌,承祚称母病，夜，开门奔青州。庚子，以左飞龙使金城何超权知单州。遣内班赐光远玉带、御马，以安其意[3]。

壬寅，遣侍卫步军都指挥使郭谨将兵戍郓州[4]。

唐葬光文肃武孝高皇帝于永陵，庙号烈祖。

十二月，乙巳朔，遣左领军卫将军蔡行遇将兵戍郓州。杨光远遣骑兵入淄州，劫刺史翟进宗归于青州。甲寅，徙杨承祚为登州刺史以从其便[5]。

光远益骄，密告契丹，以晋主负德违盟，境内大饥，公私困竭，乘此际攻之，一举可取；赵延寿亦劝之。契丹主乃集山后及卢龙兵合五万人[6]，使延寿将之，委延寿经略中国，曰："若得之，当立汝为帝。"又常指延寿谓晋人曰："此汝主也。"延寿信之，由是为契丹尽力，画取中国之策。

朝廷颇闻其谋，丙辰，遣使城南乐及德清军[7]，征近道兵以备之。

唐侍中周宗年老，恭谨自守，中书令宋齐丘广树朋党，百计倾之。宗泣诉于唐主，唐主由是薄齐丘。

既而陈觉被疏，乃出齐丘为镇海节度使。齐丘忿怼，表乞归九华旧隐[8]，唐主知其诈，一表，即从之，赐书曰："明日之行，昔时相许。朕实知公，故不夺公志。"仍赐号九华先生，封青阳公，食一县租税。

齐丘乃治大第于青阳[9]，服御将吏，皆如王公，而愤邑尤甚。

宁州酋长莫彦殊以所部温那等十八州附于楚；其州无官府，惟立牌于冈阜，略以恩威羁縻而已。

【注释】

①大庆：指其成婚之礼。 ②醊（zhuì 缀）：祭奠时用酒酹地。③内班：指宦官。御马：一本此下有"金帛"二字。 ④将兵戍郓州：目的是把守黄河渡口，使杨光远不得与契丹相连结，与上文"以安其意"为明暗两手。 ⑤以从其便：登州为平卢节度使辖属，即让杨承祚为其父属下，故称"以从其便"。 ⑥山后：为太行山、都军山、燕山以北地区的统称，这里主要指妫、檀、云、应等州。 ⑦德清军：方镇名。治澶州清丰县，即今河南浚县北。 ⑧九华旧隐：宋齐丘隐于九华山之事见本书卷

第二百七十七唐明宗长兴二年（931）。 ⑨青阳：县名。池州青阳县治今安徽青阳县。

是岁，春夏旱，秋冬水，蝗大起，东自海壖，西距陇坻[1]，南逾江、淮，北抵幽蓟，原野、山谷、城郭、庐舍皆满，竹木叶俱尽。重以官括民谷，使者督责严急，至封碓硙，不留其食，有坐匿谷抵死者。县令往往以督趣不办，纳印自劾去。民馁死者数十万口，流亡不可胜数。于是留守、节度使下至将军，各献马、金、帛、刍粟以助国。

朝廷以恒、定饥甚，独不括民谷。顺国节度使杜威奏称军食不足[2]，请如诸州例，许之。威用判官王绪谋，检索殆尽，得百万斛。威止奏三十万斛，余皆入其家；又令判官李沼称贷于民，复满百万斛，来春粜之，得缗钱二百万，阖境苦之。定州吏欲援例为奏，义武节度使马全节不许，曰："吾为观察使[3]，职在养民，岂忍效彼所为乎！"

楚地多产金银，茶利尤厚，由是财货丰殖。而楚王希范，奢欲无厌，喜自夸大。为长枪大槊，饰之以金，可执而不可用。募富民年少肥泽者八千人，为银枪都。宫室、园囿、服用之物，务穷侈靡。作九龙殿，刻沉香为八龙，饰以金宝，长十余丈，抱柱相向；希范居其中，自为一龙，其襆头脚长丈余[4]，以象龙角。

用度不足，重为赋敛。每遣使者行田，专以增顷亩为功，民不胜租赋而逃。王曰："但令田在，何忧无谷！"命营田使邓懿文籍逃田，募民耕艺出租。民舍故从新，仅能自存，自西徂东，各失其业。又听人入财拜官，以财多少为官高卑之差。富商大贾，布在列位。外官还者，必责贡献。民有罪，则富者输财，强者为兵，惟贫弱受刑。又置函，使人投匿名书相告讦，至有灭族者。

是岁，用孔目官周陟议，令常税之外，大县贡米二千斛，中千斛，小七百斛；无米者输布帛。天策学士拓跋恒上书曰："殿下长深宫之中，藉已成之业，身不知稼穑之劳，耳不闻鼓鼙之音[5]，驰骋遨游，雕墙玉食。府库尽矣，而浮费益甚；百姓困矣，而厚敛不息。今淮南为仇雠之国，番禺怀吞噬之志，荆渚日图窥伺，溪洞待我姑息[6]。谚曰:‘足寒伤心,民怨伤国。’愿罢输米之令,诛周陟以谢郡县,去不急之务,减兴作之役,无令一旦祸败,为四方所笑。”王大怒。他日,恒请见,辞以昼寝。恒谓客将区弘练曰:“王逞欲而愎谏,吾见其千口飘零无日矣。”王益怒,遂终身不复见之。

闽主曦嫁其女,取班簿阅视之[7];朝士有不贺者十二人,皆杖之于朝堂。以御史中丞刘赞不举劾,亦将杖之,赞义不受辱,欲自杀。谏议大夫郑元弼谏曰:“古者刑不上大夫,中丞仪刑百僚,岂宜加之棰楚!”曦正色曰:“卿欲效魏征邪?”元弼曰:“臣以陛下为唐太宗,故敢效魏征。”曦怒稍解,乃释赞,赞竟以忧卒。

【注释】

①陇坻:地域名。一名陇阪、陇山、陇首。在今陕西陇县,宝鸡和甘肃清水、张家川之间,北入沙漠,南至渭河。 ②杜威:即杜重威,因平定安重荣有功,被任命为顺国节度使,为避出帝名讳,去“重”字,改为现名。 ③吾为观察使:马全节为节度使兼观察使,兵民兼掌,故称。④襆(fú 福)头:头饰的一种。亦作“幞头”,即头巾。 ⑤鼓鼙之音:指战场搏杀的声音。 ⑥淮南、番禺、荆渚、溪洞:淮南指南唐;番禺指南汉;荆渚指荆南;溪洞指彭、莫诸部族。 ⑦班簿:朝廷朝拜人员的姓名和人数的登记簿。

开运元年[1] 春,正月,乙亥,边藩驰告:“契丹前锋将赵延寿、赵延照将兵五万入寇,逼贝州。”延照,思温之子也。

先是朝廷以贝州水陆要冲,多聚刍粟,为大军数年之储,以备契丹。军校邵珂,性凶悖,永清节度使王令温黜之[2]。珂怨望,密遣人亡入契丹,言“贝州粟多而兵弱,易取也”。会令温入朝,执政以前复州防御使吴峦权知州事,峦至,推诚抚士;会契丹入寇,峦书生,无爪牙,珂自请,愿效死,峦使将兵守南门,峦自守东门。契丹主自攻贝州,峦悉力拒之,烧其攻具殆尽。己卯,契丹复攻城,珂引契丹自南门入,峦赴井死。契丹遂陷贝州,所杀且万人。

庚辰,以归德节度使高行周为北面行营都部署,以河阳节度使符彦卿为马军左厢排陈使,以右神武统军皇甫遇为马军右厢排陈使,以陕府节度使王周为步军左厢排陈使,以左羽林将军潘环为步军右厢排陈使。

太原奏契丹入雁门关。恒、邢、沧皆奏契丹入寇。

成德节度使杜威遣幕僚曹光裔诣杨光远[3]，为陈祸福，光远遣光裔入奏，称："承祚逃归[4]，母疾故尔。既蒙恩宥，阖族荷恩。"朝廷信其言，遣使与光裔复往慰谕之。

唐以侍中周宗为镇南节度使，左仆射兼门下侍郎、同平章事张居咏为镇海节度使。

唐主决欲传位于齐、燕二王。翰林学士冯延巳等因之欲隔绝中外以擅权。辛巳，敕："齐王景遂参决庶政，百官惟枢密副使魏岑、查文徽得白事，余非召对不得见。"国人大骇。给事中萧俨上疏极论，不报。侍卫都虞候贾崇叩阁求见，曰："臣事先帝三十年，观其延接疏远，孜孜不怠，下情犹有不通者。陛下新即位，所任者何人，而顿与群臣谢绝？臣老矣，不复得奉颜色。"因涕泗呜咽。唐主感悟，遽收前敕。

唐主于宫中作高楼，召侍臣观之，众皆叹美。萧俨曰："恨楼下无井。"唐主问其故。对曰："以此不及景阳楼耳[5]。"唐主怒，贬于舒州，观察使孙晟遣兵防之，俨曰："俨以谏诤得罪，非有它志。昔顾命之际，君几危社稷[6]，其罪顾不重于俨乎？今日反见防邪！"晟惭惧，遽罢之。

帝遣使持书遗契丹，契丹已屯邺都，不得通而返。

壬午，以侍卫马步都指挥使景延广为御营使，前静难节度使李周为东京留守。是日，高行周以前军先发。时用兵方略号令皆出延广，宰相以下皆无所预；延广乘势使气，陵侮诸将，虽天子亦不能制。

乙酉，帝发东京。丁亥，滑州奏契丹至黎阳。戊子，帝至澶州。

契丹主屯元城，赵延寿屯南乐；以延寿为魏博节度使，封魏王。

契丹寇太原，刘知远与白承福合兵二万击之。甲午，以知远为幽州道行营招讨使，杜威为副使，马全节为都虞候。丙申，遣右武卫上将军张彦泽等将兵拒契丹于黎阳。

戊戌，蜀主复以将相遥领节度使[7]。

帝复遣译者孟守忠致书于契丹，求修旧好。契丹主复书曰："已成之势，不可改也。"

辛丑，太原奏破契丹伟王于秀容，斩首三千级。契丹自鸦鸣谷遁去。

殷铸"天德通宝"大铁钱[8]，一当百。

唐主遣使遗闽主曦及殷主延政书，责以兄弟寻戈。曦复书，引周公诛管、蔡，唐太宗诛建成、元吉为比[9]。延政复书，斥唐主夺杨氏国。唐主怒，遂与殷绝。

天平节度副使、知郓州颜衎遣观察判官窦仪奏："博州刺史周儒以城降契丹，又与杨光远通使往还，引契丹自马家口济河，擒左武卫将军蔡行遇。"仪谓景延广曰："虏若济河与光远合，则河南危矣。"延广然之。仪，蓟州人也。

【注释】

①开运：后晋出帝石重贵年号，共二年，即944—946年。 ②永清：永清军治贝州，即今河北清河县。 ③成德节度使：当为"顺国节度使"。后晋自平定安重荣之后，即改成德军为顺国军。 ④承祚逃归：指杨承祚去年十一月自单州逃归青州。 ⑤景阳楼：南朝陈后主建有景阳楼，隋兵来到时，他自投楼下井中。 ⑥君几危社稷：指南唐烈祖死后，孙晟曾让皇太后临朝称制。 ⑦复以将相遥领节度使：蜀罢将相领节度使见本书卷第二百八十二高祖天福六年(941)。 ⑧天德：殷主王延政年号，943—945年。 ⑨唐太宗：原文缺字，一本空格作"太宗"二字，今补。

资治通鉴卷第二百八十四

后晋纪五　起阏逢执徐二月，尽旃蒙大荒落七月，凡一年有奇。

齐　王　中

开运元年　二月，甲辰朔，命前保义节度使石赟守麻家口，前威胜节度使何重建守杨刘镇，护圣都指挥使白再荣守马家口，西京留守安彦威守河阳[①]。未几，周儒引契丹将麻答自马家口济河，营于东岸，攻郓州北津以应杨光远。麻答，契丹主之从弟也。

乙巳，遣侍卫马军都挥使[②]、义成节度使李守贞、神武统军皇甫遇、陈州防御使梁汉璋、怀州刺史薛怀让将兵万人，缘河水陆俱进。守贞，河阳；汉璋，应州；怀让，太原人也。

丙午，契丹围高行周、符彦卿及先锋指挥使石公霸于戚城。先是景延广令诸将分地而守，无得相救。行周等告急，延广徐白帝，帝自将救之。契丹解去，三将泣诉救兵之缓，几不免。

戊申，李守贞等至马家口。契丹遣步卒万人筑垒，散骑兵于其外，余兵数万屯河西，船数十艘渡兵，未已，晋兵薄之，契丹骑兵退走，晋兵进攻其垒，拔之。契丹大败，乘马赴河溺死者数千人，俘斩亦数千人。河西之兵恸哭而去，由是不敢复东。

辛亥，定难节度使李彝殷奏将兵四万自麟州济河，侵契丹之境。壬子，以彝殷为契丹西南面招讨使。

初，契丹主得贝州、博州，皆抚慰其人，或拜官赐服章。及败于戚城及马家口，忿恚，所得民，皆杀之，得军士，燔炙之。由是晋人愤怒，戮力争奋。

杨光远将青州兵欲西会契丹。戊午，诏石赟分兵屯郓州以备之[3]。

诏刘知远将部兵自土门出恒州击契丹，又诏会杜威、马全节于邢州。知远引兵屯乐平不进。

帝居丧期年，即于宫中奏细声女乐[4]。及出师，常令左右奏三弦琵琶，和以羌笛，击鼓歌舞，曰："此非乐也。"庚申，百官表请听乐，诏不许。

壬戌，杨光远围棣州，刺史李琼出兵击败之，光远烧营走还青州。癸亥，以前威胜节度使何重建为东面马步都部署，将兵屯郓州。

阶、成义军指挥使王君怀帅所部千余人叛降蜀，请为乡道以取阶、成。甲子，蜀人攻阶州。

契丹伪弃元城去，伏精骑于古顿丘城，以俟晋军与恒、定之兵合而击之。邺都留守张从恩屡奏虏已遁去；大军欲进追之，会霖雨而止。契丹设伏旬日，人马饥疲。赵延寿曰："晋军悉在河上，畏我锋锐，必不敢前；不如即其城下，四合攻之，夺其浮梁[5]，则天下定矣。"契丹主从之，三月，癸酉朔，自将兵十余万陈于澶州城北，东西横掩城之两隅，登城望之，不见其际。高行周前军在戚城之南，与契丹战，自午至晡，互有胜负。契丹主以精兵当中军而来，帝亦出陈以待之。契丹主望见晋军之盛，谓左右曰："杨光远言晋兵半已馁死，今何其多也！"以精骑左右略陈，晋军不动，万弩齐发，飞矢蔽地。契丹稍却；又攻晋陈之东偏，不克。苦战至暮，两军死者不可胜数。昏后，契丹引去，营于三十里之外。

乙亥，契丹主帐中小校窃其马亡来，云契丹已传木书[6]，收军北去。景延广疑其诈，闭壁不敢追。

【注释】

①麻家口、杨刘镇、马家口、河阳：此四处均为黄河一线军事要地。 ②侍卫马军都挥使：当作"侍卫马军都指挥使"。 ③石赟分兵屯郓州：当时石赟屯麻家口。 ④细声女乐：即轻奏乐舞，不敢让声闻于外，过于放肆。 ⑤夺其浮梁：指夺后晋所戍守的澶州德胜渡黄河浮

桥。 ⑥木书：即书之于木作为信契。

汉主命中书令、都元帅越王弘昌谒烈宗陵于海曲[1]，至昌华宫，使盗杀之。

契丹主自澶州北分为两军，一出沧、德，一出深、冀而归。所过焚掠，方广千里，民物殆尽。留赵延照为贝州留后。麻答陷德州，擒刺史尹居璠。

闽拱宸都指挥使朱文进，阁门使连重遇，既弑康宗[2]，常惧国人之讨，相与结婚以自固。闽主曦果于诛杀，尝游西园，因醉杀控鹤指挥使魏从朗。从朗，朱、连之党也。又尝酒酣诵白居易诗云："惟有人心相对间，咫尺之情不能料。"因举酒属二人。二人起，流涕再拜，曰："臣子事君父，安有他志！"曦不应。二人大惧。

李后妒尚贤妃之宠[3]，欲弑曦而立其子亚澄，使人告二人曰："主上殊不平于二公，奈何？"

会后父李真有疾，乙酉，曦如真第问疾。文进、重遇使拱宸马步使钱达弑曦于马上，召百官集朝堂，告之曰："太祖昭武皇帝[4]，光启闽国，今子孙淫虐，荒坠厥绪。天厌王氏，宜更择有德者立之。"众莫敢言。重遇乃推文进升殿，被衮冕，帅群臣北面再拜称臣。文进自称闽主，悉收王氏宗族延喜以下少长五十余人，皆杀之。葬闽主曦，谥曰睿文广武明圣元德隆道大孝皇帝，庙号景宗。以重遇总六军。礼部尚书、判三司郑元弼抗辞不屈，黜归田里，将奔建州，文进杀之。文进下令，出宫人，罢营造，以反曦之政。

殷主延政遣统军使吴成义将兵讨文进，不克。

文进加枢密使鲍思润同平章事，以羽林统军使黄绍颇为泉州刺史，左军使程文纬为漳州刺史。汀州刺史同安许文稹，举郡降之。

丁亥，诏太原、恒、安兵各还本镇[5]。

辛卯，马全节攻契丹泰州，拔之。

敕天下籍乡兵，每七户共出兵械资一卒。

秦州兵救阶州，出黄阶岭，败蜀兵于西平。

汉以户部侍郎陈偓同平章事。

夏，四月，丁未，缘河巡检使梁进以乡社兵复取德州[6]。己酉，命归德节度使高行周、保义节度使王周留镇澶州。庚戌，帝发澶州；甲寅，至大梁。

侍卫马步都指挥使、天平节度使、同平章事景延广，既为上下所恶[7]，帝亦惮其不逊难制；桑维翰引其不救戚城之罪，辛酉，加延广兼侍中，出为西京留守。以归德节度使兼侍中高行周为侍卫马步都指挥使。延广郁郁不得志，见契丹强盛，始忧国破身危，遂日夜纵酒。

朝廷因契丹入寇，国用愈竭，复遣使者三十六人分道括率民财，各封剑以授之[8]。使者多从吏卒，携锁械、刀杖入民家，小大惊惧，求死无地。州县吏复因缘为奸。

河南府出缗钱二十万，景延广率三十七万。留守判官河南卢亿言于延广曰："公位兼将相，富贵极矣。今国家不幸，府库空竭，不得已取于民。公何忍复因而求利，为子孙之累乎！"延广惭而止。

先是，诏以杨光远叛，命兖州修守备[9]。泰宁节度使安审信，以治楼堞为名，率民财以实私藏。大理卿张仁愿为括率使，至兖州，赋缗钱十万。值审信不在，拘其守藏吏，指取钱一囷，已满其数。

戊寅[10]，命侍卫马步军都虞候、泰宁节度使李守贞将步骑二万讨杨光远于青州[11]；又遣神武统军洛阳潘环及张彦泽等将兵屯澶州，以备契丹。

契丹遣兵救青州，齐州防御使堂阳薛可言邀击，败之。

丙戌，诏诸州所籍乡兵，号武定军，凡得七万余人。时兵荒之余，复有此扰，民不聊生。

丁亥，邺都留守张从恩上言："赵延照虽据贝州，麾下兵皆久客思归，宜速进军攻之。"诏以从恩为贝州行营都部署，督诸将击之。辛卯，从恩奏赵延照纵火大掠，弃城而遁，屯于瀛、莫，阻水自固。

朱文进遣使如唐，唐主囚其使，将伐之，会天暑、疾疫而止。

【注释】

①烈宗:南汉立国,汉主刘龑追尊其兄刘隐为烈宗。　②既弑康宗:事见本书卷第二百八十二高祖天福四年(939)。　③尚贤妃之宠:尚贤妃有宠见上卷天福八年(943)三月。　④太祖昭武皇帝:闽立国,闽主王鏻追尊其父王审知为太祖昭武皇帝。　⑤恒、安兵:一本"安"作"定",当是。　⑥乡社兵:即民兵。当时为抵御契丹侵略,黄河两岸百姓自备兵械,团结成社,保乡卫土。　⑦为上下所恶:上指将相大臣,下指士卒百姓。　⑧各封剑以授之:即授之以尚方宝剑,使其得有擅杀之权,以威胁百姓。　⑨命兖州修守备:因兖州邻近杨光远的青州,故命其修守备。⑩戊寅:戊寅及以下丙戌、丁亥、辛卯当为五月的日期。　⑪泰宁节度使李守贞:李守贞为代安审信任泰宁节度使。

六月,辛酉,官军拔淄州[①],斩其刺史刘翰。

太尉、侍中冯道虽为首相,依违两可,无所操决。或谓帝曰:"冯道,承平之良相;今艰难之际,譬如使禅僧飞鹰耳。"癸卯,以道为匡国节度使,兼侍中。

乙巳,汉主幽齐王弘弼于私第。

或谓帝曰:"陛下欲御北狄,安天下,非桑维翰不可。"丙午,复置枢密院[②],以维翰为中书令兼枢密使,事无大小,悉以委之。数月之间,朝廷差治。

滑州河决,浸汴、曹、单、濮、郓五州之境,环梁山合于汶。诏大发数道丁夫塞之。既塞,帝欲刻碑纪其事。中书舍人杨昭俭谏曰:"陛下刻石纪功,不若降哀痛之诏;染翰颂美,不若颁罪己之文。"帝善其言而止。

初,高祖割北边之地以赂契丹,由是府州刺史折从远亦北属。契丹欲尽徙河西之民以实辽东,州人大恐,从远因保险拒之。及帝与契丹绝,遣使谕从远使攻契丹。从远引兵深入,拔十余寨。戊午,以从远为府州团练使。从远,云州人也。

甲子,复置翰林学士[③]。戊辰,以右散骑常侍李慎仪为兵部侍郎、翰林学士承旨,都官郎中刘温叟、金部郎中·知制诰武强徐台符、礼部郎中李澣、主客员外郎宗城范质,皆为学士。温叟,岳之子也。

秋，七月，辛未朔，大赦，改元。

己丑，以太子太傅刘昫为司空兼门下侍郎、同平章事。

八月，辛丑朔，以河东节度使刘知远为北面行营都统，顺国节度使杜威为都招讨使，督十三节度以备契丹。

桑维翰两秉朝政[4]，出杨光远、景延广于外，至是一制指挥，节度使十五人无敢违者，时人服其胆略。

朔方节度使冯晖上章自陈未老可用，而制书见遗。维翰诏禁直学士使为答诏曰："非制书忽忘，实以朔方重地，非卿无以弹压。比欲移卿内地，受代亦须奇才[5]。"晖得诏，甚喜。

时军国多事，百司及使者咨请辐凑，维翰随事裁决，初若不经思虑，人疑其疏略；退而熟议之，亦终不能易也。然为相颇任爱憎，一饭之恩、睚眦之怨必报，人亦以此少之。

契丹之入寇也，帝再命刘知远会兵山东，皆后期不至。帝疑之，谓所亲曰："太原殊不助朕，必有异图。果有分，何不速为之！"至是虽为都统，而实无临制之权，密谋大计，皆不得预。知远亦自知见疏，但慎事自守而已。郭威见知远有忧色，谓知远曰："河东山川险固[6]，风俗尚武，土多战马，静则勤稼穑，动则习军旅，此霸王之资也，何忧乎！"

朱文进自称威武留后，权知闽国事，遣使奉表称藩于晋。癸丑，以文进为威武节度使，知闽国事。

癸亥，置镇宁军于澶州，以濮州隶焉。

初，吴濠州刺史刘金卒，子仁规代之；仁规卒，子崇俊代之。唐烈祖置定远军于濠州，以崇俊为节度使。会清淮节度使姚景卒，崇俊厚赂权要，求兼领寿州[7]。唐主阳为不知其意，徙崇俊为清淮节度使，以楚州刺史刘彦贞为濠州观察使，驰往代之；崇俊悔之。彦贞，信之子也。

九月，庚午朔，日有食之。

丙子，契丹寇遂城、乐寿，深州刺史康彦进击却之。

【注释】

①淄州：时为平卢节度使杨光远巡属。　②复置枢密院：罢枢密院

事见本书卷第二百八十二高祖天福四年(939)。 ③复置翰林学士:废翰林学士事见本书卷第二百八十二高祖天福五年(940)。 ④两秉朝政:指其在后晋高祖朝及出帝朝总掌宿卫兵,任中书令兼枢密使。⑤受代亦须奇才:胡三省注认为,“受”当作“授”。 ⑥河东山川险固:河东治晋阳,东有太行山、常山,西有龙门、西河,南有霍太山、雀鼠谷,北有雁门、五台山。 ⑦兼领寿州:即兼领清淮节度使,清淮军治寿州(今安徽寿县)。

冬,十月,丙午,汉主毒杀镇王弘泽于邕州。

殷主延政遣其将陈敬佺以兵三千屯尤溪及古田,卢进以兵二千屯长溪。

泉州散员指挥使桃林留从效谓同列王忠顺、董思安、张汉思曰:“朱文进屠灭王氏,遣腹心分据诸州。吾属世受王氏恩,而交臂事贼,一旦富沙王克福州[1],吾属死有余愧!”众以为然。十一月,从效等各引军中所善壮士,夜饮于从效之家,从效绐之曰:“富沙王已平福州,密旨令吾属讨黄绍颇[2]。吾观诸君状貌,皆非久处贫贱者。从吾言,富贵可图;不然,祸且至矣。”众皆踊跃,操白梃,逾垣而入,执绍颇,斩之。从效持州印诣王继勋第,请主军府。从效自称平贼统军使,函绍颇首,遣副兵马使临淮陈洪进赍诣建州。

洪进至尤溪,福州戍兵数千遮道。洪进绐之曰:“义师已诛朱福州[3],吾倍道逆嗣君于建州,尔辈尚守此何为乎?”以绍颇首示之,众遂溃,大将数人从洪进诣建州。延政以继勋为侍中、泉州刺史,从效、忠顺、思安、洪进皆为都指挥使。漳州将程谟闻之,立杀刺史程文纬[4],立王继成权州事。继勋、继成,皆延政之从子

南唐唐国通宝、篆书开元通宝

也，朱文进之灭王氏，二人以疏远获全。汀州刺史许文稹奉表请降于殷。

十二月，癸丑，加朱文进同平章事，封闽国王。

李守贞围青州经时，城中食尽，饿死者太半。契丹援兵不至，杨光远遥稽首于契丹曰："皇帝，皇帝，误光远矣！"其子承勋、承祚、承信劝光远降，冀全其族。光远不许，曰："吾昔在代北，尝以纸钱祭天池而沉，人皆言当为天子，姑待之。"丁巳，承勋斩劝光远反者节度判官丘涛等，送其首于守贞，纵火大噪，劫其父出居私第，上表待罪，开城纳官军。

朱文进闻黄绍颇死，大惧，以重赏募兵二万，遣统军使林守谅、内客省使李廷锷将之攻泉州，钲鼓相闻五百里。殷主延政遣大将军杜进将兵二万救泉州，留从效开门与福州兵战，大破之，斩守谅，执廷锷。延政遣统军使吴成义帅战舰千艘攻福州，朱文进遣子弟为质于吴越以求救。

初，唐翰林待诏臧循[5]，与枢密副使查文徽同乡里，循常为贾人，习福建山川，为文徽画取建州之策。文徽表请用兵击王延政，国人多以为不可。唐主以文徽为江西安抚使，循行境上，觇其可否；文徽至信州，奏言攻之必克。唐主以洪州营屯都虞候边镐为行营招讨诸军都虞候，将兵从文徽伐殷。文徽自建阳进屯盖竹，闻漳、泉、汀三州皆降于殷，殷将张汉真自镛州将兵八千将至，文徽惧，退保建阳。臧循屯邵武，邵武民导殷兵袭破循军，执循送建州斩之。

朝廷以杨光远罪大，而诸子归命，难于显诛，命李守贞以便宜从事。闰月，癸酉，守贞入青州，遣人拉杀光远于别第，以病死闻。丙戌，起复杨承勋，除汝州防御使。

殷吴成义闻有唐兵，诈使人告福州吏民曰："唐助我讨贼臣，大兵今至矣。"福人益惧。乙未，朱文进遣同平章事李光准等奉国宝于殷。

丁酉，福州南廊承旨林仁翰谓其徒曰[6]："吾曹世事王氏，今受制贼臣，富沙王至，何面见之！"帅其徒三十人被甲趣连重遇第，重遇方严兵自卫，三十人者望之，稍稍遁去。仁翰执槊直前刺重遇，杀之，斩其首以示众曰："富沙王且至，汝辈族矣！今重遇已死；何不亟取文进以赎罪！"众踊跃从之，遂斩文进，迎吴成义入城，函二首送建州。

契丹复大举入寇，卢龙节度使赵延寿引兵先进。契丹前锋至邢州，顺国节度使杜威遣使间道告急。帝欲自将拒之，会有疾，命天平节度使张从恩、邺都留守马全节、护国节度使安审琦会诸道兵屯邢州，武宁节度使赵在礼屯邺都。

契丹主以大兵继至，建牙于元氏[⑦]。朝廷惮契丹之盛，诏从恩等引兵稍却，于是诸军恼惧，无复部伍，委弃器甲，所过焚掠，比至相州，不复能整。

【注释】

①富沙王：即殷主王延政。其在闽国时被封为富沙王。　②黄绍颇：时为朱文进所任命的泉州刺史。　③朱福州：即朱文进。其以福州为都，故代称之。　④立杀：原作"亡杀"，胡三省注认为，"亡"当作"立"或"亦"，今改。　⑤翰林待诏：官名。主掌批答表疏、应和文章等事。⑥南廊承旨：官名。闽国所置，胡三省注认为是侍卫武臣之职。　⑦元氏：地名。恒州元氏县，治今河北元氏县。

二年　春，正月，诏赵在礼还屯澶州，马全节还邺都；又遣右神武统军张彦泽屯黎阳，西京留守景延广自滑州引兵守胡梁渡。庚子，张从恩奏契丹逼邢州，诏滑州、邺都复进军拒之。义成节度使皇甫遇将兵趣邢州。契丹寇邢、洺、磁三州，杀掠殆尽，入邺都境。

壬子，张从恩、马全节、安审琦悉以行营兵数万，陈于相州安阳水之南。皇甫遇与濮州刺史慕容彦超将数千骑前觇契丹，至邺县，将渡漳水，遇契丹数万，遇等且战且却；至榆林店，契丹大至，二将谋曰："吾属今走，死无遗矣！"乃止，布陈，自午至未[①]，力战百余合，相杀伤甚众。遇马毙，因步战；其仆杜知敏以所乘马授之，遇乘马复战。久之，稍解；顾知敏已为契丹所擒，遇曰："知敏义士，不可弃也。"与彦超跃马入契丹陈，取知敏而还。俄而契丹继出新兵来战。二将曰："吾属势不可走，以死报国耳。"

日且暮，安阳诸将怪觇兵不还，安审琦曰："皇甫太师寂无音问[2]，必为虏所困。"语未卒，有一骑白遇等为虏数万所围；审琦即引骑兵出，将救之，张从恩曰："此言未足信。必若虏众猥至，尽吾军，恐未足以当之，公往何益！"审琦曰："成败，天也，万一不济，当共受之。借使虏不南来，坐失皇甫太师，吾属何颜以见天子！"遂逾水而进。契丹望见尘起，即解去。遇等乃得还，与诸将俱归相州，军中皆服二将之勇。彦超本吐谷浑也，与刘知远同母。

契丹亦引军退，其众自相惊曰："晋军悉至矣！"时契丹主在邯郸，闻之，即时北遁，不再宿，至鼓城[3]。

是夕，张从恩等议曰："契丹倾国而来，吾兵不多，城中粮不支一旬，万一有奸人往告吾虚实，虏悉众围我，死无日矣。不若引军就黎阳仓，南倚大河以拒之，可以万全。"议未决，从恩引兵先发，诸军继之；扰乱失亡，复如发邢州之时。

从恩等留步兵五百守安阳桥，夜四鼓[4]，知相州事符彦伦谓将佐曰："此夕纷纭，人无固志，五百弊卒，安能守桥！"即召入，乘城为备。至曙，望之，契丹数万骑已陈于安阳水北，彦伦命城上扬旌鼓噪约束，契丹不测。日加辰[5]，赵延寿与契丹惕隐帅众逾水，环相州而南，诏右神武统军张彦泽将兵趣相州。延寿等至汤阴，闻之，甲寅，引还；马全节等拥大军在黎阳，不敢追。延寿悉陈甲骑于相州城下，若将攻城状，符彦伦曰："此虏将走耳。"出甲卒五百，陈于城北以待之；契丹果引去。

以天平节度使张从恩权东京留守。

庚申，振武节度使折从远击契丹，围胜州，遂攻朔州。

帝疾小愈，河北相继告急。帝曰："此非安寝之时！"乃部分诸将为行计。

更命武定军曰天威军[6]。

【注释】

①自午至未：自午时到未时。午时为上午十一时到午后十三时，未时为下午十三时到十五时。　②皇甫太师：即皇甫遇。胡三省注认为，皇甫遇未必加官至太师，只因当时官赏无章，人们相称谓，常就人臣极品而称之。　③鼓城：地名。时属恒州，治今河北晋州市。　④四鼓：旧时

夜间的计时单位。四鼓又称四更,在凌晨一时到三时之间。 ⑤日加辰:日光升到辰时。辰时为上午七时到九时。 ⑥武定军:即是由开运元年所登记造册的各州乡兵所组成。

北面副招讨使马全节等奏:"据降者言,虏众不多,宜乘其散归种落,大举径袭幽州。"帝以为然,征兵诸道。壬戌,下诏亲征;乙丑,帝发大梁。

闽之故臣共迎殷主延政,请归福州,改国号曰闽。延政以方有唐兵,未暇徙都,以从子门下侍郎、同平章事继昌都督南都内外诸军事[1],镇福州;以飞捷指挥使黄仁讽为镇遏使,将兵卫之。

林仁翰至福州[2],闽主赏之甚薄;仁翰未尝自言其功。

发南都侍卫及两军甲士万五千人[3],诣建州以拒唐。

二月,壬辰朔,帝至滑州,壬申,命安审琦屯邺都。甲戌,帝发滑州;乙亥,至澶州。己卯,马全节等诸军以次北上。刘知远闻之曰:"中国疲弊,自守恐不足;乃横挑强胡,胜之犹有后患,况不胜乎!"

契丹自恒州还,以羸兵驱牛羊过祁州城下,刺史下邳沈斌出兵击之;契丹以精骑夺其城门,州兵不得还。赵延寿知城中无余兵,引契丹急攻之;斌在上[4],延寿语之曰:"沈使君,吾之故人。'择祸莫若轻',何不早降!"斌曰:"侍中父子失计陷身虏庭[5],忍帅犬羊以残父母之邦;不自愧耻,更有骄色,何哉!沈斌弓折矢尽,宁为国家死耳,终不效公所为!"明日,城陷,斌自杀。

丙戌,诏北面行营都招讨使杜威以本道兵会马全节等进军。

端明殿学士、户部侍郎冯玉,宣徽北院使、权侍卫马步都虞候太原李彦韬,皆挟恩用事,恶中书令桑维翰,数毁之。帝欲罢维翰政事,李崧、刘昫固谏而止。维翰知之,请以玉为枢密副使,玉殊不平。丙申,中旨以玉为户部尚书、枢密使,以分维翰之权。

彦韬少事阎宝,为仆夫,后隶高祖帐下。高祖自太原南下,留彦韬侍帝,为腹心,由是有宠。性纤巧,与嬖幸相结,以蔽帝耳目,帝委信之,至于升黜将相,亦得预议。常谓人曰:"吾不知朝廷设文官何所用,且欲澄汰,徐当尽去之。"

唐查文徽表求益兵，唐主以天威都虞候何敬洙为建州行营招讨马步都指挥使，将军祖全恩为应援使，姚凤为都监，将兵数千会攻建州，自崇安进屯赤岭。闽主延政遣仆射杨思恭、统军使陈望将兵万人拒之，列栅水南[6]，旬余不战，唐人不敢逼。

思恭以延政之命督望战。望曰："江、淮兵精，其将习武事。国之安危，系此一举，不可不万全而后动。"思恭怒曰："唐兵深侵，陛下寝不交睫，委之将军。今唐兵不出数千，将军拥众万余，不乘其未定而击之，有如唐兵惧而自退，将军何面目见陛下乎！"望不得已，引兵涉水与唐战。全恩等以大兵当其前，使奇兵出其后，大破之。望死，思恭仅以身免。

延政大惧，婴城自守，召董思安、王忠顺，使将泉州兵五千诣建州，分守要害。

初，高祖置德清军于故澶州城，及契丹入寇，澶州、邺都之间，城戍俱陷。议者以澶州、邺都相去五十里，宜于中途筑城以应接南北，从之。三月，戊戌，更筑德清军城，合德清、南乐之民以实之。

【注释】

①南都：当时殷主居建州，以福州为南都。　②林仁翰至福州：胡三省注认为，"福州"当作"建州"，此说是。林仁翰杀了朱文进、连重遇之后，从福州到建州谒见王延政。　③两军：胡三省注认为，两军当为侍卫之军之外的左、右两军；一说指拱宸、控鹤两都。　④斌在上：有脱文，当作"斌在城上"。　⑤"侍中父子失计"句：侍中是赵延寿在后唐时的旧官，其陷身事见本书卷第二百八十高祖天福元年(936)。　⑥水南：即建阳溪之南。

初，光州人李仁达，仕闽为元从指挥使，十五年不迁职。闽主曦之世，叛奔建州，闽主延政以为将[1]。及朱文进弑曦，复叛奔福州，陈取建州之策。文进恶其反覆，黜居福清。浦城人陈继珣，亦叛闽主延政奔福州，为曦画策取建州，曦以为著作郎。及延政得福州，二人皆不自安。

王继昌暗弱嗜酒，不恤将士，将士多怨。仁达潜入福州[2]，说黄仁讽曰:“今唐兵乘胜,建州孤危。富沙王不能保建州,安能保福州!昔王潮兄弟,光山布衣耳,取福建如反掌。况吾辈乘此机会,自图富贵,何患不如彼乎!”仁讽然之。是夕,仁达等引甲士突入府舍,杀继昌及吴成义。

仁达欲自立,恐众心未服,以雪峰寺僧卓岩明素为众所重,乃言:“此僧目重瞳子,手垂过膝,真天子也。”相与迎之。己亥,立为帝,解去衲衣,被以衮冕,帅将吏北面拜之。然犹称天福十年,遣使奉表称藩于晋。

延政闻之,族黄仁讽家,命统军使张汉真将水军五千,会漳、泉兵讨岩明。

乙巳,杜威等诸军会于定州,以供奉官萧处钧权知祁州事。庚戌,诸军攻契丹,泰州刺史晋廷谦举州降。甲寅,取满城,获契丹酋长没刺及其兵二千人。乙卯,取遂城。赵延寿部曲有降者言:“契丹主还至虎北口,闻晋取泰州,复拥众南向,约八万余骑,计来夕当至,宜速为备。”杜威等惧,丙辰,退保泰州。

戊午,契丹至泰州。己未,晋军南行,契丹踵之。晋军至阳城,庚申,契丹大至。晋军与战,逐北十余里,契丹逾白沟而去。

壬戌,晋军结陈而南,胡骑四合如山,诸军力战拒之。是日,才行十余里,人马饥乏。

癸亥,晋军至白团卫村,埋鹿角为行寨[③]。契丹围之数重,奇兵出寨后断粮道。是夕,东北风大起,破屋折树;营中掘井,方及水辄崩,士卒取其泥,帛绞而饮之,人马俱渴。至曙,风尤甚。契丹主坐大奚车中,令其众曰:“晋军止此耳,当尽擒之,然后南取大梁!”命铁鹞四面下马[④],拔鹿角而入,奋短兵以击晋军,又顺风纵火扬尘以助其势。

军士皆愤怒,大呼曰:“都招讨使何不用兵,令士卒徒死!”诸将请出战,杜威曰:“俟风稍缓,徐观可否。”马步都监李守贞曰:“彼众我寡,风沙之内,莫测多少,惟力斗者胜,此风乃助我也;若俟风止,吾属无类矣。”即呼曰:“诸军齐击贼!”又谓威曰:“令公善守御,守贞以中军决死矣!”马军左厢都排陈使张彦泽召诸将问计,皆曰:“虏得风势,宜俟风回与战。”彦泽亦以为然。诸将退,马军右厢副排陈使太原药元福独留，谓彦泽曰："今军中饥渴已甚，若俟风回，吾属已为虏矣。敌谓我不能逆风以战，宜出其不意急击之，此兵之诡道也。"马步左右厢都排陈使符彦卿曰："与其束首就擒[5]，曷若以身徇国！"乃与彦泽、元福及左厢都排陈使皇甫遇引精骑出西门击之，诸将继至。契丹却数百步。彦卿等谓守贞曰："且曳队往来乎？直前奋击，以胜为度乎？"守贞曰："事势如此，安可回鞚[6]！宜长驱取胜耳！"彦卿等跃马而去，风势益甚，昏晦如夜。彦卿等拥万余骑横击契丹，呼声动天地，契丹大败而走，势如崩山。李守贞亦令步兵尽拔鹿角出斗，步骑俱进，逐北二十余里。铁鹞既下马，苍皇不能复上，皆委弃马及铠仗蔽地。

契丹散卒至阳城东南水上，稍复布列。杜威曰："贼已破胆，不宜更令成列！"遣精骑击之，皆渡水去。契丹主乘奚车走十余里，追兵急，获一橐驼，乘之而走。诸将请急追之。杜威扬言曰："逢贼幸不死，更索衣囊邪？"李守贞曰："两日人马渴甚，今得水饮之，皆足重，难以追寇，不若全军而还。"乃退保定州。

契丹主至幽州，散兵稍集；以军失利，杖其酋长各数百，唯赵延寿得免。

乙丑，诸军自定州引归。诏以泰州隶定州。

【注释】

①"闽主延政以为将"句：当时王延政已立国为殷，故当称"殷主延政"。下文"浦城人陈继珣，亦叛闽主延政奔福州"句同此。 ②仁达潜入福州：一本此句下有"与继珣"三字。 ③鹿角：用砍倒的树构成的形似鹿角的障碍物。一般设置在野外营地四周和衙门前。 ④铁鹞：契丹称其披甲的精锐骑兵为铁鹞。因其驰突轻疾，像鹞子搏鸟雀，故称。 ⑤束首就擒：一本"首"作"手"，是。 ⑥回鞚（kòng 控）：调转马头。鞚，马勒。

夏，四月，辛巳，帝发澶州；甲申，还大梁。

己丑，复以邺都为天雄军[1]。

闽张汉真至福州，攻其东关。黄仁讽闻其家夷灭，开门力战，大破闽兵，执汉真，入城，斩之。

卓岩明无他方略，但于殿上噀水散豆[②]，作诸法事而已。又遣使迎其父于莆田，尊为太上皇。

李仁达既立岩明，自判六军诸卫事，使黄仁讽屯西门，陈继珣屯北门。仁讽从容谓继珣曰："人之所以为人，以有忠、信、仁、义也。吾顷尝有功于富沙，中间叛之，非忠也；人以从子托我而与人杀之[③]，非信也；属者与建兵战，所杀皆乡曲故人，非仁也；弃妻子，使人鱼肉之，非义也。此身十沉九浮，死有余愧！"因拊膺恸哭。继珣曰："大丈夫徇功名，何顾妻子！宜置此事，勿以取祸。"仁达闻之，使人告仁讽、继珣谋反，皆杀之。由是兵权尽归仁达。

五月，丙申朔，大赦。

顺国节度使杜威，久镇恒州，性贪残，自恃贵戚[④]，多不法。每以备边为名，敛吏民钱帛以充私藏。富室有珍货或名姝、骏马，皆虏取之；或诬以罪杀之，籍没其家。又畏懦过甚，每契丹数十骑入境，威已闭门登陴；或数骑驱所掠华人千百过城下，威但瞋目延颈望之，无意邀取。由是虏无所忌惮，属城多为所屠，威竟不出一卒救之，千里之间，暴骨如莽，村落殆尽。

威见所部残弊，为众所怨，又畏契丹之强，累表请入朝，帝不许；威不俟报，遽委镇入朝，朝廷闻之，惊骇。桑维翰言于帝曰："威固违朝命，擅离边镇。居常凭恃勋亲，邀求姑息，及疆埸多事[⑤]，曾无守御之意；宜因此时废之，庶无后患。"帝不悦。维翰曰："陛下不忍废之，宜授以近京小镇，勿复委以雄藩。"帝曰："威，朕之密亲，必无异志；但宋国长公主切欲相见耳，公勿以为疑！"维翰自是不敢复言国事，以足疾辞位。丙辰，威至大梁。

丁巳，李仁达大阅战士，请卓岩明临视。仁达阴教军士突前登阶，刺杀岩明。仁达阳惊，狼狈而走；军士共执仁达，使居岩明之坐。仁达乃自称威武留后，用"保大"年号[⑥]，奉表称藩于唐，亦遣使入贡于晋；并杀岩明之父。唐以仁达为威武节度使、同平章事，赐名弘义，编之属籍。弘义又遣使修好于吴越。

己未，杜威献部曲步骑合四千人并铠仗，庚申，又献粟十万斛、刍二十万束，云皆在本道。帝以其所献骑兵隶扈圣，步兵隶护国，威复请以为衙队，而廪赐皆仰县官。威又令公主白帝，求天雄节钺,帝许之。

唐兵围建州,屡破泉州兵[7]。许文稹败唐兵于汀州,执其将时厚卿。

六月,癸酉,以杜威为天雄节度使。

契丹连岁入寇[8],中国疲于奔命,边民涂地;契丹人畜亦多死,国人厌苦之。述律太后谓契丹主曰:"使汉人为胡主,可乎?"曰:"不可。"太后曰:"然则汝何故欲为汉主?"曰:"石氏负恩,不可容。"太后曰:"汝今虽得汉地,不能居也;万一蹉跌,悔何所及!"又谓其群下曰:"汉儿何得一向眠! 自古但闻汉和蕃,未闻蕃和汉。汉儿果能回意,我亦何惜与和!"

桑维翰屡劝帝复请和于契丹以纾国患,帝假开封军将张晖供奉官,使奉表称臣诣契丹,卑辞谢过。契丹主曰:"使景延广、桑维翰自来,仍割镇、定两道隶我,则可和。"朝廷以契丹语忿,谓其无和意,乃止。及契丹主入大梁,谓李崧等曰:"向使晋使再来,则南北不战矣。"

秋,七月,闽人或告福州援兵谋叛,闽主延政收其铠仗,遣还,伏兵于隘,尽杀之,死者八千余人,脯其肉以归为食。

唐边镐拔镡州,查文徽之党魏岑、冯延巳、延鲁以师出有功,皆踊跃赞成之。征求供亿,府库为之耗竭,洪、饶、抚、信之民尤苦之。

延政遣使奉表称臣于吴越,请为附庸以求救。

楚王希范疑静江节度使兼侍中、知朗州希杲得人心,遣人伺之。希杲惧,称疾求归,不许;遣医往视疾,因毒杀之。

【注释】

①"复以邺都为天雄军"句:罢天雄军在后唐庄宗同光元年,即923年。 ②噀(xùn 迅):口含水而喷出为噀,是为厌胜而作的一种法事。 ③从子:指闽主王延政的侄子王继昌。 ④自恃贵戚:杜威是后晋高祖石敬瑭妹妹宋国长公主的夫婿。 ⑤疆埸(yì 易):疆界。 ⑥用"保大"年号:保大为南唐中宗李璟的年号,是年为保大三年,即945年。 ⑦泉州兵:即由董思安、王忠顺所率领的来支援建州的泉州兵。 ⑧连岁入寇:契丹入寇自去年(944)正月攻陷贝州始。

资治通鉴卷第二百八十五

后晋纪六 起旃蒙大荒落八月，尽柔兆敦牂，凡一年有奇。

齐 王 下

开运二年 八月，甲子朔，日有食之。

丙寅，右仆射兼中书侍郎、同平章事和凝罢守本官[①]；加枢密使、户部尚书冯玉中书侍郎、同平章事，事无大小，悉以委之。

帝自阳城之捷[②]，谓天下无虞，骄侈益甚。四方贡献珍奇，皆归内府；多造器玩，广宫室，崇饰后庭，近朝莫之及；作织锦楼以织地衣，用织工数百，期年乃成；又赏赐优伶无度。桑维翰谏曰："向者陛下亲御胡寇，战士重伤者，赏不过帛数端。今优人一谈一笑称旨，往往赐束帛、万钱、锦袍、银带，彼战士见之，能不觖望，曰：'我曹冒白刃，绝筋折骨，曾不如一谈一笑之功乎！'如此，则士卒解体，陛下谁与卫社稷乎！"帝不听。

冯玉每善承迎帝意，由是益有宠。尝有疾在家，帝谓诸宰相曰："自刺史以上，俟冯玉出乃得除。"其倚任如此。玉乘势弄权，四方赂遗，辐辏其门。由是朝政益坏。

唐兵围建州既久[③]，建人离心。或谓董思安："宜早择去就。"思安曰："吾世事王氏[④]，危而叛之，天下其谁容我！"众感其言，无叛者。

丁亥，唐先锋桥道使上元王建封先登[⑤]，遂克建州，闽主延政降[⑥]。王忠顺战死，董思安整众奔泉州。

初,唐兵之来,建人苦王氏之乱与杨思恭之重敛,争伐木开道以迎之。及破建州,纵兵大掠,焚宫室庐舍俱尽;是夕,寒雨,冻死者相枕,建人失望。唐主以其有功,皆不问。

汉主杀韶王弘雅[7]。

九月,许文稹以汀州[8],王继勋以泉州,王继成以漳州,皆降于唐。唐置永安军于建州。

丙申,以西京留守兼侍中景延广充北面行营副招讨使。

殿中监王钦祚权知恒州事[9]。会乏军储,诏钦祚括籴民粟。杜威有粟十余万斛在恒州,钦祚举籍以闻。威大怒,表称:"臣有何罪,钦祚籍没臣粟!"朝廷为之召钦祚还,仍厚赐威以慰安之。

戊申,置威信军于曹州。

遣侍卫马步都指挥使李守贞戍澶州。

乙卯,遣彰德节度使张彦泽戍恒州。

汉主杀刘思潮、林少强、林少良、何昌廷。以左仆射王翻尝与高祖谋立弘昌,出为英州刺史[10],未至,赐死。内外皆惧不自保。

【注释】

①和凝:五代大臣。字成绩,须昌(今山东东平县)人。后梁进士。历仕后晋、后汉、后周三朝,官至左仆射、太子太傅,封鲁国公。 ②阳城之捷:指此前后晋在阳城(今河南登封市东南)打败契丹。 ③建州:州名。治所在今福建建瓯市。 ④王氏:指闽国王氏政权。 ⑤上元:县名。在今江苏南京市。 ⑥(王)延政:五代时闽国国君,王审知子。943—945年在位。建州陷落后,被迫迁至金陵(今江苏南京市),后数年卒,谥恭懿王,史称天德帝。 ⑦韶王弘雅:南汉主刘晟的弟弟。 ⑧汀州:州名。治所在今福建长汀县。 ⑨殿中监:官名。唐时为殿中省长官,管理皇帝生活起居事务。 ⑩英州:州名。治所在今广东英德市。

冬,十月,癸巳,置镇安军于陈州。

唐元敬宋太后殂。

王延政至金陵,唐主以为羽林大将军[1]。斩杨思恭以谢建人。以百胜节度使王崇文为永安节度使。崇文治以宽简,建人遂安。

初,高丽王建用兵吞灭邻国,颇强大,因胡僧袜啰言于高祖曰:“勃海,我婚姻也,其王为契丹所虏,请与朝廷共击取之。”高祖不报。及帝与契丹为仇,袜啰复言之。帝欲使高丽扰契丹东边以分其兵势;会建卒,子武自称权知国事,上表告丧;十一月,戊戌,以武为大义军使、高丽王,遣通事舍人郭仁遇使其国[②],谕指使击契丹。仁遇至其国,见其兵极弱,向者袜啰之言,特建为夸诞耳,实不敢与契丹为敌。仁遇还,武更以他故为解。

乙卯,吴越王弘佐诛内都监使杜昭达,己未,诛内牙上统军使明州刺史阚璠。

昭达,建徽之孙也[③],与璠皆好货。钱塘富人程昭悦以货结二人,得侍弘佐左右。昭悦为人狡佞,王悦之,宠待逾于旧将,璠不能平;昭悦知之,诣璠顿首谢罪,璠责让久之,乃曰:“吾始者决欲杀汝;今既悔过,吾亦释然。”昭悦惧,谋去璠。

璠专而愎,国人恶之者众。昭悦欲出璠于外,恐璠觉之,私谓右统军使胡进思曰:“今欲除公及璠各为本州,使璠不疑,可乎?”进思许之,乃以璠为明州刺史,进思为湖州刺史。璠怒曰:“出我于外,是弃我也。”进思曰:“老兵得大州,幸矣;不行何为!”璠乃受命。既而复以他故留进思。

内外马步都统军使钱仁俊母,杜昭达之姑也。昭悦因谮璠、昭达谋奉仁俊作乱,下狱锻炼成之[④]。璠、昭达既诛,夺仁俊官,幽于东府[⑤]。于是昭悦治阚、杜之党,凡权任与己侔,意所忌者,诛放百余人,国人畏之侧目。胡进思重厚寡言,昭悦以为戆,故独存之。

昭悦收仁俊故吏慎温其,使证仁俊之罪,拷掠备至。温其坚守不屈;弘佐嘉之,擢为国官。温其,衢州人也[⑥]。

十二月,乙丑,加吴越王弘佐东南面兵马都元帅。

辛未,以前中书舍人广晋殷鹏为给事中、枢密直学士[⑦]。鹏,冯玉之党也;朝廷每有迁除,玉皆与鹏议之。由是请谒赂遗,充满其门。

初,帝疾未平,会正旦,枢密使、中书令桑维翰遣女仆入宫起居太后[⑧],因问:“皇弟睿近读书否[⑨]?”帝闻之,以告冯玉,玉因谮维翰有废立之志;帝疑之。

李守贞素恶维翰，冯玉、李彦韬与守贞合谋排之；以中书令行开封尹赵莹柔而易制，共荐以代维翰。丁亥，罢维翰政事，为开封尹；以莹为中书令，李崧为枢密使、守侍中。维翰遂称足疾，希复朝谒，杜绝宾客。

或谓冯玉曰："桑公元老，今既解其枢务，纵不留之相位，犹当优以大藩，奈何使之尹京，亲猥细之务乎?"玉曰："恐其反耳。"曰："儒生安能反!"玉曰："纵不自反，恐其教人耳。"

楚湘阴处士戴偃，为诗多讥刺，楚王希范囚之；天策副都军使丁思瑾上书切谏，希范削其官爵。

唐齐王景达府属谢仲宣言于景达曰："宋齐丘，先帝布衣之交[⑩]，今弃之草莱，不厌众心。"景达为之言于唐主曰："齐丘宿望，勿用可也，何必弃之以为名!"唐主乃使景达自至青阳召之。

【注释】

①羽林：皇帝卫军。唐时设左、右羽林卫，置有大将军、将军等官。 ②通事舍人：官名。掌朝见司仪、承旨传宣等事。 ③(杜)建徽：吴越丞相。新城(今浙江杭州市富阳区)人，字延光。少强勇，有大志，跟随钱镠征伐，累立大功。从武安都将累迁至昭化军节度使、吴越国丞相。 ④锻炼：罗织罪名。 ⑤东府：唐五代时设枢密院，与中书同掌政军大权，东府为宰相、中书所居。 ⑥衢州：州名。治所在今浙江衢州市。 ⑦广晋：府名。治所在今河北大名县东北。枢密直学士：官名。五代时为皇帝侍从，备顾问应对。 ⑧枢密使：官名。枢密院长官，五代时位比宰相，与宰相分掌朝政。 ⑨皇弟睿：即石重睿。因避后晋出帝石重贵的讳，去"重"字。 ⑩先帝：指南唐建立者李昪。

三年 春，正月，以齐丘为太傅兼中书令，但奉朝请[①]，不预政事。以昭武节度使李建勋为右仆射兼门下侍郎，与中书侍郎冯延巳皆同平章事。建勋练习吏事，而懦怯少断；延巳工文辞，而狡佞，喜大言，多树朋党。水部郎中高越[②]，上书指延巳兄弟过恶，唐主怒，贬越蕲州司士[③]。

初，唐主置宣政院于禁中，以翰林学士、给事中常梦锡领之，专典机密，与中书侍郎严续皆忠直无私。唐主谓梦锡曰："大臣惟严续中立，然无才，恐不胜其党，卿宜左右之。"未几，梦锡罢宣政院，续亦出为池州观察使[4]。梦锡于是移疾纵酒，不复预朝廷事。续，可求之子也[5]。

二月，壬戌朔，日有食之。

晋昌节度使兼侍中赵在礼，更历十镇[6]，所至贪暴，家赀为诸帅之最。帝利其富，三月，庚申，为皇子镇宁节度使延煦娶其女。在礼自费缗钱十万，县官之费[7]，数倍过之。延煦及弟延宝，皆高祖诸孙，帝养以为子。

唐泉州刺史王继勋致书修好于威武节度使李弘义。弘义以泉州故隶威武军，怒其抗礼，夏，四月，遣弟弘通将兵万人伐之。

初，朔方节度使冯晖在灵州[8]，留党项酋长拓跋彦超于州下[9]，故诸部不敢为寇；及将罢镇而纵之。

前彰武节度使王令温代晖镇朔方，不存抚羌、胡，以中国法绳之。羌、胡怨怒，竞为寇钞。拓跋彦超、石存、也厮褒三族，共攻灵州，杀令温弟令周。戊午[10]，令温上表告急。

泉州都指挥使留从效谓刺史王继勋曰："李弘通兵势甚盛，士卒以使君赏罚不当，莫肯力战，使君宜避位自省！"乃废继勋归私第，代领军府事，勒兵击李弘通，大破之。表闻于唐，唐主以从效为泉州刺史，召继勋还金陵，遣将将兵戍泉州。徙漳州刺史王继成为和州刺史，汀州刺史许文稹为蕲州刺史。

定州西北二百里有狼山[11]，土人筑堡于山上以避胡寇。堡中有佛舍，尼孙深意居之，以妖术惑众，言事颇验，远近信奉之。中山人孙方简及弟行友，自言深意之侄，不饮酒食肉，事深意甚谨。深意卒，方简嗣行其术，称深意坐化，严饰，事之如生，其徒日滋。

会晋与契丹绝好，北边赋役烦重，寇盗充斥，民不安其业。方简、行友因帅乡里豪健者，据寺为寨以自保。契丹入寇，方简帅众邀击，颇获其甲兵、牛马、军资，人挈家往依之者日益众。久之，至千余家，遂为群盗。惧为吏所讨，乃归款朝廷。朝廷亦资其御寇，署东北招收指挥使。

方简时入契丹境钞掠，多所杀获。既而邀求不已，朝廷小不副其意，则举寨降于契丹，请为乡道以入寇[12]。时河北大饥，民饿死者所在以万数，兖、郓、沧、贝之间，盗贼蜂起，吏不能禁。

天雄节度使杜威遣元随军将刘延翰市马于边，方简执之，献于契丹。延翰逃归，六月，壬戌，至大梁，言"方简欲乘中国凶饥，引契丹入寇，宜为之备"。

初，朔方节度使冯晖在灵武，得羌、胡心，市马期年，得五千匹，朝廷忌之，徙镇邠州及陕州[13]，入为侍卫步军都指挥使、领河阳节度使。晖知朝廷之意，悔离灵武，乃厚事冯玉、李彦韬，求复镇灵州。朝廷亦以羌、胡方扰，丙寅，复以晖为朔方节度使，将关西兵击羌、胡；以威州刺史药元福为行营马步军都指挥使[14]。

乙丑，定州言契丹勒兵压境。诏以天平节度使、侍卫马步都指挥使李守贞为北面行营都部署，义成节度使皇甫遇副之；彰德节度使张彦泽充马军都指挥使兼都虞候，义武节度使蓟人李殷充步军都指挥使兼都排陈使；遣护圣指挥使临清王彦超、太原白延遇以部兵十营诣邢州。时马军都指挥使、镇安节度使李彦韬方用事，视守贞蔑如也。守贞在外所为，事无大小，彦韬必知之，守贞外虽敬奉而内恨之。

初，唐人既克建州，欲乘胜取福州，唐主不许。枢密使陈觉请自往说李弘义，必令入朝。宋齐丘荐觉才辩，可不烦寸刃，坐致弘义。唐主乃拜弘义母、妻皆为国夫人，四弟皆迁官，以觉为福州宣谕使，厚赐弘义金帛。弘义知其谋，见觉，辞色甚倨，待之疏薄；觉不敢言入朝事而还。

【注释】

①奉朝请：古代诸侯春季朝见天子叫朝，秋季朝见叫请。合指大臣朝见皇上。　②水部郎中：官名。五代时为工部水部曹长官。水部，管理水道工程、舟楫桥梁、漕运政令的机构。　③司士：官名。地方官的属员。唐五代时在府称士曹参军，在州称司士参军，在县称司士，主管地方河津、营造、桥梁建筑等事。　④池州：州名。治所在今安徽池州市。⑤（严）可求：五代吴大臣。同州（今陕西大荔县）人。少时通敏有心计，初为杨行密幕僚。烈祖杨渥死后，右牙指挥使张颢欲杀杨隆演自立，他用计阻止，奉杨隆演嗣位。后来又和徐温杀掉张颢。官终左仆射。⑥十镇：十镇分别为邺都、义成、横海、泰宁、匡国、天平、忠武、武宁、归

德、晋昌。 ⑦县官:这里指皇帝。 ⑧灵州:州名。治所在今宁夏灵武市。 ⑨党项:古族名。羌人的一支,唐时居住在甘肃、宁夏一带。后北宋时建立西夏。 ⑩戊午:此处误。四月无此日。 ⑪定州:州名。治所在今河北定州市。狼山:山名。即今内蒙古杭锦后旗西北狼山。 ⑫乡道:即"向导"。 ⑬邠州:州名。治所在今陕西彬县。 ⑭威州:州名。唐大中三年(849)以安乐州改名,治所即今宁夏同心县东北韦州。

秋,七月,河决杨刘[①],西入莘县,广四十里,自朝城北流[②]。

有自幽州来者,言赵延寿有意归国[③];枢密使李崧、冯玉信之,命天雄节度使杜威致书于延寿,具述朝旨,啖以厚利,洛州军将赵行实尝事延寿,遣赍书潜往遗之。延寿复书言:"久处异域,思归中国。乞发大军应接,拔身南去。"辞旨恳密。朝廷欣然,复遣行实诣延寿,与为期约。

八月,李守贞言:"与契丹千余骑遇于长城北[④],转斗四十里,斩其酋帅解里,拥余众入水溺死者甚众。"丁卯,诏李守贞还屯澶州。

帝既与契丹绝好,数召吐谷浑酋长白承福入朝[⑤],宴赐甚厚。承福从帝与契丹战澶州,又与张从恩戍滑州。属岁大热,遣其部落还太原,畜牧于岚、石之境。部落多犯法,刘知远无所纵舍;部落知朝廷微弱,且畏知远之严,谋相与遁归故地。有白可久者,位亚承福,帅所部先亡归契丹,契丹用为云州观察使,以诱承福。

知远与郭威谋曰:"今天下多事,置此属于太原,乃腹心之疾也,不如去之。"承福家甚富,饲马用银槽。威劝知远诛之,收其货以赡军。知远密表:"吐谷浑反覆难保,请迁于内地。"帝遣使发其部落千九百人,分置河阳及诸州。知远遣威诱承福等入居太原城中,因诬承福等五族谋叛,以兵围而杀之,合四百口,籍没其家赀。诏褒赏之,吐谷浑由是遂微。

濮州刺史慕容彦超坐违法科敛,擅取官麦五百斛造曲,赋与部民。李彦韬素与彦超有隙,发其事,罪应死。彦韬趣冯玉使杀之,刘知远上表论救。李崧曰:"如彦超之罪,今天下藩侯皆有之。若尽其法,恐人人不自安。"甲戌,敕免彦超死,削官爵,流房州[⑥]。

唐陈觉自福州还，至剑州[7]，耻无功，矫诏使侍卫官顾忠召弘义入朝[8]，自称权福州军府事，擅发汀、建、抚、信州兵及戍卒，命建州监军使冯延鲁将之[9]，趣福州迎弘义。延鲁先遗弘义书，谕以祸福。弘义复书请战，遣楼船指挥使杨崇保将州师拒之。觉以剑州刺史陈诲为缘江战棹指挥使，表："福州孤危，旦夕可克。"唐主以觉专命，甚怒；群臣多言："兵已傅城下，不可中止，当发兵助之。"

丁丑，觉、延鲁败杨崇保于候官，戊寅，乘胜进攻福州西关。弘义出击，大破之，执唐左神威指挥使杨匡邺。

唐主以永安节度使王崇文为东南面都招讨使，以漳泉安抚使、谏议大夫魏岑为东面监军使，延鲁为南面监军使，会兵攻福州，克其外郭。弘义固守第二城。

冯晖引兵过旱海[10]，至辉德[11]，糗粮已尽。拓跋彦超众数万，为三陈，扼要路，据水泉以待之。军中大惧。晖以赂求和于彦超，彦超许之。自旦至日中，使者往返数四，兵未解。药元福曰："虏知我饥渴，阳许和以困我耳；若至暮，则吾辈成擒矣。今虏虽众，精兵不多，依西山而陈者是也。其余步卒，不足为患。请公严陈以待我，我以精骑先犯西山兵，小胜则举黄旗，大军合势击之，破之必矣。"乃帅骑先进，用短兵力战。彦超小却，元福举黄旗，晖引兵赴之，彦超大败。明日，晖入灵州。

【注释】

①杨刘：镇名。在今山东东阿县东北古黄河南岸。 ②朝城：县名。在今山东莘县西南朝城。 ③赵延寿（？—948）：本姓刘，认幽州将赵德钧为父，改姓赵。仕后唐为枢密使，后兵败降契丹，屡带兵南侵。官至大丞相、枢密使。后病死契丹。 ④长城：这里指战国时燕所筑长城，在涿州（今河北涿州市）固安县南。 ⑤吐谷（tǔyù 土浴）浑：古族名。鲜卑族的一支，本居辽东，魏晋时西迁至甘肃、青海间，唐五代时渐渐衰落。 ⑥房州：州名。治所在今湖北房县。 ⑦剑州：州名。治所在今福建南平市。 ⑧侍卫官：皇帝的宿卫侍从官员。 ⑨监军使：官名。诸道方镇监军使院长官，掌监视刑赏，奏察违谬。 ⑩旱海：地名。在今宁夏灵武市东南。因系沙漠，地域辽阔，俗称为旱海。 ⑪辉德：地名。在今宁夏灵武市南。

九月，契丹三万寇河东；壬辰，刘知远败之于阳武谷[①]，斩首七千级。

汉刘思潮等既死，陈道庠内不自安。特进邓伸遗之《汉纪》[②]，道庠问其故，伸曰："憨獠！此书有诛韩信、醢彭越事[③]，宜审读之！"汉主闻之，族道庠及伸。

李弘义自称威武留后，更名弘达，奉表请命于晋；甲午，以弘达为威武节度使、同平章事，知闽国事。

张彦泽奏败契丹于定州北，又败之于泰州，斩首二千级。

辛丑，福州排陈使马捷引唐兵自马牧山拔寨而入[④]，至善化门桥，都指挥使丁彦贞以兵百人拒之。弘达退保善化门，外城再重皆为唐兵所据。弘达更名达，遣使奉表称臣，乞师于吴越。

楚王希范知帝好奢靡，屡以珍玩为献，求都元帅；甲辰，以希范为诸道兵马都元帅。

丙辰，河决澶州临黄[⑤]。

契丹使瀛州刺史刘延祚遗乐寿监军王峦书[⑥]，请举城内附。且云："城中契丹兵不满千人，乞朝廷发轻兵袭之，己为内应。又，今秋多雨，自瓦桥以北，积水无际，契丹主已归牙帐[⑦]，虽闻关南有变，地远阻水，不能救也。"峦与天雄节度使兼中书令杜威屡奏瀛、莫乘此可取，深州刺史慕容迁献《瀛莫图》。冯玉、李崧信以为然，欲发大兵迎赵延寿及延祚。

先是，侍卫马步都指挥使、天平节度使李守贞数将兵过广晋，杜威厚待之，赠金帛甲兵，动以万计；守贞由是与威亲善。守贞入朝，帝劳之曰："闻卿为将，常费私财以赏战士。"对曰："此皆杜威尽忠于国，以金帛资臣，臣安敢掠有其美！"因言："陛下若他日用兵，臣愿与威戮力以清沙漠。"帝由是亦贤之。

及将北征，帝与冯玉、李崧议，以威为元帅，守贞副之。赵莹私谓冯、李曰："杜令国戚[⑧]，贵为将相，而所欲未厌，心常慊慊，岂可复假以兵权！必若有事北方，不若止任守贞为愈也。"不从。冬，十月，辛未，以威为北面行营都招讨使，以守贞为兵马都监，泰宁节度使安审琦为左右厢都指挥使，武宁节度使符彦卿为马军左厢都指挥使，义成节度使皇甫遇为马军右厢都指挥使，永清节度使梁汉璋为马军都排陈使，前威胜节度使宋彦筠为步军左厢都指挥使，奉国左厢都指挥使王饶为步军右厢都指挥使，洺州团练使薛怀让为先锋都指挥使。仍下敕榜曰："专发大军，往平黠虏。先取瀛、莫，安定关南；次复幽燕，荡平塞北。"又曰："有擒获虏主者，除上镇节度使，赏钱万缗，绢万匹，银万两。"时自六月积雨，至是未止，军行及馈运者甚艰苦。

唐漳州将林赞尧作乱，杀监军使周承义、剑州刺史陈诲。泉州刺史留从效举兵逐赞尧，以泉州裨将董思安权知漳州。唐主以思安为漳州刺史，思安辞以父名章。唐主改漳州为南州，命思安及留从效将州兵会攻福州。庚辰，围之。

福州使者至钱塘，吴越王弘佐召诸将谋之，皆曰："道险远，难救。"惟内都监使临安水丘昭券以为当救。弘佐曰："唇亡齿寒，吾为天下元帅[9]，曾不能救邻道，将安用之！诸君但乐饱身安坐邪！"壬午，遣统军张筠、赵承泰将兵三万，水陆救福州。

先是募兵，久无应者，弘佐命纠之，曰："纠而为兵者，粮赐减半。"明日，应募者云集。弘佐命昭券专掌用兵，昭券惮程昭悦，以用兵事让之。弘佐命昭悦掌应援馈运事，而以军谋委元德昭。德昭，危仔倡之子也[10]。

弘佐议铸铁钱以益将士禄赐，其弟牙内都虞候弘亿谏曰："铸铁钱有八害：新钱既行，旧钱皆流入邻国，一也；可用于吾国而不可用于他国，则商贾不行，百货不通，二也；铜禁至严，民犹盗铸，况家有铛釜[11]，野有铧犁，犯法必多，三也；闽人铸铁钱而乱亡，不足为法，四也；国用幸丰而自示空乏，五也；禄赐有常而无故益之以启无厌之心，六也；法变而弊，不可遽复，七也；'钱'者国姓，易之不祥，八也。"弘佐乃止。

【注释】

①阳武谷：地名。在今山西原平市西北阳武村。　②特进：官名。西汉时始置，赐给对朝廷有特殊功勋的人，位在三公之下。魏晋时沿袭，为加官，隋唐五代时改为散官。　③醢（hǎi 海）：将人剁成肉酱的暴刑。　④马牧山：山名。在今福建福州市越王山西麓。　⑤临黄：县名。在今河南范县西南临黄集。　⑥乐寿：县名。在今河北献县西南。

⑦牙帐:将帅的军帐。将帅在军帐之前常树立以象牙为饰的大旗,故称军帐为牙帐。 ⑧杜令:即杜威。令,令公,隋唐五代时对任中书令的人的称呼。当时杜威兼任中书令。国戚:杜威的妻子是后晋高祖的妹妹宋国长公主。 ⑨吾为天下元帅:开运三年(946)三月,后晋授钱弘佐东南面兵马都元帅。 ⑩危仔倡:唐末南越(今江西南城县)人。唐末江淮大乱,他从其兄聚丁众,立壁垒,乡里安集,遂据有地盘。朝廷因之授官,历任虔州防御使、信州刺史,后归吴越。其子德昭也仕吴越,吴越王钱镠赐姓元,官至宰相。 ⑪铛(dāng 当):釜属,温器。釜(fǔ 府):一种锅。

杜威、李守贞会兵于广晋而北行。威屡使公主入奏,请益兵,曰:"今深入虏境,必资众力。"由是禁军皆在其麾下,而宿卫空虚。

十一月,丁酉,以李守贞权知幽州行府事。

己亥,杜威等至瀛州,城门洞启,寂若无人,威等不敢进。闻契丹将高谟翰先已引兵潜出,威遣梁汉璋将二千骑追之,遇契丹于南阳务,败死。威等闻之,引兵而南。时束城等数县请降[①],威等焚其庐舍,掠其妇女而还。

己酉,吴越兵至福州,自罾浦南潜入州城[②]。唐兵进据东武门,李达与吴越兵共御之,不利。自是内外断绝,城中益危。

唐主遣信州刺史王建封助攻福州。时王崇文虽为元帅,而陈觉、冯延鲁、魏岑争用事,留从效、王建封倔强不用命,各争功,进退不相应。由是将士皆解体,故攻城不克。

唐主以江州观察使杜昌业为吏部尚书[③],判省事[④]。先是昌业自兵部尚书判省事,出江州,及还,阅簿籍,抚案叹曰:"未数年,而所耗者半,其能久乎!"

南唐永通泉货

契丹主大举入寇,自易、定趣恒州。杜威等至武强,闻之,将自贝、冀而南。

彰德节度使张彦泽时在恒州，引兵会之，言契丹可破之状；威等复趣恒州，以彦泽为前锋。甲寅，威等至中度桥[⑤]，契丹已据桥，彦泽帅骑争之，契丹焚桥而退。晋兵与契丹夹滹沱而军。

始，契丹见晋军大至，又争桥不胜，恐晋军急渡滹沱，与恒州合势击之，议引兵还。及闻晋军筑垒为持久之计，遂不去。

蜀施州刺史田行皋叛，遣供奉官耿彦珣将兵讨之。

杜威虽以贵戚为上将，性懦怯。偏裨皆节度使，但日相承迎，置酒作乐，罕议军事。

磁州刺史兼北面转运使李谷说威及李守贞曰："今大军去恒州咫尺，烟火相望。若多以三股木置水中[⑥]，积薪布土其上，桥可立成。密约城中举火相应，夜募将士斫虏营而入，表里合势，虏必遁逃。"诸将皆以为然，独杜威不可，遣谷南至怀、孟督军粮。

契丹以大兵当晋军之前，潜遣其将萧翰、通事刘重进将百骑及羸卒[⑦]，并西山出晋军之后，断晋粮道及归路。樵采者遇之，尽为所掠；有逸归者，皆称虏众之盛，军中恟惧。翰等至栾城，城中戍兵千余人，不觉其至，狼狈降之。契丹获晋民，皆黥其面曰"奉敕不杀"，纵之南走；运夫在道遇之，皆弃车惊溃。翰，契丹主之舅也。

十二月，丁巳朔，李谷自书密奏，具言大军危急之势，请车驾幸滑州，遣高行周、符彦卿扈从，及发兵守澶州、河阳以备虏之奔冲；遣军将关勋走马上之。

己未，帝始闻大军屯中度；是夕，关勋至。庚申，杜威奏请益兵，诏悉发守宫禁者得数百人，赴之。又诏发河北及滑、孟、泽、潞刍粮五十万诣军前；督迫严急，所在鼎沸。辛酉，威又遣从者张祚等来告急，祚等还，为契丹所获，自是朝廷与军前声问两不相通。

时宿卫兵皆在行营，人心懔懔，莫知为计。开封尹桑维翰，以国家危在旦夕，求见帝言事；帝方在苑中调鹰，辞不见。又诣执政言之，执政不以为然。退，谓所亲曰："晋氏不血食矣[⑧]！"

帝欲自将北征，李彦韬谏而止。时符彦卿虽任行营职事，帝留之，使戍荆州口。壬戌，诏以归德节度使高行周为北面都部署，以彦卿副之，共戍澶州；以西京留守景延广戍河阳，且张形势。

奉国都指挥使王清言于杜威曰:"今大军去恒州五里,守此何为!营孤食尽,势将自溃。请以步卒二千为前锋;夺桥开道,公帅诸军继之;得入恒州,则无忧矣。"威许诺,遣清与宋彦筠俱进。清战甚锐,契丹不能支,势小却;诸将请以大军继之,威不许。彦筠为契丹所败,浮水抵岸得免。清独帅麾下陈于水北力战,互有杀伤,屡请救于威,威竟不遣一骑助之。清谓其众曰:"上将握兵,坐观吾辈困急而不救,此必有异志。吾辈当以死报国耳!"众感其言,莫有退者,至暮,战不息。契丹以新兵继之,清及士众尽死。由是诸军皆夺气。清,洺州人也。

甲子,契丹遥以兵环晋营,内外断绝,军中食且尽。杜威与李守贞、宋彦筠谋降契丹。威潜遣腹心诣契丹牙帐,邀求重赏。契丹主绐之曰:"赵延寿威望素浅,恐不能帝中国。汝果降者,当以汝为之。"威喜,遂定降计。丙寅,伏甲召诸将,出降表示之,使署名。诸将骇愕,莫敢言者,但唯唯听命。威遣阁门使高勋赍诣契丹[9],契丹主赐诏慰纳之。是日,威悉命军士出陈于外,军士皆踊跃,以为且战,威亲谕之曰:"今食尽涂穷,当与汝曹共求生计。"因命释甲。军士皆恸哭,声振原野。威、守贞仍于众中扬言:"主上失德,信任奸邪,猜忌于己。"闻者无不切齿。契丹主遣赵延寿衣赭袍至晋营慰抚士卒,曰:"彼皆汝物也。"杜威以下,皆迎谒于马前;亦以赭袍衣威以示晋军,其实皆戏之耳。以威为太傅,李守贞为司徒。

威引契丹主至恒州城下,谕顺国节度使王周以已降之状,周亦出降。戊辰,契丹主入恒州。遣兵袭代州[10],刺史王晖以城降之。

先是契丹屡攻易州[11],刺史郭璘固守拒之。契丹主每过城下,指而叹曰:"吾能吞并天下,而为此人所扼!"及杜威既降,契丹主遣通事耿崇美至易州,诱谕其众,众皆降;璘不能制,遂为崇美所杀。璘,邢州人也。

义武节度使李殷,安国留后方太,皆降于契丹。契丹主以孙方简为义武节度使,麻答为安国节度使[12],以客省副使马崇祚权知恒州事。

契丹翰林承旨、吏部尚书张砺言于契丹主曰："今大辽已得天下[13]，中国将相宜用中国人为之，不宜用北人及左右近习。苟政令乖失，则人心不服，虽得之，犹将失之。"契丹主不从。

引兵自邢、相而南，杜威将降兵以从。遣张彦泽将二千骑先取大梁，且抚安吏民，以通事傅住儿为都监。

杜威之降也，皇甫遇初不预谋[14]。契丹主欲遣遇先将兵入大梁，遇辞；退，谓所亲曰："吾位为将相，败不能死，忍复图其主乎！"至平棘[15]，谓从者曰："吾不食累日矣，何面目复南行！"遂扼吭而死。

张彦泽倍道疾驱，夜渡白马津[16]。壬申，帝始闻杜威等降；是夕，又闻彦泽至滑州，召李崧、冯玉、李彦韬入禁中计事，欲诏刘知远发兵入援。癸酉，未明，彦泽自封丘门斩关而入，李彦韬帅禁兵五百赴之，不能遏。彦泽顿兵明德门外[17]，城中大扰。

帝于宫中起火，自携剑驱后宫十余人将赴火，为亲军将薛超所持。俄而彦泽自宽仁门传契丹主与太后书慰抚之[18]，且召桑维翰、景延广，帝乃命灭火，悉开宫城门。帝坐苑中，与后妃相聚而泣，召翰林学士范质草降表，自称"孙男臣重贵，祸至神惑，运尽天亡。今与太后及妻冯氏，举族于郊野面缚待罪次。遣男镇宁节度使延煦、威信节度使延宝，奉国宝一、金印三出迎"。太后亦上表称"新妇李氏妾"。

傅住儿入宣契丹主命，帝脱黄袍，服素衫，再拜受宣，左右皆掩泣。帝使召张彦泽，欲与计事。彦泽曰："臣无面目见陛下。"帝复召之，彦泽微笑不应。

或劝桑维翰逃去。维翰曰："吾大臣，逃将安之！"坐而俟命。彦泽以帝命召维翰，维翰至天街[19]，遇李崧，驻马语未毕，有军吏于马前揖维翰赴侍卫司[20]。维翰知不免，顾谓崧曰："侍中当国，今日国亡，反令维翰死之，何也？"崧有愧色。彦泽踞坐见维翰，维翰责之曰："去年拔公于罪人之中，复领大镇，授以兵权[21]，何乃负恩至此！"彦泽无以应，遣兵守之。

宣徽使孟承诲，素以佞巧有宠于帝，至是，帝召承诲，欲与之谋，承诲伏匿不至；张彦泽捕而杀之。

彦泽纵兵大掠，贫民乘之，亦争入富室，杀人取其货，二日方止，都城为之一空。彦泽所居山积，自谓有功于契丹，昼夜以酒乐自娱，出入骑从常数百人，其旗帜皆题"赤心为主"，见者笑之。军士擒罪人至前，彦泽不问所犯，但瞋目竖三指[22]，即驱出断其腰领。彦泽素与阁门使高勋不协，乘醉至其家，杀其叔父及弟，尸诸门首。士民不寒而栗。

中书舍人李涛谓人曰："吾与其逃于沟渎而不免，不若往见之。"乃投刺谒彦泽曰："上书请杀太尉人李涛[23]，谨来请死。"彦泽欣然接之，谓涛曰："舍人今日惧乎？"涛曰："涛今日之惧，亦犹足下昔年之惧也。向使高祖用涛言，事安至此！"彦泽大笑，命酒饮之。涛引满而去，旁若无人。

甲戌，张彦泽迁帝于开封府，顷刻不得留，宫中恸哭。帝与太后、皇后乘肩舆，宫人、宦者十余人步从，见者流涕。帝悉以内库金珠自随。彦泽使人讽之曰："契丹主至，此物不可匿也。"帝悉归之，亦分以遗彦泽，彦泽择取其奇货，而封其余以待契丹。彦泽遣控鹤指挥使李筠以兵守帝，内外不通。帝姑乌氏公主赂守门者[24]，入与帝诀，归第自经。帝与太后所上契丹主表章，皆先示彦泽，然后敢发。

帝使取内库帛数段，主者不与，曰："此非帝物也。"又求酒于李崧，崧亦辞以他故不进。又欲见李彦韬，彦韬亦辞不往。帝惆怅久之。

冯玉佞张彦泽，求自送传国宝，冀契丹复任用。

楚国夫人丁氏，延煦之母也，有美色。彦泽使人取之，太后迟回未与；彦泽诟詈，立载之去。

是夕，彦泽杀桑维翰。以带加颈，白契丹主，云其自经。契丹主曰："吾无意杀维翰，何为如是！"命厚抚其家。

高行周、符彦卿皆诣契丹牙帐降。契丹主以阳城之战为彦卿所败，诘之。彦卿曰："臣当时惟知为晋主竭力，今日死生惟命。"契丹主笑而释之。

己卯，延煦、延宝自牙帐还，契丹主赐帝手诏，且遣解里谓帝曰："孙勿忧，必使汝有啖饭之所。"帝心稍安，上表谢恩。

契丹以所献传国宝追琢非工，又不与前史相应，疑其非真，以诏书诘帝，使献真者。帝奏："顷王从珂自焚，旧传国宝不知所在，必与之俱烬。此宝先帝所为，群臣备知。臣今日焉敢匿宝！"乃止。

帝闻契丹主将渡河，欲与太后于前途奉迎；张彦泽先奏之，契丹主不许。有司又欲使帝衔璧牵羊㉕，大臣舆榇，迎于郊外，先具仪注白契丹主，契丹主曰："吾遣奇兵直取大梁，非受降也。"亦不许。又诏晋文武群官，一切如故；朝廷制度，并用汉礼。有司欲备法驾迎契丹主，契丹主报曰："吾方擐甲总戎，太常仪卫㉖，未暇施也。"皆却之。

先是契丹主至相州，即遣兵趣河阳捕景延广。延广苍猝无所逃伏，往见契丹主于封丘。契丹主诘之曰："致两主失欢，皆汝所为也。十万横磨剑安在！"召乔荣，使相辩证，事凡十条。延广初不服，荣以纸所记语示之，乃服。每服一事，辄授一筹。至八筹，延广但以面伏地请死，乃锁之。

丙戌晦，百官宿于封禅寺㉗。

【注释】

①束城：县名。在今河北河间市东北束城。　②罾（zēng 增）浦：地名。罾，渔网，福州人在此网鱼，故称。　③江州：州名。治所在今江西九江市。　④判省事：兼判尚书省事。判，高位兼低职或出任地方官。　⑤中度桥：滹沱水流经恒州东南，水上有很多过渡的桥，中度桥是指居于中游者。　⑥三股木：用三根木条交叉捆绑，下端撑开为三足。　⑦萧翰：契丹述律阿钵之子。本无姓氏，因其妹嫁给契丹主耶律德光，契丹人称他为国舅。李崧为他造姓名为萧翰，于是始姓萧，以后契丹后族均以萧为氏。　⑧血食：古时杀牲取血，用以祭祀，故称血食。不血食指宗庙不祀，即亡国。　⑨阁门使：官名。掌供朝会，赞引百官。⑩代州：州名。治所在今山西代县。　⑪易州：州名。治所在今河北易县。　⑫麻答：本名解里，耶律阿保机的从子。　⑬大辽：后晋高祖天福二年（937），契丹改国号为大辽。　⑭皇甫遇：后唐、后晋将领。真定（今河北正定县）人。为人有勇力，善射。初仕后唐，后晋高祖时为神武统军。契丹入侵，他曾击败契丹。杜威投降契丹，他自杀而死。　⑮平

棘:县名。在今河北赵县。 ⑯白马津:地名。在今河南滑县东北,秦、汉白马县西北古黄河南岸,历来为兵家必争之地。 ⑰明德门:大梁城南门。 ⑱宽仁门:大梁城东门。 ⑲天街:宫城正南门外的大街为天街。 ⑳侍卫司:侍卫亲军马步军都指挥使司的省称。当时张彦泽在侍卫司府署。 ㉑“去年”等三句:后晋高祖时朝野都请求诛杀张彦泽,并罢兵权,去年(945)桑维翰提拔他,让他防御契丹,复领彰国节度使,率兵戍常山。 ㉒三指:指中指。竖中指,表示中断,即腰斩的意思。 ㉓上书请杀太尉人:后晋高祖天福七年(942),李涛上疏请求诛杀张彦泽。 ㉔乌氏公主:后晋高祖石敬瑭的第十一妹。 ㉕衔璧:古时候国君死,口含玉。所以战败出降者衔璧表示国亡当死。牵羊:古时候战败者肉袒牵羊到对方军门,表示降服。 ㉖太常:官名。掌礼乐、社稷郊祀等事宜。仪卫:仪仗与卫士的总称。文的称仪,武的称卫。 ㉗封禅寺:寺名。在今河南开封市东。

资治通鉴卷第二百八十六

后汉纪一　起强圉协洽正月，尽四月，不满一年。

高祖睿文圣武昭肃孝皇帝上

天福十二年　春，正月，丁亥朔，百官遥辞晋主于城北，乃易素服纱帽，迎契丹主，伏路侧请罪。契丹主貂帽、貂裘，衷甲，驻马高阜，命起，改服，抚慰之。左卫上将军安叔千独出班胡语[①]，契丹主曰："汝安没字邪[②]？汝昔镇邢州，已累表输诚，我不忘也。"叔千拜谢呼跃而退。

晋主与太后已下迎于封丘门外，契丹主辞不见。

契丹主入门，民皆惊呼而走。契丹主登城楼，遣通事谕之曰："我亦人也，汝曹勿惧！会当使汝曹苏息。我无心南来，汉兵引我至此耳。"至明德门，下马拜而后入宫。以其枢密副使刘密权开封尹事。日暮，契丹主复出，屯于赤冈。

戊子，执郑州防御使杨承勋至大梁，责以杀父叛契丹，命左右脔食之。未几，以其弟右羽林将军承信为平卢节度使，悉以其父旧兵授之。

高勋诉张彦泽杀其家人于契丹主，契丹主亦怒彦泽剽掠京城，并傅住儿锁之。以彦泽之罪宣示百官，问："应死否？"皆言"应死"。百姓亦投牒争疏彦泽罪。己丑，斩彦泽、住儿于北市，仍命高勋监刑。彦泽前所杀士大夫子孙，皆绖杖号哭[③]，随而诟詈，以杖扑之。勋命断腕出锁，剖其心以祭死者。市人争破其脑取髓，脔其肉而食之。

契丹送景延广归其国,庚寅,宿陈桥[4],夜,伺守者稍怠,扼吭而死。

辛卯,契丹以晋主为负义侯,置于黄龙府[5]。黄龙府,即慕容氏和龙城也[6]。契丹主使谓李太后曰:“闻重贵不用母命以至于此,可求自便,勿与俱行。”太后曰:“重贵事妾甚谨。所失者,违先君之志,绝两国之欢耳。今幸蒙大恩,全生保家,母不随子,欲何所归!”

癸巳,契丹迁晋主及其家人于封禅寺,遣大同节度使兼侍中河内崔廷勋以兵守之。契丹主数遣使存问,晋主每闻使至,举家忧恐。时雨雪连旬,外无供亿,上下冻馁。太后使人谓寺僧曰:“吾尝于此饭僧数万,今日独无一人相念邪!”僧辞以“虏意难测,不敢献食”。晋主阴祈守者,乃稍得食。

是日,契丹主自赤冈引兵入宫,都城诸门及宫禁门,皆以契丹守卫,昼夜不释兵仗。磔犬于门[7],以竿悬羊皮于庭为厌胜[8]。契丹主谓群臣曰:“自今不修甲兵,不市战马,轻赋省役,天下太平矣。”废东京,降开封府为汴州,尹为防御使。乙未,契丹主改服中国衣冠,百官起居皆如旧制。

赵延寿、张砺共荐李崧之才;会威胜节度使冯道自邓州入朝,契丹主素闻二人名,皆礼重之。未几,以崧为太子太师,充枢密使;道守太傅[9],于枢密院祗候,以备顾问。

【注释】

①安叔千:沙陀三部落人,字胤宗,善骑射,唐明宗时以功拜昭武军节度使。契丹入大梁,他迎契丹主耶律德光于赤冈,被任命为镇国军节度使。不久罢归。后为郭威手下的士卒拷打,伤重而死。 ②安没字:安叔千虽然相貌堂堂,但不通文字,所为鄙陋,所以人称他为“没字碑”。 ③绖(dié 迭)杖:绖,古代丧期结在头上或腰间的麻带,这里泛指孝服。杖,即苴杖,古代居父母丧时所用的竹杖。 ④陈桥:地名,在今河南开封市东北陈桥镇。 ⑤黄龙府:地名,辽太祖时置,治所在黄龙县(今吉林农安县)。 ⑥和龙城:地名,又名黄龙城、龙都、龙城,在今辽宁朝阳市。东晋时慕容皝筑,并迁都于此。后燕慕容宝又以此为都。

本书所说的黄龙府即和龙城,疑有误。 ⑦磔(zhé 折):分裂肢体。古时的一种酷刑。此处指分裂祭牲以祭神。 ⑧厌胜:古时迷信认为能以诅咒制服人或物。 ⑨守:署理。官阶低而署高官叫守。

契丹主分遣使者,以诏书赐晋之藩镇;晋之藩镇争上表称臣,被召者无不奔驰而至。惟彰义节度使史匡威据泾州不受命。匡威,建瑭之子也[①]。雄武节度使何重建斩契丹使者,以秦、阶、成三州降蜀。

初,杜重威既以晋军降契丹[②],契丹主悉收其铠仗数百万贮恒州,驱马数万归其国,遣重威将其众从己而南。及河,契丹主以晋兵之众,恐其为变,欲悉以胡骑拥而纳之河流。或谏曰:"晋兵在他所者尚多,彼闻降者尽死,必皆拒命。不若且抚之,徐思其策。"契丹主乃使重威以其众屯陈桥。会久雪,官无所给,士卒冻馁,咸怨重威,相聚而泣。重威每出,道旁人皆骂之。

契丹主犹欲诛晋兵。赵延寿言于契丹主曰:"皇帝亲冒矢石以取晋国,欲自有之乎,将为他人取之乎?"契丹主变色曰:"朕举国南征,五年不解甲,仅能得之,岂为他人乎!"延寿曰:"晋国南有唐,西有蜀,常为仇敌,皇帝亦知之乎?"曰:"知之。"延寿曰:"晋国东自沂、密,西及秦、凤,延袤数千里,边于吴、蜀,常以兵戍之。南方暑湿,上国之人不能居也。他日车驾北归,以晋国如此之大,无兵守之,吴、蜀必相与乘虚入寇,如此,岂非为他人取之乎?"契丹主曰:"我不知也。然则奈何?"延寿曰:"陈桥降卒,可分以戍南边,则吴、蜀不能为患矣。"契丹主曰:"吾昔在上党,失于断割,悉以唐兵授晋。既而返为寇仇,北向与吾战,辛勤累年,仅能胜之。今幸入吾手,不因此时悉除之,岂可复留以为后患乎?"延寿曰:"向留晋兵于河南,不质其妻子,故有此忧。今若悉徙其家于恒、定、云、朔之间,每岁分番使戍南边,何忧其为变哉!此上策也。"契丹主悦曰:"善!惟大王所以处之。"由是陈桥兵始得免,分遣还营。

契丹主杀右金吾卫大将军李彦绅、宦者秦继旻,以其为唐潞王杀东丹王故也[③]。以其家族赀财赐东丹王之子永康王兀欲[④]。

兀欲眇一目，为人雄健好施。

癸卯，晋主与李太后、安太妃、冯后及弟睿、子延煦、延宝俱北迁，后宫左右从者百余人。契丹遣三百骑援送之；又遣晋中书令赵莹、枢密使冯玉、马军都指挥使李彦韬与之俱。

晋主在途，供馈不继，或时与太后俱绝食，旧臣无敢进谒者。独磁州刺史李谷迎谒于路，相对泣下。谷曰："臣无状，负陛下。"因倾赀以献。

晋主至中度桥，见杜重威寨，叹曰："天乎！我家何负，为此贼所破！"恸哭而去。

【注释】

①(史)建瑭：后唐大臣。雁门(今山西代县)人。初为先锋，数次打败后梁兵，后梁兵中相戒要"常避史先锋"。后在战斗中中流矢死。 ②杜重威：即杜威。他初名杜重威，因避后晋出帝石重贵讳，改名为杜威，后晋亡后，他又复旧名。 ③潞王：即后唐末帝李从珂，934—936 年在位。本姓王，名阿三，父早死，其母魏氏被后唐明宗李嗣源纳为妃，遂改名为李从珂，封潞王。长兴四年(933)，起兵反，杀后唐闵帝李从厚，即位，改元清泰。清泰三年(936)，河东节度使石敬瑭勾结契丹兵围洛阳，李从珂率领全家登楼自焚而死。东丹王：即耶律倍。辽太祖耶律阿保机长子。神册初立为太子。阿保机死后，遵从太后的意思，他让位于弟德光，是为太宗。太宗即位后，他被猜疑，徙居东平(今辽宁开原市)，后唐明宗以书招之，赐姓名为李赞华，镇守滑州。他常与故国通问。后为李从珂杀害。 ④兀欲(？—951)：即辽世宗耶律阮，小字兀欲，东丹王耶律倍之子。947 年继耶律德光为皇帝，951 年助河东节度使刘崇进攻后周，他率兵亲征，至新州火神淀被耶律察割等杀死。谥孝和皇帝，庙号世宗。

癸丑，蜀主以左千牛卫上将军李继勋为秦州宣慰使。

契丹主以前燕京留守刘晞为西京留守，永康王兀欲之弟留珪为义成节度使，兀欲姊婿潘聿捻为横海节度使，赵延寿之子匡赞为护国节度使，汉将张彦超为雄武节度使，史佺为彰义节度使，客省副使刘晏僧为忠武节度使，前护国节度使侯益为凤翔节度使，权知凤翔府事焦继勋为保大节度使。晞，涿州人也。既而何重建附蜀，史匡威不受代，契丹势稍沮。

晋昌节度使赵在礼入朝[①]，其裨将留长安者作乱，节度副使建人李肃讨诛之，军府以安[②]。

晋主之绝契丹也，匡国节度使刘继勋为宣徽北院使，颇豫其谋；契丹主入汴，继勋入朝，契丹主责之。时冯道在殿上，继勋急指道曰："冯道为首相，与景延广实为此谋。臣位卑，何敢发言！"契丹主曰："此叟非多事者，勿妄引之！"命锁继勋，将送黄龙府。

赵在礼至洛阳，谓人曰："契丹主尝言庄宗之乱由我所致[③]。我此行良可忧。"契丹遣契丹将述轧、奚王拽剌、勃海将高谟翰戍洛阳，在礼入谒，拜于庭下，拽剌等皆踞坐受之。乙卯，在礼至郑州，闻继勋被锁，大惊，夜，自经于马枥间。契丹主闻在礼死，乃释继勋，继勋忧愤而卒。

刘晞在契丹尝为枢密使、同平章事，至洛阳，诟奚王曰："赵在礼汉家大臣，尔北方一酋长耳，安得慢之如此！"立于庭下以挫之。由是洛人稍安。

契丹主广受四方贡献，大纵酒作乐，每谓晋臣曰："中国事，我皆知之，吾国事，汝曹不知也。"

赵延寿请给上国兵廪食，契丹主曰："吾国无此法。"乃纵胡骑四出，以牧马为名，分番剽掠，谓之"打草谷"。丁壮毙于锋刃，老弱委以沟壑，自东、西两畿及郑、滑、曹、濮[④]，数百里间，财畜殆尽。

契丹主谓判三司刘昫曰："契丹兵三十万，既平晋国，应有优赐，速宜营办。"时府库空竭，昫不知所出，请括借都城士民钱帛，自将相以下皆不免。又分遣使者数十人诣诸州括借，皆迫以严诛，人不聊生。其实无所颁给，皆蓄之内库，欲辇归其国。于是内外怨愤，始患苦契丹，皆思逐之矣。

初，晋主与河东节度使、中书令、北平王刘知远相猜忌，虽以为北面行营都统，徒尊以虚名，而诸军进止，实不得预闻。知远因之广募士卒；阳城之战，诸军散卒归之者数千人，又得吐谷浑财畜，由是河东富强冠诸镇，步骑至五万人。

晋主与契丹结怨，知远知其必危，而未尝论谏。契丹屡深入，知远初无邀遮、入援之志。及闻契丹入汴，知远分兵守四境以防侵轶。遣客将安阳王峻奉三表诣契丹主：一，贺入汴；二，以太原夷、夏杂居，戍兵所聚，未敢离镇；三，以应有贡物，值契丹将刘九一军自土门西入屯于南川⑤，城中忧惧，俟召还此军，道路始通，可以入贡。契丹主赐诏褒美，及进画，亲加"儿"字于知远姓名之上，仍赐以木拐。胡法，优礼大臣则赐之，如汉赐几杖之比，惟伟王以叔父之尊得之。

知远又遣北都副留守太原白文珂入献奇缯名马，契丹主知知远观望不至，及文珂还，使谓知远曰："汝不事南朝，又不事北朝，意欲何所俟邪？"蕃汉孔目官郭威言于知远曰："虏恨我深矣！王峻言契丹贪残失人心，必不能久有中国。"

或劝知远举兵进取。知远曰："用兵有缓有急，当随时制宜。今契丹新降晋军十万，虎据京邑，未有他变，岂可轻动哉！且观其所利止于货财，货财既足，必将北去。况冰雪已消，势难久留，宜待其去，然后取之，可以万全。"

昭义节度使张从恩⑥，以地迫怀、洛，欲入朝于契丹，遣使谋于知远，知远曰："我以一隅之地，安敢抗天下之大！君宜先行，我当继往。"从恩以为然。判官高防谏曰："公晋室懿亲⑦，不可轻变臣节。"从恩不从。左骁卫大将军王守恩，与从恩姻家，时在上党，从恩以副使赵行迁知留后，牒守恩权巡检使，与高防佐之。守恩，建立之子也⑧。

【注释】

①赵在礼（886 或 882—947）：后唐大臣。字干臣，涿州（今河北涿州市）人。庄宗时为效节指挥使，明宗时历任邺都留守、沧州、同州节度使。入后晋后尝兼侍中。契丹入汴后，他拜见契丹奚王拽剌，因受辱自杀。　②军府：本指储藏军用器械的府库，又指将帅的府署，这里代指兵营。　③庄宗之乱：后唐庄宗同光四年（926），贝州军率皇甫晖和效节指挥使赵在礼合谋发动兵变。旋与李克用养子、中书令兼蕃汉内外马步军总管、沙陀人李嗣源合兵南下攻洛阳，庄宗李存勖中流矢死。李嗣源被拥戴监国，旋称帝，是为后唐明宗。因此有人认为庄宗之死始于皇甫晖和赵在礼。　④两畿：唐制，大梁（开封）的属县为东畿，洛阳的属县为

西畿，两京除赤县外，其余县为畿县。　⑤南川：晋阳城南之地。　⑥张从恩：太原人。后晋时以外戚擢右金吾卫将军，镇潞州。契丹入汴，他降契丹，拜右卫上将军。后周时封褒国公。北宋初改封许国公。　⑦晋室懿亲：晋少帝的前妃张氏，天福八年（943）进册皇后，张从恩是她的亲族。　⑧建立：即王建立，辽州人。初仕后唐为天平军节度使，后晋时转平卢军节度使、昭义节度使，封韩王。

荆南节度使高从诲遣使入贡于契丹，契丹遣使以马赐之。从诲亦遣使诣河东劝进。

唐主立齐王景遂为皇太弟。徙燕王景达为齐王，领诸道兵马元帅；徙南昌王弘冀为燕王，为之副。

景遂尝与宫僚燕集，赞善大夫元城张易有所规谏[1]，景遂方与客传玩玉杯，弗之顾，易怒曰："殿下重宝而轻士。"取玉杯抵地碎之，众皆失色；景遂敛容谢之，待易益厚。

景达性刚直，唐主与宗室近臣饮，冯延巳、延鲁、魏岑、陈觉辈，极倾谄之态，或乘酒喧笑；景达屡诃责之，复极言谏唐主，以不宜亲近佞臣。延巳以二弟立非己意，欲以虚言德之；尝宴东宫，阳醉，抚景达背曰："尔不可忘我！"景达大怒，拂衣入禁中白唐主，请斩之；唐主谕解，乃止。张易谓景达曰："群小交构，祸福所系。殿下力未能去，数面折之，使彼惧而为备，何所不至！"自是每游宴，景达多辞疾不预。

五代十国《文苑图》

唐主遣使贺契丹灭晋，且请诣长安修复诸陵[2]；契丹不许，而遣使报之。

晋密州刺史皇甫晖，棣州刺史王建，皆避契丹，帅众奔唐；淮北贼帅多请命于唐。唐虞部员外郎韩熙载上疏[3]，以为："陛下恢复祖业，今也其时。若虏主北归，中原有主，则未易图也。"时方连兵福州，未暇北顾；唐人皆以为恨，唐主亦悔之。

契丹主召晋百官悉集于庭，问曰："吾国广大，方数万里，有君长二十七人；今中国之俗异于吾国，吾欲择一人君之，如何？"皆曰："天无二日。夷、夏之心，皆愿推戴皇帝。"如是者再。契丹主乃曰："汝曹既欲君我，今兹所行，何事为先？"对曰："王者初有天下，应大赦。"二月，丁巳朔，契丹主服通天冠、绛纱袍，登正殿，设乐悬、仪卫于庭[4]。百官朝贺，华人皆法服，胡人仍胡服，立于文武班中间。下制称大辽会同十年，大赦。仍云："自今节度使、刺史，毋得置牙兵，市战马。"

赵延寿以契丹主负约，心怏怏，令李崧言于契丹主曰："汉天子所不敢望，乞为皇太子。"崧不得已为言之。契丹主曰："我于燕王，虽割吾肉，有用于燕王，吾无所爱。然吾闻皇太子当以天子儿为之，岂燕王所可为也！"因令为燕王迁官。时契丹以恒州为中京，翰林承旨张砺奏拟燕王中京留守、大丞相、录尚书事、都督中外诸军事，枢密使如故。契丹主取笔涂去"录尚书事都督中外诸军事"而行之。

【注释】

①张易：南唐官吏。官至勤政殿学士，判御史台。元城（今河北大名县东北）人。少刻苦勤学。曾收录唐武德至宝历年间君臣问对及臣下论奏共七十事，编成《谏奏集》。　②修复诸陵：据他本，"诸陵"上应有"唐室"二字。整修唐室各朝陵墓。唐末战乱频繁，唐室陵墓多遭发掘毁坏，南唐自称继承唐的统绪，所以请求修复唐室的陵墓。　③虞部员外郎：官名。北朝始置虞部尚书，唐五代时改为虞部郎中、员外郎，属工部，掌京城街巷种植、山泽苑囿、草木薪炭等事。韩熙载（902—970）：南唐官吏。字叔言，潍州北海（今山东潍坊市）人。后唐同光进士。历官虞部员外郎、中书侍郎、光政殿学士承旨。他善为文，有《定居集》《拟议集》等，今佚。　④乐悬：本指悬挂钟磬一类打击乐器的架子，其制为天子所

专用。这里指悬挂着的乐器。

壬戌，蜀李继勋与兴州刺史刘景攻固镇，拔之。乙丑，何重建请出蜀兵与阶成兵共扼散关以取凤州[①]。丙寅，蜀主发山南兵三千七百赴之。

刘知远闻何重建降蜀，叹曰："戎狄凭陵，中原无主，令藩镇外附，吾为方伯[②]，良可愧也！"

于是将佐劝知远称尊号，以号令四方，观诸侯去就。知远不许。闻晋主北迁，声言欲出兵井陉，迎归晋阳。丁卯，命武节都指挥使荥泽史弘肇集诸军于球场[③]，告以出军之期。军士皆曰："今契丹陷京城，执天子，天下无主。主天下者，非我王而谁[④]！宜先正位号，然后出师。"争呼万岁不已。知远曰："虏势尚强，吾军威未振，当且建功业。士卒何知！"命左右遏止之。

己巳，行军司马潞城张彦威等三上笺劝进，知远疑未决。郭威与都押牙冠氏杨邠入说知远曰："今远近之心，不谋而同，此天意也。王不乘此际取之，谦让不居，恐人心且移，移则反受其咎矣。"知远从之。

契丹以其将刘愿为保义节度副使，陕人苦其暴虐。奉国都头王晏与指挥使赵晖、都头侯章谋曰："今胡虏乱华，乃吾属奋发之秋。河东刘公，威德远著，吾辈若杀愿，举陕城归之，为天下唱，取富贵如返掌耳。"晖等然之。晏与壮士数人，夜逾牙城入府，出库兵以给众；庚午旦，斩愿首，悬诸府门，又杀契丹监军，奉晖为留后。晏，徐州；晖，澶州；章，太原人也。

辛未，刘知远即皇帝位。自言未忍改晋，又恶开运之名，乃更称天福十二年。

壬申，诏："诸道为契丹括率钱帛者，皆罢之。其晋臣被迫胁为使者勿问，令诣行在。自余契丹，所在诛之。"

何重建遣宫苑使崔延琛将兵攻凤州，不克，退保固镇。

甲戌，帝自将东迎晋主及太后。至寿阳，闻已过恒州数日，乃留兵戍承天军而还[⑤]。

晋主既出塞，契丹无复供给，从官、宫女，皆自采木实、草叶而食之。至锦州,契丹令晋主及后妃拜契丹主阿保机墓。晋主不胜屈辱,泣曰:“薛超误我!”冯后阴令左右求毒药,欲与晋主俱自杀,不果。

契丹主闻帝即位,以通事耿崇美为昭义节度使,高唐英为彰德节度使,崔廷勋为河阳节度使,以控扼要害。

初,晋置乡兵,号天威军。教习岁余,村民不闲军旅,竟不可用;悉罢之,但令七户输钱十千,其铠仗悉输官。而无赖子弟,不复肯复农业,山林之盗,自是而繁。及契丹入汴,纵胡骑打草谷;又多以其子弟及亲信左右为节度使、刺史,不通政事,华人之狡狯者多往依其麾下,教之妄作威福,掊敛货财,民不堪命。于是所在相聚为盗,多者数万人,少者不减千百,攻陷州县,杀掠吏民。滏阳贼帅梁晖,有众数百,送款晋阳求效用,帝许之。磁州刺史李谷密通表于帝,令晖袭相州;晖侦知高唐英未至,相州积兵器,无守备。丁丑夜,遣壮士逾城入,启关纳其众,杀契丹数百,其守将突围走,晖据州自称留后,表言其状。

【注释】

①散关:地名。唐以后称大散关,在今陕西宝鸡市西南大散岭上,地当秦岭南北交通要道,历来为兵家必争之地。 ②方伯:本指一方诸侯之长,后来也泛称地方长官为方伯。因后晋任命刘知远为北面行营都统,为各藩镇之首领,因此他自称为方伯。 ③球场:习武场。球,是古代一件习武用具,用皮制成,中间实毛,用脚踢或杖击为戏。 ④王:当时刘知远被封为北平王,故称。 ⑤承天军:地名。唐乾元初置,治所在今山西平定县东北娘子关。

戊寅,帝还至晋阳,议率民财以赏将士,夫人李氏谏曰:“陛下因河东创大业,未有以惠泽其民而先夺其生生之资,殆非新天子所以救民之意也。今宫中所有,请悉出之以劳军,虽复不厚,人无怨言。”帝曰:“善!”即罢率民,倾内府蓄积以赐将士,中外闻之,大悦。李氏,晋阳人也。

吴越内都监程昭悦,多聚宾客,畜兵器,与术士游。吴越王弘佐欲诛之,谓水丘昭券曰:“汝今夕帅甲士千人围昭悦第。”昭券曰："昭悦，家臣也，有罪当显戮，不宜夜兴兵。"弘佐曰："善！"命内牙指挥使诸温伺昭悦归第，执送东府[①]。己卯，斩之。释钱仁俊之囚。

武节都指挥使史弘肇攻代州，拔之，斩王晖。

建雄留后刘在明朝于契丹，以节度副使骆从朗知州事。帝遣使者张晏洪等如晋州，谕以己即帝位，从朗皆囚之。大将药可俦杀从朗，推晏洪权留后，庚辰，遣使以闻。

契丹主遣右谏议大夫赵熙使晋州，括率钱帛，征督甚急。从朗既死，民相帅共杀熙。

契丹主赐赵晖诏，即以为保义留后。晖斩契丹使者，焚其诏，遣支使河间赵矩奉表诣晋阳[②]。契丹遣其将高谟翰攻晖，不克。帝见矩，甚喜，曰："子挈咽喉之地以归我，天下不足定也。"矩因劝帝早引兵南向以副天下之望，帝善之。

辛巳，以晖为保义节度使，侯章为镇国节度使、保义军马步都指挥使，王晏为绛州防御使、保义军马步副指挥使。

高防与王守恩谋，遣指挥使李万超白昼帅众大噪入府，斩赵行迁，推守恩权知昭义留后。守恩杀契丹使者，举镇来降。

镇宁节度使耶律郎五，性残虐，澶州人苦之。贼帅王琼帅其徒千余人，夜袭据南城，北度浮航，纵兵大掠，围郎五于牙城。契丹主闻之，甚惧，始遣天平节度使李守贞、天雄节度使杜重威还镇，由是无久留河南之意[③]。遣兵救澶州；琼退屯近郊，遣弟超奉表来求救。癸未，帝厚赐超，遣还。琼兵败，为契丹所杀。

蜀主加雄武节度使何重建同平章事。

延州录事参军高允权，万金之子也。彰武节度使周密，暗而贪，将士作乱，攻之；密败，保东城[④]。众以允权家世延帅，推为留后，据西城。密，应州人也。

丹州都指挥使高彦珣杀契丹所署刺史，自领州事。

契丹述律太后遣使以其国中酒馔脯果赐契丹主，贺平晋国。契丹主与群臣宴于永福殿，每举酒，立而饮之，曰："太后所赐，不敢坐饮。"

唐王淑妃与郇公从益居洛阳；赵延寿娶明宗女为夫人，淑妃诣大梁会礼。契丹主见而拜之曰:“吾嫂也。”统军刘遂凝因淑妃求节钺[5],契丹主以从益为许王、威信节度使,遂凝为安远节度使。淑妃以从益幼,辞不赴镇,复归于洛。

【注释】

①东府:宰相和中书所居之地。 ②支使:官名。唐、五代时节度使、观察使属官都有支使,位在判官之次,其他官也置之,这里是指节度使(留后)属官下的支使。 ③河南:地名,指今河南开封市。 ④东城:延州有东、西两城,中间以深涧相隔。 ⑤节钺:符节和斧钺。古时大将任职时皇帝授以节钺。这里求节钺是指要求担任节度使。

契丹主以张砺为右仆射兼门下侍郎、同平章事,左仆射和凝兼中书侍郎、同平章事;司空兼门下侍郎、同平章事刘昫,以目疾辞位,罢为太保。

东方群盗大起,陷宋、亳、密三州。契丹主谓左右曰:“我不知中国之人难制如此!”亟遣泰宁节度使安审琦、武宁节度使符彦卿等归镇,仍以契丹兵送之。

彦卿至埇桥[1],贼帅李仁恕帅众数万急攻徐州。彦卿与数十骑至城下,扬鞭欲招谕之,仁恕控彦卿马,请从相公入城[2]。彦卿子昭序,自城中遣军校陈守习缒而出,呼于贼中曰:“相公已陷虎口,听相公助贼攻城,城不可得也。”贼知不可劫,乃相帅罗拜于彦卿马前,乞赦其罪。彦卿与之誓,乃解去。

三月,丙戌朔,契丹主服赭袍,坐崇元殿[3],百官行入阁礼[4]。

戊子,帝遣使以诏书安集农民保聚山谷避契丹之患者。

辛卯,高允权奉表来降。帝谕允权听周密诣行在,密遂弃东城来奔。

壬辰,高彦询以丹州来降。

蜀翰林承旨李昊谓王处回曰:“敌复据固镇,则兴州道绝,不复能救秦州矣。请遣山南西道节度使孙汉韶将兵急攻凤州。”癸巳,蜀主命汉韶诣凤州行营。

契丹主复召晋百官,谕之曰:“天时向热,吾难久留,欲暂至上国省太后。当留亲信一人于此为节度使。”百官请迎太后。契丹主曰："太后族大，如古柏根，不可移也。"契丹主欲尽以晋之百官自随。或曰："举国北迁，恐摇人心，不如稍稍迁之。"乃诏有职事者从行，余留大梁。

复以汴州为宣武军，以萧翰为节度使。翰，述律太后之兄子，其妹复为契丹主后。翰始以萧为姓，自是契丹后族皆称萧氏。

吴越复发水军，遣其将余安将之，自海道救福州。己亥，至白虾浦。海岸泥淖，须布竹箦乃可行，唐之诸军在城南者，聚而射之，箦不得施。冯延鲁曰："城所以不降者，恃此救也。今相持不战，徒老我师，不若纵其登岸尽杀之，则城不攻自降矣。"裨将孟坚曰："浙兵至此⑤，不能进退，求一战而死不可得。若纵其登岸，彼必致死于我，其锋不可当，安能尽杀乎！"延鲁不听，曰："吾自击之。"吴越兵既登岸，大呼奋击，延鲁不能御，弃众而走，孟坚战死。吴越兵乘胜而进，城中兵亦出，夹击唐兵，大破之。唐城南诸军皆遁，吴越兵追之。王崇文以牙兵三百拒之，诸军陈于崇文之后，追者乃还。

或言浙兵欲弃福州，拔李达之众归钱唐，东南守将刘洪进等白王建封，请纵其尽出而取其城。留从效不欲福州之平，建封亦忿陈觉等专横，乃曰："吾军败矣，安能与人争城！"是夕，烧营而遁，城北诸军亦相顾而溃。冯延鲁引佩刀自刺，亲吏救之，不死。唐兵死者二万余人，委弃军资器械数十万，府库为之耗竭。

余安引兵入福州，李达举所部授之。

留从效引兵还泉州，谓唐戍将曰："泉州与福州世为仇敌⑥，南接岭海瘴疠之乡⑦，地险土瘠。比年军旅屡兴，农桑废业，冬征夏敛，仅能自赡，岂劳大军久戍于此！"置酒饯之，戍将不得已引兵归。唐主不能制，加从效检校太傅。

【注释】

①埇（yǒng 涌）桥：地名。一名符离桥、永济桥，在今安徽宿州市南古汴水上。它控制汴水航运，为舟车要会。　②相公：古时对人的尊称。③崇元殿：汴宫的正衙殿。　④入阁：皇帝御便殿，群臣入见，称入阁。　⑤浙兵：即吴越兵。吴越在两浙之地，故称。　⑥"泉州"句：唐末，王潮兄弟自泉州攻福州；留从效先是以泉州兵击败福州兵，又会南唐

兵围攻福州，故称泉州与福州世为仇敌。 ⑦岭海：漳泉之地，东南临海，西南接潮州，即岭南之境。瘴疠(lì 厉)：山林湿热地区流行的恶性疾病。

壬寅，契丹主发大梁，晋文武诸司从者数千人，诸军吏卒又数千人，宫女、宦官数百人，尽载府库之实以行，所留乐器仪仗而已。夕，宿赤冈，契丹主见村落皆空，命有司发榜数百通，所在招抚百姓，然竟不禁胡骑剽掠。丙午，契丹自白马渡河，谓宣徽使高勋曰："吾在上国，以射猎为乐，至此令人悒悒。今得归，死无恨矣。"

蜀孙汉韶将兵二万攻凤州，军于固镇，分兵扼散关以绝援路。

张筠、余安皆还钱唐，吴越王弘佐遣东南安抚使鲍修让将兵戍福州，以东府安抚使钱弘倧为丞相[①]。

庚戌，以皇弟北京马步都指挥使崇行太原尹，知府事。

辛亥，契丹主将攻相州，梁晖请降；契丹主赦之，许以为防御使，晖疑其诈，复乘城拒守。夏，四月，己未，未明，契丹主命蕃、汉诸军急攻相州，食时克之，悉杀城中男子，驱其妇女而北，胡人掷婴孩于空中，举刃接之以为乐。留高唐英守相州。唐英阅城中，遗民男女得七百余人。其后节度使王继弘敛城中髑髅瘗之，凡得十余万。

或告磁州刺史李谷谋举州应汉，契丹主执而诘之，谷不服，契丹主引手于车中，若取所获文书者。谷知其诈，因请曰："必有其验，乞显示之。"凡六诘，谷辞气不屈，乃释之。

帝以从弟北京马军都指挥使信领义成节度使，充侍卫马军都指挥使，武节都指挥使史弘肇领忠武节度使，充步军都指挥使，右都押牙杨邠权枢密使，蕃汉兵马都孔目官郭威权副枢密使，两使都孔目官南乐王章权三司使。

癸亥，立魏国夫人李氏为皇后。

契丹主见所过城邑丘墟，谓蕃、汉群臣曰："致中国如此，皆燕王之罪也。"顾张砺曰："尔亦有力焉。"

甲子，帝以河东节度判官长安苏逢吉、观察判官苏禹珪为中书侍郎[②]、同平章事。禹珪，密州人也。

振武节度使、府州团练使折从远入朝[3]，更名从阮，置永安军于府州，以从阮为节度使。又以河东左都押牙刘铢为河阳节度使[4]。铢，陕人也。

契丹昭义节度使耿崇美屯泽州，将攻潞州；乙丑，诏史弘肇将步骑万人救之。

丙寅，以王守恩为昭义节度使，高允权为彰武节度使，又以岢岚军使郑谦为忻州刺史[5]，领彰国节度使兼忻、代二州义军都部署。丁卯，以缘河巡检使阎万进为岚州刺史[6]，领振武节度使兼岚、宪二州义军都制置使[7]。帝闻契丹北归，欲经略河南，故以弘肇为前驱，又遣阎万进出北方以分契丹兵势。万进，并州人也。

【注释】

①东府：吴越以越州（治所在今浙江绍兴市）为东府。钱弘倧（zōng 宗）：文穆王钱元瓘第七子，钱弘佐弟。继钱弘佐为吴越国君，天福十二年（947）在位，在位约一年。因不满内牙统军使胡进思专权，被废。后数十年乃卒。谥曰忠逊王。　②苏禹珪：密州（今山东诸城市）人。字元锡，以五经中第，后汉高祖时累官至尚书左仆射，与苏逢吉等受顾命立少主。郭威建立后周，他守司空。世宗嗣位，封莒国公。　③府州：地名。治所在今陕西府谷县。　④刘铢：陕州人。与高祖刘知远有旧，刘知远即位，授永兴军节度使。他用法苛严，民有犯法者，问其年龄几何，即随其数杖之，称为随年杖。每杖一人，必两杖同下，称为合欢杖。隐帝时权知开封府。郭威兵犯京师，他将郭威家属全部杀掉。郭威入京师后，他被执，枭首于市。　⑤岢（kě 可）岚军：治所在今山西岢岚县。　⑥岚州：地名。治所在今山西岚县北之岚城。　⑦宪：宪州，地名。治所在楼烦县（今山西娄烦县）。

契丹主以船数十艘载晋铠仗，将自汴溯河归其国，命宁国都虞候榆次武行德将士卒千余人部送之[1]。至河阴[2]，行德与将士谋曰："今为虏所制，将远去乡里。人生会有死，安能为异域之鬼乎！虏势不能久留中国，不若共逐其党，坚守河阳，以俟天命之所归者而臣之，岂非长策乎！"众以为然。行德即以铠仗授之，相与杀契丹监军使。会契丹河阳节度使崔廷勋以兵送耿崇美之潞州，行德遂乘虚入据河阳，众推行德为河阳都部署。行德遣弟行友奉蜡表间道诣晋阳。

契丹遣武定节度使方太诣洛阳巡检③，至郑州；州有戍兵，共迫太为郑王。梁嗣密王朱乙逃祸为僧，嵩山贼帅张遇得之，立以为天子，取嵩岳神衮冕以衣之，帅众万余袭郑州，太击走之。太以契丹尚强，恐事不济，说谕戍兵，欲与俱西；众不从，太自西门逃奔洛阳。戍兵既失太，反谮太于契丹，云胁我为乱；太遣子师朗自诉于契丹，契丹将麻答杀之，太无以自明。会群盗攻洛阳，契丹留守刘晞弃城奔许州，太乃入府行留守事，与巡检使潘环击群盗却之，张遇杀朱乙请降。伊阙贼帅自称天子，誓众于南郊坛，将入洛阳，太逆击，走之。

太欲自归于晋阳，武行德使人诱太曰："我裨校也，公旧镇此地，今虚位相待。"太信之，至河阳，为行德所杀。

萧翰遣高谟翰援送刘晞自许还洛阳，晞疑潘环构其众逐己，使谟翰杀之。

戊辰，武行友至晋阳。

庚午，史弘肇奏遣先锋将马诲击契丹，斩首千余级。时耿崇美、崔廷勋至泽州，闻弘肇兵已入潞州，不敢进，引众而南；弘肇遣诲追击，破之，崇美、廷勋与奚王拽剌退保怀州④。

辛未，以武行德为河阳节度使。

契丹主闻河阳乱，叹曰："我有三失，宜天下之叛我也！诸道括钱，一失也；令上国人打草谷，二失也；不早遣诸节度使还镇，三失也。"

唐主以矫诏败军，皆陈觉、冯延鲁之罪，壬申，诏赦诸将，议斩二人以谢中外。御史中丞江文蔚对仗弹冯延巳、魏岑曰⑤："陛下践阼以来，所信任者，延巳、延鲁、岑、觉四人而已，皆阴狡弄权，壅蔽聪明，排斥忠良，引用群小，谏争者逐，窃议者刑，上下相蒙，道路以目。今觉、延鲁虽伏辜，而延巳、岑犹在，本根未殄，枝干复生。同罪异诛，人心疑惑。"又曰："上之视听，惟在数人，虽日接群臣，终成孤立。"又曰："在外者握兵，居中者当国。"又曰："岑、觉、延鲁，更相违戾，彼前则我却，彼东则我西。天生五材⑥，国之利器，一旦为小人忿争妄动之具。”又曰：“征讨之柄，在岑折简[7]，豨藏取与，系岑一言。”唐主以文蔚所言为太过，怒，贬江州司士参军。械送觉、延鲁至金陵。宋齐丘以尝荐觉使福州，上表待罪。

诏流觉于蕲州，延鲁于舒州[8]。知制诰会稽徐铉、史馆修撰韩熙载上疏曰：“觉、延鲁罪不容诛，但齐丘、延巳为之陈请，故陛下赦之。擅兴者不罪[9]，则疆埸有生事者矣；丧师者获存，则行陈无效死者矣。请行显戮以重军威。”不从。

中书侍郎、同平章事冯延巳罢为太弟少保，贬魏岑为太子洗马。

韩熙载屡言宋齐丘党与必为祸乱。齐丘奏熙载嗜酒猖狂，贬和州司士参军。

【注释】

①武行德：榆次人。相貌奇伟，家贫，卖柴自给，见识于石敬瑭，官至都虞候。后契丹至汴，为契丹所获。他在护送契丹回北方的途中，杀契丹使者，据守河阳，旋归后汉刘知远，迁河南尹。北宋初，积官至太子太傅，致仕卒。 ②河阴：地名。在今河南郑州市西北。 ③武定：方镇名，治所在洋州（今陕西西乡县），时属后蜀，946 年方太以安国留后降契丹，契丹主命他领武定节度使。 ④怀州：地名。治所在今河南泌阳县。 ⑤江文蔚：南唐大臣。字君章，建阳（今福建南平市建阳区）人。后唐为河南府抚官，因弹劾宰相冯延巳等，被贬江州。冯延巳罢相后，召还，累官礼部侍郎，卒谥简。有《唐吴秀英赋》《桂香赋集》。 ⑥五材：也作“五才”，指金、木、水、火、土。 ⑦折简：古人以竹简作书，单执一札谓之简，折简即折束之简，指喻便函，也比喻礼轻、随便。 ⑧舒州：地名。治所在今安徽潜山县。 ⑨擅兴：没有皇帝诏旨而擅自发兵，称为擅兴，其罪当死。

乙亥，凤州防御使石奉頵举州降蜀。奉頵，晋之宗属也。

契丹主至临城，得疾；及栾城，病甚，苦热，聚冰于胸腹手足，且啖之。丙子，至杀胡林而卒[1]。国人剖其腹，实盐数斗，载之北去，晋人谓之“帝羓[2]”。

赵延寿恨契丹主负约，谓人曰：“我不复入龙沙矣[3]。”即日，先引兵入恒州，契丹永康王兀欲及南北二王，各以所部兵相继而入。延寿欲拒之，恐失大援，乃纳之。

时契丹诸将已密议奉兀欲为主，兀欲登鼓角楼受叔兄拜；而延寿不之知，自称受契丹皇帝遗诏，权知南朝军国事，仍下教布告诸道，所以供给兀欲与诸将同，兀欲衔之。恒州诸门管钥及仓库出纳，兀欲皆自主之。延寿使人请之，不与。

契丹主丧至国，述律太后不哭，曰："待诸部宁壹如故，则葬汝矣。"

帝之自寿阳还也，留兵千人戍承天军。戍兵闻契丹北还，不为备；契丹袭击之，戍兵惊溃。契丹焚其市邑，一日狼烟百余举。帝曰："此虏将遁，张虚势也。"遣亲将叶仁鲁将步骑三千赴之。会契丹出剽掠，仁鲁乘虚大破之，丁丑，复取承天军。

冀州人杀契丹刺史何行通，推牢城指挥使张廷翰知州事。廷翰，冀州人，符习之甥也。

或说赵延寿曰："契丹诸大人数日聚谋，此必有变。今汉兵不下万人，不若先事图之。"延寿犹豫不决。壬午，延寿下令，以来月朔日于待贤馆上事，受文武官贺。其仪：宰相、枢密使拜于阶上，节度使以下拜于阶下。李崧以虏意不同，事理难测，固请赵延寿未行此礼，乃止。

【注释】

①杀胡林：地名。大概因为契丹主死在这里，时人便称之为杀胡林。一说唐武则天时袭突厥，群胡死在这里，故名。 ②羓（bā 巴）：干肉。 ③龙沙：卢龙（唐方镇名，治所在幽州，即今北京市城区西南）山后就是大沙漠，故称之为龙沙。

资治通鉴卷第二百八十七

后汉纪二　起强圉协洽五月，尽著雍涒滩二月，不满一年。

高祖睿文圣武昭肃孝皇帝中

天福十二年　五月，乙酉朔，永康王兀欲召延寿及张砺、和凝、李崧、冯道于所馆饮酒。兀欲妻素以兄事延寿，兀欲从容谓延寿曰："妹自上国来，宁欲见之乎？"延寿欣然与之俱入。良久，兀欲出，谓砺等曰："燕王谋反，适已锁之矣。"又曰："先帝在汴时，遗我一筹，许我知南朝军国。近者临崩，别无遗诏。而燕王擅自知南朝军国，岂理邪！"下令："延寿亲党，皆释不问。"间一日，兀欲至待贤馆受蕃、汉官谒贺，笑谓张砺等曰："燕王果于此礼上，吾以铁骑围之，诸公亦不免矣。"

后数日，集蕃、汉之臣于府署，宣契丹主遗制[①]。其略曰："永康王，大圣皇帝之嫡孙[②]，人皇王之长子[③]，太后钟爱，群情允归，可于中京即皇帝位[④]。"于是始举哀成服。既而易吉服见群臣，不复行丧，歌吹之声不绝于内。

辛巳[⑤]，以绛州防御使王晏为建雄节度使。

帝集群臣庭议进取，诸将咸请出师井陉，攻取镇、魏，先定河北，则河南拱手自服。帝欲自石会趋上党[⑥]，郭威曰："虏主虽死，党众犹盛，各据坚城。我出河北，兵少路迂，傍无应援，若群虏合势，共击我军，进则遮前，退则邀后，粮饷路绝，此危道也。上党山路险涩，粟少民残，无以供亿，亦不可由。近者陕、晋二镇，相继款附，引兵从之，万无一失，不出两旬，洛、汴定矣。”帝曰：“卿言是也。”苏逢吉等曰：“史弘肇大军已屯上党，群虏继遁，不若出天井⑦，抵孟津为便。”司天奏：“太岁在午，不利南行。宜由晋、绛抵陕。”帝从之。辛卯，诏以十二日发北京⑧，告谕诸道。

甲申⑨，以太原尹崇为北京留守，以赵州刺史李存瓌为副留守，河东幕僚真定李骧为少尹，牙将太原蔚进为马步指挥使以佐之。存瓌，唐庄宗之从弟也。

是日，刘晞弃洛阳，奔大梁。

武安节度副使、天策府都尉、领镇南节度使马希广，楚文昭王希范之母弟也，性谨顺，希范爱之，使判内外诸司事。壬辰夜，希范卒，将佐议所立。都指挥所张少敌，都押牙袁友恭，以武平节度使知永州事希萼，于希范诸弟为最长，请立之；长直都指挥使刘彦瑫、天策府学士李弘皋、邓懿文、小门使杨涤皆欲立希广⑩。张少敌曰：“永州齿长而性刚，必不为都尉之下明矣。必立都尉，当思长策以制永州，使帖然不动则可；不然，社稷危矣。”彦瑫等不从。天策府学士拓跋恒曰：“三十五郎虽判军府之政⑪，然三十郎居长，请遣使以礼让之；不然，必起争端。”彦瑫等皆曰：“今日军政在手，天与不取，使他人得之，异日吾辈安所自容乎！”希广懦弱，不能自决；乙未，彦瑫等称希范遗命，共立之。张少敌退而叹曰：“祸其始此乎！”与拓跋恒皆称疾不出。

丙申，帝发太原，自阴地关出晋、绛。

丁酉，史弘肇奏克泽州⑫。始，弘肇攻泽州，刺史翟令奇固守不下。帝以弘肇兵少，欲召还。苏逢吉、杨邠曰：“今陕、晋、河阳皆已向化⑬，崔廷勋、耿崇美朝夕遁去；若召弘肇还，则河南人心动摇，虏势复壮矣。”帝未决，使人谕指于弘肇；曰：“兵已及此，势如破竹，可进不可退。”与逢吉等议合；帝乃从之。弘肇遣部将李万超说令奇，令奇乃降；弘肇以万超权知泽州。

【注释】

①遗制：制，帝王的命令。但这里说的“遗制”实际上是兀欲自己伪造的遗诏。　②大圣皇帝：阿保机死后谥大圣皇帝。　③人皇王：阿保机的长子东丹王突欲号人皇王。　④中京：契丹主耶律德光取中国后，

以恒州(今河北正定县)为中京。 ⑤辛巳:五月无此日,据严衍《通鉴补》应为辛卯,即初七。 ⑥石会:即石会关,在今山西太谷县南昌源河上源东岸。 ⑦天井:即天井关,在今山西晋城市南太行山上。 ⑧北京:从后唐以后,都把太原称为北京。 ⑨甲申:五月无此日,据他本应为甲午,即初十。 ⑩小门使:官名。各藩镇都有设置,掌门户之事。府有宴集,则执兵在门外。 ⑪三十五郎:指马希广。马希广排行第三十五,藩府将吏都称府主之子为郎君。下句三十郎指马希萼。 ⑫泽州:州名,治今山西晋城市。 ⑬向化:慕德归附。

崔廷勋、耿崇美、奚王拽剌合兵逼河阳,张遇帅众数千救之,战于南阪,败死。武行德出战,亦败,闭城自守。拽剌欲攻之,廷勋曰:"今北军已去[1],得此城何用!且杀一夫犹可惜,况一城乎!"闻弘肇已得泽州,乃释河阳,还保怀州。弘肇将至,廷勋等拥众北遁,过卫州[2],大掠而去。契丹在河南者相继北去,弘肇引兵与武行德合。

弘肇为人,沉毅寡言,御众严整,将校小不从命,立挝杀之[3];士卒所过,犯民田及系马于树者,皆斩之;军中惕息[4],莫敢犯令,故所向必克。帝自晋阳安行入洛及汴,兵不血刃,皆弘肇之力也。帝由是倚爱之。

辛丑,帝至霍邑[5],遣使谕河中节度使赵匡赞,仍以契丹囚其父告之。

滋德宫有宫人五十余人,萧翰欲取之,宦者张环不与。翰破锁夺宫人,执环,烧铁灼之,腹烂而死。

初,翰闻帝拥兵而南,欲北归,恐中国无主,必大乱,己不得从容而去。时唐明宗子许王从益与王淑妃在洛阳,翰遣高谟翰迎之,矫称契丹主命,以从益知南朝军国事,召己赴恒州。淑妃、从益匿于徽陵下宫[6],不得已而出。至大梁,翰立以为帝,帅诸酋长拜之。又以礼部尚书王松、御史中丞赵远为宰相,前宣徽使甄城翟光邺为枢密使,左金吾大将军王景崇为宣徽使,以北来指挥使刘祚权侍卫亲军都指挥使,充在京巡检。松,徽之子也[7]。

百官谒见淑妃,淑妃泣曰:"吾母子单弱如此,而为诸公所推,是祸吾家也。”翰留燕兵千人守诸门，为从益宿卫。壬寅，翰及刘晞辞行。从益饯于北郊。遣使召高行周于宋州[8]，武行德于河阳，皆不至，淑妃惧，召大臣谋之曰：“吾母子为萧翰所逼，分当灭亡。诸公无罪，宜早迎新主[9]，自求多福，勿以吾母子为意！”众感其言，皆未忍叛去。或曰：“今集诸营，不减五千，与燕兵并力坚守一月，北救必至。”淑妃曰：“吾母子亡国之余[10]，安敢与人争天下！不幸至此，死生惟人所裁。若新主见察，当知我无所负。今更为计画，则祸及他人，阖城涂炭，终何益乎！”众犹欲拒守，三司使文安刘审交曰：“余燕人[11]，岂不为燕兵计！顾事有不可如何者。今城中大乱之余，公私穷竭，遗民无几，若复受围一月，无噍类矣[12]。愿诸公勿复言，一从太妃处分。”乃用赵远、翟光邺策，称梁王，知军国事。遣使奉表称臣迎帝，请早赴京师，仍出居私第。

甲辰，帝至晋州。

契丹主兀欲以契丹主德光有子在国，己以兄子袭位，又无述律太后之命，擅自立，内不自安。

初，契丹主阿保机卒于勃海，述律太后杀酋长及诸将凡数百人。契丹主德光复卒于境外，酋长诸将惧死，乃谋奉契丹主兀欲勒兵北归。

契丹主以安国节度使麻答为中京留守[13]，以前武州刺史高奉明为安国节度使。晋文武官及士卒悉留于恒州，独以翰林学士徐台符、李澣及后宫、宦者、教坊人自随。乙巳，发真定。

帝之即位也，绛州刺史李从朗与契丹将成霸卿等拒命，帝遣西南面招讨使、护国节度使白文珂攻之，未下。帝至城下，命诸军四布而勿攻，以利害谕之。戊申，从朗举城降。帝命亲将分护诸门，士卒一人毋得入。以偏将薛琼为防御使。

辛亥，帝至陕州，赵晖自御帝马而入。壬子，至石壕[14]，汴人有来迎者。

【注释】

①北军：指契丹聚集在恒州的军队。崔廷勋等在南，故称屯驻恒州之军为北军。 ②卫州：州名，治今河南卫辉市。 ③挝（zhuā 抓）：捶打，击。 ④惕息：不敢喘息，形容极其恐惧。 ⑤霍邑：县名，隋开皇初

以永安县改名，治所在今山西霍州市。 ⑥徽陵：唐明宗的陵墓，在今河南洛阳市。下宫：祖庙。 ⑦徽：王徽，唐大臣。京兆（今陕西西安市）人。字昭文，宣宗时授右拾遗，屡次上书，无所顾忌。广明初授官户部侍郎、同平章事。黄巢入长安后，被俘。后出奔河中，拜官诸道租庸供军使。官终右仆射。 ⑧高行周：字尚质，十余岁即在李克用帐下，稍长，补以军职。灭后梁后，以功领端州刺史、振武军节度使。历仕后晋、后汉、后周，累封齐王。 ⑨新主：指刘知远。因为刘新近即帝位，拥兵南下，所以称他为新主。 ⑩亡国之余：后唐灭亡以后，只有王淑妃母子在，所以自称“亡国之余”。 ⑪燕人：文安县唐时属莫州，莫州属于春秋战国时燕国的南界，所以刘审交自称为燕人。 ⑫噍（jiào 叫）类：活人。噍，嚼。 ⑬麻答：耶律德光的从弟。 ⑭石壕：镇名。即今河南三门峡市陕州区东硖石镇。唐杜甫以此地为背景写有《石壕吏》诗。

六月，甲寅朔，萧翰至恒州，与麻答以铁骑围张砺之第。砺方卧病，出见之，翰数之曰：“汝何故言于先帝，云胡人不可以为节度使？又，吾为宣武节度使，且国舅也；汝在中书乃帖我[1]！又，先帝留我守汴州，令我处宫中，汝以为不可。又，谮我及解里于先帝，云解里好掠人财，我好掠人子女。今我必杀汝！”命锁之。砺抗声曰：“此皆国家大体，吾实言之。欲杀即杀，奚以锁为！”麻答以大臣不可专杀，力救止之，翰乃释之。是夕，砺愤恚而卒。

崔廷勋见麻答，趋走拜，起，跪而献酒，麻答踞而受之。

乙卯，帝至新安，西京留司官悉来迎。

吴越忠献王弘佐卒[2]。遗令以丞相弘倧为镇海、镇东节度使兼侍中。

丙辰，帝至洛阳，入居宫中；汴州百官奉表来迎。诏谕以受契丹补署者皆勿自疑，聚其告牒而焚之[3]。赵远更名上交。

命郑州防御使郭从义先入大梁清宫，密令杀李从益及王淑妃。淑妃且死，曰：“吾儿为契丹所立，何罪而死！何不留之，使每岁寒食，以一盂麦饭洒明宗陵乎！”闻者泣下。

戊午，帝发洛阳。枢密院吏魏仁浦自契丹逃归[4]，见于巩；郭威问以兵数及故事，仁浦强记精敏，威由是亲任之。仁浦，卫州人也。

辛酉，汴州百官窦贞固等迎于荥阳。甲子，帝至大梁，晋之藩镇相继来降。

丙寅，吴越王弘倧袭位。

戊辰，帝下诏大赦。凡契丹所除节度使，下至将吏，各安职任，不复变更。复以汴州为东京，改国号曰汉，仍称天福年，曰："余未忍忘晋也。"复青、襄、汝三节度[5]。壬申，以北京留守崇为河东节度使、同平章事。

契丹述律太后闻契丹主自立，大怒，发兵拒之。契丹主以伟王为前锋，相遇于石桥[6]。初，晋侍卫马军都指挥使李彦韬从晋主北迁，隶述律太后麾下，太后以为排陈使。彦韬迎降于伟王，太后兵由是大败。契丹主幽太后于阿保机墓。改元天禄，自称天授皇帝，以高勋为枢密使。

契丹主慕中华风俗，多用晋臣，而荒于酒色，轻慢诸酋长，由是国人不附，诸部数叛，兴兵诛讨，故数年之间，不暇南寇。

初，契丹主德光命奉国都指挥使南宫王继弘、都虞候樊晖以所部兵戍相州，彰德节度使高唐英善待之。戍兵无铠仗，唐英以铠仗给之，倚信如亲戚。唐英闻帝南下，举镇请降；使者未返，继弘、晖杀唐英。继弘自称留后，遣使告云唐英反覆，诏以继弘为彰德留后。庚辰，以晖为磁州刺史。

安国节度使高奉明闻唐英死，心不自安，请于麻答，署马步都指挥使刘铎为节度副使，知军府事，身归恒州。

帝遣使告谕荆南。高从诲上表贺，且求郢州，帝不许；及加恩使至，拒而不受。

唐主闻契丹主德光卒，萧翰弃大梁去，下诏曰："乃眷中原，本朝故地。"以左右卫圣统军、忠武节度使李金全为北面行营招讨使，议经略北方。闻帝已入大梁，遂不敢出兵。

【注释】

①帖：堂帖，宰相处理事务的文书。　②弘佐（928—947）：即钱弘佐，吴越国君。一作钱弘，字元佑，死后谥曰忠献王。　③告牒：任命官吏的文书。　④魏仁浦（911—969）：字道济，卫州汲（今河南卫辉市）

人。幼时贫寒。后晋时为枢密院吏,后帮助郭威起兵建立后周,任枢密院副承旨。后周世宗即位,迁集贤殿大学士兼枢密使、宰相。北宋初,进位右仆射。 ⑤复青、襄、汝三节度:后晋以杨光远反,废平卢军,以安从进反,废山南东道,以李金全反,废安远军。这时又在三州恢复节度使。汝州未尝为节镇,疑为安州。 ⑥石桥:沙河之桥,沙河即今河北潴龙河支流大沙河。

秋,七月,甲午,以马希广为天策上将军、武安节度使、江南诸道都统,兼中书令,封楚王。

或传赵延寿已死。郭威言于帝曰:"赵匡赞,契丹所署,今犹在河中,宜遣使吊祭,因起复移镇[①]。彼既家国无归,必感恩承命。"从之。会邺都留守、天雄节度使兼中书令杜重威、天平节度使兼侍中李守贞皆奉表归命。重威仍请移他镇。归德节度使兼中书令高行周入朝,丙申,徙重威为归德节度使,以行周代之;守贞为护国节度使,加兼中书令;徙护国节度使赵匡赞为晋昌节度使。后二年,延寿始卒于契丹[②]。

吴越王弘倧以其弟台州刺史弘俶同参相府事。

李达以其弟通知福州留后[③],自诣钱唐见吴越王弘倧,弘倧承制加达兼侍中,更其名曰孺赟。既而孺赟悔惧,以金笋二十株及杂宝赂内牙统军使胡进思,求归福州;进思为之请,弘倧从之。

杜重威自以附契丹,负中国,内常疑惧;及移镇制下,复拒而不受,遣其子弘璲质于麻答以求援。赵延寿有幽州亲兵二千在恒州,指挥使张琏将之,重威请以守魏;麻答遣其将杨衮将契丹千五百人及幽州兵赴之。闰月,庚午,诏削夺重威官爵,以高行周为招讨使,镇宁节度使慕容彦超副之,以讨重威。

辛未,杨邠、郭威、王章皆为正使[④]。时兵荒之余,公私匮竭,北来兵与朝廷兵合[⑤],顿增数倍。章白帝罢不急之务,省无益之费以奉军,用度克赡。

庚辰,制建宗庙。太祖高皇帝,世祖光武皇帝,皆百世不迁。又立四亲庙[⑥],追尊谥号。凡六庙。

麻答贪猾残忍,民间有珍货、美妇女,必夺取之。又捕村民,诬以为盗,披面,抉目,断腕,焚炙而杀之,欲以威众。常以其具自随,左右悬人肝、胆、手、足,饮食起居于其间,语笑自若。出入或被黄衣,用乘舆,服御物,曰:“兹事汉人以为不可,吾国无忌也。”又以宰相员不足,乃牒冯道判弘文馆,李崧判史馆,和凝判集贤,刘昫判中书,其僭妄如此[7]。然契丹或犯法,无所容贷,故市肆不扰。常恐汉人亡去,谓门者曰:“汉有窥门者,即断其首以来。”

麻答遣使督运于洺州[8],洺州防御使薛怀让闻帝入大梁,杀其使者,举州降。帝遣郭从义将兵万人会怀让攻刘铎于邢州,不克。铎请兵于麻答,麻答遣其将杨安及前义武节度使李殷将千骑攻怀让于洺州。怀让婴城自守,安等纵兵大掠于邢、洺之境。

【注释】

①起复:古时官吏有丧,服未满而起用,称起复。后亦有人称服满而起用者为起复,服未满而起用者为夺情。　②延寿:即赵延寿,恒山(今河北正定县)人。本姓刘,为赵德钧养子。仕后唐为枢密使,镇守徐州。后陷于契丹。契丹主让他策划进取中原,他便引导契丹军侵略河朔,封燕王,为枢密使。他又要求为皇太子,契丹主不许。契丹主死后,自称权知南朝军国事,被永康王兀欲抓获,带回契丹,最后死于契丹。　③李达:即李仁达,降南唐后赐名弘义。后又叛南唐,求救于吴越。因弘字犯吴越讳,遂改名为达。　④正使:刘知远在太原即位时,任令杨邠暂时代理枢密使,郭威代理枢密副使,王章代理三司使,这时他们三人都任命为正使。　⑤北来兵:指随刘知远和史弘肇从太原来的军队。朝廷兵:指后晋朝廷旧有的军队。　⑥亲庙:皇帝的高、曾、祖、考四庙称亲庙。刘知远建立的四代亲庙为:追尊高祖刘湍明元皇帝,庙号文祖;曾祖刘昂恭僖皇帝,庙号德祖;祖刘僎昭献皇帝,庙号翼祖;考刘琠章圣皇帝,庙号显祖。　⑦僭妄:宰相分制,须要由皇帝发布制敕,而麻答自行用牒来任命,故说他僭妄。　⑧洺州:州名,治今河北邯郸市永年区东南。

契丹所留兵不满二千,麻答令所司给万四千人食,收其余以自入。麻答常疑汉兵,且以为无用,稍稍废省,又损其食以饲胡兵;众心怨愤,闻帝入大梁,皆有南归之志。前颍州防御使何福进,控鹤指挥使太原李荣[1],潜结军中壮士数十人谋攻契丹,然畏契丹尚强，犹豫未发。会杨衮、杨安等军出，契丹留恒州者才八百人，福进等遂决计，约以击佛寺钟为号。

辛巳，契丹主兀欲遣骑至恒州，召前威胜节度使兼中书令冯道、枢密使李崧、左仆射和凝等，会葬契丹主德光于木叶山[2]。道等未行，食时，钟声发。汉兵夺契丹守门者兵击契丹，杀十余人，因突入府中。李荣先据甲库，悉召汉兵及市人，以铠仗授之，焚牙门[3]，与契丹战。荣召诸将并力，护圣左厢都指挥使、恩州团练使白再荣狐疑，匿于别室，军吏以佩刀决幕，引其臂，再荣不得已而行。诸将继至，烟火四起，鼓噪震地。麻答等大惊，载宝货家属，走保北城。而汉兵无所统壹，贪狡者乘乱剽掠，懦者窜匿。八月，壬午朔，契丹自北门入，势复振，汉民死者二千余人。前磁州刺史李谷恐事不济，请冯道、李崧、和凝至战所慰勉士卒，士卒见道等至，争自奋。会日暮，有村民数千噪于城外，欲夺契丹宝货、妇女，契丹惧而北遁，麻答、刘晞、崔廷勋皆奔定州，与义武节度使邪律忠合。忠，即郎五也。

冯道等四出安抚兵民，众推道为节度使。道曰："我书生也，当奏事而已，宜择诸将为留后。"时李荣功最多，而白再荣位在上，乃以再荣权知留后，具以状闻，且请援兵，帝遣左飞龙使李彦从将兵赴之[4]。

白再荣贪昧，猜忌诸将。奉国军主华池王饶恐为再荣所并[5]，诈称足疾，据东门楼，严兵自卫。司天监赵延义善于二人，往来谕释，始得解。

再荣以李崧、和凝久为相，家富，遣军士围其第求赏给，崧、凝各以家财与之，又欲杀崧、凝以灭口。李谷往见再荣，责之曰："国亡主辱，公辈握兵不救。今仅能逐一虏将[6]，镇民死者几三千人[7]，岂独公之力邪！才得脱死，遽欲杀宰相，新天子若诘公专杀之罪，公何辞以对？"再荣惧而止。又欲率民财以给军，谷力争之，乃止。汉人尝事麻答者，再荣皆拘之以取其财，恒人以其贪虐，谓之"白麻答"。

杨衮至邢州，闻麻答被逐，即日北还，杨安亦遁去，李殷以其众来降。

庚寅，以薛怀让为安国节度使。刘铎闻麻答遁去；举邢州降；怀让诈云巡检，引兵向邢州，铎开门纳之，怀让杀铎，以克复闻。朝廷知而不问。

辛卯，复以恒州顺国军为镇州成德军。

乙未，以白再荣为成德留后。逾年，始以何福进为曹州防御使，李荣为博州刺史。

敕："盗贼毋问赃多少皆抵死。"时四方盗贼多，朝廷患之，故重其法，仍分命使者逐捕。苏逢吉自草诏，意云："应贼盗，并四邻同保[8]，皆全族处斩。"众以为："盗犹不可族，况邻保乎！"逢吉固争，不得已，但省去"全族"字。由是捕贼使者张令柔杀平阴十七村民。

逢吉为人，文深好杀。在河东幕府[9]，帝尝令静狱以祈福[10]，逢吉尽杀狱囚还报。及为相，朝廷草创，帝悉以军旅之事委杨邠、郭威，百司庶务委逢吉及苏禹珪。二相决事，皆出胸臆，不拘旧制；虽事无留滞，而用舍黜陟，惟其所欲。帝方倚信之，无敢言者。逢吉尤贪诈，公求货财，无所顾避。继母死，不为服；庶兄自外至，不白逢吉而见诸子，逢吉怒，密语郭威，以他事杖杀之。

【注释】

①控鹤：官名。为把守内皇城诸门的门官。　②木叶山：山名。在今内蒙古奈曼旗东北老哈河与西喇木伦河汇合处。本来为契丹族先世所居，山上有辽始祖庙。　③牙门：官署。　④飞龙使：官名。唐时设置左右飞龙使以养御马，五代时设使以掌之。　⑤军主：犹言军帅。后晋南渡以来，南北兵争，各置军主、队主之官。华池：县名，在今甘肃华池县东南东华池。　⑥虏将：指麻答。　⑦镇：镇州，恒州旧名。　⑧同保：同一个保的人。保，古时户籍编制单位，一般十家为一保，设有保长一人。　⑨幕府：本指将帅在外的营帐，因军旅在外，没有固定住所，以帐幕为府署，故称幕府，后也称衙署为幕府。这里指苏逢吉为河东节度判官的时候。　⑩静狱：清理狱囚。

楚王希广庶弟天策左司马希崇，性狡险，阴遗兄希萼书，言刘彦瑫等违先王之命，废长立少，以激怒之。

希萼自永州来奔丧[1]，乙巳，至跌石，彦瑫白希广遣侍从都指挥使周廷诲等将水军逆之，命永州将士皆释甲而入，馆希萼于碧湘宫，成服于其次，不听入与希广相见。希萼求还朗州，周廷诲劝希广杀之。希广曰："吾何忍杀兄，宁分潭、朗而治之。"乃厚赠希萼，遣还朗州。希崇常为希萼诇希广，语言动作，悉以告之，约为内应。

契丹之灭晋也，驱战马二万归其国。至是汉兵乏马，诏市士民马于河南诸道不经剽掠者。

制以钱弘倧为东南兵马都元帅、镇海·镇东节度使兼中书令、吴越王。

高从诲闻杜重威叛，发水军数千袭襄州，山南东道节度使安审琦击却之。又寇郢州，刺史尹实大破之。乃绝汉，附于唐、蜀。

初，荆南介居湖南、岭南、福建之间，地狭兵弱，自武信王季兴时[2]，诸道入贡过其境者，多掠夺其货币。及诸道移书诘让，或加以兵，不得已复归之，曾不为愧。及从诲立，唐、晋、契丹、汉更据中原，南汉、闽、吴、蜀皆称帝，从诲利其赐予，所向称臣。诸国贱之，谓之"高无赖"。

唐主以太傅兼中书令宋齐丘为镇南节度使。

南汉主恐诸弟与其子争国，杀齐王弘弼、贵王弘道、定王弘益、辨王弘济、同王弘简、益王弘建、恩王弘伟、宜王弘照，尽杀其男，纳其女充后宫。作离宫千余间[3]，饰以珠宝，设镬汤、铁床、刳剔等刑[4]，号"生地狱"。尝醉，戏以瓜置乐工之颈试剑，遂断其头。

初，帝与吏部尚书窦贞固俱事晋高祖，雅相知重，及即位，欲以为相，问苏逢吉："其次谁可相者？"逢吉与翰林学士李涛善，因荐之，曰："昔涛乞斩张彦泽，陛下在太原，尝重之，此可相也。"

会高行周、慕容彦超共讨杜重威于邺都，彦超欲急攻城，行周欲缓之以待其弊。行周女为重威子妇，彦超扬言："行周以女故，爱贼不攻。"由是二将不协。帝恐生他变，欲自将击重威，意未决。涛上疏请亲征。帝大悦，以涛有宰相器。九月，甲戌，加逢吉左仆射兼门下侍郎，苏禹珪右仆射兼中书侍郎，贞固司空兼门下侍郎，涛户部尚书兼中书侍郎，并同平章事。

戊寅,诏幸澶、魏劳军,以皇子承训为东京留守。

冯道、李崧、和凝自镇州还,己卯,以崧为太子太傅,凝为太子太保。

庚辰,帝发大梁。

【注释】

①永州:这里应该为“朗州”。当时马希萼为武平节度使,武平军设在朗州。另外,下文又说马希萼请求回朗州,马希广又打算分潭州、朗州而治。 ②武信王季兴:即高季兴,初名季昌,字贻逊,陕州峡石(今河南三门峡市南)人。荆南国创建者,924—928年在位。在位期间曾臣事后唐、吴,势力在十国中为最小。谥武信王。 ③离宫:封建帝王在正式宫殿之外建筑的宫殿,以便游玩时随时居住,因与正式宫殿分离,称之为离宫。 ④镬(huò货)汤:一种把人放在镬中煮的酷刑。镬,用来煮食物的器皿。铁床:一种烧烤人的酷刑,人在铁床上,下面用火烧。

晋昌节度使赵匡赞恐终不为朝廷所容,冬,十月,遣使降蜀,请自终南山路出兵应援。

戊戌,帝至邺都城下,舍于高行周营。行周言于帝曰:“城中食未尽,急攻,徒杀士卒,未易克也。不若缓之,彼食尽自溃。”帝然之。慕容彦超数因事陵轹行周[1],行周泣诉于执政,掬粪壤实其口,苏逢吉、杨邠密以白帝。帝深知彦超之曲,犹命二臣和解之;又召彦超于帐中责之,且使诣行周谢。

杜重威声言车驾至即降,帝遣给事中陈观往谕指,重威复闭门拒之。城中食浸竭,将士多出降者,慕容彦超固请攻城,帝从之。丙午,亲督诸将攻城,自寅至辰,士卒伤者万余人,死者千余人,不克而止。彦超乃不敢复言。

初,契丹留幽州兵千五百人戍大梁。帝入大梁,或告幽州兵将为变,帝尽杀之于繁台之下[2]。及围邺都,张琏将幽州兵二千助重威拒守,帝屡遣人招谕,许以不死;琏曰:“繁台之卒,何罪而戮?今守此,以死为期耳。”由是城久不下。十一月,丙辰,内殿直韩训献攻城之具[3],帝曰:“城之所恃者,众心耳。众心苟离,城无所保,用此何为!”

杜重威之叛，观察判官金乡王敏屡泣谏，不听。及食竭力尽，甲戌，遣敏奉表出降。乙亥，重威子弘琏来见；丙子，妻石氏来见，石氏，即晋之宋国长公主也，帝复遣入城。丁丑，重威开门出降，城中馁死者什七八，存者皆尪瘠无人状④。张琏先邀朝廷信誓，诏许以归乡里。及出降，杀琏等将校数十人，纵其士卒北归，将出境，大掠而去。

郭威请杀重威牙将百余人，并重威家赀籍之以赏战士，从之。以重威为太傅兼中书令、楚国公。重威每出入，路人往往掷瓦砾诟之。

臣光曰：汉高祖杀幽州无辜千五百人，非仁也；诱张琏而诛之，非信也；杜重威罪大而赦之，非刑也。仁以合众，信以行令，刑以惩奸；失此三者，何以守国！其祚运之不延也，宜哉！

高行周以慕容彦超在澶州，固辞邺都；己卯，以忠武节度使史弘肇领归德节度使，兼侍卫马步都指挥使，义成节度使刘信领忠武节度使兼侍卫马步副都指挥使，徙彦超为天平节度使，并加同平章事。

吴越王弘倧大阅水军，赏赐倍于旧；胡进思固谏，弘倧怒，投笔水中，曰："吾之财与士卒共之，奚多少之限邪！"

【注释】

①陵轹（lì 利）：欺压，欺凌。 ②繁台：本叫师旷吹台，梁孝王增筑，因有繁氏居其侧，故名繁台，在今河南开封市郊东南隅。 ③内殿直：官名。皇帝的侍从官。 ④尪（wāng 汪）瘠：瘦弱。尪，骨骼弯曲。

十二月，丙戌，帝发邺都。

蜀主遣雄武都押牙吴崇恽①，以枢密使王处回书招凤翔节度使侯益。庚寅，以山南西道节度使兼中书令张虔钊为北面行营招讨安抚使，雄武节度使何重建副之，宣徽使韩保贞为都虞候，共将兵五万，虔钊出散关，重建出陇州，以击凤翔；奉銮肃卫都虞候李廷珪将兵二万出子午谷②，以援长安。诸军发成都，旌旗数十里。

辛卯，皇子开封尹承训卒。承训孝友忠厚，达于从政，人皆惜之。

癸巳，帝至大梁。

威武节度使李孺赟与吴越戍将鲍修让不协，谋袭杀修让，复以福州降唐；修让觉之，引兵攻府第，是日，杀孺赟，夷其族。

乙未，追立皇子承训为魏王。

侯益请降于蜀，使吴崇恽持兵籍、粮帐西还，与赵匡赞同上表请出兵平定关中。

己酉，鲍修让传李孺赟首至钱塘，吴越王弘倧以丞相山阴吴程知威武节度事。

吴越王弘倧，性刚严，愤忠献王弘佐时容养诸将，政非己出，及袭位，诛杭、越侮法吏三人。

内牙统军使胡进思恃迎立功，干预政事；弘倧恶之，欲授以一州，进思不可。进思有所谋议，弘倧数面折之。进思还家，设忠献王位，被发恸哭。民有杀牛者，吏按之，引人所市肉近千斤。弘倧问进思："牛大者肉几何？"对曰："不过三百斤。"弘倧曰："然则吏妄也。"命按其罪。进思拜贺其明。弘倧曰："公何能知其详？"进思踧踖对曰[3]："臣昔未从军，亦尝从事于此。"进思以弘倧为知其素业，故辱之，益恨怒。进思建议遣李孺赟归福州，及孺赟叛，弘倧责之，进思愈不自安。

弘倧与内牙指挥使何承训谋逐进思，又谋于内都监使水丘昭券，昭券以为进思党盛难制，不如容之，弘倧犹豫未决。承训恐事泄，反以谋告进思。

庚戌晦，弘倧夜宴将吏，进思疑其图己，与其党谋作乱，帅亲兵百人，戎服执兵入见于天策堂，曰："老奴无罪，王何故图之？"弘倧叱之不退，左右持兵者皆愤怒。弘倧猝愕不暇发言，趋入义和院。进思锁其门，矫称王命，告中外云："猝得风疾，传位于同参相府事弘俶。"进思因帅诸将迎弘俶于私第，且召丞相元德昭。德昭至，立于帘外不拜，曰："俟见新君。"进思亟出褰帘[4]，德昭乃拜。

进思称弘倧之命，承制授弘俶镇海、镇东节度使兼侍中。弘俶曰："能全吾兄，乃敢承命。不然，当避贤路。"进思许之。弘俶始视事。

进思杀水丘昭券及进侍鹿光铉[5]。光铉,弘倧之舅也。进思之妻曰:“他人犹可杀;昭券,君子也,奈何害之!”

是岁,唐主以羽林大将军王延政为安化节度使鄱阳王,镇饶州。

【注释】

①都押牙:也称“都押衙”,官名。唐五代藩镇署府执掌衙内诸事之官,掌管仪仗、侍卫。 ②子午谷:地名。在今陕西西安市长安区南,谷口有子午镇。 ③踧踖:局促不安的样子。 ④褰(qiān 千):掀起。 ⑤进侍:官名。吴越时所置,为侍奉君王左右之官。

乾祐元年 春,正月,乙卯,大赦,改元。

帝以赵匡赞、侯益与蜀兵共为寇,患之。会回鹘入贡[1],诉称为党项所阻,乞兵应接。诏左卫大将军王景崇、将军齐藏珍将禁军数千赴之,因使之经略关西[2]。

晋昌节度判官李恕,久在赵延寿幕下,延寿使之佐匡赞。匡赞将入蜀,恕谏曰:“燕王入胡,岂所愿哉!今汉家新得天下,方务招怀,若谢罪归朝,必保富贵。入蜀非全计也,‘蹄涔不容尺鲤’[3],公必悔之。”匡赞乃遣恕奉表请入朝。景崇等未行而恕至,帝问恕:“匡赞何为附蜀?”对曰:“匡赞自以身受虏官[4],父在虏庭,恐陛下未之察,故附蜀求苟免耳。臣以为国家必应存抚,故遣臣来祈哀。”帝曰:“匡赞父子,本吾人也,不幸陷虏。今延寿方坠槛阱[5],吾何忍更害匡赞乎!”即听其入朝。侯益亦请赴二月四日圣寿节上寿[6]。景崇等将行,帝召入卧内,敕之曰:“匡赞、益之心,皆未可知。汝至彼,彼已入朝,则勿问;若尚迁延顾望,当以便宜从事。”

己未,帝更名暠。

以前威胜节度使冯道为太师。

壬戌,吴越王弘俶迁故王弘倧于衣锦军私第[7],遣匡武都头薛温将亲兵卫之[8]。潜戒之曰:“若有非常处分,皆非吾意,当以死拒之。”

帝自魏王承训卒,悲痛过甚。甲子,始不豫。

赵匡赞不俟李恕返命，已离长安，丙子，入见。

王景崇等至长安，闻蜀兵已入秦川[9]，以兵少，发本道及赵匡赞牙兵千余人同拒之。景崇恐匡赞牙兵亡逸，欲文其面，微露风旨；军校赵思绾[10]，首请自文其面以帅下，景崇悦。齐藏珍窃言曰："思绾凶暴难制，不如杀之。"景崇不听。思绾，魏州人也。

蜀李廷珪将至长安，闻赵匡赞已入朝，欲引归，王景崇邀之，败廷珪于子午谷。张虔钊至宝鸡，诸将议不协，按兵未进；侯益闻廷珪西还，因闭壁拒蜀兵，虔钊势孤，引兵夜遁。景崇帅凤翔、陇、邠、泾、鄜、坊之兵追败蜀兵于散关，俘将卒四百人。

丁丑，帝大渐。杨邠忌侍卫马军都指挥使、忠武节度使刘信[11]，立遣之镇。信不得奉辞，雨泣而去。

帝召苏逢吉、杨邠、史弘肇、郭威入受顾命，曰："余气息微，不能多言。承祐幼弱，后事托在卿辈。"又曰："善防重威。"是日，殂于万岁殿，逢吉等秘不发丧。

庚辰，下诏，称："重威父子，因朕小疾，谤议摇众，并其子弘璋、弘琏、弘璨皆斩之。晋公主及内外亲族，一切不问。"磔重威尸于市，市人争啖其肉，吏不能禁，斯须而尽。

二月，辛巳朔，立皇子左卫大将军、大内都点检承祐为周王，同平章事。有顷，发丧，宣遗制，令周王即皇帝位。时年十八。

蜀韩保贞、庞福诚引兵自陇州还，要何重建俱西。是日，保贞等至秦州，分兵守诸门及衢路，重建遂入于蜀。

丁亥，尊皇后曰皇太后。

朝廷知成德留后白再荣非将帅才，庚寅，以前建雄留后刘在明代之。

癸巳，大赦。

吴越内牙指挥使何承训复请诛胡进思及其党。吴越王弘俶恶其反覆，且惧召祸，乙未，执承训，斩之。

进思屡请杀废王弘倧以绝后患，弘俶不许。进思诈以王命密令薛温害之。温曰："仆受命之日，不闻此言，不敢妄发。"进思乃夜遣其党方安等二人逾垣而入，弘倧阖户拒之，大呼求救；温闻之，率众而入，毙安等于庭中。入告弘俶，弘俶大惊，曰："全吾兄，汝之力也。"

弘俶畏忌进思，曲意下之。进思亦内忧惧，未几，疽发背卒⑫。弘倧由是获全。

诏以王景崇兼凤翔巡检使。景崇引兵至凤翔，侯益尚未行，景崇以禁兵分守诸门。或劝景崇杀益，景崇以受先朝密旨⑬，嗣主未之知，或疑于专杀，犹豫未决。益闻之，不告景崇而去，景崇悔，自诉。戊戌，益入朝，隐帝问："何故召蜀军？"对曰："臣欲诱致而杀之。"帝哂之。

蜀张虔钊自恨无功，癸卯，至兴州⑭，惭忿而卒。

侍卫马步都指挥使、同平章事史弘肇遭母丧，不数日，复出朝参⑮。

【注释】

①回鹘：古族名。也称回纥，其先为匈奴，散居在漠北，以游牧为生。唐时改称回纥，后被黠戛斯战败，部落分散西迁。 ②关西：指故函谷关（今河南灵宝市东北）以西地区。 ③"蹄涔（cén 岑）不容尺鲤"：蹄涔，牛马路上所留足迹中的积水。这句话为十六国前赵皇帝刘曜所说，意思为牛马蹄印里的水，难以容纳一尺长的鲤鱼。在这里是说后蜀太小，容纳不了赵匡赞。 ④身受虏官：指赵匡赞受契丹主耶律德光之命镇守河中府。 ⑤槛阱：捕捉野兽的陷阱。槛，关野兽的栅栏。 ⑥圣寿节：皇帝的生日。 ⑦衣锦军：地名。又称衣锦乡，五代后梁开平二年（908）吴越所置，治所在今浙江临安市。 ⑧都头：官名。五代时为禁军步兵都一级统兵官。 ⑨秦川：地名。在今陕西、甘肃秦岭以北渭水平原。 ⑩赵思绾（？—949）：后汉将领，魏州（今河北衡水市冀州区）人。后汉高祖刘知远时据永兴叛，归附李守贞。守贞任命他为晋昌节度使。隐帝时派郭威征讨，围困数月，他不得已而投降，拜镇国节度使，不久有异志被杀。 ⑪刘信（？—950）：后汉高祖刘知远从弟。性情昏庸，贪得无厌，喜欢施行严刑酷法。初掌禁军，领义成节度使。后郭威在澶州发动兵变，王峻派王铎率兵巡检许州，他因惶惑而自杀。 ⑫疽（jū 居）：一种毒疮。 ⑬先朝密旨：指高祖刘知远让他相机行事的密令。 ⑭兴州：州名。治所在今陕西略阳县。 ⑮朝参：官吏上朝参见皇帝。

资治通鉴卷第二百八十八

后汉纪三　起著雍涒滩三月，尽屠维作噩，凡一年有奇。

高祖睿文圣武昭肃孝皇帝下

乾祐元年　三月，丙辰，史弘肇起复，加兼侍中。

侯益家富于财，厚赂执政及史弘肇等[①]，由是大臣争誉之。丙寅，以益兼中书令，行开封尹。

改广晋为大名府，晋昌军为永兴军。

侯益盛毁王景崇于朝，言其恣横。景崇闻益尹开封，知事已变，内不自安，且怨朝廷。会诏遣供奉官王益如凤翔[②]，征赵匡赞牙兵诣阙，赵思绾等甚惧，景崇因以言激之。思绾途中谓其党常彦卿曰："小太尉已落其手[③]，吾属至京师，并死矣，奈何？"彦卿曰："临机制变，子勿复言！"

癸酉，至长安，永兴节度副使安友规、巡检乔守温出迎王益[④]，置酒于客亭[⑤]。思绾前白曰："壕寨使已定舍馆于城东[⑥]。今将士家属皆在城中，欲各入城挈家诣城东宿。"友规等然之。时思绾等皆无铠仗，既入西门，有州校坐门侧，思绾遽夺其剑斩之。其徒因大噪，持白梃，杀守门者十余人，分遣其党守诸门。思绾入府，开库取铠仗给之，友规等皆逃去。思绾遂据城，集城中少年，得四千余人，缮城隍[⑦]，葺楼堞，旬日间，战守之具皆备。

王景崇讽凤翔吏民表景崇知军府事[⑧]，朝廷患之。甲戌，徙静难节度使王守恩为永兴节度使，徙保义节度使赵晖为凤翔节度使，并同平章事。以景崇为邠州留后，令便道之官。

虢州伶人靖边庭杀团练使田令方[⑨]，驱掠州民，奔赵思绾。至潼关，潼关守将出击之，其众皆溃。

初，契丹主北归，至定州，以义武节度副使邪律忠为节度使，徙故节度使孙方简为大同节度使。方简怨恚，且惧入朝为契丹所留，迁延不受命，帅其党三千人保狼山故寨，控守要害。契丹攻之，不克。未几，遣使请降，帝复其旧官，以捍契丹。

邪律忠闻邺都既平，常惧华人为变。诏以成德留后刘在明为幽州道马步都部署，使出兵经略定州。未行，忠与麻答等焚掠定州，悉驱其人弃城北去。孙方简自狼山帅其众数百，还据定州，又奏以弟行友为易州刺史，方遇为泰州刺史。每契丹入寇，兄弟奔命[⑩]，契丹颇畏之。于是晋末州县陷契丹者，皆复为汉有矣。

丙子，以刘在明为成德节度使。

麻答至其国，契丹主责以失守。麻答不服，曰："因朝廷征汉官致乱耳。"契丹主鸩杀之。

【注释】

①执政：指苏逢吉、杨邠等人。 ②供奉官：官名。掌宫中侍奉之事。 ③小太尉：指赵匡赞。因为赵思绾等人都是赵延寿的部曲，故称匡赞为小太尉。 ④巡检：官名。五代后唐始置，掌管地方治安。⑤客亭：驿亭，迎送使者的地方。 ⑥壕寨使：官名。掌管营造建筑、官吏出行处所和军队驻地等事。 ⑦城隍：护城壕。有水为池，无水为隍。 ⑧讽：以委婉的语言劝说。 ⑨虢（guó 国）州：州名。治所在今河南灵宝市。 ⑩奔命：奔走救援。

苏逢吉等为相，多迁补官吏；杨邠以为虚费国用，所奏多抑之，逢吉等不悦。

中书侍郎兼户部尚书、同平章事李涛上疏言："今关西纷扰，外御为急。二枢密皆佐命功臣[①]，官虽贵而家未富，宜授以要害大镇。枢机之务在陛下目前，易以裁决，逢吉、禹珪自先帝时任事，皆可委也。"杨邠、郭威闻之，见太后泣诉，称："臣等从先帝起艰难中，今天子取人言，欲弃之于外。况关西方有事，臣等何忍自取安逸，不顾社稷。若臣等必不任职，乞留过山陵[2]。”太后怒，以让帝，曰：“国家勋旧之臣，奈何听人言而逐之！”帝曰：“此宰相所言也。”因诘责宰相。涛曰：“此疏臣独为之，他人无预。”丁丑，罢涛政事，勒归私第。

是日，邠、泾、同、华四镇俱上言护国节度使兼中书令李守贞与永兴、凤翔同反[3]。

始，守贞闻杜重威死而惧，阴有异志。自以晋世尝为上将，有战功，素好施，得士卒心。汉室新造，天子年少初立，执政皆后进，有轻朝廷之志。乃招纳亡命，养死士，治城堑，缮甲兵，昼夜不息。遣人间道赍蜡丸结契丹，屡为边吏所获。

浚仪人赵修己[4]，素善术数[5]，自守贞镇滑州，署司户参军，累从移镇，为守贞言：“时命不可，勿妄动！”前后切谏非一，守贞不听，乃称疾归乡里。僧总伦，以术媚守贞，言其必为天子，守贞信之。又尝会将佐置酒，引弓指《舐掌虎图》曰：“吾有非常之福，当中其舌。”一发中之，左右皆贺。守贞益自负。

会赵思绾据长安，奉表献御衣于守贞，守贞自谓天人协契，乃自称秦王。遣其骁将平陆王继勋据潼关[6]，以思绾为晋昌节度使。

同州距河中最近，匡国节度使张彦威，常诇守贞所为，奏请先为之备，诏滑州马军都指挥使罗金山将部兵戍同州；故守贞起兵，同州不为所并。金山，云州人也[7]。

定难节度使李彝殷发兵屯境上，奏称：“去三载前羌族嗢毋杀绥州刺史李仁裕叛去，请讨之。”庆州上言[8]：“请益兵为备。”诏以司天言，今岁不利先举兵，谕止之。

【注释】

①二枢密：指杨邠和郭威。　②山陵：帝王的坟墓。秦时称天子坟墓为山，汉时称陵，故合称山陵。　③永兴、凤翔：当时赵思绾占据永兴，王景崇占据凤翔。　④浚仪：地名。在今河南开封市。　⑤术数：用阴阳五行生克制化的数理，来推断人事凶吉，如占候、卜筮、星命、相术等。　⑥平陆：县名。唐天宝初以河北县改名，在今山西平陆县西南。　⑦云州：州名。治所在今山西大同市。　⑧庆州：州名。治所在今甘肃庆阳市。

夏，四月，辛巳，陕州都监王玉奏克复潼关[①]。

帝与左右谋，以太后怒李涛离间，欲更进用二枢密，以明非帝意。左右亦疾二苏之专，欲夺其权，共劝之。壬午，制以枢密使杨邠为中书侍郎兼吏部尚书、同平章事，枢密使如故；以副枢密使郭威为枢密使；又加三司使王章同平章事。

凡中书除官，诸司奏事，帝皆委邠斟酌。自是三相拱手[②]，政事尽决于邠。事有未更邠所可否者，莫敢施行，遂成凝滞。三相每进拟用人，苟不出邠意，虽簿、尉亦不之与。邠素不喜书生，常言："国家府廪实，甲兵强，乃为急务。至于文章礼乐，何足介意！"既恨二苏排己[③]，又以其除官太滥，为众所非，欲矫其弊，由是艰于除拜，士大夫往往有自汉兴至亡不沾一命者；凡门荫及百司入仕者悉罢之[④]。虽由邠之愚蔽，时人亦咎二苏之不公所致云。

以镇宁节度使郭从义充永兴行营都部署，将侍卫兵讨赵思绾。戊子，以保义节度使白文珂为河中行营都部署，内客省使王峻为都监。辛卯，削夺李守贞官爵，命文珂等会兵讨之。乙未，以宁江节度使、侍卫步军都指挥使尚洪迁为西面行营都虞候。

王景崇迁延不之邠州，阅集凤翔丁壮，诈言讨赵思绾，仍牒邠州会兵。

契丹主如辽阳[⑤]，故晋主与太后、皇后皆谒见。有禅奴利者，契丹主之妻兄也，闻晋主有女未嫁，诣晋主求之；晋主辞以幼。后数日，契丹主使人驰取其女而去，以赐禅奴。

王景崇遗蜀凤州刺史徐彦书，求通互市。壬戌，蜀主使彦复书招之。

契丹主留晋翰林学士徐台符于幽州，台符逃归。

五月，乙亥，滑州言河决鱼池[⑥]。

六月，戊寅朔，日有食之。

辛巳，以奉国左厢都虞候刘词充河中行营马步都虞候。

乙酉，王景崇遣使请降于蜀，亦受李守贞官爵。

高从诲既与汉绝，北方商旅不至，境内贫乏，乃遣使上表谢罪，乞修职贡；诏遣使慰抚之。

西面行营都虞候尚洪迁攻长安，伤重而卒。

【注释】

①都监:官名。为地方长官,掌本地屯驻、兵甲、训练、差使之事。 ②三相:指窦贞固、苏逢吉、苏禹珪。 ③二苏排己:指苏逢吉、苏禹珪让李涛上疏,请求皇帝将杨邠、郭威任以外职。 ④门荫:因祖先的功勋而得官。百司入仕:指九品以外的官(即流外官)升入九品以内的官(即流内官,或者称为入流)。 ⑤辽阳:府名。治所在今辽宁辽阳市老城区。 ⑥鱼池:地名。即鱼池口,在今河南滑县境内。

秋,七月,以工部侍郎李谷充西南面行营都转运使。

庚申,加枢密使郭威同平章事。

蜀司空兼中书侍郎、同平章事张业,性豪侈,强市人田宅,藏匿亡命于私第,置狱,系负债者,或历年至有瘐死者[①]。其子检校左仆射继昭,好击剑,尝与僧归信访善剑者,右匡圣都指挥使孙汉韶与业有隙,密告业、继昭谋反;翰林承旨李昊、奉圣控鹤马步都指挥使安思谦复从而谮之。甲子,业入朝,蜀主命壮士就都堂击杀之[②],下诏暴其罪恶,籍没其家。

枢密使、保宁节度使兼侍中王处回,亦专权贪纵,卖官鬻狱,四方馈献,皆先输处回,次及内府,家赀巨万。子德钧,亦骄横。张业既死,蜀主不忍杀处回,听归私第;处回惶恐辞位,以为武德节度使兼中书令。

五代黄筌《雪竹文禽图》

蜀主欲以普丰库使高延昭、茶酒库使王昭远为枢密使[③],以其名位素轻,乃授通奏使[④],知枢密院事。昭远,成都人,幼以僧童从其师入府,蜀高祖爱其敏慧,令给事蜀主左右;至是,委以机务,府库金帛,恣其取与，不复会计。

戊辰，以郭从义为永兴节度使，白文珂兼知河中行府事[⑤]。

蜀主以翰林承旨、尚书左丞李昊为门下侍郎兼户部尚书，翰林学士、兵部侍郎徐光溥为中书侍郎兼礼部尚书，并同平章事。

蜀安思谦谋尽去旧将，又谮卫圣都指挥使兼中书令赵廷隐谋反，欲代其位，夜，发兵围其第。会山南西道节度使李廷珪入朝，极言廷隐无罪，乃得免。廷隐因称疾，固请解军职；甲戌，蜀主许之。

凤翔节度使赵晖至长安；乙亥，表王景崇反状益明，请进兵击之。

【注释】

①瘐（yǔ 与）死：囚死在狱中。指囚犯因为被拷打、饥饿和生病死在狱中。 ②都堂：尚书省中厅的别称。 ③普丰库使、茶酒库使：官名。为后蜀所设置，为掌管国库的长官。 ④通奏使：官名。为后蜀所特置，掌通达诏令等事。 ⑤行府：中央官署派出在外代行指定事务的机构。

初，高祖镇河东，皇弟崇为马步都指挥使，与蕃汉都孔目官郭威争权[①]，有隙。及威执政，崇忧之。节度判官郑珙，劝崇为自全计，崇从之。珙，青州人也。八月，庚辰，崇表募兵四指挥[②]，自是选募勇士，招纳亡命，缮甲兵，实府库，罢上供财赋，皆以备契丹为名；朝廷诏令，多不禀承。

自河中、永兴、凤翔三镇拒命以来，朝廷继遣诸将讨之。昭义节度使常思屯潼关，白文珂屯同州，赵晖屯咸阳。惟郭从义、王峻置栅近长安，而二人相恶如水火，自春徂秋，皆相仗莫肯攻战。帝患之，欲遣重臣临督，壬午，以郭威为西面军前招慰安抚使，诸军皆受威节度。

威将行，问策于太师冯道。道曰："守贞自谓旧将，为士卒所附，愿公勿爱官物，以赐士卒，则夺其所恃矣。"威从之。由是众心始附于威。

诏白文珂趣河中，赵晖趣凤翔。

甲申，蜀主以赵廷隐为太傅，赐爵宋王，国有大事，就第问之。

戊子，蜀改凤翔曰岐阳军。己丑，以王景崇为岐阳节度使、同平章事。

乙未，以钱弘俶为东南兵马都元帅、镇海·镇东节度使兼中书令、吴越国王。

郭威与诸将议攻讨，诸将欲先取长安、凤翔。镇国节度使扈从珂曰："今三叛连衡，推守贞为主，守贞亡，则两镇自破矣。若舍近而攻远，万一王、赵拒吾前，守贞掎吾后，此危道也。"威善之。于是威自陕州，白文珂及宁江节度使、侍卫步军都指挥使刘词自同州，常思自潼关，三道攻河中。威抚养士卒，与同苦乐，小有功辄赏之，微有伤常亲视之；士无贤不肖，有所陈启，皆温辞色而受之；违忤不怒，小过不责。由是将卒咸归心于威。

始，李守贞以禁军皆尝在麾下，受其恩施，又士卒素骄，苦汉法之严，谓其至则叩城奉迎，可以坐而待之。既而士卒新受赐于郭威，皆忘守贞旧恩，己亥，至城下，扬旗伐鼓，踊跃诟噪；守贞视之失色。

白文珂克西关城，栅于河西，常思栅于城南，威栅于城西，未几，威以常思无将领才，先遣归镇。

诸将欲急攻城，威曰："守贞前朝宿将，健斗好施，屡立战功。况城临大河，楼堞完固，未易轻也。且彼冯城而斗，吾仰而攻之，何异帅士卒投汤火乎！夫勇有盛衰，攻有缓急，时有可否，事有后先；不若且设长围而守之，使飞走路绝[③]。吾洗兵牧马[④]，坐食转输，温饱有余。俟城中无食，公帑家财皆竭，然后进梯冲以逼之[⑤]，飞羽檄以招之。彼之将士，脱身逃死，父子且不相保，况乌合之众乎！思绾、景崇，但分兵縻之，不足虑也。"乃发诸州民夫二万余人，使白文珂等帅之，刳长壕，筑连城，列队伍而围之。威又谓诸将曰："守贞向畏高祖，不敢鸱张，以我辈崛起太原，事功未著，有轻我心，故敢反耳。正宜静以制之。"乃偃旗卧鼓，但循河设火铺[⑥]，连延数十里，番步卒以守之。遣水军舣舟于岸，寇有潜往来者，无不擒之。于是守贞如坐网中矣。

蜀武德节度使兼中书令王处回请老，辛丑，以太子太傅致仕。

【注释】

①都孔目官:官名。五代州府属吏。 ②指挥:军队编制单位,一指挥人数一般为五百人。 ③飞走:飞禽走兽。这里指郭威设置包围圈,连飞禽走兽都不能进出。 ④洗兵:洗净兵器,收藏起来,指停止战争。 ⑤冲:冲车,一种用来冲撞城墙的战车。 ⑥火铺:巡逻站,晚上以火把照明,故称。

南汉主遣知制诰宣化钟允章求婚于楚[1],楚王希广不许。南汉主怒,问允章:“马公复能经略南土乎?”对曰:“马氏兄弟,方争亡于不暇,安能害我!”南汉主曰:“然。希广懦而吝啬,其士卒忘战日久,此乃吾进取之秋也。”

武平节度使马希萼请与楚王希广各修职贡,求朝廷别加官爵,希广用天策府内都押牙欧弘练、进奏官张仲荀谋[2],厚赂执政,使拒其请。九月,壬子,赐希萼及楚王希广诏书,谕以“兄弟宜相辑睦,凡希萼所贡,当附希广以闻”。希萼不从。

蜀兵援王景崇军于散关,赵晖遣都监李彦从袭击,破之,蜀兵遁去。

蜀主以张业、王处回执政,事多壅蔽,己未,始置匦函[3],后改为献纳函。

王景崇尽杀侯益家属七十余人,益子前天平行军司马仁矩先在外,得免。庚申,以仁矩为隰州刺史。仁矩子延广,尚在襁褓,乳母刘氏以己子易之,抱延广而逃,乞食至于大梁,归于益家。

李守贞屡出兵欲突长围,皆败而返;遣人赍蜡丸求救于唐、蜀、契丹,皆为逻者所获。城中食且尽,殍死者日众。守贞忧形于色,召总伦诘之,总伦曰:“大王当为天子,人不能夺。但此分野有灾[4],待磨灭将尽,只余一人一骑,乃大王鹊起之时也。”守贞犹以为然。

冬,十月,王景崇遣其子德让,赵思绾遣其子怀义,见蜀主于成都。

戊寅,景崇遣兵出西门,赵晖击破之,遂取西关城。景崇退守大城;堑而围之,数挑战,不出。晖潜遣千余人擐甲执兵,效蜀旗帜,循南山而下,令诸军声言:“蜀兵至矣。”景崇果遣兵数千出迎之,晖设伏掩击,尽殪之[5]。自是景崇不复敢出。

蜀主遣山南西道节度使安思谦将兵救凤翔,左仆射兼门下侍郎、同平章事毋昭裔上疏谏曰:“臣窃见庄宗皇帝志贪西顾[6],前蜀主意欲北行[7],凡在庭臣,皆贡谏疏,殊无听纳,有何所成!只此两朝,可为鉴诫。”不听,又遣雄武节度使韩保贞引兵出汧阳以分汉兵之势[8]。

王景崇遣前义成节度使酸枣李彦舜等逆蜀兵[9];丙申,安思谦屯右界[10],汉兵屯宝鸡。思谦遣眉州刺史申贵将兵二千趣模壁[11],设伏于竹林;丁酉旦,贵以兵数百压宝鸡而陈,汉兵逐之,遇伏而败,蜀兵逐北,破宝鸡寨。蜀兵去,汉兵复入宝鸡。己亥,思谦进屯渭水,汉益兵五千戍宝鸡;思谦畏之,谓众曰:“粮少敌强,宜更为后图。”辛丑,退屯凤州[12],寻归兴元[13]。贵,潞州人也。

荆南节度使兼中书令、南平文献王高从诲寝疾,以其子节度副使保融判内外兵马事。癸卯,从诲卒;保融知留后。

彰武节度使高允权与定难节度使李彝殷有隙,李守贞密求援于彝殷,发兵屯延、丹境上,闻官军围河中,乃退。甲辰,允权以状闻,彝殷亦自诉,朝廷和解之。

【注释】

①知制诰:官名。掌起草机要诏书。宣化:县名。在今广西南宁市。　②进奏官:官名。掌为节度使传送文书。　③匦(guǐ 轨)函:一种方形的匣子。凡是臣民有什么冤屈和对政事有什么匡正补救,都可以写好投进匣子中。匦和函都是匣子。　④分野:古代天文学说,把天上的十二星辰的位置与地上州、国的位置相对应,并以天象的变异来附会地上州国的吉凶。这种根据星辰划分的地上区域就称为分野。　⑤殪(yì 义):本为射死,也泛指杀死。　⑥庄宗皇帝志贪西顾:指后唐庄宗李存勖贪图前蜀之富而于925年出兵攻蜀。　⑦前蜀主意欲北行:指前蜀主王衍意在向秦州进军。　⑧汧阳:县名。在今陕西千阳县。　⑨酸枣:县名。在今河南延津县。　⑩右界:即宝鸡右界,这里是后汉与后蜀的分界处。　⑪模壁:地名。在今陕西宝鸡市西南。　⑫凤州:州名。治所在今陕西凤翔县东北凤州镇。　⑬兴元:州名。治所在今陕西汉

中市。

初，高祖入大梁，太师冯道、太子太傅李崧皆在真定，高祖以道第赐苏禹珪，崧第赐苏逢吉。崧第中瘞藏之物及洛阳别业，逢吉尽有之。及崧归朝，自以形迹孤危，事汉权臣，常惕惕谦谨，多称疾杜门。而二弟屿、嶬，与逢吉子弟俱为朝士，时乘酒出怨言，云"夺我居第、家赀"。逢吉由是恶之。未几，崧以两京宅券献于逢吉，逢吉愈不悦；翰林学士陶谷，先为崧所引用，复从而谮之。

汉法既严，而侍卫都指挥使史弘肇尤残忍，宠任孔目官解晖，凡入军狱者，使之随意锻炼，无不自诬。及三叛连兵，群情震动，民间或讹言相惊骇。弘肇掌部禁兵，巡逻京城，得罪人，不问轻重，于法何如，皆专杀不请，或决口，斫筋[1]，折胫，无虚日；虽奸盗屏迹，而冤死者甚众，莫敢辩诉。

李屿仆夫葛延遇，为屿贩鬻，多所欺匿，屿抶之，督其负甚急，延遇与苏逢吉之仆李澄，谋上变告屿谋反。逢吉闻而诱致之，因召崧至第，收送侍卫狱[2]。屿自诬云："与兄崧、弟嶬、甥王凝及家僮合二十人，谋因山陵发引，纵火焚京城作乱；又遣人以蜡书入河中城，结李守贞；又遣人召契丹兵。"及具狱上，逢吉取笔改"二十"为"五十"字。十一月，甲寅，下诏诛崧兄弟、家属及辞所连及者，皆陈尸于市，仍厚赏葛延遇等，时人无不冤之。自是士民家皆畏惮仆隶，往往为所胁制。

他日，秘书郎真定李昉诣陶谷，谷曰："君于李侍中近远?"昉曰："族叔父。"谷曰："李氏之祸，谷有力焉。"昉闻之，汗出。谷，邠州人也，本姓唐，避晋高祖讳改焉[3]。

史弘肇尤恶文士，常曰："此属轻人难耐，每谓吾辈为卒。"弘肇领归德节度使，委亲吏杨乙收属府公利[4]，乙依势骄横，合境畏之如弘肇；副使以下，望风展敬，乙皆下视之，月率钱万缗以输弘肇，士民不胜其苦。

初，沈丘人舒元[5]，嵩山道士杨讷，俱以游客干李守贞；守贞为汉所攻，遣元更姓朱，讷更姓李，名平，间道奉表求救于唐，唐谏议大夫查文徽、兵部侍郎魏岑请出兵应之。

唐主命北面行营招讨使李金全将兵救河中，以清淮节度使刘彦贞副之，文徽为监军使，岑为沿淮巡检使，军于沂州之境。金全与诸将方会食，候骑白有汉兵数百在涧北，皆羸弱，请掩之，金全令曰："敢言过涧者斩！"及暮，伏兵四起，金鼓闻十余里，金全曰："向可与之战乎？"时唐士卒厌兵，莫有斗志，又河中道远，势不相及，丙寅，唐兵退保海州⑥。

唐主遗帝书谢，请复通商旅，且请赦守贞，朝廷不报。

壬申，葬睿文圣武昭肃孝皇帝于睿陵，庙号高祖。

【注释】

①斫（zhuó 浊）：斩。 ②侍卫狱：侍卫司狱，即军中的监狱。 ③避晋高祖讳：后晋高祖名石敬瑭，又因为唐姓均出于陶唐氏之后，因此改唐姓为陶。 ④属府：史弘肇留京帅掌侍卫，让他的节度副使治所领归德节度使事。副使是他的部属，故称为属府。 ⑤沈丘：县名。在今安徽临泉县。 ⑥海州：州名。治所在今江苏连云港市西南海州区。

十二月，丁丑，以高保融为荆南节度使、同平章事。

辛巳，南汉主以内常侍吴怀恩为开府仪同三司、西北面招讨使①，将兵击楚，攻贺州。楚王希广遣决胜指挥使徐知新等将兵五千救之。未至，南汉人已拔贺州，凿大阱于城外，覆以竹箔，加土，下施机轴②，自堑中穿穴通阱中。知新等至，引兵攻城，南汉遣人自穴中发机，楚兵悉陷，南汉出兵从而击之。楚兵死者以千数；知新等遁归，希广斩之。南汉兵复陷昭州③。

王景崇累表告急于蜀，蜀主命安思谦再出兵救之。壬午，思谦自兴元引兵屯凤州，请先运粮四十万斛，乃可出境。蜀主曰："观思谦之意，安肯为朕进取！"然亦发兴州、兴元米数万斛以馈之。

戊子，思谦进屯散关，遣马步使高彦俦、眉州刺史申贵击汉箭筈安都寨④，破之。庚寅，思谦败汉兵于玉女潭⑤，汉兵退屯宝鸡，思谦进屯模壁。韩保贞出新关⑥，壬辰，军于陇州神前，汉兵不出，保贞亦不敢进。

赵晖告急于郭威，威自往赴之。时李守贞遣副使周光逊、裨将王继勋、聂知遇守城西，威戒白文珂、刘词曰："贼苟不能突围，终为我禽；万一得出，则吾不得复留于此。成败之机，于是乎在。贼之骁锐，尽在城西，我去必来突围，尔曹谨备之！"威至华州，闻蜀兵食尽引去，威乃还。韩保贞闻安思谦去，亦退保弓川寨⑦。

蜀中书侍郎兼礼部尚书、同平章事徐光溥坐以艳辞挑前蜀安康长公主，丁酉，罢守本官。

【注释】

①内常侍：官名。掌内侍省日常事务之官。开府仪同三司：官名。意思是给非三公（即太尉、司徒、司空）官员以和三公相同的待遇，准许开设府署，自辟僚属。五代时为散官加号。 ②机轴：机关。机指弩牙，轴指车轴。 ③昭州：州名。治所在今广西平乐县西。 ④箭筈：地名。即箭筈岭，又作箭括岭，即今陕西岐山县东北岐山。 ⑤玉女潭：地名。在今陕西宝鸡市西北。 ⑥新关：地名。即安戎关，在今陕西陇县西北。 ⑦弓川寨：地名。在今甘肃秦安县北。

隐 皇 帝 上

乾祐二年 春，正月，乙巳朔，大赦。

郭威将至河中，白文珂出迎之。

戊申夜，李守贞遣王继勋等引精兵千余人循河而南，袭汉栅，坎岸而登，遂入之，纵火大噪，军中狼狈不知所为。刘词神色自若，下令曰："小盗不足惊也。"帅众击之。客省使阎晋卿曰①："贼甲皆黄纸，为火所照，易辨耳；奈众无斗志何！"裨将李韬曰："安有无事食君禄，有急不死斗者邪！"援矟先进②，众从之。河中兵退走，死者七百人，继勋重伤，仅以身免。己酉，郭威至，刘词迎马首请罪。威厚赏之，曰："吾所忧正在于此。微兄健斗，几为虏嗤。然虏伎殚于此矣。"晋卿，忻州人也③。

守贞之欲攻河西栅也，先遣人出酤酒于村墅，或贳与④，不责其直，逻骑多醉，由是河中兵得潜行入寨，几至不守。郭威乃下令："将士非犒宴，毋得私饮！"爱将李审，晨饮少酒，威怒曰："汝为吾帐下，首违军令，何以齐众！”立斩以徇。

甲寅，蜀安思谦退屯凤州，上表待罪，蜀主释不问。

诏以静州隶定难军，二月，辛未[⑤]，李彝殷上表谢。彝殷以中原多故，有轻傲之志，每藩镇有叛者，常阴助之，邀其重赂。朝廷知其事，亦以恩泽羁縻之。

淮北群盗多请命于唐，唐主遣神卫都虞候皇甫晖等将兵万人出海、泗以招纳之[⑥]。蒙城镇将咸师朗等降于晖；徐州将成德钦败唐兵于峒峿镇，俘斩六百级，晖等引归。

晋李太后诣契丹主，请依汉人城寨之侧，给田以耕桑自赡。契丹主许之，并晋主迁于建州；未至，安太妃卒于路。遗令：“必焚我骨，南向扬之，庶几魂魄归达于汉。”既至建州，得田五十余顷，晋主令从者耕其中以给食。顷之，述律王遣骑取晋主宠姬赵氏、聂氏而去[⑦]。述律王者，契丹主德光之子也。

三月，己未，以归德牙内指挥使史德珫领忠州刺史。德珫，弘肇之子也，颇读书，常不乐父之所为。有举人呼噪于贡院门[⑧]，苏逢吉命执送侍卫司[⑨]，欲其痛棰而黥之。德珫言于父曰：“书生无礼，自有台府治之[⑩]，非军务也。此乃公卿欲彰大人之过耳。”弘肇大然之，即破械遣之。

楚将徐进败蛮于风阳山，斩首五千级。

【注释】

①客省使：官名。五代时掌接待奏计和外族使者之事。 ②矟(shuò 硕)：兵器名。矛属，长八尺。 ③忻州：州名。治所在今山西忻州市。 ④贳(shì 世)：赊。 ⑤辛未：二月无此日，疑误。 ⑥泗：泗州，州名。治所在今江苏盱眙县西北。 ⑦述律王：即耶律璟，又名耶律明，小字述律，耶律德光长子。继辽世宗耶律阮为辽皇帝，951—969 年在位。死后庙号穆宗。 ⑧贡院：科举考试时考试贡士的场所。 ⑨侍卫司：官署名。为侍卫亲军马步军都指挥使司的简称。为统掌禁军的机构。 ⑩台府：台宪之府。台宪，即御史的通称。掌纠察弹劾之权。

夏，四月，壬午，太白昼见；民有仰视之者，为逻卒所执，史弘肇腰斩之。

河中城中食且尽，民饿死者什五六。癸卯，李守贞出兵五千余人，赍梯桥[①]，分五道以攻长围之西北隅；郭威遣都监吴虔裕引兵横击之，河中兵败走，杀伤太半，夺其攻具。五月，丙午，守贞复出兵，又败之，擒其将魏延朗、郑宾。壬子，周光逊、王继勋、聂知遇帅其众千余人来降。守贞将士降者相继，威乘其离散，庚申，督诸军百道攻之。

赵思绾好食人肝，尝面剖而脍之，脍尽，人犹未死。又好以酒吞人胆，谓人曰："吞此千枚，则胆无敌矣。"及长安城中食尽，取妇女、幼稚为军粮，日计数而给之，每犒军，辄屠数百人，如羊豕法。思绾计穷，不知所出。郭从义使人诱之。

初，思绾少时，求为左骁卫上将军致仕李肃仆，肃不纳，曰："是人目乱而语诞，他日必为叛臣。"肃妻张氏，全义之女也[②]，曰："君今拒之，后且为患。"乃厚以金帛遗之。及思绾据长安，肃闲居在城中，思绾数就见之，拜伏如故礼。肃曰："是子亟来，且污我。"欲自杀。妻曰："曷若劝之归国！"会思绾问自全之计，肃乃与判官程让能说思绾曰："公本与国家无嫌，但惧罪耳。今国家三道用兵，俱未有功，若以此时翻然改图，朝廷必喜，自可不失富贵。孰与坐而待毙乎！"思绾从之，遣使诣阙请降。乙丑，以思绾为华州留后，都指挥使常彦卿为虢州刺史，令便道之官。

吴越内牙都指挥使钭滔，胡进思之党也，或告其谋叛，辞连丞相弘亿。吴越王弘俶不欲穷治，贬滔于处州。

六月，癸酉朔，日有食之。

秋，七月，甲辰，赵思绾释甲出城受诏，郭从义以兵守其南门，复遣还城。思绾求其牙兵及铠仗，从义亦给之；思绾迁延，收敛财贿，三改行期。从义等疑之，密白郭威，请图之，威许之。壬子，从义与都监、南院宣徽使王峻按辔入城[③]，处于府舍，召思绾酌别，因执之，并常彦卿及其父兄部曲三百人，皆斩于市。

甲寅，郭威攻河中，克其外郭。李守贞收余众，退保子城。诸将请急攻之，威曰："夫鸟穷则啄，况一军乎！涸水取鱼，安用急焉！"

壬戌，李守贞与妻及子崇勋等自焚，威入城，获其子崇玉等及所署丞相靖崊、孙愿、枢密使刘芮、国师总伦等，送大梁，磔于市。征赵修己为翰林天文[4]。

威阅守贞文书，得朝廷权臣及藩镇与守贞交通书，词意悖逆，欲奏之，秘书郎榆次王溥谏曰："魑魅乘夜争出，见日自消。愿一切焚之，以安反侧。"威从之。

【注释】

①梯桥：一种战守工具。 ②全义：张全义，后梁大臣。临汉（今湖北襄阳市北）人。字国维，初为河南尹，累官至太师、尚书令，封齐王。他镇守洛阳四十年，惠民之政很多，颇有声名。 ③南院宣徽使：当为宣徽南院使。唐时始设宣徽南北院使，以宦官担任，总领宫内诸司。随着后来宦官权力日增，官职也渐趋尊贵。五代时以大臣充任。 ④翰林天文：唐、五代时设立翰林院，作为安置为宫廷服务的各种有技术的内廷供奉之处，下设天文、书艺、图书、医官四局，其中处于天文局者称为翰林天文。

三叛既平，帝浸骄纵，与左右狎昵。飞龙使瑕丘后匡赞[1]、茶酒使太原郭允明以谄媚得幸，帝好与之为廋辞、丑语[2]，太后屡戒之，帝不以为意。癸亥，太常卿张昭上言："宜亲近儒臣，讲习经训。"不听。昭，即昭远，避高祖讳改之。

戊辰，加永兴节度使郭从义同平章事，徙镇国节度使扈从珂为护国节度使，以河中行营马步都虞候刘词为镇国节度使。

唐主复进用魏岑；吏部郎中会稽钟谟、尚书员外郎李德明始以辩慧得幸，参预国政；二人皆恃恩轻躁，虽不与岑为党，而国人皆恶之。户部员外郎范冲敏，性狷介，乃教天威都虞候王建封上书，历诋用事者，请进用正人；唐主谓建封武臣典兵，不当干预国政，大怒，流建封于池州，未至，杀之，冲敏弃市。

唐主闻河中破，以朱元为驾部员外郎[3]，待诏文理院李平为尚书员外郎[4]。

吴越王弘俶以丞相弘亿判明州。

西京留守、同平章事王守恩，性贪鄙，专事聚敛。丧车非输钱不得出城，下至抒厕、行乞之人[5]，不免课率，或纵麾下令盗人财。

有富室娶妇，守恩与俳优数人往为宾客，得银数铤而返[6]。

八月，甲申，郭威自河中还，过洛阳；守恩自恃位兼将相，肩舆出迎。威怒，以为慢己，辞以浴，不见，即以头子命保义节度使、同平章事白文珂代守恩为留守[7]，文珂不敢违。守恩犹坐客次，吏白："新留守已视事于府矣。"守恩大惊，狼狈而归，见家属数百已逐出府，在通衢矣。朝廷不之问，以文珂兼侍中，充西京留守。

欧阳修论曰：自古乱亡之国，必先坏其法制而后乱从之，此势之然也，五代之际是已。文珂、守恩皆汉大臣，而周太祖以一枢密使头子而易置之，如更戍卒。是时太祖未有无君之志，而所为如此者，盖习为常事，故文珂不敢违，守恩不敢拒。太祖既处之不疑，而汉廷君臣亦置而不问，岂非纲纪坏乱之极而至于此欤！是以善为天下虑者，不敢忽于微而常杜其渐也，可不戒哉！

守恩至大梁，恐获罪，广为贡献，重赂权贵。朝廷亦以守恩首举潞州归汉，故宥之，但诛其用事者数人而已。

马希萼悉调朗州丁壮为乡兵，造号静江军，作战舰七百艘，将攻潭州，其妻苑氏谏曰："兄弟相攻，胜负皆为人笑。"不听，引兵趣长沙。

马希广闻之曰："朗州，吾兄也，不可与争，当以国让之而已。"刘彦瑫、李弘皋等固争以为不可，乃以岳州刺史王赟为都部署战棹指挥使，以彦瑫监其军。己丑，大破希萼于仆射洲，获其战舰三百艘。赟追希萼，将及之，希广遣使召之曰："勿伤吾兄！"赟引兵还。赟，环之子也。

希萼自赤沙湖乘轻舟遁归[8]，苑氏泣曰："祸将至矣，余不忍见也。"赴井而死。

【注释】

①瑕丘：县名。在今山东济宁市兖州区。　②廋（sōu 搜）辞：隐语。③驾部：官署名。为兵部所属四司之一，掌乘舆、传驿、厩牧之事。长官为郎中，次官为员外郎。　④文理院：官署名。南唐时所设置，类似唐时翰林院。　⑤抒厕：清扫厕所。抒，同"纾"，解除、清除。　⑥铤（dìng 定）：同"锭"。旧时金银币往往铸为一定的形状，其轻重略有定率，名曰

锭。 ⑦头子：唐末、五代至宋时，枢密使与中书省分领政事，枢密使不经由中书，直行下达的札子，事大者称为宣，事小者称为头子，也称宣头。 ⑧赤沙湖：又名亦亭湖，在今湖南华容县南。

戊戌，郭威至大梁，入见，帝劳之，赐金帛、衣服、玉带、鞍马，辞曰："臣受命期年，仅克一城，何功之有！且臣将兵在外，凡镇安京师、供亿所须、使兵食不乏，皆诸大臣居中者之力也，臣安敢独膺此赐！请遍赏之。"又议加方镇，辞曰："杨邠位在臣上，未有茅土[①]；且帷幄之臣[②]，不可以弘肇为比。"九月，壬寅，遍赐宰相、枢密、宣徽、三司、侍卫使九人，与威如一。帝欲特赏威，辞曰："运筹建画，出于庙堂[③]；发兵馈粮，资于藩镇；暴露战斗，在于将士；而功独归臣，臣何以堪之！"

乙巳，加威兼侍中，史弘肇兼中书令。辛亥，加窦贞固司徒，苏逢吉司空，苏禹珪左仆射，杨邠右仆射。诸大臣议，以朝廷执政溥加恩，恐藩镇觖望。乙卯，加天雄节度使高行周守太师，山南东道节度使安审琦守太傅，泰宁节度使符彦卿守太保，河东节度使刘崇兼中书令；己未，加忠武节度使刘信、天平节度使慕容彦超、平卢节度使刘铢并兼侍中；辛酉，加朔方节度使冯晖、定难节度使李彝殷兼中书令；冬，十月，壬申，加义武节度使孙方简、武宁节度使刘赟同平章事；壬午，加吴越王弘俶尚书令，楚王希广太尉；丙戌，加荆南节度使高保融兼侍中。议者以为："郭威不专有其功，推以分人，信为美矣；而国家爵位，以一人立功而覃及天下[④]，不亦滥乎！"

吴越王弘俶募民能垦荒田者，勿收其税，由是境内无弃田。或请纠民遗丁以增赋[⑤]，仍自掌其事；弘俶杖之国门。国人皆悦。

楚静江节度使马希瞻以兄希萼、希广交争，屡遣使谏止，不从；知终覆族，疽发于背，丁亥，卒。

契丹寇河北，所过杀掠；节度使、刺史各婴城自守。游骑至贝州及邺都之北境，帝忧之。己丑，遣枢密使郭威督诸将御之，以宣徽使王峻监其军。

十一月，契丹闻汉兵渡河，乃引去。辛亥，郭威军至邺都，令王峻分军趣镇、定。戊午，威至邢州。

唐兵渡淮，攻正阳[6]。十二月，颍州将白福进击败之。

杨邠为政苛细。初，邢州人周璨为诸卫将军，罢秩无依，从王景崇西征，景崇叛，遂为之谋主；邠奏："诸前资官，喜摇动藩臣，宜悉遣诣京师。"既而四方云集，日遮宰相马求官；辛卯，邠复奏："前资官宜分居两京，以俟有阙而补之。"漂泊失所者甚众；邠又奏："行道往来者，皆给过所[7]。"既而官司填咽，民情大扰，乃止。

赵晖急攻凤翔，周璨谓王景崇曰："公向与蒲、雍相表里[8]；今二镇已平，蜀儿不足恃，不如降也。"景崇曰："善，吾更思之。"

后数日，外攻转急。景崇谓其党曰："事穷矣，吾欲为急计。"乃谓其将公孙辇、张思练曰："赵晖精兵，多在城北，来日五鼓前，尔二人烧城东门诈降，勿令寇入，吾与周璨以牙兵出北门突晖军，纵无成而死，犹胜束手。"皆曰："善。"

癸巳，未明，辇、思练烧东门请降，府牙火亦发；二将遣人诇之，景崇已与家人自焚矣。璨亦降。

丁酉，密州刺史王万敢击唐海州荻水镇[9]，残之。

是月，南汉主如英州。

是岁，唐泉州刺史留从效兄南州副使从愿[10]，鸩刺史董思安而代之；唐主不能制，置清源军于泉州，以从效为节度使。

【注释】

①茅土：本指受封为王侯，这里指领有藩镇。茅是一种草名，古代帝王分封诸侯时，按封土所在方向取社坛上一色土，以茅包之，称为茅土，给受封者在封国内立社。 ②帷幄之臣：帷幄本指宫室的帷幕，帷幄之臣是指国家近密之臣。 ③庙堂：宗庙明堂，也用以指代朝廷。 ④覃（tán 谭）及：遍及，延及。 ⑤遗丁：是指百姓年龄已成丁而户籍上遗漏，没有承担赋役的人。 ⑥正阳：镇名。在今安徽寿县西南淮河南岸。 ⑦过所：过关所用的凭证，即通行证。 ⑧蒲、雍：蒲州代指李守贞。雍州代指赵思绾。 ⑨荻水镇：镇名。在今江苏连云港市赣榆区西北。 ⑩南州：州名。南汉改漳州置，治所在今福建漳州市。

资治通鉴卷第二百八十九

后汉纪四　上章阉茂，一年。

隐皇帝下

乾祐三年　春，正月，丁未，加凤翔节度使赵晖兼侍中。

密州刺史王万敢请益兵以攻唐；诏以前沂州刺史郭琼为东路行营都部署，帅禁军及齐州兵赴之。

郭威请勒兵北临契丹之境，诏止之。

丙寅，遣使诣河中、凤翔收瘗战死及饿殍遗骸，时有僧已聚二十万矣。

唐主闻汉兵尽平三叛，始罢李金全北面行营招讨使。

唐清淮节度使刘彦贞多敛民财以赂权贵，权贵争誉之。在寿州积年，恐被代，欲以警急自固，妄奏称汉兵将大举南伐。二月，唐主以东都留守燕王弘冀为润、宣二州大都督，镇润州；宁国节度使周宗为东都留守。

朝廷欲移易藩镇，因其请赴嘉庆节上寿①，许之。

甲申，郭威行北边还。

福州人或诣建州告唐永安留后查文徽，云吴越兵已弃城去，请文徽为帅。文徽信之，遣剑州刺史陈诲将水军下闽江，文徽自以步骑继之。会大雨，水涨，诲一夕行七百里，至城下，败福州兵，执其将马先进等。庚寅，文徽至福州，吴越知威武军吴程诈遣数百人出迎。诲曰："闽人多诈，未可信也，宜立寨徐图。"文徽曰：

“疑则变生，不若乘机据其城。”因引兵径进。诲整众鸣鼓，止于江湄[2]，文徽不为备，程勒兵出击之，唐兵大败，文徽堕马，为福人所执，士卒死者万人。诲全军归剑州。程送文徽于钱唐，吴越王弘俶献于五庙而释之。

丁亥，汝州奏防御使刘审交卒[3]。吏民诣阙上书，以审交有仁政，乞留葬汝州，得奉事其丘垄，诏许之。州人相与聚哭而葬之，为立祠，岁时享之。太师冯道曰：“吾尝为刘君僚佐，观其为政，无以逾人，非能减其租赋，除其徭役也，但推公廉慈爱之心以行之耳。此亦众人所能为，但它人不为而刘君独为之，故汝人爱之如此。使天下二千石皆效其所为，何患得民不如刘君哉！”

甲午，吴越丞相、昭化节度使、同平章事杜建徽卒[4]。

乙未，以前永兴节度使赵匡赞为左骁卫上将军。

三月，丙午，嘉庆节，邺都留守高行周、天平节度使慕容彦超、泰宁节度使符彦卿、昭义节度使常思、安远节度使杨信、安国节度使薛怀让、成德节度使武行德、彰德节度使郭瑾、保大留后王饶皆入朝。

甲寅，诏营寝庙于高祖长陵、世祖原陵[5]，以时致祭。有司以费多，寝其事，以至国亡，二陵竟不沾一奠。

壬戌，徙高行周为天平节度使，符彦卿为平卢节度使；甲子，徙慕容彦超为泰宁节度使。

永安节度使折从阮举族入朝。

【注释】

①嘉庆节：隐帝的生日在三月九日，称为嘉庆节。 ②湄（méi 眉）：岸边，水和草相接的地方。 ③刘审交（？—950）：后汉大臣。文安（今河北文安县）人。字求益，少读书，尤精于吏道。仕后唐为磁州刺史。后晋时为襄州防御使、检校太尉。后汉时历官汝州防御使，均有政绩。④杜建徽（？—950）：吴越国丞相。新城（今浙江杭州市富阳区）人。字延光，少强勇，有大志。从钱镠征伐，屡立大功。自武安部将累迁至昭化军节度使、吴越国丞相。 ⑤寝庙：古代帝王宗庙中寝和庙的合称。寝即宗庙的后殿，是放置祖先衣冠的地方。庙是接神之处。长陵：西汉高祖刘邦的陵墓，在渭水北，故址在今陕西咸阳市东北。原陵：东汉光武帝

刘秀的陵墓,故址在今河南孟津县境。

夏,四月,戊辰朔,徙薛怀让为匡国节度使,庚午,徙折从阮为武胜节度使[①]。壬申,徙杨信为保大节度使,徙镇国节度使刘词为安国节度使,永清节度使王令温为安远节度使。李守贞之乱,王饶潜与之通。守贞平,众谓饶必居散地[②];及入朝,厚结史弘肇,迁护国节度使,闻者骇之。

杨邠求解枢密使,帝遣中使谕止之[③]。宣徽北院使吴虔裕在旁曰:“枢密重地,难以久居,当使后来者迭为之,相公辞之是也。”帝闻之,不悦,辛巳,以虔裕为郑州防御使。

朝廷以契丹近入寇,横行河北,诸藩镇各自守,无捍御之者,议以郭威镇邺都,使督诸将以备契丹。史弘肇欲威仍领枢密使,苏逢吉以为故事无之,弘肇曰:“领枢密使则可以便宜从事,诸军畏服,号令行矣。”帝卒从弘肇议。弘肇怨逢吉异议,逢吉曰:“以内制外,顺也;今反以外制内,其可乎!”壬午,制以威为邺都留守、天雄节度使,枢密使如故。仍诏河北,兵甲钱谷,但见郭威文书立皆禀应。明日,朝贵会饮于窦贞固之第,弘肇举大觞属威,厉声曰:“昨日廷议,一何同异!今日为弟饮之。”逢吉、杨邠亦举觞曰:“是国家之事,何足介意!”弘肇又厉声曰:“安定国家,在长枪大剑,安用毛锥[④]!”王章曰:“无毛锥,则财赋何从可出?”自是将相始有隙。

癸未,罢永安军[⑤]。

壬辰,以左监门卫将军郭荣为贵州刺史、天雄牙内都指挥使[⑥]。荣本姓柴,父守礼,郭威之妻兄也,威未有子时养以为子。

五月,己亥,以府州蕃汉马步都指挥使折德扆为本州团练使。德扆,从阮之子也。

庚子,郭威辞行,言于帝曰:“太后从先帝久,多历天下事,陛下富于春秋,有事宜禀其教而行之。亲近忠直,放远谗邪,善恶之间,所宜明审。苏逢吉、杨邠、史弘肇皆先帝旧臣,尽忠徇国,愿陛下推心任之,必无败失。至于疆埸之事,臣愿竭其愚驽,庶不负驱策。”帝敛容谢之。威至邺都,以河北困弊,戒边将谨守疆埸,严守备,无得出侵掠,契丹入寇,则坚壁清野以待之。

辛丑,敕:“防御、团练使,自非军期,无得专奏事,皆先申观察使斟酌以闻。”

丙午,以皇弟山南西道节度使承勋为开封尹,加兼中书令,实未出阁[7]。

平卢节度使刘铢,贪虐恣横;朝廷欲征之,恐其拒命,因沂、密用兵于唐,遣沂州刺史郭琼将兵屯青州[8]。铢不自安,置酒召琼,伏兵幕下,欲害之;琼知其谋,悉屏左右,从容如会,了无惧色,铢不敢发。琼因谕以祸福,铢感服,诏至即行。庚戌,铢入朝。辛亥,以琼为颍州团练使。

癸丑,王章置酒会诸朝贵,酒酣,为手势令[9],史弘肇不闲其事,客省使阎晋卿坐次弘肇,屡教之。苏逢吉戏之曰:“旁有姓阎人,何忧罚爵[10]!”弘肇妻阎氏,本酒家倡也,意逢吉讥之,大怒,以丑语诟逢吉,逢吉不应。弘肇欲殴之,逢吉起去。弘肇索剑欲追之,杨邠泣止之曰:“苏公宰相,公若杀之,置天子何地,愿孰思之!”弘肇即上马去,邠与之联镳[11],送至其第而还。于是将相如水火矣。帝使宣徽使王峻置酒和解之,不能得。逢吉欲求出镇以避之,既而中止,曰:“吾去朝廷,止烦史公一处分,吾齑粉矣!”王章亦忽忽不乐,欲求外官,杨、史固止之。

闰月,宫中数有怪。癸巳,大风,发屋拔木,吹郑门扉起[12],十余步而落,震死者六七人,水深平地尺余。帝召司天监赵延乂,问以禳祈之术,对曰:“臣之业在天文时日,禳祈非所习也。然王者欲弭灾异,莫如修德。”延乂归,帝遣中使问:“如何为修德?”延乂对:“请读《贞观政要》而法之[13]。”

【注释】

①武胜节度使:这里“武胜”应该为“威胜”。后周太祖广顺二年(952)三月,始改邓州威胜军为武胜军,以避太祖郭威的讳。 ②散地:闲散之地,借指闲散的官职。 ③中使:皇帝宫廷中派出的使者,多由宦官担任。 ④毛锥:也称毛锥子。即毛笔,以束毛为笔,形状像锥,故称。 ⑤永安军:方镇名。后晋时置,治所在府州(今陕西府谷县)。⑥左监门卫将军:官名。协助掌管宫城诸门禁卫和门籍。 ⑦出阁:这

里指离开朝廷到自己的封地去。 ⑧青州:州名。治所在今山东青州市。 ⑨手势令:以手做各种物体的形状猜拳行酒令。 ⑩罚爵:指饮宴时用以罚酒的酒具。 ⑪镳(biāo 标):马嚼子,马口中所衔铁具露出在外的两头部分。 ⑫郑门:大梁城西南门。后梁时改为开明门,后晋时改为金义门,后周时曾改为迎秋门,汴人只以旧门名来称呼它。⑬《贞观政要》:书名。唐吴兢撰。十卷。主要内容是记载唐太宗与群臣问答之语,并记载当时法制政令,议论时事,以作借鉴。

六月,河决郑州。

马希萼既败归,乃以书诱辰、溆州及梅山蛮[①],欲与共击湖南。蛮素闻长沙帑藏之富,大喜,争出兵赴之,遂攻益阳。楚王希广遣指挥使陈璠拒之,战于淹溪,璠败死。

秋,七月,唐归马先进等于吴越以易查文徽。

马希萼又遣群蛮攻迪田,八月,戊戌,破之,杀其镇将张延嗣。楚王希广遣指挥使黄处超救之,处超败死;潭人震恐,复遣牙内指挥使崔洪琏将兵七千屯玉潭[②]。

庚子,蜀主立其弟仁毅为夔王,仁贽为雅王,仁裕为彭王,仁操为嘉王。己酉,立子玄喆为秦王,玄珏为褒王。

晋李太后在建州,卧病,无医药,惟与晋主仰天号泣,戟手骂杜重威、李守贞曰:"吾死不置汝!"戊午,卒。周显德中[③],有自契丹来者云:"晋主及冯后尚无恙,其从者亡归及物故则过半矣。"

马希萼表请别置进奏务于京师[④]。九月,辛巳,诏以湖南已有进奏务,不许。京赐楚王希广诏,劝以敦睦。

马希萼以朝廷意佑楚王希广,怒,遣使称藩于唐,乞师攻楚。唐加希萼同平章事,以鄂州今年租税赐之,命楚州刺史何敬洙将兵助希萼。冬,十月,丙午,希广遣使上表告急,言:"荆南、岭南、江南连谋[⑤],欲分湖南之地,乞发兵屯澧州[⑥],以扼江南、荆南援朗州之路。"

丁未,以吴越王弘俶为诸道兵马元帅。

楚王希广以朗州与山蛮入寇,诸将屡败,忧形于色。刘彦瑫言于希广曰:"朗州兵不满万,马不满千,都府精兵十万[⑦],何忧不胜！愿假臣兵万余人，战舰百五十艘，径入朗州缚取希萼，以解大王之忧。”王悦，以彦瑫为战棹都指挥使、朗州行营都统。彦瑫入朗州境，父老争以牛酒犒军，曰：“百姓不愿从乱，望都府之兵久矣！”彦瑫厚赏之；战舰过，则运竹木以断其后。是日，马希萼遣朗兵及蛮兵六千、战舰百艘逆战于湄州。彦瑫乘风纵火以焚其舰，顷之，风回，反自焚。彦瑫还走，江路已断，士卒战及溺死者数千人。希广闻之，涕泣不知所为。希广平日罕颁赐，至是，大出金帛以取悦于士卒。

或告天策左司马希崇流言惑众，反状已明，请杀之。希广曰：“吾自害其弟，何以见先王于地下！”

马军指挥使张晖将兵自他道击朗州，至龙阳[8]，闻彦瑫败，退屯益阳。希萼又遣指挥使朱进忠等将兵三千急攻益阳，张晖绐其众曰：“我以麾下出贼后，汝辈留城中待我，相与合势击之。”既出，遂自竹头市遁归长沙。朗兵知城中无主，急击之，士卒九千余人皆死。

吴越王弘俶归查文徽于唐，文徽得喑疾，以工部尚书致仕。

【注释】

①辰：辰州，州名。治所在今湖南沅陵县。梅山：地名。在今湖南新化县东北。　②玉潭：镇名。在今湖南宁乡市。　③显德：后周太祖年号，迄世宗及恭帝仍沿用（954—960）。　④进奏务：唐、五代时藩镇设在京师的奏报机关。　⑤荆南：指荆南高氏。岭南：指南汉刘氏。江南：指南唐李氏。　⑥澧州：州名。治所在今湖南澧县。　⑦都府：即都会。朗州、桂州以潭州为都府。　⑧龙阳：县名。即今湖南汉寿县。

十一月，甲子朔，日有食之。

蜀太师、中书令宋忠武王赵廷隐卒。

楚王希广遣其僚属孟骈说马希萼曰：“公忘父兄之仇，北面事唐，何异袁谭求救于曹公邪[1]！”希萼将斩之，骈曰：“古者兵交，使在其间，骈若爱死，安肯此来！骈之言非私于潭人，实为公谋也。”乃释之，使还报曰：“大义绝矣，非地下不相见也！”

朱进忠请希萼自将兵取潭州，辛未，希萼留其子光赞守朗州，悉发境内之兵趣长沙，自称顺天王。

诏侍卫步军都指挥使、宁江节度使王殷将兵屯澶州以备契丹[2]。殷，瀛州人也。

朝廷议发兵，以安远节度使王令温为都部署[3]，以救潭州，会内难作，不果。

帝自即位以来，枢密使、右仆射、同平章事杨邠总机政，枢密使兼侍中郭威主征伐，归德节度使、侍卫亲军都指挥使兼中书令史弘肇典宿卫，三司使、同平章事王章掌财赋。邠颇公忠，退朝，门无私谒，虽不却四方馈遗，有余辄献之。弘肇督察京城，道不拾遗。是时承契丹荡覆之余，公私困竭，章捃摭遗利，吝于出纳，以实府库。属三叛连衡，宿兵累年而供馈不乏；及事平，赐予之外，尚有余积，以是国家粗安。

章聚敛刻急。旧制，田税每斛更输二升，谓之"雀鼠耗[4]"，章始令更输二斗，谓之"省耗"；旧钱出入皆以八十为陌，章始令入者八十，出者七十七，谓之"省陌"；有犯盐、矾、酒曲之禁者，锱铢涓滴，罪皆死；由是百姓愁怨。章尤不喜文臣，尝曰："此辈授之握算，不知纵横，何益于用！"俸禄皆以不堪资军者给之，吏已高其估，章更增之。

帝左右嬖幸浸用事，太后亲戚亦干预朝政，邠等屡裁抑之。太后有故人子求补军职，弘肇怒而斩之。武德使李业，太后之弟也，高祖使掌内帑，帝即位，尤蒙宠任。会宣徽使阙，业意欲之，帝及太后亦讽执政；邠、弘肇以为内使迁补有次，不可以外戚超居，乃止。内客省使阎晋卿次当为宣徽使，久而不补；枢密承旨聂文进、飞龙使后匡赞、翰林茶酒使郭允明皆有宠于帝，久不迁官，共怨执政。文进，并州人也。刘铢罢青州归，久奉朝请，未除官，常戟手于执政。

帝初除三年丧，听乐，赐伶人锦袍、玉带。伶人诣弘肇谢，弘肇怒曰："士卒守边苦战，犹未有以赐之，汝曹何功而得此！"皆夺以还官。帝欲立所幸耿夫人为后，邠以为太速；夫人卒，帝欲以后礼葬之，邠复以为不可。帝年益壮，厌为大臣所制。邠、弘肇尝议事于帝前，帝曰："审图之，勿令人有言！"邠曰："陛下但禁声，有臣等在。”帝积不能平，左右因乘间谮之于帝云：“邠等专恣，终当为乱。”帝信之。尝夜闻作坊锻声，疑有急兵，达旦不寐。司空、同平章事苏逢吉既与弘肇有隙，知李业等怨弘肇，屡以言激之。帝遂与业、文进、匡赞、允明谋诛邠等，议既定，入白太后。太后曰：“兹事何可轻发！更宜与宰相议之。”业时在旁，曰：“先帝尝言，朝廷大事不可谋及书生，懦怯误人。”太后复以为言，帝忿曰：“国家之事，非闺门所知！”拂衣而出。乙亥，业等以其谋告阎晋卿，晋卿恐事不成，诣弘肇第欲告之，弘肇以他故辞不见。

丙子旦，邠等入朝，有甲士数十自广政殿出，杀邠、弘肇、章于东庑下。文进亟召宰相、朝臣班于崇元殿，宣云：“邠等谋反，已伏诛，与卿等同庆。”又召诸军将校至万岁殿庭，帝亲谕之，且曰：“邠等以稚子视朕，朕今始得为汝主，汝辈免横忧矣！”皆拜谢而退。又召前节度使、刺史等升殿谕之，分遣使者帅骑收捕邠等亲戚、党与、傔从，尽杀之。

弘肇待侍卫步军都指挥使王殷尤厚，邠等死，帝遣供奉官孟业赍密诏诣澶州及邺都，令镇宁节度使李洪义杀殷，又令邺都行营马军都指挥使郭崇威、步军都指挥使真定曹威杀郭威及监军、宣徽使王峻。洪义，太后之弟也。又急诏征天平节度使高行周、平卢节度使符彦卿、永兴节度使郭从义、泰宁节度使慕容彦超、匡国节度使薛怀让、郑州防御使吴虔裕、陈州刺史李谷入朝。以苏逢吉权知枢密院事，前平卢节度使刘铢权知开封府，侍卫马军都指挥使李洪建权判侍卫司事，内侍省使阎晋卿权侍卫马军都指挥使⑤。洪建，业之兄也。

时中外人情忧骇，苏逢吉虽恶弘肇，而不预李业等谋，闻变惊愕，私谓人曰：“事太匆匆，主上傥以一言见问，不至于此！”业等命刘铢诛郭威、王峻之家，铢极其惨毒，婴孺无免者。命李洪建诛王殷之家，洪建但使人守视，仍饮食之。

丁丑，使者至澶州，李洪义畏懦，虑王殷已知其事，不敢发，乃引孟业见殷；殷因业，遣副使陈光穗以密诏示郭威。威召枢密吏魏仁浦，示以诏书曰：“奈何！”仁浦曰：“公，国之大臣，功名素著，加之握强兵，据重镇，一旦为群小所构，祸出非意，此非辞说之所能解。时事如此，不可坐而待之。”威乃召郭崇威、曹威及诸将，告以杨邠等冤死及有密诏之状，且曰：“吾与诸公，披荆棘，从先帝取天下，受托孤之任，竭力以卫国家，今诸公已死，吾何心独生！君辈当奉行诏书，取吾首以报天子，庶不相累。”郭崇威等皆泣曰：“天子幼冲，此必左右群小所为，若使此辈得志，国家其得安乎！崇威愿从公入朝自诉，荡涤鼠辈以清朝廷，不可为单使所杀，受千载恶名。”翰林天文赵修己谓郭威曰：“公徒死何益！不若顺众心，拥兵而南，此天启也。”郭威乃留其养子荣镇邺都，命郭崇威将骑兵前驱，戊寅，自将大军继之。

慕容彦超方食，得诏，舍匕箸入朝；帝悉以军事委之。己卯，吴虔裕入朝。

帝闻郭威举兵南向，议发兵拒之。前开封尹侯益曰：“邺都戍兵家属皆在京师，官军不可轻出，不若闭城以挫其锋，使其母妻登城招之，可不战而下也。”慕容彦超曰：“侯益衰老，为懦夫计耳。”帝乃遣益及阎晋卿、吴虔裕、前保大节度使张彦超将禁军趣澶州。

是日，郭威已至澶州，李洪义纳之；王殷迎谒恸哭，以所部兵从郭威涉河。帝遣内养鸗脱觇郭威，威获之，以表置鸗脱衣领中，使归白帝曰：“臣昨得诏书，延颈俟死。郭崇威等不忍杀臣，云此皆陛下左右贪权无厌者谮臣耳，逼臣南行，诣阙请罪。臣求死不获，力不能制。臣数日当至阙庭。陛下若以臣为有罪，安敢逃刑！若实有谮臣者，愿执付军前以快众心，臣敢不抚谕诸军，退归邺都！”

庚辰，郭威趣滑州。辛巳，义成节度使宋延渥迎降。延渥，洛阳人，其妻晋高祖女永宁公主也。郭威取滑州库物以劳将士，且谕之曰：“闻侯令公已督诸军自南来，今遇之，交战则非入朝之义，不战则为其所屠。吾欲全汝曹功名，不若奉行前诏，吾死不恨！”皆曰：“国家负公，公不负国，所以万人争奋，如报私仇，侯益辈何能为乎！”王峻徇于众曰：“我得公处分，俟克京城，听旬日剽掠。”众皆踊跃。

辛巳，鸗脱至大梁。前此帝议欲自往澶州，闻郭威已至河上而止。帝甚有悔惧之色，私谓窦贞固曰：“属者亦太草草。”李业等请空府库以赐诸军，苏禹珪以为未可，业拜禹珪于帝前，曰："相公且为天子勿惜府库！"乃赐禁军人二十缗，下军半之，将士在北者给其家，使通家信以诱之。

壬午，郭威军至封丘，人情恟惧。太后泣曰："不用李涛之言[6]，宜其亡也！"慕容彦超恃其骁勇，言于帝曰："臣视北军犹蠛蠓耳，当为陛下生致其魁！"退，见聂文进，问北来兵数及将校姓名，颇惧，曰："是亦剧贼，未易轻也！"帝复遣左神武统军袁䶮、前威胜节度使刘重进等帅禁军与侯益等会屯赤冈[7]。䶮，象先之子也[8]。彦超以大军屯七里店[9]。

癸未，南、北军遇于刘子陂[10]。帝欲自出劳军，太后曰："郭威吾家故旧，非死亡切身，何以至此！但按兵守城，飞诏谕之，观其志趣，必有辞理，则君臣之礼尚全，慎勿轻出。"帝不从。时扈从军甚盛，太后遣使戒聂文进曰："大须在意！"对曰："有臣在，虽郭威百人，可擒也！"至暮，两军不战，帝还宫。慕容彦超大言曰："陛下来日宫中无事，幸再出观臣破贼。臣不必与之战，但叱散使归营耳！"

甲申，帝欲再出，太后力止之，不可。既陈，郭威戒其众曰："吾来诛群小，非敢敌天子也，慎勿先动。"久之，慕容彦超引轻骑直前奋击，郭崇威与前博州刺史李荣帅骑兵拒之。彦超马倒，几获之。彦超引兵退，麾下死者百余人，于是诸军夺气，稍稍降于北军。侯益、吴虔裕、张彦超、袁䶮、刘重进皆潜往见郭威，威各遣还营，又谓宋延渥曰："天子方危，公近亲[11]，宜以牙兵往卫乘舆[12]，且附奏陛下，愿乘间早幸臣营。"延渥未至御营，乱兵云扰，不敢进而还。比暮，南军多归于北。慕容彦超与麾下十余骑奔还兖州。

是夕，帝独与三相及从官数十人宿于七里寨[13]，余皆逃溃。乙酉旦，郭威望见天子旌旗在高阪上，下马免胄往从之，至则帝已去矣。帝策马将还宫，至玄化门[14]，刘铢在门上，问帝左右："兵马何在？"因射左右。帝回辔，西北至赵村[15]，追兵已至，帝下马入民家，为乱兵所弑。苏逢吉、阎晋卿、郭允明皆自杀；聂文进挺身走，军士追斩之。李业奔陕州[16]，后匡赞奔兖州。郭威闻帝遇弑，号恸曰："老夫之罪也！"

威至玄化门，刘铢雨射城外。威自迎春门入[17]，归私第，遣前曹州防御使何福进将兵守明德门。诸军大掠，通夕烟火四发。

军士入前义成节度使白再荣之第，执再荣，尽掠其财，既而进曰："某等昔尝趋走麾下，一旦无礼至此，何面目复见公！"遂刎其首而去。

吏部侍郎张允，家赀以万计，而性吝，虽妻亦不之委，常自系众钥于衣下，行如环佩。是夕，匿于佛殿藻井之上[18]，登者浸多，板坏而坠，军士掠其衣，遂以冻卒。

初，作坊使贾延徽有宠于帝[19]，与魏仁浦为邻，欲并仁浦所居以自广，屡谮仁浦于帝，几至不测。至是，有擒延徽以授仁浦者，仁浦谢曰："因乱而报怨，吾所不为也！"郭威闻之，待仁浦益厚。

右千牛卫大将军枣强赵凤曰："郭侍中举兵，欲诛君侧之恶以安国家耳；而鼠辈敢尔，乃贼也，岂侍中意邪！"执弓矢，踞胡床[20]，坐于巷首，掠者至，辄射杀之，里中皆赖以全。

丙戌，获刘铢、李洪建，囚之。铢谓其妻曰："我死，汝且为人婢乎？"妻曰："以公所为，雅当然耳！"

王殷、郭崇威言于郭威曰："不止剽掠，今夕止有空城耳。"威乃命诸将分部禁止掠者，不从则斩之；至晡，乃定。

窦贞固、苏禹珪自七里寨逃归，郭威使人访求得之，寻复其位。贞固为相，值杨、史弄权，李业等作乱，但以凝重处其间，自全而已。

郭威命有司迁隐帝梓宫于西宫。或请如魏高贵乡公故事[21]，葬以公礼。威不许，曰："仓猝之际，吾不能保卫乘舆，罪已大矣，况敢贬君乎！"

太师冯道帅百官谒见郭威，威见，犹拜之，道受拜如平时，徐曰："侍中此行不易！"

丁亥，郭威帅百官诣明德门起居太后，且奏称："军国事殷，请早立嗣君。"太后诰称："郭允明弑逆[22]，神器不可无主；河东节度使崇，忠武节度使信，皆高祖之弟，武宁节度使赟，开封尹勋，高祖之子，其令百官议择所宜。"赟，崇之子也，高祖爱之，养视如子。郭威、王峻入见太后于万岁宫，请以勋为嗣。太后曰："勋久羸疾不能起。"威出谕诸将,诸将请见之,太后令左右以卧榻举之示诸将,诸将乃信之。于是郭威与峻议立赟。己丑,郭威帅百官表请以赟承大统。太后诰所司,择日,备法驾迎赟即皇帝位。郭威奏遣太师冯道及枢密直学士王度、秘书监赵上交诣徐州奉迎。

郭威之讨三叛也,每见朝廷诏书,处分军事皆合机宜,问使者:"谁为此诏?"使者以翰林学士范质对。威曰:"宰相器也。"入城,访求得之,甚喜。时大雪,威解所服紫袍衣之,令草太后诰令,迎新君仪注。苍黄之中,讨论撰定,皆得其宜。

初,隐帝遣供奉官押班阳曲张永德赐昭义节度使常思生辰物[23]。永德,郭威之婿也,会杨邠等诛,密诏思杀永德;思素闻郭威多奇异,囚永德以观变,及威克大梁,思乃释永德而谢之。

庚寅,郭威帅百官上言:"比皇帝到阙,动涉浃旬,请太后临朝听政。"

【注释】

①袁谭:东汉袁绍长子。字显思。袁绍偏爱少子袁尚,死后,袁尚继立。谭起兵攻尚,败归,向曹操求救,后又叛曹,遂被曹操所杀。 ②侍卫步军都指挥使:官名。即侍卫亲军步军都指挥使。五代始置,为侍卫亲军步军统兵长官。宁江节度使:当时宁江军设在夔州(今重庆奉节县),为后蜀所有,这里王殷是遥领宁江节度使。 ③安远节度使:官名。镇所设在安州(今湖北安陆市)。 ④雀鼠耗:五代后唐明宗时立制规定,漕米每石加三斗耗,称为"雀鼠耗"。 ⑤内侍省使:当为内客省使。 ⑥李涛之言:指乾祐元年(948)三月,李涛上疏隐帝,主张任用苏逢吉和苏禹珪,把杨邠和郭威出为节度使。 ⑦赤冈:地名。在今河南开封市东北。 ⑧象先:袁象先,后梁、后唐大臣。宋州(今河南商丘市)人。后梁时历官宣武军内外马步军都指挥使,平卢、宣武节度使,积财千万。后唐兴,他辇资到洛阳,广行贿赂,所以庄宗左右多称赞他,赐姓名为李绍安,遣还镇,后卒。 ⑨七里店:地名。在今河南开封市北。 ⑩刘子陂:地名。在今河南商丘市南。 ⑪近亲:宋延渥是隐帝的女婿,故言。 ⑫乘舆:本指皇帝乘坐的车子,这里用作皇帝的代称。 ⑬三相:指窦贞固、苏逢吉、苏禹珪。 ⑭玄化门:大梁城东北门。 ⑮赵村:地名。在今河南开封市西南。 ⑯陕州:州名。治所在今河南三门峡市陕州区。 ⑰迎春门:大梁城东北门。 ⑱藻井:绘有文彩、形状像井字

形的天花板,有荷、菱等图案,用来厌火。 ⑲作坊使:官名。五代时置,掌制造兵器等事。 ⑳胡床:一种可以叠折的轻便坐具,也叫交椅、交床。因为由胡地传入,故名。 ㉑魏高贵乡公:即三国魏时皇帝曹髦(241—260)。字彦士,曹丕孙,四岁时受封郯县高贵乡公,十三岁继曹芳为帝,后被司马昭所杀。254—260年在位。 ㉒"郭允明弑逆"句:指郭允明杀害隐帝。郭威乱兵杀死隐帝,事后,把责任推到已经自杀的郭允明身上。 ㉓押班:领头的人。生辰物:皇帝生日所回赐的礼物。

先是,马希萼遣蛮兵围玉潭,朱进忠引兵会之;崔洪琏兵败,奔还长沙。希萼引兵继进,攻岳州,刺史王赟拒之,五日不克。希萼使人谓赟曰:"公非马氏之臣乎?不事我,欲事异国乎?为人臣而怀贰心,岂不辱其先人!"赟曰:"赟父环为先王将[①],六破淮南兵。今大王兄弟不相容,赟常恐淮南坐收其弊,一旦以遗体臣淮南[②],诚辱先人耳!大王苟能释憾罢兵,兄弟雍睦如初,赟敢不尽死以事大王兄弟,岂有二心乎!"希萼惭,引兵去。辛卯,至湘阴,焚掠而过。至长沙,军于湘西,步兵及蛮兵军于岳麓,朱进忠自玉潭引兵会之。

马希广遣刘彦瑫召水军指挥使许可琼帅战舰五百艘屯城北津,属于南津,以马希崇为监军;又遣马军指挥使李彦温将骑兵屯驼口[③],扼湘阴路,步军指挥使韩礼将二千人屯杨柳桥,扼栅路。可琼,德勋之子也[④]。

壬辰,太后始临朝,以王峻为枢密使,袁巤为宣徽南院使,王殷为侍卫马步军都指挥使,郭崇威为侍卫马军都指挥使,曹威为侍卫步军都指挥使,陈州刺史李谷权判三司。

刘铢、李洪建及其党皆枭首于市,而赦其家。郭威谓公卿曰:"刘铢屠吾家,吾复屠其家,怨仇反覆,庸有极乎!"由是数家获免。王殷屡为洪建请免死,郭威不许。

后匡赞至兖州,慕容彦超执而献之。李业至陕州,其兄保义节度使洪信不敢匿于家;业怀金将奔晋阳,至绛州,盗杀之而取其金。

蜀施州刺史田行皋奔荆南。高保融曰:"彼贰于蜀,安肯尽忠于我！”执之，归于蜀，伏诛。

镇州、邢州奏：“契丹主将数万骑入寇，攻内丘，五日不克，死伤甚众。有戍兵五百叛应契丹，引契丹入城，屠之，又陷饶阳。”太后敕郭威将大军击之，国事权委窦贞固、苏禹珪、王峻，军事委王殷。十二月，甲午朔，郭威发大梁。

丁酉，以翰林学士、户部侍郎范质为枢密副使。

初，蛮酋彭师暠降于楚，楚人恶其犷直；楚王希广独怜之，以为强弩指挥使，领辰州刺史，师暠常欲为希广死。及朱进忠与蛮兵合七千余人至长沙，营于江西，师暠登城望之，言于希广曰：“朗人骤胜而骄，杂以蛮兵，攻之易破也。愿假臣步卒三千，自巴溪渡江，出岳麓之后，至水西，令许可琼以战舰渡江，腹背合击，必破之。前军败，则其大军自不敢轻进矣。”希广将从之。时马希萼已遣间使以厚利啖许可琼，许分湖南而治，可琼有贰心，乃谓希广曰：“师暠与梅山诸蛮皆族类，安可信也！可琼世为楚将，必不负大王，希萼竟何能为！”希广乃止。

希萼寻以战舰四百余艘泊江西。希广命诸将皆受可琼节度，日赐可琼银五百两，希广屡造其营计事。可琼常闭垒，不使士卒知朗军进退，希广叹曰：“真将军也，吾何忧哉！”可琼或夜乘单舸诈称巡江，与希萼会水西，约为内应。一旦，彭师暠见可琼，瞋目叱之，拂衣入见希广曰：“可琼将叛国，人皆知之，请速除之，无贻后患。”希广曰：“可琼，许侍中之子，岂有是邪！”师暠退，叹曰：“王仁而不断，败亡可翘足俟也！”

潭州大雪，平地四尺，潭、朗两军久不得战。希广信巫觋及僧语，塑鬼于江上，举手以却朗兵，又作大像于高楼，手指水西，怒目视之，命众僧日夜诵经，希广自衣僧服膜拜求福。

甲辰，朗州步军指挥使武陵何敬真等以蛮兵三千陈于杨柳桥，敬真望韩礼营旌旗纷错，曰：“彼众已惧，击之易破也。”朗人雷晖衣潭卒之服潜入礼寨，手剑击礼，不中，军中惊扰；敬真等乘其乱击之，礼军大溃，礼被创走，至家而卒。于是朗兵水陆急攻长沙，步军指挥使吴宏、小门使杨涤相谓曰：“以死报国，此其时矣！”各引兵出战。宏出清泰门，战不利；涤出长乐，战自辰至午，朗兵小却；许可琼、刘彦瑫按兵不救。涤士卒饥疲，退就食；彭师暠战于城东北隅。蛮兵自城东纵火，城上人招许可琼军使救城，可琼举全军降希萼，长沙遂陷。朗兵及蛮兵大掠三日，杀吏民，焚庐舍，自武穆王以来所营宫室⑤，皆为灰烬，所积宝货，皆入蛮落。李彦温望见城中火起，自驼口引兵救之，朗人已据城拒战。彦温攻清泰门，不克，与刘彦瑫各将千余人奉文昭王及希广诸子趣袁州⑥，遂奔唐。张晖降于希萼。左司马希崇帅将吏诣希萼劝进。吴宏战血满袖，见希萼曰："不幸为许可琼所误，今日死，不愧先王矣！"彭师暠投槊于地，大呼请死。希萼叹曰："铁石人也！"皆不杀。

乙巳，希崇迎希萼入府视事，闭城，分捕希广及掌书记李弘皋、弟弘节、都军判官唐昭胤及邓懿文、杨涤等⑦，皆获之。希萼谓希广曰："承父兄之业，岂无长幼乎？"希广曰："将吏见推，朝廷见命耳。"希萼皆囚之。丙午，希萼命内外巡检侍卫指挥使刘宾禁止焚掠。

丁未，希萼自称天策上将军、武安、武平、静江、宁远等军节度使、楚王。以希崇为节度副使、判军府事；湖南要职，悉以朗人为之。脔食李弘皋、弘节、唐昭胤、杨涤，斩邓懿文于市。戊申，希萼谓将吏曰："希广懦夫，为左右所制耳，吾欲生之，可乎？"诸将皆不对。朱进忠尝为希广所笞，对曰："大王三年血战，始得长沙，一国不容二主，他日必悔之。"戊申，赐希广死。希广临刑，犹诵佛书；彭师暠葬之于浏阳门外⑧。

【注释】

①环：王环，是五代时楚国良将，为人勇悍，善于兵法，历官岳州都指挥使、六军副使。前后六次破淮南，每次战斗，均能身先士卒，与战士同甘共苦。　②遗体：古人以己身为父母的遗体。　③驼口：地名。在今湖南浏阳市东。　④德勋：许德勋，五代楚国大将。唐末官岳州刺史。后梁初抵抗淮南，有战功。　⑤武穆王：即马殷，楚国国君，谥号武穆。　⑥文昭王：即楚王马希范，谥号文昭。袁州：州名。治所在今江西宜春市。　⑦掌书记：官名。又称掌记。唐、五代节度使下属僚佐，掌朝觐、聘问、慰荐、祭祀、祈祝之文以及号令升黜之事。　⑧浏阳门：潭州城

东门。

武宁节度使赟留右都押牙巩延美、元从都教练使杨温守徐州[①]，与冯道等西来，在道仗卫，皆如王者，左右呼万岁。郭威至滑州，留数日，赟遣使慰劳。诸将受命之际，相顾不拜，私相谓曰："我辈屠陷京城，其罪大矣；若刘氏复立，我辈尚有种乎！"己酉，威闻之，即引兵行，趣澶州。辛亥，遣苏禹珪如宋州迎嗣君。

楚王希萼以子光赞为武平留后，以何敬真为朗州牙内都指挥使，将兵戍之。希萼召拓跋恒，欲用之，恒称疾不起。

壬子，郭威渡河，馆于澶州。癸丑旦，将发，将士数千人忽大噪，威命闭门，将士逾垣登屋而入曰："天子须侍中自为之，将士已与刘氏为仇，不可立也！"或裂黄旗以被威体，共扶抱之，呼万岁震地，因拥威南行。威乃上太后笺[②]，请奉宗庙，事太后为母。丙辰，至韦城[③]，下书抚谕大梁士民，以昨离河上，在道秋毫不犯，勿有忧疑。戊午，威至七里店，窦贞固帅百官出迎拜谒，因劝进。威营于皋门村[④]。

武宁节度使赟已至宋州，王峻、王殷闻澶州军变，遣侍卫马军都指挥使郭崇威将七百骑往拒之，又遣前申州刺史马铎将兵诣许州巡检[⑤]。崇威忽至宋州，陈于府门外，赟大惊，阖门登楼诘之。对曰："澶州军变，郭公虑陛下未察，故遣崇威来宿卫，无他也。"赟召崇威，崇威不敢进。冯道出与崇威语，崇威乃登楼，赟执崇威手而泣。崇威以郭威意安谕之。

少顷，崇威出，时护圣指挥使张令超帅部兵为赟宿卫，徐州判官董裔说赟曰："观崇威视瞻举措，必有异谋。道路皆言郭威已为帝，而陛下深入不止，祸其至哉！请急召张令超，谕以祸福，使夜以兵劫崇威，夺其兵。明日，掠睢阳金帛[⑥]，募士卒，北走晋阳[⑦]。彼新定京邑，未暇追我，此策之上也！"赟犹豫未决。是夕，崇威密诱令超，令超帅众归之。赟大惧。

郭威遗赟书，云为诸军所迫；召冯道先归，留赵上交、王度奉侍。道辞行，赟曰："寡人此来所恃者，以公三十年旧相[⑧]，故无疑耳。今崇威夺吾卫兵，事危矣，公何以为计？"道默然。客将贾贞数目道，欲杀之。赟曰："汝辈勿草草，此无预冯公事。"崇威迁赟于外馆，杀其腹心董裔、贾贞等数人。

己未，太后诰，废赟为湘阴公。

马铎引兵入许州，刘信惶惑自杀。

庚申，太后诰，以侍中监国。百官藩镇相继上表劝进。壬戌夜，监国营有步兵将校醉，扬言向者澶州骑兵扶立，今步兵亦欲扶立，监国斩之。

南汉主以宫人卢琼仙、黄琼芝为女侍中，朝服冠带，参决政事。宗室勋旧，诛戮殆尽，惟宦官林延遇等用事。

【注释】

①巩延美：据下卷和欧阳修《新五代史》，"延美"当为"廷美"。②笺：下级对上级所上的书札。 ③韦城：县名。在今河南滑县东南。 ④皋门村：地名。在今河南开封市郊。 ⑤申州：州名。治所在今河南信阳市。 ⑥睢阳：县名。在今河南商丘市南。 ⑦晋阳：县名。在今山西太原市西南。 ⑧三十年旧相：冯道从后唐明宗天成二年(927)起为相，到这时(950)一共二十四年，说三十年，是就整数而言。

资治通鉴卷第二百九十

后周纪一　起重光大渊献，尽玄黓困敦八月，凡一年有奇。

太祖圣神恭肃文孝皇帝上

广顺元年　春，正月，丁卯，汉太后下诰，授监国符宝，即皇帝位。监国自皋门入宫，即位于崇元殿，制曰："朕周室之裔，虢叔之后[①]，国号宜曰周。"改元，大赦。杨邠、史弘肇、王章等皆赠官，官为敛葬，仍访其子孙叙用之。凡仓场、库务掌纳官吏[②]，无得收斗余、称耗[③]；旧所进羡余物，悉罢之。犯窃盗及奸者，并依晋天福元年以前刑名，罪人非反逆，无得诛及亲族，籍没家赀。唐庄宗、明宗、晋高祖各置守陵十户，汉高祖陵职员、宫人，时月荐享及守陵户并如故[④]。初，唐衰，多盗，不用律文，更定峻法，窃盗赃三匹者死；晋天福中，加至五匹。奸有夫妇人，无问强、和，男女并死。汉法，窃盗一钱以上皆死；又罪非反逆，往往族诛、籍没。故帝即位，首革其弊。

初，杨邠以功臣、国戚为方镇者多不闲吏事，乃以三司军将补都押牙、孔目官、内知客，其人自恃敕补，多专横，节度使不能制；至是悉罢之。

帝命史弘肇亲吏上党李崇矩访弘肇亲族，崇矩言："弘肇弟弘福今存。"初，弘肇使崇矩掌其家赀之籍，由是尽得其产，皆以授弘福；帝贤之，使隶皇子荣帐下。

戊辰，以前复州防御使王彦超权武宁节度使。

汉李太后迁居西宫，己巳，上尊号曰昭圣皇太后。

开封尹兼中书令刘勋卒。

癸酉，加王峻同平章事。

以卫尉卿刘皞主汉隐帝之丧。

初，河东节度使兼中书令刘崇闻隐帝遇害，欲举兵南向，闻迎立湘阴公，乃止，曰："吾儿为帝，吾又何求！"太原少尹李骧阴说崇曰："观郭公之心，终欲自取，公不如疾引兵逾太行，据孟津，俟徐州相公即位[5]，然后还镇，则郭公不敢动矣；不然，且为所卖。"崇怒曰："腐儒，欲离间吾父子！"命左右曳出斩之。骧呼曰："吾负经济之才而为愚人谋事，死固甘心！家有老妻，愿与之同死。"崇并其妻杀之，且奏于朝廷，示无二心。及赟废，崇乃遣使请赟归晋阳。诏报以"湘阴公比在宋州，今方取归京师，必令得所，公勿以为忧。公能同力相辅，当加王爵，永镇河东"。

巩廷美、杨温闻湘阴公失位，奉赟妃董氏据徐州拒守，以俟河东援兵，帝使赟以书谕之。廷美、温欲降而惧死，帝复遗赟书曰："爰念斯人尽心于主，足以赏其忠义，何由责以悔尤，俟新节度使入城[6]，当各除刺史，公可更以委曲示之[7]。"

【注释】

①虢叔：周文王弟。叔是他的字。他与虢仲同封于虢，为文王的卿士，对王室的贡献很大。相传为后世郭氏之祖，故称。　②仓场：收纳谷米的地方。库务：指收藏财物的地方。　③斗余：征粮时在规定的数量之外，另外多收的部分。称耗：在规定称取的数量之外，借口损耗而多收取的部分。　④时月：四时及月份。　⑤徐州相公：湘阴公刘赟本来镇守徐州，所以称他为徐州相公。　⑥新节度使：指王彦超。　⑦委曲：这里是指长官对下属、主帅对将佐的手书谕示。

契丹之攻内丘也，死伤颇多，又值月食，军中多妖异，契丹主惧，不敢深入，引兵还，遣使请和于汉。会汉亡，安国节度使刘词送其使者诣大梁，帝遣左千牛卫将军朱宪报聘，且叙革命之由，以金器、玉带赠之。

帝以邺都镇抚河北，控制契丹，欲以腹心处之。乙亥，以宁江节度使、侍卫亲军都指挥使王殷为邺都留守、天雄节度使、同平章事，领军如故，仍以侍卫司从赴镇。

丙子，帝帅百官诣西宫，为汉隐帝举哀成服，皆如天子礼。

慕容彦超遣使入贡，帝虑其疑惧，赐诏慰安之，曰："今兄事已至此[①]，言不欲繁，望弟扶持，同安亿兆。"

戊寅，杀湘阴公于宋州。

是日，刘崇即皇帝位于晋阳，仍用乾祐年号，所有者并、汾、忻、代、岚、宪、隆、蔚、沁、辽、麟、石十二州之地[②]。以节度判官郑珙为中书侍郎，观察判官荥阳赵华为户部侍郎，并同平章事。以次子承钧为侍卫亲军都指挥使、太原尹，以节度副使李存瑰为代州防御使，裨将武安张元徽为马步军都指挥使，陈光裕为宣徽使。

北汉主谓李存瑰、张元徽曰[③]："朕以高祖之业一朝坠地，今日位号，不得已而称之；顾我是何天子，汝曹是何节度使邪！"由是不建宗庙，祭祀如家人，宰相月俸止百缗，节度使止三十缗，自余薄有资给而已，故其国中少廉吏。

客省使河南李光美尝为直省官[④]，颇谙故事，北汉朝廷制度，皆出于光美。

北汉主闻湘阴公死，哭曰："吾不用忠臣之言，以至于此！"为李骧立祠，岁时祭之。

己卯，以太师冯道为中书令，加窦贞固侍中，苏禹珪司空。

王彦超奏遣使赍敕诣徐州，巩廷美等犹豫不肯启关，诏进兵攻之。

帝谓王峻曰："朕起于寒微，备尝艰苦，遭时丧乱，一旦为帝

五代《韩熙载夜宴图》（摹本局部）

王，岂敢厚自奉养以病下民乎！”命峻疏四方贡献珍美食物，庚辰，下诏悉罢之。其诏略曰：“所奉止于朕躬，所损被于甿庶。”又曰：“积于有司之中，甚为无用之物。”又诏曰：“朕生长军旅，不亲学问，未知治天下之道，文武官有益国利民之术，各具封事以闻⑤，咸宜直书其事，勿事辞藻。”帝以苏逢吉之第赐王峻，峻曰：“是逢吉所以族李崧也！”辞而不处。

初，契丹主北归，横海节度使潘聿捻弃镇随之，契丹主以聿捻为西南路招讨使。及北汉主立，契丹主使聿捻遗刘承钧书；北汉主使承钧复书，称：“本朝沦亡⑥，绍袭帝位，欲循晋室故事⑦，求援北朝。”契丹主大喜。北汉主发兵屯阴地、黄泽、团柏⑧；丁亥，以承钧为招讨使，与副招讨使白从晖、都监李存瑰将步骑万人寇晋州。从晖，吐谷浑人也。

郭崇威更名崇，曹威更名英。

【注释】

①兄事：慕容彦超为汉高祖刘知远同母异父弟，兄事代指后汉王朝覆灭事。另本“今兄”作“令兄”，当是。　②隆州：州名，治所在今山西祁县东南。蔚州：州名，治所在今河北蔚县。沁州：州名，治所在今山西沁源县。辽州：州名，治所在辽山县（今山西左权县）。麟州：州名，治所在新秦县（今陕西神木市北）。石州：州名，治所在离石县（今山西吕梁市）。　③北汉：本书中称岭南的汉国为南汉，称河东刘崇的汉国为北汉。　④直省官：百官拜见宰相时中间的接引官。　⑤封事：密封的章奏。古代百官上奏言机密事，为防泄露，用皂囊封缄呈进，故称封事，也称封章。　⑥本朝：指后汉朝廷。　⑦晋室故事：指后晋高祖石敬瑭事奉契丹，自称“儿皇帝”，以求救援的旧事。　⑧阴地：地名。相当于今陕西洛南县以东，河南熊耳山以北，黄河以南及嵩县以西地区。黄泽：古关名，在今山西左权县东南。团柏：镇名，在今山西祁县东南。

二月，丁酉，以皇子天雄牙内都指挥使荣为镇宁节度使，选朝士为之僚佐，以侍御史王敏为节度判官，右补阙崔颂为观察判官，校书郎王朴为掌书记。颂，协之子①；朴，东平人也。

戊戌，北汉兵五道攻晋州，节度使王晏闭城不出。刘承钧以为怯，蚁附登城；晏伏兵奋击，北汉兵死伤者千余人。承钧遣副兵马使安元宝焚晋州西城，元宝来降。承钧乃移军攻隰州[2]，癸卯，隰州刺史许迁遣步军都指挥使孙继业迎击北汉兵于长寿村[3]，执其将程筠等，杀之。未几，北汉兵攻州城，数日不克，死伤甚众，乃引去。迁，郓州人也。

甲辰，楚王希萼遣掌书记刘光辅入贡于唐。

帝悉出汉宫中宝玉器数十，碎之于庭，曰："凡为帝王，安用此物！闻汉隐帝日与嬖宠于禁中嬉戏，珍玩不离侧，兹事不远，宜以为鉴。"仍戒左右，自今珍华悦目之物，无得入宫。

丁未，契丹主遣其臣袅骨支与朱宪偕来，贺即位。

戊申，敕前资官各听自便居外州。

陈思让未至湖南，马希萼已克长沙；思让留屯郢州，敕召令还。

丁巳，遣尚书左丞田敏使契丹。北汉主遣通事舍人李䜣使于契丹，乞兵为援。

诏加泰宁节度使慕容彦超中书令，遣翰林学士鱼崇谅诣兖州谕指[4]。崇谅，即崇远也。彦超上表谢。三月，壬戌朔，诏报之曰："向以前朝失德，少主用谗，仓猝之间，召卿赴阙，卿即奔驰应命，信宿至京，救国难而不顾身，闻君召而不俟驾；以至天亡汉祚，兵散梁郊，降将败军，相继而至，卿即便回马首，径反龟阴[5]。为主为时，有终有始。所谓危乱见忠臣之节，疾风知劲草之心，若使为臣者皆能如兹，则有国者谁不欲用！所言朕潜龙河朔之际，平难浚郊之时[6]，缘不奉示喻之言，亦不得差人至行阙。且事主之道，何必如斯！若或二三于汉朝，又安肯忠信于周室！以此为惧，不亦过乎！卿但悉力推心，安民体国，事朕之节，如事故君，不惟黎庶获安，抑亦社稷是赖。但坚表率，未议替移。由衷之诚，言尽于此。"

唐以楚王希萼为天策上将军，武安·武平·静江·宁远节度使兼中书令、楚王；以右仆射孙忌、客省使姚凤为册礼使。

丙寅，遣前淄州刺史陈思让将兵戍磁州，扼黄泽路。

【注释】

①协:崔协,后唐大臣。字思化,进士出身,仕梁至兵部侍郎。后唐庄宗同光初改任御史中丞。明宗天成初迁礼部尚书,拜同平章事。他少识文字,秉笔均假手于人,当时人称他为“没字碑”。　②隰州:州名。在今山西隰县。　③长寿村:地名。在今山西石楼县境。　④鱼崇谅:五代、北宋大臣。字仲益,初名崇远,因为避后汉高祖刘知远讳,改今名。初仕后唐为陕州司马,后汉时官翰林学士。不久因为母老解官。北宋太宗时授官金紫光禄大夫,兵部侍郎。　⑤龟阴:指兖州,因兖州在龟山的北部而称。　⑥浚郊:指大梁之郊。大梁城有浚水。

楚王希萼既得志,多思旧怨,杀戮无度,昼夜纵酒荒淫,悉以军府事委马希崇。希崇复多私曲,政刑紊乱。府库既尽于乱兵,籍民财以赏赉士卒,或封其门而取之,士卒犹以不均怨望;虽朗州旧将佐从希萼来者,亦皆不悦,有离心。

刘光辅之入贡于唐也,唐主待之厚,光辅密言:“湖南民疲主骄,可取也。”唐主乃以营屯都虞候边镐为信州刺史,将兵屯袁州,潜图进取。

小门使谢彦颙,本希萼家奴,以首面有宠于希萼,至与妻妾杂坐,恃恩专横。常肩随希崇,或拊其背;希崇衔之。故事,府宴,小门使执兵在门外;希萼使彦颙预坐,或居诸将之上,诸将皆耻之。

希萼以府舍焚荡,命朗州静江指挥使王逵、副使周行逢帅所部兵千余人治之,执役甚劳,又无犒赐,士卒皆怨,窃言曰:“囚免死则役作之。我辈从大王出万死取湖南,何罪而囚役之!且大王终日酣歌,岂知我辈之劳苦乎!”逵、行逢闻之,相谓曰:“众怨深矣,不早为计,祸及吾曹。”壬申旦,帅其众各执长柯斧、白梃,逃归朗州。时希萼醉未醒,左右不敢白;癸酉,始白之。希萼遣湖南指挥使唐师翥将千余人追之,不及,直抵朗州;逵等乘其疲乏,伏兵纵击,士卒死伤殆尽,师翥脱归。

逵等黜留后马光赞,更以希萼兄子光惠知州事。光惠,希振之子也[①]。寻奉光惠为节度使,逵等与何敬真及诸军指挥使张仿参决军府事。希萼具以状言于唐,唐主遣使以厚赏招谕之;逵等纳其赏,纵其使,不答其诏,唐亦不敢诘也。

王彦超奏克徐州,杀巩廷美等。

北汉李砮至契丹,契丹主使拽剌梅里报之。

丙子,敕:"朝廷与唐本无仇怨,缘淮军镇,各守疆域,无得纵兵民擅入唐境;商旅往来,无得禁止。"

己卯,潞州送涉县所获北汉将卒二百六十余人,各赐衫裤巾履遣还。

加吴越王弘俶诸道兵马都元帅。

夏,四月,壬辰朔,滨淮州镇上言:"淮南饥民过淮籴谷,未敢禁止。"诏曰:"彼之生民,与此何异,宜令州县津铺无得禁止。"

蜀通奏使高延昭固辞知枢密院,丁未,以前云安榷盐使太原伊审征为通奏使[2],知枢密院事。审征,蜀高祖妹褒国公主之子也,少与蜀主相亲狎,及知枢密,政之大小悉以咨之。审征亦以经济为己任,而贪侈回邪,与王昭远相表里[3],蜀政由是浸衰。

吴越王弘俶徙废王弘倧居东府,为筑宫室,治园圃,娱悦之,岁时供馈甚厚。

契丹主遣使如北汉,告以周使田敏来,约岁输钱十万缗。北汉主使郑珙以厚赂谢契丹,自称"侄皇帝致书于叔天授皇帝",请行册礼。

【注释】

①希振:马希振,五代楚国建立者马殷的长子。成人后很贤能,后弃官为道士。 ②云安:县名。北周时以朐䏰县改名,治所在今重庆云阳县。榷盐使:征收盐税的官吏。伊审征:后蜀大臣。并州(今山西太原市)人,字申图。初随父仕后蜀,历官武泰军节度使,进而掌机务,后降北宋,官至右屯卫上将军。 ③王昭远:后蜀大臣。成都人。后主孟昶时累官至宁江军节度使、同平章事。后北宋军队入境,他指挥军队抵抗,兵败被俘入宋,授官左领军卫大将军。

五月,己巳,遣左金吾将军姚汉英等使于契丹,契丹留之。

辛未,北汉礼部侍郎、同平章事郑珙卒于契丹。

甲戌,义武节度使孙方简避皇考讳[1],更名方谏。

定难节度李彝殷遣使奉表于北汉。

六月，辛亥，以枢密使、同平章事王峻为左仆射兼门下侍郎，枢密副使·兵部侍郎范质、判三司李谷为中书侍郎，并同平章事，谷仍判三司。司徒兼侍中窦贞固、司空兼中书侍郎·同平章事苏禹珪并罢守本官。癸丑，范质参知枢密院事。丁巳，以宣徽北院使翟光邺兼枢密副使。

初，帝讨河中，已为人望所属；李谷时为转运使，帝数以微言动之，谷但以人臣尽节为对，帝以是贤之，即位，首用为相。时国家新造，四方多故，王峻夙夜尽心，知无不为，军旅之谋，多所裨益。范质明敏强记，谨守法度。李谷沉毅有器略，在帝前议论，辞气慷慨，善譬谕以开主意。

武平节度使马光惠，愚懦嗜酒，不能服诸将；王逵、周行逢、何敬真谋以辰州刺史庐陵刘言骁勇得蛮夷心，欲迎以为副使。言知逵等难制，曰："不往，将攻我。"乃单骑赴之。既至，众废光惠，送于唐，推言权武平留后，表求旄节于唐，唐人未许；亦称藩于周。

吴越王弘俶以前内外马步都统军使仁俊无罪[②]，复其官爵。

契丹遣燕王述轧等册命北汉主为大汉神武皇帝，妃为皇后。北汉主更名旻。

秋，七月，北汉主遣翰林学士博兴卫融等诣契丹谢册礼，且请兵。

八月，壬戌[③]，葬汉隐帝于颍陵[④]。

义武节度使孙方谏入朝，壬子，徙镇国节度使，以其弟易州刺史行友为义武留后。又徙建雄节度使王晏镇徐州，以武宁节度使王彦超代之。

戊午，追立故夫人柴氏为皇后[⑤]。

【注释】

①避皇考讳：郭威死去的父亲名叫郭简，所以孙方简避讳改名为方谏。　②仁俊无罪：吴越忠献王钱弘佐时，钱仁俊受程昭悦诬告下狱，直到这时才被无罪释放。　③壬戌：八月无此日，疑误。　④颍陵：陵名。在许州阳翟县（今河南禹州市）。　⑤柴氏：郭威夫人。尧山（今河北隆尧县西尧城）人。郭威喜欢饮酒赌博，不拘小节，她常劝阻。郭威建立后

周时，她已卒，追立为皇后，谥圣穆。因为她无子，便以她弟弟柴守礼的儿子为养子，是为世宗柴荣。

九月，北汉主遣招讨使李存瓌将兵自团柏入寇。契丹欲引兵会之，与酋长议于九十九泉[①]。诸部皆不欲南寇，契丹主强之，癸亥，行至新州之火神淀[②]，燕王述轧及伟王之子太宁王沤僧作乱，弑契丹主而立述轧。契丹主德光之子述律逃入南山，诸部奉述律以攻述轧、沤僧，杀之，并其族党。立述律为帝，改元应历。自火神淀入幽州，遣使告于北汉，北汉主遣枢密直学士上党王得中如契丹，贺即位，复以叔父事之，请兵以击晋州。

契丹主年少，好游戏，不亲国事；每夜酣饮，达旦乃寐，日中方起，国人谓之睡王。后更名明。

壬申，蜀以吏部尚书、御史中丞范仁恕为中书侍郎兼吏部尚书、同平章事。

楚王希萼既克长沙，不赏许可琼，疑可琼怨望，出为蒙州刺史。遣马步都指挥使徐威、左右军马步使陈敬迁、水军都指挥使鲁公绾、牙内侍卫指挥使陆孟俊帅部兵立寨于城西北隅，以备朗兵，不存抚役者，将卒皆怨怒，谋作乱。希崇知其谋，戊寅，希萼宴将吏，徐威等不预，希崇亦辞疾不至。威等使人先驱踶啮马十余入府，自帅其徒执斧斤、白梃，声言絷马，奄至座上，纵横击人，颠踣满地。希萼逾垣走，威等执囚之；执谢彦颙，自顶及踵锉之。立希崇为武安留后，纵兵大掠。幽希萼于衡山县。

刘言闻希崇立，遣兵趣潭州，声言讨其篡夺之罪，壬午，军于益阳之西。希崇惧，癸未，发兵二千拒之，又遣使如朗州求和，请为邻藩。掌书记桂林李观象说言曰："希萼旧将佐犹在长沙，此必不欲与公为邻；不若先檄希崇取其首，然后图湖南，可兼有也。"言从之。希崇畏言，即断都军判官杨仲敏、掌书记刘光辅、牙内指挥使魏师进、都押牙黄勍等十余人首，遣前辰阳县令李翊赍送朗州；至则腐败，言与王逵等皆以为非仲敏等首，怒责翊，翊惶恐自杀。

希崇既袭位，亦纵酒荒淫，为政不公，语多矫妄，国人不附。

初，马希萼入长沙，彭师暠虽免死，犹杖背黜为民；希崇以为师暠必怨之，使送希萼于衡山，实欲师暠杀之，师暠曰："欲使我为弑君之人乎！"奉事逾谨。丙戌，至衡山。衡山指挥使廖偃，匡图之子也[3]，与其季父节度巡官匡凝谋曰："吾家世受马氏恩，今希萼长而被黜，必不免祸，盍相与辅之！"于是帅庄户及乡人悉为兵，与师暠共立希萼为衡山王，以县为行府，断江为栅，编竹为战舰，以师暠为武清节度使，召募徒众，数日，至万余人，州县多应之。遣判官刘虚己求援于唐。

徐威等见希崇所为，知必无成，又畏朗州、衡山之逼，恐一朝丧败，俱及祸，欲杀希崇以自解。希崇微觉之，大惧，密遣客将范守牧奉表请兵于唐，唐主命边镐自袁州将兵万人西趣长沙[4]。

【注释】

①九十九泉：地名。在今内蒙古察哈尔右翼中旗南。 ②新州：州名。辽太祖时置，治所在今内蒙古敖汉旗东白塔子村。 ③匡图：廖匡图，楚国大臣。虔州（今江西赣州市）人。字赞禹，任官天策府学士，以文学知名。 ④边镐：南唐将领。升州（今河南唐河县）人。元宗李璟时官都虞候，平定湖南马氏，进官武安军节度使。后因平定孙朗之叛，败绩，被削夺官职。后周兵至，复起为将，又兵败被抓。世宗时命为右千牛卫上将军。

冬，十月，辛卯，潞州巡检陈思让败北汉兵于虒亭[1]。

唐边镐引兵入醴陵。癸巳，楚王希崇遣使犒军。壬寅，遣天策府学士拓跋恒奉笺诣镐请降。恒叹曰："吾久不死，乃为小儿送降状！"癸卯，希崇帅弟侄迎镐，望尘而拜，镐下马称诏劳之。甲辰，希崇等从镐入城，镐舍于浏阳门楼，湖南将吏毕贺，镐皆厚赐之。时湖南饥馑，镐大发马氏仓粟赈之，楚人大悦。

契丹遣彰国节度使萧禹厥将奚、契丹五万会北汉兵入寇；北汉主自将兵二万自阴地关寇晋州，丁未，军于城北，三面置寨，昼夜攻之，游兵至绛州。时王晏已离镇，王彦超未至，巡检使王万敢权知晋州，与龙捷都指挥使史彦超、虎捷指挥使何徽共拒之。史彦超，云州人也。

癸丑，唐武昌节度使刘仁赡帅战舰二百取岳州，抚纳降附，人忘其亡。仁赡，金之子也。

唐百官共贺湖南平，起居郎高远曰："我乘楚乱，取之甚易。观诸将之才，但恐守之难耳！"远，幽州人也。司徒致仕李建勋曰[②]："祸其始此乎！"

唐主自即位以来，未尝亲祠郊庙，礼官以为请。唐主曰："俟天下一家，然后告谢。"及一举取楚，谓诸国指麾可定。魏岑侍宴言："臣少游元城[③]，乐其风土，俟陛下定中原，乞魏博节度使。"唐主许之，岑趋下拜谢。其主骄臣佞如此。

马希萼望唐人立己为潭帅，而潭人恶希萼，共请边镐为帅，唐主乃以镐为武安节度使。

王峻有故人曰申师厚，尝为兖州牙将，失职饥寒，望峻马拜谒于道。会凉州留后折逋嘉施上表请帅于朝廷，帝以绝域非人所欲，募率府供奉官愿行者[④]，月余，无人应募，峻荐师厚于帝。丁巳，以师厚为河西节度使。

唐边镐趣马希崇帅其族入朝，马氏聚族相泣，欲重赂镐，奏乞留居长沙。镐微哂曰："国家与公家世为仇敌，殆六十年[⑤]，然未尝敢有意窥公之国。今公兄弟斗阋，困穷自归，若复二三，恐有不测之忧。"希崇无以应，十一月，辛酉，与宗族及将佐千余人号恸登舟，送者皆哭，响振川谷。

帝以北汉、契丹之兵犹在晋州，甲子，以王峻为行营都部署，将兵救之，诏诸军皆受峻节度，听以便宜从事，得自选择将吏。乙丑，峻行，帝自至城西饯之。

楚静江节度副使、知桂州马希隐，武穆王殷之少子也。楚王希广、希萼兄弟争国，南汉主以内侍吴怀恩为西北招讨使，将兵屯境上，伺间密谋进取，希广遣指挥使彭彦晖将兵屯龙峒以备之[⑥]。希萼自衡山遣使以彦晖为桂州都监、在城外内巡检使、判军府事，希隐恶之，潜遣人告蒙州刺史许可琼。可琼方畏南汉之逼，即弃蒙州，引兵趣桂州，与彦晖战于城中，彦晖败，奔衡山，可琼留屯桂州。吴怀恩据蒙州，进兵侵掠，桂管大扰，希隐、可琼不知所为，但相与饮酒对泣。

南汉主遗希隐书，言："武穆王奄有全楚，富强安靖五十余年。

正由三十五舅、三十舅兄弟寻戈[7]，自相鱼肉，举先人基业，北面仇雠。今闻唐兵已据长沙，窃计桂林继为所取。当朝世为与国，重以婚姻，睹兹倾危，忍不赴救！已发大军水陆俱进，当令相公舅永拥节旄，常居方面。”希隐得书，与僚佐议降之，支使潘玄珪以为不可。丙寅，吴怀恩引兵奄至城下，希隐、可琼帅其众，夜斩关奔全州，桂州遂溃。怀恩因以兵略定宜、连、梧、严、富、昭、柳、龚、象等州，南汉始尽有岭南之地。

辛未，唐边镐遣先锋指挥使李承戬将兵如衡山，趣马希萼入朝。庚辰，希萼与将佐士卒万余人自潭州东下。

【注释】

①虒（sī 斯）亭：镇名。在今山西沁县南。 ②李建勋：南唐大臣。字致尧，陇西人。好学能诗文。李昪镇金陵时，用为副使，为李昪代吴自立出谋划策。李昪即位后，拜中书侍郎、同平章事。李璟时拜司空，以司徒致仕，赐号“钟山公”。 ③元城：县名，治所在今河北大名县东。④率府：官名。为太子属官，掌理东宫兵仗、仪卫及门禁等事。 ⑤殆六十年：唐僖宗光启三年（887），马殷跟随孙儒攻打杨行密，唐昭宗乾宁三年（896），夺取湖南，从此就与江淮为敌国。从光启三年到这时，差不多为六十年。 ⑥龙峒（dòng 洞）：地名。又称白龙洞，在今广西桂林市南。 ⑦三十五舅：即马希广。三十舅：即马希萼。南汉高祖刘龑娶楚王马殷女，故称马希广等为舅。

王峻留陕州旬日，帝以北汉攻晋州急，忧其不守，议自将由泽州路与峻会兵救之，且遣使谕峻。十二月，戊子朔，下诏以三日西征。使者至陕，峻因使者言于帝曰：“晋州城坚，未易可拔，刘崇兵锋方锐，不可力争。所以驻兵，待其气衰耳，非臣怯也。陛下新即位，不宜轻动。若车驾出汜水[1]，则慕容彦超引兵入汴，大事去矣！”帝闻之，自以手提耳曰：“几败吾事！”庚寅，敕罢亲征。

初，泰宁节度使兼中书令慕容彦超闻徐州平，疑惧愈甚，乃招纳亡命，畜聚薪粮，潜以书结北汉，吏获其书以闻。又遣人诈为商人求援于唐。帝遣通事舍人郑好谦就申慰谕，与之为誓。彦超益不自安，屡遣都押牙郑麟诣阙，伪输诚款，实觇机事，又献天平节度使高行周书,其言皆谤毁朝廷与彦超相结之意,帝笑曰:“此彦超之诈也!”以书示行周,行周上表谢恩。既而彦超反迹益露,丙申,遣阁门使张凝将兵赴郓州巡检以备之。

庚子,王峻至绛州;乙巳,引兵趣晋州。晋州南有蒙坑[2],最为险要,峻忧北汉兵据之,是日,闻前锋已度蒙坑,喜曰:“吾事济矣!”

慕容彦超奏请入朝,帝知其诈,即许之;既而复称境内多盗,未敢离镇。

北汉主攻晋州,久不克。会大雪,民相聚保山寨,野无所掠,军乏食。契丹思归,闻王峻至蒙坑,烧营夜遁。峻入晋州,诸将请亟追之,峻犹豫未决;明日,乃遣行营马军都指挥使仇弘超、都排陈使药元福、左厢排陈使陈思让、康延沼将骑兵追之,及于霍邑,纵兵奋击,北汉兵坠崖谷死者甚众。霍邑道隘,延沼畏懦不急追,由是北汉兵得渡。药元福曰:“刘崇悉发其众,挟胡骑而来,志吞晋、绛,今气衰力惫,狼狈而遁,不乘此翦扑,必为后患。”诸将不欲进,王峻复遣使止之,遂还。契丹比至晋阳,士马什丧三四;萧禹厥耻无功,钉大酋长一人于市,旬余而斩之。北汉主始息意于进取。北汉土瘠民贫,内供军国,外奉契丹,赋繁役重,民不聊生,逃入周境者甚众。

唐主以镇南节度使兼中书令宋齐丘为太傅;以马希萼为江南西道观察使,镇洪州,仍赐爵楚王;以马希崇为永泰节度使,镇舒州。湖南将吏,位高者拜刺史、将军、卿监,卑者以次拜官。唐主嘉廖偃、彭师暠之忠,以偃为左殿直军使、莱州刺史,师暠为殿直都虞候,赐予甚厚。湖南刺史皆入朝于唐,永州刺史王赟独后至,唐主毒杀之。

南汉主遣内侍省丞潘崇彻、将军谢贯将兵攻郴州,唐边镐发兵救之;崇彻败唐兵于义章[3],遂取郴州。边镐请除全、道二州刺史以备南汉。丙辰,唐主以廖偃为道州刺史,以黑云指挥使张峦知全州。

是岁,唐主以安化节度使鄱阳王王延政为山南西道节度使,更赐爵光山王[4]。

初,蒙城镇将咸师朗将部兵降唐,唐主以其兵为奉节都,从边镐平湖南。唐悉收湖南金帛、珍玩、仓粟乃至舟舰、亭馆、花果之美者,皆徙于金陵,遣都官郎中杨继勋等收湖南租赋以赡戍兵。继勋等务为苛刻,湖南人失望。行营粮料使王绍颜减士卒粮赐,奉节指挥使孙朗、曹进怒曰:"昔吾从咸公降唐,唐待我岂如今日湖南将士之厚哉!今有功不增禄赐,又减之,不如杀绍颜及镐,据湖南,归中原,富贵可图也!"

【注释】

①汜水:河流名。源出今河南巩义市东南,北流经今荥阳市西北汜水镇西,北注入黄河。 ②蒙坑:地名。在今山西襄汾、曲沃二县之间汾河以东。 ③义章:县名。隋末置,治所在今湖南宜章县。 ④光山王:王延政的祖先本来是光山人,所以赐他爵位为光山王。

二年 春,正月,庚申,夜,孙朗、曹进帅其徒作乱,束藁潜烧府门,火不然;边镐觉之,出兵格斗,且命鸣鼓角,朗、进等以为将晓,斩关奔朗州。王逵问朗曰:"吾昔从武穆王[1],与淮南战屡捷,淮南兵易与耳。今欲以朗州之众复取湖南,可乎?"朗曰:"朗在金陵数年,备见其政事,朝无贤臣,军无良将,忠佞无别,赏罚不当,如此,得国存幸矣,何暇兼人!朗请为公前驱,取湖南如拾芥耳!"逵悦,厚遇之。

壬戌,发开封府民夫五万修大梁城,旬日而罢。

慕容彦超发乡兵入城,引泗水注壕中,为战守之备;又多以旗帜授诸镇将,令募群盗,剽掠邻境,所在奏其反状。甲子,敕沂、密二州不复隶泰宁军。以侍卫步军都指挥使、昭武节度使曹英为都部署,讨彦超,齐州防御使史延超为副部署,皇城使河内向训为都监,陈州防御使药元福为行营马步都虞候。帝以元福宿将,命英、训无得以军礼见之,二人皆父事之。

唐主发兵五千,军于下邳[2],以援彦超;闻周兵将至,退屯沭阳。徐州巡检使张令彬击之,大破唐兵,杀、溺死者千余人,获其将燕敬权。

初,彦超以周室新造,谓其易摇,故北召北汉及契丹,南诱唐人,使侵边鄙,冀朝廷奔命不暇,然后乘间而动。及北汉、契丹自晋州北走,唐兵败于沭阳,彦超之势遂沮。

永兴节度使李洪信,自以汉室近亲,心不自安,城中兵不满千人,王峻在陕,以救晋州为名,发其数百。及北汉兵遁去,遣禁兵千余人戍长安;洪信惧,遂入朝。

壬申,王峻自晋州还,入见。

曹英等至兖州,设长围。慕容彦超屡出战,药元福皆击败之,彦超不敢出。十余日,长围合,遂进攻。

初,彦超将反,判官崔周度谏曰:"鲁,诗书之国,自伯禽以来不能霸诸侯,然以礼义守之,可以长世。公于国家非有私憾,胡为自疑!况主上开谕勤至,苟撤备归诚,则坐享太山之安矣。独不见杜中令、安襄阳、李河中竟何所成乎[3]!"彦超怒。及官军围城,彦超括士民之财以赡军,坐匿财死者甚众。前陕州司马阎弘鲁,宝之子也[4],畏彦超之暴,倾家为献,彦超犹以为有所匿,命周度索其家,周度谓弘鲁曰:"君之死生,系财之丰约,宜无所爱。"弘鲁泣拜其妻妾曰:"悉出所有以救吾死。"皆曰:"竭矣!"周度以白彦超,彦超不信,收弘鲁夫妻系狱。有乳母于泥中掊得金缠臂,献之,冀以赎其主。彦超曰:"所匿必犹多。"榜掠弘鲁夫妻,肉溃而死。以周度为阿庇,斩于市。

【注释】

①武穆王:楚王马殷的谥号。　②下邳:县名。治所在今江苏睢宁县西北。　③杜中令、安襄阳、李河中:杜中令指杜重威,他曾任官中书令;安襄阳指安从进,他是襄阳人;李河中指李守贞,他是河中人。他们三人都因反叛而败死。　④宝:阎宝,后唐大臣。字琼美,郓州(今山东东平县西北)人。初为唐朝泰宁节度使朱瑾牙将。投降后梁。末帝时拜官保义军节度使。贞明中复降后唐,拜官检校太尉、同中书门下平章事。不久,因兵败忧愤死。

北汉遣兵寇府州,防御使折德扆败之,杀二千余人。二月,庚子,德扆奏攻拔北汉岢岚军,以兵戍之。

甲辰,帝释燕敬权等使归唐,谓唐主曰:"叛臣,天下所共疾也，不意唐主助之，得无非计乎！”唐主大惭，先所得中国人，皆礼而归之。唐之言事者犹献取中原之策，中书舍人韩熙载曰：“郭氏有国虽浅，为治已固，我兵轻动，必有害无益。”

唐自烈祖以来[①]，常遣使泛海与契丹相结，欲与之共制中国，更相馈遗，约为兄弟。然契丹利其货，徒以虚语往来，实不为唐用也。

唐主好文学，故熙载与冯延巳、延鲁、江文蔚、潘佑、徐铉之徒皆至美官[②]。佑，幽州人也。当时唐之文雅于诸国为盛，然未尝设科举，多因上书言事拜官，至是，始命翰林学士江文蔚知贡举，进士庐陵王克贞等三人及第[③]。唐主问文蔚：“卿取士何如前朝？”对曰：“前朝公举、私谒相半，臣专任至公耳！”唐主悦。中书舍人张纬，前朝登第，闻而衔之。时执政皆不由科第，相与沮毁，竟罢贡举。

三月，戊辰，以内客省使、恩州团练使晋阳郑仁诲为枢密副使[④]。

甲戌，改威胜军曰武胜军。

唐主以太弟太保、昭义节度使冯延巳为左仆射，前镇海节度使徐景运为中书侍郎，及右仆射孙晟皆同平章事。既宣制，户部尚书常梦锡众中大言曰：“白麻甚佳[⑤]，但不及江文蔚疏耳[⑥]！”晟素轻延巳，谓人曰：“金杯玉碗，乃贮狗矢乎！”

延巳言于唐主曰：“陛下躬亲庶务，故宰相不得尽其才，此治道所以未成也！”唐主乃悉以政事委之，奏可而已。既而延巳不能勤事，文书皆仰成胥史，军旅则委之边将，顷之，事益不治，唐主乃复自览之。

大理卿萧俨恶延巳为人，数上疏攻之，会俨坐失入人死罪，钟谟、李德明辈必欲杀之，延巳曰：“俨误杀一妇人，诸君以为当死。俨九卿也，可误杀乎？”独上言：“俨素有直声，今所坐已会赦，宜从宽宥。”俨由是得免；人亦以此多之。

景运寻罢为太子少傅。

夏，四月，丙戌朔，日有食之。

帝以曹英等攻兖州久未克，乙卯，下诏亲征，以李谷权东京留守兼判开封府，郑仁诲权大内都点检，又以侍卫马军都指挥使郭崇充在京都巡检。

唐主既克湖南，遣其将李建期屯益阳以图朗州，以知全州张峦兼桂州招讨使以图桂州，久之，未有功。唐主谓冯延巳、孙晟曰："楚人求息肩于我，我未有抚其疮痍而虐用其力，非所以副来苏之望；吾欲罢桂林之役，敛益阳之戍，以旌节授刘言，何如?"晟以为宜然。延巳曰："吾出偏将举湖南，远近震惊；一旦三分丧二[⑦]，人将轻我。请委边将察其形势。"唐主乃遣统军使侯训将兵五千自吉州路趣全州，与张峦合兵攻桂州。南汉伏兵于山谷，峦等始至城下，罢乏，伏兵四起，城中出兵夹击之，唐兵大败，训死，峦收散卒数百奔归全州。

【注释】

①烈祖：即李昪（biàn，变），五代南唐建立者。本为吴大臣，937 年代吴自立。939 年改国号为唐，史称南唐。庙号烈祖。　②潘佑：南唐官吏。幽州（今北京西南）人。官至内史舍人。他爱好文学，文章议论为时世所推重。后主时称他为"潘卿"。因为屡次上疏议论时政，触怒后主，被捕而自杀。　③庐陵：县名。治所在今江西吉安市。　④恩州：当时中原没有恩州，这里的恩州是指南汉的恩州，郑仁诲是遥领恩州团练使。　⑤白麻：古时的诏书都用白纸书写，唐高宗上元年间，改用白麻纸。这里用白麻指代诏书。　⑥江文蔚疏：指南唐元宗保大五年（947），御史中丞江文蔚弹劾冯延巳、魏岑等人的奏疏。　⑦三分丧二：指得到潭州而失去朗州、桂州。

五月，庚申，帝发大梁；戊辰，至兖州。己巳，帝使人招谕慕容彦超，城上人语不逊；庚午，命诸军进攻。

先是，术者绐彦超云："镇星行至角、亢[①]，角、亢兖州之分，其下有福。"彦超乃立祠而祷之，令民家皆立黄幡[②]。彦超性贪吝，官军攻城急，犹瘗藏珍宝，由是人无斗志，将卒相继有出降者。乙亥，官军克城，彦超方祷镇星祠，帅众力战，不胜，乃焚镇星祠，与妻赴井死；子继勋出走，追获，杀之。官军大掠，城中死者近万人。初，彦超将反，募群盗置帐下，至者二千余人，皆山林犷悍，竟不为用。

帝欲悉诛兖州将吏，翰林学士窦仪见冯道、范质，与之共白帝曰："彼皆胁从耳。"乃赦之。丁丑，以端明殿学士颜衎权知兖州事。赦兖州管内，彦超党逃匿者期一月听自首，前已伏诛者赦其亲戚。癸未，降泰宁军为防御州。

唐司徒致仕李建勋卒，且死，戒家人曰："时事如此，吾得良死幸矣！勿封土立碑，听人耕种于其上，免为他日开发之标。"及江南之亡也[③]，诸贵人高大之家无不发者，惟建勋家莫知其处。

六月，乙酉朔，帝如曲阜，谒孔子祠。既奠，将拜，左右曰："孔子，陪臣也，不当以天子拜之。"帝曰："孔子百世帝王之师，敢不敬乎！"遂拜之。又拜孔子墓，命葺孔子祠，禁孔林樵采。访孔子、颜渊之后，以为曲阜令及主簿。丙戌，帝发兖州。

乙未，吴越顺德太夫人吴氏卒。

丁酉，蜀大水入成都，漂没千余家，溺死五千余人，坏太庙四室。戊戌，蜀大赦，赈水灾之家。

己亥，帝至大梁。

朔方节度使兼中书令陈留王冯晖卒，其子牙内都虞候继业杀其兄继勋，自知军府事。

太子宾客李涛之弟澣，在契丹为勤政殿学士，与幽州节度使萧海真善。海真，契丹主兀欲之妻弟也。澣说海真内附，海真欣然许之。澣因定州谍者田重霸赍绢表以闻，且与涛书，言："契丹主童呆，专事宴游，无远志，非前人之比，朝廷若能用兵，必克；不然，与和，必得。二者皆利于速，度其情势，他日终不能力助河东者也[④]。"壬寅，重霸至大梁，会中国多事，不果从。

【注释】

①镇星：也称"填星"，土星的别名。角：二十八星宿之一，东方苍龙七宿的第一宿，有星两颗，属现在的室女星座。亢：也是二十八星宿之一。苍龙七宿的第二宿，有星四颗，属现在的室女星座。 ②立黄幡：术士说土星下面有福运降临，土的颜色为黄色，所以慕容彦超命令民间树黄颜色的旗帜来随土星的颜色。 ③及江南之亡：指后来北宋开宝八年（975），曹彬攻克金陵，南唐主李煜投降，南唐灭亡。 ④河东：指北汉。

辛亥，以冯继业为朔方留后。

枢密使王峻，性轻躁，多计数，好权利，喜人附己。自以天下为己任。每言事，帝从之则喜，或时未允，辄愠怼，往往发不逊语；帝以其故旧，且有佐命功，又素知其为人，每优容之。峻年长于帝，帝即位，犹以兄呼之，或称其字，峻以是益骄。副使郑仁诲、皇城使向训、恩州团练使李重进，皆帝在藩镇时腹心将佐也，帝即位，稍稍进用。峻心嫉之，累表称疾，求解机务，以诇帝意，帝屡遣左右敦谕，峻对使者辞气亢厉，又遗诸道节度使书求保证；诸道各献其书，帝惊骇久之，复遣左右慰勉，令视事，且曰："卿傥不来，朕且自往。"犹不至。帝知枢密直学士陈观与峻亲善，令往谕指，观曰："陛下但声言临幸其第，峻必不敢不来。"秋，七月，戊子[①]，峻入朝，帝慰劳令视事。重进，沧州人，其母即帝妹福庆长公主也。

李谷足跌，伤右臂，在告月余[②]；帝以谷职业繁剧，趣令入朝，辞以未任趋拜。癸巳，诏免朝参，但令视事。

蜀工部尚书、判武德军郭延钧不礼于监押王承丕[③]，承丕谋作乱。辛丑，左奉圣都指挥使安次孙钦当以部兵戍边，往辞承丕，承丕邀与俱见府公[④]；钦不知其谋，从之。承丕至，则令左右击杀延钧，屠其家，称奉诏处置军府，即开府库赏士卒，出系囚，发屯戍。将吏毕集，钦谓承丕曰："今延钧已伏辜，公宜出诏书以示众。"承丕曰："我能致公富贵，勿问诏书。"钦始知承丕反，因绐曰："今内外未安，我请以部兵为公巡察。"即跃马而出，承丕连呼之，不止。钦至营，晓谕其众，帅以入府，攻承丕，承丕左右欲拒战，钦叱之，皆弃兵走，遂执承丕，斩之，并其亲党，传首成都。

天平节度使、守中书令高行周卒。行周有勇而知义，功高而不矜，策马临敌，叱咤风生，平居与宾僚宴集，侃侃和易，人以是重之。

癸卯，蜀主遣客省使赵季札如梓州，慰抚吏民。

汉法，犯私盐、曲，无问多少抵死。郑州民有以屋税受盐于官，过州城，吏以为私盐，执而杀之；其妻讼冤。癸丑，始诏犯盐、曲者以斤两定刑有差。

【注释】

①戊子:七月无此日,疑误。 ②在告:官吏休假叫“告”,在休假期中称为“在告”。 ③监押:官名。诸路统兵官。掌本路军旅屯戍、训练等事。官高资深者称都监。 ④府公:唐五代时,官府幕僚称节度使、观察使为府公。这里指郭延钧。

资治通鉴卷第二百九十一

后周纪二　起玄黓困敦九月，尽阏逢摄提格四月，凡一年有奇。

太祖圣神恭肃文武孝皇帝中

广顺二年　九月，甲寅朔，吴越丞相裴坚卒[1]。以台州刺史吴延福同参相府事。

庚午，敕北边吏民毋得入契丹境俘掠。

契丹将高谟翰以苇筏渡胡卢河入寇[2]，至冀州，成德节度使何福进遣龙捷都指挥使刘诚诲等屯贝州以拒之。契丹闻之，遽引兵北渡；所掠冀州丁壮数百人，望见官军，争鼓噪，欲攻契丹，官军不敢应，契丹尽杀之。

蜀山南西道节度使李廷珪奏周人聚兵关中，请益兵为备。蜀主遣奉銮肃卫都虞候赵进将兵趣利州[3]；既而闻周人聚兵以备北汉，乃引还。

唐武安节度使边镐，昏懦无断，在湖南，政出多门，不合众心。吉水人欧阳广上书，言："镐非将帅才，必丧湖南，宜别择良帅，益兵以救其败。"不报。

唐主使镐经略朗州，有自朗州来者，多言刘言忠顺，镐由是不为备。唐主召刘言入朝，言不行，谓王逵曰："唐必伐我，奈何？"逵曰："武陵负江湖之险[4]，带甲数万，安能拱手受制于人！边镐抚御无方，士民不附，可一战擒也。"言犹豫未决，周行逢曰："机事贵速，缓则彼为之备，不可图也。"言乃以逵、行逢及牙将何敬真、张仿、蒲公益、朱全琇、宇文琼、彭万和、潘叔嗣、张文表十人皆为指挥使，部分发兵。叔嗣、文表，皆朗州人也。行逢能谋，文表善战，叔嗣果敢，三人多相须成功，情款甚昵。

诸将欲召溆州酋长苻彦通为援，行逢曰："蛮贪而无义，前年从马希萼入潭州，焚掠无遗。吾兵以义举，往无不克，乌用此物，使暴殄百姓哉！"乃止。然亦畏彦通为后患，以蛮酋土团都指挥使刘瑫为群蛮所惮，补西境镇遏使以备之。

冬，十月，逵等将兵分道趣长沙，以孙朗、曹进为先锋使，边镐遣指挥使郭再诚等将兵屯益阳以拒之。戊子，逵等克沅江，执都监刘承遇，裨将李师德帅众五百降之。壬辰，逵等命军士举小舟自蔽，直造益阳，四面斧寨而入，遂克之，杀戍兵二千人。边镐告急于唐。甲午，逵等克桥口及湘阴⑤，乙未，至潭州。边镐婴城自守；救兵未至，城中兵少，丙申夜，镐弃城走，吏民俱溃。醴陵门桥折⑥，死者万余人，道州刺史廖偃为乱兵所杀。丁酉旦，王逵入城，自称武平节度副使、权知军府事⑦，以何敬真为行军司马。遣敬真等追镐，不及，斩首五百级。蒲公益攻岳州，唐岳州刺史宋德权走，刘言以公益权知岳州。唐将守湖南诸州者，闻长沙陷，相继遁去。刘言尽复马氏岭北故地，惟郴、连入于南汉。

契丹瀛、莫、幽州大水，流民入塞散居河北者数十万口，契丹州县亦不之禁。诏所在赈给存处之，中国民先为所掠，得归者什五六。

【注释】

①裴坚：吴越大臣。宰相裴光庭之子。字廷实，河东（今山西永济市西南）人。历仕文穆王钱元瓘、忠逊王钱弘倧、忠懿王钱弘俶，多善政。累官至中书令，拜丞相。卒谥文宪。　②胡卢河：又称胡芦河，在今河北宁晋县东南，现在已湮为洼地。　③利州：州名。治所在今四川广元市。　④武陵：郡名，治所在今湖南常德市，曾多次改称为朗州。　⑤桥口：镇名。在今湖南长沙市郊。　⑥醴陵门：潭州城东门。　⑦武平：这里应该为"武安"。

丁未，谷以病臂久未愈，三表辞位，帝遣中使谕指曰："卿所掌至重，朕难其人，苟事功克集，何必朝礼！朕今于便殿待卿，可暂入相见。”谷入见于金祥殿，面陈悃款；帝不许。谷不得已复视事。谷未能执笔，诏以三司务繁，令刻名印用之。

辛亥，敕：“民有诉讼，必先历县州及观察使处决，不直，乃听讼于台省[①]，或自不能书牒，倩人书者，必书所倩姓名、居处。若无可倩，听执素纸。所诉必须己事，毋得挟私客诉。”

庆州刺史郭彦钦性贪，野鸡族多羊马[②]，彦钦故扰之以求赂，野鸡族遂反，剽掠纲商[③]；帝命宁、环二州合兵讨之[④]。

刘言遣使来告，称：“湖南世事朝廷，不幸为邻寇所陷，臣虽不奉诏，辄纠合义兵，削平旧国。”

唐主削边镐官爵，流饶州[⑤]。初，镐以都虞候从查文徽克建州，凡所俘获皆全之，建人谓之“边佛子”；及克潭州，市不易肆，潭人谓之“边菩萨”；既而为节度使，政无纲纪，惟日设斋供，盛修佛事，潭人失望，谓之“边和尚”矣。

左仆射同平章事冯延巳、右仆射同平章事孙晟上表请罪；皆释之。晟陈请不已，乃与延巳皆罢守本官。

唐主以比年出师无功，乃议休兵息民。或曰：“愿陛下数十年不用兵，可小康矣！”唐主曰：“将终身不用，何数十年之有！”唐主思欧阳广之言[⑥]，拜本县令[⑦]。

十一月，辛未，徙保义节度使折从阮为静难节度使，讨野鸡族。

癸酉，敕：“约每岁民间所输牛皮，三分减二；计田十顷，税取一皮，余听民自用及卖买，惟禁卖于敌国。”先是，兵兴以来，禁民私卖买牛皮，悉令输官受直。唐明宗之世，有司止偿以盐；晋天福中，并盐不给。汉法，犯私牛皮一寸抵死，然民间日用实不可无。帝素知其弊，至是，李谷建议，均于田亩，公私便之。

十二月，丙戌，河决郑、滑，遣使行视修塞。

甲午，前静难节度使侯章献买宴绢千匹[⑧]，银五百两；帝不受，曰：“诸侯入觐，天子宜有宴犒，岂待买邪！自今如此比者，皆勿受。”

王逵将兵及洞蛮五万攻郴州，南汉将潘崇彻救之，遇于蚝石⑨。崇彻登高望湖南兵，曰："疲而不整，可破也。"纵击，大破之，伏尸八十里。

翰林学士徐台符请诛诬告李崧者葛延遇及李澄，冯道以为屡更赦，不许。王峻嘉台符之义，白于帝，癸卯，收延遇、澄，诛之。

刘言表称潭州残破，乞移使府治朗州，且请贡献、卖茶，悉如马氏故事；许之。

唐江西观察使楚王马希萼入朝，唐主留之，后数年，卒于金陵，谥曰恭孝。

初，麟州土豪杨信自为刺史，受命于周。信卒，子重训嗣，以州降北汉；至是，为群羌所围，复归款，求救于夏、府二州⑩。

【注释】

①台省：唐时尚书省称中台，门下省称东台，中书省称西台，所以统称台省。 ②野鸡族：党项部族名，居住在庆州（今甘肃庆阳市）北。 ③纲商：结成一帮一帮的商队。纲，成批运输货物的组织。 ④宁、环二州：宁州和环州。宁州，治所在今甘肃宁县。环州，后周广顺二年（952）改威州置，治所在今甘肃环县。 ⑤饶州：州名。治所在今江西鄱阳县。 ⑥欧阳广之言：指欧阳广曾说"镐非将帅才，必丧湖南"的话。 ⑦本县：指吉水县。欧阳广是吉水人。 ⑧买宴：唐五代时皇帝赐宴，群臣进献钱帛，称为"买宴"。藩镇入朝的时候也是如此，实际上是臣下向皇帝献纳的一种方式。 ⑨蚝石：地名。在今湖南宜章县。 ⑩夏：州名。治所在今陕西靖边县东北。

三年　春，正月，丙辰，以武平留后刘言为武平节度使，制置武安·静江等军事、同平章事；以王逵为武安节度使，何敬真为静江节度使，周行逢为武安行军司马。

诏折从阮："野鸡族能改过者，拜官赐金帛，不则进兵讨之。"壬戌，从阮奏："酋长李万全等受诏立誓外，自余犹不服，方讨之。"

前世屯田皆在边地，使戍兵佃之。唐末，中原宿兵，所在皆置营田以耕旷土；其后又募高赀户使输课佃之，户部别置官司总领，不隶州县，或丁多无役，或容庇奸盗，州县不能诘。梁太祖击淮南，掠得牛以千万计，给东南诸州农民，使岁输租。自是历数十年，牛死而租不除，民甚苦之。帝素知其弊，会阁门使、知青州张凝上便宜[①]，请罢营田务，李谷亦以为言。乙丑，敕："悉罢户部营田务，以其民隶州县；其田、庐、牛、农器，并赐见佃者为永业，悉除租牛课。"是岁，户部增三万余户。民既得为永业，始敢葺屋植木，获地利数倍。或言："营田有肥饶者，不若鬻之，可得钱数十万缗以资国。"帝曰："利在于民，犹在国也，朕用此钱何为！"

莱州刺史叶仁鲁，帝之故吏也，坐赃绢万五千匹，钱千缗，庚午，赐死；帝遣中使赐以酒食曰："汝自抵国法，吾无如之何！当存恤汝母。"仁鲁感泣。

帝以河决为忧，王峻自请往行视，许之。镇宁节度使荣屡求入朝，峻忌其英烈，每沮止之。闰月，荣复求入朝，会峻在河上，帝乃许之。

契丹寇定州，围义丰军[②]，定和都指挥使杨弘裕夜击其营，大获，契丹遁去。又寇镇州，本道兵击走之。

丙申，镇宁节度使荣入朝。故李守贞骑士马全义从荣入朝[③]，帝召见，补殿前指挥使[④]，谓左右曰："全义忠于所事，昔在河中，屡挫吾军，汝辈宜效之。"王峻闻荣入朝，遽自河上归，戊戌，至大梁。

彰武节度使高允权卒[⑤]，其子牙内指挥使绍基谋袭父位，诈称允权疾病，表已知军府事。观察判官李彬切谏，绍基怒，斩之，辛丑，以彬谋反闻。

王峻固求领藩镇，帝不得已，以峻兼平卢节度使。

高绍基屡奏杂虏犯边，冀得承袭，帝遣六宅使张仁谦诣延州巡检[⑥]，绍基不能匿，始发父丧。

戊申，折从阮奏降野鸡二十一族。

唐草泽邵棠上言[⑦]："近游淮上，闻周主恭俭，增修德政。吾兵新破于潭、朗，恐其有南征之志，宜为之备。"

【注释】

①便宜：应办的事，特指对国家有利的事。 ②义丰军：当时置义丰军于义丰县（今河北安国市）。 ③马全义：蓟州（今天津蓟州区）人。初隶后晋高祖，后汉乾祐中从李守贞镇守河中，屡次挫败郭威军队。后周世宗即位，因功累迁殿前指挥使。北宋初从太祖攻李筠，平李重进，功

劳很多，授官龙捷左厢都校，后领江州防御使卒。 ④殿前指挥使：官名。为殿前司统兵官，统领禁兵。 ⑤高允权：后周大臣。延州（今陕西延安市东）人。历官肤施县令。后晋开运末以周密为延州帅，州兵乱，拥立他为帅。后汉高祖遣使加他为检校太傅。官至检校太师。 ⑥六宅使：官名。唐五代时掌管诸王府的长官。 ⑦草泽：本指荒野，引申为在野未仕之人。

初，王逵既得潭州，以指挥使何敬真为静江节度副使，朱全琇为武安节度副使，张文表为武平节度副使，周行逢为武安行军司马。敬真、全琇各置牙兵，与逵分厅视事，吏民莫知所从。每宴集，诸将使酒，纷拏如市，无复上下之分，唯行逢、文表事逵尽礼，逵亲爱之。敬真与逵不协，辞归朗州，又不能事刘言，与全琇谋作乱。言素忌逵之强，疑逵使敬真伺己，将讨之，逵闻之，甚惧。行逢曰："刘言素不与吾辈同心，何敬真、朱全琇耻在公下，公宜早图之。"逵喜曰："与公共除凶党，同治潭、朗，夫复何忧！"会南汉寇全、道、永州，行逢请："身至朗州说言，遣敬真、全琇南讨，俟至长沙，以计取之，如掌中物耳。"逵从之。行逢至朗州，言以敬真为南面行营招讨使，全琇为先锋使，将牙兵百余人会潭州兵以御南汉。二人至长沙，逵出郊迎，相见甚欢，宴饮连日，多以美妓饵之，敬真因淹留不进。朗州指挥使李仲迁部兵三千人久戍潭州，敬真使之先发，趣岭北，都头符会等因士卒思归，劫仲迁擅还朗州。逵乘敬真醉，使人诈为言使者，责敬真以"南寇深侵，不亟捍御而专务荒宴，太师命械公归西府[①]"，因收系狱。全琇逃去，遣兵追捕之。二月，辛亥朔，斩敬真以徇。未几，获全琇及其党十余人，皆斩之。

癸丑，镇宁节度使荣归澶州。

初，契丹主德光北还，以晋传国宝自随。至是，更以玉作二宝。

王逵遣使以斩何敬真告刘言，言不得已，庚申，斩符会等数人。

枢密使、平卢节度使、同平章事王峻，晚节益狂躁，奏请以端明殿学士颜衎、枢密直学士陈观代范质、李谷为相，帝曰："进退宰辅，不可仓猝，俟朕更思之。”峻力论列，语浸不逊；日向中，帝尚未食，峻争之不已。帝曰：“今方寒食，俟假开[②]，如卿所奏。”峻乃退。

癸亥，帝亟召宰相、枢密使入，幽峻于别所。帝见冯道等，泣曰：“王峻陵朕太甚，欲尽逐大臣，翦朕羽翼。朕惟一子，专务间阻，暂令诣阙，已怀怨望。岂有身典枢机，复兼宰相，又求重镇！观其志趣，殊未盈厌。无君如此，谁则堪之！”甲子，贬峻商州司马，制辞略曰：“肉视群后，孩抚朕躬。”帝虑邺都留守王殷不自安，命殷子尚食使承诲诣殷[③]，谕以峻得罪之状。峻至商州，得腹疾，帝犹愍之，命其妻往视之，未几而卒。

帝命折从阮分兵屯延州，高绍基始惧，屡有贡献。又命供奉官张怀贞将禁兵两指挥屯鄜、延[④]，绍基乃悉以军府事授副使张匡图。甲戌，以客省使向训权知延州。

【注释】

①太师：指刘言。西府：西边的军府，朗州在潭州的西面，所以朗州府署为西府。　②假开：封建社会寒食节前后休假共五天。过完假期称假开。　③尚食使：官名。为诸司使之一，掌奉御之职。　④鄜：州名。治所在今陕西富县。

三月，甲申，以镇宁节度使荣为开封尹、晋王。丙戌，以枢密副使郑仁诲为镇宁节度使。

初，杀牛族与野鸡族有隙，闻官军讨野鸡，馈饷迎奉，官军利其财畜而掠之；杀牛族反，与野鸡合，败宁州刺史张建武于包山。帝以郭彦钦扰群胡，致其作乱，黜废于家。

初，解州刺史浚仪郭元昭与榷盐使李温玉有隙[①]，温玉婿魏仁浦为枢密主事[②]，元昭疑仁浦庇之；会李守贞反，温玉有子在河中，元昭收系温玉，奏言其叛，事连仁浦。帝时为枢密使，知其诬，释不问。至是，仁浦为枢密承旨，元昭代归，甚惧，过洛阳，以告仁浦弟仁涤，仁涤曰：“吾兄平生不与人为怨，况肯以私害公乎！”既至，丁亥，仁浦白帝，以元昭为庆州刺史。

己丑，以棣州团练使太原王仁镐为宣徽北院使兼枢密副使[③]。

唐主复以左仆射冯延巳同平章事。

周行逢恶武平节度副使张仿，言于王逵曰："何敬真，仿之亲戚，临刑以后事属仿，公宜备之。"夏，四月，庚申，逵召仿饮，醉而杀之。

丙寅，归德节度使兼侍中常思入朝；戊辰，徙平卢节度使。将行，奏曰："臣在宋州④，举丝四万余两在民间⑤，谨以上进，请征之。"帝颔之。五月，丁亥，敕榜宋州，凡常思所举悉蠲之，思亦无怍色。

自唐末以来，所在学校废绝，蜀毋昭裔出私财百万营学馆⑥，且请刻板印《九经》⑦；蜀主从之。由是蜀中文学复盛。

六月，壬子，沧州奏契丹知卢台军事范阳张藏英来降。

初，唐明宗之世，宰相冯道、李愚请令判国子监田敏校正《九经》，刻板印卖，朝廷从之。丁巳，板成，献之。由是，虽乱世，《九经》传布甚广。

王逵以周行逢知潭州，自将兵袭朗州，克之，杀指挥使郑珓，执武安节度使、同平章事刘言⑧，幽于别馆。

秋，七月，王殷三表请入朝，帝疑其不诚，遣使止之。

唐大旱，井泉涸，淮水可涉，饥民度淮而北者相继，濠、寿发兵御之，民与兵斗而北来。帝闻之曰："彼我之民一也，听籴米过淮。"唐人遂筑仓，多籴以供军。八月，己未，诏唐民以人畜负米者听之，以舟车运载者勿予。

王逵遣使上表，诬"刘言谋以朗州降唐，又欲攻潭州，其众不从，废而囚之，臣已至朗州抚安军府讫"。且请复移使府治潭州。甲戌，遣通事舍人翟光裔诣湖南宣抚，从其所请。逵还长沙，以周行逢知朗州事，又遣潘叔嗣杀刘言于朗州。

【注释】

①解州：州名。五代后汉时置，治所在今山西运城市西南。 ②枢密主事：官名。枢密院掌管署复文书案牍的官员。 ③棣州：州名。治所在今山东惠民县东南。 ④宋州：州名。治所在今河南商丘市。 ⑤举丝：开始以货物贷给百姓，等到蚕丝成熟后，再向百姓征收相当数量的蚕丝。 ⑥毋昭裔：后蜀大臣。河中龙门（今山西河津市东南）人。博学有才名，孟知祥擢为御史中丞。孟昶即位，拜官中书侍郎、同平章

事，累迁左仆射，后以太子太师致仕。他嗜好藏书，酷好古文，精于经术。曾刻《九经》于成都学宫。刻版印行《文选》《初学记》《白氏六帖》等，著有《尔雅音略》。 ⑦《九经》：儒家奉为经典的九种古籍，其名称相传不一。 ⑧武安：当为“武平”。刘言为武平节度使，镇守朗州。

九月，己亥，武成节度使白重赞奏塞决河[①]。

契丹寇乐寿，齐州戍兵右保宁都头刘汉章杀都监杜延熙[②]，谋应契丹，不克，并其党伏诛。

南汉主立其子继兴为卫王，璇兴为桂王，庆兴为荆王，保兴为祯王，崇兴为梅王。

东自青、徐，南至安、复，西至丹、慈[③]，北至贝、镇，皆大水。

帝自入秋得风痹疾，害于食饮及步趋，术者言宜散财以禳之。帝欲祀南郊，又以自梁以来，郊祀常在洛阳，疑之。执政曰：“天子所都则可以祀百神，何必洛阳！”于是，始筑圜丘、社稷坛[④]，作太庙于大梁。癸亥，遣冯道迎太庙社稷神主于洛阳。

南汉大赦。

冬，十一月，己丑，太常请准洛阳筑四郊诸坛，从之。十二月，丁未朔，神主至大梁，帝迎于西郊，祔享于太庙。

邺都留守、天雄节度使兼侍卫亲军都指挥使、同平章事王殷恃功专横，凡河北镇戍兵应用敕处分者，殷即以帖行之，又多掊敛民财。帝闻之不悦，使人谓曰：“卿与国同体，邺都帑庾甚丰，卿欲用则取之，何患无财！”成德节度使何福进素恶殷，甲子，福进入朝，密以殷阴事白帝，帝由是疑之。乙丑，殷入朝，诏留殷充京城内外巡检。

戊辰，府州防御使折德扆奏北汉将乔赟入寇，击走之。

王殷每出入，从者常数百人；殷请量给铠仗以备巡逻，帝难之。时帝体不平，将行郊祀，而殷挟震主之势在左右，众心忌之。壬申，帝力疾御滋德殿，殷入起居，遂执之。下制诬殷谋以郊祀日作乱，流登州[⑤]，出城，杀之。命镇宁节度使郑仁诲诣邺都安抚；仁诲利殷家财，擅杀殷子，迁其家属于登州。

唐祠部郎中、知制诰徐铉言贡举初设[⑥]，不宜遽罢，乃复行之。

先是,楚州刺史田敬洙请修白水塘溉田以实边[⑦],冯延巳以为便。李德明因请大辟旷土为屯田,修复所在渠塘堙废者。吏因缘侵扰,大兴力役,夺民田甚众,民愁怨无诉。徐铉以白唐主,唐主命铉按视之,铉籍民田悉归其主。或谮铉擅作威福,唐主怒,流铉舒州。然白水塘竟不成。

唐主又命少府监冯延鲁巡抚诸州,右拾遗徐锴表延鲁无才多罪[⑧],举措轻浅,不宜奉使。唐主怒,贬锴校书郎、分司东都[⑨]。锴,铉之弟也。

道州盘容洞蛮酋盘崇聚众自称盘容州都统[⑩],屡寇郴、道州。

乙亥,帝朝享太庙,被衮冕,左右掖以登阶,才及一室,酌献,俯首不能拜而退,命晋王荣终礼。是夕,宿南郊,疾尤剧,几不救,夜分小愈。

【注释】

①武成:滑州从唐朝以来,置义成节度。北宋太平兴国元年(976),因避太宗赵匡义讳,才改名为武成军,因此,这里武成应该为"义成"。 ②齐州:州名。治所在今山东济南市。 ③丹、慈:丹州,治所在今陕西宜川县。慈州,治所在今山西吉县。 ④圜丘、社稷坛:圜丘,古时祭天的圆形高坛。社稷坛,古时帝王、诸侯等祭祀土神、谷神的地方。 ⑤登州:州名。治所在今山东烟台市牟平区。 ⑥祠部:官署名。主管祠祀礼仪制度的机构。 ⑦白水塘:一名白水陂。在今江苏宝应县西南,方圆二百五十里。相传为三国魏邓艾所修,溉田一万二千顷。元以后干涸。 ⑧徐锴:徐铉弟。字楚金,自幼知书。历官秘书省正字、内史舍人。后来南唐朝政日非,他忧愤而卒。他精小学,著有《说文系传》《说文解字韵谱》等。 ⑨东都:南唐以扬州为东都。 ⑩盘容洞:地名。在今湖南道县南。

显德元年 春,正月,丙子朔,帝祀圜丘,仅能瞻仰致敬而已,进爵奠币皆有司代之。大赦,改元。听蜀境通商。

戊寅,罢邺都,但为天雄军。

庚辰,加晋王荣兼侍中,判内外兵马事。时群臣希得见帝,中外恐惧,闻晋王典兵,人心稍安。

军士有流言郊赏薄于唐明宗时者，帝闻之，壬午，召诸将至寝殿，让之曰："朕自即位以来，恶衣菲食，专以赡军为念；府库蓄积，四方贡献，赡军之外，鲜有赢余，汝辈岂不知之！今乃纵凶徒腾口，不顾人主之勤俭，察国之贫乏，又不思己有何功而受赏，惟知怨望，于汝辈安乎！"皆惶恐谢罪，退，索不逞者戮之，流言乃息。

初，帝在邺都，奇爱小吏曹翰之才[①]，使之事晋王荣；荣镇澶州，以为牙将。荣入为开封尹，未即召翰，翰自至，荣怪之。翰请间言曰："大王国之储嗣，今主上寝疾，大王当入侍医药，奈何犹决事于外邪！"荣感悟，即日入止禁中。丙戌，帝疾笃，停诸司细务皆勿奏，有大事，则晋王荣禀进止宣行之。

以镇宁节度使郑仁诲为枢密使、同平章事。

戊子，以义武留后孙行友、保义留后韩通、朔方留后冯继业皆为节度使。通，太原人也。

帝屡戒晋王曰："昔吾西征[②]，见唐十八陵无不发掘者[③]，此无他，惟多藏金玉故也。我死，当衣以纸衣，敛以瓦棺；速营葬，勿久留宫中；圹中无用石，以甓代之；工人役徒皆和雇，勿以烦民；葬毕，募近陵民三十户，蠲其杂徭，使之守视；勿修下宫，勿置守陵宫人，勿作石羊、虎、人、马，惟刻石置陵前云：'周天子平生好俭约，遗令用纸衣、瓦棺，嗣天子不敢违也。'汝或吾违，吾不福汝。"又曰："李洪义当与节钺[④]，魏仁浦勿使离枢密院。"

庚寅，诏前登州刺史周训等塞决河。先是，河决灵河、鱼池、酸枣、阳武、常乐驿、河阴、六明镇、原武[⑤]，凡八口。至是，分遣使者塞之。

帝命趣草制，以端明殿学士、户部侍郎王溥为中书侍郎、同平章事。壬辰，宣制毕，左右以闻，帝曰："吾无恨矣！"以枢密副使王仁镐为永兴军节度使，以殿前都指挥使李重进领武信节度使，马军都指挥使樊爱能领武定节度使，步军都指挥使何徽领昭武节度使。重进年长于晋王荣，帝召入禁中，属以后事，仍命拜荣，以定君臣之分。是日，帝殂于滋德殿，秘不发丧。乙未，宣遗制。丙申，晋王即皇帝位。

初，静海节度使吴权卒，子昌岌立；昌岌卒，弟昌文立。是月，始请命于南汉，南汉以昌文为静海节度使兼安南都护。

【注释】

①曹翰：河北大名人。少为郡小吏，多智慧，好使气凌人。郭威镇邺都，以他隶郭荣帐下，官至枢密承旨。北宋初曾从太祖、太宗征江南、太原等地，因功迁左千牛卫上将军。　②西征：指郭威征讨李守贞、王景崇、赵思绾等三人。　③唐十八陵：包括唐高祖献陵、太宗昭陵、高宗乾陵、中宗定陵、睿宗桥陵、玄宗泰陵、肃宗建陵、代宗元陵、德宗崇陵、顺宗丰陵、宪宗景陵、穆宗光陵、敬宗庄陵、文宗章陵、武宗端陵、宣宗贞陵、懿宗简陵、僖宗靖陵十八座陵墓，它们均在关中一带。　④李洪义当与节钺：因为李洪义公开后汉隐帝要杀掉王殷和郭威等人的密诏，所以要授给他节钺。　⑤灵河：镇名。在今河南滑县东南。六明镇：镇名。在今河南滑县南。原武：县名。在今河南原阳县。

北汉主闻太祖晏驾，甚喜，谋大举入寇，遣使请兵于契丹。二月，契丹遣其武定节度使、政事令杨衮将万余骑如晋阳。北汉主自将兵三万，以义成节度使白从晖为行军都部署，武宁节度使张元徽为前锋都指挥使，与契丹自团柏南趣潞州。

蜀左匡圣马步都指挥使、保宁节度使安思谦谮杀张业，废赵廷隐，蜀人皆恶之；蜀主使将兵救王景崇，思谦逗挠无功，内惭惧，不自安。自张业之诛，宫门守卫加严，思谦以为疑己，言多不逊。思谦典宿卫，多杀士卒以立威。蜀主阅卫士，有年尚壮而为思谦所斥者，复留隶籍，思谦杀之，蜀主不能平。思谦三子，扆、嗣、裔，倚父势暴横，为国人患。翰林使王藻屡言思谦怨望[①]，将反，丁巳，思谦入朝，蜀主命壮士击杀之，及其三子。藻亦坐擅启边奏，并诛之。

北汉兵屯梁侯驿，昭义节度使李筠遣其将穆令均将步骑二千逆战，筠自将大军壁于太平驿[②]。张元徽与令均战，阳不胜而北，令均逐之，伏发，杀令均，俘斩士卒千余人。筠遁归上党，婴城自守。筠，即李荣也，避上名改焉。

世宗闻北汉主入寇，欲自将兵御之，群臣皆曰："刘崇自平阳遁走以来，势蹙气沮，必不敢自来。陛下新即位，山陵有日[③]，人心易摇，不宜轻动，宜命将御之。”帝曰：“崇幸我大丧，轻朕年少新立，有吞天下之心，此必自来，朕不可不往。”冯道固争之，帝曰：“昔唐太宗定天下，未尝不自行，朕何敢偷安！”道曰：“未审陛下能为唐太宗否？”帝曰：“以吾兵力之强，破刘崇如山压卵耳！”道曰：“未审陛下能为山否？”帝不悦。惟王溥劝行，帝从之。

三月，乙亥朔，蜀主加捧圣、控鹤都指挥使兼中书令孙汉韶武信节度使，赐爵乐安郡王，罢军职。蜀主惩安思谦之跋扈，命山南西道节度使李廷珪等十人分典禁兵。

北汉乘胜进逼潞州。丁丑，诏天雄节度使符彦卿引兵自磁州固镇出北汉军后，以镇宁节度使郭崇副之；又诏河中节度使王彦超引兵自晋州东北邀北汉，以保义节度使韩通副之；又命马军都指挥使·宁江节度使樊爱能、步军都指挥使·清淮节度使何徽、义成节度使白重赞、郑州防御使史彦超、前耀州团练使符彦能将兵先趣泽州，宣徽使向训监之。重赞，宪州人也。

辛巳，大赦。

【注释】

①翰林使：官名。唐有翰林使，掌技术之待诏者。后蜀因之。②太平驿：地名。在今山西屯留县北。　③山陵：比喻帝王。

癸未，帝命冯道奉梓宫赴山陵，以郑仁诲为东京留守。

乙酉，帝发大梁；庚寅，至怀州。帝欲兼行速进，控鹤都指挥使真定赵晁私谓通事舍人郑好谦曰：“贼势方盛，宜持重以挫之。”好谦言于帝，帝怒曰：“汝安得此言！必为人所使，言其人则生，不然必死。”好谦以实对，帝命并晁械于州狱。壬辰，帝过泽州，宿于州东北。

北汉主不知帝至，过潞州不攻，引兵而南，是夕，军于高平之南。癸巳，前锋与北汉军遇，击之，北汉兵却；帝虑其遁去，趣诸军亟进。北汉主以中军陈于巴公原[①]，张元徽军其东，杨衮军其西，众颇严整。时河阳节度使刘词将后军未至，众心危惧，而帝志气益锐，命白重进与侍卫马步都虞候李重进将左军居西[②]，樊爱能、何徽将右军居东，向训、史彦超将精骑居中央，殿前都指挥使张永德将禁兵卫帝。帝介马自临陈督战。

北汉主见周军少，悔召契丹，谓诸将曰："吾自用汉军可破也，何必契丹！今日不惟克周，亦可使契丹心服。"诸将皆以为然。杨衮策马前望周军，退谓北汉主曰："勍敌也，未可轻进！"北汉主奋髯曰："时不可失，请公勿言，试观我战。"衮默然不悦。时东北风方盛，俄而忽转南风，北汉副枢密使王延嗣使司天监李义白北汉主云："时可战矣。"北汉主从之。枢密直学士王得中扣马谏曰："义可斩也！风势如此，岂助我者邪！"北汉主曰："吾计已决，老书生勿妄言，且斩汝！"麾东军先进，张元徽将千骑击周右军。

合战未几，樊爱能、何徽引骑兵先遁，右军溃；步兵千余人解甲呼万岁，降于北汉。帝见军势危，自引亲兵犯矢石督战。太祖皇帝时为宿卫将，谓同列曰："主危如此，吾属何得不致死！"又谓张永德曰："贼气骄，力战可破也！公麾下多能左射者，请引兵乘高出为左翼，我引兵为右翼以击之。国家安危，在此一举！"永德从之，各将二千人进战。太祖皇帝身先士卒，驰犯其锋，士卒死战，无不一当百，北汉兵披靡。内殿直夏津马仁瑀谓众曰[③]："使乘舆受敌，安用我辈！"跃马引弓大呼，连毙数十人，士气益振。殿前右番行首马全乂言于帝曰[④]："贼势极矣，将为我擒，愿陛下按辔勿动，徐观诸将破之。"即引数百骑进陷陈。

北汉主知帝自临陈，褒赏张元徽，趣使乘胜进兵。元徽前略陈，马倒，为周兵所杀。元徽，北汉之骁将也，北军由是夺气。时南风益盛，周兵争奋，北汉兵大败，北汉主自举赤帜以收兵，不能止。杨衮畏周兵之强，不敢救，且恨北汉主之语，全军而退。

樊爱能、何徽引数千骑南走，控弦露刃，剽掠辎重，役徒惊走，失亡甚多。帝遣近臣及亲军校追谕止之，莫肯奉诏，使者或为军士所杀，扬言："契丹大至，官军败绩，余众已降虏矣。"刘词遇爱能等于涂，爱能等止之，词不从，引兵而北。时北汉主尚有余众万余人，阻涧而陈，薄暮，词至，复与诸军击之，北汉兵又败，杀王延嗣，追至高平，僵尸满山谷，委弃御物及辎重、器械、杂畜不可胜纪。

是夕，帝宿于野次，得步兵之降敌者，皆杀之。樊爱能等闻周兵大捷，与士卒稍稍复还，有达曙不至者。甲午，休兵于高平，选北汉降卒数千人为效顺指挥，命前武胜行军司马唐景思将之，使戍淮上，余二千余人赀装纵遣之。李谷为乱兵所迫，潜窜山谷，数日乃出。丁酉，帝至潞州。

北汉主自高平被褐戴笠，乘契丹所赠黄骝，帅百余骑由雕窠岭遁归[5]，宵迷，俘村民为导，误之晋州，行百余里，乃觉之，杀导者；昼夜北走，所至，得食未举箸，或传周兵至，辄苍黄而去。北汉主衰老力惫，伏于马上，昼夜驰骤，殆不能支，仅得入晋阳。

帝欲诛樊爱能等以肃军政，犹豫未决；己亥，昼卧行宫帐中，张永德侍侧，帝以其事访之，对曰："爱能等素无大功，忝冒节钺，望敌先逃，死未塞责。且陛下方欲削平四海，苟军法不立，虽有熊罴之士，百万之众，安得而用之！"帝掷枕于地，大呼称善。即收爱能、徽及所部军使以上七十余人[6]，责之曰："汝曹皆累朝宿将，非不能战；今望风奔遁者，无他，正欲以朕为奇货，卖与刘崇耳！"悉斩之。帝以何徽先守晋州有功，欲免之，既而以法不可废，遂并诛之，而给槥车归葬。自是骄将惰卒始知所惧，不行姑息之政矣。

庚子，赏高平之功，以李重进兼忠武节度使，向训兼义成节度使，张永德兼武信节度使，史彦超为镇国节度使。张永德盛称太祖皇帝之智勇，帝擢太祖皇帝为殿前都虞候[7]，领严州刺史，以马仁瑀为控鹤弓箭直指挥使，马全义为散员指挥使；自余将校迁拜者凡数十人，士卒有自行间擢主军厢者[8]。释赵晁之囚。

北汉主收散卒，缮甲兵，完城堑以备周。杨衮将其众北屯代州，北汉主遣王得中送衮，因求救于契丹，契丹主遣得中还报，许发兵救晋阳。

壬寅，以符彦卿为河东行营都部署兼知太原行府事，以郭崇副之，向训为都监，李重进为马步都虞候，史彦超为先锋都指挥使，将步骑二万发潞州；仍诏王彦超、韩通自阴地关入，与彦卿合军而进，又以刘词为随驾部署，保大节度使白重赞副之。

汉昭圣皇太后李氏殂于西宫。

【注释】

①巴公原：地名。在今山西晋城市东北。　②白重进：误，应为白重赞。　③内殿直：官名。后周所置，为殿前诸班之号。　④殿前右番行

首：官名。居殿前右番班行之首，在散员指挥使之下。 ⑤雕窠岭：地名。在今山西长子县西南。 ⑥军使：官名。为地方区划军一级长官。 ⑦殿前都虞候：官名。后周掌殿前诸班军纪整肃的官。 ⑧主军厢者：即军主和厢主。军主，军都指挥使的省称。厢主，为殿前司、侍卫司所统厢都指挥使的省称。

夏，四月，北汉盂县降。符彦卿军晋阳城下，王彦超攻汾州[①]，北汉防御使董希颜降。帝遣莱州防御使康延沼攻辽州，密州防御使田琼攻沁州，皆不下。供备库副使太原李谦溥单骑说辽州刺史张汉超，汉超即降。

乙卯，葬圣神恭肃文武孝皇帝于嵩陵[②]，庙号太祖。

南汉主以高王弘邈为雄武节度使，镇邕州。弘邈以齐、镇二王相继死于邕州[③]，固辞，求宿卫；不许。至镇，委政僚佐，日饮酒，祷鬼神。或上书诬弘邈谋作乱，戊午，南汉主遣甘泉宫使林延遇赐鸩杀之。

初，帝遣符彦卿等北征，但欲耀兵于晋阳城下，未议攻取。既入北汉境，其民争以食物迎周师，泣诉刘氏赋役之重，愿供军须，助攻晋阳，北汉州县继有降者。帝闻之，始有兼并之意，遣使往与诸将议之，诸将皆言"刍粮不足，请且班师以俟再举"，帝不听，既而诸军数十万聚于太原城下，军士不免剽掠，北汉民失望，稍稍保山谷自固。帝闻之，驰诏禁止剽掠，安抚农民，止征今岁租税，及募民入粟拜官有差，仍发泽、潞、晋、绛、慈、隰及山东近便诸州民运粮以馈军。己未，遣李谷诣太原计度刍粮。

庚申，太师、中书令瀛文懿王冯道卒[④]。道少以孝谨知名，唐庄宗世始贵显，自是累朝不离将、相、三公、三师之位[⑤]，为人清俭宽弘，人莫测其喜愠，滑稽多智，浮沉取容，尝著《长乐老叙》，自述累朝荣遇之状，时人往往以德量推之。

欧阳修论曰："礼义廉耻，国之四维；四维不张，国乃灭亡[⑥]。"礼义，治人之大法；廉耻，立人之大节。况为大臣而无廉耻，天下其有不乱，国家其有不亡者乎！予读冯道《长乐老叙》，见其自述以为荣，其可谓无廉耻者矣，则天下国家可从而知也。

予于五代得全节之士三[7]，死事之人十有五[8]，皆武夫战卒，岂于儒者果无其人哉？得非高节之士，恶时之乱，薄其世而不肯出欤？抑君天下者不足顾，而莫能致之欤？

予尝闻五代时有王凝者，家青、齐之间，为虢州司户参军，以疾卒于官。凝家素贫，一子尚幼，妻李氏，携其子，负其遗骸以归，东过开封，止于旅舍，主人不纳。李氏顾天已暮，不肯去，主人牵其臂而出之。李氏仰天恸曰："我为妇人，不能守节，而此手为人所执邪！"既引斧自断其臂，见者为之嗟泣。开封尹闻之，白其事于朝，厚恤李氏而笞其主人。呜呼！士不自爱其身而忍耻以偷生者，闻李氏之风，宜少知愧哉！

臣光曰：天地设位，圣人则之，以制礼立法，内有夫妇，外有君臣。妇之从夫，终身不改；臣之事君，有死无贰；此人道之大伦也。苟或废之，乱莫大焉！范质称冯道厚德稽古，宏才伟量，虽朝代迁贸，人无间言，屹若巨山，不可转也。臣愚以为正女不从二夫，忠臣不事二君。为女不正，虽复华色之美，织纴之巧，不足贤矣；为臣不忠，虽复材智之多，治行之优，不足贵矣。何则？大节已亏故也。道之为相，历五朝、八姓[9]，若逆旅之视过客，朝为仇敌，暮为君臣，易面变辞，曾无愧怍，大节如此，虽有小善，庸足称乎！

或以为自唐室之亡，群雄力争，帝王兴废，远者十余年，近者四三年，虽有忠智，将若之何！当是之时，失臣节者非道一人，岂得独罪道哉！臣愚以为忠臣忧公如家，见危致命，君有过则强谏力争，国败亡则竭节致死。智士邦有道则见，邦无道则隐，或灭迹山林，或优游下僚。今道尊宠则冠三师，权任则首诸相，国存则依违拱嘿，窃位素餐，国亡则图全苟免，迎谒劝进。君则兴亡接踵，道则富贵自如，兹乃奸臣之尤，安得与他人为比哉！或谓道能全身远害于乱世，斯亦贤已。臣谓君子有杀身成仁，无求生害仁，岂专以全身远害为贤哉！然则盗跖病终而子路醢[10]，果谁贤乎？

抑此非特道之愆也，时君亦有责焉。何则？不正之女，中士羞以为家；不忠之人，中君羞以为臣。彼相前朝，语其忠则反君事仇，语其智则社稷为墟；后来之君，不诛不弃，乃复用以为相，彼又安肯尽忠于我而能获其用乎！故曰，非特道之愆，亦时君之责也。

辛酉，符彦卿奏北汉宪州刺史太原韩光愿、岚州刺史郭言皆举城降。

初，符彦卿有女适李守贞之子崇训，相者言其贵当为天下母。守贞喜曰："吾妇犹母天下，况我乎！"反意遂决。及败，崇训先刃其弟妹，次及符氏；符氏匿帏下，崇训仓猝求之不获，遂自刭。乱兵既入，符氏安坐堂上，叱乱兵曰："吾父与郭公为昆弟，汝曹勿无礼！"太祖遣使归之于彦卿。及帝镇澶州，太祖为帝娶之。壬戌，立为皇后。后性和惠而明决，帝甚重之。

王彦超、韩通攻石州⑪，克之，执刺史安彦进。癸亥，沁州刺史李廷诲降。庚午，帝发潞州，趣晋阳。癸酉，北汉忻州监军李勍杀刺史赵皋及契丹通事杨耨姑，举城降；以勍为忻州刺史。

王逵表请复徙使府治朗州。

【注释】

①汾州：州名。治所在今山西汾阳市。　②嵩陵：地址在今河南开封市。　③齐、镇二王相继死于邕州：齐王刘弘弼死于邕州，见本书卷第二百八十三后晋天福八年(943)；镇王刘弘泽死于邕州，见本书卷第二百八十四后晋开运元年(944)。　④冯道(882—954)：字可道，自号长乐老，瀛州景城(今河北献县东北)人。后唐末为藩镇刘守光参军，后历仕后唐、后晋、后汉、后周四朝，中又曾入辽，共十君。曾三入中书，居相位二十余年。　⑤三公：指太尉、司徒、司空。三师：指太师、太傅、太保，均位尊而无实权。　⑥"礼义廉耻"句：语出《管子·牧民》。维，结物的大绳，也象征能使事物固定下来的意识或力量。　⑦全节之士三：指王彦章、裴约、刘仁赡等三人。　⑧死事之人十有五：这十五人指张源德、夏鲁奇、姚洪、王思同、张敬达、翟进宗、沈斌、王清、史彦超、孙晟、马彦超、宋令珣、李遐、张彦卿、郑昭业。　⑨五朝、八姓：五朝，后唐、后晋、辽、后汉、后周。八姓，后唐庄宗、明宗、潞王各为一姓；后晋、辽、后汉、后周太祖、后周世宗各为一姓。　⑩盗跖：春秋战国之际奴隶起义领袖，本

名跖，被诬为盗跖。据说他率领九千人，横行天下，而以高寿终。子路（前542—前480）：即仲由，春秋时鲁国卞（今山东泗水县东）人，字子路，为孔子著名弟子。曾任蒲大夫、季氏家宰。后在卫为卫大夫孔悝家宰，在内讧中被杀。　⑪石州：州名。治所在今山西吕梁市。

资治通鉴卷第二百九十二

后周纪三　起阏逢摄提格五月，尽柔兆执徐二月，凡一年有奇。

太祖圣神恭肃文武孝皇帝下

显德元年　五月，甲戌朔，王逵自潭州迁于朗州，以周行逢知潭州事，以潘叔嗣为岳州团练使。

丙子，帝至晋阳城下，旗帜环城四十里。杨衮疑北汉代州防御使郑处谦贰于周，召与计事，欲图之；处谦知之，不往。衮使胡骑数十守其城门，处谦杀之，因闭门拒衮；衮奔归契丹。契丹主怒其无功，囚之。处谦举城来降。丁丑，置静塞军于代州，以郑处谦为节度使。

契丹数千骑屯忻、代之间，为北汉之援，庚辰，遣符彦卿等将步骑万余击之；彦卿入忻州，契丹退保忻口[①]。

丁亥，置宁化军于汾州，以石、沁二州隶之。

代州将桑珪、解文遇杀郑处谦，诬奏云潜通契丹。

符彦卿奏请益兵，癸巳，遣李筠、张永德将兵三千赴之。契丹游骑时至忻州城下，丙申，彦卿与诸将陈以待之。史彦超将二十骑为前锋，遇契丹，与战，李筠引兵继之，杀契丹二千人。彦超恃勇轻进，去大军浸远，众寡不敌，为契丹所杀，筠仅以身免，周兵死伤甚众。彦卿退保忻州，寻引兵还晋阳。

府州防御使折德扆将州兵来朝；辛丑，复置永安军于府州，以德扆为节度使。

时大发兵夫，东自怀、孟，西及蒲、陕，以攻晋阳，不克；会久雨，士卒疲病，乃议引还。

初，王得中返自契丹，值周兵围晋阳，留止代州。及桑珪杀郑处谦，囚得中，送于周军，帝释之，赐以带、马，问“虏兵何时当至”？得中曰：“臣受命送杨衮，他无所求。”或谓得中曰：“契丹许公发兵，公不以实告，契丹兵即至，公得无危乎？”得中太息曰：“吾食刘氏禄，有老母在围中，若以实告，周人必发兵据险以拒之，如此；家国两亡，吾独生何益！不若杀身以全家国，所得多矣！”甲辰，帝以得中欺罔，缢杀之。

乙巳，帝发晋阳。匡国节度使药元福言于帝曰：“进军易，退军难。”帝曰：“朕一以委卿。”元福乃勒兵成列而殿。北汉果出兵追蹑，元福击走之。然军还匆遽，刍粮数十万在城下者，悉焚弃之。军中讹言相惊，或相剽掠，军须失亡不可胜计。所得北汉州县，周所置刺史等皆弃城走，惟代州桑珪既叛北汉，又不敢归周，婴城自守，北汉遣兵攻拔之。

乙酉[②]，帝至潞州；甲子，至郑州；丙寅，谒嵩陵；庚午，至大梁。

帝违众议破北汉，自是政事无大小皆亲决，百官受成于上而已。河南府推官高锡上书谏[③]，以为：“四海之广，万机之众，虽尧、舜不能独治，必择人而任之。今陛下一以身亲之，天下不谓陛下聪明睿智足以兼百官之任，皆言陛下褊迫疑忌举不信群臣也！不若选能知人公正者以为宰相，能爱民听讼者以为守令，能丰财足食者使掌金谷，能原情守法者使掌刑狱，陛下但垂拱明堂，视其功过而赏罚之，天下何忧不治！何必降君尊而代臣职，屈贵位而亲贱事，无乃失为政之本乎！”帝不从。锡，河中人也。

北汉主忧愤成疾，悉以国事委其子侍卫都指挥使承钧。

【注释】

①忻口：镇名。即今山西忻州市忻府区高城乡忻口村。　②乙酉：六月无此日，疑误，应为乙卯，即十三日。　③推官：官名。唐代在节度、观察等使下设推官，掌司法之事。

河西节度使申师厚不俟诏，擅弃镇入朝，署其子为留后；秋，七月，癸酉朔，责授率府副率。

丁丑，加吴越王钱弘俶天下兵马都元帅。

癸巳，加门下侍郎、同平章事范质守司徒，以枢密直学士、工部侍郎长山景范为中书侍郎、同平章事、判三司。加枢密使、同平章事郑仁诲兼侍中。乙未，以枢密副使魏仁浦为枢密使。范质既为司徒，司徒窦贞固归洛阳，府县以民视之，课役皆不免。贞固诉于留守向训，训不听。

初，帝与北汉主相拒于高平，命前泽州刺史李彦崇将兵守江猪岭[①]，遏北汉主归路；彦崇闻樊爱能等南遁，引兵退，北汉主果自其路遁去。八月，己酉，贬彦崇率府副率。

己巳，废镇国军[②]。

初，太祖以建雄节度使王晏有拒北汉之功，其乡里在滕县，徙晏为武宁节度使。晏少时尝为群盗，至镇，悉召故党，赠之金帛、鞍马，谓曰："吾乡素名多盗，昔吾与诸君皆尝为之，想后来者无能居诸君之右。诸君幸为我语之，使勿复为，为者吾必族之。"于是一境清肃。九月，徐州人请为之立衣锦碑；许之。

冬，十月，甲辰，左羽林大将军孟汉卿坐纳藁税，场官扰民，多取耗余，赐死。有司奏汉卿罪不至死；上曰："朕知之，欲以惩众耳！"

己酉，废安远、永清军[③]。

初，宿卫之士，累朝相承，务求姑息，不欲简阅，恐伤人情，由是羸老者居多；但骄蹇不用命，实不可用，每遇大敌，不走即降，其所以失国，亦多由此。帝因高平之战，始知其弊，癸亥，谓侍臣曰："凡兵务精不务多，今以农夫百未能养甲士一，奈何浚民之膏泽，养此无用之物乎！且健懦不分，众何所劝！"乃命大简诸军，精锐者升之上军，羸者斥去之。又以骁勇之士多为藩镇所蓄，诏募天下壮士，咸遣诣阙，命太祖皇帝选其尤者为殿前诸班[④]，其骑步诸军，各命将帅选之。由是士卒精强，近代无比，征伐四方，所向皆捷，选练之力也。

戊辰，帝谓侍臣曰："诸道盗贼颇多，讨捕终不能绝，盖由累朝分命使臣巡检，致藩侯、守令皆不致力。宜悉召还，专委节镇、州县，责其清肃。”

【注释】

①江猪岭：地名。在今山西长子县西。 ②镇国军：方镇名。治所在今陕西渭南市华州区。 ③永清军：军镇名。后晋时设置，治所在今河北清河县西北。 ④殿前诸班：为皇帝的亲近扈从机构，包括散员、散指挥使、内殿直、散都头、铁骑、控鹤等。

河自杨刘至于博州百二十里[1]，连年东溃，分为二派，汇为大泽，弥漫数百里；又东北坏古堤而出，灌齐、棣、淄诸州，至于海涯，漂没民田庐不可胜计，流民采菰稗、捕鱼以给食[2]，朝廷屡遣使者不能塞。十一月，戊戌，帝遣李谷诣澶、郓、齐按视堤塞，役徒六万，三十日而毕。

北汉主疾病，命其子承钧监国，寻殂。遣使告哀于契丹。契丹遣骠骑大将军、知内侍省事刘承训册命承钧为帝，更名钧。北汉孝和帝性孝谨[3]，既嗣位，勤于为政，爱民礼士，境内粗安。每上表于契丹主称男；契丹主赐之诏，谓之“儿皇帝”。

马希萼之帅群蛮破长沙也，府库累世之积，皆为溆州蛮酋苻彦通所掠，彦通由是富强，称王于溪洞间。王逵既得湖南，欲遣使抚之，募能往者，其将王虔朗请行。既至，彦通盛侍卫而见之，礼貌甚倨。虔朗厉声责之曰：“足下自称苻秦苗裔[4]，宜知礼义，有以异于群蛮。昔马氏在湖南，足下祖父皆北面事之；今王公尽得马氏之地，足下不早往乞盟，致使者先来，又不接之以礼，异日得无悔乎！”彦通惭惧，起，执虔朗手谢之。虔朗知其可动，因说之曰：“溪洞之地，隋、唐之世皆为州县，著在图籍。今足下上无天子之诏，下无使府之命，虽自王于山谷之间，不过蛮夷一酋长耳！曷若去王号，自归于王公，王公必以天子之命授足下节度使，与中国侯伯等夷，岂不尊荣哉！”彦通大喜，即日去王号，因虔朗献铜鼓数枚于王逵。逵曰：“虔朗一言胜数万兵，真国士也！”承制以彦通为黔中节度使[5]；以虔朗为都指挥使，预闻府政。

逵虑西界镇遏使、锦州刺史刘瑫为边患，表为镇南节度副使[6]，充西界都招讨使。

是岁,湖南大饥,民食草木实;武清节度使、知潭州事周行逢开仓以赈之,全活甚众。行逢起于微贱,知民间疾苦,励精为治,严而无私,辟署僚属,皆取廉介之士,约束简要,其自奉甚薄;或讥其太俭,行逢曰:“马氏父子穷奢极靡,不恤百姓,今子孙乞食于人,又足效乎!”

【注释】

①杨刘:镇名。在今山东东阿县东北古黄河南岸。 ②菰(gū 孤):植物名。也称蒋,俗称茭白,生长在河边湖泽,可作蔬菜。其果实像米,称为菰米、雕胡米,可以用来做饭。 ③孝和帝:刘钧死后谥为孝和皇帝。 ④苻秦:东晋十六国之一。东晋时苻洪据关中称三秦王,后来其子苻健称帝,建都长安,史称前秦,也因其姓称为苻秦。 ⑤黔中节度使:官名。其治所在今重庆彭水县。 ⑥镇南节度副使:官名。当时镇南军设在洪州(今江西南昌市),属南唐,王逵上表是以其号笼络刘瑫。

世宗睿武孝文皇帝上

显德二年 春,正月,庚辰,上以漕运自晋、汉以来不给斗耗,纲吏多以亏欠抵死,诏自今每斛给耗一斗。

定难节度使李彝兴以折德扆亦为节度使[①],与己并列,耻之,塞路不通周使。癸未,上谋于宰相,对曰:“夏州边镇,朝廷向来每加优借,府州褊小,得失不系重轻,且宜抚谕彝兴,庶全大体。”上曰:“德扆数年以来,尽忠戮力以拒刘氏,奈何一旦弃之!且夏州惟产羊马,贸易百货,悉仰中国,我若绝之,彼何能为!”乃遣供奉官齐藏珍赍诏书责之,彝兴惶恐谢罪。

戊子,蜀置威武军于凤州。

辛卯,初令翰林学士、两省官举令、录[②];除官之日,仍署举者姓名,若贪秽败官,并当连坐。

契丹自晋、汉以来屡寇河北,轻骑深入,无藩篱之限,郊野之民每困杀掠。言事者称深、冀之间有胡卢河,横亘数百里,可浚之以限其奔突;是月,诏忠武节度使王彦超、彰信节度使韩通将兵夫浚胡卢河,筑城于李晏口[3],留兵戍之。帝召德州刺史张藏英,问以备边之策,藏英具陈地形要害,请列置戍兵,募边人骁勇者,厚其禀给,自请将之,随便宜讨击;帝皆从之,以藏英为沿边巡检招收都指挥使。藏英到官数月,募得千余人。王彦超等行视役者,尝为契丹所围;藏英引所募兵驰击,大破之。自是契丹不敢涉胡卢河,河南之民始得休息。

二月,庚子朔,日有食之。

蜀夔恭孝王仁毅卒[4]。

壬戌,诏群臣极言得失,其略曰:"朕于卿大夫,才不能尽知,面不能尽识;若不采其言而观其行,审其意而察其忠,则何以见器略之浅深,知任用之当否!若言之不入,罪实在予;苟求之不言,咎将谁执!"

唐主以中书侍郎、知尚书省严续为门下侍郎、同平章事。

三月,辛未,以李晏口为静安军。

帝常愤广明以来中国日蹙[5],及高平既捷,慨然有削平天下之志。会秦州民夷有诣大梁献策请恢复旧疆者,帝纳其言。

蜀主闻之,遣客省使赵季札按视边备。季札素以文武才略自任,使还,奏称:"雄武节度使韩继勋、凤州刺史王万迪非将帅才[6],不足以御大敌。"蜀主问:"谁可往者?"季札自请行。丙申,以季札为雄武监军使,仍以宿卫精兵千人为之部曲。

【注释】

①李彝兴:即李彝殷。因为避北宋太祖赵匡胤父亲赵弘殷的讳而改名,这里用的是他后来改过的名字。 ②录:这里指录事参军,隋唐时州郡官,掌管官署文簿。 ③李晏口:地名。在今河北衡水市冀州区北。④仁毅:孟仁毅,后蜀主孟昶的弟弟。 ⑤广明以来中国日蹙:唐僖宗广明元年(880),黄巢起义军攻破长安,此后藩镇割据愈演愈烈,所以说中原越来越缩小。 ⑥雄武节度使:官名。后蜀在秦州(今甘肃天水市)设置雄武节度使。

帝以大梁城中迫隘,夏,四月,乙卯,诏展外城,先立标帜,俟今冬农隙兴板筑;东作动则罢之[1],更俟次年,以渐成之。且令自今葬埋皆出所标七里之外,其标内俟县官分画街衢、仓场、营廨之外,听民随便筑室。

丙辰,蜀主命知枢密院王昭远按行北边城寨及甲兵。

上谓宰相曰:"朕每思致治之方,未得其要,寝食不忘。又自唐、晋以来,吴、蜀、幽、并皆阻声教,未能混壹,宜命近臣著《为君难为臣不易论》及《开边策》各一篇,朕将览焉。"

比部郎中王朴献策[②],以为:"中国之失吴、蜀、幽、并,皆由失道。今必先观所以失之之原,然后知所以取之之术。其始失之也,莫不以君暗臣邪,兵骄民困,奸党内炽,武夫外横,因小致大,积微成著。今欲取之,莫若反其所为而已。夫进贤退不肖,所以收其才也;恩隐诚信,所以结其心也;赏功罚罪,所以尽其力也;去奢节用,所以丰其财也;时使薄敛,所以阜其民也。俟群才既集,政事既治,财用既充,士民既附,然后举而用之,功无不成矣!彼之人观我有必取之势,则知其情状者愿为间谍,知其山川者愿为乡导,民心既归,天意必从矣。

凡攻取之道,必先其易者。唐与吾接境几二千里,其势易扰也。扰之当以无备之处为始,备东则扰西,备西则扰东,彼必奔走而救之。奔走之间,可以知其虚实强弱,然后避实击虚,避强击弱。未须大举,且以轻兵扰之。南人懦怯,闻小有警,必悉师以救之。师数动则民疲而财竭,不悉师则我可以乘虚取之。如此,江北诸州将悉为我有。既得江北,则用彼之民,行我之法,江南亦易取也。得江南则岭南、巴蜀可传檄而定。南方既定,则燕地必望风内附;若其不至,移兵攻之,席卷可平矣。惟河东必死之寇,不可以恩信诱,当以强兵制之,然彼自高平之败,力竭气沮,必未能为边患,宜且以为后图,俟天下既平,然后伺间,一举可擒也。今士卒精练,甲兵有备,群下畏法,诸将效力,期年之后可以出师,宜自夏秋蓄积实边矣。"

上欣然纳之。时群臣多守常偷安,所对少有可取者,惟朴神峻气劲,有谋能断,凡所规画,皆称上意,上由是重其器识,未几,迁左谏议大夫[③],知开封府事。

上谋取秦、凤,求可将者。王溥荐宣徽南院使、镇安节度使向

五代《十六罗汉图》（局部）

训。上命训与凤翔节度使王景、客省使高唐昝居润偕行。五月，戊辰朔，景出兵自散关趣秦州。

敕天下寺院，非敕额者悉废之。禁私度僧尼，凡欲出家者必俟祖父母、父母、伯叔之命。惟两京、大名府、京兆府、青州听设戒坛[4]。禁僧俗舍身、断手足、炼指、挂灯、带钳之类幻惑流俗者[5]。令两京及诸州每岁造僧帐，有死亡、归俗，皆随时开落。是岁，天下寺院存者二千六百九十四，废者三万三百三十六，见僧四万二千四百四十四，尼一万八千七百五十六。

王景拔黄牛等八寨[6]。戊寅，蜀主以捧圣控鹤都指挥使、保宁节度使李廷珪为北路行营都统，左卫圣步军都指挥使高彦俦为招讨使，武宁节度使吕彦珂副之，客省使赵崇韬为都监。

蜀赵季札至德阳，闻周师入境，惧不敢进，上书求解边任还奏事，先遣辎重及妓妾西归。丁亥，单骑驰入成都，众以为奔败，莫不震恐。蜀主问以机事，皆不能对；蜀主怒，系之御史台，庚午[7]，斩之于崇礼门。

【注释】

①东作：春耕生产称为东作。　②比部：官署名。唐五代时为刑部四司之一，设郎中、员外郎等，掌诸司俸料、财物及内外经费等。　③左谏议大夫：官名。掌谏谕得失，侍从赞相。　④大名府：五代后汉乾祐元年（948）改广晋府置，治所在今河北大名县东北。京兆府：治所在今陕西西安市。　⑤舍身：佛教徒为宣扬佛法，或为布施，自加苦行，称为舍身。炼指：佛教僧徒修炼的苦行之一，即把香束在手指上，用火烧灼。挂灯：

也称燃肉身灯。赤裸身体,用铁钩钩满全身,钩上挂着小灯,灯盏里面贮油燃烧。带钳:以铁夹束颈。钳,铁夹。 ⑥黄牛:寨名。即今陕西凤县东北黄牛铺,又称黄牛堡。 ⑦庚午:误,据他本应为甲午,即二十七日。

六月,庚子,上亲录囚于内苑。有汝州民马遇,父及弟为吏所冤死,屡经覆按,不能自伸,上临问,始得其实,人以为神。由是诸长吏无不亲察狱讼。

壬寅,西师与蜀李廷珪等战于威武城东[①],不利,排陈使濮州刺史胡立等为蜀所擒。丁未,蜀主遣间使如北汉及唐,欲与之俱出兵以制周,北汉主、唐主皆许之。

己酉,以彰信节度使韩通充西南行营马步军都虞候。

戊午,南汉主杀祯州节度使通王弘政,于是高祖之诸子尽矣。

壬戌,以枢密院承旨清河张美为右领军大将军、权点检三司事。初,帝在澶州,美掌州之金谷隶三司者,帝或私有所求,美曲为供副。太祖闻之怒,恐伤帝意,但徙美为濮州马步都虞候。美治财精敏,当时鲜及,故帝以利权授之;然思其在澶州所为,终不以公忠待之。

秋,七月,丁卯朔,以王景兼西南行营都招讨使,向训兼行营兵马都监。宰相以景等久无功,馈运不继,固请罢兵。帝命太祖皇帝往视之,还,言秦、凤可取之状,帝从之。

八月,丁未,中书侍郎、同平章事景范罢判三司,寻以父丧罢政事。

王景等败蜀兵,获将卒三百。己未,蜀主遣通奏使、知枢密院、武泰节度使伊审征如行营慰抚,仍督战。

帝以县官久不铸钱,而民间多销钱为器皿及佛像,钱益少。九月,丙寅朔,敕始立监采铜铸钱,自非县官法物、军器及寺观钟磬钹铎之类听留外,自余民间铜器、佛像,五十日内悉令输官,给其直;过期隐匿不输,五斤以上其罪死,不及者论刑有差。上谓侍臣曰:"卿辈勿以毁佛为疑。夫佛以善道化人,苟志于善,斯奉佛矣。彼铜像岂所谓佛邪!且吾闻佛在利人,虽头目犹舍以布施[②],若朕身可以济民,亦非所惜也。"

臣光曰：若周世宗，可谓仁矣，不爱其身而爱民；若周世宗，可谓明矣，不以无益废有益。

蜀李廷珪遣先锋都指挥使李进据马岭寨[3]，又遣奇兵出斜谷[4]，屯白涧[5]，又分兵出凤州之北唐仓镇及黄花谷[6]，绝周粮道。闰月，王景遣裨将张建雄将兵二千抵黄花，又遣千人趣唐仓，扼蜀归路。蜀染院使王峦将兵出唐仓[7]，与建雄战于黄花，蜀兵败，奔唐仓，遇周兵，又败，虏峦及其将士三千人；马岭、白涧兵皆溃，李廷珪、高彦俦等退保青泥岭[8]。蜀雄武节度使兼侍中韩继勋弃秦州，奔还成都，观察判官赵玭举城降，斜谷援兵亦溃。成、阶二州皆降，蜀人震恐。玭，澶州人也。帝欲以玭为节度使，范质固争以为不可，乃以为郢州刺史。

壬子，百官入贺，帝举酒属王溥曰："边功之成，卿择帅之力也！"

甲子，上与将相食于万岁殿，因言："两日大寒，朕于宫中食珍膳，深愧无功于民而坐享天禄，既不能躬耕而食，惟当亲冒矢石为民除害，差可自安耳！"

【注释】

①威武城：城堡名。前蜀所筑，在今陕西凤县东北。　②布施：梵语为"檀那"，分为三种情况：一是财施，指施舍财物，救济穷人；二是法施，指说法度人；三是畏施，指把无畏施给人，救人于厄难。　③马岭寨：地名。在今陕西凤县西。　④斜谷：地名。在今陕西眉县西南。　⑤白涧：镇名。即今陕西凤县东北白石铺。　⑥唐仓镇：镇名。即今陕西凤县北唐藏镇。黄花谷：地名。在今陕西凤县东北。　⑦染院使：官名。无实际职掌，为武臣迁转之阶。　⑧青泥岭：又名泥公山，在今甘肃徽县南。为甘、陕入蜀要道。

乙丑[1]，蜀李廷珪上表待罪。冬，十月，壬申，伊审征至成都请罪。

蜀主致书于帝请和，自称大蜀皇帝；帝怒其抗礼，不答。蜀主愈恐，聚兵粮于剑门、白帝，为守御之备，募兵既多，用度不足，始铸铁钱，榷境内铁器，民甚苦之。

唐主性和柔，好文章，而喜人佞己，由是谄谀之臣多进用，政事日乱。既克建州，破湖南，益骄，有吞天下之志。李守贞、慕容彦超之叛，皆为之出师，遥为声援，又遣使自海道通契丹及北汉，约共图中国；值中国多事，未暇与之校。

先是，每冬淮水浅涸，唐人常发兵戍守，谓之“把浅”，寿州监军吴廷绍以为疆场无事，坐费资粮，悉罢之；清淮节度使刘仁赡上表固争，不能得。十一月，乙未朔，帝以李谷为淮南道前军行营都部署兼知庐、寿等行府事，以忠武节度使王彦超副之，督侍卫马军都指挥使韩令坤等十二将以伐唐。令坤，磁州武安人也。

汴水自唐末溃决，自埇桥东南悉为污泽。上谋击唐，先命武宁节度使武行德发民夫，因故堤疏导之，东至泗上；议者皆以为难成，上曰：“数年之后，必获其利。”

丁未，上与侍臣论刑赏，上曰：“朕必不因怒刑人，因喜赏人。”

先是，大梁城中民侵街衢为舍，通大车者盖寡，上悉命直而广之，广者至三十步；又迁坟墓于标外。上曰：“近广京城，于存殁扰动诚多；怨谤之语，朕自当之，他日终为人利。”

王景等围凤州，韩通分兵城固镇以绝蜀之援兵。戊申，克凤州，擒蜀威武节度使王环及都监赵崇溥等将士五千人。崇溥不食而死。环，真定人也。乙卯，制曲赦秦、凤、阶、成境内，所获蜀将士，愿留者优其俸赐，愿去者给资装而遣之。诏曰：“用慰众情，免违物性，其四州之民，二税征科之外，凡蜀人所立诸色科徭，悉罢之。”

唐人闻周兵将至而惧；刘仁赡神气自若，部分守御，无异平日，众情稍安。唐主以神武统军刘彦贞为北面行营都部署，将兵二万趣寿州，奉化节度使、同平章事皇甫晖为应援使，常州团练使姚凤为应援都监，将兵三万屯定远。召镇南节度使宋齐丘还金陵，谋国难，以翰林承旨、户部尚书殷崇义为吏部尚书、知枢密院。

李谷等为浮梁，自正阳济淮。十二月，甲戌，谷奏王彦超败唐兵二千余人于寿州城下。己卯，又奏先锋都指挥使白延遇败唐兵千余人于山口镇[2]。

丙戌，枢密使兼侍中韩忠正公郑仁诲卒。上临其丧，近臣奏称岁道非便,上曰:“君臣义重,何日时之有!”往哭尽哀。

吴越王弘俶遣元帅府判官陈彦禧入贡,帝以诏谕弘俶,使出兵击唐。

【注释】

①乙丑:闰九月无此日,疑误。 ②山口镇:镇名。又名皖口镇,在今安徽怀宁县东北长江北岸皖水之口。

三年 春,正月,丙午,以王环为右骁卫大将军,赏其不降也。

丁酉,李谷奏败唐兵千余人于上窑[①]。

戊戌,发开封府、曹、滑、郑州之民十余万筑大梁外城。

庚子,帝下诏亲征淮南,以宣徽南院使、镇安节度使向训权东京留守,端明殿学士王朴副之,彰信节度使韩通权点检侍卫司及在京内外都巡检。命侍卫都指挥使、归德节度使李重进将兵先赴正阳,河阳节度使白重赞将亲兵三千屯颍上。壬寅,帝发大梁。

李谷攻寿州,久不克;唐刘彦贞引兵救之,至来远镇[②],距寿州二百里,又以战舰数百艘趣正阳,为攻浮梁之势。李谷畏之,召将佐谋曰:“我军不能水战,若贼断浮梁,则腹背受敌,皆不归矣!不如退守浮梁以待车驾。”上至圉镇[③],闻其谋,亟遣中使乘驿止之。比至,已焚刍粮,退保正阳。丁未,帝至陈州[④],亟遣李重进引兵趣淮上。

辛亥,李谷奏贼舰中流而进,弩炮所不能及,若浮梁不守,则众心动摇,须至退军。今贼舰日进,淮水日涨,若车驾亲临,万一粮道阻绝,其危不测。愿陛下且驻跸陈、颍,俟李重进至,臣与之共度贼舰可御,浮梁可完,立具奏闻。但若厉兵秣马,春去冬来,足使贼中疲弊,取之未晚。帝览奏,不悦。

刘彦贞素骄贵,无才略,不习兵,所历藩镇,专为贪暴,积财巨亿,以赂权要,由是魏岑等争誉之,以为治民如龚、黄[⑤],用兵如韩、彭[⑥],故周师至,唐主首用之。其裨将咸师朗等皆勇而无谋,闻李谷退,喜,引兵直抵正阳,旌旗辎重数百里,刘仁赡及池州刺史张全约固止之。仁赡曰:“公军未至而敌人先遁,是畏公之威声也,安用速战!万一失利,则大事去矣!”彦贞不从。既行,仁赡曰:

“果遇，必败。”乃益兵乘城为备。李重进渡淮，逆战于正阳东，大破之，斩彦贞，生擒咸师朗等，斩首万余级，伏尸三十里，收军资器械三十余万。是时江、淮久安，民不习战，彦贞既败，唐人大恐，张全约收余众奔寿州，刘仁赡表全约为马步左厢都指挥使。皇甫晖、姚凤退保清流关⑦。滁州刺史王绍颜委城走。

壬子，帝至永宁镇⑧，谓侍臣曰：“闻寿州围解，农民多归村落，今闻大军至，必复入城。怜其聚为饿殍，宜先遣使存抚，各令安业。”甲寅，帝至正阳，以李重进代李谷为淮南道行营都招讨使，以谷判寿州行府事。丙辰，帝至寿州城下，营于淝水之阳，命诸军围寿州，徙正阳浮梁于下蔡镇⑨。丁巳，征宋、亳、陈、颍、徐、宿、许、蔡等州丁夫数十万以攻城，昼夜不息。唐兵万余人维舟于淮，营于涂山之下⑩。庚申，帝命太祖皇帝击之，太祖皇帝遣百余骑薄其营而伪遁，伏兵邀之，大败唐兵于涡口⑪，斩其都监何延锡等，夺战舰五十余艘。

诏以武平节度使兼中书令王逵为南面行营都统，使攻唐之鄂州。逵引兵过岳州，岳州团练使潘叔嗣厚具燕犒，奉事甚谨；逵左右求取无厌，不满望者谮叔嗣于逵，云其谋叛，逵怒形于词色，叔嗣由是惧而不自安。

唐主闻湖南兵将至，命武昌节度使何敬洙徙民入城，为固守之计；敬洙不从，使除地为战场，曰：“敌至，则与军民俱死于此耳！”唐主善之。

【注释】

①上窑：镇名。在今安徽怀远县南。　②来远镇：镇名。在今安徽寿县西南。　③圉镇：镇名。在今河南杞县南。　④陈州：州名。治所在今河南淮阳县。　⑤龚、黄：指西汉的良吏龚遂、黄霸。龚遂，山阳南平阳（今山东邹城市）人，字少卿。宣帝时为渤海太守，当时正值饥荒，他单身至郡，开仓济贫，劝民农桑，百姓争相卖剑买牛，卖刀买犊，因此境内大治。黄霸（？—前51），淮阳阳夏（今河南太康县）人，字次公。宣帝时为颍川太守，任扬州刺史，得吏民心。后官至御史大夫、丞相，封建成侯。西汉一代言治理吏民百姓，他为第一。　⑥韩、彭：指西汉的良将韩信、彭越。彭越（？—前196），昌邑（今山东金乡县西北）人，字仲。秦末

聚众起兵，汉高祖初归顺刘邦，平定梁地，多建奇功，封为梁王。后被人告谋反，被杀，株连三族。 ⑦清流关：地名。在今安徽滁州市西北。 ⑧永宁镇：镇名。在今安徽阜阳市。 ⑨下蔡镇：镇名。本为下蔡县，即今安徽凤台县，当时废县为镇。 ⑩涂山：地名。相传为夏禹娶涂山氏及会诸侯之处。在今安徽蚌埠市西淮河南岸。 ⑪涡口：地名。即涡口城，在今安徽怀远县。

二月，丙寅，下蔡浮梁成，上自往视之。

戊辰，庐、寿、光、黄巡检使司超奏败唐兵三千余人于盛唐[①]，擒都监高弼等，获战舰四十余艘。

上命太祖皇帝倍道袭清流关。皇甫晖等陈于山下，方与前锋战，太祖皇帝引兵出山后；晖等大惊，走入滁州[②]，欲断桥自守。太祖皇帝跃马麾兵涉水，直抵城下。晖曰："人各为其主，愿容成列而战。"太祖皇帝笑而许之。晖整众而出，太祖皇帝拥马颈突陈而入，大呼曰："吾止取皇甫晖，他人非吾敌也！"手剑击晖，中脑，生擒之，并擒姚凤，遂克滁州。后数日，宣祖皇帝为马军副都指挥使[③]，引兵夜半至滁州城下，传呼开门。太祖皇帝曰："父子虽至亲，城门王事也，不敢奉命。"

上遣翰林学士窦仪籍滁州帑藏，太祖皇帝遣亲吏取藏中绢。仪曰："公初克城时，虽倾藏取之，无伤也。今既籍为官物，非有诏书，不可得也。"太祖皇帝由是重仪。诏左金吾卫将军马崇祚知滁州。

初，永兴节度使刘词遗表荐其幕僚蓟人赵普有才可用。会滁州平，范质荐普为滁州军事判官，太祖皇帝与语，悦之。时获盗百余人，皆应死，普请先讯鞫然后决，所活十七八。太祖皇帝益奇之。

太祖皇帝威名日盛，每临陈，必以繁缨饰马，铠仗鲜明。或曰："如此，为敌所识。"太祖皇帝曰："吾固欲其识之耳！"

唐主遣泗州牙将王知朗赍书抵徐州，称："唐皇帝奉书大周皇帝，请息兵修好，愿以兄事帝，岁输货财以助军费。"甲戌，徐州以闻；帝不答。戊寅，命前武胜节度使侯章等攻寿州水寨，决其壕之西北隅，导壕水入于淝。

太祖皇帝遣使献皇甫晖等,晖伤甚,见上,卧而言曰:“臣非不忠于所事,但士卒勇怯不同耳。臣向日屡与契丹战④,未尝见兵精如此。”因盛称太祖皇帝之勇。上释之,后数日卒。

帝诇知扬州无备,己卯,命韩令坤等将兵袭之,戒以毋得残民;其李氏陵寝⑤,遣人与李氏人共守护之。

唐主兵屡败,惧亡,乃遣翰林学士、户部侍郎钟谟、工部侍郎、文理院学士李德明奉表称臣,来请平,献御服、汤药及金器千两,银器五千两,缯锦二千匹,犒军牛五百头,酒二千斛,壬午,至寿州城下。谟、德明素辩口,上知其欲游说,盛陈甲兵而见之,曰:“尔主自谓唐室苗裔⑥,宜知礼义,异于他国。与朕止隔一水,未尝遣一介修好,惟泛海通契丹,舍华事夷,礼义安在?且汝欲说我令罢兵邪?我非六国愚主,岂汝口舌所能移邪!可归语汝主:亟来见朕,再拜谢过,则无事矣。不然,朕欲观金陵城,借府库以劳军,汝君臣得无悔乎!”谟、德明战栗不敢言。

【注释】

①盛唐:县名。本唐初之霍山县,开元二十七年(739)更名盛唐。在今安徽六安市。 ②滁州:州名。治所在今安徽滁州市。 ③宣祖皇帝:即赵匡胤的父亲赵弘殷,赵匡胤在做皇帝后追赠他的父亲为宣祖,谥号武昭皇帝。 ④屡与契丹战:后唐庄宗时,皇甫晖戍守瓦桥,屡抗契丹军。 ⑤李氏:指南唐李氏。 ⑥唐室苗裔:南唐主是唐太宗李世民的儿子吴王李恪的后代,因此南唐主自称是唐室的后裔。

吴越王弘俶遣兵屯境上以俟周命。苏州营田指挥使陈满言于丞相吴程曰:“周师南征,唐举国惊扰,常州无备,易取也。”会唐主有诏抚安江阴吏民,满告程云:“周诏书已至。”程为之言于弘俶,请亟发兵从其策。丞相元德昭曰:“唐大国,未可轻也。若我入唐境而周师不至,谁与并力,能无危乎!请姑俟之。”程固争,以为时不可失,弘俶卒从程议。癸未,遣程督衢州刺史鲍修让、中直都指挥使罗晟趣常州。程谓将士曰:“元丞相不欲出师。”将士怒,流言欲击德昭。弘俶匿德昭于府中,令捕言者,叹曰:“方出师而士卒欲击丞相,不祥甚哉!”

乙酉，韩令坤奄至扬州；平旦，先遣白延遇以数百骑驰入城，城中不之觉。令坤继至，唐东都营屯使贾崇焚官府民舍，弃城南走，副留守工部侍郎冯延鲁髡发被僧服，匿于佛寺，军士执之。令坤慰抚其民，使皆安堵。

庚寅，王逵奏拔鄂州长山寨，执其将陈泽等，献之。

辛卯，太祖皇帝奏唐天长制置使耿谦降[①]，获刍粮二十余万。

唐主遣园苑使尹延范如泰州[②]，迁吴让皇之族于润州[③]。延范以道路艰难，恐杨氏为变，尽杀其男子六十人，还报，唐主怒，腰斩之。

韩令坤等攻唐泰州，拔之，刺史方讷奔金陵。

唐主遣人以蜡丸求救于契丹。壬辰，静安军使何继筠获而献之。

以给事中高防权知泰州。

癸巳，吴越王弘俶遣上直都指挥使路彦铢攻宣州，罗晟帅战舰屯江阴。唐静海制置使姚彦洪帅兵民万人奔吴越。

潘叔嗣属将士而告之曰："吾事令公至矣[④]，今乃信谗疑怒，军还，必击我，吾不能坐而待死，汝辈能与我俱西乎？"众愤怒，请行，叔嗣帅之西袭朗州。逵闻之，还军追之，及于武陵城外，与叔嗣战，逵败死。

或劝叔嗣遂据朗州，叔嗣曰："吾救死耳，安敢自尊，宜以督府归潭州太尉[⑤]，岂不以武安见处乎！"乃归岳州，使团练判官李简帅朗州将吏迎武安节度使周行逢。众谓行逢："必以潭州授叔嗣。"行逢曰："叔嗣贼杀主帅，罪当族。所可恕者，得武陵而不有，以授吾耳。若遽用为节度使，天下谓我与之同谋，何以自明！宜且以为行军司马，俟逾年，授以节钺可也。"乃以衡州刺史莫弘万权知潭州，帅众入朗州，自称武平、武安留后，告于朝廷，以叔嗣为行军司马。叔嗣怒，称疾不至。行逢曰："行军司马，吾尝为之，权与节度使相埒耳，叔嗣犹不满望，更欲图我邪！"

或说行逢："授叔嗣武安节钺以诱之，令至都府受命，此乃机上肉耳！"行逢从之。叔嗣将行，其所亲止之。叔嗣自恃素以兄事行逢，相亲善，遂行不疑。行逢遣使迎候，道路相望，既至，自出郊劳,相见甚欢。叔嗣入谒,未至听事⑥,遣人执之,立于庭下,责之曰:“汝为小校无大功,王逵用汝为团练使,一旦反杀主帅;吾以畴昔之情,未忍斩汝,以为行军司马,乃敢违拒吾命而不受乎!”叔嗣知不免,以宗族为请。遂斩之。

【注释】

①制置使:官名。为地方军事长官,制抚地方。 ②园苑使:官名。掌京城苑囿园地。 ③吴让皇:即五代时吴睿帝杨溥。润州:州名。治所在今江苏镇江市。 ④令公:指王逵。当时王逵兼任中书令,故称。 ⑤潭州太尉:指周行逢。 ⑥听事:厅堂,指官府治事之所。

资治通鉴卷第二百九十三

后周纪四　起柔兆执徐三月，尽强圉大荒落，凡一年有奇。

世宗睿武孝文皇帝中

显德三年　三月，甲午朔，上行视水寨，至淝桥[①]，自取一石，马上持之至寨以供炮，从官过桥者人赍一石。太祖皇帝乘皮船入寿春壕中，城上发连弩射之，矢大如屋椽；牙将馆陶张琼遽以身蔽之，矢中琼髀，死而复苏。镞著骨不可出，琼饮酒一大卮，令人破骨出之，流血数升，神色自若。

唐主复以右仆射孙晟为司空，遣与礼部尚书王崇质奉表入见，称："自天祐以来[②]，海内分崩，或跨据一方，或迁革异代，臣绍袭先业，奄有江表，顾以瞻乌未定，附凤何从[③]！今天命有归，声教远被，愿比两浙、湖南，仰奉正朔[④]，谨守土疆，乞收薄伐之威，赦其后服之罪，首于下国，俾作外臣，则柔远之德，云谁不服！"又献金千两，银十万两，罗绮二千匹。晟谓冯延巳曰："此行当在左相[⑤]，晟若辞之，则负先帝。"既行，知不免，中夜，叹息谓崇质曰："君家百口，宜自为谋。吾思之熟矣，终不负永陵一培土[⑥]，余无所知！"

南汉甘泉宫使林延遇，阴险多计数，南汉主倚信之；诛灭诸弟，皆延遇之谋也。乙未卒，国人相贺。延遇病甚，荐内给事龚澄枢自代[⑦]，南汉主即日擢澄枢知承宣院及内侍省。澄枢，番禺人也。

光·舒·黄招安巡检使、行光州刺史何超以安、随、申、蔡四州兵数万攻光州[8]。丙申，超奏唐光州刺史张绍弃城走，都监张承翰以城降。

丁酉，行舒州刺史郭令图拔舒州，唐蕲州将李福杀其知州王承巂，举州来降。遣六宅使齐藏珍攻黄州。

彰武留后李彦頵，性贪虐，部民与羌胡作乱，攻之。上召彦頵还朝。

秦、凤之平也，上赦所俘蜀兵以隶军籍，从征淮南，复亡降于唐。癸卯，唐主表献百五十人；上悉命斩之。

舒州人逐郭令图，铁骑都指挥使洛阳王审琦选轻骑夜袭舒州，复取之，令图乃得归。

马希崇及王延政之子继沂皆在扬州；诏抚存之[9]。

丙午，孙晟等至上所。庚戌，上遣中使以孙晟诣寿春城下，且招谕之。仁赡见晟，戎服拜于城上。晟谓仁赡曰："君受国厚恩，不可开门纳寇。"上闻之，甚怒，晟曰："臣为宰相，岂可教节度使外叛邪！"上乃释之。

唐主使李德明、孙晟言于上，请去帝号，割寿、濠、泗、楚、光、海六州之地。仍岁输金帛百万以求罢兵。上以淮南之地已半为周有，诸将捷奏日至，欲尽得江北之地，不许。德明见周兵日进，奏称："唐主不知陛下兵力如此之盛，愿宽臣五日之诛，得归白唐主，尽献江北之地。"上乃许之。晟因奏遣王崇质与德明俱归。上遣供奉官安弘道送德明等归金陵，赐唐主书，其略曰："但存帝号，何爽岁寒！傥坚事大之心，终不迫人于险。"又曰："俟诸郡之悉来，即大军之立罢。言尽于此，更不烦云；苟曰未然，请从兹绝。"又赐其将相书，使熟议而来。唐主复上表谢。

李德明盛称上威德及甲兵之强，劝唐主割江北之地；唐主不悦。宋齐丘以割地为无益；德明轻佻，言多过实，国人亦不之信。枢密使陈觉、副使李征古素恶德明与孙晟，使王崇质异其言，因谮德明于唐主曰："德明卖国求利。"唐主大怒，斩德明于市。

【注释】

①淝桥：桥梁名。在今安徽寿县北淝河上。 ②天祐：唐昭宗李晔、唐哀帝李柷年号，904—907 年。 ③"瞻乌未定，附凤何从"句：意思是

说还没有遇见真命天子,不知道归附于谁。语出《诗经·小雅·正月》"瞻乌爰止,于谁之屋"。 ④正朔:指一年的第一天。正,一年的开始;朔,一月的开始。古时改朝换代,新王朝为了表示"奉天承运",总要重定正朔。汉代以前各朝均有不同,汉武帝改以建寅之月为岁首,历代沿用,一直到清末。正朔于是指新帝王颁布的历法。 ⑤左相:指冯延巳。冯延巳为左仆射,位在孙晟之上,所以孙晟称他为"左相"。 ⑥永陵:南唐烈祖李昪的陵墓。一培土:即一掊土,也称一抔土,指坟墓。 ⑦内给事:官名。掌承旨劳问,并分判内侍省事,多用宦官充任。 ⑧光州:州名。治所在今河南光山县。 ⑨"诏抚存之"句:楚和闽世代事奉中原,其后人为南唐所得,囚在扬州。后周攻取扬州,所以皇帝下诏抚存他们。

吴程攻常州,破其外郭,执唐常州团练使赵仁泽,送于钱唐。仁泽见吴越王弘俶不拜,责以负约;弘俶怒,决其口至耳。元德昭怜其忠,为傅良药,得不死。

唐主以吴越兵在常州,恐其侵逼润州,以宣、润大都督燕王弘冀年少,恐其不习兵,征还金陵。部将赵铎言于弘冀曰:"大王元帅,众心所恃,逆自退归,所部必乱。"弘冀然之,辞不就征,部分诸将,为战守之备。

龙武都虞候柴克宏,再用之子也[①],沉默好施,不事家产,虽典宿卫,日与宾客博弈饮酒,未尝言兵,时人以为非将帅材。至是,有言克宏久不迁官者,唐主以为抚州刺史。克宏请效死行陈,其母亦表称克宏有父风,可为将,苟不胜任,分甘孥戮。唐主乃以克宏为右武卫将军,使将兵会袁州刺史陆孟俊救常州。

时唐精兵悉在江北,克宏所将数千人皆羸老,枢密使李征古复以铠仗之朽蠹者给之。克宏诉于征古,征古慢骂之,众皆愤恚,克宏怡然。至润州,征古遣使召还,以神卫统军朱匡业代之。燕王弘冀谓克宏:"君但前战,吾当论奏。"乃表克宏才略可以成功,常州危在旦莫,不宜中易主将。克宏引兵径趣常州,征古复遣使召之,克宏曰:"吾计日破贼,汝来召吾,必奸人也!"命斩之。使者曰:"受李枢密命而来。"克宏曰:"李枢密来,吾亦斩之!"

初，鲍修让、罗晟在福州，与吴程有隙，至是，程抑挫之，二人皆怨。先是，唐主遣中书舍人乔匡舜使于吴越，壬子，柴克宏至常州，蒙其船以幕，匿甲士于其中，声言迎匡舜。吴越逻者以告，程曰："兵交，使在其间，不可妄以为疑。"唐兵登岸，径薄吴越营，罗晟不力战，纵之使趣程帐，程仅以身免。克宏大破吴越兵，斩首万级。朱匡业至行营，克宏事之甚谨。吴程至钱唐，吴越王弘俶悉夺其官。

甲寅，蜀主以捧圣控鹤都指挥使李廷珪为左右卫圣诸军马步都指挥使，仍分卫圣、匡圣步骑为左右十军，以武定节度使吕彦琦等为使，廷珪总之，如赵廷隐之任②。

初，柴克宏为宣州巡检使，始至，城堑不修，器械皆阙，吏云："自田頵、王茂章、李遇相继叛③，后人无敢治之者。"克宏曰："时移事异，安有此理！"悉缮完之。由是路彦铢攻之不克，闻吴程败，乙卯，引归。唐主以克宏为奉化节度使，克宏复请将兵救寿州，未至而卒。

河阳节度使白重赞以天子南征，虑北汉乘虚入寇，缮完守备，且请兵于西京。西京留守王晏初不之与，又虑事出非常，乃自将兵赴之。重赞以晏不奉诏而来，拒不纳，遣人谓之曰："令公昔在陕服④，已立大功，河阳小城，不烦枉驾！"晏惭怍而还。孟、洛之民，数日惊扰。

唐主命诸道兵马元帅齐王景达将兵拒周，以陈觉为监军使，前武安节度使边镐为应援都军使。中书舍人韩熙载上书曰："信莫信于亲王，重莫重于元帅，安用监军使为！"唐主不从。

遣鸿胪卿潘承祐诣泉、建召募骁勇，承祐荐前永安节度使许文稹、静江指挥使陈德诚、建州人郑彦华、林仁肇。唐主以文稹为西面行营应援使，彦华、仁肇皆为将。仁肇，仁翰之弟也。

【注释】

①再用：即柴再用，五代吴大臣，汝阳（今河南汝南县）人。初名存，隶淮南节度使孙儒部下。孙儒败后，投奔杨行密。勇敢善战，所向无敌，因功授光州刺史。杨行密建立吴国后，历官马军指挥使、德胜军节度使。　②"如赵廷隐之任"句：后蜀自从李仁罕被诛后，赵廷隐总领宿卫

诸军,后被安思谦谮而罢职。 ③自田頵、王茂章、李遇相继叛:唐昭宗天复三年(903),田頵以宣州叛杨行密。天祐二年(905),王茂章叛。后梁乾化二年(912),李遇叛。 ④“令公昔在陕服”句:后晋高祖天福十二年(947),王晏举陕城投降后汉高祖。当时王晏兼任中书令,故称他为令公。

夏,四月,甲子,以侍卫亲军都指挥使、归德节度使李重进为庐、寿等州招讨使,以武宁节度使武行德为濠州城下都部署。

唐右卫将军陆孟俊自常州将兵万余人趣泰州,周兵遁去,孟俊复取之,遣陈德诚戍泰州。孟俊进攻扬州,屯于蜀冈[①],韩令坤弃扬州走。帝遣张永德将兵救之,令坤复入扬州。帝又遣太祖皇帝将兵屯六合。太祖皇帝令曰:“扬州兵有过六合者,折其足!”令坤始有固守之志。

帝自至寿春以来,命诸军昼夜攻城,久不克;会大雨,营中水深数尺,攻具及士卒失亡颇多,粮运不继,李德明失期不至,乃议旋师。或劝帝东幸濠州,声言寿州已破;从之。己巳,帝自寿春循淮而东。乙亥,至濠州。

韩令坤败唐兵于城东,擒陆孟俊。初,孟俊之废马希萼立希崇也,灭故舒州刺史杨昭恽之族而取其财,杨氏有女美,献于希崇。令坤入扬州,希崇以杨氏遗令坤,令坤嬖之。既获孟俊,将槛送帝所;杨氏在帘下,忽抚膺恸哭,令坤惊问之,对曰:“孟俊昔在潭州,杀妾家二百口,今日见之,请复其冤。”令坤乃杀之。

唐齐王景达将兵二万自瓜步济江[②],距六合二十余里,设栅不进。诸将欲击之,太祖皇帝曰:“彼设栅自固,惧我也。今吾众不满二千,若往击之,则彼见吾众寡矣;不如俟其来而击之,破之必矣!”居数日,唐出兵趣六合,太祖皇帝奋击,大破之,杀获近五千人,余众尚万余,走渡江,争舟溺死者甚众,于是唐之精卒尽矣。

是战也,士卒有不致力者。太祖皇帝阳为督战,以剑斫其皮笠。明日,遍阅其笠,有剑迹者数十人,皆斩之,由是部兵莫敢不尽死。

先是,唐主闻扬州失守,命四旁发兵取之。己卯,韩令坤奏败扬州兵万余人于湾头堰[③]，获涟州刺史秦进崇[④]；张永德奏败泗州万余人于曲溪堰[⑤]。

丙戌，以宣徽南院使向训为淮南节度使兼沿江招讨使。

涡口奏新作浮梁成。丁亥，帝自濠州如涡口。

帝锐于进取，欲自至扬州，范质等以兵疲食少，泣谏而止。帝尝怒翰林学士窦仪，欲杀之；范质入救之，帝望见，知其意，即起避之，质趋前伏地，叩头谏曰："仪罪不至死，臣为宰相，致陛下枉杀近臣，罪皆在臣。"继之以泣。帝意解，乃释之。

北汉葬神武帝于交城北山，庙号世祖。

五月，丙辰朔[⑥]，以涡口为镇淮军。

丙申，唐永安节度使陈诲败福州兵于南台江[⑦]，俘斩千余级。唐主更命永安曰忠义军。诲，德诚之父也。

戊戌，帝留侍卫亲军都指挥使李重进等围寿州，自涡口北归；乙卯，至大梁。

六月，壬申，赦淮南诸州系囚，除李氏非理赋役，事有不便于民者，委长吏以闻。

侍卫步军都指挥使、彰信节度使李继勋营于寿州城南，唐刘仁赡伺继勋无备，出兵击之，杀士卒数百人，焚其攻具。

唐驾部员外郎朱元因奏事论用兵方略[⑧]，唐主以为能，命将兵复江北诸州。

【注释】

①蜀冈：山名。即今江苏扬州市西北蜀冈山。　②瓜步：瓜步山，即今江苏南京市六合区东南瓜埠山，历来为军事要地。　③湾头堰：地名。在今江苏扬州市东北湾头镇。　④涟州：州名。治所在今江苏涟水县。　⑤曲溪堰：地名。在今江苏盱眙县西南。　⑥丙辰朔：误，据他本应为壬辰朔。　⑦南台江：江名。即今福建福州市南闽江。　⑧驾部：官职名。掌舆辇、传乘、邮传、厩牧之事。

秋，七月，辛卯朔，以周行逢为武平节度使，制置武安、静江等军事。行逢既兼总湖、湘，乃矫前人之弊，留心民事，悉除马氏横赋，贪吏猾民为民害者皆去之，择廉平吏为刺史、县令。

朗州民夷杂居，刘言、王逵旧将卒多骄横，行逢壹以法治之，无所宽假，众怨怼且惧。有大将与其党十余人谋作乱，行逢知之，大会诸将，于座中擒之，数曰："吾恶衣粝食，充实府库，正为汝曹，何负而反！今日之会，与汝诀也！"立挝杀之，座上股栗。行逢曰："诸君无罪，皆宜自安。"乐饮而罢。

行逢多计数，善发隐伏，将卒有谋乱及叛亡者，行逢必先觉，擒杀之，所部凛然。然性猜忍，常散遣人密诇诸州事，其之邵州者[①]，无事可复命，但言刺史刘光委多宴饮。行逢曰："光委数聚饮，欲谋我邪！"即召还，杀之。亲卫指挥使、衡州刺史张文表恐获罪，求归治所；行逢许之。文表岁时馈献甚厚，及谨事左右，由是得免。

行逢妻郧国夫人邓氏，陋而刚决，善治生，尝谏行逢用法太严，人无亲附者。行逢怒曰："汝妇人何知！"邓氏不悦，因请之村墅视田园，遂不复归府舍。行逢屡遣人迎之，不至；一旦，自帅僮仆来输税，行逢就见之，曰："吾为节度使，夫人何自苦如此！"邓氏曰："税，官物也。公为节度使，不先输税，何以率下！且独不记为里正代人输税以免楚挞时邪？"行逢欲与之归，不可，曰："公诛杀太过，常恐一旦有变，村墅易为逃匿耳。"行逢惭怒，其僚属曰："夫人言直，公宜纳之。"

行逢婿唐德求补吏，行逢曰："汝才不堪为吏，吾今私汝则可矣；汝居官无状，吾不敢以法贷汝，则亲戚之恩绝矣。"与之耕牛、农具而遣之。

行逢少时尝坐事黥，隶辰州铜坑，或说行逢："公面有文，恐为朝廷使者所嗤，请以药灭之。"行逢曰："吾闻汉有黥布[②]，不害为英雄，吾何耻焉！"

自刘言、王逵以来，屡举兵，将吏积功及所羁縻蛮夷，检校官至三公者以千数[③]。前天策府学士徐仲雅，自马希广之废，杜门不出，行逢慕之，署节度判官。仲雅曰："行逢昔趋事我，奈何为之幕吏！"辞疾不至。行逢迫胁固召之，面授文牒，终辞不取，行逢怒，放之邵州，既而召还。会行逢生日，诸道各遣使致贺，行逢有矜色，谓仲雅曰："自吾兼镇三府[④]，四邻亦畏我乎？"仲雅曰："侍中境内[5],弥天太保,遍地司空,四邻那得不畏!”行逢复放之邵州,竟不能屈。有僧仁及,为行逢所信任,军府事皆预之,亦加检校司空,娶数妻,出入导从如王公。

辛亥,宣懿皇后符氏殂。

唐将朱元取舒州,刺史郭令图弃城走。李平取蕲州。唐主以元为舒州团练使,平为蕲州刺史。元又取和州。

初,唐人以茶盐强民而征其粟帛,谓之博征[6],又兴营田于淮南,民甚苦之;及周师至,争奉牛酒迎劳。而将帅不之恤,专事俘掠,视民如土芥;民皆失望,相聚山泽,立堡壁自固,操农器为兵,积纸为甲,时人谓之“白甲军”。周兵讨之,屡为所败,先所得唐诸州,多复为唐有。

唐之援兵营于紫金山,与寿春城中烽火相应。淮南节度使向训奏请以广陵之兵并力攻寿春,俟克城,更图进取,诏许之。训封府库以授扬州主者,命扬州牙将分部按行城中,秋毫不犯,扬州民感悦,军还,或负糗糒以送之。滁州守将亦弃城去,皆引兵趣寿春。

唐诸将请据险以邀周师,宋齐丘曰:“如此,则怨益深。”乃命诸将各自保守,毋得擅出击周兵。由是寿春之围益急。齐王景达军于濠州,遥为寿州声援,军政皆出于陈觉,景达署纸尾而已,拥兵五万,无决战意,将吏畏觉,无敢言者。

【注释】

①邵州:州名。治所在今湖南邵阳市。 ②黥布:即英布(?—前195),汉初大臣。曾经因为犯法被处以黥刑,因此又称黥布。秦末率骊山刑徒起事,归附项羽,封九江王。楚汉相争时归汉,封淮南王,从刘邦在垓下击灭项羽。后来,韩信、彭越被杀,他心不自安,于是起兵反。刘邦亲征,他兵败逃奔长沙,被人所杀。 ③检校:官名。这里指散官,指诏除而非正式的加官。 ④三府:指武平、武安、静江军三府。 ⑤侍中:周行逢当时兼任侍中,故称。 ⑥博征:交换征收。博,换取,交换。

八月,戊辰,端明殿学士王朴、司天少监王处讷撰《显德钦天历》[1],上之。诏自来岁行之。

殿前都指挥使、义成节度使张永德屯下蔡，唐将林仁肇以水陆军援寿春；永德与之战，仁肇以船实薪刍，因风纵火，欲焚下蔡浮梁，俄而风回，唐兵败退。永德为铁绠千余尺，距浮梁十余步，横绝淮流，系以巨木，由是唐兵不能近。

九月，丙午，以端明殿学士、左散骑常侍、权知开封府事王朴为户部侍郎，充枢密副使。

冬，十月，癸酉，李重进奏唐人寇盛唐，铁骑都指挥使王彦升等击破之，斩首三千余级。彦升，蜀人也。

丙子，上谓侍臣："近朝征敛谷帛，多不俟收获、纺织之毕。"乃诏三司，自今夏税以六月，秋税以十月起征，民间便之。

山南东道节度使、守太尉兼中书令安审琦镇襄州十余年，至是入朝，除守太师，遣还镇。既行，上问宰相："卿曹送之乎？"对曰："送至城南，审琦深感圣恩[②]。"上曰："近朝多不以诚信待诸侯，诸侯虽有欲效忠节者，其道无由。王者但能毋失其信，何患诸侯不归心哉！"

壬午，张永德奏败唐兵于下蔡。是时唐复以水军攻永德，永德夜令善游者没其船下，縻以铁锁，纵兵击之，船不得进退，溺死者甚众。永德解金带以赏善游者。

甲申，以太祖皇帝为定国节度使兼殿前都指挥使[③]。太祖皇帝表渭州军事判官赵普为节度推官。

张永德与李重进不相悦，永德密表重进有二心，帝不之信。时二将各拥重兵，众心忧恐。重进一日单骑诣永德营，从容宴饮，谓永德曰："吾与公幸以肺附俱为将帅[④]，奚相疑若此之深邪？"永德意乃解，众心亦安。唐主闻之，以蜡丸遗重进，诱以厚利，其书皆谤毁及反间之语，重进奏之。

初，唐使者孙晟、钟谟从帝至大梁，帝待之甚厚，每朝会，班于中书省官之后，时召见，饮以醇酒，问以唐事。晟但言"唐主畏陛下神武，事陛下无二心"。及得唐蜡书，帝大怒，召晟，责以所对不实。晟正色抗辞，请死而已。问以唐虚实，默不对。十一月，乙巳，帝命都承旨曹翰送晟于右军巡院[⑤]，更以帝意问之；翰与之饮酒数行，从容问之，晟终不言。翰乃谓曰："有敕，赐相公死。"晟神色怡然，索袍笏，整衣冠，南向拜曰："臣谨以死报国。"乃就刑。并从者百余人皆杀之，贬钟谟耀州司马。既而帝怜晟忠节，悔杀之，召谟，拜卫尉少卿⑥。

帝召华山隐士真源陈抟⑦，问以飞升、黄白之术。对曰："陛下为天子，当以治天下为务，安用此为！"戊申，遣还山，诏州县长吏常存问之。

十二月，壬申，以张永德为殿前都点检⑧。

分命中使发陈、蔡、宋、亳、颍、兖、曹、单等州丁夫城下蔡⑨。

是岁，唐主诏淮南营田害民尤甚者罢之。遣兵部郎中陈处尧持重币浮海诣契丹乞兵；契丹不能为之出兵，而留处尧不遣。处尧刚直有口辩，久之，忿怼，数面责契丹主，契丹主亦不之罪也。

蜀陵、荣州獠反⑩，弓箭库使赵季文讨平之⑪。

吴越王弘俶括境内民兵，劳扰颇多，判明州钱弘亿手疏切谏，罢之。

【注释】

①《显德钦天历》：当初，王处讷私自在家修改唐朝所实行的《崇玄历》，撰成《明玄历》。后周世宗因为王朴精通天文历数，于是诏令王朴撰定，以《步日》《步月》《步星》《步发敛》为四篇，合为《历经》，另外两人合著《七政细行历》一卷，与前四卷一起组成《显德钦天历》。 ②审琦深感圣恩：五代以来，方镇入朝的，或者滞留不遣，或者调换镇所，安审琦入朝以后，被加官，又遣回原来的镇所，所以他对皇上感恩。 ③定国节度使：即匡国节度使。赵匡胤当皇帝后，为了避讳，才把匡国军改名为定国军，这里用的是后来改了的名称。 ④肺附：比喻帝王的近亲。李重进是太祖郭威的外甥，张永德是太祖的女婿，所以李重进才这样说。 ⑤都承旨：官名。五代时置，以诸卫将军充任。右军巡院：侍卫亲军分左、右两军，各有巡院，用来审讯、囚禁犯人。 ⑥卫尉少卿：卫尉的副职，掌武器、仪仗等事。 ⑦真源：县名。在今河南鹿邑县东。陈抟：字图南，后唐末举进士不第，遂隐居于武当山九室岩，服气辟谷。后移居华山。后周世宗曾召他为谏议大夫，他不受。北宋太平兴国中来朝，宋太宗非常器重他，赐号"希夷先生"。他好读《周易》，自号"扶摇子"。著有《指玄篇》《三峰寓言》《高阳集》《钓潭集》等。 ⑧殿前都点检：官名。为后周最高军职之一，为殿前司最高统兵官。后来赵匡胤以殿前都点检

职发动陈桥兵变，不复置，而以殿前都指挥使统领。 ⑨曹：州名。治所在今山东曹县西北。单：州名。治所在今山东单县南。据他本“丁夫”下有“数万”二字。 ⑩陵、荣州：陵州，州名，治所在今四川仁寿县东。荣州，州名，治所在今四川荣县。 ⑪弓箭库使：官名。即唐代内弓箭库使，五代时去“内”字，掌收储御用弓箭、戎具等事。

四年 春，正月，己丑朔，北汉大赦，改元天会。以翰林学士卫融为中书侍郎、同平章事，内客省使段恒为枢密使。

宰相屡请立皇子为王，上曰：“诸子皆幼[1]；且功臣之子皆未加恩，而独先朕子，能自安乎！”

周兵围寿春，连年未下，城中食尽。齐王景达自濠州遣应援使·永安节度使许文稹、都军使边镐、北面招讨使朱元将兵数万，溯淮救之，军于紫金山，列十余寨如连珠，与城中烽火晨夕相应，又筑甬道抵寿春[2]，欲运粮以馈之，绵亘数十里。将及寿春，李重进邀击，大破之，死者五千人，夺其二寨。丁未，重进以闻。戊申，诏以来月幸淮上。

刘仁赡请以边镐守城，自帅众决战；齐王景达不许，仁赡愤邑成疾。其幼子崇谏夜泛舟渡淮北，为小校所执，仁赡命腰斩之，左右莫敢救，监军使周廷构哭于中门以救之；仁赡不许。廷构复使求救于夫人，夫人曰：“妾于崇谏非不爱也，然军法不可私，名节不可亏；若贷之，则刘氏为不忠之门，妾与公何面目见将士乎！”趣命斩之，然后成丧。将士皆感泣。

议者以唐援兵尚强，多请罢兵，帝疑之。李谷寝疾在第，二月，丙寅，帝使范质、王溥就与之谋，谷上疏，以为：“寿春危困，破在旦夕，若銮驾亲征，则将士争奋，援兵震恐，城中知亡，必可下矣！”上悦。

庚午，诏有司更造祭器、祭玉等，命国子博士聂崇义讨论制度，为之图。

甲戌，以王朴权东京留守兼判开封府事，以三司使张美为大内都巡检，以侍卫都虞候韩通为京城内外都巡检。

乙亥，帝发大梁。先是周与唐战，唐水军锐敏，周人无以敌之，帝每以为恨。返自寿春，于大梁城西汴水侧造战舰数百艘，命唐降卒教北人水战，数月之后，纵横出没，殆胜唐兵。至是命右骁卫大将军王环将水军数千自闵河沿颍入淮[③]，唐人见之大惊。

乙酉，帝至下蔡；三月，己丑夜，帝渡淮，抵寿春城下。庚寅旦，躬擐甲胄，军于紫金山南，命太祖皇帝击唐先锋寨及山北一寨，皆破之，斩获三千余级，断其甬道，由是唐兵首尾不能相救。至暮，帝分兵守诸寨，还下蔡。

唐朱元恃功，颇违元帅节度；陈觉与元有隙，屡表元反覆，不可将兵，唐主以武昌节度使杨守忠代之。守忠至濠州，觉以齐王景达之命，召元至濠州计事，将夺其兵；元闻之，愤怒，欲自杀，门下客宋垍说元曰："大丈夫何往不富贵，何必为妻子死乎！"辛卯夜，元与先锋壕寨使朱仁裕等举寨万余人降；裨将时厚卿不从，元杀之。

帝虑其余众沿流东溃，遽命虎捷左厢都指挥使赵晁将水军数千沿淮而下。壬辰旦，帝军于赵步[④]，诸将击唐紫金山寨，大破之，杀获万余人，擒许文稹、边镐、杨守忠。余众果沿淮东走，帝自赵步将骑数百循北岸追之，诸将以步骑循南岸追之，水军自中流而下，唐兵战溺死及降者殆四万人，获船舰粮仗以十万数。晡时[⑤]，帝驰至荆山洪[⑥]，距赵步二百余里。是夜，宿镇淮军[⑦]，癸酉[⑧]，从官始至。刘仁赡闻援兵败，扼吭叹息。

甲午，发近县丁夫城镇淮军，为二城，夹淮水，徙下蔡浮梁于其间，扼濠、寿应援之路。会淮水涨，唐濠州都监彭城郭廷谓以水军溯淮，欲掩不备，焚浮梁；右龙武统军赵匡赞觇知之，伏兵邀击，破之。

唐齐王景达及陈觉皆自濠州奔归金陵，惟静江指挥使陈德诚全军而还。

戊戌，以淮南节度使向训为武宁节度使、淮南道行营都监，将兵戍镇淮军。

己亥，上自镇淮军复如下蔡。庚子，赐刘仁赡诏，使自择祸福。

唐主议自督诸将拒周，中书舍人乔匡舜上疏切谏，唐主以为沮众，流抚州。唐主问神卫统军朱匡业、刘存忠以守御方略，匡业诵罗隐诗曰[9]："时来天地皆同力，运去英雄不自由[10]。"存忠以匡业言为然。唐主怒，贬匡业抚州副使，流存忠于饶州。既而竟不敢自出。

甲辰，帝耀兵于寿春城北。唐清淮节度使兼侍中刘仁赡病甚，不知人，丙午，监军使周廷构、营田副使孙羽等作仁赡表，遣使奉之来降。丁未，帝赐仁赡诏，遣阁门使万年张保续入城宣谕，仁赡子崇让复出谢罪。戊申，帝大陈甲兵，受降于寿春城北，廷构等舁仁赡出城，仁赡卧不能起，帝慰劳赐赉，复令入城养疾。

庚戌，徙寿州治下蔡，赦州境死罪以下。州民受唐文书聚山林者，并召令复业，勿问罪；有尝为其杀伤者，毋得仇讼。向日政令有不便于民者，令本州条奏。辛亥，以刘仁赡为天平节度使兼中书令，制辞略曰："尽忠所事，抗节无亏，前代名臣，几人堪比！朕之伐叛，得尔为多。"是日，卒，追赐爵彭城郡王。唐主闻之，亦赠太师。帝复以清淮军为忠正军以旌仁赡之节，以右羽林统军杨信为忠正节度使、同平章事。

【注释】

①诸子：世宗的诸子分别为柴宗训（后来继位为恭帝）、熙让、熙谨、熙诲等。　②甬道：两边筑墙的通道。　③闵河：河流名。在今河南新郑市。　④赵步：地名。在今安徽凤台县东淮河北岸。　⑤晡（bū 逋）：申时，相当于现在下午三点至五点。有时也泛指晚间。　⑥荆山洪：地名。在今安徽怀远县西南淮河畔。　⑦镇淮军：方镇名。治所在今安徽怀远县。　⑧癸酉：三月无此日，疑误。　⑨罗隐（833—910）：唐末诗人。余杭人。原名横，举进士十几次不第，改名隐，字昭谏，自号江东生。他有诗名，尤长于咏史，大多讥讽之作。著有《谗书》《甲乙集》《淮海寓言》等。　⑩"时来天地皆同力，运去英雄不自由"句：时机到来的时候天地都一起帮助你，气运离去的时候英雄也身不由己。

前许州司马韩伦，侍卫马军都指挥使令坤之父也。令坤领镇安节度使，伦居于陈州，干预政事，贪污不法，为公私患，为人所讼，令坤屡为之泣请。癸丑，诏免伦死，流沙门岛[1]。

伦后得赦还，居洛阳，与光禄卿致仕柴守礼及当时将相王溥、王晏、王彦超之父游处，恃势恣横，洛阳人畏之，谓之十阿父。帝既为太祖嗣，人无敢言守礼子者，但以元舅处之，优其俸给，未尝至大梁；尝以小忿杀人，有司不敢诘，帝知而不问。

诏开寿州仓振饥民。丙辰，帝北还；夏，四月，己巳，至大梁。

诏修永福殿，命宦官孙延希董其役，丁丑，帝至其所，见役徒有削柹为匕，瓦中啖饭者，大怒，斩延希于市。

帝之克秦、凤也，以蜀兵数千人为怀恩军。乙亥，遣怀恩指挥使萧知远等将士八百余人西还[②]。

壬午，李谷扶疾入见，帝命不拜，坐于御坐之侧。谷恳辞禄位，不许。

甲申，分江南降卒为六军、三十指挥，号怀德军。

乙酉，诏疏汴水北入五丈河[③]，由是齐、鲁舟楫皆达于大梁。

五月，丁酉，以太祖皇帝领义成节度使。

诏以律令文古难知，格敕烦杂不壹[④]，命御史知杂事张湜等训释[⑤]，详定为《刑统》[⑥]。

唐郭廷谓将水军断涡口浮梁，又袭败武宁节度使武行德于定远，行德仅以身免。唐主以廷谓为滁州团练使[⑦]，充上淮水陆应援使。

蜀人多言左右卫圣马步都指挥使、保宁节度使、同平章事李廷珪为将败覆，不应复典兵；廷珪亦自请罢去。六月，乙丑，蜀主加廷珪检校太尉，罢军职。李太后以典兵者多非其人，谓蜀主曰："吾昔见庄宗跨河与梁战[⑧]，及先帝在太原[⑨]，平二蜀，诸将非有大功，无得典兵，故士卒畏服。今王昭远出于厮养[⑩]，伊审征、韩保贞、赵崇韬皆膏粱乳臭子，素不习兵，徒以旧恩置于人上，平时谁敢言者，一旦疆埸有事，安能御大敌乎！以吾观之，惟高彦俦太原旧人[⑪]，终不负汝，自余无足任者。"蜀主不能从。

丁丑，以前华州刺史王祚为颍州团练使。祚，溥之父也。溥为宰相，祚有宾客，溥常朝服侍立；客坐不安席，祚曰："豚犬不足为起[⑫]。"

秋，七月，丁亥，上治定远军及寿春城南之败，以武宁节度使兼中书令武行德为左卫上将军，河阳节度使李继勋为右卫大将军。

北汉主初立七庙⑬。

司空兼门下侍郎、同平章事李谷卧疾二年，凡九表辞位；八月，乙亥，罢守本官，令每月肩舆一诣便殿议政事。

以枢密副使、户部侍郎王朴检校太保，充枢密使。

怀恩军至成都，蜀主遣梓州别驾胡立等八十人东还，且致书为谢，请通好。癸未，立等至大梁。帝以蜀主抗礼，不之答；蜀主闻之，怒曰："朕为天子郊祀天地时，尔犹作贼，何敢如是！"

【注释】

①沙门岛：岛名。即今山东长岛县西北庙岛。 ②"遣怀恩指挥使"句：让后蜀士兵返回的目的在于显示后周的威德，又让他们回去告诉后蜀主，后周已经平定了淮南几千里地方，来恐吓后蜀人。 ③五丈河：河名。西起今河南开封市，东经今兰考县及山东菏泽市定陶区，到巨野县西北入梁山泊，下接济水。 ④格：格式。隋唐以来，法律有律、令、格、式的区别。格指官吏处事的规例；式指则例。 ⑤知杂事：唐制，御史台有御史六人，以任职久者一人主管台内一切事务，称为知杂事。也称杂端，其他的人称端公。 ⑥《刑统》：又称《大周刑统》或《显德刑统类》。共十二卷，通行于整个宋代，宋以后亡佚，但成为《宋刑统》的依据。 ⑦滁州：误，应为濠州。 ⑧"吾昔见"句：李太后本来是后唐庄宗的后宫，庄宗把她赐给孟知祥，所以她知道二主时的事情。 ⑨先帝：指后蜀高祖、后蜀建立者孟知祥。他在后唐庄宗时为剑南西川节度副大使，明宗时兼并得东川之地，被册封为蜀王。明宗死后，他称帝，改国号为蜀，史称后蜀。 ⑩"今王昭远"句：王昭远小时候曾为东郭禅师智諲的童子。 ⑪高彦俦：太原人。后蜀主广政中历官宁江军都巡检、制置招讨使、昭武节度使，守夔州，北宋军队至，劝他投降，他不从，跳楼自杀。 ⑫豘（tún 豚）：小猪。 ⑬七庙：帝王设立七庙供奉七代祖宗。北汉主自以为是承袭后汉高祖、隐帝之后，与窃位者不同，开始设立七庙，来仿效天子之制。

九月，中书舍人窦俨上疏请令有司讨论古今礼仪，作《大周通礼》，考正钟律，作《大周正乐》。又以："为政之本，莫大择人；择人之重，莫先宰相。自有唐之末，轻用名器[1]，始为辅弼，即兼三公、仆射之官。故其未得之也，则以趋竞为心；既得之也，则以容默为事。但思解密勿之务，守崇重之官，逍遥林亭，保安宗族。乞令即日宰相于南宫三品、两省给、舍以上[2]，各举所知。若陛下素知其贤，自可登庸；若其未也，且令以本官权知政事。期岁之间，察其职业，若果能堪称，其官已高，则除平章事；未高，则稍更迁官，权知如故。若有不称，则罢其政事，责其举者。又，班行之中，有员无职者太半，乞量其才器，授以外任，试之于事，还以旧官登叙，考其治状，能者进之，否者黜之。"又请："令盗贼自相纠告，以其所告赀产之半赏之；或亲戚为之首，则论其徒侣而赦其所首者。如此，则盗不能聚矣。又，新郑乡村团为义营，各立将佐，一户为盗，累其一村，一户被盗，罪其一将。每有盗发，则鸣鼓举火，丁壮云集，盗少民多，无能脱者。由是邻县充斥而一境独清。请令他县皆效之，亦止盗之一术也。又，累朝已来，屡下诏书，听民多种广耕，止输旧税，及其既种，则有司履亩而增之，故民皆疑惧而田不加辟。夫为政之先，莫如敦信，信苟著矣，则田无不广，田广则谷多，谷多则藏之民犹藏之官也。"又言："陛下南征江、淮，一举而得八州[3]，再驾而平寿春，威灵所加，前无强敌。今以众击寡，以治伐乱，势无不克。但行之贵速，则彼民免俘馘之灾，此民息转输之困矣。"帝览而善之。俨，仪之弟也。

冬，十月，戊午，设贤良方正直言极谏、经学优深可为师法、详闲吏理达于教化等科。

癸亥，北汉麟州刺史杨重训举城降，以为麟州防御使。

己巳，以王朴为东京留守，听以便宜从事。以三司使张美充大内都点检。

壬申，帝发大梁；十一月，丙戌，至镇淮军，是夜五鼓，济淮；丁亥，至濠州城西。濠州东北十八里有滩，唐人栅于其上，环水自固，谓周兵必不能涉。戊子，帝自攻之，命内殿直康保裔帅甲士数百，乘橐驼涉水，太祖皇帝帅骑兵继之，遂拔之。李重进破濠州南关城。癸巳，帝自攻濠州，王审琦拔其水寨。唐人屯战船数百于城北，又植巨木于淮水以限周兵。帝命水军攻之，拔其木，焚战船七十余艘，斩首二千余级，又攻拔其羊马城[4]，城中震恐。丙申夜，唐濠州团练使郭廷谓上表言："臣家在江南，今若遽降，恐为唐所种族[5]，请先遣使诣金陵禀命，然后出降。"帝许之。辛丑，帝闻唐有战船数百艘在涣水东[6]，欲救濠州。自将兵夜发水陆击之。癸卯，大破唐兵于洞口[7]，斩首五千余级，降卒二千余人，因鼓行而东，所至皆下。乙巳，至泗州城下，太祖皇帝先攻其南，因焚城门，破水寨及月城[8]。帝居于月城楼，督将士攻城。

北汉主自即位以来[9]，方安集境内，未遑外略。是月，契丹遣其大同节度使、侍中崔勋将兵来会北汉，欲同入寇。北汉主遣其忠武节度使、同平章事李存瓌将兵会之[10]，南侵潞州，至其城下而还。北汉主知契丹不足恃而不敢遽与之绝，赠送勋甚厚。

【注释】

①名器：表示等级的称号和车服仪制等为名器。　②即日宰相：现任宰相。南宫：尚书省。三品：指六部尚书。两省给、舍：指中书、门下省的给事中、中书舍人。　③八州：指光州、黄州、舒州、蕲州、和州、扬州、滁州、泰州等八州。　④羊马城：城外加筑的类似城圈的工事。也称羊马墙、羊马垣。本为敌兵逼近时，城外居民撤退暂为安泊羊马之处，故称。　⑤种族：族诛。　⑥涣水：河名。自今河南开封市东分狼汤渠，向东南流经杞县、睢县、柘城县，入安徽境，自此以下即今之浍河。　⑦洞口：地名。在今安徽凤阳县东。　⑧月城：大城外用以障蔽城门的半圆形小城，也称瓱城。　⑨"北汉主"句：显德元年(954)冬十一月，北汉主即位。　⑩忠武节度使：官名。忠武节度使设置在许州(今河南许昌市)，许州属后周，这里李存瓌是遥领忠武节度使。

十二月，乙卯，唐泗州守将范再遇举城降，以再遇为宿州团练使。上自至泗州城下，禁军中刍荛者毋得犯民田，民皆感悦，争献刍粟；既克泗州，无一卒敢擅入城者。帝闻唐战船数百艘泊洞口，遣骑诇之，唐兵退保清口[1]。

戊午，上自将亲军自淮北进，命太祖皇帝将步骑自淮南进，诸将以水军自中流进，共追唐兵。时淮滨久无行人，葭苇如织，多泥淖沟堑，士卒乘胜气茇涉争进[2]，皆忘其劳。庚申，追及唐兵，且战且行,金鼓声闻数十里。辛酉,至楚州西北,大破之。唐兵有沿淮东下者,帝自追之,太祖皇帝为前锋,行六十里,擒其保义节度使、濠·泗·楚·海都应援使陈承昭以归。所获战船烧沉之余得三百余艘,士卒杀溺之余得七千余人。唐之战船在淮上者,于是尽矣。

郭廷谓使者自金陵还,知唐不能救,命录事参军鄱阳李延邹草降表。延邹责以忠义,廷谓以兵临之,延邹掷笔曰:“大丈夫终不负国为叛臣作降表!”廷谓斩之,举濠州降,得兵万人,粮数万斛。唐主赏李延邹之子以官。

壬戌,帝济淮,至楚州,营于城西北。

乙丑,唐雄武军使、知涟水县事崔万迪降。

丙寅,以郭廷谓为亳州防御使。

戊辰,帝攻楚州,克其月城。

庚午,郭廷谓见于行宫,帝曰:“朕南征以来,江南诸将败亡相继,独卿能断涡口浮梁,破定远寨,所以报国足矣。濠州小城,使李璟自守[3],能守之乎!”使将濠州兵攻天长。帝遣铁骑左厢都指挥使武守琦将骑数百趋扬州,至高邮;唐人悉焚扬州官府民居,驱其人南渡江,后数日,周兵至,城中余瘥病十余人而已。癸酉,守琦以闻。

帝闻泰州无备,遣兵袭之,丁丑,拔泰州。

南汉中书侍郎、同平章事卢膺卒[4]。

南汉主闻唐屡败,忧形于色,遣使入贡于周,为湖南所闭,乃治战舰,修武备;既而纵酒酣饮,曰:“吾身得免,幸矣,何暇虑后世哉!”

唐使者陈处尧在契丹,白契丹主请南游太原,北汉主厚礼之;留数日,北还,竟卒于契丹。

【注释】

①清口:地名。一名泗口、清河口。即古泗水人淮之口,在今江苏淮安市西南。 ②茇涉:同“跋涉”,登山涉水,形容走长路辛苦。 ③李璟:即南唐元宗,时在位。 ④卢膺(?—958):南汉大臣。初仕南汉高祖为工部侍郎。大有中,加太尉。中宗时拜中书侍郎、同平章事。

资治通鉴卷第二百九十四

后周纪五　起著雍敦牂，尽屠维协洽，凡二年。

世宗睿武孝文皇帝下

显德五年　春，正月，乙西，废匡国军[①]。

唐改元中兴。

丁亥，右龙武将军王汉璋奏克海州。

己丑，以侍卫马军都指挥使韩令坤权扬州军府事。

上欲引战舰自淮入江，阻北神堰[②]，不得渡；欲凿楚州西北鹳水以通其道[③]，遣使行视，还言地形不便，计功甚多。上自往视之，授以规画，发楚州民夫浚之，旬日而成，用功甚省。巨舰数百艘皆达于江，唐人大惊，以为神。

壬辰，拔静海军[④]，始通吴越之路。先是帝遣左谏议大夫长安尹日就等使吴越，语之曰："卿今去虽泛海，比还，淮南已平，当陆归耳。"已而果然。

甲辰，蜀右补阙章九龄见蜀主[⑤]，言政事不治，由奸佞在朝；蜀主问奸佞为谁，指李昊、王昭远以对[⑥]。蜀主怒，以九龄为毁斥大臣，贬维州录事参军[⑦]。

周兵攻楚州，逾四旬，唐楚州防御使张彦卿固守不下；乙巳，帝自督诸将攻之，宿于城下，丁未，克之。彦卿与都监郑昭业犹帅众拒战，矢刃皆尽，彦卿举绳床以斗而死，所部千余人，至死无一人降者。

高保融遣指挥使魏璘将战船百艘东下会伐唐，至于鄂州。

庚戌，蜀置永宁军于果州[⑧]，以通州隶之。

唐以天长为雄州，以建武军使易文赟为刺史。二月，甲寅，文赟举城降。

戊午，帝发楚州；丁卯，至扬州，命韩令坤发丁夫万余，筑故城之东南隅为小城以治之。

乙亥，黄州刺史司超奏与控鹤右厢都指挥使王审琦攻唐舒州，擒其刺史施仁望。

丙子，建雄节度使真定杨廷璋奏败北汉兵于隰州城下。时隰州刺史孙议暴卒，廷璋谓都监、闲厩使李谦溥曰[⑨]："今大驾南征，泽州无守将[⑩]，河东必生心；若奏请待报，则孤城危矣。"即牒谦溥权隰州事，谦溥至则修守备。未几，北汉兵果至，诸将请速救之。廷璋曰："隰州城坚将良，未易克也。"北汉攻城久不下，廷璋度其疲困无备，潜与谦溥约，各募死士百余夜袭其营，北汉兵惊溃，斩首千余级；北汉兵遂解去。

【注释】

①匡国军：方镇名。唐末设置，治所在同州（今陕西大荔县）。②北神堰：在今江苏淮安市北，即右邗沟入淮处。北宋后废。③鹳水：河名。又名老鹳河，在今江苏淮安市西北。④静海军：方镇名。治所在今江苏南通市，后改为通州。⑤右补阙：官名。掌供奉讽谏、扈从及举荐之事。⑥李昊（891—965）：后蜀大臣。字穹佐，祖籍无锡，父辈移家奉天（今陕西乾县）。前蜀时历官翰林学士。后蜀孟昶时，官至左仆射。他前后仕蜀五十年，掌政、财大权，妓妾无数，奢侈尤甚。⑦维州：州名。治所在今四川理县东北。⑧果州：州名。治所在今四川南充市北。⑨闲厩使：官名。掌舆辇牛马之事。⑩泽州：误，当为隰州。

三月，壬午朔，帝如泰州。

丁亥，唐大赦，改元交泰。

唐太弟景遂前后凡十表辞位，且言："今国危不能扶，请出就藩镇。燕王弘冀嫡长有军功[①]，宜为嗣，谨奏上太弟宝册。"齐王景达亦以败军辞元帅。唐主乃立景遂为晋王，加天策上将军、江南

晚唐五代佛传故事纸本设色

西道兵马元帅、洪州大都督、太尉、尚书令，以景达为浙西道元帅、润州大都督。景达以浙西方用兵，固辞，改抚州大都督。立弘冀为太子，参决庶政。弘冀为人猜忌严刻，景遂左右有未出东宫者，立斥逐之。其弟安定公从嘉畏之，不敢预事，专以经籍自娱。

辛卯，上如迎銮镇[②]，屡至江口，遣水军击唐兵，破之。上闻唐战舰数百艘泊东洲州[③]，将趣海口扼苏、杭路，遣殿前都虞候慕容延钊将步骑，右神武统军宋延渥将水军，循江而下。甲午，延钊奏大破唐兵于东洲州；上遣李重进将兵趣庐州。

唐主闻上在江上，恐遂南渡，又耻降号称藩，乃遣兵部侍郎陈觉奉表，请传位于太子弘冀，使听命于中国。时淮南惟庐、舒、蕲、黄未下。丙申，觉至迎銮，见周兵之盛，白上，请遣人渡江取表，献四州之地，画江为境，以求息兵，辞指甚哀。上曰："朕本兴师止取江北，尔主能举国内附，朕复何求！"觉拜谢而退。丁酉，觉请遣其属阁门承旨刘承遇如金陵[④]，上赐唐主书，称"皇帝恭问江南国主"，慰纳之。

戊戌，吴越奏遣上直指挥使·处州刺史邵可迁、秀州刺史路彦铢以战舰四百艘、士卒万七千人屯通州南岸。

唐主复遣刘承遇奉表称唐国主，请献江北四州，岁输贡物十万[⑤]。于是江北悉平，得州十四[⑥]，县六十。

庚子，上赐唐主书，谕以："缘江诸军及两浙、湖南、荆南兵并当罢归，其庐、蕲、黄三道，亦令敛兵近外。俟彼将士及家属就道，可遣人召将校以城邑付之。江中舟舰有须往来者，并令就北岸引之。"辛丑，陈觉辞行，又赐唐主书，谕以不必传位于子。

壬寅,上自迎銮复如扬州。

癸卯,诏吴越、荆南军各归本道;赐钱弘俶犒军帛三万匹,高保融一万匹。

甲辰,置保信军于庐州,以右龙武统军赵匡赞为节度使。

丙午,唐主遣冯延巳献银、绢、钱、茶、谷共百万以犒军。

己酉,命宋延渥将水军三千溯江巡警。

庚戌,敕故淮南节度使杨行密、故昇府节度使徐温等墓并量给守户⑦;其江南群臣墓在江北者,亦委长吏以时检校。

辛亥,唐主遣其临汝公徐辽代己来上寿。

是月,浚汴口,导河流达于淮,于是江、淮舟楫始通。

【注释】

①军功:指任用柴克宏打败吴越兵,解常州之围,见本书上卷。 ②迎銮镇:镇名。五代后唐同光二年(924)以白沙镇改名,即今江苏仪征市真州镇。 ③东沛州:地名。即东洲,在今江苏启东市北吕泗镇一带。 ④阁门承旨:官名。五代时于东西上阁门承传旨意之官。 ⑤十万:据他本"十"上有"数"字,应为数十万。 ⑥得州十四:十四州指光州、寿州、庐州、舒州、蕲州、黄州、滁州、和州、濠州、泗州、楚州、扬州、泰州、通州十四个州。 ⑦昇府:即金陵。金陵是唐代之昇州,故称昇府。

夏,四月,乙卯,帝自扬州北还。

新作太庙成。庚申,神主入庙。

辛酉夜,钱唐城南火,延及内城,官府庐舍几尽。壬戌旦,火将及镇国仓,吴越王弘俶久疾,自强出救火;火止,谓左右曰:"吾疾因灾而愈。"众心稍安。

帝之南征也,契丹乘虚入寇。壬申,帝至大梁,命张永德将兵备御北边。

五日,辛巳朔,日有食之。

诏赏劳南征士卒及淮南新附之民。

辛卯,以太祖皇帝领忠武节度使,徙安审琦为平卢节度使。

成德节度使郭崇攻契丹束城①,拔之,以报其入寇也。

唐主避周讳②,更名景。下令去帝号,称国主,凡天子仪制皆有降损，去年号，用周正朔，仍告于太庙。左仆射、同平章事冯延巳罢为太子太傅，门下侍郎、同平章事严续罢为少傅，枢密使、兵部侍郎陈觉罢守本官。

初，冯延巳以取中原之策说唐主，由是有宠。延巳尝笑烈祖戢兵为龌龊[③]，曰："安陆所丧才数千兵[④]，为之辍食咨嗟者旬日，此田舍翁识量耳，安足与成大事！岂如今上暴师数万于外，而击球宴乐无异平日，真英主也！"延巳与其党谈论，常以天下为己任，更相唱和。翰林学士常梦锡屡言延巳等浮诞，不可信；唐主不听，梦锡曰："奸言似忠，陛下不悟，国必亡矣！"及臣服于周，延巳之党相与言，有谓周为大朝者，梦锡大笑曰："诸公常欲致君尧、舜，何意今日自为小朝邪！"众默然。

自唐主内附，帝止因其使者赐书，未尝遣使至其国。己酉，始命太仆卿冯延鲁、卫尉少卿钟谟使于唐，赐以御衣、玉带等及犒军帛十万，并今年《钦天历》。

刘承遇之还自金陵也，唐主使陈觉白帝，以江南无卤田，愿得海陵监南属以赡军[⑤]。帝曰："海陵在江北，难以交居，当别有处分。"至是，诏岁支盐三十万斛以给江南，所俘获江南士卒，稍稍归之。

六月，壬子，昭义节度使李筠奏击北汉石会关，拔其六寨。乙卯，晋州奏都监李谦溥击北汉，破孝义。

高保融遣使劝蜀主称藩于周，蜀主报以前岁遣胡立致书于周而不答。

【注释】

①柬城：县名。治所在今河北河间市东北柬城。　②避周讳：避后周信祖的讳。后周信祖名郭璟，是太祖郭威的高祖，广顺元年追赠。③烈祖：指南唐烈祖李昪。　④"安陆所丧才数千兵"句：指后晋高祖天福五年(940)李承裕在安州的失败。见本书卷第二百八十二。　⑤海陵：县名。治所在今江苏泰州市。据他本"陵"下有"盐"字。

秋，七月，丙戌，初行《大周刑统》。

帝欲均田租，丁亥，以元稹《均田图》遍赐诸道。

闰月，唐清源节度使兼中书令留从效遣牙将蔡仲赟衣商人服，以绢表置革带中，间道来称藩。

唐江西元帅晋王景遂之赴洪州也，以时方用兵，启求大臣以自副，唐主以枢密副使、工部侍郎李征古为镇南节度副使。征古傲很专恣，景遂虽宽厚，久而不能堪，常欲斩征古，自拘于有司，左右谏而止，景遂忽忽不乐。

太子弘冀在东宫多不法，唐主怒，尝以球杖击之曰："吾当复召景遂。"昭庆宫使袁从范从景遂为洪州都押牙，或谮从范之子于景遂，景遂欲杀之，从范由是怨望。弘冀闻之，密遣从范毒之；八月，庚辰，景遂击球渴甚，从范进浆①，景遂饮之而卒。未殡，体已溃；唐主不之知，赠皇太弟，谥曰文成。

辛巳，南汉中宗殂②，长子继兴即帝位，更名钛，改元大宝。钛年十六，国事皆决于宦官玉清宫使龚澄枢及女侍中卢琼仙等③，台省官备位而已。

甲申，唐始置进奏院于大梁。

壬辰，命西上阁门使灵寿曹彬使于吴越，赐吴越王弘俶骑军钢甲二百，步军甲五千及他兵器。彬事毕亟返，不受馈遗，吴越人以轻舟追与之，至于数四，彬曰："吾终不受，是窃名也。"尽籍其数，归而献之。帝曰："向之奉使，乞丐无厌，使四方轻朝命，卿能如是，甚善；然彼以遗卿，卿自取之。"彬始拜受，悉以散于亲识，家无留者。

辛丑，冯延鲁、钟谟来自唐，唐主手表谢恩，其略曰："天地之恩厚矣，父母之恩深矣，子不谢父，人何报天，惟有赤心，可酬大造。"又乞比藩方，赐诏书。又称："有情事令钟谟上奏，乞令早还。"唐主复令谟白帝，欲传位太子。九月，丁巳，以延鲁为刑部侍郎、谟为给事中。唐主复遣吏部尚书、知枢密院殷崇义来贺天清节④。

帝谋伐蜀，冬，十月，己卯，以户部侍郎高防为西南面水陆制置使，右赞善大夫李玉为判官。

甲午，帝归冯延鲁及左监门卫上将军许文稹、右千牛卫上将军边镐、卫尉卿周廷构于唐。唐主以文稹等皆败军之俘，弃不复用。

高保融再遗蜀主书，劝称臣于周，蜀主集将相议之，李昊曰："从之则君父之辱，违之则周师必至，诸将能拒周乎？"诸将皆曰："以陛下圣明，江山险固，岂可望风屈服！秣马厉兵，正为今日。臣等请以死卫社稷！"丁酉，蜀主命昊草书，极言拒绝之。

诏左散骑常侍须城艾颖等三十四人分行诸州[5]，均定田租。庚子，诏诸州并乡村，率以百户为团，团置耆长三人。帝留心农事，刻木为耕夫、蚕妇，置之殿庭。

命武胜节度使宋延渥以水军巡江。

高保融奏，闻王师将伐蜀，请以水军趣三峡，诏褒之。

【注释】

①浆：古代一种带酸味的饮料，用来代替酒。 ②南汉中宗：即刘晟，初名弘熙，高祖刘龑子。943 年，杀兄刘玢，自立为帝，改名晟。在位期间，任用宦官，使用严刑酷法，专事享乐。 ③玉清宫使：南汉刘氏作有离宫以供其游玩，其中有南宫、大明、昌华、甘泉、玩华、秀华、玉清、太微等宫，每宫分别设置宫使统领。 ④天清节：周世宗的生日。周世宗生于九月二十四日。 ⑤须城：县名。在今山东东平县西北。

十一月，庚戌，敕窦俨编集《大周通礼》《大周正乐》。

辛亥，南汉葬文武光明孝皇帝于昭陵，庙号中宗。

乙丑，唐主复遣礼部侍郎钟谟入见。

李玉至长安，或言"蜀归安镇在长安南三百余里[1]，可袭取也"。玉信之，牒永兴节度使王彦超，索兵二百，彦超以为归安道阻隘难取，玉曰："吾自奉密旨。"彦超不得已与之。玉将以往，十二月，蜀归安镇遏使李承勋据险邀之，斩玉，其众皆没。

乙酉，蜀主以右卫圣步军都指使赵崇韬为北面招讨使。丙戌，以奉銮肃卫都指挥使、武信节度使兼中书令孟贻业为昭武、文州都招讨使，左卫圣马军都指挥使赵思进为东面招讨使，山南西道节度使韩保贞为北面都招讨使，将兵六万，分屯要害以备周。

丙戌，诏凡诸色课户及俸户并勒归州县[2]，其幕职、州县官自今并支俸钱及米麦。

初，唐太傅兼中书令楚公宋齐丘多树朋党，欲以专固朝权，躁进之士争附之，推奖以为国之元老。枢密使陈觉、副使李征古恃齐丘之势，尤骄慢。及许文稹等败于紫金山，觉与齐丘、景达自濠州遁归，国人恟惧。唐主尝叹曰："吾国家一朝至此！"因泣下。征古曰："陛下当治兵以捍敌，涕泣何为！岂饮酒过量邪，将乳母不至邪？"唐主色变，而征古举止自若。会司天奏："天文有变，人主宜避位禳灾。"唐主乃曰："祸难方殷，吾欲释去万机，栖心冲寂，谁可以托国者？"征古曰："宋公，造国手也，陛下如厌万机，何不举国授之！"觉曰："陛下深居禁中，国事皆委宋公，先行后闻，臣等时入侍，谈释、老而已。"唐主心愠，即命中书舍人豫章陈乔草诏行之。乔惶恐请见，曰："陛下一署此诏，臣不复得见矣！"因极言其不可。唐主笑曰："尔亦知其非邪？"乃止。由是因晋王出镇，以征古为之副，觉自周还，亦罢近职。

钟谟素与李德明善，以德明之死怨齐丘；及奉使归唐，言于唐主曰："齐丘乘国之危，遽谋篡窃，陈觉、李征古为之羽翼，理不可容。"陈觉之自周还，矫以帝命谓唐主曰："闻江南连岁拒命，皆宰相严续之谋，当为我斩之。"唐主知觉素与续有隙，固未之信。钟谟请覆之于周。唐主乃因谟复命，上言："久拒王师，皆臣愚迷，非续之罪。"帝闻之，大惊曰："审如此，则续乃忠臣[3]，朕为天下主，岂教人杀忠臣乎！"谟还，以白唐主。

唐主欲诛齐丘等，复遣谟入禀于帝。帝以异国之臣，无所可否。己亥，唐主命知枢密院殷崇义草诏暴齐丘、觉、征古罪恶，听齐丘归九华山旧隐[4]，官爵悉如故；觉责授国子博士，宣州安置；征古削夺官爵，赐自尽；党与皆不问。遣使告于周。

丙午，蜀以峡路巡检制置使高彦俦为招讨使。

平卢节度使、太师、中书令陈王安审琦仆夫安友进与其嬖妾通，妾恐事泄，与友进谋杀审琦，友进不可，妾曰："不然，我当反告汝。"友进惧而从之。

【注释】

①归安镇：镇名。在今陕西安康市北。　②课户：唐初诸司置公廨本钱，用来贸易收取利息，计官吏多少发给俸禄。后来废除诸司公廨本

钱,以天下上户七千人为胥士,收其赋税,计官多少发给俸禄,这些交税的人户就叫课户。俸户:唐朝薄敛一年的赋税,由一富户主领,每月收取利息给俸,称之为俸户。 ③审如此,则续乃忠臣:指严续如果能为南唐主出谋划策来抵抗后周,那么他就是忠臣。 ④九华山:山名。在安徽青阳县西。本名九子山,唐代李白因为其峰像莲花,于是改名为九华山。

六年 春,正月,癸丑,审琦醉熟寝,妾取审琦所枕剑授友进而杀之,仍尽杀侍婢在帐下者以灭口。后数日,其子守忠始知之,执友进等剐之。

初,有司将立正仗,宿设乐县于殿庭,帝观之,见钟磬有设而不击者,问乐工,皆不能对。乃命窦俨讨论古今,考正雅乐。王朴素晓音律,帝以乐事询之,朴上疏,以为:

"礼以检形,乐以治心;形顺于外,心和于内,然而天下不治者未之有也。是以礼乐修于上,万国化于下,圣人之教不肃而成,其政不严而治,用此道也。夫乐生于人心而声成于物,物声既成,复能感人之心。

"昔黄帝吹九寸之管,得黄钟正声[①],半之为清声,倍之为缓声,三分损益之以生十二律[②]。十二律旋相为宫以生七调[③],为一均。凡十二均、八十四调而大备。遭秦灭学,历代治乐者罕能用之。唐太宗之世,祖孝孙、张文收考正大乐[④],备八十四调;安、史之乱,器与工什亡八九,至于黄巢,荡尽无遗。时有太常博士殷盈孙[⑤],按《考工记》[⑥],铸镈钟十二,编钟二百四十。处士萧承训校定石磬,今之在县者是也。虽有钟磬之状,殊无相应之和,其镈钟不问音律,但循环而击,编钟、编磬徒悬而已。丝、竹、匏、土仅有七声,名为黄钟之宫,其存者九曲。考之三曲协律,六曲参涉诸调;盖乐之废缺,无甚于今。

"陛下武功既著,垂意礼乐,以臣尝学律吕,宣示古今乐录,命臣讨论。臣谨如古法,以秬黍定尺[⑦],长九寸径三分为黄钟之管,与今黄钟之声相应,因而推之,得十二律。以为众管互吹,用声不便,乃作律准[⑧],十有三弦,其长九尺,皆应黄钟之声,以次设柱[⑨],为十一律[⑩],及黄钟清声,旋用七律以为一均。为均之主者,宫也,徵、商、羽、角、变宫、变徵次焉。发其均主之声，归于本音之律，迭应不乱，乃成其调，凡八十一调。此法久绝，出臣独见，乞集百官校其得失。”

诏从之，百官皆以为然，乃行之。

唐宋齐丘至九华山，唐主命锁其第，穴墙给饮食。齐丘叹曰：“吾昔献谋幽让皇帝族于泰州，宜其及此！”乃缢而死。谥曰丑缪。

初，翰林学士常梦锡知宣政院，参预机政，深疾齐丘之党，数言于唐主曰：“不去此属，国必危亡。”与冯延巳、魏岑之徒日有争论。久之，罢宣政院，梦锡郁郁不得志，不复预事，纵酒成疾而卒。及齐丘死，唐主曰：“常梦锡平生欲杀齐丘，恨不使见之！”赠梦锡左仆射。

【注释】

①黄钟：十二律之一，声音最宏大响亮。正声：合于音律的乐声。②十二律：古乐的十二调。阳律有六：黄钟、太簇、姑洗、蕤宾、夷则、无射，阴律有六：大吕、夹钟、中吕、林钟、南吕、应钟，共为十二律。　③十二律旋相为宫以生七调：依照十二律高下的次序，定宫、商、角、徵、羽、变宫、变徵为七声，是乐律之本。以宫声为主的调式称宫，以其他各声为主的称调。以七声配十二律，就可以得到十二宫（也称十二均）七十二调，共为八十四宫调。七调，乐律的高低音域，从黄钟到中吕，共为七调。④祖孝孙：隋唐之际乐律学家。隋开皇年间任协律郎，参加修订雅乐。曾奉命向毛爽学习“京房律法”。提请采用三百六十律，未被采纳。入唐为著作郎，历任太常少卿等职。武德七年（624），奉命与秘书监窦琎修订雅乐。武德九年，他的主张得以实现，在宫廷音乐中实践了八十四调理论。张文收：唐初乐律学家。通音律，能作曲，历官协律郎、太子率更令。唐初曾参与定乐律，编制《景云河清歌》。据传著有《新乐书》十二卷。　⑤殷盈孙：唐末陈州（今河南睢县）人。广明初为成都诸曹参军，僖宗幸蜀，擢为太常博士。回京后制订礼乐制度，恢复七庙。官至大理卿。　⑥《考工记》：书名。一卷。据云系春秋战国之交时人作。后补入《周礼》，故又称《周礼·考工记》，记述百工之事。　⑦秬（jù 巨）黍：黑黍。古时用黍粒横排的方法来衡量长度，也由此计算出黄钟的管长，用作调节音律的尺度。相传黄帝命伶伦制造律尺，一黍之纵长，命为一分，九分为一寸，共计八十一分为一尺，这就是律尺。　⑧律准：用来校

订音律的乐器。相传为汉时京房所作,其形状像瑟,共有十三条弦,长九尺,以应黄钟之律九寸。 ⑨柱:指乐器上的弦枕木。 ⑩十一律:指除黄钟外的林钟、太簇、南吕、姑洗、应钟、蕤宾、大吕、夷则、夹钟、无射、中吕等十一律。

二月,丙子朔,命王朴如河阴按行河堤,立斗门于汴口。壬午,命侍卫都指挥使韩通、宣徽南院使吴延祚,发徐、宿、宋、单等州丁夫数万浚汴水。甲申,命马军都指挥使韩令坤自大梁城东导汴水入于蔡水[①],以通陈、颍之漕,命步军都指挥使袁彦浚五丈渠东过曹、济、梁山泊,以通青、郓之漕,发畿内及滑、亳丁夫数千以供其役。

丁亥,开封府奏田税旧一十万二千余顷,今按行得羡田四万二千余顷;敕减三万八千顷。诸州行苗使还,所奏羡苗,减之仿此。

淮南饥,上命以米贷之。或曰:"民贫,恐不能偿。"上曰:"民吾子也,安有子倒悬而父不为之解哉!安在责其必偿也!"

庚申,枢密使王朴卒[②]。上临其丧,以玉钺卓地,恸哭数四,不能自止。朴性刚而锐敏,智略过人,上以是惜之。

甲子,诏以北鄙未复,将幸沧州,命义武节度使孙行友捍西山路,以宣徽南院使吴延祚权东京留守、判开封府事,三司使张美权大内都部署。丁卯,命侍卫亲军都虞候韩通等将水陆军先发。甲戌,上发大梁。

夏,四月,庚寅,韩通奏自沧州治水道入契丹境,栅于乾宁军南[③],补坏防,开游口三十六,遂通瀛、莫。

辛卯,上至沧州,即日帅步骑数万发沧州,直趋契丹之境。河北州县非车驾所过,民间皆不之知。壬辰,上至乾宁军,契丹宁州刺史王洪举城降。

乙未,大治水军,分命诸将水陆俱下,以韩通为陆路都部署,太祖皇帝为水路都部署。丁酉,上御龙舟沿流而北,舳舻相连数十里;己亥,至独流口[④],溯流而西。辛丑,至益津关[⑤],契丹守将终廷晖以城降。

自是以西，水路渐隘，不能胜巨舰，乃舍之。壬寅，上登陆而西，宿于野次，侍卫之士不及一旅[6]，从官皆恐惧。胡骑连群出其左右，不敢逼。

癸卯，太祖皇帝先至瓦桥关，契丹守将姚内斌举城降，上入瓦桥关。内斌，平州人也[7]。甲辰，契丹莫州刺史刘楚信举城降。五月，乙巳朔，侍卫亲军都挥使、天平节度使李重进等始引兵继至，契丹瀛州刺史高彦晖举城降。彦晖，蓟州人也。于是关南悉平[8]。

丙午，宴诸将于行宫，议取幽州。诸将以为："陛下离京四十二日，兵不血刃，取燕南之地，此不世之功也。今虏骑皆聚幽州之北，未宜深入。"上不悦。是日，趣先锋都指挥使刘重进先发，据固安；上自至安阳水，命作桥，会日暮，还宿瓦桥，是日，上不豫而止。契丹主遣使者日驰七百里诣晋阳，命北汉主发兵挠周边，闻上南归，乃罢兵。

戊申，孙行友奏拔易州，擒契丹刺史李在钦，献之，斩于军市。

己酉，以瓦桥关为雄州，割容城、归义二县隶之[9]；以益津关为霸州，割文安、大城二县隶之。发滨、棣丁夫数千城霸州[10]，命韩通董其役。

庚戌，命李重进将兵出土门[11]，击北汉。

辛亥，以侍卫马步都指挥使韩令坤为霸州都部署，义成节度留后陈思让为雄州都部署，各将部兵以戍之。

壬子，上自雄州南还。

己巳，李重进奏败北汉兵于百井[12]，斩首二千余级。

甲戌，帝至大梁。

【注释】

①蔡水：河名。一作蔡河，又名沙水。故道从今河南开封市东，流经通许、淮阳、鹿邑和安徽蒙城等地，流入淮河。　②王朴（906—959）：后周大臣、天文学家。字文伯，东平（今山东东平县）人。进士出身。初为柴荣掌书记，柴荣即位后，他进《平边策》，深为柴荣所重。官至枢密使。他精通历法音律，著有《大周钦天历》和《律准》。　③乾宁军：方镇名。唐时置，治所在今河北青县。　④独流口：地名。在今天津静海区北。　⑤益津关：地名。即今河北霸州市。　⑥一旅：五百人为一

旅。 ⑦平州:州名。治所在今河北卢龙县北。 ⑧关南:指瓦桥关以南地区。 ⑨归义:县名。在今河北雄县西北。 ⑩滨:滨州,治所在今山东滨州市。 ⑪土门:地名。即井陉口,在今河北石家庄市鹿泉区西南。 ⑫百井:地名。即今山西阳曲县东北柏井村。

六月,乙亥朔,昭义节度使李筠奏击北汉,拔辽州,获其刺史张丕。

丙子,郑州奏河决原武,命宣徽南院使吴延祚发近县二万余夫塞之。

唐清源节度使留从效遣使入贡,请置进奏院于京师,直隶中朝,诏报以"江南近服,方务绥怀,卿久奉金陵[①],未可改图。若置邸上都,与彼抗衡,受而有之,罪在于朕。卿远修职贡,足表忠勤,勉事旧君,且宜如故。如此,则于卿笃始终之义,于朕尽柔远之宜,惟乃通方,谅达予意"。

唐主遣其子纪公从善与钟谟俱入贡,上问谟曰:"江南亦治兵,修守备乎?"对曰:"既臣事大国,不敢复尔。"上曰:"不然。向时则为仇敌,今日则为一家,吾与汝国大义已定,保无他虞;然人生难期,至于后世,则事不可知。归语汝主:可及吾时完城郭,缮甲兵,据守要害,为子孙计。"谟归,以告唐主。唐主乃城金陵,凡诸州城之不完者葺之,戍兵少者益之。

臣光曰:或问臣:五代帝王,唐庄宗、周世宗皆称英武,二主孰贤?臣应之曰:夫天子所以统治万国,讨其不服,抚其微弱,行其号令,壹其法度,敦明信义,以兼爱兆民者也。庄宗既灭梁,海内震动,湖南马氏遣子希范入贡[②],庄宗曰:"比闻马氏之业,终为高郁所夺。今有儿如此,郁岂能得之哉?"郁,马氏之良佐也。希范兄希声闻庄宗言,卒矫其父命而杀之。此乃市道商贾之所为,岂帝王之体哉!盖庄宗善战者也,故能以弱晋胜强梁,既得之,曾不数年,外内离叛,置身无所。诚由知用兵之术,不知为天下之道故也。世宗以信令御群臣,以正义责诸国,王环以不降受赏,刘仁赡以坚守蒙褒,严续以尽忠获存,蜀兵以反覆就诛,冯道以失节被弃,张美以私恩见疏；江南未服，则亲犯矢石，期于必克，既服，则爱之如子，推诚尽言，为之远虑。其宏规大度，岂得与庄宗同日语哉！《书》曰："无偏无党，王道荡荡[3]。"又曰："大邦畏其力，小邦怀其德[4]。"世宗近之矣。

辛巳，建雄节度使杨廷璋奏击北汉，降堡寨一十三。

癸未，立皇后符氏，宣懿皇后之女弟也。

立皇子宗训为梁王，领左卫上将军，宗让为燕公，领左骁卫上将军。

上欲相枢密使魏仁浦，议者以仁浦不由科第，不可为相。上曰："自古用文武才略为辅佐，岂尽由科第邪！"己丑，加王溥门下侍郎，与范质皆参知枢密院事。以仁浦为中书侍郎、同平章事，枢密使如故。仁浦虽处权要而能谦谨，上性严急，近职有忤旨者，仁浦多引罪归己以救之，所全活什七八，故虽起刀笔吏，致位宰相，时人不以为忝。又以宣徽南院使吴延祚为左骁卫上将军，充枢密使；加归德节度使、侍卫亲军都虞候韩通、镇宁节度使兼殿前都点检张永德并同平章事，仍以通充侍卫亲军副都指挥使；以太祖皇帝兼殿前都点检。

上尝问大臣可为相者于兵部尚书张昭，昭荐李涛。上愕然曰："涛轻薄无大臣体，朕问相而卿首荐之，何也？"对曰："陛下所责者细行也，臣所举者大节也。昔晋高祖之世，张彦泽虐杀不辜，涛累疏请诛之，以为不杀必为国患，汉隐帝之世，涛亦上疏请解先帝兵权。夫国家安危未形而能见之，此真宰相器也，臣是以荐之。"上曰："卿言甚善且至公，然如涛者，终不可置之中书。"涛喜诙谐，不修边幅，与弟澣俱以文学著名，虽甚友爱，而多谑浪，无长幼体，上以是薄之。

上以翰林学士单父王著[5]，幕府旧僚，屡欲相之，以其嗜酒无检而罢。

癸巳，大渐，召范质等入受顾命。上曰："王著藩邸故人，朕若不起，当相之。"质等出，相谓曰："著终日游醉乡，岂堪为相！慎勿泄此言。"是日，上殂。

上在藩，多务韬晦，及即位，破高平之寇，人始服其英武。其御军，号令严明，人莫敢犯，攻城对敌，矢石落其左右，人皆失色而上略不动容；应机决策，出人意表。又勤于为治，百司簿籍，过目无所忘，发奸擿伏，聪察如神。闲暇则召儒者读前史，商榷大义。性不好丝竹珍玩之物，常言太祖养成王峻、王殷之恶，致君臣之分不终，故群臣有过则面质责之，服则赦之，有功则厚赏之。文武参用，各尽其能，人无不畏其明而怀其惠，故能破敌广地，所向无前。然用法太严，群臣职事小有不举，往往置之极刑，虽素有才干声名，无所开宥，寻亦悔之，末年浸宽。登遐之日，远迩哀慕焉。

甲午，宣遗诏，命梁王宗训即皇帝位，生七年矣。

【注释】

①卿久奉金陵：后晋开运三年（946），留从效以泉州归附南唐，到这时已经有十几年了。 ②"庄宗既灭梁"句：后唐庄宗灭掉后梁，湖南马氏遣子入贡，均在同光元年（923）。 ③无偏无党，王道荡荡：出自《尚书·洪范》。 ④"大邦畏其力，小邦怀其德"句：出自《尚书·武成》。 ⑤单父：县名。在今山东单县南。王著：字成象，后汉进士。性格豁达无城府。后周世宗时拜官度支员外郎。北宋初加官中书舍人。因饮酒过度被黜为比部员外郎。他幼能属文，有俊才，善与人交。

秋，七月，壬戌，以侍卫亲军都指挥使李重进领淮南节度使，副都指挥使韩通领天平节度使，太祖皇帝领归德节度使。以山南东道节度使、同平章事向拱为西京留守；庚申，加拱兼侍中。拱，即向训也，避恭帝名改焉。

丙寅，大赦。

唐主以金陵去周境才隔一水，洪州险固居上游[1]，集群臣议徙都之。群臣多不欲徙，惟枢密副使、给事中唐镐劝之，乃命经营豫章为都城之制[2]。

唐自淮上用兵及割江北，臣事于周，岁时贡献，府藏空竭，钱益少，物价腾贵。礼部侍郎钟谟请铸大钱，一当五十，中书舍人韩熙载请铸铁钱；唐主始皆不从，谟陈请不已，乃从之。是月，始铸当十大钱，文曰"永通泉货"，又铸当二钱，文曰"唐国通宝"，与开元钱并行[3]。

八月，戊子，蜀主以李昊领武信节度使，右补阙李起上言："故事，宰相无领方镇者。"蜀主曰："昊家多冗费，以厚禄优之耳。"起，邛州人[④]，性婞直，李昊尝语之曰："以子之才，苟能慎默，当为翰林学士。"起曰："俟无舌，乃不言耳！"

庚寅，立皇弟宗让为曹王，更名熙让，熙谨为纪王，熙诲为蕲王。

九月，丙午，唐太子弘冀卒，有司引浙西之功[⑤]，谥曰武宣。句容尉全椒张洎上言："太子之德，主于孝敬，今谥以武功，非所以防微而慎德也。"乃更谥曰文献；擢洎为上元尉[⑥]。

唐礼部侍郎、知尚书省事钟谟数奉使入周，传世宗命于唐主，世宗及唐主皆厚待之，恃此骄横于其国，三省之事皆预焉。

文献太子总朝政，谟求兼东宫官不得，乃荐其所善阎式为司议郎[⑦]，掌百司关启。李德明之死也，唐镐预其谋，谟闻镐受赇，尝面诘之，镐甚惧。谟与天威都虞候张峦善，数于私第屏人语至夜分，镐谮诸唐主曰："谟与峦气类不同，而过相亲狎，谟屡使上国，峦北人，恐其有异谋。"又言："永通大钱民多盗铸，犯法者众。"及文献太子卒，唐主欲立其母弟郑王从嘉，谟尝与纪公从善同奉使于周，相厚善，言于唐主曰："从嘉德轻志懦，又酷信释氏，非人主才。从善果敢凝重，宜为嗣。"唐主由是怒。寻徙从嘉为吴王、尚书令、知政事，居东宫。冬，十月，谟请令张峦以所部兵巡徼都城。唐主乃下诏暴谟侵官之罪，贬国子司业[⑧]，流饶州，贬张峦为宣州副使，未几，皆杀之。废永通钱。

【注释】

①洪州：州名。治所在今江西南昌市。　②豫章：县名。在今江西南昌市。　③开元钱：唐武德初所铸的钱。　④邛州：州名。治所在今四川邛崃市。　⑤浙西之功：指李弘冀派遣柴克宏在常州打败吴越军的事。　⑥上元：县名。在今江苏南京市。　⑦司议郎：官名。掌侍从规谏、驳正启奏，并录东宫记注，分判场事。　⑧国子司业：官名。国子监副长官，佐祭酒掌儒学训导之政。

十一月，壬寅朔，葬睿武孝文皇帝于庆陵[①]，庙号世宗。

南汉主以中书舍人钟允章，藩府旧僚，擢为尚书右丞、参政事，甚委任之。允章请诛乱法者数人以正纲纪，南汉主不能从，宦官闻而恶之。南汉主将祀圜丘，前三日，允章帅礼官登坛，四顾指挥设神位，内侍监许彦真望之曰[2]："此谋反也！"即带剑登坛，允章叱之。彦真驰入宫，告允章欲于郊祀日作乱。南汉主曰："朕待允章厚，岂有此邪！"玉清宫使龚澄枢、内侍监李托等共证之，以彦真言为然，乃收允章，系含章楼下，命宦者与礼部尚书薛用丕杂治之。用丕素与允章善，告以必不免，允章执用丕手泣曰："老夫今日犹几上肉耳，分为仇人所烹。但恨邕、昌幼，不知吾冤，及其长也，公为我语之。"彦真闻之，骂曰："反贼欲使其子报仇邪！"复白南汉主曰："允章与二子共登坛，潜有所祷。"俱斩之。自是宦官益横。李托，封州人也[3]。

辛亥，南汉主祀圜丘，大赦。未几，以龚澄枢为左龙虎观军容使、内太师，军国之事皆取决焉。凡群臣有才能及进士状头或僧道可与谈者[4]，皆先下蚕室[5]，然后得进，亦有自宫以求进者，亦有免死而宫者，由是宦者近二万人。贵显用事之人，大抵皆宦者也，谓士人为门外人，不得预事，卒以此亡国。

唐更命洪州曰南昌府，建南都，以武清节度使何敬洙为南都留守，以兵部尚书陈继善为南昌尹。

周人之攻秦、凤也，蜀中恟惧；都官郎中徐及甫自负才略[6]，仕不得志，阴结党与，谋奉前蜀高祖之孙少府少监王令仪为主以作乱[7]，会周兵退而止。至是，其党有告者，收捕之，及甫自杀。十二月，甲午，赐令仪死。

端明殿学士、兵部侍郎窦仪使于唐，天雨雪，唐主欲受诏于庑下。仪曰："使者奉诏而来，不敢失旧礼。若雪沾服，请俟他日。"唐主乃拜诏于庭。

契丹主遣其舅使于唐，泰州团练使荆罕儒募客使杀之。唐人夜宴契丹使者于清风驿，酒酣，起更衣，久不返，视之，失其首矣。自是契丹与唐绝。罕儒，冀州人也。

【注释】

①庆陵：地址在今河南郑州市。 ②内侍监：官名。为内侍省长

官。 ③封州:州名。治所在今广东封开县东南江口镇。 ④状头:进士第一人,称为状头,就是状元。 ⑤蚕室:宫刑者所居之室。 ⑥都官郎中:官名。为尚书省都官曹长官,掌全国官府奴婢配役之政。 ⑦少府少监:官名。为少府监次官,与监同掌百工技巧之事。

图书在版编目(CIP)数据

资治通鉴:图文注释本/周国林主编. —长沙:岳麓书社,2017.12
(2023.10 重印)

ISBN 978-7-5538-0743-0

Ⅰ.①资… Ⅱ.①周… Ⅲ.①中国历史—古代史—编年体
②《资治通鉴》—注释 Ⅳ.①K204.3

中国版本图书馆 CIP 数据核字(2017)第 091920 号

ZI ZHI TONG JIAN

资治通鉴(图文注释本)

主　　编:周国林

责任编辑:王文西　邱建明　包文放　鲁云云

责任校对:舒　舍

封面设计:刘　峰

岳麓书社出版发行

地址:湖南省长沙市爱民路 47 号

直销电话:0731-88804152　0731-88885616

邮编:410006

版次:2017 年 12 月第 1 版

印次:2023 年 10 月第 2 次印刷

开本:890mm×1240mm　1/32

印张:174.75

字数:4654 千字

印数:5 001—8 000

ISBN 978-7-5538-0743-0

定价:520.00 元(全八册)

承印:长沙超峰印刷有限公司

如有印装质量问题,请与本社印务部联系

电话:0731-88884129